FUSTEL DE COULANGES

MEMBRE DE L'INSTITUT, PROFESSEUR D'HISTOIRE EN SORBONNE

QUESTIONS HISTORIQUES

REVUES ET COMPLÉTÉES D'APRÈS LES NOTES DE L'AUTEUR

PAR

CAMILLE JULLIAN

Professeur d'histoire à la Faculté des lettres de Bordeaux

DE LA MANIÈRE D'ÉCRIRE L'HISTOIRE
LES ORIGINES DE LA PROPRIÉTÉ
POLYBE — CHIO
QUESTIONS ROMAINES
QUESTIONS CONTEMPORAINES

PARIS
LIBRAIRIE HACHETTE ET Cie
79, BOULEVARD SAINT-GERMAIN, 79

1893

QUESTIONS HISTORIQUES

OUVRAGES DU MÊME AUTEUR

PUBLIÉS PAR LA LIBRAIRIE HACHETTE ET Cie

L'Œuvre historique de M. Fustel de Coulanges a obtenu, en 1891,
le prix biennal de l'Institut

Histoire
des Institutions politiques de l'ancienne France
(Ouvrage complet en 6 volumes)

La Gaule romaine.	7 fr. 50
L'Invasion germanique et la fin de l'Empire.	7 fr. 50
La Monarchie franque.	7 fr. 50
L'Alleu et le domaine rural pendant l'époque mérovingienne.	7 fr. 50
Les Origines du système féodal : le Bénéfice et le Patronat pendant l'époque mérovingienne.	7 fr. 50
Les Transformations de la royauté pendant l'époque carolingienne	7 fr. 50

Recherches sur quelques problèmes d'histoire. 1 vol. grand in-8. . . . . 10 fr. »

Nouvelles Recherches sur quelques problèmes d'histoire. 1 vol. grand in-8 . . . . 10 fr. »

La Cité antique ; 12ᵉ édition. 1 vol. in-16. . . . . 3 fr. 50
Ouvrage couronné par l'Académie française.

FUSTEL DE COULANGES

MEMBRE DE L'INSTITUT, PROFESSEUR D'HISTOIRE EN SORBONNE

QUESTIONS HISTORIQUES

REVUES ET COMPLÉTÉES D'APRÈS LES NOTES DE L'AUTEUR

PAR

CAMILLE JULLIAN

Professeur d'histoire à la Faculté des lettres de Bordeaux

DE LA MANIÈRE D'ÉCRIRE L'HISTOIRE
LES ORIGINES DE LA PROPRIÉTÉ
POLYBE — CHIO
QUESTIONS ROMAINES
QUESTIONS CONTEMPORAINES

PARIS

LIBRAIRIE HACHETTE ET Cie

79, BOULEVARD SAINT-GERMAIN, 79

1893

Droits de traduction et de reproduction réservés.

INTRODUCTION

Ce volume ne renferme qu'une partie des mémoires de M. Fustel de Coulanges qu'il restait à réimprimer. Beaucoup le regretteront. Mais la famille de M. Fustel de Coulanges a regardé comme son devoir de faire ce que lui-même aurait fait, de choisir parmi ces travaux : elle s'est laissé guider moins par les désirs du public que par les scrupules de l'auteur.

On a écarté les articles qui étaient trop courts ou n'étaient que de simples analyses. On a cru devoir renoncer à tous ceux qui avaient l'allure d'une polémique trop personnelle. Il nous a fallu sacrifier, non sans un vif regret, les beaux travaux sur *l'Organisation de la justice*[1] et sur *l'Armée romaine*[2]. Mais M. Fustel de Coulanges désirait qu'on ne les publiât pas à nouveau : il avait exprimé à cet égard une volonté formelle, et nous n'avions qu'à nous y conformer. On a laissé enfin de côté les discours, les articles de journaux quotidiens, les études d'enseignement, qui n'avaient point leur place dans un livre de recherches historiques[3].

On comprendra également que nous n'ayons pas réimprimé les articles donnés au *Dictionnaire des Antiquités grecques et*

---

1. *L'Organisation de la justice dans l'antiquité et les temps modernes*, dans la *Revue des Deux Mondes* de 1871, numéros des 15 février, 15 mars, 1ᵉʳ août, 1ᵉʳ octobre.
2. *Les Institutions militaires de la République romaine*, dans la *Revue des Deux Mondes* du 15 novembre 1870.
3. Nous en avons donné ailleurs la nomenclature, *Nouvelles Recherches sur quelques problèmes d'histoire*, p. vi et suiv. de la préface.

romaines, non plus que la thèse latine sur le *Culte de Vesta*, qui est passée à peu près entière dans *la Cité antique*.

Voici la liste des mémoires dont se compose ce volume.

I. De la manière d'écrire l'histoire en France et en Allemagne depuis cinquante ans. — Ce travail a paru le 1ᵉʳ septembre 1872 dans la *Revue des Deux Mondes*. — Il trouvait sa place naturelle au début de ce volume. Il est comme la préface de toute l'œuvre historique de M. Fustel de Coulanges. C'est là qu'il résume avec une rare éloquence les idées pour lesquelles il a combattu durant sa vie entière : « (Nous voudrions) que l'histoire restât une science pure et absolument désintéressée. Nous voudrions la voir planer dans cette région sereine où il n'y a ni passions, ni rancunes, ni désirs de vengeance. Nous lui demandons ce charme d'impartialité qui est la chasteté de l'histoire.... (Elle ne doit) connaître ni les haines de parti, ni les haines de race[1]. »

II. Le problème des origines de la propriété foncière. — Publié en avril 1889 dans la *Revue des Questions historiques*, ce travail est le dernier que M. Fustel de Coulanges ait fait paraître lui-même. Il l'a écrit dans les derniers mois de sa maladie, sans que rien y décèle un instant de fatigue : jamais sa phrase n'a été plus précise, sa pensée plus nette, sa discussion plus vive. Ce mémoire a eu en France et à l'étranger un long retentissement : on vient de le traduire en Angleterre[2]. — Pour avoir toute la pensée de l'historien sur cette question des origines de la propriété qui l'a passionné pendant quinze ans, il faut rapprocher ce mémoire des longues et substantielles études qu'il a données sur la propriété chez les Grecs et chez

---

1. Plus loin, p. 16.
2. *The Origin of Property in Land*, by Fustel de Coulanges, *translated by* Margaret Ashley, *with an introductory chapter on the english Manor*, *by* W. J. Ashley; 1891, Londres, in-12. Cf. Langlois, dans la *Revue critique* du 2 mai 1892.

les Germains. Ces trois travaux se tiennent et forment une même construction [1].

III. Polybe ou la Grèce conquise par les Romains. —

C'est la thèse française présentée et soutenue à la Faculté des Lettres de Paris en 1858 [2]. — M. Fustel de Coulanges a longtemps songé à reprendre cette étude pour la réimprimer. A coup sûr, il y eût fait de nombreux changements. Il voulait l'étendre, insister sur le rôle de Philopémen ; un exemplaire annoté de sa main montre qu'il aurait donné comme titre à ce nouveau travail, *Philopémen et Polybe, étude sur la manière dont Rome a assujetti les Grecs* [3]. — Nous avons conservé, dans cette réimpression, le titre primitif ; mais nous avons inséré les notes et les réflexions que l'auteur avait écrites dans les marges

---

1. *Recherches sur le droit de propriété chez les Grecs*, dans les *Nouvelles Recherches sur quelques problèmes d'histoire*, p. 1 et suiv. (voir la préface, p. II, et comparer *la Cité antique*, liv. II, c. 6 et 7). — *Recherches sur cette question : Les Germains connaissaient-ils la propriété des terres*, dans les *Recherches sur quelques problèmes d'histoire*, p. 187 et suiv. (cf. le *Compte rendu des séances de l'Académie des Sciences Morales et Politiques*, 1885, t. CXXIII, et surtout t. CXXIV, p. 5 ; cf. aussi *la Cité antique*, liv. II, c. 6, au début ; *l'Invasion germanique*, p. 284 et suiv.). — M. Fustel de Coulanges se proposait d'étudier la même question à Rome (cf. plus loin, p. VII) : il l'avait fait en cours, et il a laissé de nombreuses notes sur la propriété chez les Romains, qui ont servi en partie au c. 1 de *l'Alleu*. — Enfin il a repris dans le présent mémoire ce qu'il avait esquissé en présentant à l'Académie des Sciences Morales et Politiques le livre de M. de Laveleye (*Observations sur un ouvrage de M. Émile de Laveleye intitulé « La propriété collective du sol en divers pays »* ; Académie, Compte rendu de 1886, t. CXXVI, p. 262 et tirage à part).

2. Le jour de la soutenance a été le 10 avril 1858. — *Polybe* a été imprimé à Amiens, chez Jeunet, en 1858, en un in-8° de 110 p. — M. Guiraud rapporte, dans son excellente biographie de M. Fustel de Coulanges (*Association des anciens Élèves de l'École normale*, 1890, p. 25), que « devant la Faculté il défendit ses idées avec une âpreté extraordinaire et qu'à plusieurs reprises il malmena ses juges ». On trouvera un écho de la double soutenance dans les numéros du 19 et du 22 mai 1858 du *Journal général de l'Instruction publique*. Les juges, y est-il dit, accordèrent au nouveau docteur des « éloges mérités sur la solidité de son érudition, le choix de ses preuves, la clarté et la fermeté de ses pensées.... Un mérite particulier distingue les thèses de M. Fustel de Coulanges ; ce sont des thèses ».

3. M. Fustel de Coulanges a repris du reste la thèse soutenue dans *Polybe* au liv. V, c. 2, § 5 de *la Cité antique*. La conclusion de *Polybe* est celle de *la Cité antique* (ibidem, c. 2, § 4 et 5 et c. 3), de la même manière que la thèse latine, sur le culte de Vesta, correspond aux premiers livres de *la Cité antique*.

de son exemplaire. — La nature de ce travail ne comportait aucune note bibliographique : nous nous sommes abstenu d'indiquer les ouvrages parus sur le sujet depuis 1858, même celui dont M. Fustel de Coulanges avait salué avec joie l'apparition [1].

IV. Mémoire sur l'île de Chio, paru en 1856 dans les *Archives des Missions scientifiques et littéraires*, Ve volume, 10e, 11e et 12e cahiers. — Un arrêté du 19 novembre 1853 nomma M. Fustel de Coulanges [2] membre de l'École française d'Athènes. Parmi les sujets d'étude indiqués aux membres de l'École d'Athènes par l'Académie des Inscriptions et Belles-lettres se trouvait l'histoire et la description de l'île de Chio [3]. M. Fustel de Coulanges choisit ce sujet et y consacra ses deux années de séjour en Grèce. Il explora l'île longuement : il y demeura trois mois en 1854; il y revint en 1855. Il y fit des fouilles suivies, et il se trouve qu'il est le seul érudit qui durant tout ce siècle ait fouillé le vieux sol de Chio [4]. Le mémoire qu'il adressa au Ministère de l'Instruction publique et que nous réimprimons, est peut-être la monographie la plus complète et

---

1. *Les ligues étolienne et achéenne*, par Marcel Dubois.
2. L'arrêté ajoute « professeur suppléant de seconde au Lycée de Lyon, licencié ès lettres ».
3. Question proposée pour 1854-1855 (*Archives des Missions*, t. IV, 1856, p. 419) : « Faire une exposition aussi détaillée, aussi exacte et aussi complète que possible de la topographie, des antiquités et de la géographie comparée de l'île de Chio, en étudiant les localités, en consultant les auteurs, en s'aidant des traditions et des ruines, en profitant, mais avec mesure et critique, des travaux modernes, notamment de ceux de Poppo, de Coray, de Kofod-Whitte, d'Eckenbrecher, et en donnant une attention particulière à l'état de l'île pendant le moyen âge byzantin, vénitien et génois. »
4. Les érudits chiotes l'ont eux-mêmes reconnu : Ὁ Coulanges μόνος κατὰ τὸν αἰῶνα τοῦτον ἀνέσκαψεν ἐν Χίῳ (dans la Ἔκθεσις τῶν κατὰ τὸ σχολικὸν ἔτος 1889-1890 πεπραγμένων, Chio, 1891, p. 134). — M. Fustel de Coulanges copia à Chio cinq inscriptions, inédites en 1855, qu'il différa de publier et qui sont toutes demeurées inconnues jusqu'au voyage fait à Chio par M. Haussoullier en 1878. — La plus importante de ces inscriptions, celle des Klytides, a été retrouvée et imprimée par ce dernier dans le *Bulletin de Correspondance hellénique*, t. III. Les quatre autres, encore inédites, vont être imprimées d'après les copies de M. Fustel de Coulanges, par les soins de M. Homolle, dans ce même *Bulletin*.

la plus sûre que l'on possède de l'île de Chio. Mais il a aussi une importance plus générale, et il renferme bien des idées historiques que l'on devait retrouver dans les œuvres de l'historien. C'est en outre le seul travail suivi où M. Fustel de Coulanges ait abordé l'histoire moderne; et c'est avec une rare finesse qu'il a apprécié le caractère de la domination italienne et du gouvernement turc dans les îles du Levant. M. Guiraud a eu raison de dire de ce mémoire : « Les qualités du style, l'exactitude des informations [1], la justesse, et par endroits la nouveauté hardie des aperçus, en font une œuvre remarquable, digne à tous égards de celles qui allaient suivre [2]. »

1. M. Fustel de Coulanges paraît avoir connu tout ce qui a été publié avant 1854 sur Chio ancienne et moderne et il a utilisé bon nombre de manuscrits, dont la plupart sont aujourd'hui encore inédits; les autres n'ont été réimprimés qu'en 1890; cf. p. 339, 367, 368, 572. Sa bibliographie est donc complète, quoiqu'il ait évité, conformément à une habitude qu'il prenait dès lors, d'en faire le moindre étalage.

2. Nous donnons ici, à titre de document, le rapport que M. Guigniaut lut à l'Académie des Inscriptions et Belles-lettres sur le mémoire de Fustel de Coulanges (10 août 1855, *Archives des Missions*, t. IV, 1856, p. 466) : Ce que M. Delacoulonche n'a pu faire pour l'Arcadie, M. Fustel de Coulanges, le plus jeune des membres de l'École dans cette seconde année, l'a tenté avec un labeur des plus louables et un enthousiasme sincère, pour le sujet plus restreint, il est vrai, de l'île de Chio. Il a tâché de l'embrasser dans toutes ses époques, sous tous ses points de vue, et il y a réussi à beaucoup d'égards, après de sérieuses études préalables, après deux voyages et un séjour prolongé sur le territoire de cette île. Dans un mémoire fort étendu aussi, puisqu'il ne comprend pas moins de 250 pages in-folio, il a traité successivement de la géographie physique de Chio et de ses productions, des ruines de l'antiquité et de celles du moyen âge, auxquelles se rattachait naturellement la géographie comparée; de l'origine et du caractère des Chiotes, de leur industrie et de leur commerce, des révolutions du régime municipal, de la religion, de la littérature et des arts à Chio dans les temps anciens; puis, aux siècles du moyen âge et aux temps modernes, de l'histoire du monastère de Néamoni, comme représentant ici la période byzantine; de l'île sous la domination, ou, pour mieux dire, sous l'exploitation génoise; enfin de la régénération de la race grecque à Chio sous les Turcs, de la renaissance de son gouvernement municipal, et avec lui de sa prospérité commerciale, jusqu'à la déplorable catastrophe de 1822. Des neuf chapitres que nous venons d'indiquer, et qui forment les divisions du mémoire, les trois derniers, concernant le moyen âge et les temps modernes, sont les plus neufs et les plus intéressants. L'auteur y a fait usage de documents inédits, de copies de bulles d'or, d'autres titres originaux, et d'une chronique conservée dans la famille Giustiniani, qui répandent un grand jour sur cette partie de son sujet et qui donnent beaucoup de valeur à son travail. La partie antique n'a pas été moins soigneusement étudiée; mais, par suite des révolutions et du grand désastre dont nous venons de parler, elle devait moins fournir, surtout en fait de monuments et d'inscriptions, quoique

INTRODUCTION.

Depuis 1856, l'île de Chio a été l'objet d'incessants travaux, surtout de la part des Chiotes eux-mêmes. Il nous a paru bon de les signaler en note, et d'indiquer au lecteur tout ce qui pourrait lui permettre de compléter le mémoire de M. Fustel de Coulanges. Cette tâche d'annotation nous a été facilitée par M. Zolotas, le directeur actuel du gymnase de Chio : il a, avec une rare obligeance, mis à notre service les ressources de ses travaux personnels et de sa bibliothèque chiote. Nous tenons à lui en exprimer notre cordiale reconnaissance [1].

V. Questions romaines. — Nous avons réuni sous ce titre :

1° Quelques remarques inédites que nous avons intitulées *Comment il faut lire les auteurs anciens*;

2° Un mémoire inédit sur *la Plèbe*, entièrement rédigé, et datant, je crois, de 1867-1868.

3° Un long et important compte rendu du premier livre de M. Belot sur *les Chevaliers romains* [2]. Des liens d'amitié unis-

---

le jeune auteur en ait recueilli une qui n'est pas sans importance, et dont il a essayé une restitution presque toujours heureuse[*]. Le reproche que l'on peut adresser à son mémoire, malgré tous ses mérites, et quoiqu'il y ait fait preuve d'un sens historique souvent très réel, c'est d'attribuer trop exclusivement aux Chiotes certaines particularités, certains traits de caractère qui leur sont communs avec les autres Grecs, surtout insulaires; c'est, par contre, de trop généraliser certains autres faits et d'en tirer des inductions excessives relativement à la race et aux mœurs des habitants de l'île, qui auraient persisté jusqu'à nos jours, avec une constance inouïe, en dépit des vicissitudes nombreuses et diverses des temps anciens et modernes. Nous croyons qu'il y a là un peu d'exagération, et comme en certains autres endroits du mémoire un peu de jeunesse et d'inexpérience, parmi des promesses d'avenir et des qualités historiques que nous sommes heureux de constater. — Le travail de M. Fustel de Coulanges sur l'île de Chio, en retouchant quelques chapitres trop peu approfondis, en modifiant l'esprit un peu trop systématique de quelques autres, deviendra une excellente monographie de cette île. »

1. Nous avons conservé aux noms propres grecs l'orthographe que leur avait donnée M. Fustel de Coulanges, en se conformant à peu près toujours à la prononciation moderne. — Le mémoire de M. Fustel de Coulanges était suivi d'une carte. Nous avons de même ajouté à cette réimpression une carte, dressée pour le tracé physique d'après les cartes toute récentes de Testevide et de Kiepert, et sur laquelle on a reporté les noms de la carte dessinée par M. Fustel de Coulanges en conservant l'orthographe qu'il leur avait donnée.

2. Ce compte rendu a paru dans la *Revue de l'Instruction publique*, 1868-1869, p. 117 et suiv. Le titre que nous lui avons donné, *Une théorie nouvelle sur l'his-*

[*] C'est sans aucun doute l'inscription des Klytides; cf. plus haut, p. iv, n. 4.

saient Belot et Fustel de Coulanges. Ce dernier a consacré à son camarade des pages émues[1] : il admirait son travail et rendait justice à la valeur scientifique de cette belle Histoire des Chevaliers romains, qu'on ne lit plus assez en France. En réimprimant cet article, nous souhaitons vivement qu'il donne un regain de popularité au livre de M. Belot, et ce souhait est conforme aux derniers désirs de M. Fustel de Coulanges.

4° *La Question de droit entre César et le Sénat*, extrait du *Journal des Savants*, de juillet 1879. — C'est le compte rendu du livre de M. Guiraud[2]. M. Fustel de Coulanges avait été particulièrement heureux de rendre hommage à ce livre qui venait d'un élève et d'un ami.

Ce titre de *Questions romaines* nous a été fourni par M. Fustel de Coulanges lui-même. Sous ce titre, il se proposait de publier un livre analogue à ses *Recherches* : les deux premières parties, que nous imprimons ici, sont les seules qu'il ait complètement rédigées, ainsi que la courte préface que nous plaçons en tête de ces questions romaines. Voici les problèmes d'histoire romaine qu'il se proposait de résoudre[3] :

Du degré de certitude de l'histoire romaine	Le *partiri corpus addicti*
De l'Asile	Les *tribuni ærarii*
De la Plèbe	La Clientèle
Du mot *Quirites*	—
Du Consulat	Le droit de propriété
Les Chevaliers	—
Les *Patres Conscripti*	La plèbe, classe pauvre
Le Cens	Marius, plébéien
La *Patrum Auctoritas*	Les augures se regarder sans rire
Les *Nexi*	Vercingétorix et Arminius
L'*Auxilium Tribunitium*	—

toire romaine, était celui qu'il portait sur le brouillon de M. Fustel de Coulanges conservé dans ses papiers. Nous en avons retranché quelques lignes, que M. Fustel de Coulanges avait extraites intégralement de son mémoire sur la Plèbe pour les insérer dans le compte rendu (p. 450 ; cf. p. 429).

1. Dans la *Revue historique*.
2. *Le différend entre César et le Sénat*, 1878, Paris.
3. Liste trouvée dans ses papiers.

VI. Questions contemporaines. — On a groupé sous ce titre :

1° *La politique d'envahissement : Louvois et M. de Bismarck*, article paru dans la *Revue des Deux Mondes* le 1ᵉʳ janvier 1871.

2° Les deux lettres à M. Mommsen et à MM. les ministres du culte évangélique de l'armée du roi de Prusse. Ces deux lettres forment la brochure intitulée *L'Alsace est-elle allemande ou française ? réponse à M. Mommsen, professeur à Berlin, par M. Fustel de Coulanges, ancien professeur à Strasbourg* (Paris, E. Dentu, 1870, in-16 de 24 pages).

Si nous avons réimprimé ces deux lettres, ce n'est point pour réveiller de tristes souvenirs ou de vaines polémiques ; mais elles étaient la conclusion naturelle d'un volume qui avait pour préface : « De la manière d'écrire l'histoire en France et en Allemagne ». M. Fustel de Coulanges a parlé dans ces lettres comme patriote au nom de la France ; mais il a parlé surtout au nom de la science historique, telle qu'il la voulait et telle qu'il l'aimait, « sans rancune ni désir de vengeance », planant au-dessus de la haine des partis et de la haine des races.

———

Nous avons donné à ce recueil le titre de *Questions historiques*. M. Fustel de Coulanges aimait ce mot de « question » ; il voulait le donner pour titre au volume d'histoire romaine auquel nous avons emprunté deux fragments. Il répétait volontiers que c'était sous la forme de questions qu'il se posait les problèmes à résoudre[1].

Enfin nous imprimons en tête de ce volume, en guise de préface, deux belles pages inédites sur le rôle de l'histoire. Au début de ces pages, M. Fustel de Coulanges avait lui-même écrit ce mot de *quæro* dont il avait fait la devise de sa vie.

Ce volume se compose sans doute de mémoires fort divers,

---

1. Cf. *Recherches sur quelques problèmes d'histoire*, p. 189.

et écrits à des dates bien différentes. On y trouvera le premier travail qu'ait écrit M. Fustel de Coulanges (1856), et le dernier qu'il ait publié (1889). Et cependant nous espérons que ce livre présentera une certaine unité. Il aura en tout cas l'unité qu'offre la vie de M. Fustel de Coulanges : il est le résumé de son activité historique, et le témoignage de sa fidélité à sa méthode, à ses doctrines et à ses nobles ambitions. Le même amour de la recherche « pure et désintéressée » domine toutes ces études; dans toutes, il cherche à définir le devoir de l'historien, il lui indique comment il doit travailler, il lui rappelle quelle est la mission de la science. Nous serions presque tenté de dire de ce volume ce que M. Fustel de Coulanges a dit d'un de ses mémoires : « Ceci est un travail, non de doctrine, mais de méthode[1]. »

Ce livre est le dernier dont la famille de M. Fustel de Coulanges ait désiré la publication. En terminant cette tâche, il me reste à remercier en son nom et au mien tous ceux qui nous ont prêté le concours de leur science et de leur dévoûment; et, en particulier, M. Froidevaux, qui, après avoir surveillé l'impression des dernières feuilles de *l'Alleu*, s'est chargé de faire, sur notre demande, un premier classement des papiers laissés par son maître; M. Goyau, qui a fait pour nous quelques recherches dans les bibliothèques de Paris; M. Radet, dont l'amitié n'a cessé de m'accompagner, durant ces trois années de travail, de ses précieux conseils[2].

Bordeaux, 1er juin 1892.

CAMILLE JULLIAN.

---

1. *Recherches sur quelques problèmes d'histoire*, p. 190.
2. Toutes les additions, bibliographiques ou autres, que nous avons faites dans ce livre au texte de M. Fustel de Coulanges, ont été mises entre crochets. Elles ne sont qu'en petit nombre, si ce n'est dans le mémoire sur *Chio*. Les textes ont été vérifiés autant que possible d'après les dernières éditions; nous avons parfois remplacé les références de M. Fustel de Coulanges par d'autres plus conformes à la manière actuelle de citer.

PRÉFACE

Quæro.

L'histoire ne résout pas les questions : elle nous apprend à les examiner. Elle nous enseigne au moins comment il faut s'y prendre pour observer les faits humains. Le regard que nous jetons sur les choses présentes est toujours troublé par quelque intérêt personnel, quelque préjugé ou quelque passion. Voir juste est presque impossible. S'il s'agit au contraire du passé, notre regard est plus calme et plus sûr. Nous comprenons mieux des événements et des révolutions dont nous n'avons rien à craindre et rien à espérer. Les faits accomplis se présentent à nous avec une bien autre netteté que les faits en voie d'accomplissement. Nous en voyons le commencement et la fin, la cause et les effets, les tenants et les aboutissants. Nous y distinguons l'essentiel de l'accessoire. Nous en saisissons la marche, la direction et le vrai sens. Pendant qu'ils s'accomplissaient, les hommes ne les comprenaient pas; ils étaient troublés, mêlés d'éléments étrangers, obscurcis par des accidents éphémères. Il y a toujours dans les événements humains une partie qui n'est qu'extérieure et apparente; c'est d'ordinaire cette partie qui frappe le plus les yeux des contemporains. Aussi est-il fort rare qu'un grand fait ait été compris par ceux-là mêmes qui ont travaillé à le produire. Presque toujours chaque génération s'est trompée sur ses œuvres. Elle a agi sans savoir nettement ce qu'elle faisait. Elle croyait viser à un but et c'est à un but tout autre que ses efforts l'ont conduite. Il semble qu'il soit au-dessus des forces de l'esprit humain d'avoir l'intuition nette du présent. L'étude de l'histoire doit avoir au moins cet avantage de nous accoutumer à distinguer dans les faits et dans la marche des sociétés ce qui est apparent de ce qui est réel, ce qui est illusion des contemporains de ce qui est vérité.

Fustel de Coulanges.

DE LA MANIÈRE D'ÉCRIRE

L'HISTOIRE

EN FRANCE ET EN ALLEMAGNE

DEPUIS CINQUANTE ANS[1]

1. [*Revue des Deux Mondes*, 1ᵉʳ septembre 1872, t. CI, p. 241 et suiv.]

Voici une nouvelle histoire d'Allemagne[1], qui diffère de celles que nous avions jusqu'ici : elle n'est pas un panégyrique de l'Allemagne. Pendant les cinquante dernières années, il ne venait presque à l'esprit d'aucun Français qu'on pût parler de ce pays autrement qu'avec le ton de l'admiration. Cet engouement date de 1815. Notre école libérale, en haine de l'Empire qui venait de tomber, s'éprit d'un goût très vif pour ceux qui s'étaient montrés les ennemis les plus acharnés de l'Empire, c'est-à-dire pour l'Angleterre et pour l'Allemagne. A partir de ce moment, les études historiques en France furent dirigées tout entières vers la glorification de ces deux pays. On se figura une Angleterre qui avait toujours été sage, toujours libre, toujours prospère ; on se représenta une Allemagne toujours laborieuse, vertueuse, intelligente. Pour faire de tout cela autant d'axiomes historiques, on n'attendit pas d'avoir étudié les faits de l'histoire. Le besoin d'admirer ces deux peuples fut plus fort que l'amour du vrai et que l'esprit critique. On admira en dépit des documents, en dépit des chroniques et des écrits de chaque siècle, en dépit des faits les mieux constatés.

Que n'a-t-on pas dit depuis lors sur la race germanique ! Nos historiens n'avaient que mépris pour la population gauloise, que sympathie pour les Germains. La Gaule était la corruption et la lâcheté ; la Germanie était la vertu, la chasteté, le désintéressement, la force, la liberté. Dans le petit livre de Tacite, nous ne voulions lire que les lignes qui sont l'éloge des Germains, et nos yeux se refusaient à voir ce que l'historien dit de leurs vices. Quand Hérodien et Ammien Marcellin nous parlaient de leur amour de l'or, nous ne voulions pas

---

1. *Origines de l'Allemagne et de l'Empire germanique*, par M. Jules Zeller. 1 vol. in-8°, Paris, Didier [1872].

y croire. Lorsque Grégoire de Tours nous décrivait les mœurs des Mérovingiens et de leurs guerriers, nous nous obstinions à parler de la chasteté germaine. Parce que nous rencontrions quelques actes d'indiscipline, nous vantions l'amour de ces hommes pour la liberté; nous allions jusqu'à supposer que le régime parlementaire nous venait d'eux, que c'étaient eux qui nous avaient enseigné à être libres. L'invasion nous apparaissait comme une régénération de l'espèce humaine. Il nous semblait qu'ils n'étaient venus en Gaule que pour châtier le vice et faire régner la vertu. Un artiste français voulait-il peindre l'Empire et la Germanie en parallèle à la veille de l'invasion, au lieu de représenter la race gallo-romaine au travail, occupée à labourer, à tisser, à bâtir des villes, à élever des temples, à étudier le droit, à mener de front les labeurs et les jouissances de la paix, il imaginait de nous la montrer la coupe aux lèvres dans une nuit de débauche. En face d'elle, il plaçait aux coins du tableau la race germanique, à laquelle il prêtait un visage austère, un cœur pur, une conscience dédaigneuse; on dirait une race de philosophes et de stoïciens. Si M. Couture avait lu les documents de ce temps-là, il n'eût pas mis dans les traits de ses Germains la haine du luxe et l'horreur des jouissances : il y eût mis l'envie et la convoitise. Regardez-les bien, tels que les écrits du temps nous les représentent : ils ne détestent pas ce vin, cet or, ces femmes, ils songent au moyen d'avoir tout cela à eux; quand ils seront les plus forts, ils se partageront et se disputeront tout cela, et, à partir du jour où ils régneront, il y aura en Gaule et en Italie moins de travail et moins d'intelligence, mais plus de débauche et plus de crimes.

Nous portions ces mêmes illusions et cet engouement irréfléchi dans toutes les parties de l'histoire. Partout nos yeux prévenus ne savaient voir la race germanique que sous les plus belles couleurs. Nous reprochions presque à Charlemagne d'avoir vigoureusement combattu la barbarie saxonne et la religion sauvage d'Odin. Dans la longue lutte entre le sacerdoce et l'empire, nous étions pour ceux qui pillaient l'Italie et exploitaient l'Église. Nous maudissions les guerres que

Charles VIII et François Ier firent au delà des Alpes; mais nous étions indulgents pour celles que tous les empereurs allemands y portèrent durant cinq siècles. Plus tard, quand la France et l'Italie, après le long et fécond travail du moyen âge, produisaient ce fruit incomparable qu'on appelle la Renaissance, d'où devait sortir la liberté de la conscience avec l'essor de la science et de l'art, nous réservions la meilleure part de nos éloges pour la Réforme allemande, qui n'était pourtant qu'une réaction contre cette Renaissance, qui n'était qu'une lutte brutale contre cet essor de la liberté, qui arrêta et ralentit cet essor dans l'Europe entière, et qui trop souvent n'engendra que l'intolérance et la haine. Les événements de l'histoire se déroulaient, et nous trouvions toujours moyen de donner raison à l'Allemagne contre nous. Sur la foi des médisances et des ignorances de Saint-Simon, nous accusions Louis XIV d'avoir fait la guerre à l'Allemagne pour les motifs les plus frivoles, et nous négligions de voir dans les documents authentiques que c'était lui au contraire qui avait été attaqué trois fois par elle. Nous n'osions pas reprocher à Guillaume III d'avoir détruit la république en Hollande et d'avoir usurpé un royaume, nous pardonnions à l'électeur de Brandebourg d'avoir attisé la guerre en Europe pendant quarante ans pour s'arrondir aux dépens de tous ses voisins; mais nous étions sans pitié pour l'ambition de Louis XIV, qui avait enlevé Lille aux Espagnols, et accepté Strasbourg, qui se donnait à lui. Au siècle suivant, nos historiens sont tous pour Frédéric II contre Louis XV. Le tableau qu'ils font du XVIIIe siècle est un perpétuel éloge de la Prusse et de l'Angleterre, une longue malédiction contre la France. Sont venus ensuite les historiens de l'Empire; voyez avec quelle complaisance ils signalent les fautes et les entraînements du gouvernement français, et comme ils oublient de nous montrer les ambitions, les convoitises, les mensonges des gouvernements européens. A les en croire, c'est toujours la France qui est l'agresseur; elle a tous les torts; si l'Europe a été ravagée, si la race humaine a été décimée, c'est uniquement par notre faute.

Ce travers de nos historiens est la suite de nos discordes

intestines. Vous voyez qu'à la guerre, surtout quand la fortune est contre nous, nous tirons volontiers les uns sur les autres; nous compliquons la guerre étrangère de la guerre civile, et il en est parmi nous qui préfèrent la victoire de leur parti à la victoire de la patrie. Nous faisons de même en histoire. Nos historiens, depuis cinquante ans, ont été des hommes de parti. Si sincères qu'ils fussent, si impartiaux qu'ils crussent être, ils obéissaient à l'une ou à l'autre des opinions politiques qui nous divisent. Ardents chercheurs, penseurs puissants, écrivains habiles, ils mettaient leur ardeur et leur talent au service d'une cause. Notre histoire ressemblait à nos assemblées législatives : on y distinguait une droite, une gauche, des centres. C'était un champ clos où les opinions luttaient. Écrire l'histoire de France était une façon de travailler pour un parti et de combattre un adversaire. L'histoire est ainsi devenue chez nous une sorte de guerre civile en permanence. Ce qu'elle nous a appris, c'est surtout à nous haïr les uns les autres. Quoi qu'elle fît, elle attaquait toujours la France par quelque côté. L'un était républicain et se croyait tenu à calomnier l'ancienne monarchie; l'autre était royaliste et calomniait le régime nouveau. Aucun des deux ne s'apercevait qu'il ne réussissait qu'à frapper sur la France. L'histoire ainsi pratiquée n'enseignait aux Français que l'indifférence, aux étrangers que le mépris.

De là nous est venu un patriotisme d'un caractère particulier et étrange. Être patriote, pour beaucoup d'entre nous, c'est être ennemi de l'ancienne France. Notre patriotisme ne consiste le plus souvent qu'à honnir nos rois, à détester notre aristocratie, à médire de toutes nos institutions. Cette sorte de patriotisme n'est au fond que la haine de tout ce qui est français. Il ne nous inspire que méfiance et indiscipline; au lieu de nous unir contre l'étranger, il nous pousse tout droit à la guerre civile.

Le véritable patriotisme n'est pas l'amour du sol, c'est l'amour du passé, c'est le respect pour les générations qui nous ont précédés. Nos historiens ne nous apprennent qu'à les maudire, et ne nous recommandent que de ne pas leur ressembler. Ils brisent la tradition française, et ils s'imaginent qu'il restera un patriotisme français. Ils vont répétant que l'étranger vaut mieux que la France, et ils se figurent qu'on aimera la France. Depuis cinquante ans, c'est l'Angleterre que nous aimons, c'est l'Allemagne que nous louons, c'est l'Amérique que nous admirons. Chacun se fait son idéal hors de France. Nous nous croyons libéraux et patriotes quand nous avons médit de la patrie. Involontairement et sans nous en apercevoir, nous nous accoutumons à rougir d'elle et à la renier. Nous nourrissons au fond de notre âme une sorte de haine inconsciente à l'égard de nous-mêmes. C'est l'opposé de cet amour de soi qu'on dit être naturel à l'homme; c'est le renoncement à nous-mêmes. C'est une sorte de fureur de nous calomnier et de nous détruire, semblable à cette monomanie du suicide dont vous voyez certains individus tourmentés. Nos plus cruels ennemis n'ont pas besoin d'inventer les calomnies et les injures : ils n'ont que la peine de répéter ce que nous disons de nous-mêmes. Leurs historiens les plus hostiles n'ont qu'à traduire les nôtres. Quand l'un d'eux écrit que « la race gauloise était une race pourrie », il ne fait que répéter ce que nous avons dit en d'autres termes. Quand M. de Sybel parle de « la corruption incurable » de l'ancienne société française, il n'est que l'écho affaibli de la plupart de nos historiens. M. de Bismarck disait naguère que la France était une nation orgueilleuse, ambitieuse, ennemie du repos de l'Europe; c'est chez nos historiens qu'il avait pris ces accusations. Nous avons appris récemment que l'étranger nous détestait; il y avait cinquante ans que nous nous appliquions à convaincre l'Europe que nous étions haïssables. L'histoire française combattait pour l'Allemagne contre la France. Elle énervait chez nous le patriotisme; elle le surexcitait chez nos ennemis. Elle nous apprenait à nous diviser, elle enseignait aux autres à se réunir contre nous, et elle semblait justifier d'avance leurs attaques et leurs convoitises.

Pendant cette même période d'un demi-siècle, les Allemands entendaient d'une tout autre façon la science historique. Ce peuple a dans l'érudition les mêmes qualités que dans la guerre. Il a la patience, la solidité, le nombre, il a surtout la discipline et le vrai patriotisme. Ses historiens forment une armée organisée. On y distingue les chefs et les soldats. On y sait obéir, on y sait être disciple. Tout nouveau venu se met à la suite d'un maître, travaille avec lui, pour lui, et reste longtemps anonyme comme le soldat; plus tard il deviendra capitaine, et vingt têtes travailleront pour lui. Avec de telles habitudes et de telles mœurs scientifiques, on comprend la puissance de la science allemande. Elle procède comme les armées de la même nation : c'est par l'ordre, par l'unité de direction, par la constance des efforts collectifs, par le parfait agencement de ses masses, qu'elle produit ses grands effets et qu'elle gagne ses batailles. La discipline y est merveilleuse. On marche en rang, par régiments et par compagnies. Chaque petite troupe a son devoir, son mot d'ordre, sa mission, son objectif. Un grand plan d'ensemble est tracé, chacun en exécute sa part. Le petit travailleur ne sait pas toujours où on le mène, il n'en suit pas moins la route indiquée. Il y a très peu d'initiative et de mérite personnel, mais aucun effort n'est perdu. Une volonté commune et unique circule dans ce grand corps savant qui n'a qu'une vie et qu'une âme.

Si vous cherchez quel est le principe qui donne cette unité et cette vie à l'érudition allemande, vous remarquerez que c'est l'amour de l'Allemagne. Nous professons en France que la science n'a pas de patrie; les Allemands soutiennent sans détour la thèse opposée. « Il est faux, écrivait naguère un de leurs historiens, M. de Giesebrecht, que la science n'ait point de patrie et qu'elle plane au-dessus des frontières : la science ne doit pas être cosmopolite, elle doit être nationale, elle doit être allemande. » Les Allemands ont tous le culte de la patrie, et ils entendent le mot patrie dans son sens vrai : c'est le *Vaterland*, la *terra patrum*, la terre des ancêtres, c'est le pays tel que les ancêtres l'ont eu et l'ont fait. Ils aiment ce passé, surtout ils le respectent. Ils n'en parlent que comme on parle d'une chose sainte. A l'opposé de nous qui regardons volontiers notre passé d'un œil haineux, ils chérissent et vénèrent tout ce qui fut allemand. Le livre de Tacite est pour eux comme un livre sacré, qu'on commente et qu'on ne discute pas. Ils admirent jusqu'à la barbarie de leurs ancêtres. Ils s'attendrissent devant les légendes sauvages et grossières des *Niebelungen*. Toute cette antiquité est pour eux un objet de foi naïve. Leur critique historique, si hardie pour tout ce qui n'est pas l'Allemagne, est timide et tremblante sur ce sujet seul. Ils en sont encore au point où nous étions en France quand nous condamnions Fréret pour avoir porté atteinte au respect dû aux Mérovingiens.

L'érudition en France est libérale; en Allemagne, elle est patriote. Ce n'est pas que les historiens allemands n'appartiennent pour la plupart au parti libéral. Ils ont presque tous la haine des institutions de l'ancien régime; mais cette haine, au lieu de s'adresser à l'Allemagne, s'exhale contre l'étranger. Veulent-ils attaquer le régime féodal, ils portent toutes leurs malédictions contre la féodalité française. Veulent-ils poursuivre la monarchie absolue, ils s'en prennent à Louis XIV, comme si les princes allemands, grands et petits, n'avaient pas été des despotes. Plutôt que de condamner l'intolérance allemande, ils condamnent la révocation de l'édit de Nantes. Ils ne peuvent pardonner aux autres peuples d'avoir quelquefois aimé la guerre; ils ont de généreuses indignations contre les conquérants toutes les fois que les conquérants sont des étrangers, mais ils admirent dans leur propre histoire tous ceux qui ont envahi, conquis, pillé. M. de Giesebrecht déclare sans aucun scrupule que la période qu'il aime le mieux dans l'histoire d'Allemagne est « celle où le peuple allemand, fort de son unité sous les empereurs, était arrivé à son plus haut degré de puissance, *où il commandait à d'autres peuples*, où l'homme de race allemande valait le plus dans le monde. ». Ainsi l'admiration de M. de Giesebrecht est pour ces siècles odieux du moyen âge où les armées allemandes envahissaient périodiquement la France et l'Italie, et il ne trouve rien de plus beau dans l'histoire que cet empereur allemand qui campe sur les hauteurs de Montmartre ou cet autre empereur qui va enlever dans Rome la couronne impériale en passant sur le corps de 4000 Romains massacrés sur le pont Saint-Ange. Mais que la France mette enfin un terme à ces perpétuelles invasions, que Henri II, Richelieu, Louis XIV, en fortifiant Metz et Strasbourg, sauvent la France et l'Italie elle-même de ces débordements de la race germanique, voilà les historiens allemands qui s'indignent, et qui vertueusement s'acharnent contre l'ambition française. Ils ne peuvent pardonner qu'on leur interdise de *commander aux autres peuples*. C'est manie belliqueuse que de se défendre contre eux; c'est être conquérant que de les empêcher de conquérir.

L'érudit allemand a une ardeur de recherche, une puissance de travail qui étonne nos Français; mais n'allez pas croire que toute cette ardeur et tout ce travail soient pour la science. La science ici n'est pas le but; elle est le moyen. Par delà la science, l'Allemand voit la patrie; ces savants sont savants parce qu'ils sont patriotes. L'intérêt de l'Allemagne est la fin dernière de ces infatigables chercheurs. On ne peut pas dire que le véritable esprit scientifique fasse défaut en Allemagne; mais il y est beaucoup plus rare qu'on ne le croit généralement. La science pure et désintéressée y est une exception et n'est que médiocrement goûtée. L'Allemand est en toutes choses un homme pratique : il veut que son érudition serve à quelque chose, qu'elle ait un but, qu'elle porte coup. Tout au moins faut-il qu'elle marche de concert avec les ambitions nationales, avec les convoitises ou les haines du peuple allemand. Si le peuple allemand convoite l'Alsace et la Lorraine, il faut que la science allemande, vingt ans d'avance, mette la main sur ces deux provinces. Avant qu'on ne s'empare de la Hollande, l'histoire démontre déjà que les Hollandais sont des Allemands. Elle prouvera aussi bien que la Lombardie, comme son nom l'indique, est une terre allemande, et que Rome est la capitale naturelle de l'Empire germanique.

Ce qu'il y a de plus singulier, c'est que ces savants sont d'une sincérité parfaite. Leur imputer la moindre mauvaise foi serait les calomnier. Nous ne pensons pas qu'il y en ait un seul parmi eux qui consente à écrire sciemment un mensonge. Ils ont la meilleure volonté d'être véridiques et font de sérieux efforts pour l'être; ils s'entourent de toutes les précautions de la critique historique pour s'obliger à être impartiaux. Ils le seraient, s'ils n'étaient Allemands. Ils ne peuvent faire que leur patriotisme ne soit pas le plus fort. On dit avec quelque raison au delà du Rhin que la conception de la vérité est toujours subjective. L'esprit ne voit en effet que ce qu'il peut voir. Les yeux des historiens allemands sont faits de telle façon qu'ils n'aperçoivent que ce qui est favorable à l'intérêt de leur pays; c'est leur manière de comprendre l'histoire, ils ne sauraient la comprendre autrement. Aussi l'histoire d'Allemagne est-elle devenue tout naturellement dans leurs mains un véritable panégyrique; jamais nation ne s'est tant vantée. Ils ont profité très habilement du reproche de vantardise que nous nous adressions pour se vanter tout à leur aise. Nous nous proclamions vantards; ils se vantaient avec candeur. Nous faisions croire au monde entier que nous nous vantions, alors même que nos propres historiens semblaient s'appliquer à nous rabaisser; ils se vantaient sans avertir personne, modestement, humblement, scientifiquement, comme malgré eux et par pur devoir. Cela a duré cinquante ans.

Quand on s'admire tant, on ne peut guère admirer les autres. Aussi les historiens allemands sont-ils sévères pour l'étranger. Il faut à la vérité leur rendre cette justice, qu'ils savent distinguer entre les peuples. Leur critique historique est assez clairvoyante pour ne s'acharner que sur ceux qui ont été les ennemis de l'Allemagne. Dans l'antiquité, ils louent volontiers la Grèce, en faisant cette seule réserve, que « les Grecs n'eurent jamais le sentiment poétique au même degré que la race allemande ». Ils sont moins bienveillants pour Rome, qui eut le tort dans l'antiquité de retarder les invasions germaniques, et au moyen âge de poser une limite aux convoitises impériales. Parmi les nations modernes, ils apprécient l'Angleterre et la Hollande, dans lesquelles ils croient se reconnaître; ils louent volontiers les stathouders et n'attaquent parmi les rois anglais que ceux qui ont été les alliés de la France. Ils sont moins indulgents pour la Russie, surtout depuis que ce pays a cessé d'être exploité par les Allemands. C'est surtout pour la Pologne et pour la France que leur érudition est impitoyable. Ils démontrent que ces deux nations doivent être détestées, que leur caractère n'a jamais été qu'ambition, légèreté, mauvaises mœurs, indiscipline, corruption, — qu'elles ont été de tout temps perfides, querelleuses, débauchées, — que leur existence est un danger pour le repos de l'Europe et surtout un danger pour la morale, — que l'une d'elles a mérité d'être supprimée, que l'autre mérite de l'être, toutes les deux au profit de la Prusse.

Ces qualités de l'érudition allemande n'ont pas été assez admirées chez nous. On n'a pas assez calculé combien elles ont été utiles et fécondes. L'histoire ainsi pratiquée était à la fois un moyen de gouvernement et une arme de guerre. Au dedans, elle faisait taire les partis, elle matait les oppositions, elle pliait le peuple à l'obéissance et fondait une centralisation morale plus vigoureuse que ne l'est notre centralisation administrative. Au dehors, elle ouvrait les routes de la conquête, et elle faisait à l'ennemi une guerre implacable en pleine paix. En vain aurions-nous eu les plus habiles diplomates, les historiens allemands écartaient de nous toutes les alliances. En vain avions-nous le droit de notre côté, les historiens allemands prouvaient depuis cinquante ans que le droit serait toujours contre nous. On préparait la guerre depuis un demi-siècle, et c'était nous, quoi qu'il arrivât, qui devions passer pour les agresseurs. D'ailleurs la guerre des soldats devait avoir les mêmes caractères et la même issue que la guerre des érudits : d'un côté, la discipline, le bon ordre, le courage collectif ; de l'autre, le courage personnel, la méfiance, l'indiscipline, la division. L'histoire allemande avait, depuis cinquante ans, uni et aguerri l'Allemagne; l'histoire française, œuvre des partis, avait divisé nos cœurs, avait enseigné à se garder du Français plus que de l'étranger, avait accoutumé chacun de nous à préférer son parti à la patrie. L'érudition allemande avait armé l'Allemagne pour la conquête; l'érudition française, non contente de nous interdire toute conquête, avait désorganisé notre défense : elle avait énervé nos volontés, paralysé nos bras; elle nous avait à l'avance livrés à l'ennemi.

Avec l'ouvrage de M. Zeller, il semble que nous entrions dans une voie nouvelle. Le banal engouement pour les étrangers a disparu; nous osons ouvrir les yeux, regarder leurs défauts, contrôler leurs prétentions. Le premier volume (les autres suivront à des intervalles de quelques mois) expose l'histoire de la race allemande depuis les origines jusqu'à l'an 800 de notre ère. Cette existence de dix siècles se résume en un seul fait, l'invasion. C'est une invasion continuelle; elle s'essaye longtemps; arrêtée par Marius, par Drusus, par Marc-Aurèle, elle est reprise à chaque génération. Tous les moyens lui sont bons; si elle ne peut réussir contre l'Empire, elle se fera par l'Empire et se couvrira du masque du service impérial. Elle l'emporte enfin, elle triomphe; la Gaule, l'Italie et l'Espagne lui sont livrées en proie. Elle règne : durant trois siècles, l'invasion est à l'état permanent; elle est une institution, elle est, pour ainsi dire, l'institution unique de ces temps-là.... Les Francs seuls font un continuel effort pour l'arrêter, les Francs, qui sont Teutons d'origine, mais qui ont eu cette singulière destinée d'être toujours les ennemis des Teutons, et qui depuis Clovis jusqu'à Charlemagne se sont épuisés à les combattre ou à les civiliser. Ils y réussissent à la fin : avec Charlemagne, l'invasion germanique est décidément arrêtée, et c'est au contraire la religion et la civilisation de la Gaule qui s'emparent de la Germanie.

Cette longue invasion n'inspire à M. Zeller ni la franche admiration des historiens allemands ni l'indulgence naïve des historiens français. Il n'a pas l'ingénuité de rabaisser l'empire romain; il n'abuse pas de quelques lignes déclamatoires de Salvien pour prétendre que la Gaule fût une « société pourrie ». Il ne lui semble pas que la Gaule eût besoin des Germains pour se régénérer. L'invasion lui apparaît tout simplement comme une série d'incursions de pillards qui n'avaient que la guerre pour gagne-pain. Ce « peuple-invasion », cette « race de proie » ne songeait pas du tout à régénérer l'humanité. L'auteur dit de ces hommes ce qu'en disent les documents de ce temps-là : ils aiment le vin, ils aiment l'or; ils se battent et s'assassinent entre eux pour se disputer cet or, ce vin, cette terre. Il décrit, d'après les chroniques, leur manière de combattre, et il signale déjà leur adresse et « leur feintise ». Il cite Grégoire de Tours sur les mœurs des Mérovingiens, et il ajoute : « Voilà la chasteté germaine. » Il parle de ces barbares qui, à peine convertis, mettaient la main sur les riches abbayes et les fructueux évêchés, et qui « installaient les vices germains sur les sièges chrétiens ». Il calcule les maux de l'invasion, les désordres des gouvernements, l'administration mise à ferme, la justice disparue, l'explosion des convoitises, le débordement des débauches et des crimes, et il se demande si les plus mauvais empereurs romains ne valaient pas cent fois mieux que ces rois barbares, et si les époques les plus désolées et les plus tristes de l'Empire n'étaient pas infiniment préférables au temps où les Germains ont régné. Il cherche ce que ces envahisseurs ont fait, et il ne trouve que des ruines, — ce qu'ils ont apporté au monde, et il ne trouve que désordre et brutalité. Il cherche en retour ce que la Germanie a reçu des peuples latins, et il trouve le christianisme, l'apaisement, la fixité au sol, l'art de bâtir des villes, l'habitude du travail, la civilisation. — Il montre que la Germanie, en tant que nation civilisée, est l'œuvre de Rome et de la Gaule. Il met surtout en lumière un fait caractéristique : c'est que le progrès intellectuel, social, moral, ne s'est pas opéré dans la race germanique par un développement interne, et ne fut jamais le fruit d'un travail indigène. Il s'est opéré toujours par le dehors. Du dehors lui est venu le christianisme, implanté par l'épée puissante de Charlemagne ; du dehors sont venus ceux qui lui ont appris à construire des villes ; du dehors lui ont été apportées des lois qui fussent autre chose que de vagues coutumes, une justice qui fût autre chose que la guerre privée et le *wergeld*, une liberté qui fût autre chose que la turbulence. Elle a reçu du dehors la chevalerie, du dehors la liberté bourgeoise, du dehors l'idée d'empire, du dehors les lettres et les sciences, du dehors les universités, copie de notre vieille école parisienne, du dehors l'art gothique, imitation des cathédrales françaises, du dehors la tolérance religieuse, enseignée par la France aux catholiques et par la Hollande aux protestants. Un Allemand a fait cet aveu, que « la race allemande n'a jamais, par ses propres forces et sans une impulsion extérieure, fait un pas vers la civilisation ». M. Zeller remarque en effet que depuis César et Tacite jusqu'à Charlemagne, c'est-à-dire durant huit siècles, l'Allemagne a donné ce spectacle assez rare en histoire d'un pays absolument stationnaire, toujours barbare, toujours ennemi de la civilisation qui florissait tout près de lui. Pour la civiliser, il a fallu employer la force; les guerriers de Charlemagne ont dû courir vingt fois des bords du Rhin, de la Seine, de la Loire, pour soutenir en Germanie les missionnaires et les bâtisseurs de villes. La Germanie n'a pas fait le progrès; elle l'a reçu, elle l'a subi.

Cette manière de juger l'histoire de l'Allemagne est conforme aux documents historiques des siècles passés. Si nouvelle qu'elle puisse paraître, elle est ancienne; il n'y a guère qu'une cinquantaine d'années que nous nous étions accoutumés à voir les choses autrement. M. Zeller n'a eu qu'à écarter de son esprit le préjugé d'admiration que les historiens allemands et français avaient établi de connivence depuis un demi-siècle. Ce ne sont pas nos récents désastres qui ont appris à M. Zeller à connaître la Germanie. Le livre qu'il vient de publier était écrit il y a dix ans. La préface seule est nouvelle, et ce n'est pas elle que nous louons ici; nous oserons même dire qu'elle fait tache, qu'elle dépare un livre de pure science historique. Elle sent l'ennemi; et nous ne voudrions pas qu'un historien fût un ennemi. Elle est faite pour la guerre, et nous ne croyons pas en France que l'histoire doive être une œuvre de guerre. Dans le corps même de l'ouvrage, un ton d'amertume perce trop souvent. L'auteur semble avoir de l'antipathie et presque de la rancune à l'égard de son sujet. Il ne dit que la vérité; mais il ne se cache pas d'être heureux quand la vérité est défavorable à l'Allemagne. Le fond est d'une érudition exacte et sûre; la forme est trop souvent celle de la récrimination et de la haine. Ce défaut choquera sans nul doute quelques lecteurs français; au moins ne saurait-il choquer les Allemands : quel est l'historien d'outre-Rhin qui jetterait la première pierre?

Assurément il serait préférable que l'histoire eût toujours une allure plus pacifique, qu'elle restât une science pure et absolument désintéressée. Nous voudrions la voir planer dans cette région sereine où il n'y a ni passions, ni rancunes, ni désirs de vengeance. Nous lui demandons ce charme d'impartialité parfaite qui est la chasteté de l'histoire. Nous continuons à professer, en dépit des Allemands, que l'érudition n'a pas de patrie. Nous aimerions qu'on ne pût pas la soupçonner de partager nos tristes ressentiments, et qu'elle ne se pliât pas plus à servir nos légitimes regrets qu'à servir les ambitions des autres. L'histoire que nous aimons, c'est cette vraie science française d'autrefois, cette érudition si calme, si simple, si haute de nos Bénédictins, de notre Académie des Inscriptions, des Beaufort, des Fréret, de tant d'autres, illustres ou anonymes, qui enseignèrent à l'Europe ce que c'est que la science historique, et qui semèrent, pour ainsi dire, toute l'érudition d'aujourd'hui. L'histoire en ce temps-là ne connaissait ni les haines de parti, ni les haines de race; elle ne cherchait que le vrai, ne louait que le beau, ne haïssait que la guerre et la convoitise. Elle ne servait aucune cause; elle n'avait pas de patrie; n'enseignant pas l'invasion, elle n'enseignait pas non plus la revanche. Mais nous vivons aujourd'hui dans une époque de guerre. Il est presque impossible que la science conserve sa sérénité d'autrefois. Tout est lutte autour de nous et contre nous; il est inévitable que l'érudition elle-même s'arme du bouclier et de l'épée. Voilà cinquante ans que la France est attaquée et harcelée par la troupe des érudits. Peut-on la blâmer de songer un peu à parer les coups? Il est bien légitime que nos historiens répondent enfin à ces incessantes agressions, confondent les mensonges, arrêtent les ambitions, et défendent, s'il en est temps encore, contre le flot de cette invasion d'un nouveau genre, les frontières de notre conscience nationale et les abords de notre patriotisme.

LE
PROBLÈME
DES
ORIGINES DE LA PROPRIÉTÉ FONCIÈRE[1]

1. [*Revue des Questions historiques*, avril 1889.]

Il s'est introduit dans le domaine de l'histoire, depuis une quarantaine d'années, une opinion d'après laquelle les anciens peuples auraient longtemps cultivé le sol en commun avant de le partager en propriétés. Les auteurs de cette théorie ne se bornent pas à dire que dans l'état primitif de l'humanité, dans l'état sauvage, la propriété foncière n'existait pas. Il est clair que, quand les hommes étaient chasseurs ou pasteurs et n'avaient pas encore l'idée de labourer, ils n'avaient pas non plus l'idée de s'approprier le sol. Mais la théorie dont je parle s'applique à des sociétés sédentaires et agricoles. Elle dit : ces sociétés agricoles, ces peuples déjà organisés, ont pratiqué la communauté des terres ; ces hommes qui labouraient, semaient, moissonnaient, plantaient, n'ont pas songé de longtemps à s'approprier ce sol qu'ils travaillaient. Ils n'ont conçu ce sol que comme appartenant à tous. C'est chaque peuple qui a été d'abord propriétaire du territoire entier, soit qu'il le cultivât en commun, soit qu'il le partageât annuellement entre les hommes. Le droit de propriété, attaché d'abord au peuple, ne s'est appliqué que plus tard au village, à la famille, à l'individu. « Toute terre à l'origine était terre commune, dit Maurer, et appartenait à la totalité, c'est-à-dire au peuple[1]. » — « La terre a été possédée en commun, dit M. Viollet, avant de devenir le domaine propre de la famille ou de l'individu[2]. » — « La terre arable était exploitée en commun, dit M. de Laveleye ; plus tard, la propriété privée est née de cette antique propriété commune[3]. » En un mot, le régime agricole aurait été d'abord le communisme agraire.

1. G. L. von Maurer, *Einleitung zur Geschichte der Mark-Hof-Dorf- und Stadtverfassung*, 1854, p. 93.
2. P. Viollet, dans la *Bibliothèque de l'École des Chartes*, 1872, p. 503.
3. Ém. de Laveleye, *De la Propriété et de ses formes primitives*, 1874 [4e édit., 1891].

Cette théorie n'est pas précisément nouvelle. Bien avant notre siècle, certains esprits avaient aimé à se figurer, à l'origine des sociétés, les hommes vivant en communauté fraternelle. Ce qui est nouveau ici, ce qui est propre à notre siècle, c'est qu'on ait voulu appuyer cette théorie sur des faits historiques, c'est qu'on ait cherché à l'entourer de textes, c'est qu'on ait prétendu, pour ainsi dire, la revêtir d'érudition.

Je ne veux pas combattre la théorie. Je veux seulement examiner les textes sur lesquels on l'appuie. Je vais donc simplement prendre *tous* ces textes, tels que les auteurs du système les représentent, et je les vérifierai. Le but de ce travail impersonnel et aride n'est pas d'établir si la théorie est vraie ou fausse; il est seulement de savoir si l'on a pu légitimement lui appliquer les textes qu'on cite. En un mot, je vais discuter, non la théorie elle-même, mais ce vêtement d'érudition qu'on lui a donné.

PREMIÈRE PARTIE

La théorie de Maurer sur la communauté des terres chez les nations germaniques [1].

G. L. von Maurer est, sinon le premier en date, du moins le principal auteur de la théorie que nous examinons. Il l'a formulée avec une grande netteté dans un livre qu'il publia en 1854. Il soutint que, dans les régions germaniques, les domaines, villages, villes, dérivent, tous également, d'une *mark* primitive, que cette *mark* primitive avait été une terre commune à tous, que la terre avait été cultivée longtemps sans qu'il y eût de propriété privée, et que les cultivateurs formaient entre eux une « association de *mark* », *markgenossenschaft*. « Toute terre, dit-il, était à l'origine terre commune », *gemeinland* ou *allmende*. « Il n'y avait pas de vraie propriété privée. » « Le sol était partagé en lots égaux et ce partage était refait chaque année; tout associé recevait une part et se transportait chaque année sur un nouveau lot. » « Toute la *mark*, aussi bien les terres en labour que les forêts, était en commun. » « L'idée de propriété, dit-il encore, n'est venue aux hommes qu'à la suite du droit romain. » « La propriété que nous voyons aux époques postérieures s'est produite par la décomposition de l'ancienne *mark*[2]. » L'auteur a reproduit sa doctrine dans un autre livre publié deux ans plus tard : « Les associations de *mark* sont liées à la culture primitive de la terre; elles remontent aux premiers établissements des Germains, et elles ont très vraisemblablement occupé la Germanie

---

1. [Cf. *Recherches sur quelques problèmes d'histoire*, p. 319 et suiv.]
2. Pages 93, 97, 103 et 10.

entière[1]. » Nous avons à regarder sur quels faits, sur quels textes Maurer appuie cette doctrine.

Puisqu'il s'agit des temps les plus antiques, il était naturel qu'il présentât d'abord des documents anciens. César vient le premier; il signale chez les Germains « l'absence de propriétés privées et de limites individuelles[2] ». Ce texte est formel, et, bien qu'on puisse dire que César n'a pas connu les Germains chez eux[3], il est d'une grande autorité, venant d'un esprit aussi précis. Je ferai toutefois observer que le passage de César n'est pas du tout une description de la *mark* telle que Maurer et ses disciples la conçoivent. César ne montre nullement une *markgenossenschaft*, qui serait une association de paysans cultivant en commun un sol dont ils seraient propriétaires en commun, suivant la théorie de Maurer; il montre, ce qui est fort différent, les chefs de canton disposant arbitrairement d'un sol dont ils paraissent être seuls propriétaires, et transportant chaque année çà et là sur ce sol les familles et les groupes d'hommes. Ceux-ci semblent n'avoir aucune initiative, aucun droit; les chefs ne leur laissent « que l'étendue de terre qu'ils veulent », « à l'endroit où ils veulent », et ils « les obligent » à changer de place. Il y a loin de là à la prétendue association de la *mark*, c'est-à-dire à l'association de paysans libres cultivant en commun et par le droit de leur copropriété. Le texte de César se concilie difficilement avec cette théorie[4].

Vient ensuite Tacite. Parle-t-il de la *mark* dans le tableau qu'il fait des institutions des Germains? Oui, dit Maurer; car, dans son chapitre 26, « ce qu'il désigne par le mot *agri*, c'est la *mark* ». « Toute terre commune et indivise, dit-il

---

1. *Geschichte der Markverfassung*, 1856. — La même théorie a été reproduite, avec peu de différences, quelquefois avec de nouvelles exagérations, par Waitz, *Deutsche Verfassungsgeschichte*, 3ᵉ édit., t. I, p. 125-131; Sohm, *Reichs- und Gerichtsverfassung*, p. 117, 209-210.
2. César, VI, 22.
3. L'expédition sur la rive droite du Rhin n'a duré que dix-huit jours.
4. Voici le passage de César : *Neque quisquam agri modum certum aut fines habet proprios; sed magistratus ac principes in annos singulos gentibus cognationibusque hominum qui una coierunt, quantum et quo loco visum est, agri attribuunt, atque anno post alio transire cogunt.*

encore, Tacite l'appelle *ager*. » Mais de quel droit Maurer traduit-il dans Tacite *agri* et plus loin *ager* par « terres communes », alors que le mot *communis* n'y est pas? « C'est que, dit-il encore, le mot *ager*, au sens romain, signifiait à lui seul *ager publicus*. » Voilà une petite affirmation philologique qui d'abord n'a l'air de rien, mais qui tient une grande place dans le livre de Maurer. Il la répète trois fois[1]. Elle est, si l'on y regarde bien, la base sur laquelle s'appuie le système. Maurer et ses disciples ont besoin que Tacite ait parlé de la *mark*; mais, pour cela, il leur faut que le mot *ager* en latin ait signifié à lui seul *ager publicus*, c'est-à-dire *mark*, terre commune, *gemeinland*.

C'est ce qu'il importe de vérifier. Le vrai sens d'un mot ne se trouve pas par l'imagination ou en feuilletant un petit dictionnaire. Il se déduit de la comparaison des divers exemples où ce mot se trouve employé. Le terme *ager* est assez fréquent dans la littérature latine pour qu'un esprit attentif ne puisse pas s'y tromper. Or jamais on ne le trouve employé avec le sens de terre publique, à moins qu'il ne soit accompagné du mot *publicus* ou du génitif *populi* ou de quelque autre terme indiquant clairement l'idée spéciale qu'on voulait lui donner[2]. Seul, il n'a jamais signifié terre publique. Lisez Caton et Varron; ils ne parlent pas une seule fois de la terre publique,

---

1. Pages 6, 84 et 93.
2. On a allégué Tite-Live; or, si l'on avait commencé par lire Tite-Live, on aurait vu que chaque fois qu'il veut parler de terre publique, il dit *ager publicus* et non pas *ager* tout court; II, 41 : *Agrum publicum possideri a privatis criminabatur*; II, 61 : *Possessores publici agri*; IV, 36 : *Agri publici*; IV, 51 : *Possesso per injuriam agro publico*; IV, 53 : *Possessione agri publici cederent*; VI, 5 : *In possessionem agri publici grassari*, etc. Qu'il lui arrive, dans une même phrase où il a écrit *ager publicus*, d'écrire ensuite *ager* sans répéter l'épithète, cela est fort naturel. Qu'il dise ailleurs : *Triumvirum agro dando*, ou *de agris dividendis plebi*, il n'a pas besoin d'écrire ici l'épithète qui se sous-entend manifestement. — Au chapitre 35 du livre VI, il mentionne la loi Licinia *de modo agrorum*, c'est-à-dire sur la mesure maxima des propriétés rurales. On a supposé qu'il s'était trompé et qu'il avait voulu parler de l'*ager publicus*; mais cela est fort douteux; Varron, *De Re rustica*, I, 2, et Columelle, I, 3, comprennent cette loi comme Tite-Live; ils y voient une loi limitative de la propriété en général. Je ne puis donc adhérer à l'opinion de M. d'Arbois de Jubainville qui comprend *de modo agrorum* comme s'il y avait *de modo agri publici*; il faut traduire mot à mot et ne pas faire de contresens.

et pourtant le mot *ager* revient fréquemment dans leurs ouvrages. Chaque fois il désigne une propriété privée. On achète un *ager*; le propriétaire fait la lustration de son *ager*, c'est-à-dire parcourt les limites de sa propriété. Columelle parle sans cesse de l'*ager* comme de la propriété d'un homme qu'il appelle *dominus*. Plus de trente exemples dans Cicéron montrent la différence qu'il faisait entre un *ager* qui était la propriété d'un citoyen, et l'*ager publicus* qui était la propriété de l'État. Même les lois agraires, dont le véritable objet était de transformer un *ager publicus* en un *ager privatus*, faisaient très nettement la distinction[1].

Il n'est donc nullement vrai que le mot *ager* ait signifié à lui seul une terre publique, une terre commune, ni qu'il ait eu un sens analogue au mot *mark*. Tout au contraire, un jurisconsulte romain dit expressément que l'idée qui domine dans le mot *ager* est l'idée de pleine propriété[2].

En effet, ce qu'un Romain appelle *ager* était fort souvent ce que nous appelons un domaine. Dans Caton, par exemple, l'*ager* n'est pas un simple champ; c'est un domaine de 100, de 120, de 240 arpents, qui est cultivé par dix, par douze, par seize esclaves. Columelle montre, comme une chose assez fréquente, qu'un *ager* soit si étendu que le propriétaire doive le partager pour la culture entre plusieurs groupes d'esclaves. *Ager* et *fundus* sont deux termes synonymes; et ils désignent l'un comme l'autre une exploitation rurale[3]. Pline, dans ses

---

1. Voyez la *Lex dicta Thoria*, au *Corpus inscriptionum latinarum*, I, p. 79. *Qui ager publicus populi romani fuit... ager privatus esto, ejusque agri emptio venditio uti ceterorum agrorum privatorum esto.* — Cf. Caton, *De Re rustica*, 141.
2. Javolénus, au Digeste, L, 16, 115 : *Possessio ab agro juris proprietate distat; quidquid enim adprehendimus cujus proprietas ad nos non pertinet, hoc possessionem appellamus; possessio ergo usus, ager proprietas loci est.* Remarquez que cette idée de propriété se trouve même dans l'expression *ager publicus*, qui ne signifie nullement terre commune; elle signifie propriété de l'État, domaine public. Si Maurer et ses disciples allemands ou français avaient un peu mieux connu la langue latine et les institutions romaines, ils n'auraient jamais confondu l'*ager publicus* avec l'*allmende*.
3. Caton, 1 et 10. — Sur la synonymie des deux mots, voir Varron, *De Re rustica*, I, 4, où tous les deux sont employés pour désigner la même chose; voir un autre exemple, ibidem, III, 2. De même dans Columelle, I, 2, et I, 4, pages 27 et 33 de l'édition bipontine.

Lettres, parle de ses *agri*; chacun d'eux est une grande propriété, qu'il afferme ou qu'il fait cultiver par de nombreux esclaves; et chaque *ager* contient, d'après sa description, des terres arables, des prés, des vignes, des bois. Le jurisconsulte Paul emploie les deux mots *ager* et *fundus* pour désigner un même domaine[1]. Un autre jurisconsulte dit formellement qu'on désigne par le mot *ager* toutes les terres d'un domaine[2]. Enfin, si l'on avait quelque doute, on n'aurait qu'à regarder, au Digeste, le passage d'Ulpien qui montre sous quelle formule les propriétés étaient inscrites sur les registres du cens. On y verrait que ces propriétés sont appelées *agri*, et que chacune d'elles comprend « des terres en labour, des vignes, des prés et des forêts[3] ».

C'est à tout cela qu'il fallait songer si l'on voulait savoir quelle idée Tacite attachait au mot *agri*. Car Tacite parlait évidemment la langue des Romains de son temps. Supposer qu'il attribue à ce mot le sens de terre publique qu'il n'a jamais eu, et même l'idée de terre commune qui n'entra jamais dans l'esprit d'un Romain, c'est de la pure fantaisie. Or Maurer et ses disciples sont partis de ce premier contresens pour interpréter à faux tout le chapitre 26 de la Germanie[4].

Après Tacite, nous avons les monuments du droit germa-

---

1. Paul, au Digeste, XVIII, 1, 40.
2. Digeste, L, 16, 211.
3. Ulpien, au Digeste, L, 15, 4 : *Forma censuali cavetur ut agri sic in censum referantur : nomen fundi cujusque, arvum quot jugerum sit, vinea,... pratum,... pascua,... silvæ.*
4. Nous avons montré ailleurs (*Recherches sur quelques problèmes d'histoire*, p. 269-289) les erreurs de sens que l'on commet sur les mots *agri, occupatur, cultores, arva mutant, superest ager.* — Sur le sens spécial de l'expression *occupare agrum*, mettre sa terre en valeur en y plaçant des esclaves, voir Columelle, II, 9; II, 10; II, 11; II, 13; V, 5; V, 10; remarquer surtout ces deux textes, Columelle, I, 3 : *Occupatos nexu civium et ergastulis*, et Code Justinien, IX, 49, 7 : *Quot mancipia in prædiis occupatis teneantur.* — Sur le sens de *cultores*, il faut se rappeler les *coloni* dont Tacite a parlé au chapitre précédent. — Pour le sens de *arva*, voir Varron, *De Re rustica*, I, 29 : *Arvum est quod aratum est*; ibidem, I, 13 : *Boves ex arvo reducti*; I, 19 : *Ad jugera ducenta arvi, boum juga duo*; cf. Cicéron, *De republica*, V, 3, et surtout Digeste, L, 15, 4. — *Mutare* ne signifie pas échanger entre soi; pour qu'il eût cette signification, il faudrait qu'il y eût *inter se*; *mutare* seul est fréquentatif de *movere* et signifie déplacer; les Germains déplacent leurs labours, c'est-à-dire labourent tantôt une partie, tantôt une autre du domaine. — Si l'on traduit chacun des mots de Tacite dans son sens

nique. Est-ce ici que Maurer trouve la *mark*? Il est certain que si le régime de la *mark* était en vigueur dans l'antiquité, et est passé de là aux temps modernes, c'est bien dans le droit barbare qu'on en constaterait l'existence. Or le mot *mark* ne se rencontre pas dans ces codes. Vous ne le trouvez ni dans les lois des Burgondes ni dans celles des Wisigoths, ni dans celles des Lombards, et vous ne trouvez non plus aucun terme qui en soit l'équivalent ou la traduction. Il n'est pas non plus dans la Loi Salique.

Le mot *mark* est dans la Loi Ripuaire; mais il a un sens tout opposé à celui que Maurer lui donne. Loin de signifier un territoire commun à tous, il désigne la limite d'une propriété privée. On peut s'en convaincre en lisant le titre LX : « Si quelqu'un achète une villa ou quelque petite propriété, il doit se procurer des témoins de la vente... Si un propriétaire empiète sur le propriétaire voisin (tel est le sens du mot *consors*), il payera quinze *solidi*.... La limite des deux propriétés, *terminatio*, est formée par des signes visibles, tels que petits tertres et pierres... Si un homme franchit cette limite, *marca*, et entre sur la propriété d'un autre[1], il payera l'amende indiquée plus haut. » Ainsi, ce que la loi appelle *terminatio* dans une

---

littéral, si surtout on fait attention au contexte et qu'on lise le chapitre entier *nec hortos, nec pomaria,... sola seges*, etc., on reconnaîtra que Tacite a décrit le mode de culture des Germains et n'a songé à dire ni qu'ils ignorassent ni qu'ils connussent la propriété. Ne pas perdre de vue, d'ailleurs, que le chapitre 26 fait suite au chapitre 25, où Tacite a dit que la terre est cultivée par des esclaves qui en payent la redevance chacun à son maître; après une sorte de parenthèse sur les affranchis, il revient à ces *cultores*, il montre comment ils cultivent, et il blâme leur méthode; c'est le chapitre 26. On aurait dû examiner ce chapitre de près et mot par mot, avec le sens que chaque mot avait au temps de Tacite, au lieu de le traduire si vite et de s'en servir pour une idée préconçue.

1. *In sortem alterius fuerit ingressus* [cf. *Recherches*, p. 525 et suiv.]. — Dans les textes du iv° au viii° siècle, le mot *sors* signifie une propriété privée; *sors patrimonium significat*, dit le grammairien Festus; la contribution de l'annone, dit le Code Théodosien, est proportionnelle à l'étendue des propriétés, *pro modo sortium*, XI, 1, 15. Cassiodore, *Lettres*, VIII, 26 : *Sortes propriæ*. Loi des Wisigoths, VIII, 8, 5 : *Sortem suam claudere*; X, 1, 7 : *Terra in qua sortem non habet*. Loi Salique, Behrend, p. 112 : *Si quis in mansionem aut sortem*. Loi des Burgondes, XLVII, 5 : *Filii sortem parentum vel facultatem vindicabunt*; LXXVIII : *Si pater cum filiis sortem suam diviserit*. Dans tous ces exemples, *sors* signifie propriété ou héritage. — [Cf. *Nouvelles Recherches*, p. 507 et suiv.; *L'Alleu*, p. 167 et suiv.]

ligne et *marca* dans la ligne suivante est manifestement la même chose : c'est la limite qui sépare deux propriétés privées. Voilà qui dérange le système de Maurer.

Regardons les codes des Germains restés en Germanie. Le mot *mark* ne se trouve pas dans ceux des Thuringiens, des Frisons, des Saxons. Il est dans ceux des Alamans et des Bavarois. Seulement, au lieu de signifier un territoire commun, comme le voudrait Maurer, il signifie la limite d'un pays. La Loi des Alamans prononce que celui qui se sera saisi d'un homme libre et l'aura vendu hors des frontières, *extra terminos*, devra le ramener dans le pays et payer quarante *solidi*; puis, à la ligne suivante, se lit une disposition semblable pour la vente d'une femme libre hors des frontières, et la seule différence est que les mots *extra terminos* sont remplacés par *extra marcam*; les deux termes sont donc synonymes et signifient frontière[1].

La Loi des Bavarois marque encore mieux le sens du mot. Elle parle de celui qui emmène un esclave hors des frontières, et elle exprime cela par *extra terminos, hoc est extra marcam*[2]. Il est impossible de mieux marquer que le mot germanique *mark* est synonyme du latin *terminus*. — Un autre passage de la Loi des Bavarois montre que *mark* s'employait aussi pour désigner la limite d'une propriété particulière; sous la rubrique *De terminis ruptis*, il est dit que, si deux voisins sont en débat pour leur limite, les juges devront examiner d'abord si cette limite est tracée par des signes visibles, tels que arbres marqués, tertres, ou rivières. Or ces deux voisins qui ont limite commune, la loi les appelle *commarcani*[3]. Il est vrai que Maurer suppose que ce mot signifierait « hommes qui habitent la même *mark*, le même territoire commun »; mais il n'aurait pas commis cette erreur s'il avait regardé qu'à la ligne suivante le même article de loi dit expressément qu'il s'agit ici de terres de propriété privée, de terres

---

1. *Lex Alamannorum*, XLV et XLVI, édit. Pertz, p. 61; édit. Lehmann, p. 105-106.
2. *Lex Baiuwariorum*, XIII, 9, Pertz, p. 316.
3. Ibidem, XII, 8, Pertz, p. 312.

patrimoniales; chacun des deux adversaires déclare en effet qu'il les tient de ses ancêtres[1]. C'est donc ici le contraire d'une *mark* commune. Il s'agit de deux propriétaires voisins qui ont procès sur leurs limites. *Commarcani* est un mot analogue à *confines*, que l'on trouve ailleurs; il se dit de deux hommes qui ont la même *marca*, la même *finis*, c'est-à-dire qui ont limite commune.

Que la *mark* fût un territoire commun, c'est ce qui ne se trouve dans aucune des législations germaniques. Y trouve-t-on au moins quelques indices d'une certaine communauté foncière ? Maurer le soutient; et pour cela il présente en tout trois textes, qu'il tire tous les trois de la Loi des Burgondes ; c'est le titre XIII où il lit les mots *in silva communi*, le titre XXXI où il trouve *in communi campo*, et le titre I de l'*Additamentum* où il voit *silvarum et pascuorum communionem*[2]. Voilà de quoi convaincre certains lecteurs. Le mot *communis* n'est-il pas assez probant? Cependant, vérifions ces textes, et pour chacun d'eux regardons la phrase entière.

L'article XIII ne parle pas du tout d'une forêt commune à tous; il parle d'une forêt qui se trouve être commune à un Romain et à un Burgonde, probablement après le partage d'une propriété qui avait appartenu au premier[3]. Cela est bien loin du régime de la communauté des forêts. L'article montre au contraire que la forêt est ici la propriété de deux hommes. — L'article XXXI, qui mentionne un *campus communis*, a induit Maurer à dire « qu'il y avait encore en Gaule beaucoup de champs restés indivis ». C'est une erreur; car ici encore il s'agit d'un champ qui appartient à deux propriétaires et qui n'est indivis qu'entre ces deux hommes. Celui qui dans un champ commun aura planté une vigne devra indemniser l'autre propriétaire du champ en lui abandonnant un égal espace

---

1. *Lex Baiuwariorum* : *Hucusque antecessores mei tenuerunt et in alodem mihi reliquerunt.* — Le mot *alodis* dans la langue de cette époque n'a pas d'autre sens que celui d'héritage. [Voir le volume sur *l'Alleu*.]

2. Maurer, *Einleitung*, p. 87, 88 et 145.

3. Voici le texte : *Si quis tam Burgundio quam Romanus in silva communi exartum fecerit, aliud tantum spatii de silva hospiti suo consignet; et exartum quod fecit, remota hospitis communione, possideat.*

de terre¹; mais si le copropriétaire le lui a d'abord interdit et que malgré cela il plante sa vigne, il perdra son travail et la vigne appartiendra au propriétaire du champ². On voit bien qu'il s'agit ici de tout autre chose que d'une terre commune à tout un village. Maurer a commis là cette inadvertance qui consiste à isoler deux mots d'une phrase au lieu de lire la phrase entière. — Quant au troisième texte qu'il cite, titre Ier de l'*Additamentum*, et qui contient les mots *silvarum et pascuorum communionem*, il se trouve que cet article n'appartient pas à la Loi des Burgondes : il appartient à la *Loi Romaine* des Burgondes, ce qui est fort différent³. Il s'agit en effet d'une disposition toute romaine et que l'on retrouve au Code Théodosien, d'après laquelle une forêt et des pâquis peuvent appartenir en commun à quelques propriétaires de terres cultivées ; et la Loi Romaine porte qu'en ce cas chaque propriétaire a sur la forêt et les pâquis un droit qui est au prorata de l'étendue de ce qu'il possède de terres en culture⁴.

Ainsi les trois textes que Maurer croit trouver dans le droit germanique pour montrer la pratique d'un régime de communauté, ou appartiennent au droit romain ou n'ont aucun rapport avec cette prétendue communauté et marquent au contraire formellement la propriété privée. De même, rencontrant quelque part le mot *consortes*, il dit : voilà les associés de la *mark*, et il cite encore un passage de la Loi des Burgondes ; mais cette fois encore le passage cité appartient à la Loi Romaine, et si vous regardez la phrase, vous voyez que le mot *consortes* y a le sens romain de cohéritiers⁵. L'article signifie que deux ou plusieurs cohéritiers sont restés dans l'indivision

---

1. *Quicumque in communi campo vineam plantaverit, similem campum illi restituat* IN CUJUS CAMPO *vineam posuit.*

2. *Si vero post interdictum in campo alterius vineam plantare præsumpserit, laborem suum perdat, et vineam* CUJUS EST CAMPUS *accipiat.*

3. Voir la note de l'édition de Pertz, p. 607; voir aussi Binding, dans les *Fontes rerum Bernensium*, t. I, p. 142.

4. *Silvarum, montium, et pascui unicuique pro rata possessionis suppetit esse commune.* Du reste la même règle se trouve exprimée sous une autre forme dans la Loi des Burgondes, tit. LXVII : *Quicumque agrum vel colonicas tenent, secundum terrarum modum vel possessionis suæ ratam, sic silvam inter se noverint dividendam.* On voit que ni dans un texte ni dans l'autre il ne s'agit de forêt commune à tous.

5. Maurer, p. 145. *Lex romana Burgundionum*, édit. Pertz, p. 607, Bin-

et n'ont pas limité leurs parts, mais que si l'un d'eux vient à réclamer le partage, ce partage ne peut pas lui être refusé[1]. Nous sommes bien loin, ici encore, du régime de la communauté des terres.

Tels sont les quatre textes que Maurer tire ou croit tirer du droit germanique; il ne peut les appliquer à sa théorie qu'en les interprétant à faux. C'est qu'en effet tout le droit germanique est un droit où règne la propriété privée. Lisez la Loi des Burgondes, vous y trouverez des champs de blé qui sont enclos, et même des prés; la forêt elle-même est un objet de propriété privée : « Si un Burgonde ou un Romain ne possède pas de forêt, il lui est permis de prendre le bois mort *dans la forêt d'un autre*, et celui *à qui la forêt appartient* ne devra pas l'en empêcher; mais s'il prend un arbre portant fruits, il payera une amende au propriétaire, *domino silvæ*[2]. » Un droit d'usage, limité d'ailleurs au bois mort, n'est pas la même chose que la propriété commune. On voit encore dans ce code que le domaine rural est appelé *villa*, qu'il a ses limites, *termini villæ*[3]. Même les terres que le roi a données à ses serviteurs sont des terres limitées[4]. Ces limites sont inviolables; le législateur burgonde prononce que celui qui en déplace une, aura la main coupée. Les Burgondes n'ont donc pas songé un seul moment à établir un communisme agraire.

Dans la Loi des Wisigoths, nous voyons des hommes qui sont propriétaires de vignes, de champs, de prés, même de pâquis et de forêts[5]. La terre est une propriété héréditaire, et

---

ding, p. 142 : *Agri communis, nullis terminis limitati, exæquationem inter consortes nullo tempore denegandam.* — Sur la synonymie de *consortes* et de *cohæredes*, voir Cicéron, *In Verrem*, III, 25; Paul, au Digeste, XXVII, 1, 31; Sidoine, *Lettres*, IV, 24; et beaucoup d'autres exemples.

1. Comparez le titre *De familia herciscunda* au Digeste, X, 2, et au Code Justinien, III, 36; voyez aussi au Code Justinien, le titre III, 37, *De communi dividundo*, et particulièrement la loi 3.
2. *Lex Burgundionum*, XXVII et XXVIII, 1-2.
3. Ibidem, XXXVIII, 4; cf. XLIX, 3 : *Dominus extra fines suos*.
4. Ibidem, LV, 2 : *Ex ejusdem agri finibus quem barbarus cum mancipiis publica largitione percepit*. *Publica largitione*, « par don du roi ». C'est le sens du mot *publicus* dans toute cette langue.
5. *Lex Wisigothorum*, VIII, 3, 15; VIII, 5, 1; VIII, 4, 27 : *Silvæ dominus.... Is cujus pascua sunt*.

il y a tout un titre sur le partage des biens fonciers entre cohéritiers, comme il y en a un sur les limites des propriétés privées.

De même dans tout le droit lombard : le droit de propriété s'applique à tout, même aux forêts[1]. Le propriétaire de la terre, *dominus*, a le droit de la vendre[2]. Il peut aussi l'affermer par bail, *libellario nomine*.

La Loi Salique est un code beaucoup moins complet que ceux dont nous venons de parler. Elle ne dit rien de la vente; mais elle contient la règle d'hérédité. La terre passe du père au fils[3]. On y voit aussi des champs de blé et des prés qui sont enclos, ce qui ne se concilie guère avec la communauté[4]; on y voit même des forêts qui appartiennent à un propriétaire et où nul n'a le droit de prendre du bois[5].

La Loi Ripuaire signale l'usage des haies et des clôtures; la règle d'hérédité est appliquée à la terre, et la vente en est permise[6]. Ce sont les signes certains auxquels on reconnaît la pratique de la propriété.

Pour peu qu'on lise la Loi des Alamans, il en ressort avec une pleine clarté que dans tout le pays régi par cette loi le sol était un objet de propriété privée. Nous voyons dès le titre Ier que l'individu était si pleinement propriétaire, qu'il pouvait, par un seul acte de volonté, donner sa terre à une église; il n'avait à demander pour cela l'autorisation d'aucun groupe d'associés. La propriété de la terre y est appelée du nom de *proprietas*, et elle est « perpétuelle[7] ». Elle est héréditaire; car la même loi indique que, si cet homme ne donnait pas sa terre à l'église, elle passerait « à ses héritiers[8] »; et elle prévoit

---

1. *Lex Langobardorum*, Rotharis, 240.
2. Ibidem, Liutprand, 116; Rotharis, 173.
3. *Lex Salica*, LIX : *Si quis mortuus fuerit et filios non dimiserit*. Ces mots qui commencent le chapitre impliquent manifestement que l'héritage va d'abord aux fils; § 5 : *De terra nulla in muliere hereditas; ad virilem sexum tota terra pertineat*.
4. Ibidem, IX, 4; manuscrit de Wolfenbuttel, IX, 9; cf. XVI, 5; XXXIV, 1.
5. Ibidem, XXVII, 18.
6. *Lex Ripuaria*, XLV, LVI, LX, LXXXII.
7. *Lex Alamannorum*, I : *Proprietas in perpetuo permaneat*.
8. Ibidem, II : *Si ipse qui dedit vel aliquis de heredibus suis....* Cf. ibid., LVII.

le cas où l'un de ses héritiers réclamerait contre la donation, tandis qu'elle ne mentionne pas la possibilité qu'une « association de *mark* » revendique la terre. Le même code signale les moulins et les cours d'eau comme objets de propriété privée[1]. Ce qui nous renseigne mieux encore sur l'état du sol, c'est cet article : « Si un débat surgit entre deux familles au sujet de la limite qui sépare leurs terres, les deux familles, en présence du comte, combattent; celle à qui Dieu donne la victoire entre en possession du terrain contesté; ceux de l'autre famille payent une amende de 12 *solidi*, parce qu'ils ont agi contre la *propriété d'autrui*[2]. » Voilà une règle qui ne peut pas se rapporter à des terres communes à tous. Il s'agit visiblement ici de la propriété fixe, stable, limitée. Seulement, cette propriété appartient moins à l'individu qu'à la famille. Les Alamans ont encore des restes de propriété familiale.

Dans la Loi des Bavarois, la propriété du sol est héréditaire. Chaque domaine est entouré de limites qui sont formées : « ou par une levée de terre, ou par des pierres enfoncées dans le sol, ou par des arbres marqués de signes particuliers[3] ». Et ne pensez pas que ces limites enferment seulement des jardins : elles enclosent des champs et des vignes : « Celui qui, en labourant son champ ou en plantant sa vigne, aura reculé par mégarde une borne, rétablira la limite en présence des voisins. » « Lorsque deux voisins ayant commune limite sont en débat, si les signes des limites n'apparaissent pas visiblement, l'un dit : c'est jusqu'à cette ligne que mes ancêtres ont possédé la terre et me l'ont laissée en héritage ; l'autre conteste et prétend que la terre a appartenu à ses ancêtres jusqu'à telle autre ligne ; alors le débat est vidé par le duel judiciaire[4]. » Voilà bien la propriété; elle est héréditaire depuis longtemps, puisque chacun des deux adversaires dit qu'il l'a reçue de ses ancêtres, et elle appartient aux mêmes familles depuis plusieurs générations.

---

1. *Lex Alamannorum*, LXXX (LXXXIII), édit. Lehmann, p. 144, 145.
2. Ibidem, art. LXXXI (LXXXIV), édit. Lehmann, p. 145, 146 ; Pertz, 113 et 165.
3. *Lex Baiuwariorum*, XII, 4.
4. Ibidem, XII, 4; Pertz, p. 311.

Le droit de propriété s'applique aussi bien aux forêts et aux pâquis qu'aux terres labourées, aussi bien à la terre inculte qu'à la terre cultivée : « Si quelqu'un vend sa propriété, soit terre cultivée, soit terre inculte, prés ou forêts, la vente doit être faite par écrit et devant témoins[1]. »

Dans la Loi des Thuringiens, la terre passe du père au fils. — La Loi des Saxons consacre aussi le droit de propriété privée; elle autorise la vente et la donation de la terre. — Les capitulaires des rois mérovingiens signalent aussi comme fait normal et constant la propriété privée. — Un édit de Chilpéric prononce que la terre passe non seulement au fils suivant l'ancienne règle, mais à la fille, au frère, à la sœur. Sur ce dernier point Maurer commet encore une singulière inexactitude. De cette loi qui consacre la règle de l'hérédité il conclut que la communauté existait avant elle. L'édit de Chilpéric dit qu'en aucun cas les voisins ne prendront la terre; cela lui paraît signifier qu'avant le jour où cette loi fut faite, les voisins étaient les vrais propriétaires du sol et qu'ils passaient pour l'héritage avant le fils du défunt. Il ne fait pas attention que, pour le fils précisément, Chilpéric ne fait que rappeler la règle ancienne de l'hérédité. Les mots *non vicini* se trouvent dans le paragraphe où il est question du cas où le propriétaire meurt sans enfants. Dire que, si un propriétaire meurt sans enfants, on cherchera ses héritiers les plus proches et que les voisins ne devront pas s'emparer de la terre, ce n'est pas dire que ces voisins avaient jusqu'à ce jour un droit sur cette terre. Exagérer à tel point la portée d'un texte, c'est le fausser[2]. Aucun capitulaire franc, aucune loi, aucune charte, aucune formule d'acte ne mentionne ce prétendu « droit des voisins » sur la terre. Aucun de ces documents ne fait même allusion à un village possédant la terre en commun. — Les capitulaires carolingiens, qui sont faits pour la Germanie comme pour la Gaule,

---

1. *Lex Baiuwariorum*, XVI, 2; Pertz, p. 321; cf. ibidem, 15 et XXII, p. 532.
2. M. Viollet copie Maurer, en forçant encore ses expressions : « Le roi Chilpéric, dit-il, *fut obligé* de déclarer que les voisins ne *succéderaient* pas, *mais bien les fils*. » Bibliothèque de l'École des Chartes, 1872, p. 492. Une telle interprétation est vraiment le contraire du texte.

ne connaissent que deux manières d'occuper le sol : l'une en alleu, c'est-à-dire en pleine et héréditaire propriété ; l'autre en bénéfice, c'est-à-dire par la concession temporaire et conditionnelle d'un propriétaire. Ils ne connaissent pas de possession commune.

Si l'on montrait quelque part le partage annuel ou périodique du sol, la communauté du sol serait prouvée. Aussi Maurer soutient-il qu'on a longtemps pratiqué ce partage annuel[1]. Pour une assertion si grave, pour un fait historique d'une telle importance, vous espérez qu'il va fournir des textes nombreux et précis. Il n'en présente qu'un. C'est un acte de l'an 815, qui est dans le *Codex diplomaticus* de Neugart sous le n° 282[2]. Or regardez cet acte : c'est une donation faite par Wolfin à un couvent. Lisez-le tout entier : vous n'y trouvez pas un mot de communauté, pas un mot de partage annuel. Wolfin est un propriétaire ; les terres qu'il donne sont sa propriété, et même elles sont pour lui des terres patrimoniales : il les a héritées de son père. Voilà donc un acte qui, depuis le premier mot jusqu'au dernier, prouve la propriété privée et montre le contraire de la communauté. Comment Maurer a-t-il pu l'alléguer à l'appui de sa thèse ? Vous pouvez voir ici un exemple frappant de la légèreté avec laquelle il procède. Le donateur faisant l'énumération, suivant l'usage, des terres qu'il donne, écrit *terræ anales, prata, vineæ, pascua*. Maurer s'empare de ce mot *anales* ; ce n'est pas un mot latin, mais il suppose d'abord une faute du copiste, et il rectifie en *annales*. Mais le mot *annalis* lui-même n'appartient pas à la langue des diplômes, et ne s'y trouve pas une seule fois ; Maurer suppose qu'il signifie « des terres qu'on n'occupe qu'une année ». Mais cela est impossible, puisque dans ce même acte Wolfin les possède comme propriétaire et par héritage. L'énumération *terræ anales, prata, vineæ, pascua* s'applique incontestablement à des terres patrimoniales. Le mot *anales* embarrasse ; mais si l'on est familier avec ces chartes, on a remarqué très souvent dans celles de cette époque l'expression *terræ areales*, « terres labourables » ; qui

---

1. Page 8.
2. Neugart, t. I, p. 155.

remplace *terræ arabiles*¹. Cela est dans beaucoup d'actes de donation. Lorsque, sur ces diplômes qui se ressemblent exactement et sont écrits sur la même formule, vous avez dans quatre-vingts *terræ arabiles, prata, vineæ, pascua*, et dans vingt autres *terræ ariales, prata, vineæ, pascua*, si vous trouvez un diplôme unique où vous lisez *terræ anales, prata, vineæ, silvæ, pascua*, le plus simple bon sens vous dit que ce mot *anales*, lequel est de toute façon une faute, doit avoir été écrit pour *ariales*, et qu'il y a eu méprise ou de l'éditeur ou du copiste. Ce qui est hors de doute, c'est que le donateur fait don « des terres qu'il possède par héritage » et qui comprennent « terres arables, prés, vignes, pâquis ». Voilà l'acte de 815 ; et l'on constate ici la méthode suivie par Maurer : il cite un acte qui prouve dans tout son ensemble la propriété patrimoniale ; il ne le dit pas au lecteur ; au contraire, il prend dans cet acte un mot, le modifie et l'interprète à sa guise, et, ne présentant au lecteur que ce mot, il veut faire croire que l'acte prouve le partage annuel et la communauté des terres.

Pour l'époque des invasions, il s'efforce de trouver des textes qui puissent donner l'idée d'un partage² ; mais faisons-y attention : il ne s'agit jamais d'un partage annuel ni périodique. Il cite d'abord la phrase de Victor Vitensis, qui nous dit que Genséric, dès qu'il fut maître de la province appelée Zeugitane, en partagea le sol entre ses soldats « en lots héréditaires³ ». Voilà qui est le contraire d'un partage annuel, et par conséquent le contraire de la communauté. Vient ensuite Procope, qui écrit que « les Ostrogoths se partagèrent les terres qui avaient été données précédemment aux Hérules⁴ » ; or il s'agit encore ici de partage en pleine propriété. Puis Maurer allègue, avec une grande abondance de citations, les partages que beaucoup d'érudits supposent avoir été faits entre les propriétaires ro-

---

1. Les mots *terræ areales* ou *ariales* se trouvent notamment dans le *Codex Fuldensis* de Dronke, nᵒˢ 16, 78, 155, etc., et dans les *Traditiones possessionesque Wizenburgenses* de Zeuss, nᵒˢ 9, 35, 52, etc. [Cf. *L'Alleu*, p. 181.]
2. P. 72 et suivantes.
3. Victor Vitensis, I, 4 : *Exercitui provinciam Zeugitanam funiculo hereditatis divisit.*
4. Procope, *Guerre des Goths*, I, 1.

mains d'une part, les soldats wisigoths, burgondes et francs de l'autre. Mais ce partage, en tout cas, ne fut ni annuel ni périodique. Chaque part devint, dès le premier jour, perpétuelle et héréditaire. Il serait puéril de soutenir qu'un tel partage fût l'indice d'un régime de communauté agraire. Il marque, au contraire, que les nouveaux venus n'avaient pas l'idée de la communauté et ne l'ont pas pratiquée un seul moment.

Aussi Maurer ne peut-il fournir aucun exemple, chez tous ces peuples, d'un seul village possèdant la terre en commun, ni d'une seule association de *mark*. Pas un exemple de cela, ni dans les écrivains du temps, ni dans les codes de lois, ni dans les chartes, ni dans les formules d'actes. Et l'on ne peut pas objecter que c'est là une pure omission ; car, dans ces lois, dans ces chartes, dans ces formules, non seulement nous ne trouvons pas la communauté, mais nous trouvons exactement le contraire; partout la propriété, l'hérédité, la donation, la vente.

Ces législations ne contiennent même pas le souvenir d'une indivision antérieure. Lorsqu'elles prononcent que la terre est héréditaire ou qu'on peut la vendre, elles ne disent pas que cela soit une nouveauté. Il est facile à Maurer de prétendre que ce soient là des emprunts faits au droit romain ; hypothèse commode, mais dont on ne peut donner aucune preuve. A dire vrai, le régime antérieur que les législations germaniques laissent apercevoir n'est pas le régime communiste, c'est la copropriété de famille. Les traces en sont visibles dans la Loi Salique, dans la Loi Ripuaire, dans les codes des Burgondes et des Thuringiens. La révolution qui s'est faite à cette époque dans le régime des terres n'a pas consisté à passer de la communauté à la propriété, mais de la propriété familiale à la propriété individuelle. L'usage du testament et de la vente a été la principale marque de cette révolution. C'est cela seulement qu'on peut attribuer à l'influence du droit romain ; encore me semble-t-il plus sûr d'y voir l'effet d'une évolution naturelle qui s'est produite chez tous les peuples.

Si Maurer ne peut trouver dans le droit germanique aucun indice de la *mark* ni de la communauté, quels sont donc les documents dont il s'est servi pour prouver l'antique existence de cette *mark* et de cette communauté? Regardez son livre avec un peu d'attention, et vous voyez avec quelque surprise qu'il tire ses textes des recueils de *Traditiones*. On appelle ainsi des collections de chartes qui vont du viiie au xive siècle[1]. Mais ces chartes, au nombre de près de dix mille, sont, toutes et sans nulle exception, des chartes de propriété privée. Ce sont en effet toujours ou des actes de donation, ou des actes de vente, ou des actes d'échange de terre, ou des actes de précaire. On ne peut nier que des milliers d'actes de cette sorte ne soient autant de milliers de preuves du régime de la propriété. On ne vend et l'on ne donne que ce dont on est propriétaire. Il y a aussi dans ces recueils des actes de jugement, et ils portent toujours sur la propriété.

Notons bien qu'il ne peut pas y avoir de doute sur le sens des termes employés. Se peut-il un langage plus clair que ce que je trouve dans un acte de 770? « Moi, Wicbert, je donne à l'église de Saint-Nazaire les manses, terres, champs, prés, esclaves que je possède en propre; je fais tradition de tout cela à l'église pour qu'elle possède tout cela à perpétuité, avec droit et pouvoir de tenir, donner, échanger et faire de ces biens tout ce qu'elle voudra[2]. » Et dans un acte de 786 : « Moi, fille de

---

1. Les principaux de ces recueils sont : le *Codex diplomaticus* et les *Syllogi* de Guden, 1728, 1743; le *Codex traditionum Corbeiensium* de Falke, 1752; les *Monumenta Boica*, à partir de 1769; le *Codex Laureshamensis abbatiæ diplomaticus*, 1768; les *Subsidia* et les *Nova Subsidia diplomatica* de Wurdtwein, 1772-1781; le *Codex diplomaticus Alemanniæ* de Neugart, 1791; le *Urkundenbuch* pour l'histoire de la région du Bas-Rhin de Lacomblet, 1840; les *Traditiones Wizenburgenses* de Zeuss, 1842; les *Traditiones Fuldenses* de Dronke, 1844, et du même éditeur le *Codex diplomaticus Fuldensis*, 1850. Ajoutez à cela quelques ouvrages où ont été publiés un grand nombre d'actes de même nature : Meichelbeck, *Historia Frisingensis*, 1724; Hontheim, *Historia Trevirensis diplomatica*, 1757; Schœpflin, *Alsatia diplomatica*, 1772; Wigand, *Archiv für Geschichte Westphalens*, 1825; Bodmann, *Rheingauische Alterthümer*, 1819; Mone, *Zeitschrift für die Geschichte des Oberrheins*, 1850. — Depuis Maurer, il a été publié plusieurs recueils, notamment ceux de Beyer, *Urkundenbuch.... mittelrheinischen Territorien*, 1860; Binding, *Fontes rerum Bernensium*, 1883; et le *Urkundenbuch der Abtei S. Gallen*, 1863.

2. *Codex Laureshamensis*, n° 11, p. 25-26 : *Ego Wigbertus dono ad Sanctum Nazarium... in mansis, terris, campis, pratis,... quantumcunque in his locis proprium habere videor... dono, trado atque transfundo perpetualiter ad possidendum, jure et potestate habendi, tenendi, donandi, commutandi, vel quidquid exinde facere volueritis liberam ac firmissimam habeatis potestatem.*

Théodon, je donne à Saint-Nazaire tout ce que j'ai en propre héritage dans tels lieux dont voici les noms...; et tout ce qui a été ma possession et propriété, je le transporte en la possession et propriété de Saint-Nazaire[1]. » Ailleurs : « Je donne telle terre qui m'appartient pour que l'abbé et ses successeurs la tiennent et possèdent à perpétuité[2]. » Ailleurs encore : « Moi, Wrachaire, je donne cette terre qui est de mon droit propre, afin que dorénavant l'abbé la possède en droit propre, *jure proprio*[3]. » Ces phrases sont répétées dans des milliers d'actes. Souvent le donateur ou le vendeur ajoute qu'il tient la terre en héritage, qu'il l'a reçue de son père[4]. Et l'on peut noter encore que ce dont on est propriétaire, ce n'est pas seulement la terre arable, c'est aussi bien la forêt, le pâquis, les cours d'eau[5]. Et cela est répété sans cesse. Et ce n'est jamais une communauté de village ou de *mark* qui fait cette donation ; c'est toujours un particulier.

Tels sont les recueils dont Maurer va se servir pour essayer de prouver que la communauté existait au moyen âge. Il est manifeste que tout leur ensemble contredit sa thèse ; mais il va en extraire une vingtaine d'actes, et c'est eux seuls qu'il présentera, comme si les autres n'existaient pas. Que faut-il penser d'une méthode qui, à seule fin d'édifier un système, cherche

---

1. *Codex Laureshamensis*, n° 12 : *Dono ad Sanctum Nazarium... de propria alode nostra in locis nuncupatis... ubicunque moderno tempore mea videtur esse possessio vel dominatio; de jure meo in jus ac dominationem S. Nazarii dono, trado atque transfundo.*

2. Neugart, p. 401, acte de 879 : *Donamus... ut perpetualiter teneant atque possideant.* — Meichelbeck, p. 48 et 53 des *Instrumenta* : *Donamus... rem propriam nostram;* p. 67 : *Propriam alodem;* p. 36 : *Rem propriam... in possessionem perpetuam.*

3. Lacomblet, n° 4.

4. Meichelbeck, *Instrumenta*, p. 27 : *Ego Chunipertus propriam hereditatem quam genitor meus mihi in hereditatem reliquit.* — Lacomblet, n° 8, acte de 796 : *Omne quod mihi jure hereditario legibus obvenit in villa Bidnengheim.* — Neugart, n° 305, acte de 843 : *Quidquid proprietatis in Alemannia visus sum habere, sive ex paterna hereditate seu ex acquisito, sive divisum habeam cum meis coheredibus seu indivisum... id est domibus, edificiis, mancipiis, campis, pomiferis, pratis, pascuis, silvis, viis, aquis, cultis et incultis.*

5. Meichelbeck, p. 27, acte du VIIIe siècle : *Tradidi territorium, pratas, pascua, aquarum decursibus; silvis, virgultis, omne cultum aut non cultum, in possessionem perpetuam.* — Lacomblet, n° 4, acte de 794 : *Terram proprii juris mei... cum silvis, pratis, pascuis, perviis, aquis.*

quelques cas isolés sans tenir compte d'un immense ensemble qui démontre exactement le contraire du système?

Au moins aurait-il été loyal d'avertir les lecteurs que les actes qu'il citait n'étaient qu'une imperceptible minorité, dix-huit ou vingt sur environ dix mille. Les lecteurs n'ont pas toujours ces recueils sous la main, et ce qui leur manque encore plus, c'est la pensée même de vérifier. Si vous leur présentez vingt textes, ils croiront tout de suite que ce sont là tous les textes qu'on a. Il fallait les prévenir qu'il existe dix mille autres actes, qui sont de même nature, qui ont été écrits dans le même temps, qui sont rédigés d'après les mêmes formules; il fallait leur avouer que ces dix mille actes disent exactement le contraire de ces vingt que vous allez citer; il ne fallait pas leur laisser ignorer que ces milliers de donations, de testaments, de ventes ou d'échanges de terres sont la démonstration irréfutable d'un régime de propriété privée. Et c'est alors seulement qu'on pouvait leur dire qu'il s'y trouve *peut-être* dix-huit ou vingt actes dans lesquels on *croit* voir quelque indice de communauté. Maurer n'a pas fait cet aveu; ses disciples, en Allemagne et en France, se sont gardés de le faire. Tous invoquent imperturbablement ces recueils de *Traditiones*, comme si ces quinze gros recueils n'étaient pas la réfutation écrasante de leur système.

Il y a plus : les dix-huit ou vingt actes présentés par Maurer sont-ils exacts? ont-ils bien la signification que l'auteur veut qu'ils aient? Notons en effet qu'il n'en cite jamais qu'une ligne isolée, parfois qu'un ou deux mots. Il faut nous reporter aux actes eux-mêmes et vérifier[1].

Il cite d'abord, page 47, un acte du Recueil de Lorsch. C'est un diplôme de 775 par lequel Charlemagne donne à ce monastère à titre perpétuel la villa Héphenheim, comprenant terres, maisons, esclaves, vignes, forêts, champs, prés, pâquis, eaux et cours d'eau, avec toutes ses appartenances et dépendances, « avec ses limites et ses marches », *cum terminis et marchis suis*[2].

---

1. Pour ne pas allonger démesurément cette étude, nous laissons de côté les textes du xiv° et du xv° siècle. Il nous suffira d'examiner ceux qui sont antérieurs.
2. *Codex Laureshamensis*, n° 6, t. I, p. 15.

— Voilà la marche, dit Maurer. Oui, mais ce n'est pas la marche commune. Tout au contraire, c'est la marche limite d'une propriété privée. Il s'agit en effet d'une villa, d'un domaine qui était la propriété particulière du roi et qui devient la propriété d'un couvent. Nulle idée ici de communauté, ni de *mark* commune, ni d'association de village. Il n'y a même pas de village. Il y a un domaine, lequel est cultivé, l'acte le dit, par des esclaves. *Cum terminis et marchis suis*, voilà deux mots qui signifient limites du domaine; cette redondance n'a rien qui doive surprendre. La *marca* n'est pas autre chose que le *terminus*. Nous avons déjà vu dans la Loi des Bavarois *terminus id est marca*. De même un diplôme de Childéric II décrit la ligne des limites d'un domaine; *fines et marchas*[1]. N'allons pas penser que ces *marchæ* soient une étendue de terre distincte du domaine. L'expression *dono villam... cum marchis* ne peut étonner que ceux qui ne sont pas familiers avec cette catégorie de textes. Ceux qui les ont lus savent qu'il était de style, dans les actes de donation et de vente d'un domaine, d'ajouter « avec ses limites ». Les chartes écrites en Gaule portaient *cum omni termino suo*; les chartes écrites en Germanie portaient *cum omni marca sua* ou *cum marcis suis*[2]. Dans un grand nombre de nos documents, *marca* n'a pas d'autre sens. Voyez, par exemple, dans le *Codex Fuldensis*, n° 21, un acte de 760 où un particulier fait don d'une villa *cum marcas et fines*.

Maurer cite plusieurs autres textes[3] : un diplôme de Louis le Pieux, un acte de 748 cité par Grandidier, six actes de 768, 778, 790, 794, 796, 811, cités par Schœpflin, et un diplôme de 812 dans le Recueil de Neugart. Mais que lisons-nous en tout cela? Toutes ces pièces sont des actes de donation en propriété perpétuelle, et chacune de ces donations porte sur une terre située dans une localité qui est appelée indifféremment *villa*, *finis* ou *marca*..... *In fine vel in villa Berkheimmarca.... In fine vel marca Angchisesheim.... In villa vel in fine Heidersheimmarca.... In villa Gebunvillare seu in ipsa marca....*

---

1. *Diplomata*, édit. Pardessus, n° 341.
2. Voir notamment les chartes de l'abbaye de Saint-Gall, n°ˢ 185, 186, 187, etc.
3. Maurer, *Einleitung*, p. 41, 42, 45.

Dono portionem meam quæ est in marca Odradesheim.... In loco et in marca Hortheim.... In curte vel in marca Ongirheim.... Quidquid in ipso loco et ipsa marca habeo. Toutes ces expressions, synonymes entre elles, reviennent fréquemment : en 803, Ansfrid fait donation de ce qu'il possède *in marca vel villa Sodoja* et aussi *in villa vel marca Baldanis*[1]. Tous ces textes ne prouvent qu'une chose, c'est que le mot *mark*, après avoir désigné spécialement la limite d'un domaine, a fini par désigner le domaine lui-même. C'est une déviation naturelle des mots que les philologues connaissent bien. La même chose est arrivée à ses synonymes *finis* et *terminus*. En Gaule, on a dit indifféremment *villa* Élariacus et *terminus* Élariacus, Longoviana *villa* et Longoviana *finis*. En Allemagne, on a dit de même *villa* ou *marca*. Dans ces exemples que cite Maurer je vois bien une *mark*, mais une *mark* qui est la même chose qu'une *villa*, c'est-à-dire un domaine[2]. Maurer a pris des domaines privés pour des terres communes[3].

Dans les milliers d'actes du Recueil des *Traditiones*, nous trouvons toujours le nom du domaine dont le donateur est propriétaire en tout ou en partie. On peut calculer approximativement que sept fois sur huit ce domaine est appelé *villa*, et une fois sur huit *marca*. Et si l'on compare les deux catégories d'actes, on n'aperçoit entre elles aucune différence.

Ce que Maurer n'a pas remarqué non plus, c'est que ces *mark* portent très souvent des noms de propriétaire. On sait que c'était l'usage ordinaire pour les *villæ* de la Gaule : *villa Floriacus, villa Latiniacus, Maurovilla, Maurovillare*. Nous trouvons de même beaucoup de noms, tels que *marca Angehises, marca Baldanis, marca Munefridi, marca Warcharenheim, Droctegisomarca*. La similitude est digne d'attention. En histoire, l'observation vaut mieux que tous les systèmes.

---

1. *Codex Laureshamensis*, n° 34, t. I, p. 70, 71.
2. [*L'Alleu*, passim, et surtout c. 5.]
3. Quelquefois une grande *marca* peut contenir plusieurs hameaux, *dorf*; de même en Gaule la *villa* renferme parfois plusieurs *vici*. Cela n'étonne pas quand on a étudié la nature et l'étendue du domaine rural au vi[e] siècle. — Dans un acte du *Codex Laureshamensis*, t. III, p. 257, une *marca* renferme plusieurs *villæ*; ce cas est rare et ne change pas la nature de la *marca*.

Parfois le mot *mark* désigne quelque chose de plus grand qu'un domaine, il s'applique à une province entière. D'où vient cela? Dans les textes du vi[e] et du viie siècle, chez Marius d'Avenches, dans la Loi des Alamans, dans celle des Bavarois, puis dans les capitulaires de Charlemagne, *marca* signifiait frontière d'un pays[1]. Peu à peu ce mot a signifié pays-frontière, et c'est ainsi que l'on a dit : marche d'Espagne, marche de Bretagne, marche de Carinthie, marche d'Autriche, marche de Brandebourg, au point qu'insensiblement presque tous les pays ont été des marches. Est-ce à dire, comme le voudrait Maurer, qu'à l'origine et dès les temps les plus antiques toute la région germanique ait été *mark*? Bien au contraire. Ces « marches », nous savons l'origine et presque la date de naissance de chacune d'elles ; l'une est du ixe siècle, l'autre est du xe, et telle autre ne s'est formée qu'au xie. Transporter ces *mark* à une époque antique est une singulière erreur, qu'il était facile d'éviter[2].

On peut dire que Maurer démontre sans peine et par beaucoup de textes que le mot *marca* a été souvent employé. Mais ce qu'il faudrait qu'il démontrât, c'est que cette *marca* ait été une terre commune; et jusqu'ici il n'en a pas donné la moindre preuve.

Il y a, tout au contraire, des milliers d'actes qui montrent que dans l'intérieur de la *mark* les terres sont possédées en propre et non pas en communauté. Ainsi, par un acte de 711, Ermanrad fait donation à titre perpétuel « de trente journaux de terre qu'il possède dans la *marca* Munefred », et il ajoute qu'il tient cette terre « d'héritage de sa grand'mère[3]. ». Un autre fait donation « de tout ce qu'il possède dans la *marca* Bettunis, soit d'héritage paternel, soit d'héritage mater-

---

1. *Marii Aventici Chronicon*, édit. Arndt, p. 15. — *Lex Alamannorum*, XLVII. — *Lex Baiuwariorum*, XIII, 9 ; Pertz, p. 316. — Capitulaires de 779, art. 19; de 808; de 811, art. 8, édit. Borctius, p. 51, 139, 167. — [*Les Transformations de la Royauté*, p. 417.]

2. Maurer me paraît faire encore une autre erreur lorsqu'il identifie *mark* avec *gau* (p. 59). Aucun texte ne présente les deux termes comme synonymes; tout au contraire, il y a des centaines d'actes où il est dit que telle *marca* est située dans tel *pagus*, ce qui indique assez que la *marca* et le *pagus* ne sont pas la même chose.

3. *Diplomata*, édit. Pardessus, II, p. 454.

nel¹ ». Maurer veut bien admettre qu'on fût propriétaire des terres arables, mais il ne veut pas qu'on pût l'être des prés et des forêts. Mais nous voyons, au contraire, dans des actes du vɪɪɪᵉ ou du ɪxᵉ siècle, que l'on fait donation ou vente à titre perpétuel de forêts et de pâquis aussi bien que de terres arables². En 793, Rachilde fait donation « de tout ce qui est sa propriété dans la *marca* Dinenheimer, et cela comprend manses, champs, prés, pâquis, eaux et cours d'eau³ ». Méginhaire donne ce qu'il possède dans la villa Frankenheim et il énumère « champs, manses, prés, pâquis, forêts, cours d'eau⁴ ». Pareille chose se trouve répétée dans des milliers d'actes⁵. Ainsi, la propriété privée règne dans la *mark* aussi bien que dans la villa, et elle s'applique à toute nature de terres.

Voilà à quoi se réduisent les vingt actes que Maurer a cités d'après les recueils de *Traditiones*. Aucun d'eux ne nous montre une communauté de *mark*, ni une communauté quelconque. Ces vingt actes, tout comme les milliers d'actes que Maurer met de côté, sont simplement des actes de propriété.

Il est incontestable que dans tous les textes que nous avons, c'est la propriété privée qui apparaît; mais alors Maurer suppose : 1° que l'indivision a dû exister antérieurement, 2° que « les associés de la *mark* » sont passés de l'indivision à la propriété en faisant entre eux le partage du sol. — De cette indivision antérieure il n'apporte aucune espèce de preuve. C'est une affirmation qu'il répète fort souvent comme s'il l'avait démontrée; mais vous chercheriez en vain dans tout son livre une apparence même de cette démonstration. C'est même une

1. *Diplomata*, édit. Pardessus, II, 440.
2. Schœpflin, *Alsatia diplomatica*, I, p. 13, acte de 750 par lequel Théodo vend tout ce qu'il possède dans la *marca* Hameristad, *quantum in ipso fine est, ea ratione ut ab hac die habeatis ipsas terras et silvas... et quidquid exinde facere volueritis liberam habeatis potestatem*.
3. *Codex Laureshamensis*, n° 15, t. I, p. 54.
4. *Traditiones Wizenburgenses*, n° 127.
5. Voici, par exemple, une charte du vɪɪɪᵉ siècle, où on lit : *Ego Oda dono in Pingumarca quidquid proprietatis habeo, id est, terris, vineis, pratis, silvis, totum et integrum. Codex Fuldensis*, n° 15, p. 11. — Neugart, I, p. 301, acte d'échange de 858 : *Dedit CV juchos de terra arabili et de silva CXL juchos, et accepit a Willelmo in eadem marcha quidquid ex paterno jure habebat, id est CV juchos de terra arabili cum omnibus appenditiis, silvis, viis, alpibus, aquis.*

chose bien singulière qu'un érudit accumule les textes et les preuves pour une foule de points secondaires, et qu'il néglige d'éclairer d'un seul texte le point capital, à savoir la communauté primitive. Vous voyez dans son livre un grand luxe de citations; mais aucune d'elles ne se rapporte à ce sujet. En sorte que l'on peut dire que, dans son livre, tout est démontré excepté le point qu'il s'agissait de démontrer.

Quant au partage par lequel les « associés de la *mark* » seraient passés du régime de l'indivision à celui de la propriété, Maurer essaye de l'établir sur trois textes[1], et les voici : Il cite l'hagiographe Méginaire qui, dans sa *Translatio Alexandri*, rapporte une tradition d'après laquelle les Saxons s'étant emparés de la Thuringe firent tout de suite entre eux le partage du sol conquis, en lots de propriété perpétuelle que chacun d'eux fit cultiver par des colons[2]. Voilà certainement un partage; mais ce partage ne vient pas à la suite d'un régime d'indivision, et loin d'impliquer l'existence de ce régime, il marque plutôt que les hommes n'en ont même pas l'idée. Dès qu'ils sont maîtres d'une terre, ils y constituent la propriété. — Il en est de même d'un passage de Helmold que cite Maurer et où l'on voit des Westphaliens transportés en pays conquis faire tout de suite entre eux un partage[3]. — Quant au troisième texte cité, c'est un acte passé en Bavière en 1247 et où il est dit que « les champs furent partagés au cordeau et qu'il fut attribué douze arpents à chaque maison ». Maurer se figure d'abord qu'il s'agit ici d'une association de paysans libres qui a, durant des siècles, cultivé le sol en commun et qui finit par se le partager

---

1. Maurer, *Einleitung*, pages 80 et 73.
2. Il faut lire le texte entier. *Translatio sancti Alexandri*, dans Pertz, t. II, p. 675 : *Eo tempore quo Theodoricus rex Francorum, contra Irmenfredum, ducem Thuringorum, dimicans... conduxit Saxones in adjutorium, promissis pro victoria habitandi sedibus.... Terram juxta pollicitationem suam iis delegavit. Qui eam sorte dividentes, partem illius colonis tradebant, singuli pro sorte sua sub tributo exercendam; cetera vero loca ipsi possederunt.* — N'oublions pas que le mot *sors* est consacré dans toute la langue du temps pour désigner la propriété. Le récit marque bien qu'il s'agit d'un partage fait pour toujours.
3. Helmold, *Chronicon Slavorum*, I, c. 91 : *Adduxit multitudinem populorum de Westphalia, ut incolerent terram Polaborum, et divisit eis terram in funiculo distributionis.*

en lots égaux. Nullement. Lisez l'acte entier. Il s'agit d'une villa, c'est-à-dire d'un grand domaine qui appartient tout entier à un seul propriétaire; ce propriétaire divise le sol en tenures entre ses *rustici*[1]. L'acte est curieux en ce qu'il montre que, suivant un usage très général, chaque paysan reçoit trois lots sur les trois catégories de terre; mais il est tout différent de ce que serait le partage d'une terre indivise entre des associés : c'est un partage entre tenanciers, et le partage est fait par le propriétaire. — Ainsi aucun des textes cités par Maurer ne vise un partage entre « associés de *mark* », ni un partage qui substitue un régime de propriété à un régime antérieur d'indivision. Il faut donc reconnaître que l'indivision du sol entre associés est une pure hypothèse, que le seul fait avéré et certain est la propriété privée, qui est inscrite dans toutes les lois et toutes les chartes, et que rien n'indique que ce régime de propriété soit dérivé d'une indivision primitive. Dès le jour où le mot *mark* apparaît dans les textes, dès ce même jour et dans ces mêmes textes c'est le régime de la propriété qui règne.

Ce n'est pas que l'on ne trouve certaines parties du sol qui sont en commun. Mais il faut voir quelle est la nature de cette communauté. Elle est de deux sortes[2].

D'une part, Maurer cite un acte de 815 où se trouvent les mots *silvæ communionem*; c'est un certain Wigbald qui fait donation d'un manse et de sa part dans une forêt[3]. Il cite ailleurs une forêt qui appartient en commun à trois *villæ*[4]. On voit aussi un comte Hugo qui fait donation de tout ce qu'il possède dans la villa Brunno, ainsi que « des trois quarts de la

---

1. Acte de 1247 dans les *Monumenta Boica*, t. XI, p. 33. Le domaine en question est la *villa* Yserhofen. Son propriétaire est l'abbé de Niederalteich : *Cum ad hoc devenisset quod agros et prata, quia diu sine colonis exstiterant, nullus sciret... rustici ecclesiæ pro quantitate et limitibus contenderent. Ego Hermannus abbas... compromissum fuit ut maximus campus per funiculos mensuraretur et cuilibet hubæ XII jugera deputarentur... in totidem partes secundus campus et tertius divideretur.... Inchoata est ista divisio per Alwinum monachum scribentem et fratrem Bertholdum prepositum et Rudolfum officialem cum funiculis mensurantes.*
2. [Voir les *Recherches sur quelques problèmes d'histoire*, p. 341 et suiv.; *L'Alleu*, c. 17.]
3. *Codex Laureshamensis*, n° 106, p. 164.
4. Wigand, *Archiv*, I, 2, p. 86.

marca silvatica qui forment sa part¹ ». Un autre, moins riche, ne peut donner qu'une *huba*, mais il donne en même temps la part à laquelle sa *huba* a droit dans la forêt². Nous pouvons citer encore une forêt qui reste indivise entre les deux propriétaires de deux domaines jusqu'à un jugement de 1184 qui en opéra le partage³. Il y a donc eu des forêts communes à plusieurs hommes. Mais cela ne donne pas le droit de dire que toutes les forêts aient été communes à tous ; car nous avons un nombre incalculable d'actes où un homme fait donation ou vente d'une forêt qu'évidemment il possède en propre. D'ailleurs, quand nous voyons qu'une forêt est commune, il faut bien entendre qu'elle n'est pas commune à tous, mais seulement commune à une *villa*, ou bien à deux ou trois *villæ*, de telle sorte que les propriétaires de ces *villæ* ont seuls des droits sur elle⁴. Or, si plusieurs propriétaires possèdent une forêt indivise, ce n'est pas là le régime de la communauté des terres. Chaque propriétaire possède dans cette forêt un droit proportionnel à l'étendue de sa propriété⁵. Tant par *huba*, dit un de nos textes. Un autre nous montre un homme qui fait donation de ce qu'il possède à titre d'héritage dans une villa et de sa part, qui est du douzième, dans une forêt⁶. Toutes les forêts dont il est question ici ne sont que l'appendice de la propriété. L'expression, forêt commune, ne doit pas nous faire illusion ;

---

1. *Codex Laureshamensis*, n° 69, p. 74 : *Quidquid de rebus propriis habere videbatur in villa Brunnon et tres partes de illa marca silvatica, portione videlicet sua.* Nous expliquerons ailleurs le sens du mot *portio*. Disons seulement que ce mot, qui se rencontre plus de trois cents fois dans les textes, signifie toujours part de propriétaire. On vend, on lègue, on donne sa *portio*. [Cf. *L'Alleu*, c. 8, § 1.]

2. Lacomblet, n° 7 : *Hovam integram et scara in silva juxta formam hovæ plenæ... jure hereditario.*

3. L'acte est dans Mone, *Zeitschrift für Geschichte des Oberrheins*, t. I, p. 405-406. [*Recherches*, p. 347, n. 2.]

4. Tout cela était déjà dans le droit romain. Voyez Scévola, au Digeste, VIII, 5, 20 : *Plures ex municipibus, qui diversa prædia possidebant, saltum communem, ut jus compascendi haberent, mercati sunt, idque etiam a successoribus eorum est observatum.*

5. Acte d'échange de 871 dans Neugart, n° 461, t. I, p. 377 : *Dedimus illi in proprietatem jugera CV et de communi silva quantum ad portionem nostram pertinet.... Et de silva juxta estimationem nostræ portionis in communi silva.*

6. Lacomblet, n° 22, acte de 801 : *Tradidi particulam hereditatis meæ in villa Englandi et duodecimam partem in silva Braclog.*

en réalité cette forêt est la propriété de plusieurs hommes qui y exercent tous les droits du propriétaire, jusqu'à pouvoir vendre leur part, ainsi que nous le voyons dans des centaines d'actes, sans avoir à demander la permission de personne et sans consulter même leurs copropriétaires.

D'autre part, Maurer cite un acte de la fin du VIII° siècle où se rencontrent encore les mots *silva communis*. Il s'agit d'un grand domaine, et l'acte porte qu'il s'y trouve une forêt dont une partie est réservée au maître et l'autre est commune aux tenanciers[1]. Nous sommes bien loin ici de la communauté « entre associés de la *mark* ». Au-dessus de ces cultivateurs il existe un propriétaire. — Maurer cite un autre acte de 1173 où on lit : « Dans cette forêt nul d'entre nous n'avait rien en propre, mais elle était commune à tous les habitants de notre villa[2] ». Ici encore, ce n'est pas le communisme agraire que nous avons sous les yeux, car ce sont des tenanciers qui parlent ; c'est une simple communauté de tenure. — Vient ensuite une série de textes qui marquent une communauté d'usage. « Je donne un *curtile* avec le droit d'usage dans la forêt, *cum usu silvatico*, c'est-à-dire avec la faculté d'y ramasser le bois mort et le mort-bois[3]. » « Nous donnons tel et tel *curtilia* avec tous les droits d'usage qui appartiennent à ces *curtilia*[4]. » Ces droits d'usage comprennent la faculté de couper du bois pour le chauffage ou pour la construction, et la faculté d'envoyer des porcs se nourrir de glands[5]. Mais un droit d'usage n'implique pas la copro-

---

1. Kindlinger, *Münsterische Beiträge*, II, 3 : *Est ibi silva communis.... Silva domini quæ singularis est.* Maurer, p. 93. [*L'Alleu*, p. 430.]
2. Maurer, *Einleitung*, p. 115, d'après Bodmann, *Rheingauische Alterthümer*, I, 453 : *In hac silva nullus nostrum privatum habebat aliquid, sed communiter pertinebat ad omnes villæ nostræ incolas.* [*Recherches*, p. 550, n. 4.]
3. Acte d'échange de 905, Neugart, n° 653, t. I, p. 539 : *Curtile unum... cum tali usu silvatico ut qui illic sedent, sterilia et jacentia ligna licenter colligant.* Cf. *Lex Burgundionum*, XXVIII, 1.
4. Neugart, n° 624, t. I, p. 511, acte de 896 : *Curtilia quæ sunt sex et inter arvam terram et prata juchos CCCLXXVIII, cum omnibus usibus ad ipsa curtilia in eadem marcha (Johannisvillare) pertinentibus.*
5. Formule alamannique, Rozière, n° 401 : *In silva lignorum materiarumque cæsuram pastumque vel saginam animalium.* — Lacomblet, n° 20 : *Cum pastu plenissimo juxta modulum curtilis ipsius.* — Neugart, n° 462 : *Tradidi quinque hobas et quidquid ad illas pertinet et ad unamquamque hobam decem porcos saginandos in proprietate mea in silva Lotstetin quando ibi glandes inveniri*

priété. Soutenir, comme le fait Maurer, que le droit d'usage dans certaines forêts serait le reste d'un ancien régime où la forêt appartenait à tous, c'est faire une pure hypothèse. Raisonnant *a priori*, il ne conçoit pas que ce droit d'usage puisse avoir une autre origine que la communauté. Il se peut au contraire qu'il ait une origine fort différente, et que l'observation de plusieurs actes nous la fasse apercevoir.

Voici, par exemple, un acte de 863 par lequel le comte Ansfrid donne au monastère de Lorsch sa villa Geizefurt. Il fait le détail de cette propriété. Elle comprend d'abord un manse dominical, puis dix-neuf manses serviles, enfin une forêt dont on évalue l'étendue par le nombre de mille porcs qu'elle peut engraisser. Le donateur a cru devoir insérer dans l'acte que ses paysans ont l'usage de cette forêt; cet usage est réglé de telle sorte que les uns peuvent y envoyer dix porcs, les autres cinq, mais qu'aucun d'eux n'a la faculté d'y couper du bois[1]. Il est visible ici que cette forêt appartient, comme tout le reste du domaine, au propriétaire; ce domaine est cultivé par des serfs, et ces serfs ont une jouissance déterminée dans la forêt; mais cette jouissance ne vient que de la concession du propriétaire; elle est, en quelque sorte, l'accessoire de la tenure qu'il a mise dans leurs mains. Il fait donation de tout le domaine, y compris cette forêt et y compris ces serfs; mais il

---

possunt. — Mone, *Zeitschrift*, I, 595 : *Eodem jure quo licitum est villanis... possunt oves suas vel alia animalia pascere in communibus pascuis dictæ villæ.* — Schœpflin, *Alsatia diplomatica*, II, 49 : *Jus utendi lignis in silva Heingereile.* — *Codex Laureshamensis*, n° 105, I, p. 164, acte de 815 : *Tradidit Alfger terram ad modia X sementis, et prata, et in illam silvam porcos duos, et in Rosmalla mansum plenum cum pratis et in silvam porcos sex.* — Guden, *Codex diplomaticus*, I, 920 : *Universitas rusticorum habet jus (in ea villa) secandi ligna pro suis usibus et edificiis.*

1. *Codex Laureshamensis*, n° 34, t. I, p. 68 : *Ego Ansfridus... trado res proprietatis meæ in Odeheimero marca, in villa Geizefurt, hoc est, mansum indominicatum habentem hobas III, et hubas serviles XIX, et silvam in quam mittere possumus mille porcos saginari, et quidquid in eadem marca villave habeo proprietatis, exceptis tribus hobis quam habet Wolfbrat et in eamdem silvam debet mittere porcos X, alteram habet Thudolf, tertiam Sigebure et debent mittere in silvam uterque porcos X, et nullam aliam utilitatem sive ad extirpandum sive in cesura ligni. Unusquisque autem de servis de sua huba debet mittere in silvam porcos V.... Hæc omnia de jure meo in jus et dominium S. Nazarii perpetualiter possidendum.*

est sous-entendu que les serfs conserveront sous le nouveau propriétaire à la fois leur tenure et la jouissance très limitée qu'ils ont dans la forêt. Quelquefois le propriétaire du domaine fait deux parts de sa forêt, se réserve l'une et laisse l'autre à la jouissance de ses paysans[1]. Quelquefois encore il se fait payer par ses tenanciers ce droit de jouissance; cela fait partie de leur redevance annuelle[2]. Ces exemples montrent bien que la jouissance commune dans une partie de forêt ne dérive pas d'une copropriété antique, mais se rattache au contraire au vieux régime du domaine et de ses tenures serviles.

Ici apparaît l'*allmende*. Maurer et ses disciples font de l'*allmende* la terre commune à tous, et ils disent que, à l'origine, toute terre a été *allmende*. Mais, d'abord, l'*allmende* n'apparaît dans les documents qu'à partir du XIIIe siècle; ensuite, ce que nous voyons sous le nom d'*allmende*, c'est seulement ces forêts et ces pâquis sur lesquels les paysans avaient la faculté de commune jouissance[3].

Les « communaux » que l'on trouve assez fréquemment dans les actes, ne sont pas autre chose. Ils sont mentionnés dans un diplôme mérovingien de 687[4], dans trois chartes du Cartulaire de Saint-Bertin, du VIIIe siècle, dans sept formules, et dans plusieurs actes de divers recueils de *Traditiones*[5]. Or il est facile de remarquer que dans tous ces textes, sans exception jusqu'à présent, les « communaux » sont ou donnés, ou vendus ou échangés par un homme qui en est visiblement l'unique propriétaire. Ces communaux ne sont donc pas du tout la copropriété d'un groupe de paysans. Ils font partie d'une villa, c'est-à-dire d'un grand domaine. Le propriétaire vend, donne ou lègue un ensemble de terres, dont il énumère, sui-

---

1. Exemple dans Lacomblet, t. II, p. 2. [Cf. *L'Alleu*, p. 430 et suiv.; *Recherches*, p. 353 et suiv.]
2. Ibidem : *Homines... ex communione silvæ... persolvunt censum XXXII denariorum. — Homines in hac silva communionem habentes persolvunt tres modios avenæ. — Homines de communi silva quam vocant Holzmarca persolvunt curti adjacenti duos modios avenæ.*
3. [*Recherches*, p. 350 et suiv.]
4. Pardessus, n° 408; Pertz, n° 56.
5. [*L'Alleu*, p. 432 et suiv.] — Lacomblet, n° 3, acte de 793. — Zeuss, *Traditiones Wizenburgenses*, n° 200. — Beyer, *Urkundenbuch*, n° 10, acte de 868.

vant l'usage des chartes, les différentes sortes; et il écrit par exemple : « Moi, un tel[1], je donne à mes neveux la propriété que je possède en tel canton, et qui comprend tel nombre de manses avec constructions, terres, forêts, champs, prés, pâquis, *communia*, tous les esclaves qui y sont manant, enfin tout ce qui est ma possession et ma propriété. » Ces « communaux » qui sont la propriété d'un seul homme ne peuvent être communs à d'autres que pour la jouissance, et parce que le propriétaire veut bien qu'ils le soient. C'est apparemment une partie du domaine qui, n'étant pas de nature à être cultivée, n'a pas été mise en tenure et a été abandonnée à l'usage commun des tenanciers pour y faire paître leurs animaux ou y couper du bois. Mais ils ne cessent pas pour cela d'appartenir en propre au propriétaire, qui les vend ou les donne comme le reste.

Après les textes du VIIIe, du IXe siècle qui mentionnent ces *communia*, viennent les textes des siècles suivants qui mentionnent les *allmenden*. Les deux mots sont la traduction l'un de l'autre, et l'objet qu'ils désignent est le même. En voici un exemple.

L'un des principaux textes allégués par Maurer est un acte de l'année 1150 où il est parlé d'une forêt appelée *allmende*, « où vont souvent les paysans et qui leur est commune ». Il semble d'après cette ligne isolée du contexte qu'il s'agisse d'une *mark*, c'est-à-dire d'une terre qui serait la propriété commune de ces cultivateurs associés. Regardez le texte complet. Vous y voyez qu'une villa tout entière appartient à trois frères « par héritage de leurs ancêtres », que ces trois frères en font donation à un monastère[2], et qu'ils donnent en même temps les

---

1. *Formules*, édit. Rozière, n° 172, édit. Zeumer, p. 276 : *Dulcissimis nepotibus meis... dono rem meam, id est, mansos tantos cum ædificiis, una cum terris, silvis, campis, pratis, pascuis, communiis, mancipiis ibidem commanentibus, et quicquid in ipso loco mea est possessio vel dominatio.* Le mot *dominatio*, qui se lit plus de 500 fois dans les chartes, n'a jamais d'autre sens que celui de propriété privée, *dominium*.

2. L'acte est dans Wurdtwein, *Nova subsidia diplomatica*, t. XII, p. 88 : *Tradidimus fundum Uterinæ vallis... quem habemus a progenitoribus.* Ce *fundus* a ses limites bien marquées et l'acte les signale toutes : *His terminis fundus tenetur inclusus; certis indiciis designatur.*

droits qu'ils ont sur une forêt attenante au domaine; « cette forêt, disent-ils, appelée en langue vulgaire *allmende*, est fréquentée par les paysans et est commune pour les usages à eux et à nous[1] ». Mais ces paysans sont leurs tenanciers; libres en 1150, ils étaient auparavant colons, serfs, ou *villani* du propriétaire; ce qui le prouve, c'est que les auteurs de l'acte que nous citons ajoutent que l'un de leurs ancêtres a donné à ces hommes « des droits civils » et une charte, qu'ils ont soin d'insérer dans l'acte pour qu'elle soit respectée par le nouveau propriétaire[2]. Voilà donc des paysans qui ont des droits d'usage dans une forêt; mais ces droits d'usage ne viennent nullement de ce que ces hommes eussent été autrefois les propriétaires de la forêt et du sol entier. Car, plusieurs générations auparavant, le domaine entier avait appartenu à un propriétaire et ces hommes avaient été ses serviteurs; ils avaient l'usage de la forêt à titre de tenanciers; et cet usage leur avait été laissé lorsqu'ils étaient devenus hommes libres[3].

Ce qui est bien frappant dans le livre de Maurer et dans les livres de ses disciples, c'est qu'ils omettent et oublient le fait historique le plus considérable et le plus avéré, à savoir la pratique de la grande propriété dans les premiers siècles du moyen âge; ils méconnaissent aussi le colonat et le servage. Or tout cela a existé, non seulement en Gaule, mais aussi bien en Germanie. — Tacite signalait déjà en ce pays la culture par des serfs[4]. Il dépeignait une société très inégale où il y avait des hommes très riches et des pauvres, des nobles et de

---

1. *Silvæ quoque adjacentis eidem fundo, quæ vulgari lingua* ALMENDA *nominatur quam rustici frequentant, quæ juris nostri sicut et illorum esse dinoscitur communione ad omnem utilitatem.*

2. *Jura etiam civilia eidem fundo competentia, a progenitoribus nostris tradita, huic cartæ dignum duximus inserenda, ne forte succedente tempore excidant a memoria.*

3. Voyez dans le même sens un acte de 1279, dans Wurdtwein, ibidem, p. 218, que cité Maurer, mais sans dire qu'il s'agit d'un acte d'arrangement entre un abbé et ses *villani*.

4. Tacite, *Germanie*, 25 : *Servis... frumenti modum dominus aut pecoris aut vestis, ut colono, injungit; et servus hactenus paret.* Dans cette phrase de Tacite, ce n'est pas le mot *colonus* qui signifie colon; mais ce serf qui cultive moyennant une redevance, et qui ne doit aucun autre service, ressemble beaucoup aux colons de l'Empire romain.

simples hommes libres, des affranchis et des esclaves; et il signalait ce trait particulier que les Germains, — c'est-à-dire les hommes libres parmi les Germains, — ne cultivaient pas eux-mêmes leurs terres, mais laissaient ce travail « aux plus faibles de leurs esclaves [1] ». — Plus tard, nous voyons dans la Loi des Burgondes que le propriétaire a des colons pour faire valoir ses terres [2]; il a des serfs [3]; il a sur chaque domaine un régisseur, *actor*, ou un fermier, *conductor* [4]. Quand le roi burgonde fait un don à un de ses guerriers, ce n'est pas un petit champ qu'il lui donne, c'est « une terre avec des esclaves [5] ». — La Loi des Alamans nous fait constater aussi l'existence de la grande propriété. Elle signale particulièrement les domaines du roi et ceux de l'Église : ils sont cultivés par des serfs ou par des colons qui payent une redevance annuelle en fruits ou en corvées [6]. Nous pouvons penser que de semblables terres se trouvent aussi aux mains des particuliers, car la loi parle de leurs esclaves et elle montre qu'ils sont nombreux [7]. Elle signale surtout des serfs qui ont des tenures rurales, avec maison, écurie, grange [8], à côté de la maison et de la grange du propriétaire [9]. — Le même colonat et le même servage se retrouvent dans le code des Bavarois. Chez les Thuringiens, chez les Frisons, chez les Saxons, il y a des esclaves et des lites; ni les uns ni les autres n'ont disparu de bonne heure. On les voit encore dans des actes

---

1. Tacite, *Germanie*, 15 : *Ipsi hebent... delegata domus et penatium et agrorum cura feminis senibusque et infirmissimo cuique ex familia.* — Dans la langue latine *familia* est l'ensemble des esclaves d'un maître.
2. *Lex Burgundionum*, LXVIII : *Quicumque agrum aut colonicas tenent.*
3. Ibidem, XXXVIII, 10 : *De Burgundionum colonis et servis.*
4. Ibidem, L, 5 : *Si privati hominis actorem occiderit.* — XXXVIII, 9 : *Si in villa conductor....*
5. Ibidem, LV : *Agri.... quem cum mancipiis largitione nostra percepit.*
6. *Lex Alamannorum*, VIII, XIX–XXIII.
7. Ibidem, LXXIX, édit. Lehmann, p. 138-139 : *Si pastor porcorum.... Si pastor ovium qui LXXX capita in grege habet domini sui.... Si seniscalcus qui servus est et dominus ejus XII vassos intra domum habet.... Si mariscalcus qui super XII caballos est.*
8. *Lex Alamannorum*, LXXXI, édit. Lehmann, LXXVII, p. 141 : *Si servi domum incenderit... scuriam vel graneam servi si incenderit.*
9. Ibidem, art. 4 (6) : *Si spicariam servi incenderit, III solidis; et si domini, sex solidis.*

du moyen âge, et on les voit cultivant des tenures rurales qui appartiennent à un propriétaire et dont ils payent une redevance [1]. Aussi remarque-t-on dans la plupart de ces actes que le propriétaire déclare qu'en donnant ou vendant sa terre il donne et vend en même temps des esclaves, des affranchis, des colons, des lites, en un mot tous ceux dont les bras cultivent cette terre [2]. Le nombre des esclaves est considérable. Par un acte de 863, Ansfrid fait donation d'une terre et de soixante-quatre esclaves [3]. En 786, Warinus fait don à l'abbaye de Fulde d'une *marca* qui comprend trente *hubæ* et trois cent trente esclaves [4]. Un autre, en 787, donne les terres qu'il possède en propre dans la *marca* Wangheim et en même temps les soixante-deux esclaves qui cultivent ces terres [5]. Walafrid, dans une autre *marca*, en donne vingt-huit [6]. En 815, nous voyons un homme de condition médiocre posséder sept manses et vingt-cinq esclaves [7]. On reconnaît en tout cela que la *marca* ou *villa* est une terre possédée par un ou plusieurs propriétaires et cultivée par un plus grand nombre d'esclaves ou de colons, *mancipia, liti, coloni* [8].

Maurer, qui a cherché si ingénieusement dans les recueils de *Traditiones* quelques textes à l'appui de son système, aurait pu remarquer plutôt, non pas dans quelques lignes isolées, mais à chaque page et dans chacun de ces actes, comment la

---

1. Voir, par exemple, un acte de 797 dans Lacomblet, n° 9 : *Dono... unam hovam quam proserviunt liti mei*; n° 4 : *terram quam Landulfus litus meus incolebat et proserviebat*.
2. Voici la formule ordinaire : *Dono curtem cum domibus, accolabus, mancipiis, vineis, campis, silvis*, etc. Lacomblet, n° 1 et suiv.; Meichelbeck, p. 27, 34, 36, 49, 51, etc.; Neugart, *passim*. — *Codex Laureshamensis*, n° 1 : *Villam nostram cum omni integritate sua, terris, domibus, litis, libertis, conlibertis, mancipiis*. — *Monumenta Boica*, VIII, 565 : *Colonos seu tributales*; XI, p. 14 et 15 : *Dedit mansos XXVI et vineas cum cultoribus suis*. — Zeuss, n° 21 : *Villam... cum hominibus commanentibus*. — Zeuss, n° 56 : *Ipsi servi qui ipsas hobas tenent*.
3. *Codex Laureshamensis*, n° 33.
4. Dronke, *Codex Fuldensis*, n° 84.
5. Ibidem, n° 88.
6. Ibidem, n° 88.
7. Ibidem, n° 163.
8. *Codex Laureshamensis*, n° 105. Cf. Zeuss, n° 26, où un propriétaire vend une terre avec vingt-deux esclaves dont il donne les noms.

terre était distribuée. Comme chaque acte indique où est situé l'immeuble qui est donné ou vendu, nous voyons que l'unité géographique est le *pagus*, et que l'unité rurale est la *villa*, quelquefois appelée *marca*. La formule ordinaire est : *Res sitas in pago N..., in villa quæ dicitur N....* Le mot *villa* est le même mot que nous trouvons employé en Gaule pour désigner les domaines ; le mot *marca*, qui le remplace à peu près une fois sur huit, en est synonyme. Tantôt cette villa appartient à un seul propriétaire, tantôt elle est partagée entre plusieurs. Mais, dans un cas comme dans l'autre, elle conserve sa vieille unité. A l'intérieur, elle se divise en deux catégories, un *dominicum* et plusieurs manses. Le *dominicum* ou *curtis dominicata* ou *mansus dominicatus* est la partie que le propriétaire a réservée à son usage ; les autres manses ou *hubæ* sont les lots de tenure qu'il a mis aux mains de ses colons ou de ses serfs. Par exemple, Ansfrid en 865 était propriétaire de la villa Geizefurt, qui comprenait un *dominicum* de trois manses et dix-neuf manses serviles[1]. En 868, la *marca* Gozbotsheim avait un *dominicum* de trois manses, dix-sept manses serviles et un total de cent quarante-six serfs[2]. En 989, une femme déclara être propriétaire, dans la *marca* Schaffenheim, de quatre *hubæ dominicales*, de huit *hubæ serviles*, de cinq manses, de vignes, de prés, de bois, d'un moulin, le tout ayant trente esclaves[3]. Le *dominicum* est signalé ainsi dans beaucoup d'autres actes[4]. Maurer pense que cette expression désigne toute partie de l'ancienne *mark* commune qui est devenue propriété privée. C'est une erreur. Le *dominicum* est la terre que le propriétaire n'a pas confiée à des tenanciers[5].

---

1. *Codex Laureshamensis*, n° 35.
2. Ibidem, n° 37.
3. Ibidem, n° 83.
4. Par exemple, dans la villa Frankenheim, il y a un *curtile dominicatum*, Zeuss, *Traditiones Wizenburgenses*, n° 127 ; dans la villa Gazfeldes, una *terra indominicata*, ibidem, n° 3 ; dans la villa Otereshem, un *curtile indominicatum*, ibidem, n° 19 ; dans la *villa vel marca* Bruningsdorf, une *curtis indominicata* qui comprend des maisons, des écuries, des granges, et à laquelle sont rattachés soixante-dix arpents de pré, des champs, des vignes, des bois, ibidem, n° 25.
5. Maurer, p. 157. — Ce *dominicum* est mentionné par la Loi des Alamans, XXII : *Servi faciant tres dies sibi et tres in dominico* ; et dans la Loi des Bavarois,

Partout où nous trouvons le *dominicum*, c'est le signe certain de la grande propriété. Un *dominicum* suppose nécessairement un maître et des serfs ou colons. Avec le temps, l'intérieur de la villa s'est modifié; elle a pu se partager par l'effet des héritages et des ventes, et c'est ainsi que nous voyons des propriétaires qui n'y possèdent que quatre manses, que deux manses, qu'un manse même; il a pu arriver aussi que beaucoup de paysans soient devenus des hommes libres; mais le *dominicum* subsiste et rappelle qu'à une époque antérieure cette *villa* ou *marca* n'avait qu'un propriétaire qui s'élevait au-dessus d'un nombreux groupe de serfs. Maurer ne tient aucun compte de tous ces faits; il les supprime, et il imagine à leur place une communauté d'associés de la *mark*.

Sa théorie une fois formée dans son esprit, il y plie les textes. Voit-il, par exemple, dans la Loi des Burgondes, que le roi Gondebaud ordonne « à tous ses sujets » d'observer une loi, *universitatem convenit observare*, il croit que le mot *universitas* désigne ici une communauté de village[1], sans songer que c'est là une formule ordinaire quand un roi s'adresse à tout son peuple. Voit-il dans la Loi des Wisigoths que, lorsqu'on veut modifier ou restaurer les limites d'une propriété, il faut le faire en public, devant ses voisins, cette prescription si naturelle se transforme à ses yeux en un droit de copropriété que les voisins auraient sur cette terre[2]. De ce que quelques forêts sont communes à plusieurs, il conclut que toutes les forêts ont été communes à tous. Il soutient que le droit de chasse appartient à tous, et si vous cherchez de quels textes il tire cette conclusion, vous voyez qu'il n'en présente que deux, qui, au contraire, punissent sévèrement l'homme qui a volé du gibier[3]. Tout lui paraît *mark*. Si le roi Childebert parle

---

I, 14 : *Servus tres dies in hebdomada in dominico operetur, tres vero sibi faciat*. On sait que la pratique presque universelle était que le *dominicum* fût labouré et moissonné par les tenanciers. — [*L'Alleu*, c. 13.]

1. Maurer, *Einleitung*, p. 138. *Lex Burgundionum*, XLIX, 3 : *Quod prius statutum est, universitatem convenit observare*. Cf. la formule fréquente : *Noverit universitas fidelium nostrorum*.

2. *Lex Wisigothorum*, X, 3, 2.

3. Loi Salique, XXXIII; Loi Ripuaire, XLII. Cf. l'anecdote rapportée par Grégoire de Tours, *Histoires*, X, 10; qui est l'opposé de ce que Maurer soutient ici.

de *centena*, cette *centena* doit être la *mark*[1]. L'obligation de fournir le gîte aux agents du roi en voyage, c'est la *mark*[2]. Si vous voyez plus tard une église dans chaque village, c'est que, à l'origine, avant le christianisme, « l'association de *mark* était unie par un lien religieux », et pour prouver cela il cite un acte de l'année 1270 après Jésus-Christ[3]. — Ces « associés de la *mark*, dit-il encore, ont le devoir de se soutenir réciproquement », et son seul texte ici est la Loi des Alamans ; vous vous reportez à l'endroit indiqué, et vous y lisez seulement que deux hommes se sont pris de querelle, que l'un a tué l'autre, et que les amis de la victime poursuivent le meurtrier[4]; quel rapport cela a-t-il avec une association de *mark*? — Le village, suivant lui, a dû former une petite commune libre; cette commune avait son chef ; et il cite le *comes loci* de la Loi des Burgondes[5], alors qu'il est avéré que le *comes*, loin d'être un chef de village, est l'agent royal qui administre une *civitas*. Il ne manque pas de s'emparer du *tunginus* comme d'un chef élu par les villageois : ce qui est de pure fantaisie. — Il trouve même dans une formule de Marculfe un *senior communix*, « un chef de commune rurale »; mais le texte de Marculfe a un tout autre sens : la formule dont il s'agit est une lettre écrite au nom d'une cité entière pour demander au roi de nommer un évêque, et l'expression *seniori communi* est dans la suscription, parmi les titres qu'on donne au roi lui-même. C'est une singulière méprise que d'avoir vu là un chef de commune rurale[6]. — Ces associés de village, dit-il encore, avaient

---

1. Maurer, *Einleitung*, p. 164.
2. Ibidem, p. 165-166.
3. Ibidem, p. 167.
4. Maurer, p. 161. *Lex Alamannorum*, XLV, Pertz, p. 60; édit. Lehmann, p. 104-105. C'est le mot *pares* qui a trompé; il a cru voir dans ce seul mot des *markgenossen*; *pares* signifie les compagnons, les amis, ceux qui prennent fait et cause pour l'un des deux adversaires. — De même l'article XCIII de la même loi punit celui qui, à l'armée, abandonne *parem suum*, c'est-à-dire son camarade de combat.
5. Maurer, p. 138, p. 140. — Cf. *Lex Burgundionum*, XLIX, 1 : *Locorum comites atque præpositi*.
6. Maurer, p. 140. Marculfe, I, 7 : Consensus civium pro episcopatu. *Piissimo ac precellentissimo domno illo rege (regi) vel* (n'oublions pas que *vel* signifie *et*) *seniori commune illo*. — *Commune* est pour *communi*; et tout ce titre signifie:

leurs assemblées ; mais sur cela il ne cite aucun texte. « Ils se jugeaient eux-mêmes ; » mais comment se fait-il que l'on ne trouve aucun acte, aucune formule qui mentionne cette sorte de justice? Ce que l'on voit au contraire fréquemment, c'est que les hommes de la villa ou *marca* sont jugés par leur propriétaire ou son représentant, son *judex*. A vrai dire, la *communitas* désignant un groupe de paysans n'apparaît qu'au xiii° siècle. C'est alors seulement, ou peu avant, que les habitants de la *villa* ou de la *mark* forment une sorte de communauté et s'associent pour jouir ensemble de certains privilèges¹. Rien de semblable n'apparaît dans les premiers siècles du moyen âge.

Le succès de la thèse de Maurer ne tient donc pas à la force de la démonstration. Il n'a pas présenté une seule preuve, un seul texte, en faveur de cette communauté ou association de *mark* qu'il se figure à l'origine de l'histoire. Comptez les innombrables citations qui sont au bas de ces pages; plus des deux tiers sont relatives à la propriété privée; quelques centaines d'autres se rapportent à des points secondaires et indifférents au sujet ; pas une seule ne vise le point capital, ou, s'il en est quelques-unes qui paraissent y viser, la plus simple vérification fait voir qu'elles sont prises à faux et interprétées à contresens. Ce livre a eu pourtant une action immense. Il a séduit les uns par son esprit systématique, les autres par ses dehors d'érudition. On s'est dispensé volontiers d'une vérification, qui d'ailleurs n'est facile qu'à condition de bien posséder les documents. Et d'année en année, depuis quarante ans, on a repris la thèse, reproduit les arguments, répété les citations.

Je ne suivrai pas cette théorie à travers tous les disciples du

---

A notre très pieux et très excellent roi, chef de tout le pays. Ce qui prouve bien que cette lettre s'adresse au roi, ce sont les mots qui suivent : *Principalitatis Vestræ clementia novit...*, puis la suite : *Suppliciter postulamus ut instituere digneris inlustrem virum illum cathedræ illius successorem.*

1. Actes de 1279 et 1290 dans Wurdtwein, *Nova subsidia*, XII, 218 et 261 : *Pratum spectans ad almeindam nostræ communitatis.* — Acte de 1231 dans Guden, *Codex diplomaticus*, III, p. 1102 : *Contulerunt pascua communitatis quæ vulgariter almeina vocantur.*

maître; mais je dois au moins dire quelques mots du dernier en date. M. K. Lamprecht a publié récemment un très gros et très savant ouvrage sur la vie économique de l'Allemagne au moyen âge[1]. Son premier volume est la description de l'économie rurale du bassin de la Moselle, et son principal objet d'étude est la vie franque en ce pays. Or, sous l'influence des idées qui règnent en histoire depuis Maurer, il prend pour point de départ « l'association de *mark* », la *markgenossenschaft*. « Le peuple franc, dit-il, est issu de l'association de *mark*, et cette institution a exercé sur la constitution franque une influence que l'on ne peut méconnaître. » D'ailleurs, sur cette antique communauté de *mark* il n'apporte absolument aucune preuve, aucun indice, et il se borne à affirmer.

Il dit que la *mark* existe comme territoire commun dans le droit franc; mais il ne cite aucun texte du droit franc où la *mark* soit un territoire commun, et il est certain qu'il n'en pourrait pas citer un seul. Il nous dit qu'il a vu la *marca* dans la Loi Ripuaire, mais il néglige de dire que cette *marca* est la limite d'une propriété privée, et par conséquent le contraire de la communauté[2]. Il ajoute que le mot se rencontre encore dans un édit de Chilpéric, et il omet d'ajouter que le mot *marca* n'a été introduit dans cet édit que par une conjecture de M. Sohm, et qu'en tout cas il est impossible de lui attribuer en ce passage le sens de terre commune[3].

« Le village franc, dit-il, était une partie de *mark*, et cette *mark* appartenait en propriété collective à tous ses habitants; tout était en commun, terres arables, prés, forêts[4]. » Vous cherchez au bas de cette affirmation les textes qui doivent l'autoriser et vous trouvez un acte de 762; vous vérifiez : l'acte est dans Beyer[5] et vous voyez qu'il n'y est aucunement question de *mark*, que le mot même ne s'y trouve

---

1. Karl Lamprecht, *Deutsches Wirthschaftsleben im Mittelalter*, Leipzig, 1886. — Voir les p. 51, 42, 46.
2. *Lex Ripuaria*, LX, 5; cf. LXXV.
3. *Edictum Chilperici*, 8.
4. K. Lamprecht, *Wirthschaft und Recht der Franken zur Zeit der Volksrechte*, dans le *Historisches Taschenbuch*, 1883, p. 57.
5. *Urkundenbuch zur Geschichte des Mittelrheins*, t. I, p. 19.

pas, et qu'il s'agit tout simplement de la villa Sentiacus.

L'absence du mot *mark* ou de tout autre terme analogue dans les lois franques n'embarrasse pas M. Lamprecht. Il trouve le mot *vicini*. Pour tout le monde ce mot signifie voisins et l'on comprend qu'en effet toute législation ait à s'occuper quelque peu des voisins dans leurs rapports entre eux. Pour M. Lamprecht, *vicini* signifie associés ; voisinage ou *mark* commune doivent être une seule et même chose. Vous avez des voisins, donc vous formez une communauté avec eux, donc la terre est commune à eux et à vous : tel est le raisonnement. Il étonnerait beaucoup le premier venu de nos paysans, qui ne sont guère accoutumés à confondre voisinage avec association. Mais un érudit à système n'y regarde pas de si près. Y a-t-il au moins quelque texte de l'époque franque qui marque que les hommes de ce temps-là voyaient un lien entre les deux choses? Nullement ; aucun article de loi, aucune charte, aucun document d'aucune sorte n'indique que l'idée d'association s'attachât au voisinage. Les *vicini* de la Loi Salique sont des voisins comme il y en a partout. Mais M. Lamprecht a une singulière façon d'interpréter les textes. Voici un capitulaire mérovingien où il est dit : « Si un homme a été tué entre deux *villæ* voisines, sans qu'on connaisse le meurtrier, le comte doit se rendre sur les lieux, appeler à son de trompe les voisins, c'est-à-dire les habitants des deux *villæ* voisines, et les sommer de se rendre à un jour fixé à son tribunal pour y jurer qu'ils sont innocents de ce meurtre. » Ce texte est fort clair, et cette procédure fort naturelle. Mais pour M. Lamprecht cela signifie que ces hommes sont « des associés de la *mark* », et qu'ils vivent dans un état de communauté. Il construit là-dessus toute une théorie du voisinage, *nachbarschaft*, et il soutient que « ce voisinage est un des facteurs principaux de l'organisation franque[1] ».

Il rencontre ce mot *vicini* dans un édit de Chilpéric. A vrai dire, cet édit prononce : 1° que la terre continuera à passer du père au fils suivant l'ancienne règle ; 2° qu'à défaut de fils la

---

1. Page 13, note 5 ; page 19.

fille en héritera; 5° qu'à défaut de fils et de fille les collatéraux prendront la terre et que les voisins ne la prendront pas[1]. M. Lamprecht interprète cela comme s'il était dit que les voisins eussent auparavant le droit de prendre la terre en cas de déshérence en ligne directe; mais l'édit de Chilpéric ne dit pas cela, et cela est formellement démenti par le titre de la Loi Salique sur les successions[2]. Puis, partant de cette interprétation erronée, il soutient que les *vicini* avaient un droit commun sur la terre et en étaient comme les copropriétaires, chose dont on ne trouve pas le moindre indice dans les documents.

Il retrouve encore le mot *vicini* dans le titre XLV de la Loi Salique, et tout de suite il y croit voir une communauté. C'est même une communauté qui aurait le droit d'exclure tout nouveau venu, en sorte que l'homme qui aurait acheté un champ ou à qui un champ aurait été légué, n'aurait pas eu le droit de l'occuper sans la volonté de tous les habitants. Mais lisez ce titre XLV, et vous voyez d'abord qu'il ne s'agit pas d'un homme qui a acquis un champ par les voies légitimes[3]. Vous voyez surtout, en lisant le titre tout entier (on a bien soin de n'en citer toujours qu'un fragment), qu'il ne s'y trouve aucune communauté. Pas un seul mot dans ces vingt-deux lignes n'a le sens ou ne présente l'idée de communauté ou d'association[4]. Vous ne voyez pas une communauté d'habitants qui s'assemble, qui délibère, qui décide. Ce que vous voyez, c'est un homme qui en son nom personnel porte plainte devant le fonctionnaire royal, devant le comte, contre un individu qui s'est établi sans aucun droit; et le comte expulse cet individu, non en

---

1. *Edictum Chilperici*, art. 3 : *Filii terram habeant sicut et Lex Salica habet; si filii defuncti fuerint, filia accipiat terras.... Et si moritur, frater terras accipiat, non vicini. Et si frater moriens non derelinquerit superstitem, tunc soror ad terra ipsa accedat possidenda.*
2. Titre XLV.
3. Cela est exprimé par les mots *super alterum*, qui signifient chez un autre, sur la terre d'un autre. Cela est exprimé aussi par ce titre que portent plus de la moitié des manuscrits : *De eo qui villam alterius occupaverit.* [*Nouvelles Recherches*, p. 327 et suiv.; contra, Viollet, *Histoire des Institutions politiques*, I, p. 513.]
4. Il est puéril de soutenir que *si unus vel aliqui qui in villa consistunt* signifie une communauté de village. Où est donc le mot qui signifie communauté?

vertu d'un droit de la communauté, pas un mot de cela, mais simplement en vertu du droit de propriété privée et parce que l'intrus ne peut justifier sa possession par aucun titre légitime. Où donc voyez-vous là l'action d'une communauté de village, d'une association de *mark*? Si vous croyez la voir, ce n'est certes pas qu'elle soit dans le texte, et ce ne peut être que parce que votre esprit prévenu l'y a mise sans y penser. Nous avons ici un des exemples les plus frappants des effets de la méthode subjective. Votre théorie a besoin d'un texte qui mentionne une communauté de village, et vous introduisez cette communauté dans un texte où elle n'est pas. La méprise était pourtant facile à éviter ; car nous possédons sur ce même titre XLV un commentaire qui a été écrit en 819, et écrit, non par les premiers venus, mais par les conseillers de Louis le Pieux[1]. Or ces hommes, qui pour la plupart étaient des juges, qui par conséquent appliquaient cette loi et devaient en connaître le sens, y voyaient simplement ceci : que, si un étranger venait s'établir sans titre sur une terre qui ne lui appartenait pas[2], il suffirait qu'un seul habitant le dénonçât au comte pour que celui-ci fît cesser l'usurpation. Mais, comme un dernier article disait que cette dénonciation devait être faite dans les douze mois, et qu'à l'expiration de ce terme l'intrus pourrait rester sur la terre et l'occuper en toute sûreté[3], les hommes de 819 demandèrent que ce dernier article fût supprimé[4]. Rien n'est plus clair que tout cela pour tout esprit qui n'est pas dominé par une idée fixe. Mais M. Lamprecht prétend que « les hommes de 819 n'ont pas compris ce texte ». Voilà qui est facile à dire : comprendre un texte autrement que M. Lamprecht, c'est ne pas le comprendre. Il faut pourtant faire attention que ces conseillers de Louis le Pieux étaient

---

1. Pertz, I, 226 ; Behrend, p. 115, art. 9.
2. *De eo qui villam alterius occupaverit.*
3. *Si infra XII menses nullus testatus fuerit, securus sicut et alii vicini maneat.*
4. *De hoc capitulo judicaverunt ut nullus villam aut res alterius migrandi gratia per annos tenere possit; sed in quacumque die invasor illarum rerum interpellatus fuerit, aut easdem res quærenti reddat aut eas, si potest, juxta legem se defendendo sibi vindicet.*

des personnages instruits, et qui passaient la moitié de leur vie à juger des procès. Il faut songer aussi que le titre XLV se trouvait dans la loi émendée par Charlemagne; que, quelle que fût son origine première, elle était encore une loi actuelle, un texte vivant. Écrit et transcrit par les conseillers de Charlemagne, comment supposer que les conseillers de son fils ne le comprenaient plus? J'avoue pour moi que j'aime mieux entendre ce texte comme l'entendirent les hommes de 819 que comme l'entend M. Lamprecht. J'aime mieux le traduire littéralement dans sa simple clarté que d'y ajouter une communauté de village qui ne s'y trouve pas.

M. Lamprecht ne peut pas nier que la Loi Salique ne signale des clôtures autour des champs de blé, autour des prairies, autour des vignes, et que cela ne soit l'indice de la propriété privée. Mais, à l'en croire, ce sont les rois qui ont changé l'ancien état de choses et introduit ces nouveautés. Pure hypothèse. Il veut qu'à tout le moins les forêts et les prairies soient restées communes, et il allègue le titre XXVII de la Loi Salique. Vous vous reportez au passage cité, croyant y trouver l'expression de forêt commune, de forêt où tous peuvent prendre du bois. C'est le contraire que vous trouvez : « Si quelqu'un a pris du bois dans la forêt d'un autre, il payera une amende de trois *solidi*[1]. » Voilà donc une forêt qui appartient en propre à un homme et où nul n'a de droit, si ce n'est le propriétaire. Mais cela n'embarrasse pas M. Lamprecht. Suivant lui, les mots *silva aliena* signifient une forêt commune. Mais quel motif a-t-il pour donner aux mots cette interprétation singulière? « C'est, dit-il, que dans la Loi Salique le mot *silva* est toujours pris dans le sens de forêt commune. » Or notez que le mot *silva* n'est employé nulle part ailleurs que dans cet article. Il traduit *aliena* comme si cela signifiait « d'un autre pays ». Cette fois il s'agit d'un mot qui est employé trente et une fois dans la Loi Salique; mais toutes ces trente et une fois il a le sens très

---

1. *Lex Salica*, XXVII, 18; édit. Behrend : *Si quis ligna aliena in silva aliena furaverit, solidos III culpabilis judicetur.* C'est la leçon du manuscrit de Paris 4404. Le manuscrit 9653 porte : *Si quis ligna in silva aliena furaverit, solidos XLV culpabilis judicetur.* Le manuscrit 4627 porte : *In silva alterius*:

clair de « qui appartient à un autre ». La loi dit, par exemple, *messis aliena, sepem alienam, hortum alienum, vinea aliena, servus alienus, litum alienum, caballus alienus, sponsa aliena, uxor aliena.* Le mot est toujours synonyme du génitif *alterius,* que l'on trouve souvent à sa place ; et précisément les mots *silva aliena* sont remplacés dans plusieurs manuscrits par les mots *silva alterius*[1]. Remarquons d'ailleurs que tout ce titre XXVII de la loi vise le vol commis « dans le champ d'un autre », « dans le jardin d'un autre », « dans la vigne d'un autre », et enfin « dans la forêt d'un autre ». Aucun doute n'est possible. Toujours il s'agit de propriétés particulières et la loi s'exprime sur la forêt exactement comme sur la vigne ou le jardin. L'interprétation de M. Lamprecht est contre toute évidence. Mais il lui fallait que les forêts fussent communes ; il n'a trouvé qu'un seul article où il fût question de forêt, et, quoique cet article parlât d'une forêt appartenant à un homme, il n'a pas voulu s'en priver et il a seulement soutenu que *silva aliena* signifiait le contraire de ce qu'il signifie.

M. Lamprecht dit encore « que les prairies étaient communes », quoiqu'il n'y ait rien de cela dans la Loi Salique ni dans aucun autre document. Bien plus : s'il est vrai que les prairies fussent communes d'après la Loi Salique, comment se fait-il que la Loi Salique ne parle qu'une fois des prairies, et seulement pour punir de l'énorme amende de quinze cents deniers celui qui a pris une charretée de foin dans la prairie d'autrui[2] ? M. Lamprecht soutient aussi que les moulins étaient communs, bien que la loi ne mentionne que des moulins appartenant à des particuliers[3]. — Les textes les plus opposés à sa théorie, il s'en empare et les interprète à sa guise. Voit-il, par exemple, que la Loi Salique punit sévèrement « celui qui laboure ou ensemence le champ d'un autre sans la permission du propriétaire », *extra consilium domini,* il soutient que cette disposition

---

1. *In silva alterius,* manuscrits de Paris 4627, de Montpellier 136, de Saint-Gall 731, de Paris 4626, etc.
2. Tit. XXVII, art. 10 et 11.
3. *Lex Salica,* XXII. Le manuscrit de Munich porte : *In molino alieno.* Plus loin, le *molinarius* est remplacé dans le manuscrit de Wolfenbuttel par : *Is cui molinus est.*

est pour lui l'indice d'un régime de communauté. Voit-il ailleurs qu'un homme incapable de payer une amende doit jurer « qu'il ne possède rien ni sur terre ni sous terre », cela indique à ses yeux que la terre n'est pas un objet de propriété. Le mot *facultas* est très fréquent dans la langue de cette époque et toujours il signifie l'ensemble des biens d'un homme, sans distinction de meubles et d'immeubles[1] ; mais, comme il importe au système que la propriété immobilière ne soit pas trop marquée dans la Loi Salique, M. Lamprecht prétend que le mot ne devra signifier que les biens meubles.

Telle est la méthode suivie. Et en vertu de cette méthode soi-disant érudite, on fera tout dériver d'une communauté primitive. Quoique les textes francs de l'époque mérovingienne et carolingienne ne fassent aucune mention de cette communauté, quoiqu'ils en soient même tout l'opposé, il faudra que tout l'organisme rural, tout l'organisme social, découle de cette communauté, de la *mark*. On soutiendra « que la *mark* est le *substratum* de tout[2] ». On croira avoir trouvé là une règle infaillible, et il faudra que toute l'histoire du moyen âge, bon gré mal gré, s'accommode et se plie à cette règle.

1. Voir *Formules* de Marculfe, I, 35 ; II, 8 ; *Andegavenses*, 56 (37) ; Rozière, n° 252 ; *Turonenses*, 17.
2. Page 282.

DEUXIÈME PARTIE

La théorie de M. Viollet sur la communauté des terres chez les Grecs [1].

M. Viollet est un disciple de Maurer, qu'il copie et exagère volontiers. Ce même système que Maurer avait pu édifier avec quelques dehors de vraisemblance en ce qui concernait les peuples germaniques, M. Viollet a imaginé de l'étendre à tous les peuples anciens et modernes. Ce qui est surtout nouveau chez lui et ce qui lui appartient en propre, c'est d'avoir attribué aux anciens Grecs le régime de la communauté du sol, que les érudits les plus versés dans l'étude du peuple grec n'avaient pas encore réussi à apercevoir. Quand il soutient cette thèse, ne croyez pas qu'il parle d'un âge primitif où les Grecs auraient ignoré l'agriculture et par conséquent la propriété. Il parle de l'âge où les Grecs étaient agriculteurs, de l'âge où ils formaient des sociétés organisées; il parle des cités grecques, et il professe que la cité a longtemps cultivé le sol en commun, sans que la famille ou l'individu pensât à se l'approprier. Toute terre, suivant lui, appartint longtemps à la cité, non à la famille, non à l'homme [2].

Il déclare que « sa théorie s'appuie sur des textes dont l'autorité est considérable », et il en cite onze, qui sont de Platon, de Virgile, de Justin, de Tibulle, de Diodore sur les îles Lipari, de Diogène Laërce sur Pythagore, d'Aristote à propos de la ville de Tarente, d'Athénée au sujet des repas de Sparte, de Diodore

---

1. [Cf. *Nouvelles Recherches*, p. 7 et suiv. : *Les Origines du droit de propriété chez les Grecs.*]
2. Viollet, *Du caractère collectif des premières propriétés immobilières*, dans la Bibliothèque de l'École des Chartes, 1872, pages 455-504.

sur les clérouquies, et enfin de Théophraste au sujet des ventes d'immeubles. Vérifions ces textes. Regardons si M. Viollet a cité au moins avec exactitude.

1° Le premier auteur cité est Platon, « qui apercevait encore çà et là les débris de l'ancienne communauté des terres », et M. Viollet dit avoir trouvé cela dans les *Lois* de Platon. Je me reporte au passage indiqué, et voici ce que je trouve[1] : « Dans une époque très antique, les hommes vivaient à l'état pastoral, tirant leur substance de leurs troupeaux et de la chasse.... Dans ce temps-là ils n'avaient aucune législation. Quant au gouvernement, ils n'en connaissaient pas d'autre que la δυναστεία, c'est-à-dire l'autorité du maître sur sa famille et sur ses esclaves. Comme les Cyclopes d'Homère, ils n'avaient ni assemblées publiques ni justice ; ils demeuraient dans les cavernes, et chacun se faisait obéir de sa femme et de ses enfants sans se mettre en peine de ses voisins. » Voilà ce que dit Platon, décrivant par l'imagination un antique état sauvage. Par quelle illusion M. Viollet voit-il dans ce passage que ces hommes cultivassent la terre en commun ? Platon dit qu'ils ne la cultivaient pas du tout. Où voit-il que la terre appartînt au peuple ? Platon dit qu'à cette époque il n'existait même pas de peuple. Où voit-il que les hommes étaient associés pour la culture ? Platon dit que chaque famille vivait isolément « sans se mettre en peine des voisins ». M. Viollet a donc pris à rebours le texte de Platon. Cherchez d'ailleurs dans tous les écrits du philosophe, vous n'y verrez nulle part qu'il ait dit « que de son temps encore il apercevait les débris d'une ancienne communauté ». Platon a mis une certaine communauté des terres dans la cité idéale qu'il a imaginée ; il n'a jamais dit que la communauté fût une institution des cités existantes. Voilà donc un premier texte cité à faux.

2° M. Viollet allègue ensuite Virgile, qui, dans les *Géorgiques*, dépeint un temps « où le sol n'était ni partagé ni marqué par des limites, et où tout était en commun ». Voilà qui paraît d'abord probant. Le vers du poète est cité exacte-

---

1. Viollet, p. 466. — *Lois* de Platon, l. III, trad. Saisset, t. I, p. 160.

ment[1]. Mais regardez le contexte. Tout ce passage est la description imaginaire d'un temps où les hommes ne cultivaient pas le sol :

> *Ante Jovem nulli subigebant arva coloni.*
> *..... Ipsaque tellus*
> *Omnia liberius, nullo poscente, ferebat.*

Dès que les hommes ne cultivaient pas la terre, il ne pouvait être question de la partager en propriétés. Virgile ajoute que plus tard l'homme apprit à labourer,

> *ut sulcis frumenti quærerct herbam;*

mais ici il ne dit plus que tout fût en commun. Il semble donc qu'avec un peu d'attention M. Viollet aurait écarté ce texte où Virgile décrit l'état sauvage et qui n'a aucun rapport avec la communauté des terres dans l'état agricole. Qu'est-ce que l'âge d'or, vrai ou faux, peut prouver pour la vie sociale des cités grecques ?

3° Vient ensuite une citation de Justin d'après Trogue-Pompée. Ce Gaulois, essayant de décrire les plus lointaines antiquités de l'Italie, dit qu'il fut un temps « où l'on ne connaissait ni l'esclavage ni la propriété, et où tout était indivis ». Le texte est exact; mais de quel temps s'agit-il ? Du temps qui a précédé Jupiter, *ante Jovem*. C'est assez dire qu'il s'agit ici de l'âge d'or, ou, si l'on aime mieux, de l'état sauvage.

4° Il en est de même de la citation de Tibulle; elle se rapporte « à l'époque du roi Saturne », c'est-à-dire à l'âge antéagricole, à cet âge d'or que l'imagination se figurait. Si M. Viollet a voulu démontrer que dans l'âge d'or la propriété privée n'existait pas, il y a assez bien réussi. Mais quel rapport cela a-t-il avec les cités grecques ? M. Viollet veut que ces légendes représentent d'antiques souvenirs. Cela est infiniment douteux ; en tout cas, ce serait le souvenir d'un temps où l'on ne connaissait pas l'agriculture et où il n'existait ni peuples organisés ni

---

1. *Ne signare quidem aut partiri limite campum*
    Fas erat : in medium quærebant....

Encore M. Viollet fait-il un contresens sur *in medium*, qu'il traduit comme s'il y avait *in commune*. Virgile, I, 125.

cités. Qu'il y ait eu de longs âges où l'homme n'ait pas su cultiver la terre, qu'est-ce que cela prouve pour le temps où il l'a cultivée? Ne perdons pas de vue que ce que l'auteur soutient et veut démontrer, c'est que les hommes réunis en corps de cité aient cultivé le sol en commun, au lieu de se l'approprier. Il y a quelque légèreté à prétendre prouver un régime de culture en commun par des légendes qui marquent l'absence de toute culture.

5° M. Viollet arrive enfin aux époques historiques et cite un passage de Diodore de Sicile. Présentons d'abord sa traduction, comme si elle était d'une rigoureuse exactitude : « Des Cnidiens et des Rhodiens colonisèrent les îles Lipari; comme ils avaient beaucoup à souffrir des pirates tyrrhéniens, ils armèrent des barques pour se défendre, et ils se divisèrent en deux *classes* séparées : l'une fut chargée de cultiver les terres des îles qu'*on déclara propriété commune*; à l'autre on confia le soin de la défense. Ayant de cette manière *mis en un seul bloc toutes leurs propriétés*, et mangeant ensemble à des repas publics, ils vécurent en commun pendant plusieurs années; mais par la suite ils se partagèrent les terres de Lipara, où était leur ville; quant aux autres îles, elles continuèrent quelque temps à être cultivées en commun. Enfin *ils en vinrent* à se partager toutes les îles pour vingt années; à l'expiration de ce terme, *on les tire de nouveau au sort.* »

Il y aurait beaucoup à dire sur cette traduction; mais nous voulons être bref[1]. M. Viollet aurait dû tout d'abord indiquer la date de l'événement, puisque Diodore la donne; il est de la cinquantième olympiade, c'est-à-dire des environs de l'an 575. Or il y avait longtemps à cette date que Cnide et Rhodes pratiquaient la propriété privée et ignoraient la communauté agraire. Donc ces Cnidiens et ces Rhodiens purent bien faire

---

1. Nous avons mis en italique les mots sur lesquels il y a inexactitude. Diodore ne dit pas que ces hommes se soient partagés en deux « classes »; il ne dit pas qu'ils « aient *déclaré* la terre *propriété commune* »; κοινὰς ποιήσαντες signifie que les îles furent rendues communes un moment; c'est là l'énoncé d'un fait, ce n'est pas une déclaration d'institution perpétuelle. Au lieu de : « ils mirent en un seul bloc toutes leurs propriétés », le grec dit : « ils mirent toutes leurs ressources en commun ». Le principal faux sens est dans les derniers mots de la traduction.

un essai de communauté, mais il ne se peut pas qu'ils représentent la tradition d'une communauté primitive, ainsi que le dit M. Viollet[1].

Le récit de l'historien grec montre d'ailleurs très nettement le motif qui a déterminé ces hommes à laisser la terre en commun quelque temps : c'est parce que les pirates tyrrhéniens exerçaient des ravages dans ces îles, au point que les Grecs furent obligés de se diviser en deux catégories, les uns combattant, les autres cultivant[2]. Mais Diodore ajoute formellement que cette vie en commun ne dura que quelques années. Débarrassés des pirates, les Grecs fondèrent un établissement régulier dans l'île Lipara, c'est-à-dire dans la plus grande et la plus importante de ce petit archipel. Ils y bâtirent une ville, et en même temps « ils firent un partage du sol ». Or il s'agit ici d'un partage qui ne fut jamais refait, d'un partage à titre perpétuel, c'est-à-dire d'un partage en lots de propriété. M. Viollet passe trop vite sur ce point; il est capital dans le récit de Diodore. Il nous montre la propriété privée se constituant aussitôt que ces Grecs sont dans un état à peu près paisible. Que les autres îlots, de culture plus difficile et de possession moins sûre, soient restés indivis quelque temps encore, cela n'implique nullement que ces hommes vécussent dans un régime d'indivision. Chacun d'eux était propriétaire foncier dans l'île principale et avait quelque jouissance dans un des îlots[3]. Cela même ne dura pas bien longtemps, et les îlots furent partagés à leur tour. Il y eut, à la vérité, un premier partage provisoire pour vingt années ; plusieurs motifs très naturels peuvent expliquer cette précaution. En tout cas, au bout de vingt ans, le partage est refait, et cette fois pour toujours, car Diodore ne dit nullement qu'on ait fait un partage périodique jusqu'à son temps[4].

---

1. Viollet, p. 467-468.
2. Le texte est dans Diodore, V, 9, édit. bipontine, III, p. 267.
3. C'est ce que Thucydide explique bien : « Ils habitent l'île de Lipara, et partent de là pour aller cultiver les autres îles », III, 88.
4. Τὰς νήσους εἰς εἴκοσιν ἔτη διελόμενοι, πάλιν κληρουχοῦσιν ὅταν ὁ χρόνος οὗτος διέλθῃ. Le mot πάλιν signifie une seconde fois, et non pas périodiquement. Il n'y a là aucune expression, telle que νῦν ἔτι, que l'historien emploierait pour indiquer que cela se

Tout ce récit de l'historien grec vise à montrer que ces Grecs émigrés ont institué, comme dans toute la Grèce, la propriété privée. Pour le bien comprendre, il faut le rapprocher d'autres passages analogues où le même historien montre des colons grecs se partageant le sol en propre dès le premier jour de leur établissement[1]. Cette colonie de Cnidiens et de Rhodiens diffère des autres en ce seul point qu'il lui a fallu, pour des raisons que Diodore indique, retarder ce passage de quelques années. C'est là ce que l'historien a voulu montrer ; mais il ne dit pas que ces hommes aient eu l'idée de fonder chez eux la communauté des terres ; pas plus que les autres Grecs ils n'en ont eu le goût. Ce qu'il y eut chez eux de communauté ne fut pas une institution ; ce fut seulement un fait accidentel, passager, sans passé, sans avenir. La propriété fut, chez eux comme chez tous les Grecs, l'institution normale. Ce récit de Diodore est donc l'opposé de la thèse de M. Viollet ; aussi s'étonne-t-on de voir M. Viollet écrire « qu'encore *au temps de l'empereur Auguste* la propriété privée n'était pas encore constituée chez ces Grecs, *aux portes de Rome*[2] ».

6° M. Viollet passe ensuite à Pythagore. S'appuyant sur une biographie de ce philosophe écrite huit cents ans après lui, il rapporte que Pythagore réunit jusqu'à deux mille disciples et leur fit adopter la vie commune. Le fait peut être vrai ; mais, qu'un philosophe ait réussi à fonder un phalanstère, lequel ne dura pas après lui, cela prouve-t-il que les sociétés de ce temps-là vécussent en communauté? Il me semble plutôt le contraire. Si ces disciples de Pythagore sont forcés de quitter leurs cités pour former un institut communiste, c'est que leurs cités ne vivent pas sous le régime communiste. Il est constant

---

pratique encore de son temps. La conjonction ὅταν indique une action unique ; l'historien n'a pas écrit ὁσάκις. Il emploie, il est vrai, κληρουχοῦσι au temps présent, soit qu'il copie un document ancien, soit qu'il emploie ce présent de narration dont les historiens usent volontiers. Il faut d'ailleurs faire attention au sens intrinsèque du mot κληρουχεῖν ; ce terme est assez fréquent dans la langue grecque pour que le sens en soit bien déterminé. Il se dit toujours d'un partage définitif, d'un partage à perpétuité ; il serait inadmissible que Diodore eût écrit κληρουχεῖν pour désigner un partage temporaire et périodique.

1. Diodore, V, 53 ; V, 59 ; V, 81 ; V, 83 et 84 ; XII, 11 ; XV, 25.
2. Viollet, p. 468.

que cet institut de Pythagore ne fut qu'un fait exceptionnel, qui ne laissa aucune trace. Examiné en lui-même, il n'a aucun rapport avec une antique communauté des terres. Mais voyez la méthode de M. Viollet : par cela seul qu'il rencontre ces deux mille disciples (d'autres disent six cents) de Pythagore, il conclut « qu'il s'agit là de l'origine de plusieurs villes de la Grande-Grèce et qu'ainsi ces villes ont été fondées et assises sur le régime de l'indivision ». Rien de semblable. Toutes ces villes étaient fondées avant Pythagore, elles lui ont survécu, et ni avant lui ni après lui elles n'ont connu le régime de l'indivision[1].

7° Voici un exemple qui serait plus historique. « Les citoyens de Tarente, dit M. Viollet, paraissent avoir conservé jusqu'au temps d'Aristote quelque chose de l'antique communauté des terres. » Et il cite Aristote[2]. Reportez-vous au passage cité, vous y lisez ceci : « Il appartient à une aristocratie intelligente de veiller sur les indigents et de leur donner des moyens de travail ; on fera bien d'imiter les Tarentins : ils ont des propriétés dont ils laissent la jouissance commune aux indigents (littéralement, qu'ils font communes aux indigents pour la jouissance[3]), et ils s'attachent ainsi le bas peuple. » On voit combien ce texte s'éloigne de l'interprétation qu'en fait M. Viollet. Il s'en faut de tout qu'Aristote parle d'un régime communiste. Il range Tarente parmi les gouvernements aristocratiques et il montre qu'il s'y trouve des indigents, ἄποροι. Seulement, il fait remarquer que les riches ont soin de réserver quelques terres *à l'usage* de ces indigents, afin de se les attacher[4]. M. Viollet a pris ici une institution de bienfaisance pour une institution communiste. Il est clair pourtant que ce que décrit Aristote n'est qu'une concession faite par des riches à des pauvres, c'est-à-dire le contraire d'un régime de communauté.

8° M. Viollet nous dit qu'il y a encore « d'autres vestiges

---

1. Voir Strabon, VI, 1.
2. *Politique*, VI, 3, 5, édit. Didot, t. I, p. 595.
3. Κοινὰ ποιοῦντες τὰ κτήματα τοῖς ἀπόροις ἐπὶ τὴν χρῆσιν.
4. Εὔνουν παρασκευάζουσι τὸ πλῆθος.

historiques qui permettent de remonter par la pensée jusqu'à l'indivision primitive : ce sont les repas communs ». Et il consacre trois grandes pages aux repas communs des Grecs. Il commence par ce genre de repas que les Spartiates appelaient *copis*, il le décrit tout au long d'après Athénée, et il conclut : « Tout ici est primitif et voilà le repas commun dans son antique simplicité. » — Or il se trouve par malheur que le repas appelé *copis* n'était pas du tout un repas commun. Les anciens nous apprennent en effet que les Spartiates avaient quelques repas privés[1]; le copis était l'un d'eux. Lisez la page d'Athénée que traduit M. Viollet; lisez-la dans le texte[2] : non seulement vous n'y trouverez pas un mot qui indique que le copis fût un repas public, mais vous y voyez nettement l'indication contraire : « Fait qui veut le copis », κοπίζει ὁ βουλόμενος, et celui qui le fait y invite qui il veut, « soit Spartiate, soit étranger ». Voilà des traits qui sont l'opposé des repas publics ordonnés et réglés par la cité. Ajoutons que l'écrivain grec marque formellement le caractère religieux de ce repas ; il doit se faire devant le dieu, παρὰ τὸν θεόν, c'est-à-dire devant un temple et en présence du simulacre de la divinité ; de vieux rites y sont observés : il faut commencer par dresser une tente de feuillage, couvrir le sol de branches d'arbre, s'y coucher pour manger ; la seule viande qu'il soit permis d'y servir est celle de la chèvre, et il faut donner à chaque convive un pain particulier dont la nature et la forme sont fixées invariablement. Ceux qui sont familiers avec l'antiquité grecque ne sont pas surpris de ces rites. Tout Spartiate pouvait donner ce repas quand il voulait; mais l'usage ordinaire dans la ville était qu'on le donnât « à la fête appelée Tithénidia, célébrée pour la santé des enfants », et les nourrices y menaient les petits garçons. La description d'Athénée est d'une clarté parfaite. M. Viol-

---

1. Xénophon, *Commentarii*, I, 2, 61, rappelle que le Lacédémonien Lichas était renommé pour la générosité avec laquelle il recevait ses hôtes à dîner; Hérodote, VI, 57, montre des particuliers invitant un roi à dîner dans leur maison; Plutarque, *Lycurgue*, 12, dit que tout Spartiate qui faisait un sacrifice était dispensé du repas public, c'est-à-dire pouvait manger chez lui la victime immolée. Il est donc très faux de dire que les Spartiates mangeaient toujours en commun.

2. Athénée, IV, 16.

let s'est trompé en prenant un repas privé et religieux pour un repas commun, et en y voulant voir le symbole de la communauté des terres.

Restent les vrais repas publics, qui étaient journaliers, ou presque journaliers, à Sparte, et qu'on appelait συσσίτια. M. Viollet se hâte de dire qu'ils sont une marque de communauté. Il y a une apparence de justesse à dire : « Si les hommes consomment les fruits de la terre en commun, c'est que primitivement la terre elle-même était en commun. » Nous pensons que M. Viollet aurait dû se défier de cette logique apparente; s'il avait étudié par les textes cette institution des repas publics de Sparte, il y a quatre remarques qui ne lui auraient pas échappé : 1° elle ne remonte pas aux premiers temps de la cité et, loin de se rattacher à un temps où la terre aurait été commune, elle est postérieure à la constitution de la propriété privée à Sparte[1]; 2° ces repas communs ne constituaient pas une vie commune; car, d'une part, les hommes seuls y participaient, non les femmes, non les enfants[2], et, d'autre part, les hommes ne prenaient pas ensemble tous leurs repas de la journée, mais un seul, celui du soir; 3° les dépenses de ce repas n'étaient pas faites par la communauté, par l'État, mais chaque citoyen devait y apporter sa cotisation, laquelle était fixée par mois à un médimne de farine, à huit conges de vin, à quelques fruits et à une somme d'argent pour l'achat de la viande[3]; il s'en faut donc beaucoup que les hommes fussent nourris en commun par l'État; ils devaient manger ensemble, mais chacun était nourri sur son bien, car chacun était propriétaire; 4° ces repas en commun représentaient si peu la communauté des biens, que les Spartiates pauvres n'y étaient

---

1. Hérodote, qui a bien connu Sparte, dit que les repas publics n'y furent établis que deux siècles après la fondation de la cité dorienne, I, 65. Même chose dans Xénophon, *Respublica Lacedæmoniorum*, 5, et dans Plutarque, *Lycurgue*, 10, qui dit formellement qu'avant cette époque les Spartiates mangeaient chacun chez soi. — La propriété privée au contraire avait été constituée dès l'origine de la cité.
2. Platon, *Lois*, VI, p. 781; Aristote, *Politique*, II, 7, édit. Didot, p. 515; Alcman, dans Strabon, X, 4, 18. — [Cf. *Nouvelles Recherches*, p. 79 et suiv.: *Des repas communs à Sparte*.]
3. Aristote, *Politique*, II, 7, édit. Didot, p. 515; Plutarque, *Lycurgue*, 12.

pas admis ; cela est affirmé très nettement par Aristote, qui ajoute que ces repas sont ce qu'il y a de moins démocratique au monde[1].

Il est très faux de s'imaginer tous les Spartiates mangeant à la même table les mêmes mets. Ces repas, soi-disant communs, se faisaient par petits groupes d'une quinzaine de membres, dans des maisons séparées. Chacun choisissait à sa guise le groupe dont il voulait faire partie, mais il n'était admis dans ce groupe que par un vote unanime des membres qui le composaient[2]. Aussi savons-nous que les repas qu'on y faisait étaient assez luxueux et que le fameux potage noir, μέλας ζωμός, n'en était que le prélude[3]. Il est donc bien visible que ces repas en commun, dont nous n'avons pas ici à chercher le sens et le but, n'ont en tout cas aucun rapport ni avec la vie commune ni surtout avec la communauté des terres[4].

M. Viollet allègue encore les repas que les cinquante prytanes athéniens faisaient auprès du foyer sacré. Il rappelle que lorsque le jeune Athénien était reçu dans la phratrie, la phratrie faisait un sacrifice suivi d'un repas. Il cite encore les repas que les curies romaines faisaient auprès d'un autel à certains jours de fête. Mais il faut avoir l'esprit bien dominé par son idée fixe pour aller s'imaginer que ces trois sortes de repas soient la preuve d'une communauté des terres. Il est fort ingénieux de dire « que ces repas étaient les témoins attardés de l'ancienne vie nomade et de la communauté du sol[5]. ». Mais la vérité est qu'ils étaient simplement des actes religieux. On les accomplissait autour d'un autel, suivant des rites consacrés. La pratique du repas en commun sous l'œil de la divinité appartient à beaucoup de religions.

9° Pour sa neuvième preuve, M. Viollet présente « une tra-

1. Aristote, *Politique*, II, 6, 21, p. 514.
2. Plutarque, *Lycurgue*, 12.
3. Cicéron, *Tusculanes*, V, 34 ; Plutarque, *Lycurgue*, 12 ; Xénophon, *Respublica Lacedæmoniorum*, 5, et surtout les auteurs cités par Athénée, IV, 20.
4. Nous avons montré ailleurs les textes qui marquent la propriété privée et les règles de cette propriété à Sparte (*Compte rendu des séances de l'Académie des Sciences Morales*, 1879-1880 [*Nouvelles Recherches*, p. 52 et suiv.]). Voir sur le même sujet l'excellent ouvrage de M. Claudio Jannet.
5. Viollet, p. 472.

dition assez répandue qui nous représente les habitants d'un pays se partageant entre eux les domaines ». Et il cite sur ce point quelques textes de Diodore. Il aurait pu en citer un plus grand nombre et d'autres écrivains[1]. Ce qu'il prend pour une tradition vague est un fait historique parfaitement connu et avéré. On sait que chaque cité grecque conservait le souvenir de sa fondation, qui donnait lieu à une fête annuelle. Ce souvenir était consigné soit dans des chants religieux qu'on répétait d'année en année sans y rien changer, soit sur des plaques de bronze qui étaient gardées dans un temple. C'est de ces vieux récits sacrés qu'il nous est venu un témoignage si précis de la fondation et du fondateur de chaque cité. Or ces récits marquaient à la fois deux choses : la fondation de la ville à un jour donné par l'accomplissement d'une cérémonie sainte, et le partage du territoire entre les citoyens, partage qui se faisait par un tirage au sort appelé κληρουχία ou κληροδοσία. Ces deux opérations étaient de même date et, pour ainsi dire, de même jour. Là où M. Viollet se trompe, c'est quand il dit que « ce partage suppose une communauté primitive et clôt une ère d'indivision ». C'est le contraire ; car, toutes les fois que nous voyons des Grecs émigrés s'établir sur un territoire ou vacant ou conquis par eux, ils fondent *aussitôt* la ville et ils partagent *aussitôt* le sol[2]. Le sol a pu être conquis en commun, mais il n'est pas une seule année cultivé en commun. On ne le partage pas « pour sortir du régime de l'indivision » ; mais, ce territoire qu'on vient de trouver vacant ou de conquérir, on se hâte de se le partager pour qu'il n'y ait pas un seul moment d'indivision[3].

Dans les cités tout à fait primitives, il n'y avait pas lieu à partage. Nous ne trouvons pas ce partage à Athènes. Pourquoi ? C'est que nous savons que l'Attique a été d'abord occupée par quelques centaines de familles indépendantes, γένη, qui ensuite

---

1. Diodore, V, 53 ; V, 59 ; V, 81 ; V, 83 ; V, 84 ; XII, 11 ; XV, 25. — *Odyssée*, VI, 11. Hérodote, V, 77. Platon, *Lois*, III, p. 684-685. Pausanias, *passim*.
2. Nous ne doutons pas qu'il y ait eu quelques exceptions. Ce que Diodore raconte des îles Lipari en est une. Il a pu arriver quelquefois, pour tel ou tel motif, que le partage ait été retardé de quelques années.
3. [*Nouvelles Recherches*, p. 20 et suiv.]

se sont groupées en phratries, et qui enfin se sont groupées en une cité. Pas de partage ici, parce que chaque famille conserve la terre qui lui appartient depuis des siècles. Mais quand il s'agit d'une colonie, d'un peuple qui émigre et qui prend possession d'un territoire nouveau, il faut bien qu'il y ait partage. Seulement, ce partage ne vient pas, comme le veut M. Viollet, à la suite d'un régime d'indivision ; il est le premier acte de l'établissement de la colonie. Cet usage est un des plus remarquables et des plus certains de ces vieux âges. Il prouve que la cité grecque n'a jamais cultivé en commun, qu'elle n'a eu ni le goût ni même l'idée de l'indivision du sol. Si M. Viollet avait observé cette κληρουχία dans tous les textes qui la mentionnent, il n'aurait pas supposé une seule minute qu'elle pût être une preuve de la communauté des terres, et il se serait bien gardé de la présenter à l'appui de sa thèse, dont elle est justement l'opposé.

10° Je serai très court sur un autre argument de M. Viollet. J'avais montré autrefois que dans le plus ancien droit grec, comme dans le vieux droit hindou et chez beaucoup d'autres peuples, la terre primitivement attachée à une famille lui était si étroitement unie que l'on n'avait pas le droit de la vendre, ni de la faire passer à une autre famille soit par testament, soit sous forme de dot[1]. Cette règle est bien expliquée dans plusieurs documents grecs ; elle vient de ce que la propriété était conçue, non comme un droit individuel, mais comme un droit de famille. Le père était tenu de la laisser à ses fils. A défaut de fils, il ne pouvait même pas la léguer ou la vendre ; elle devait passer au plus proche parent. M. Viollet imagine une autre explication. Cette interdiction de la vente et du testament vient, suivant lui, de ce que la terre avait été commune à tous. Je ne comprends pas ce raisonnement. Si le sol avait été d'abord le bien commun du peuple, et que ce peuple eût conservé une sorte de domaine éminent sur lui (telle est la théorie de

---

1. [*La Cité antique*, liv. II, c. 7; *Nouvelles Recherches*, p. 28 et suiv.] — Héraclide de Pont, édit. Didot, t. II, p. 211. Aristote, *Politique*, II, 4, 4; VII, 2, 5; Plutarque, *Instituta Laconica*, 22; *Vie d'Agis*, 5; *Vie de Solon*, 21. Cf. Lois de Manou, IX, 105-107, 126. — Viollet, p. 481.

M. Viollet), on ne voit pas pourquoi la loi aurait interdit de vendre la terre à un autre homme du même peuple ; on ne voit pas pourquoi la loi aurait interdit à chaque famille de se dessaisir, même en faveur de ce peuple. La vieille règle, ou plutôt l'antique coutume qui défend à la famille de se détacher de sa terre, ne peut vraiment pas être une preuve de la communauté de la terre. Elle ne peut être une preuve que du caractère familial de la propriété. C'est ce que dit Platon, dans un passage où il présente, non ses utopies personnelles, mais les idées de ses contemporains : « Tu ne peux pas léguer tes biens à qui tu veux, par la raison que tes biens appartiennent à ta famille, c'est-à-dire à tes ancêtres et à tes descendants[1]. » L'hypothèse qu'oppose à cela M. Viollet est de pure fantaisie. Il paraît croire que l'interdiction de la vente et du testament est une diminution du droit de propriété : il ne fait pas attention que cela rend l'hérédité plus absolue et assure le droit de la famille. Qu'on cherche dans tout le droit grec et dans toute la littérature grecque, on n'y verra jamais, ni un domaine éminent de l'État, ni un retour de la terre à une prétendue communauté.

11° Le dernier argument de M. Viollet est tiré d'un passage de Théophraste. Lorsque le droit grec postérieur a autorisé la vente de la terre, la propriété étant dès lors conçue comme un droit individuel, il a exigé qu'elle fût faite dans certaines conditions de publicité. « Plusieurs législateurs, dit Théophraste, veulent que les ventes soient faites par un crieur public et qu'elles soient criées plusieurs jours à l'avance ; d'autres préfèrent qu'elles aient lieu par-devant un magistrat ; il y en a qui prescrivent que la vente soit affichée pendant soixante jours : tout cela pour deux motifs, d'abord pour que les réclamations puissent être faites contre le vendeur, ensuite pour que tous sachent bien quel est le nouvel acquéreur. » Voilà un texte bien clair ; vous y voyez que la vente doit se faire en public, afin d'être entourée de toutes les garanties possibles ; mais M. Viollet y voit autre chose : « Si le public est là, dit-il, c'est que la terre appartient au peuple[2]. » Voilà une conclusion à

---

1. Platon, *Lois*, XI [*Nouvelles Recherches*, p. 54].
2. Pages 484-485.

laquelle Théophraste n'avait pas pensé. Quand il décrivait les divers modes de publicité donnés à la vente et qu'il expliquait si naturellement les raisons de cette publicité, il ne supposait pas qu'on dénaturerait sa pensée au point de conclure que les terres étaient communes[1]. Mais M. Viollet suit son idée fixe. S'il lit quelque part que les voisins sont témoins de l'acte de vente, il ajoute qu'on doit sans doute leur demander leur consentement; car la terre doit appartenir à tous. Lit-il ailleurs que, dans une certaine ville, il était d'usage que l'acquéreur donnât à trois des voisins une petite pièce de monnaie, pour que plus tard ils se souvinssent de l'acte et pussent en être garants, vite il ajoute « que cette pièce de monnaie est le prix dont l'acquéreur paye à ces trois voisins leur droit primordial sur la terre ». Tout cela est de pure imagination. A ces règles si simples les Grecs n'attachaient certainement aucune idée de communauté des terres.

Voilà donc les onze textes par lesquels M. Viollet essaye de prouver que les anciennes cités grecques ont pratiqué plus ou moins longtemps l'indivision du sol. M. Viollet n'en cite pas un de plus. Or le premier, emprunté à Platon, le cinquième, pris à Diodore, le septième, relatif à Tarente, sont absolument inexacts; le deuxième, le troisième, le quatrième, empruntés à Virgile, à Trogue-Pompée et à Tibulle, sont hors du sujet, puisqu'ils se rapportent à la légende de l'état sauvage, qui n'a que faire ici; le sixième, celui qui concerne Pythagore, vise un fait exceptionnel, éphémère et visiblement en dehors des coutumes grecques; le huitième, sur les repas publics, est compris à faux; le neuvième, sur les κληρουχίαι, et le dixième, sur l'inaliénabilité primitive du sol familial, sont justement l'opposé de la thèse de M. Viollet; le onzième vise la publicité de la vente et non pas la communauté des terres. Ainsi, sur ces onze textes ou arguments, il n'y en a pas un seul qui, après vérification, reste debout.

Ce n'est pas tout. Supposez que l'on trouvât, parmi toute la littérature grecque, deux ou trois textes, ou même onze, qui

---

1. [*Nouvelles Recherches*, p. 157.]

impliqueraient la communauté des terres, il resterait encore pour tout historien sérieux à faire la contre-épreuve, c'est-à-dire à regarder s'il n'y a pas d'autres textes ou d'autres faits qui marquent le contraire. M. Viollet n'a pas songé à faire cette contre-épreuve. S'il y pense quelque jour, je me permets de lui signaler quatre catégories de textes ou de faits : 1° ceux qu'on trouve dans Homère, dans Hésiode, et dans les plus anciens documents, qui nous montrent la terre possédée en propre, sans nulle mention ni souvenir d'aucune communauté; 2° les restes qui nous sont parvenus du plus vieux droit grec, lequel ne contient pas la plus légère trace d'un régime où la terre aurait appartenu au peuple, et qui contient au contraire les règles précises de la propriété familiale; 3° les rites de la plus vieille religion, qui nous montrent le culte de la propriété foncière et des limites sacrées, et cela à une époque contemporaine du vieux culte des morts; 4° enfin, le souvenir de toutes les κληρουχίαι, c'est-à-dire de ce partage du sol en propriétés héréditaires, partage fait au premier jour de l'établissement de chaque cité et qui implique une sorte d'inaptitude à posséder en commun. On trouvera là, non pas onze textes imaginaires, mais tout l'ensemble des textes et des faits; et cet ensemble est justement l'opposé d'un régime de communauté[1]. L'histoire serait une science trop facile s'il suffisait de prendre çà et là quelques lignes isolées et de les interpréter à sa guise; c'est *tous* les textes qu'il faut voir; c'était *toute* la littérature grecque que pour un tel problème M. Viollet devait étudier. Un fait survenant aux îles Lipari ne peut pas suffire pour juger des institutions du monde grec. Onze textes qui, s'ils étaient exacts, seraient insignifiants à côté de tout le reste, ne sont pas assez pour édifier un système. Ce qui confond surtout, c'est que l'auteur d'une telle théorie n'ait songé à étudier ni le droit, ni les croyances, ni les institutions constantes des Grecs. Il a tranché la question sans seulement penser à l'étudier.

Qu'il me soit permis d'ajouter que je regrette que M. Viollet

---

1. [*Nouvelles Recherches*, p. 7 et suiv. : *Les Origines du droit de propriété chez les Grecs.*]

dans son travail m'ait pris à partie. « M. Fustel, dit-il [1], ne pouvait pas apercevoir ce grand fait historique (à savoir la prétendue communauté des terres), parce qu'il a vu que les familles avaient chacune son foyer, son culte, ses ancêtres. » Il est vrai ; je reconnais volontiers que les faits que je voyais, et dont j'ai donné la pleine démonstration, m'empêchaient de voir les faits imaginaires que M. Viollet a cru apercevoir dans ses onze textes. Il ajoute encore [2] que, puisque j'admettais la propriété familiale, il m'était bien facile d'aller un peu plus loin et d'admettre comme lui la communauté de peuple. Ici M. Viollet laisse voir trop naïvement sa méthode. Pour lui, l'historien qui aperçoit un fait ou une institution doit deviner un autre fait ou une autre instituion, pour peu qu'il y ait quelque analogie apparente ; par là la logique supplée aux textes, et l'esprit peut bâtir tous les systèmes qu'il veut. Je n'ai pas tant de hardiesse : je ne vois pas dans l'histoire ce que je veux y voir, mais seulement ce qui y est. Je me garde bien d'y ajouter ce que je n'y vois pas. J'ai vu, dans le vieux droit et dans la vieille religion, la copropriété de famille ; et je l'ai dit. Je n'ai pas vu la communauté de peuple, et je ne l'ai pas dit. L'histoire n'est pas une science de raisonnement, elle est une science d'observation.

Il n'y a d'ailleurs que M. Viollet qui pense que la copropriété de famille et la communauté de peuple « sont deux choses qui se ressemblent ». Tout esprit attentif voit bien que ce sont deux choses essentiellement différentes, et par leur nature, et par leurs effets. La copropriété de famille est une propriété pleine, absolue, héréditaire, indépendante même de l'État. Si elle reste indivise, c'est uniquement parce que la famille elle-même à cette époque reste indivise. Elle est d'ailleurs, légalement, dans les mains du chef de famille seul, vrai propriétaire, qui y est un maître absolu, qui y fait ce qu'il veut, mais qui ne peut ni l'aliéner ni la léguer, « parce qu'il la doit à ses descendants telle qu'il l'a reçue de ses ancêtres ». Quelle ressem-

---

1. Page 464.
2. Page 465.

blance y a-t-il entre un tel régime et celui où la terre serait commune à tous et appartiendrait au peuple entier ?

Je n'insisterai pas longuement sur la seconde partie de l'article de M. Viollet, où il jette un coup d'œil rapide et de haut sur le moyen âge. Mes vérifications ici n'ont pas été plus heureuses. Par exemple, il insiste longuement sur le retrait des voisins ; tout le monde connaît cette pratique, dont la signification et la raison d'être n'échappent à personne. Mais pour M. Viollet le retrait des voisins est un reste de la communauté des terres. Il ne fait pas attention que la préférence accordée, en cas de vente, au propriétaire voisin sur le propriétaire éloigné n'a aucun rapport avec la communauté. Même dans un régime de communauté il ne trouverait pas ce retrait du voisin. Les deux choses sont incompatibles. Le retrait du voisin est une pratique qui se rattache essentiellement à la propriété privée ; c'est une grande erreur de le transformer en une pratique communaliste.

Plus loin, M. Viollet parle des Francs ; il les représente « habitant par petits groupes appelés *villæ* ou *genealogiæ* ». Il faut n'avoir pas vu dans les chartes ce que c'est que la *villa* pour se la figurer comme un groupe d'hommes libres ; et quant à identifier la *villa* avec la *genealogia*, cela est plus que téméraire. — M. Viollet dit encore que chez les Francs « le lien de voisinage était assez fort pour tenir en échec les droits du sang en matière de succession », et il ne s'aperçoit pas que cette affirmation est absolument contraire au texte si formel de la Loi Salique. — Il prétend que la villa franque était une communauté de village, et il cite le titre XLV de la Loi Salique où il n'est pas dit un seul mot d'une communauté et où l'on est frappé de voir, au contraire, qu'aucune communauté n'agit. — Il soutient que la Loi Ripuaire exige pour une vente de terre « le consentement de la communauté », et il cite un article de la loi où il est seulement dit que cette vente doit se faire devant témoins et en un lieu public. C'est lui qui ajoute que ces témoins sont « une communauté », et que ces témoins ont à donner « un consentement ». — Ailleurs, il soutient que les Thuringiens ne connaissaient pas la vente de la terre, et il n'a pour preuve que l'article de leur loi qui autorise cette vente. — Il dit encore que dans la Loi Ripuaire un immeuble ne peut être vendu qu'en vertu d'un acte royal, et il s'appuie sur l'article de cette loi qui veut que l'acheteur d'une terre demande que son vendeur lui fasse un acte écrit[1]. — Les citations de M. Viollet sont toujours exactes en ce sens que la ligne qu'il cite se retrouve bien à l'endroit indiqué; l'inexactitude consiste seulement en ce que cette ligne, si vous la lisez dans son contexte, signifie exactement le contraire de ce que disait M. Viollet. C'est ainsi qu'il cita un jour une phrase d'un acte de 890 où il voyait le mot *communes*; n'était-ce pas bien ici la communauté des terres, la propriété collective? Malheureusement il se trouva, en vérifiant, que l'acte ne contenait aucune mention de communauté, ni même de village, ni de paysans; l'acte était relatif à une contestation entre deux propriétaires qui étaient un abbé et un comte; l'adjectif *communes* s'appliquait non à des terres, mais à des « usages dans une forêt impériale »; l'abbé prétendait avoir « ces usages communs » gratuitement, et le comte prétendait que l'abbé en avait toujours payé une location, *sub conductione*. Tout cela est visiblement le contraire de la communauté; mais M. Viollet avait vu le mot *communes*, il ne lui en avait pas fallu davantage[2]. — J'ai cherché ainsi dans tout ce travail un texte qui fût exact; et je n'en ai pas trouvé un seul.

1. [Voir plus haut, p. 3 et suiv.]
2. L'affirmation de M. Viollet est dans la *Revue critique*, 1886, t. II, p. 109. L'acte de 890 ne doit pas être jugé par l'extrait qu'il en donne; il faut le lire en entier dans le *Urkundenbuch der Abtei S. Gallen*, n° 662, t. II, p. 265.

TROISIÈME PARTIE

La théorie de M. Mommsen sur la communauté des terres chez les Romains.

On ne s'attendrait pas à trouver un seul moment le communisme agraire chez les Romains, d'abord parce que la cité romaine est l'une des dernières fondées de l'antiquité et qu'à l'époque de sa naissance il y avait longtemps que la propriété privée régnait en Italie, ensuite parce qu'il est bien connu que les Romains ont eu une conception très nette et très forte du droit de propriété privée et ont, autant qu'aucun autre peuple ancien, formulé et garanti ce droit. Cependant M. Mommsen affirme que chez les Romains « les terres furent d'abord possédées en commun », que « la communauté agraire est intimement liée à la constitution de la cité », que « ce ne fut que plus tard que la terre fut divisée entre les citoyens à titre de propriété privée[1] ». A l'appui de cette thèse, le savant et ingénieux historien cite trois textes, de Cicéron, de Denys d'Halicarnasse, de Plutarque. Mais, quand je vérifie ces trois textes, il me semble qu'aucun d'eux ne dit précisément ce que M. Mommsen leur fait dire.

Voici le premier. Il est de Cicéron : *Numa agros quos bello Romulus ceperat divisit viritim civibus*[2]. Il résulte de ce texte

---

1. Mommsen, *Histoire romaine*, trad. Alexandre, t. I, p. 250. Cette théorie a été copiée et textuellement reproduite, sans vérification, par M. Viollet et M. de Laveleye. — [M. Mommsen est revenu sur ces trois textes, *Rœmisches Staatsrecht*, t. III, 1887, p. 25, n. 1. C'est là qu'il faut maintenant chercher sa véritable pensée : « La *gens* est vraisemblablement le plus ancien fondement du droit de propriété. » Voir p. 22-27.]

2. *De Republica*, II, 14.

que les terres qui avaient été conquises par Romulus dans ses guerres avec les cités voisines n'avaient pas été partagées par lui entre les citoyens. Mais il n'en résulte pas que le petit territoire romain qui existait déjà avant ces conquêtes, n'ait pas été partagé au moment de la fondation, comme nous le verrons tout à l'heure. Le passage de Cicéron s'applique à une certaine catégorie de terres; il ne s'applique pas à toutes les terres. Il n'implique pas qu'il n'y ait eu antérieurement aucun partage, et Cicéron n'a pas dit un seul mot qui fasse allusion à un régime de communauté.

Le second texte est dans Denys d'Halicarnasse[1]; en voici la traduction littérale : « Numa établit une législation relative au bornage des propriétés; il voulut que chacun entourât sa terre d'une limite et dressât des bornes de pierre; il consacra ces bornes au dieu Terme, et ordonna que des sacrifices lui fussent faits chaque année; il institua la fête des *Terminalia*. » Que le second roi de Rome ait réglé le culte des limites, cela n'indique pas formellement qu'il n'y eût pas de limites avant lui, ni surtout qu'il n'existât avant lui aucune propriété privée. L'historien ne dit nullement que dans la génération précédente les Romains eussent vécu sous le régime de l'indivision du sol. Bien au contraire, il avait dit antérieurement[2] que le fondateur de la cité avait, suivant l'usage commun à tous les fondateurs, fait un partage du territoire. Il l'avait partagé en tenant compte des divisions sociales, et, comme le peuple était divisé en trente curies, il avait distribué le territoire en trente lots, de telle sorte que chaque curie restât groupée sur le sol. Il ajoute que, tout en partageant le sol, le fondateur en avait réservé une partie pour former l'*ager publicus*, c'est-à-dire la propriété de l'État. Ce détail prouve d'une manière évidente que, dans la pensée de l'historien, tout le territoire n'était pas *ager publicus*, ainsi que le dit M. Mommsen. Denys d'Halicarnasse marque nettement que la distinction entre l'*ager publicus* et l'*ager privatus* était faite dès les premiers temps de la cité romaine.

1. Denys d'Halicarnasse, II, 74.
2. Ibidem, II, 7.

Le troisième texte qu'on allègue est celui de Plutarque[1]. « La cité romaine n'avait à l'origine qu'un petit territoire; Romulus en conquit un autre plus grand par les armes; et celui-ci tout entier fut partagé par Numa entre les citoyens pauvres. » Ce passage, comme celui de Cicéron, marque bien que le second roi fit un partage; mais en même temps il fait la distinction entre les deux territoires, et il est impossible de tirer de sa phrase que le premier n'eût pas été déjà partagé.

Ainsi, aucun des trois textes que cite M. Mommsen ne me paraît avoir la portée qu'il lui donne. Aucun des trois ne signifie que le peuple romain eût pratiqué, ne fût-ce que pendant une génération d'hommes, la communauté des terres. Il y a d'ailleurs d'autres textes qu'il ne fallait pas négliger, et qui mentionnent expressément ce premier partage, dont le souvenir s'était conservé comme pour tout ce qui concernait la fondation. Outre Denys d'Halicarnasse que nous avons déjà cité, Varron, qui était aussi instruit qu'on pouvait l'être de son temps, affirme que Romulus avait partagé le territoire en lots héréditaires qui n'avaient chacun que deux arpents[2]. Pline l'Ancien, Nonius et Festus nous donnent le même renseignement[3]. Or ce premier partage, qui est contemporain de l'établissement même de la cité, ne venait pas après un régime d'indivision. Aucun écrivain romain n'a jamais dit que la terre fût restée quelque temps indivise.

M. Mommsen cherche à se débarrasser de ces textes, et voici comment il argumente : Deux jugères, dit-il, sont trop peu pour nourrir une famille; donc on ne peut considérer cela comme un partage sérieux et il faut de toute nécessité que les familles aient vécu d'une sorte de régime communaliste, par la jouissance commune des terres publiques. — Raisonnement ingénieux, mais qui n'est qu'un raisonnement, qu'une hypothèse. La question n'est pas de calculer, comme fait M. Momm-

---

1. *Vie de Numa*, 16.
2. Varron, *De Re rustica*, I, 10 : *Bina jugera, quod [quot?] a Romulo primum divisa viritim, quæ heredem sequerentur.*
3. Pline, XVIII, 2, 7 : *Romulus in primis instituit.... Bina tunc jugera populo Romano satis erant nullique majorem modum attribuit.* — Nonius, édit. Quicherat, p. 61. — Festus, v° *centuriatus ager*.

sen, si ces deux jugères suffisaient à la nourriture d'une famille ; elle est plutôt de savoir si le fondateur, qui n'avait qu'un très petit territoire et une population déjà nombreuse, pouvait donner davantage. Les lots furent insuffisants, apparemment parce que le territoire l'était ; mais de cette insuffisance on ne peut pas induire, comme fait M. Mommsen, que les Romains aient pratiqué la communauté. Cette insuffisance explique d'ailleurs les conquêtes que fit bientôt le premier roi.

Pour conclure, il me paraît tout à fait téméraire de soutenir que les Romains aient pratiqué d'abord la communauté. Une telle assertion ne repose sur aucun texte des auteurs anciens. Les textes, au contraire, nous montrent dès l'origine un partage de terres qui est contemporain de l'acte de la fondation ; et il s'agit d'un partage en pleine propriété héréditaire. Quelques années plus tard la cité a conquis un nouveau territoire ; ici encore il s'est opéré, sans beaucoup de retard, un partage en propre. Voilà tout ce que disent les textes.

Ils font d'ailleurs apercevoir que ces deux partages successifs ne se ressemblèrent pas de tout point. Le premier ne porta que sur l'*ager romanus*, c'est-à-dire sur cette partie du territoire qui était primitivement attachée à l'*urbs*; le second porta sur des terres conquises. Dans le premier, le sol fut distribué entre les curies, chaque curie le distribuant entre ses *gentes*, d'où il vient que ces lots conservèrent longtemps les noms des *gentes* romaines ; dans le second partage, qui s'ajouta au premier, mais qui ne l'annula pas, le sol fut partagé par têtes, *viritim*. Innovation très grave pour qui connaît les idées des anciens et les règles du droit antique. Dans le premier partage la propriété était encore familiale ; dans le second elle fut individuelle. Nous voyons ainsi se constituer, à quarante ans d'intervalle, les deux sortes de propriétés que l'antiquité a successivement connues. Le peuple romain fut l'un des plus empressés à substituer la propriété privée à la propriété familiale. De très bonne heure il pratiqua le testament et la vente. Le droit romain conserva quelques traces des anciens principes de la propriété familiale ; mais son caractère essentiel fut de faire prévaloir la propriété individuelle.

QUATRIÈME PARTIE

De la méthode comparative appliquée à ce problème.

Il est incontestable que la méthode comparative est, non seulement utile, mais indispensable en un pareil sujet. Si l'on veut connaître les origines de la propriété foncière dans l'humanité, il est clair qu'il faut étudier tous les peuples, tous ceux au moins qui ont laissé quelque souvenir. Quelques comparaisons avaient déjà été faites par Maurer; mais il s'était borné aux pays slaves et scandinaves. Un grand et puissant esprit, H. Sumner Maine, a porté ses comparaisons sur l'Inde. Mais le premier qui ait essayé ce que j'appellerai la comparaison universelle est, si je ne me trompe, M. Ém. de Laveleye, dans son livre *De la propriété et de ses formes primitives*, 1874. Sa théorie est que les sociétés agricoles du monde entier, depuis l'Inde jusqu'à l'Écosse, ont longtemps cultivé le sol en commun, et que « l'histoire nous montre partout une collectivité primordiale ». M. de Laveleye est un économiste; mais c'est par des textes historiques qu'il s'efforce d'appuyer sa thèse. Je vais vérifier ses textes et ses assertions. Sa haute valeur comme économiste et aussi comme moraliste ne peut recevoir aucune atteinte d'une discussion purement historique.

Il passe en revue successivement (je suis l'ordre de ses chapitres) les Slaves de la Russie, l'île de Java, l'Inde ancienne, la *mark* germanique, les Arabes d'Algérie, les anciens Maures d'Espagne, les Yoloffs de la côte de Guinée, les Afghans, les anciens Grecs, les anciens Romains, l'Angleterre, les Slaves méridionaux, la Suisse et la Néerlande. Voilà des peuples de toute race, de toute latitude, de toute époque; et cependant nous n'avons pas là tous les peuples. A ne regarder que les anciens, nous ne voyons pas dans cette liste les anciens Égyptiens, les anciens Hébreux, les anciens Assyriens, peuples qui sont pourtant beaucoup mieux connus que les Yoloffs, que les Javanais, que les anciens Germains. Pourquoi ne sont-ils pas ici? Serait-ce pour ce motif que tous les documents que nous avons sur eux, à quelque haute époque que l'on remonte, nous montrent la pratique de la propriété et ne contiennent aucun indice de la communauté agraire? Il est certain que l'histoire d'Égypte nous montre la propriété dès les temps les plus reculés. Il est certain que les briques babyloniennes nous donnent des contrats de ventes foncières. Il est certain enfin que les livres des Juifs mentionnent la propriété et la vente du sol dès le temps même d'Abraham[1]. Est-ce pour cela que ces peuples sont omis dans cette comparaison universelle de tous les peuples? Mais puisque l'auteur cherchait la règle générale de l'humanité, et qu'il dit l'avoir trouvée, il ne devait négliger aucun des peuples connus. Lorsqu'on veut édifier un système général, il faut présenter les faits qui contredisent ce système aussi bien que ceux qui l'appuient. C'est la première règle de la méthode comparative.

Cette lacune constatée, et tout le monde en voit l'importance, je vais prendre l'un après l'autre les peuples dont parle l'auteur et vérifier ce qu'il en dit.

1° Chez les Slaves de Russie, M. de Laveleye remarque le *mir*, c'est-à-dire le village qui se partage le sol annuellement ou par période de quelques années. Il voit dans le *mir* une association de communisme agraire. « Le *mir*, dit-il, est seul propriétaire du sol, et les individus n'en ont que la jouissance à tour de rôle. » — Je ferai sur cela deux observations. En premier lieu, le *mir* russe n'est qu'un village, même un petit village, et sa population dépasse rarement deux cents habitants; il occupe constamment la même terre; en sorte que, s'il y a ici une communauté, c'est en tout cas une communauté dans un cercle très restreint. Ce *mir* ne représente nullement une

---

1. Genèse, XXIII

« communauté de tribu », moins encore « une communauté de peuple ». Du *mir* on ne peut pas conclure que le peuple russe pratique le régime du communisme agraire, ni que le sol appartienne au peuple russe, ni enfin que la terre soit commune à tous; et cela s'écarte déjà sensiblement de la thèse qu'on prétend soutenir.

En second lieu, si nous observons le *mir* avant les réformes de l'avant-dernier tsar, nous y voyons que ce *mir* n'est pas propriétaire de son sol, mais qu'il a lui-même un propriétaire. Dans ce *mir*, terres et hommes appartiennent à un seigneur; et seigneur et propriétaire sont tout un. Ce fait n'est pas nié par M. de Laveleye; il reconnaît même « que le *mir* paye collectivement la rente au seigneur ». Cela seul fait écrouler la théorie. Dès que le sol appartient à un autre qu'au *mir*, le *mir* ne représente donc pas le communisme agraire. C'est un village, comme tous nos villages du moyen âge. Il est la propriété privée d'un homme; les paysans n'y sont que des tenanciers ou des serfs; et la seule particularité est que ces paysans, qui payent collectivement la rente du sol, cultivent aussi ce sol collectivement.

Il est vrai que quelques théoriciens disent : il y a eu probablement une époque ancienne où ce propriétaire n'existait pas et où la terre était possédée en commun par les paysans. C'est ce qu'il faudrait démontrer. On devrait prouver d'abord que ce propriétaire ou ce seigneur n'existait pas, ensuite que ces paysans possédaient alors la terre en commun. Or voilà deux choses dont on n'a jamais pu donner la preuve, ni même une apparence de preuve. Au contraire, suivant M. Tchitchérin et d'autres écrivains qui ont étudié ce sujet, il est établi que l'association du *mir* n'existe que depuis trois cents ans, qu'elle a été formée à la date précise de 1592, que, loin d'être un organisme spontané et antique, elle a été constituée par un acte d'un gouvernement despotique, par un ukase du tsar Fédor Ivanovitch. Avant cette époque, la terre russe était un objet de propriété privée; M. Tchitchérin a cité des actes de donation et de testament qui en font foi. Je sais bien que la question est très controversée et reste obscure; mais aussi longtemps qu'on n'aura pas produit des documents qui montrent l'existence de l'association du *mir* avant le xvi⁰ siècle, on devra douter que ce *mir* soit une institution antique et primordiale. Dans ce que nous savons jusqu'à présent, le *mir* n'a existé qu'à l'époque féodale ; il est un des rouages de l'organisme féodal russe ; il est un groupe de serfs, et c'est le gouvernement qui a voulu qu'il cultivât en commun, afin de mieux assurer le payement de la redevance. Loin d'être la propriété collective, le *mir* est un servage collectif. Voilà du moins ce que montrent les documents qu'on a. Libre aux théoriciens d'espérer que des documents nouveaux apparaîtront pour montrer le contraire. Jusque-là on ne pourra pas alléguer le *mir* comme preuve que l'humanité ait pratiqué la communauté du sol.

2° M. de Laveleye passe à l'île de Java. Il en décrit le régime dans un chapitre plein d'intérêt ; c'est la culture du sol en commun ou par partage annuel. Mais je ne puis me dispenser de remarquer qu'il parle toujours au temps présent. C'est un état actuel qu'il décrit. Il se sert des règlements du gouvernement hollandais, de lois de 1855, de rapports parlementaires de 1869. Le plus haut qu'il remonte, c'est à des règlements de 1806. Cependant, puisqu'il s'agit du problème des origines de la propriété, c'est l'état ancien que nous voudrions connaître. Je sais bien que certains disent tout de suite : un tel régime *doit* être antique ; mais un esprit doué de quelque critique dira au contraire que l'existence actuelle de ce régime ne prouve rien pour les époques anciennes. En effet, nous lisons dans un de ces rapports sur lesquels s'appuie M. de Laveleye, que « ce régime a commencé avec la culture de l'indigo, du sucre et du café, au profit du gouvernement hollandais[1] ». L'espèce de communisme dont on nous parle serait donc une institution récente, une création des conquérants européens. Il est vrai que d'autres le font commencer plus tôt, avec la culture du riz[2]. Cela s'explique : « Le riz aquatique exige un système d'irrigation qui serait impossible sans l'association,

---

1. M. de Laveleye, *De la propriété collective du sol*, dans la *Revue de Belgique*, 1886, p. 50 du tirage à part.
2. Ibidem, p. 49.

et qui par suite conduit à l'exploitation en commun. » On a pu constater comment ces villages se formaient : « Plusieurs familles s'entendent pour établir en commun un système d'irrigation ; l'eau ayant été amenée par la coopération de tous, il en résulte que cette terre irriguée est cultivée par tous[1]. » Mais on voit bien ici que le sol n'appartient pas au peuple ni à la tribu ; il appartient à un groupe, à une association. Une association de propriétaires n'est pas le communisme : c'est une des formes de la propriété.

Il faut d'ailleurs observer que la propriété privée existe à Java. Sur les vingt provinces de l'île, il y en a six où elle est seule en vigueur et où on ne connaît pas le régime de l'association ; il y en a huit où les deux régimes sont pratiqués concurremment ; il y en a six où le régime de l'association n'existe que pour les rizières et les terres irriguées et où la propriété privée est seule appliquée aux autres terres. De tout cela je ne peux pas conclure que dans l'île de Java la communauté du sol soit une institution antique, primordiale, naturelle. Non seulement on ne la voit que dans l'état moderne, mais encore il faut reconnaître qu'elle est moins une communauté qu'une association.

3° L'auteur dit ensuite quelques mots de l'Inde ancienne. Je n'insisterai pas plus que lui. Il ne cite qu'un seul texte. C'est une phrase de Néarque, l'officier d'Alexandre le Grand. Je vais la présenter d'abord telle que la traduit M. de Laveleye, ensuite telle qu'elle est. « Néarque nous apprend que dans certaines contrées de l'Inde les terres étaient cultivées en commun *par des tribus*, qui, à la fin de l'année, se partageaient la récolte. » Or la phrase grecque signifie : « Chez d'autres, les travaux agricoles sont faits par chaque famille en commun, κατὰ συγγένειαν κοινῇ, et lorsque la récolte commune a été faite, chacun en prend sa part pour la nourriture de l'année[2]. » On voit que M. de Laveleye avait négligé les mots

---

1. M. de Laveleye, *De la propriété collective du sol*, dans la *Revue de Belgique*, 1886, p. 65.

2. Strabon, XV, 1, 66, édit. Didot, p. 610 : Παρ' ἄλλοις δὲ κατὰ συγγένειαν κοινῇ τοὺς καρποὺς ἐργασαμένους, ἐπὰν συγκομίσωσιν, αἴρεσθαι φορτίον ἕκαστον εἰς διατροφὴν

κατὰ συγγένειαν. Il avait pris pour une communauté de tribu ce qui était une communauté de famille. Je sais que plusieurs confondent volontiers ces deux choses. Un esprit attentif s'aperçoit bien vite qu'elles diffèrent essentiellement. Qu'une famille, même formant un groupe assez nombreux, cultive sa terre en commun, ce n'est pas le communisme agraire, c'est seulement l'indivision de la famille et l'indivision de la propriété familiale.

4° M. de Laveleye parle ensuite de la *mark* germanique. Il ne fait ici que reproduire le système de Maurer, sur lequel il s'appuie sans qu'il paraisse avoir vérifié un seul de ses textes.

5° Vient ensuite un chapitre sur les communautés agraires chez les Arabes d'Algérie, les Maures d'Espagne, les Yoloffs de la côte de Guinée, les Mexicains, les Caraïbes, les Afghans, les Tchérémisses. Sur chacun de ces peuples, on cite quelque récit ou quelque phrase d'un voyageur. Je ferai une simple remarque : c'est qu'il n'est rien de plus difficile et de plus rare qu'une observation bien faite. Cette vérité, qui est reconnue dans toutes les sciences, devrait l'être aussi de ceux qui parlent d'histoire. Car l'histoire est justement, de toutes les sciences, celle où l'observation est le plus difficile et exige le plus d'attention. Un voyageur vous dit en gros que chez les Caraïbes, ou chez les Yoloffs, il a vu un partage de terres, ou qu'on lui a dit qu'il s'en faisait un ; mais a-t-il observé entre qui se fait ce partage ? Est-ce entre les membres d'une même famille, ou entre les cohabitants d'un village, ou entre les villages et entre toutes les fractions d'une tribu, d'un peuple ? Il y a là des nuances qu'un voyageur pressé n'a pas pu voir, et qu'un historien également pressé se garde d'examiner. Pourtant, suivant l'un ou l'autre de ces modes de partage, le partage a une signification et des effets absolument différents. L'étude d'un régime social est chose difficile et on la rencontre rarement dans les récits des voyageurs.

Et puis, à côté de quelques faits particuliers que les voya-

τοῦ ἔτους. Si on lit le chapitre entier, on voit que Néarque, qui distingue les institutions générales des institutions particulières, νόμους, τοὺς μὲν κοινούς, τοὺς δὲ ἰδίους, cite ceci parmi les institutions particulières.

geurs signalent, il faudrait voir s'il n'y a pas d'autres faits qui contredisent les premiers. Vous notez la terre commune chez quelques tribus arabes; mais il faudrait noter aussi que le Coran reconnaît la propriété privée et que beaucoup d'Arabes la pratiquent depuis un temps immémorial[1]. Chez d'autres peuples, vous rencontrez quelques exemples de terres communes, et pourtant il faut reconnaître que la propriété privée domine de beaucoup chez ces mêmes peuples. En Espagne, par exemple, vous dites que « dans certains villages la terre est répartie chaque année entre les habitants[2] ». Mais dans combien de villages? Deux ardents chercheurs qui ne demandaient qu'à trouver des preuves de cette communauté, M. Oliveira Martins et M. de Azcarate, ne l'ont trouvée que « dans quatre villages pour toute la péninsule ibérique[3] ». Peut-être penserez-vous que ce sont là les restes d'une situation antérieure qui aurait été générale. Nullement. On constate que dans ces quatre villages la communauté ne s'est formée qu'au XIIe et au XIIIe siècle de notre ère, et pour des raisons particulières que l'on connaît. Cette communauté n'est donc ni un fait général ni un fait ancien. M. de Laveleye mentionne aussi une communauté de village en Italie; mais cette communauté n'a été constituée qu'en 1263. Il s'agit d'une terre de 2000 hectares, qui, avant cette date, était le domaine d'un propriétaire, c'est-à-dire tout le contraire d'une communauté. En 1263, le propriétaire, qui se trouvait être un évêque, la donna en propre à ceux qui y étaient tenanciers et mit pour condition qu'elle leur serait commune. Quelques faits particuliers comme celui-là peuvent-ils prouver que la communauté du sol ait été le régime de l'humanité aux époques antiques?

6° Le système de M. de Laveleye serait trop incomplet et branlant, s'il ne parvenait à y introduire les Grecs et les Romains. Ici, il ne fait guère que reprendre les textes de

---

1. Voir le livre si plein de faits de M. Eug. Robe, *Origines de la propriété immobilière en Algérie*, 1885.
2. Em. de Laveleye, *De la propriété*, p. 105.
3. Idem, *La propriété collective*, dans la *Revue de Belgique*, 1886, p. 22-24 du tirage à part

M. Viollet. Il croit, lui aussi, que la légende de l'âge d'or, c'est-à-dire d'un âge primitif où l'homme ne labourait pas (car c'est le trait distinctif et essentiel de toute cette légende), est une preuve que les peuples possédaient la terre en commun au temps où ils labouraient ; il ajoute même que « son esprit est amené *forcément* à admettre que les poètes anciens peignaient dans l'âge d'or un état de *civilisation* (sic) dont le souvenir s'est perpétué[1] ». Il cite donc comme M. Viollet les passages de Virgile, de Tibulle, de Trogue-Pompée, sans avoir bien regardé si ces passages décrivent un état de civilisation ou de sauvagerie. Il cite aussi Porphyre à propos des deux mille disciples que Pythagore aurait réunis dans son phalanstère. Il cite le texte de Diodore sur les îles Lipari, sans voir qu'il contient formellement la constitution de la propriété. Il emprunte de confiance à M. Viollet ses pages sur le *copis* et les syssities spartiates ; lui aussi, il croit que ces repas en commun, dont Aristote nous dit que les Spartiates pauvres étaient exclus, étaient « une institution communiste[2] ».

M. de Laveleye croit encore que le partage de la terre à l'origine de chaque cité suppose un régime antérieur où la cité cultivait la terre en commun. Il n'aperçoit pas que ce partage, ayant lieu au moment même de l'établissement de la cité, ne vient pas à la suite d'un communisme antérieur. Il est le fait primordial. Dès qu'une cité émigrante s'est rendue maîtresse d'un territoire, elle le partage en lots de pleine et héréditaire propriété. Pas une seule année, sauf des exceptions fort rares, la cité grecque n'a possédé ni cultivé en commun.

Ces lots s'appelaient κλῆροι en grec, *sortes* en latin, parce que dès le premier jour ils avaient été tirés au sort. M. de Laveleye, apercevant ces deux mots, en conclut tout de suite que le tirage au sort avait subsisté annuellement. C'est une erreur. Parmi tous les exemples où vous lisez la mention du partage, vous ne voyez pas une fois qu'il fût annuel ou périodique. Toujours il s'agit d'un partage fait une fois pour toutes, à perpétuité[3].

---

1. Ém. de Laveleye, *De la propriété*, p. 152.
2. Ibidem, p. 161.
3. Sauf l'exception que Diodore signale pour les îles Lipari.

Chaque lot fut attaché héréditairement à la famille à qui le sort l'avait assigné, et c'est pour cela que κλῆρος signifia héritage et que *sors* signifia patrimoine.

L'interdiction de vendre la terre, c'est-à-dire de la détacher de la famille pour la transporter à une autre famille ou même pour la donner à l'État, apparaît à M. de Laveleye comme une preuve que la terre appartenait à l'État. C'est simplement la preuve que dans les idées de ces anciens hommes elle devait appartenir pour toujours à la même famille. M. de Laveleye me reproche d'avoir, dans *la Cité antique*, attribué cette interdiction de la vente « à l'influence de la religion antique ». Cette expression donne une idée inexacte de ma pensée. Ce que j'ai montré, c'est que la propriété familiale se rattachait exactement à la religion familiale. La vente hors de la famille n'était pas permise, parce que le vieux droit et la vieille croyance liaient la terre à la famille. La terre appartenait à la famille, non à l'individu. Il en a été de même, à mon avis, chez les anciens Germains et chez les Slaves. De là vient que chez tous ces peuples l'ancien droit ne permettait pas de vendre la terre.

C'est pour la même raison que le testament fut interdit chez les Grecs, chez les Italiens, chez les Germains, chez les Slaves, dans le premier âge de leur droit. Il fallait que la terre passât nécessairement au fils ou aux plus proches parents. Pour la même raison encore, la fille n'héritait pas; par son mariage, elle eût fait sortir la terre de la famille. Tous ces faits, qu'il est impossible de contester aujourd'hui, sont la marque évidente de la constitution familiale de la propriété. Ils sont tout l'opposé d'un régime de communauté.

M. de Laveleye insiste aussi sur Sparte; seulement il omet de dire que la propriété privée y fut constituée dès l'origine de la cité, et que chaque κλῆρος resta attaché à la même famille jusqu'à la révolution faite par Cléomène, c'est-à-dire durant huit siècles[1]. En revanche, il parle de prétendues communautés

---

1. Cela est démontré par Héraclide de Pont, dans les *Fragmenta historicorum græcorum*, de Didot, t. II, p. 211; et par Plutarque, *Vie d'Agis*, 5. On peut ajouter

de frères « qui auraient joué un rôle très important dans l'état social », ce que les textes ne disent pas ; il ajoute que Sparte « avait un domaine commun très étendu », ce dont aucun texte ne parle, et que « ce domaine commun servait à subvenir aux besoins publics », ce qui est contraire à des textes formels.

Il accumule les citations, mais elles sont peu exactes. Il allègue Aristote : mais Aristote ne dit qu'une chose, c'est que les hommes ont commencé par être chasseurs et pasteurs ; cela signifie-t-il qu'étant devenus agriculteurs ils aient pratiqué l'indivision du sol ? Il allègue Virgile qui dans l'Énéide dit que les « Auronces cultivaient les terres en commun » ; mais reportez-vous à ce passage ; le mot « en commun » n'y est pas : c'est M. de Laveleye qui sans y penser l'a ajouté. Ainsi fait tout esprit dominé par une idée fixe[1]. Pour Rome, il déclare qu'il voit « une preuve de la communauté primitive dans les repas communs des curies », et il ne fait pas attention que ces repas de la curie n'avaient lieu qu'à certaines fêtes et étaient des repas sacrés et religieux, ainsi que le dit formellement Denys d'Halicarnasse qui les a vus, et dont voici le passage : « Les curies avec leurs prêtres font des sacrifices et mangent ensemble aux jours de fêtes[2]. » Ce n'est pas ici une communauté agraire, c'est une communion religieuse. Supposez un étranger qui, voyant dans nos églises beaucoup de fidèles communier, déclarerait qu'il y voit la preuve que les Français pratiquent l'indivision du sol. Je lis encore un peu plus loin : « La Loi des Douze Tables conserve la trace de la propriété commune ; car à défaut de *proximus agnatus* la *gens* est préférée aux autres agnats. » Il n'y a rien de semblable dans ce que nous avons de la Loi des Douze Tables ; jamais la *gens* n'a

---

plusieurs autres textes que j'ai cités dans mon *Étude sur la propriété à Sparte*, 1880 [*Nouvelles Recherches*, p. 52 et suiv.]. Voir aussi l'ouvrage de M. Claudio Jannet.

1. Aristote, *Politique*, VII, 10. Virgile, *Énéide*, XI, 318. De même, il cite Élien, V, 9, qui aurait dit que les habitants de Locres et de Rhégium cultivaient la terre en commun. Élien dit « que les villes de Locres et de Rhégium ont entre elles un traité qui permet aux habitants de l'une de s'établir sur le territoire de l'autre ». De culture commune, pas un mot. — Ces citations sont dans l'article de M. de Laveleye, *Revue de Belgique*, 1886, page 9 et suiv. du tirage à part.

2. Denys, II, 23.

été préférée aux agnats. L'auteur cite, il est vrai, cette phrase qu'il attribue à Gaius : *In legitimis hereditatibus successio non est; gentiles familiam habento*[1]; mais cherchez cette étrange phrase dans Gaius, vous ne la trouverez assurément pas. Ainsi, sur la Grèce et sur l'Italie, M. de Laveleye accumule les textes; mais il n'y a pas un seul de ces textes qui soit exact ou qui ait le sens que l'écrivain lui attribue.

7° Voici maintenant les Slaves méridionaux, c'est-à-dire les Bosniaques, les Serbes, les Bulgares, qui doivent à leur tour fournir un argument en faveur de l'indivision du sol[2]. Ce chapitre de M. de Laveleye est le plus intéressant de son livre, le plus curieux, et à mon avis le plus exact. Seulement, je ne vois pas bien ce qu'il vient faire dans le problème qui nous occupe. Il est très vrai que souvent le village serbe ou bosniaque cultive la terre en commun. Mais ce village est un petit groupe de vingt à soixante personnes; il occupe quatre ou cinq maisons entourées d'un enclos unique, et il possède une terre qui dépasse rarement 25 hectares. Regardez-y de près : ce petit village n'est pas autre chose qu'une famille. M. de Laveleye le reconnaît. Les frères ne se séparant généralement pas, la famille a continué à former un corps indivis, et la propriété n'est pas plus partagée que ne l'est la famille. La culture se fait en commun, et les récoltes sont consommées en commun, sous la direction du chef de famille. M. de Laveleye a décrit ce régime avec amour et avec talent. Mais ce régime n'est nullement la communauté des terres; il est la copropriété de famille. Nous l'avons vu chez les anciens Grecs, dans le plus ancien droit romain, chez les Germains, et nous le retrouvons chez les Serbes. La famille y forme un petit village; elle s'isole sur sa terre, et cette terre est un patrimoine commun dont elle est propriétaire de temps immémorial. Il importe d'ajouter que tous les traits qui caractérisent la propriété familiale chez les Grecs et chez les Germains, se retrouvent ici. Le testament n'existe pas, ni la donation, ni la vente. Tous les membres de la famille sont copropriétaires du sol et en héritent nécessaire-

---

1. Elle serait dans Gaius, III, 12.
2. Ém. de Laveleye, *De la propriété et de ses formes primitives*, p. 201.

ment. Celui qui sort de la famille n'a plus aucun droit sur ce sol; celui qui y entre par l'adoption y a le même droit que ceux qui y sont nés. Sauf que cette famille a pour chef, non plus l'aîné ou le fils de l'aîné, mais un des membres élu par les autres, changement que le temps a pu naturellement introduire, cette famille ressemble pour tout le reste à la vieille famille grecque. Mais que le sol appartienne au peuple ou à la tribu, c'est ce qu'on ne voit nulle part.

8° M. de Laveleye arrive ensuite aux *allmenden* de la Suisse[1]. Il nous dit qu' « il n'y eut jamais de démocratie plus radicale que celle qui existait dans la Suisse primitive », et il décrit la *landgemeinde*, « qui remonte aux temps les plus reculés ». « L'*allmende*, dit-il encore, offre le type antique du vrai Droit qui doit servir de base à la société de l'avenir. »

Je voudrais savoir pourtant si ces *allmenden* remontent très haut. L'auteur le dit, mais sans en donner aucune espèce de preuve. Il affirme qu' « ils remontent à l'époque patriarcale », « qu'ils durent depuis des milliers d'années ». Cela est facile à dire; mais sur quoi se fondent ces affirmations? La propriété privée existe en Suisse, et l'auteur ne peut nous montrer aucune époque où elle n'ait pas existé. Si je regarde la Loi des Burgondes et la Loi des Alamans, qui ont d'abord régi le pays, c'est la propriété privée que j'y vois, non la communauté. Et si je regarde les chartes, jusqu'au xii° siècle, j'y trouve encore la propriété. Les *allmenden* d'aujourd'hui datent certainement de six ou sept siècles. Peut-on les faire remonter plus haut?

Qu'est-ce d'ailleurs que ces *allmenden*? Est-ce le régime de l'indivision du sol, c'est-à-dire le régime où, la terre étant considérée comme le bien commun de tout un peuple, on ne comprend pas qu'elle appartienne privément à personne? Nullement. La propriété privée est en pleine vigueur en Suisse, à côté de ces *allmenden*. Ces *allmenden* ne sont qu'une partie du sol de chaque village; ils en sont même la moindre partie, le dixième, quelquefois le cinquième. Ce sont en général des forêts, des alpes, des marécages, avec fort peu de terres culti-

---

1. Pages 270 et suiv.

vables. La propriété est donc le fait dominant; la communauté ne porte que sur des accessoires.

Les *allmenden* sont ce qui existe en tout pays, c'est-à-dire des communaux de village. Il serait curieux et important d'en trouver l'origine, de même que c'est une étude curieuse de chercher l'origine de nos communaux en France. Mais les communaux de village ne prouvent en aucune façon un régime de communauté générale du sol, et personne n'a pu prouver encore qu'ils dérivent de ce régime. Nous savons que, lorsque les Romains fondaient une colonie, ils y établissaient dès le premier jour la propriété privée; mais en même temps ils réservaient une part de sol qui était le bien commun de la nouvelle cité. Et en allant plus haut, nous savons que Rome elle-même eut dès son début un *ager publicus* en même temps que des *agri privati*, et que les cités grecques avaient aussi une γῆ δημοσία. Ce domaine de l'État n'était nullement un signe que le peuple eût vécu un seul jour dans l'indivision. Les *allmenden* de la Suisse sont des communaux comme il y en a eu partout. Chaque village a les siens, et ils sont la propriété du village, qui parfois les vend, les loue aux enchères, ou en exploite les forêts pour faire les frais de son école et de son église. Souvent aussi il laisse ces communaux à la disposition des habitants, qui s'y fournissent de bois, y envoient leur bétail, ou en cultivent quelques parcelles. Mais il importe de remarquer que ceux-là seuls ont la jouissance de l'*allmende* qui sont propriétaires dans le village. Je parle surtout de l'état antérieur aux quarante dernières années. C'est depuis peu que les droits d'usage ont été étendus aux simples résidents et aux prolétaires. Dans son essence, l'*allmende* n'est pas une communauté, il n'appartient pas à tous; il est la copropriété de ceux qui sont déjà propriétaires. Il est une annexe de la propriété privée.

M. de Laveleye a écrit de très belles pages sur l'utilité de ces communaux, sur la faute que la France a faite en aliénant les siens presque partout, sur les heureux résultats qu'ils donnent en Suisse, soit en empêchant à peu près la misère, soit en attachant le paysan le plus pauvre au sol natal. Tout cela est juste, profond, et d'un sentiment généreux, quoique peu applicable aux sociétés modernes. Mais au point de vue du problème qui nous occupe, ces *allmenden* n'ont aucun rapport avec le régime de l'indivision du sol et ne prouvent pas l'existence de ce régime.

9° M. de Laveleye allègue enfin les *townships* écossais comme preuve de l'antique communauté[1]. Dans les parties les plus reculées de l'Écosse, particulièrement dans quelques îles du Nord-Ouest, on voit des groupes de cultivateurs qui occupent en commun le territoire d'un village, et qui s'en partagent le sol annuellement. Est-ce bien ici le régime de la communauté du sol ou, comme on dit, la propriété collective? On le croirait à première vue. Mais ne vous contentez pas de la première apparence et vous remarquerez que ce village appartient à un propriétaire unique. Les paysans n'en sont que les cultivateurs. M. de Laveleye ne peut pas ne pas le reconnaître : « La terre du village, dit-il, leur est louée par le propriétaire. » « La terre, dit-il encore, ne leur appartient pas : elle est aux mains d'un propriétaire à qui ils en payent la rente. » Ces cultivateurs sont associés entre eux « avec le consentement du propriétaire », et il y a des villages où le propriétaire n'autorise pas ce mode collectif de jouissance. « Ils ont un chef, que ce propriétaire choisit le plus souvent. » La redevance est payée collectivement. Dans un travail récent nous trouvons la description de ce *township*; au centre du village, à côté de l'église, est la maison du seigneur, la *domus dominica* de nos chartes[2]. Elle est bâtie en pierres, et autour d'elle, à quelque distance, sont les habitations des « villains », faites en simple clayonnage et couvertes de chaume. Ces villains doivent au maître une redevance et des corvées.

On voit par là que le *township* écossais ou anglais n'est pas la communauté de la terre; il est au contraire une propriété

---

1. Ém. de Laveleye, *La propriété collective du sol*, dans la *Revue de Belgique*, 1886. Il le répète dans la *Revue socialiste*, 1888, p. 452, et dans la *Revue d'économie politique*, juillet 1888.

2. Isaac Taylor, dans la *Contemporary Review*, déc. 1888, cité par M. de Laveleye.

individuelle. Ce qui est collectif, c'est seulement la culture. Le *township* est un véritable domaine, et ces paysans associés n'y sont que des tenanciers. Propriété et tenure sont deux choses qu'on ne devrait pas confondre. Il est fort différent d'être propriétaires en commun, ou d'être tenanciers en commun sous un propriétaire. Il a existé, en France aussi, dans tout le moyen âge, quelques communautés de tenure ; je sais bien que quelques esprits les confondent volontiers avec des communautés de propriété[1]. Mais tout esprit qui a quelque précision ne peut pas s'y tromper. Car on y voit très nettement que, si la terre était cultivée par des paysans associés, elle appartenait à un propriétaire placé au-dessus d'eux. Le *township* écossais n'a en vérité aucun rapport avec un antique régime d'indivision du sol.

M. de Laveleye fait une hypothèse : il suppose qu'il y a eu une époque antérieure où le *township* aurait appartenu aux paysans eux-mêmes, sans qu'il y eût ce propriétaire qu'on y a vu depuis. Mais c'est une pure hypothèse, qu'il ne peut appuyer d'aucun document ni d'aucun fait. Il va plus loin. Il prétend que toute l'Angleterre aurait eu ce régime de commune rurale à l'époque saxonne. Mais les lois anglo-saxonnes ne le montrent nulle part et n'en contiennent pas le moindre indice. Le *tuncipesmot* n'est pas la communauté du sol. Le *folcland* ne l'est pas davantage. On ne devrait pas perdre de vue que l'histoire se fait avec des documents, et non avec des hypothèses ou les idées de l'esprit. Quand M. de Laveleye dit que « le manoir anglais a détruit l'ancienne commune », il fait une généralisation bien hypothétique. Se représenter le seigneur du moyen âge comme un guerrier qui se serait violemment superposé à une communauté d'hommes libres, c'est montrer qu'on ignore tout à fait les documents du ve au xe siècle et qu'on se fait une idée enfantine des origines de la féodalité.

Pour revenir à la méthode comparative, je la crois infiniment féconde, mais à la condition que l'on n'assimile que les faits réellement semblables entre eux et que l'on ne confonde

---

1. Voir M. P. Viollet dans toute la dernière partie de l'article que nous avons cité.

pas les choses les plus diverses. Quand vous rapprochez le *township* écossais, qui n'est qu'une association de tenanciers, le *mir* russe, qui semble bien n'avoir été longtemps qu'une communauté de serfs, le village serbe, qui est tout au contraire une copropriété de famille, et les *allmenden* ou communaux, qui sont une suite et une dépendance de la propriété privée, vous confondez des choses qui sont absolument différentes, et qui d'ailleurs sont fort étrangères au régime de la communauté des terres dont vous voulez prouver l'existence...

Il faut d'ailleurs s'entendre sur ce que c'est que la méthode comparative. Je vois que depuis une quinzaine d'années il s'est fait sur elle un étrange malentendu. Quelques-uns ont dit et professé que rapprocher quelques faits, et n'importe quels faits, c'est faire de la méthode comparative. Ils vont chercher dans tous les peuples du monde quelques particularités, ils notent chez les anciens la légende de l'âge d'or comme si elle était de l'histoire, ils s'emparent d'un petit événement qui s'est passé aux îles Lipari comme s'il s'agissait du monde grec tout entier, ils prennent un usage quelconque, comme les repas publics ou les fêtes de la curie, de là ils passent au *mir* russe et ils en parlent comme s'ils savaient bien ce que c'est, puis ils décrivent un *township* ou un *allmende*, et enfin partout où ils rencontrent quelque chose qui se fait en commun, vite, ils supposent la communauté des terres. Ils prétendent deviner les institutions les plus générales de l'humanité à l'aide de quelques cas particuliers qu'ils vont chercher de droite et de gauche et qu'ils ne se donnent pas la peine d'observer avec exactitude. Et ce qui est encore plus grave, ils omettent et laissent de côté les faits constants, normaux, bien avérés, ceux qui sont inscrits dans les législations de tous les peuples et qui ont composé leur vie historique. Ils nous présentent quelques faits isolés et ils détournent nos yeux des institutions. Ce n'est pas là la méthode comparative.

Si vous voulez pratiquer la méthode comparative, il fallait étudier d'abord chaque peuple en lui-même, l'étudier dans toute son histoire, et surtout dans son droit. Vouliez-vous savoir si les anciennes cités grecques ont pratiqué l'indivision du sol, c'est le droit grec que vous deviez observer. Pour les Romains, c'est tout l'ensemble de l'histoire de Rome qu'il fallait vous mettre sous les yeux. Pour les Germains, c'est le droit germanique. M. Viollet et M. de Laveleye parlent volontiers de l'Inde ancienne; pourquoi ne disent-ils pas que tous les monuments de l'ancien droit hindou consacrent le droit de propriété privée, tout en autorisant l'indivision entre cohéritiers? Pourquoi aucun d'eux ne cite-t-il ce vieux principe : « La terre appartient au premier qui l'a défrichée, comme la gazelle au premier qui l'a blessée? » On aime mieux alléguer quelques pratiques, dont on exagère démesurément la portée, que de présenter les règles constantes et normales. La méthode comparative ne consiste pas à chercher chez quinze peuples divers quinze petits faits qui, interprétés d'une certaine façon, concourent à faire un système; elle consiste à étudier plusieurs peuples dans leur droit, dans leurs idées, dans tous leurs faits sociaux, et à dégager ce qu'ils ont de commun, ce qu'ils ont de différent. Je crains fort que cette méthode comparative, lorsqu'elle sera sérieusement pratiquée, ne donne sur le sujet qui nous occupe des résultats fort différents de ceux que MM. Viollet et de Laveleye ont cru pouvoir déduire de la méthode comparative telle qu'ils l'ont hâtivement entendue.

CINQUIÈME PARTIE

De la communauté des terres chez les Gaulois.

Il serait bien étonnant que les théoriciens de la communauté ne l'eussent pas attribuée aux anciens Gaulois. On sait si peu de chose sur eux, qu'il est bien tentant et assez facile d'introduire dans leur histoire l'indivision du sol.

Une observation pourtant devrait faire obstacle à cette théorie : c'est que César, dont le livre est le seul document qui ait une valeur historique, ne dit nulle part que les terres fussent communes chez les Gaulois. Ce silence n'est pas chose négligeable. Il est même, pour tout homme habitué aux recherches historiques, très significatif. Sans doute César ne dit pas non plus expressément que les Gaulois pratiquent la propriété foncière. Mais ce n'est pas la même chose, pour un écrivain qui ne parle des institutions gauloises qu'en passant, d'omettre de signaler un droit de propriété qui est conforme à ses habitudes, ou d'omettre de faire mention d'une communauté qui serait le contraire de ses habitudes et le frapperait par son étrangeté même. On devrait remarquer que César ne décrit pas tout l'état social des Gaulois; il se contente de présenter les usages qu'il a remarqués comme étant très différents de ceux qu'il voyait en Italie. On n'a qu'à lire les dix paragraphes qu'il consacre à cet objet pour reconnaître que sa description a bien ce caractère. Après avoir décrit en trois paragraphes les particularités de leur état politique, et en trois autres celles de leur religion, il passe à celles de leur vie privée, et il débute ainsi : « Quant aux institutions de la vie privée, voici celles par lesquelles ils diffèrent des autres peuples. » Par ces « autres peuples », il est clair que César entend les peuples qu'il connaît, c'est-à-dire surtout les Italiens et les Grecs. Ce début marque bien qu'il est dans la pensée de César de nous dire seulement les points qui sont particuliers aux Gaulois. Il notera les différences, non les ressemblances. Si la propriété existe comme à Rome, il n'aura pas besoin de le dire ; mais si la propriété n'existe pas, il le dira. Son silence absolu sur cette matière est la marque que les Gaulois ne diffèrent pas sensiblement des Italiens sur ce point ; ce silence signifie qu'ils n'ignorent pas la propriété privée. Notons bien que l'absence de toute propriété eût paru tellement extrordinaire à un Romain, qu'elle ne pouvait pas échapper à César. Il l'a bien remarquée en Germanie, où il a passé dix-huit jours ; il l'aurait certainement vue en Gaule, où il a passé huit étés. S'il ne mentionne pas cette indivision du sol, c'est visiblement qu'elle n'existait pas.

Voici qui est plus probant encore. Amené à parler des Germains, il annonce qu'il va montrer « en quoi ils diffèrent des Gaulois[1] », et plus loin : « Les Germains s'éloignent beaucoup de cette manière de vivre des Gaulois[2]. » Il établit encore un parallèle entre les deux populations : 1° les Germains n'ont pas de druides ; 2° les Germains n'ont pas les mêmes dieux que les Gaulois ; 3° enfin, les Germains n'ont pas la propriété privée. Marquer cette différence entre les deux peuples, n'est-ce pas comme si César disait que les Gaulois connaissent et pratiquent la propriété privée ?

Il y a plus. César a écrit une phrase dans laquelle, indirectement et presque sans y penser, il a signalé la propriété foncière chez les Gaulois. Au chapitre 13 du livre VI, il dit que les druides jugent presque tous les procès, aussi bien au criminel qu'au civil[3]. Puis il fait une énumération de ces débats

---

1. *Quo differant hæ nationes inter sese*; VI, 11.
2. *Germani multum ab hac consuetudine differunt.*
3. *Fere de omnibus controversiis publicis privatisque constituunt.* — On sait que dans la langue du Droit les *judicia publica* sont les jugements criminels, littéralement ceux qui portent sur un des crimes que l'autorité publique poursuit ; les *judicia privata*, sont ceux qui concernent seulement des intérêts privés et où la société n'est pas engagée. Voir sur cette distinction : Paul, *Sententiæ*, I, 5, 2 ; Ulpien, XIII, 2 ; *Fragmenta Vaticana*, 197 et 326 ; Digeste, XLVII, tit. 1 et 2 ; XLVIII, 1 ; I, 1, 1, § 2 ; XXIII, 2, 43, § 11 et 12. — On ferait un contresens sur le passage de César si l'on traduisait *controversiæ publicæ* par querelles entre deux peuples ; *publicus* n'a jamais signifié *inter duos populos*.

portés devant les druides; au criminel il cite le meurtre; au civil il mentionne « les procès sur un héritage ou sur les limites », *si de hereditate, si de finibus controversia est.* Dès qu'il y a en Gaule des procès sur l'héritage ou sur les limites, c'est que les Gaulois ont la règle d'hérédité et l'usage des limites, c'est-à-dire la propriété héréditaire du sol. César dit ailleurs que les Germains n'ont pas de *fines*; il dit ici que les Gaulois en ont.

Nous ne pouvons pas dire si cette propriété gauloise ressemblait exactement à la propriété romaine, si elle était aussi bien garantie par le droit, si ces limites avaient le même caractère sacré. Nous ne savons même pas si cette propriété était encore familiale ou même individuelle. César ne dit qu'une chose, c'est qu'elle existait; car visiblement « l'héritage et les limites » sont la marque de la propriété et sont l'opposé de la communauté du sol[1].

C'est à ce résultat que conduit la lecture toute simple et sans parti pris du livre de César. Mais les préventions et les idées préconçues sont bien fortes. Qu'un esprit se fasse d'abord l'idée que la communauté des terres a dû prévaloir partout; il arrivera que de la meilleure foi du monde il attribuera cette communauté aux Gaulois contre toute évidence. L'un des premiers érudits de notre temps, M. d'Arbois de Jubainville, dont les travaux sur le moyen âge et sur la littérature irlandaise sont si hautement appréciés, n'a pas cru devoir penser que les Gaulois du temps de César fussent assez avancés en civilisation pour pratiquer la propriété foncière; et, partant de cette idée de son esprit, il a cru voir chez eux l'indivision du sol. Que César n'ait jamais signalé cette indivision, il s'en met peu en peine. Que César ait signalé comme une différence entre les Germains et les Gaulois que les premiers n'ont pas la propriété

---

1. Ajoutez que l'état social que César décrit est inconciliable avec un communisme agraire. VI, 15 : *In omni Gallia plebs pæne servorum habetur loco*, etc. Voyez les nombreux clients d'Orgétorix, I, 4; ceux de Vercingétorix, VII, 4; les nombreux indigents qui sont, non dans les villes, mais dans les campagnes, *in agris egentes*, VII, 4; le poids des *tributa*, VI, 13. Tous ces traits ne sont pas ceux d'une société où la terre serait en commun. Il semble plutôt un régime de grande propriété, où le sol est dans les mains des grands. — [Cf. *La Gaule romaine*, liv. I.]

privée, il omet de le remarquer. Qu'enfin César parle formellement, chez les Gaulois, de l'héritage et des limites, il va se débarrasser de ce texte gênant en l'interprétant de la façon la plus inattendue.

Suivant lui, quand César mentionne des procès sur l'héritage, *de hereditate*, il ne se peut pas qu'il s'agisse de l'héritage des particuliers, la règle d'hérédité ne devant pas exister. Mais de quel héritage César a-t-il parlé? Et bien! il aura parlé de l'héritage de la royauté; la royauté existait; les fils des rois voulaient succéder aux pères, et s'il y avait contestation sur ce point, les druides jugeaient. M. de Jubainville n'a pas fait attention que dans le livre de César il est question une dizaine de fois de fils qui veulent être rois comme leurs pères, et que pas une fois le débat n'est porté devant les druides. C'est une grande erreur de croire que les druides eussent l'habitude de s'occuper de la politique des États : il n'y a pas un seul exemple de cela. M. de Jubainville veut pourtant que, dans la phrase de César, *de hereditate* signifie de l'héritage des rois. Et il donne cette raison : dans un autre ouvrage, parlant des Égyptiens, César a écrit *hereditas regni*[1]. L'argument est singulier. Je répondrai que si César a écrit ailleurs *hereditas regni*, c'est que le mot *hereditas* à lui seul ne pouvait signifier héritage de la royauté. Il est bien certain, en effet, que si César avait voulu dire que les Gaulois portaient devant les druides leurs débats sur la succession des rois, il aurait dit *de hereditate regum*.

Quant à l'expression *de finibus*, M. de Jubainville veut qu'elle signifie « les frontières des peuples ». Il y a ici une double erreur, historique et philologique. Historiquement, César nous présente de nombreux exemples de querelles entre les peuples gaulois; jamais ces querelles ne sont portées devant les druides. Pensera-t-on que César ait dit que les druides ju-

---

1. Cela est dans le *Compte rendu de l'Académie des Inscriptions et Belles-Lettres*, 1887, pages 65 et suiv.; p. 13, 14 du tirage à part. — [Voir maintenant le livre de M. d'Arbois de Jubainville, *Recherches sur l'origine de la propriété foncière et des noms de lieux habités en France*, 1890. — Cf. également, contre la théorie de M. d'Arbois de Jubainville, l'excellent mémoire de M. Lécrivain, *Annales de la Faculté des lettres de Bordeaux*, 1889, p. 182.]

geaient les débats sur les frontières des peuples, alors qu'il savait bien qu'ils ne les jugeaient pas? Il est tout à fait inexact de dire que les druides eussent le droit de juger les peuples entre eux[1]. Aussi César, énumérant les principales matières à procès, cite-t-il le meurtre, l'héritage, les limites; et personne ne doutera qu'il n'ait en vue le meurtre d'un particulier, l'héritage d'un homme, les limites d'une terre.

Philologiquement, M. de Jubainville objecte que le mot *fines* se dit aussi bien des limites d'un peuple que de celles d'une terre. Cela est hors de doute. Le mot *fines* s'emploie même au moral, et Cicéron a écrit un traité *De finibus bonorum et malorum*. Qu'un mot soit d'une application si large, cela se voit dans toutes les langues, mais le lecteur ne s'y trompe pas. S'il s'agit de philosophie, il comprendra *fines* au sens moral. Si un général d'armée traverse le territoire de plusieurs peuples, il comprendra *fines* dans le sens de frontières. S'il s'agit de droit privé, il ne doutera pas que *fines* ne désigne une chose privée, c'est-à-dire les limites d'un domaine ou d'un champ. Or la phrase où César parle de « procès sur l'héritage et les limites » est dans un passage où il ne s'agit que de justice et de droit.

M. de Jubainville a pris la peine de compter que dans le traité *De la guerre des Gaules* le mot *fines* se trouve soixante-dix-sept fois appliqué à des frontières de peuples. Voilà un de ces arguments par les chiffres qui frappent la majorité des esprits par leur apparence de justesse matérielle. Mais regardez-y un peu. Le *De bello gallico* est-il un livre de droit privé? C'est le récit de campagnes militaires ou de négociations avec des peuples. Il est fort naturel que l'auteur ait souvent à parler des frontières ou du territoire de ces peuples. S'il avait écrit un

---

1. C'est que M. de Jubainville a fait un faux sens sur l'expression *controversiæ publicæ*. Il la traduit comme s'il y avait *controversiæ inter duos populos*. Je ne vois dans la littérature latine aucun exemple où le mot *publicus* ait ce sens. Dans Suétone, *Augustus*, 29, les *judicia publica* ne sont certainement pas des jugements entre peuples; ce sont des jugements criminels. Quant Cicéron, plaidant pour Roscius d'Amérie, dit qu'il plaide sa première *causa publica*, il est bien visible qu'il ne plaide pas pour un peuple contre un autre; il plaide pour Roscius accusé de parricide; il plaide au criminel.

livre de droit privé, ce dont il eût été fort capable, c'est des limites des propriétés qu'il eût toujours parlé. Peut-on s'étonner de cela? Lisez les trente volumes de Thiers, faites sur eux le même calcul que M. de Jubainville, et, si vous raisonnez comme lui, vous conclurez que les Français ne connaissent pas les limites des propriétés.

Ce qu'il fallait plutôt remarquer, c'est que, dans le livre de César, au milieu de ses récits de guerres, il se trouve seulement sept paragraphes sur les mœurs des Gaulois et leurs institutions en temps de paix[1]. Or, dans ces sept chapitres, vous rencontrez trois fois le mot *fines* avec le sens parfaitement certain de limites des champs[2]. Ainsi, quand César fait le récit des guerres, il emploie *fines* dans le sens de frontières d'État, et quand il parle de droit privé, il l'emploie dans le sens de limites de propriété. Et si l'on aime les chiffres, M. de Jubainville a compté soixante-dix-sept fois *fines* en trois cent quarante chapitres; en sept chapitres je le compte trois fois : la proportion est bien gardée.

Mais, au lieu de compter ce nombre de fois, il y avait une observation plus importante à faire : c'est que chaque fois que le mot signifie limite de peuple, cette signification est nettement accusée par le nom du peuple qui est à côté. Ainsi, César dit *fines Helvetiorum*, *fines Sequanorum*, *fines Santonum*, *fines Æduorum*, *fines Lingonum*, *fines Ambianorum*, et toujours ainsi[3]. Prenez les soixante-dix-sept exemples qu'a comptés M. de Jubainville, et vous verrez toujours que le mot *fines*, lorsqu'il signifie frontières, est accompagné du mot peuple ou d'un nom de peuple. Si César avait voulu parler de procès sur les limites des peuples, il aurait dit *controversiæ*

---

1. VI, 11, 13, 15, 18, 19, 21, 22.

2. César, VI, 22 : *Neque quisquam (apud Germanos)* FINES *habet proprios*. Ibidem : *Ne latos* FINES *parare studeant, potentioresque humiliores possessionibus expellant*.

3. Ou bien le tour de phrase est équivalent; I, 5 : *Helvetii e finibus suis exeant*. IV, 3 : *Quum Suevi Ubios finibus expellere non potuissent*. VI, 23 : *Extra fines cujusque civitatis*. V, 26 : *Fines regni sui*. V, 27 : *Ambiorix tutum iter per fines suos polliceri*. Par une déviation naturelle, *fines* a signifié, non seulement les limites du territoire, mais le territoire lui-même; VI, 42 : *Fines Ambiorigis depopularentur*.

de finibus populorum. S'il ne s'est pas exprimé ainsi, c'est qu'il a parlé de limites dans le sens le plus étroit du mot.

Cette phrase, *si de finibus controversia est*, que M. de Jubainville a si étrangement torturée, il pouvait la retrouver dans Cicéron. Elle y est aussi mot à mot. *Si de finibus controversia est* est au chapitre 10 des *Topiques*. Voyez s'il se peut agir là de limites de peuples. Cicéron, donnant un exemple d'une définition, écrit : « Quand vous dites *si de finibus controversia est*, c'est de limites de propriétés qu'il s'agit visiblement[1]. ».

M. de Jubainville ne peut donc pas se débarrasser comme il le voudrait de la phrase de César. Il ne peut empêcher que César n'ait très nettement signalé chez les Gaulois l'héritage et les limites, c'est-à-dire l'opposé de la communauté des terres. Il réunit d'autre part une série d'arguments qui lui paraissent démontrer cette indivision du sol chez les Gaulois. Les voici tous : 1° Polybe dit[2] que les Gaulois d'Italie ne cultivaient pas la terre; 2° au temps de César, les Helvètes voulurent quitter leur pays pour aller s'établir sur un territoire meilleur; 3° les Éduens admirent dans leur pays dix mille Boïens et leur donnèrent des terres; 4° il y avait dans le droit gaulois une règle en vertu de laquelle deux époux mettaient en commun une égale partie de leurs biens propres, et exploitaient cela en réservant les revenus, pour que le tout, biens et revenus accumulés, appartînt au survivant. Voilà quatre choses qui doivent prouver que la propriété foncière n'existait pas[3].

Aucun des quatre arguments ne me paraît avoir cette valeur. Observez-les l'un après l'autre. 1° Le passage de Polybe se rapporte, non aux Gaulois de son temps, mais aux Gaulois qui avaient envahi l'Italie cinq siècles auparavant et qui avaient chassé les Étrusques de la région du Pô. L'historien dit que ces envahisseurs, étant disposés à continuer leurs invasions, ne s'attachèrent pas d'abord au sol, ne le cultivèrent pas,

---

1. Cicéron, *Topica*, 10 : *Si de finibus controversia est, fines agrorum esse videntur.*

2. Polybe, II, 17.

3. D'Arbois de Jubainville, dans le *Compte rendu de l'Académie des Inscriptions*, 1887, tirage à part, 4-22.

et vécurent du produit de leurs troupeaux. Son renseignement ne se rapporte qu'à un moment de l'histoire de ces Gaulois, à ce moment où ils songeaient à se porter contre l'Italie centrale. Il ne prouve rien, ni pour les Gaulois en général, ni surtout pour les Gaulois du temps de César.

2° Que les Helvètes voulussent émigrer, cela n'implique pas qu'ils vécussent sous le régime de la communauté des terres. Cela implique seulement qu'ils préféraient à leur pays âpre et montagneux le doux climat et les plaines fertiles du sud-ouest de la Gaule. N'a-t-on jamais vu des paysans propriétaires émigrer pour chercher ailleurs une propriété plus productive?

3° Que les Éduens aient appelé dans leur pays dix mille Boïens, cela prouve-t-il qu'il n'y eût pas de propriété individuelle chez les Éduens? Nullement. Cette *civitas Æduorum*, qui était considérable et qui comprenait cinq de nos départements, pouvait avoir un domaine public assez grand ou pouvait trouver assez de terres vacantes pour y installer dix mille cultivateurs nouveaux. Cette opération, venant surtout après les ravages d'Arioviste, était parfaitement explicable. Elle ne suppose nullement le régime de la communauté des terres.

4° Quant à la coutume en vertu de laquelle deux époux mettaient en commun un apport égal et en économisaient les revenus, je ne puis comprendre en quoi elle prouve que la propriété n'existait pas. M. de Jubainville s'ingénie à dire que ces apports ne pouvaient pas consister en biens fonciers, « parce que les récoltes ne peuvent pas se mettre en réserve », et qu'ils devaient consister en troupeaux, parce que les troupeaux se réservent beaucoup mieux. Dans son long raisonnement, il n'oublie qu'une chose, c'est qu'on peut vendre des récoltes et mettre en réserve le produit de cette vente. D'ailleurs, il traduit inexactement ce passage de César : *Hujus omnis pecuniæ fructus servantur*[1]. *Pecunia*, dans la langue du Droit, ne se dit pas seulement de l'argent, ni seulement des biens meubles, mais de toute espèce de biens, y compris la terre[2]; et *fructus* ne signifie pas fruits dans le sens matériel du

---

1. VI, 19.
2. Gaius, III, 124 : *Appellatione pecuniæ omnes res in lege significantur...*

mot, mais revenus. César parle donc de biens quelconques dont les revenus sont mis en réserve. Ces biens peuvent être une terre en labour, ou un troupeau, ou un fonds de commerce, ou une somme d'argent placée (les Gaulois connaissaient cela); les revenus pouvaient être le produit de la vente des récoltes, ou le croît du troupeau, ou les bénéfices du commerce, ou les intérêts de l'argent. Dans aucun cas César n'a voulu dire que les Gaulois ne connussent pas la propriété.

Je tiens à n'omettre aucun des arguments présentés par le savant et habile écrivain. Il note que tous les noms des domaines fonciers, tels que nous les trouvons à l'époque romaine et mérovingienne, dérivent de noms d'hommes latins. Cela est vrai, et j'avais moi-même fait cette remarque dans un mémoire antérieur[1]. Mais ce que je m'étais bien gardé de dire et ce que M. de Jubainville soutient, c'est que ces noms latins de l'époque romaine prouvent qu'il n'existait pas de domaines à l'époque gauloise. Cela prouverait tout au plus que les noms des domaines se latinisèrent après la conquête aussi bien que les noms des particuliers. Comme les propriétaires gaulois avaient pris pour eux des noms romains, ils donnèrent ces mêmes noms à leurs terres, et c'est ainsi que les domaines s'appelèrent Pauliacus, Floriacus, Latiniacus, Avitacus, Victoriacus, etc. Conclure de ces noms qu'il n'y eût pas de propriétés avant la conquête, est un raisonnement bien téméraire.

M. de Jubainville allègue encore que César n'emploie pas en parlant des Gaulois les termes *villa* et *fundus*; il conclut de là qu'il n'y avait pas en Gaule de propriétés rurales, *fundi*, ni de fermes, *villæ*. « Il n'existait avant la conquête ni *fundi* ni *villæ*, et la terre était en commun[2]. » Voici encore une affirmation qui surprend. Il fallait faire attention que, si l'on ne

---

fundum vel hominem...; — Digeste, L, 16, 222 : *Pecuniæ nomine non solum numerata pecunia, sed omnes res tam soli quam mobiles continentur.* — Cf. S. Augustin, *De disciplina christiana*, 1 : *Omnia quorum domini sumus pecunia vocantur; servus, ager, arbor, pecus, pecunia dicitur.*

1. [*Le domaine rural chez les Romains*, dans la *Revue des Deux Mondes*, 1886, t. LXXVII, p. 321 ; voir maintenant *L'Alleu*, c. 1 et c. 7, § 1.]

2. *Compte rendu de l'Académie des Inscriptions*, séance du 8 juin 1886, tirage à part, p. 6.

trouve pas ces deux termes dans César, on trouve des termes exactement synonymes. Les Romains avaient plus d'un mot pour désigner la propriété rurale, *fundus*, ou la ferme, *villa*. Pour *fundus* ils disaient *ager*; c'est le sens que ce mot a toujours dans Caton, dans Varron, dans Columelle, souvent dans Cicéron, souvent dans Pline. Pour *villa* ils disaient *œdificium*; quand Varron ou Columelle parlent des constructions qui s'élèvent au milieu d'un domaine, ils emploient aussi souvent *œdificium* que *villa*. Prenez le livre L du Digeste, titre 16, et rapprochez les trois fragments 27, 60 et 211, vous reconnaîtrez que les Romains appelaient un domaine *ager* et la construction *œdificium*. Or César, parlant des Gaulois, emploie très souvent le mot *agri* et plus souvent encore *œdificia*. Voilà les domaines et les *villæ* que M. de Jubainville cherchait. Ces *œdificia* n'étaient pas des cabanes, c'étaient des fermes. Ils contenaient d'ordinaire une population rurale assez nombreuse, puisque César note une fois comme exception singulière « qu'il ne rencontra dans les *œdificia* des Bellovaques qu'un petit nombre d'hommes, parce que presque tous étaient partis pour la guerre ». Ils contenaient aussi des greniers pour mettre les récoltes; car l'historien note que « les Tenctères, ayant envahi le pays des Ménapiens, se nourrirent pendant plusieurs mois des grains qu'ils trouvèrent dans les *œdificia* ». Le général romain savait bien que pour procurer des fourrages à sa cavalerie il fallait les chercher dans ces fermes; *pabulum ex œdificiis conquirere*[1]. Ce que César dit de l'*œdificium* d'Ambiorix montre que c'était un bâtiment assez grand pour loger un nombreux personnel. Ainsi, les mots *ager* et *œdificium* remplacent dans César les mots *fundus* et *villa*, et ne permettent pas de dire que « les Gaulois ne connussent ni les domaines ni les fermes avant la conquête ».

M. de Jubainville compare la terre gauloise à l'*ager publicus* romain. Je ne sais si le savant médiéviste se fait de l'*ager publicus* une idée bien exacte. C'est un sujet fort difficile, qui exige pour être étudié beaucoup de temps, de minutieuses

---

1. VIII, 7; IV, 4; VI, 30; VIII, 10.

recherches et une grande familiarité avec les choses romaines. Je ne veux pas insister. Qu'il me suffise de dire que l'*ager publicus* n'était pas une terre commune, mais une propriété d'État à côté de la propriété privée. Supposer que l'État gaulois fût le maître de tout le sol et le distribuât annuellement entre les citoyens, c'est supposer une chose qui serait absolument contraire aux habitudes romaines et aux pratiques de l'*ager publicus*. Il est d'ailleurs impossible de trouver dans le livre de César une seule ligne qui autorise une pareille supposition[1].

En résumé, la tentative de l'ingénieux érudit pour montrer la communauté des terres chez les Gaulois ne s'appuie sur aucun document. A vérifier les textes qu'il cite et les arguments qu'il présente, on voit qu'aucun de ces textes n'a le sens qu'il leur attribue, qu'aucun de ces arguments ne se rapporte à la pratique de la communauté. Le plus sage est encore de se tenir à ce que César nous enseigne.

---

1. M. de Jubainville ne traduit pas très exactement les textes latins. Par exemple, s'il voit dans César qu'aucun Germain ne possède *agri modum certum*, vite il dit que cet *ager* doit être l'*ager publicus*, « par ce motif qu'à Rome *modus agri* était l'expression consacrée quand on parlait de l'*ager publicus* ». Mais où a-t-il vu cela ? Il peut lire dans Varron, *De Re rustica*, I, 15, les mots *de modo agri*, lesquels signifient incontestablement « de l'étendue d'une propriété privée ». Il trouvera la même expression, *agri modum certum*, dans Varron, I, 18, lorsque l'agronome dit que le nombre des esclaves ruraux doit être proportionnel « à l'étendue du domaine ». Il trouvera encore chez le jurisconsulte Paul, au Digeste, XVIII, 1, 40, *modum agri*, signifiant l'étendue d'un domaine qu'un particulier vient de vendre. Pour prouver que *ager* signifie à lui seul *ager publicus*, il cite la Loi Thoria, sans faire attention que dans cette loi l'*ager privatus* est nommé onze fois, et que pas une fois *ager* ne désigne la terre publique à moins d'être accompagné de l'adjectif *publicus* ou du génitif *populi*.

CONCLUSION

Conclurons-nous de tout ce qui précède qu'il n'y eut jamais nulle part aucune communauté de terre? Nullement. Une négation si absolue dépasserait le but de notre travail. Nous concluons seulement de cette longue vérification des textes qu'on a cités, que cette communauté des terres n'a pas encore été démontrée historiquement. Voilà des érudits qui ont prétendu prouver par des documents que les peuples avaient d'abord cultivé en commun; mais, en vérifiant leurs textes, nous avons constaté qu'ils sont tous ou inexacts, ou interprétés à faux, ou étrangers au sujet. M. Viollet n'en a pas apporté un seul qui prouve que les cités grecques aient jamais pratiqué le communisme agraire. M. de Jubainville n'en a pas apporté un seul qui montre ce régime chez les Gaulois. Maurer et Lamprecht n'en ont pas présenté un seul qui signifie que la *mark* fût un territoire commun. Quant à la méthode comparative que l'on a essayée avec quelque bruit, on ne nous a donné sous ce nom qu'une accumulation bizarre de faits isolés, pris de droite et de gauche, souvent mal compris; on a laissé de côté tous les faits qui ne sont pas favorables au système. Dans cette étude qu'on prétendait faire de ce qu'il y a de plus intime chez les peuples, on a justement omis leur droit, c'est-à-dire ce qui était l'essentiel. Enfin, on a construit ce brillant échafaudage sur une série de confusions qu'on a faites entre la communauté de peuple et la copropriété de famille, entre la communauté de propriété et l'indivision de tenure, entre la communauté agraire et les communaux de village.

Nous ne prétendons pas qu'il soit interdit de croire à une

communauté primitive. Ce que nous disons, c'est qu'on a fait une tentative malheureuse en voulant appuyer cette théorie sur des textes historiques. C'est ce vêtement d'érudition fausse que nous rejetons.

Pour la théorie elle-même, il y a une nature d'esprits qui y croira toujours. Parmi les idées courantes qui sont maîtresses du cerveau humain, il en est une que J.-J. Rousseau y a mise, à savoir que la propriété est contre nature, et que ce qui est naturel est la communauté. Cette idée règne même chez des érudits, qui lui obéissent sans s'en apercevoir. Les esprits qui sont dominés par elle n'admettront jamais que la propriété puisse être un fait primordial, contemporain des premières cultures, naturel à l'homme, engendré par des intérêts instinctivement conçus, en rapport étroit avec la constitution primitive de la famille. Ceux-là aimeront toujours mieux supposer que la communauté a dû exister d'abord. Ce sera pour eux une conviction, une foi que rien n'ébranlera; et ils sauront toujours plier quelques textes à cette conviction et à cette foi. Mais un petit nombre d'esprits, plus doués de sens critique et historique, continueront à douter de ce qui n'a pas été démontré.

En tout cas, après tant d'essais, la question reste encore entière. Si quelqu'un veut arriver à prouver scientifiquement la communauté primitive, voici à quelles conditions il y réussira peut-être.

1° Il faudra qu'il trouve des textes précis, sûrs, et qu'il les traduise, non par des à peu près, mais exactement, c'est-à-dire suivant le sens littéral des mots.

2° Il se gardera de présenter des faits relativement modernes pour prouver une institution antique et soi-disant primordiale, comme on a fait pour la *mark* germanique, pour l'île de Java, et pour le *mir* russe.

3° Il ne devra pas se contenter de réunir quelques faits isolés, qui peuvent n'être que des exceptions; mais il lui faudra étudier les faits généraux, constants, normaux; il les trouvera surtout dans les monuments du Droit, et un peu aussi dans les vieilles pratiques religieuses.

4° Il aura soin de ne pas confondre la communauté générale du sol avec la propriété familiale, laquelle peut devenir avec le temps une copropriété de village sans cesser d'être une véritable propriété.

5° Il ne prendra pas pour la communauté du sol les tenures indivises sur un domaine qui appartient à un propriétaire. Que les *villani*, n'étant propriétaires de rien, aient souvent cultivé en commun pour un maître, ou qu'ils se soient partagé annuellement le sol à cultiver, cela n'a aucun rapport avec le communisme agraire et en est même l'opposé

6° Il se gardera d'embrouiller la question à l'aide des communaux de village, à moins qu'il ne réussisse à démontrer d'abord que ces communaux dérivent d'une primitive communauté générale. Mais cette démonstration n'a jamais été faite encore, et tout ce qu'on sait jusqu'ici des communaux, c'est qu'ils sont une annexe de la propriété privée.

C'est seulement en remplissant ces conditions que l'on fera une œuvre scientifique; jusque-là on n'aura fait que de la fantaisie et de la confusion. Celui qui, ayant pris toutes ces précautions contre de grossières erreurs, trouvera un ensemble de faits et de textes prouvant un régime de communauté, celui-là aura résolu la question historiquement. Jusque-là n'invoquez pas l'histoire. Présentez cette théorie comme une pure idée de l'esprit, laquelle peut bien se trouver bonne, mais avec laquelle l'histoire n'a rien de commun. Pas de fausse érudition. C'est l'intérêt de la science historique qui me touche ici. Le danger est que, par amour pour une théorie, on ne fasse entrer de force dans l'histoire une série d'erreurs. Ce qui m'effraye, ce n'est pas la théorie elle-même, elle ne modifiera pas la marche des faits humains, mais c'est la méthode dont on se sert pour la faire passer. Je redoute cet usage que l'on prétend faire de l'érudition, cette manière de faire dire aux documents le contraire de ce qu'ils disent, cette façon superficielle de parler de tous les peuples du monde sans en avoir étudié un seul. A aucune époque on n'a plus prôné les « textes » que de nos jours; à aucune époque on n'a traité les textes avec tant de légèreté.

POLYBE

ou

LA GRÈCE CONQUISE

PAR LES ROMAINS

A mon maître M. A. Chéruel.
1858.

Polybe est le dernier écrivain de la Grèce libre, et l'historien de la conquête. Son livre n'est pourtant inspiré ni par le regret de l'indépendance, ni par la haine des vainqueurs. Il raconte sans indignation et sans douleur la longue histoire de l'asservissement de son pays. Ce n'est pas chez lui de l'indifférence; ce n'est pas non plus l'impartialité de l'historien; il est franchement du parti des vainqueurs; on sent qu'il est heureux de voir la Grèce obéir.

Qu'il aime sa patrie, on n'en peut pas douter; l'honnêteté et l'élévation de son caractère le mettent à l'abri du soupçon de trahison. Ne le confondons pas avec les Diophane et les Callicrate, dont il flétrit si énergiquement la conduite. Il servit son pays, même à Rome, et aux côtés de Scipion Émilien. Il osa disputer aux rancunes des vainqueurs la mémoire et les statues de Philopémen. Après la prise de Corinthe, il refusa de s'enrichir de la ruine de ses compatriotes. Qu'il agisse ou qu'il écrive, nous le voyons toujours désireux du bonheur de sa nation, inquiet de son avenir ou honteux de ses fautes. Il peut n'avoir pas une grande estime pour elle; il a du moins une affection sincère. Son livre respire l'amour de la Grèce, en même temps que l'admiration de Rome.

Comment donc se fait-il qu'il n'ait aucun accent de regret pour la liberté qui périt? Qu'un citoyen honnête et dévoué à son pays puisse se réjouir du succès de l'ennemi public, que cette préférence ne soit pas de la trahison, mais presque du patriotisme, c'est là un fait digne de quelque attention. Et si l'étude approfondie de cette époque nous montre que cet homme n'est pas différent de ses concitoyens, et que ses sentiments sont ceux d'une grande partie de sa nation, on peut espérer de trouver là une explication de la conquête de la Grèce.

Les légions n'ont pas tout fait, la politique du sénat romain n'a pas tout préparé. Les Grecs sont bien pour quelque chose dans l'œuvre de leur asservissement; et il paraît même que leurs sentiments et leurs dispositions morales y ont plus contribué que la force et l'adresse de leurs vainqueurs. On essayera de montrer ici par le livre de Polybe et par Polybe lui-même comment le cœur d'un Grec était tout disposé à se laisser conquérir, et comment Rome faisait ses conquêtes.

Ce qui dans la fortune de Rome doit être attribué aux vertus et à la sagesse des Romains a été souvent expliqué. On se propose de marquer ici la part que les vaincus ont prise à l'élévation de cette merveilleuse fortune, et comment ils y ont eux-mêmes travaillé.

Un historien romain, quelque peu déclamateur à la vérité, a dit de la Grèce qu'y pénétrer ce fut s'en rendre maître, *introisse victoria fuit*[1]. Il ne faut pas entendre par là que la Grèce, sans force et sans énergie, fût une proie facile pour le premier conquérant venu. Tite-Live nous laisse voir que les Romains n'ont entrepris qu'avec crainte les guerres contre Philippe, contre Antiochus et contre Persée; la Grèce n'était donc pas sans vigueur. Elle était plus riche que l'Italie; elle ne manquait pas encore de bras : Polybe dit que la ligue achéenne à elle seule pouvait armer trente ou quarante mille combattants; elle avait encore la cavalerie étolienne, la phalange macédonienne, les flottes de Rhodes. Elle avait pour elle les dispositions si favorables de son sol, et ses montagnes qui arrêtaient l'ennemi. Elle avait enfin le respect qu'elle inspirait, et le souvenir de son ancienne gloire, qui, s'il ne servait à l'animer, pouvait au moins rendre ses adversaires moins hardis. Cette race grecque, chez qui l'esprit militaire n'était pas éteint, était encore capable de se mesurer avec Rome. Mais ce qu'elle pouvait faire, peut-être ne le voulut-elle pas.

1. Florus, II, 7 [I, 23, 11].

CHAPITRE PREMIER

L'aristocratie et la démocratie en Grèce; guerres civiles dans les cités.

C'est par le régime municipal que la société grecque s'était constituée. L'esprit nouveau de liberté qu'elle apportait dans le monde, ne pouvait fonder d'abord de grandes sociétés. Si l'on rejetait le despotisme de l'Orient, il fallait renoncer aussi à la grande et calme unité des sociétés orientales. Le morcellement régna donc sur cette terre où déjà la nature, avant l'homme, avait tracé tant de divisions, et que les montagnes et la mer avaient tant découpée. Chaque agglomération d'hommes forma un État; chaque cité fut souveraine. Quelques institutions religieuses rappelèrent aux villes leur fraternité, mais sans diminuer en rien l'indépendance de chacune d'elles.

L'esprit municipal était si puissant chez le peuple grec, qu'il domina le génie de tous ses hommes d'État. La Grèce eut d'admirables législateurs, et les modernes n'ont rien ajouté à leur science de balancer les pouvoirs et d'assurer l'harmonie des éléments divers d'un État. Mais leurs législations n'étaient faites que pour une cité, et se seraient trouvées impuissantes à régir une nation entière. Les philosophes eux-mêmes, qui avaient tout loisir de créer une république idéale, bornaient l'association humaine à l'enceinte des murailles d'une ville; et Platon, dont l'imagination se trouvait embarrassée d'avoir à gouverner un trop grand nombre d'hommes, n'admettait dans sa république que 5 000 citoyens.

Le patriotisme des Grecs ne s'étendait guère au delà des limites de la cité. Comme peu d'hommes avaient la conception nette de la patrie commune, peu d'hommes aussi s'attachaient et se dévouaient à elle. Toutes les affections et toutes les forces étaient données à la cité. Dans la guerre médique, Sparte aurait volontiers livré toute la Grèce pour ne défendre que le Péloponèse. Hérodote ne songe pas à blâmer ces Ioniens qui à Salamine se montrèrent plus acharnés que les Perses eux-mêmes à combattre les Grecs. Thucydide n'est pas non plus très sévère pour ces Spartiates et ces Athéniens qui envoyaient à la fois des ambassades au grand roi ; Aristophane marquait sans la flétrir cette politique d'Athènes sur son théâtre [1]. L'esprit politique des Grecs ne se haussa longtemps qu'à l'idée de cité. Corinthe ne comprenait pas qu'elle eût rien de commun avec Mégare, ni Argos avec Sparte, ni Mégalopolis avec Mantinée. Entre deux villes voisines il semblait le plus souvent qu'il ne pût y avoir que de la haine [2].

Une des conséquences de l'extrême division était une suite non interrompue de guerres sanglantes. Mais la guerre n'amenait jamais l'unité. Une ville avait-elle été conquise, il fallait la détruire ou l'asservir ; car les vaincus n'entraient pas dans l'État et n'avaient aucune part dans la cité. Les Grecs ne comprirent que fort tard qu'un État pût être composé de deux villes jouissant de droits égaux et ayant part toutes les deux au gouvernement commun. Très habiles à donner des lois à une cité, s'ils venaient à agrandir leur puissance, la science du gouvernement leur faisait défaut ; et l'on asservissait les villes, faute de savoir les administrer. Or, comme aucune ville ne s'était trouvée assez forte pour imposer à la Grèce un gouvernement absolu, la Grèce n'avait jamais pu être unie.

Menacée par des empires puissants, elle avait su plusieurs fois se confédérer. Mais ces essais, tentés en vue d'un danger présent, duraient tout au plus autant que ce danger même. Bientôt nul ne tenait plus à cette alliance, que ceux qui avaient intérêt à la transformer en empire ; les autres villes, qui s'étaient montrées empressées à former la confédération, l'étaient plus encore à la rompre, sous prétexte que leur liberté

---

1. Aristophane, *Les Acharniens*.
2. [*La Cité antique*, livre III, c. 4.]

courait des risques. L'esprit de municipalité détruisait rapidement ce que le danger et la prudence d'un moment avaient produit. La Grèce, toujours hésitante entre le besoin d'avoir un pouvoir central et l'amour de la liberté particulière, n'avait jamais pu ni établir l'un ni assurer l'autre, et avait toujours flotté entre le morcellement et la sujétion.

L'exemple de la Grèce ferait croire volontiers qu'aucun régime politique n'offre plus de difficultés que le régime municipal, et qu'une ville est plus malaisée à gouverner qu'une nation. Sur un théâtre plus étroit, les passions sont plus ardentes, les haines plus personnelles, les ennemis toujours en présence. Il faut alors qu'un peuple soit deux fois sage pour qu'il ne soit pas mal gouverné.

Dans toutes les villes grecques il y avait deux classes, les riches et les pauvres. Au temps de Polybe, l'aristocratie sacerdotale des premiers âges était éteinte; nulle distinction de naissance n'existait plus; la richesse seule établissait des classes dans la cité[1].

La richesse, qui chez les nations modernes développe l'activité, le travail, l'intelligence même et les arts, et qui contribue fortement à l'éclat de notre civilisation, enfantait chez les Grecs la corruption et la guerre civile. Chez nous, grâce à une circulation rapide et généralement juste, elle passe du riche au pauvre et du pauvre au riche, courant de main en main et laissant partout quelque bien-être. Comme elle est d'ordinaire la récompense du travail, elle excite plus souvent les bonnes passions que les mauvaises; elle engendre plutôt l'émulation que la haine, et ne corrompt en général ni le riche ni le pauvre. Mais en Grèce l'esclavage la rendait inaccessible au pauvre, et la honte s'attachait dans presque toutes les villes au travail qui y aspirait. Il fallait être déjà riche pour pouvoir s'enrichir. L'argent sommeillait. Les riches ne savaient pas le faire couler, parce qu'ils ignoraient toutes les dépenses que le luxe, l'art ou les usages imposent à nos riches. Les pauvres ne savaient pas l'attirer à eux, parce que leur paresse égalait leur

---

1. [*La Cité antique*, livre IV, c. 12.]

sobriété. Ce n'était guère que par l'impôt que l'État pouvait adoucir cette inégalité et établir quelque circulation du numéraire. Aussi l'impôt frappait-il lourdement les riches; on exigeait d'eux des *triérarchies* et des *chorégies*[1]; on rendait leurs magistratures coûteuses. D'autre part, on distribuait le triobole au théâtre et aux assemblées, afin de faire descendre l'argent jusqu'au peuple oisif. Il fallait même quelquefois recourir à la confiscation. Moyens iniques et sans effet qui appauvrissaient quelquefois les riches, mais ne pouvaient enrichir les pauvres. L'inégalité grandissait toujours, puisque les riches seuls pouvaient acquérir, et les fortunes tendaient à se concentrer indéfiniment. A Sparte, à partir du moment où les donations et les achats furent permis, il ne fallut que sept générations pour que le nombre des propriétaires fût réduit de neuf mille à cent[2].

Qu'on se figure donc dans chaque ville grecque deux classes ou deux sociétés, l'une qui possède et qui s'enrichit chaque jour, fière d'une richesse facile et avide de la conserver; l'autre, indigente à la fois et paresseuse, jalouse autant que misérable, qui convoite la richesse et qui ne sait ni ne peut y parvenir.

Ces deux classes d'hommes devinrent deux factions le jour où les pauvres comprirent qu'une révolution pouvait les faire riches; et à partir de ce jour, il suffit que les pauvres sentissent leur nombre pour que cette révolution fût inévitable.

Toutes les fois que nous voyons une guerre civile dans la cité, les riches sont toujours dans un parti et les pauvres dans l'autre; les pauvres veulent acquérir la richesse, les riches la conserver ou la reprendre. Dans toute guerre civile on cherchait, c'est Polybe qui nous l'apprend, à s'enlever la richesse[3]. Tout démagogue faisait comme ce Molpagoras de Cios, qui livrait à la multitude ceux qui jouissaient du bien-être[4], massacrait les uns,

---

1. Ἀξιοῖ οὖν ἀργύριον λαμβάνειν ὁ δῆμος; καὶ ᾄδων καὶ τρέχων καὶ ὀρχούμενος καὶ πλέων, ἵνα αὐτός τε ἔχῃ καὶ οἱ πλούσιοι πενέστεροι γίγνωνται. Xénophon, *Respublica Atheniensium* [§ 13].
2. [Voir les *Nouvelles Recherches*, p. 115 et suiv.]
3. Polybe, XV, 21 : Ἵνα διαιρῶνται τὰς ἀλλήλων οὐσίας.
4. Ibidem : Τοὺς εὐκαιροῦντας τοῖς βίοις.

exilait les autres, et partageait leurs biens au peuple[1]. Le même historien cite l'exemple de Messène, où le parti démocratique vainqueur exila les riches et distribua leurs biens par lots[2]. Souvent une sédition était suivie d'un partage des terres ; quelquefois on se contentait d'une abolition de dettes. Mais toujours l'une ou l'autre de ces deux choses était réclamée par le parti populaire. Tite-Live nous avertit que si les Étoliens étaient en discorde, c'était à cause du grand nombre des dettes[3]. Il nous montre un ambassadeur romain qui, appelé comme arbitre en Thessalie, ne put apaiser les troubles qu'en diminuant l'intérêt de l'argent et en fixant des annuités pour le payement du capital. Ce qui n'empêcha pas un peu plus tard les Étoliens d'abolir leurs dettes, les Thessaliens de suivre leur exemple, et les uns et les autres de se précipiter dans tous les désordres de l'anarchie[4].

Pour que la Grèce fût unie et tranquille, il eût fallu en exclure la richesse et la pauvreté, ces deux maladies des cités. Sparte n'échappa si longtemps aux guerres civiles que parce qu'elle n'avait ni riches ni pauvres. Polybe a raison de faire remarquer que Lycurgue en bannissant l'avarice avait banni les discordes[5]. Mais quand l'argent y eut été introduit par Lysandre, quand surtout il fut permis d'acquérir[6], il y eut aussitôt deux factions, et elles égalèrent en acharnement tout ce qu'on avait vu dans les autres villes.

Ainsi les révolutions n'étaient pas politiques, mais sociales ; elles ne déplaçaient pas le pouvoir seulement, mais la richesse. Les mots de démocratie et d'aristocratie n'avaient pas exacte-

1. Τὰς οὐσίας τὰς τούτων δημεύων, καὶ διαδιδοὺς τοῖς πολλοῖς.
2. Polybe, VII, 10, édit. Didot. — Même lutte à Mégare entre les riches et les pauvres. « Les pauvres, dit Plutarque, entraient par la force dans les maisons des riches, s'y installaient, ou, si on refusait de les admettre, se portaient aux dernières violences. Ils en vinrent jusqu'à ordonner par un décret public que les créanciers rendraient aux débiteurs les intérêts déjà payés, sans parler du capital. Les dettes étaient abolies ; les intérêts payés étaient même restitués. » Plutarque, *Questions grecques*, 18.
3. Tite-Live, XLII, 30.
4. Polybe, *Fragmenta*, 68.
5. Polybe, VI, 46, 7.
6. Plutarque, *Vie d'Agis*.

ment la même valeur qu'ils ont chez nous; les constitutions des villes grecques, au temps de Polybe, se ressemblaient à très peu près; et dans presque toutes tous les citoyens partageaient également les droits politiques. Ce que nous entendons par le régime démocratique existait donc presque partout. Mais là où une classe peu nombreuse possédait la richesse et y joignait l'influence, le gouvernement passait pour aristocratique. Là où une abolition de dettes, un partage de terres, ou tout au moins un emprunt forcé venait d'avoir lieu, la constitution était réputée démocratique. Le plus fort des deux partis ne s'en tenait pas à la puissance politique, et chaque coup d'État était signalé ou par une confiscation de la richesse ou par une restitution forcée.

Un des premiers actes de la vie d'Aratus a été remarqué par les écrivains anciens comme peu commun. La révolution qu'il opéra dans Sicyone affranchie ramena une foule d'exilés qu'une révolution précédente, il y avait cinquante ans, avait dépouillés de leurs biens. Il fallait les leur rendre, et ruiner à leur tour ceux qui possédaient ces terres depuis un demi-siècle. Aratus le fit; ce n'est pas là ce qui paraît extraordinaire à Cicéron qui raconte le fait; rien de plus commun au contraire. Mais il se distingua en ce qu'il trouva moyen, à la faveur des largesses d'un Ptolémée, d'indemniser ceux à qui il enlevait les biens. C'est ce dernier trait que Cicéron admire; le premier était habituel[1].

Les mots de tyrannie et de liberté n'avaient pas non plus dans les idées des Grecs le même sens que ces mots ont chez nous. Sous ces deux noms, c'était encore la richesse et la pauvreté qui se faisaient la guerre. La tyrannie n'était qu'une forme de la démocratie, et c'est même ce qui la distinguait de l'ancienne royauté des temps héroïques. « Tandis que la royauté, dit Aristote[2], est établie pour défendre les grands contre le peuple, le tyran n'a pour mission que de protéger le peuple contre les riches. Le tyran a toujours commencé par être un démagogue, et il est de l'essence de la tyrannie de com-

---

1. Cicéron, *De officiis*, II, 23.
2. Aristote, *Politique*, V, 8.

battre l'aristocratie. » C'est sans doute parce que Philippe abandonne les intérêts de l'aristocratie grecque pour se faire populaire que Polybe fait entendre qu'il est devenu tyran, de roi qu'il était[1]. Cléomène qui abolit les dettes et partagea les terres, Cléomène, le roi de la démocratie spartiate, avait, dit Polybe, changé la royauté de Sparte en tyrannie[2]. Nicoclès, le tyran de Sicyone, était le chef de la démocratie et avait dépossédé les grands, puisque nous venons de voir qu'un des premiers actes d'Aratus avait été de rendre leurs biens aux citoyens riches que le tyran avait exilés. Nabis n'était pas non plus autre chose que le chef des pauvres contre les riches. « Il avait jeté le fondement de sa tyrannie en exilant ceux que la richesse ou la naissance mettait au premier rang[3]. » Maître d'Argos, son premier soin fut de confisquer les biens de l'aristocratie, d'abolir les dettes et de partager les terres[4]. Même politique à Sparte : il donne des champs aux pauvres et aux esclaves la liberté[5]. Est-il en guerre contre l'Achaïe et Flamininus, il trouve dix mille Laconiens qui prennent les armes pour lui, tant il est populaire ; mais aussi, pour assurer sa résistance, il lui faut massacrer les quatre-vingts plus riches citoyens de Sparte[6].

Voilà ce qu'enfantait chez les Grecs l'inégalité des fortunes. Et ici se montre bien l'absence de vues politiques et sociales chez ce peuple, si grand néanmoins par l'intelligence. Chacune de ces révolutions presque journalières aurait dû les avertir de travailler à en prévenir le retour, en donnant à la richesse une répartition plus légitime, ou à la pauvreté des conditions meilleures, en adoucissant et en faisant tolérer l'inégalité. Tous devaient chercher la solution de ce problème, les pauvres pour avoir le bien-être, les riches pour le conserver et les bons citoyens pour assurer le repos de l'État. C'est à quoi les Grecs ont le moins songé. Aristote fait un traité de la science économique, et ce point, le plus important de tous, est le seul qu'il

1. Polybe, IV, 77.
2. Idem, II, 47.
3. Idem, XIII, 6.
4. Tite-Live, XXXII, 58, 40.
5. Polybe, XVI, 13.
6. Tite-Live, XXXIV, 27. Diodore de Sicile, XXVII, 1.

oublie. Aussi tous les lendemains de révolutions se ressemblaient-ils ; les riches étaient exilés pour le moins, et leurs biens partagés entre les plus intrigants du peuple. La richesse n'ayant fait ainsi que changer de mains, la même inégalité subsistait entre les fortunes avec plus d'iniquité ; il fallait courir à une nouvelle révolution, et cet état social forçait le peuple et l'aristocratie tour à tour à conspirer contre la patrie. Cela dura depuis la guerre médique jusqu'à la conquête de la Grèce par les Romains.

Que pouvait devenir alors l'amour de la patrie? Le patriotisme, qu'il ne faut pas confondre avec l'amour du sol natal, n'est pas, comme lui, un sentiment instinctif, invincible, imposé par la nature extérieure à toutes les générations qui habitent un même territoire. Le patriotisme est un sentiment plus libre, plus variable, soumis aussi à plus de conditions. On aime sa patrie, c'est-à-dire sa cité ou sa nation, si l'on en aime les lois, si l'on en aime les chefs, si l'on est attaché à ses coutumes. On l'aime pour l'éducation qu'on a reçue d'elle, pour les beaux exemples qu'on y trouve, pour les vertus qu'elle enseigne. On l'aime enfin, à condition que l'on soit convaincu qu'on lui doit son bonheur et le calme dont on jouit, qu'on ne pourrait se passer d'elle, qu'elle vaut mieux que toute autre cité, que ses lois sont plus justes, ses décisions plus saintes, sa gloire plus éclatante. Le patriotisme alors est un mélange de reconnaissance, de respect, de confiance et de fierté. Que ces sentiments viennent à s'éteindre chez les citoyens, par le vice des institutions, par les guerres civiles, par les fautes ou les malheurs des gouvernants, et vous essayerez en vain de réveiller le patriotisme.

Dans la plupart des cités grecques, au temps de Polybe, pouvait-on aimer des lois toujours sujettes aux révolutions, toujours nouvelles et prêtes à périr, presque toujours le fruit de la violence et dont un parti était toujours victime? Les pauvres accusaient les lois de leur misère, les riches des confiscations qui les frappaient. Les deux moitiés des habitants étaient tour à tour persécutées et persécutrices, et un citoyen était un ennemi dont on convoitait la richesse ou dont on craignait l'insurrection. L'exil, dont les républiques grecques se faisaient un jeu, sans en prévoir les funestes résultats, apprit d'abord aux hommes à se passer de la patrie, plus tard à la combattre. Les proscriptions, les guerres civiles, la rentrée dans la ville à main armée, habituèrent peu à peu les hommes à considérer la cité comme une ennemie. On alla plus loin : de la haine, qui n'était d'abord que passagère, on passa à une indifférence habituelle. Chacun n'aima plus sa patrie qu'autant que sa faction y régna, ou plutôt la patrie fut oubliée, et toutes les pensées, tous les vœux, toutes les forces furent pour la faction. L'État fut sans pouvoir et ne trouva plus dans ses membres ni amour ni soumission. Les âmes perdirent peu à peu le sentiment des devoirs envers la patrie. On oublia qu'on devait respecter ses lois et ses jugements, et l'insurrection parut être un droit légitime.

Le citoyen cessa d'appartenir à la cité; il alla servir des étrangers, et versa, pour quiconque voulait le payer, ce sang dont il devait compte à sa patrie. Sans parler de Cléarque et de ses 13 000 soldats, d'Iphicrate et d'Agésilas en Égypte, de Memnon et de ses 50 000 Grecs, nous voyons, au temps de Polybe, les Achéens eux-mêmes à la solde des Égyptiens ou des Carthaginois. Philopémen, au moment où sa patrie était engagée dans une guerre, commandait des mercenaires en Crète[1]; Lycortas et Polybe auraient été combattre en Égypte, au temps de la guerre de Persée, si la ligue le leur eût permis[2].

Le Grec, avide et sans respect pour l'État, ne craignit pas de s'enrichir à ses dépens. Il vécut du trésor public, c'est-à-dire, les gouvernés du *theoricum* et du *triobole*, les gouvernants de l'intrigue, de la vénalité et de la concussion. Il y avait des villes où il fallait que le magistrat qui avait la clef du trésor public changeât tous les mois, d'autres tous les jours. « Ne confiez pas à un Grec, dit Polybe, la gestion d'un talent, sans exiger dix cautions, dix serments et vingt témoins; et encore vous trompera-t-il[3]. »

---

1. Plutarque, *Parallèle de Philopémen et de Flamininus*, et *Vie de Philopémen*, 18.
2. Polybe, XXIX, 10.
3. Idem, VI, 56.

Tous les étrangers savaient que les Grecs étaient à vendre, soit individuellement et en secret, soit ouvertement et par villes. Eumène osa offrir de pensionner le sénat achéen, qui refusa, il est vrai, mais qui accepta les présents intéressés de Ptolémée[1]. Séleucus, près de conquérir l'Égypte, eut soin de répandre cent talents parmi les Grecs, et Polybe dit de Persée que, pour peu qu'il l'eût souhaité, il pouvait acheter la Grèce[2].

Enfin les Grecs, n'étant plus retenus par aucun amour pour leur cité, ne virent plus de raison pour ne pas rechercher l'alliance et l'appui des étrangers. Chacun leur livra la Grèce, et ne leur demanda en retour que le triomphe de sa faction.

Le patriotisme est une source féconde de vertus privées. Il crée au haut de l'échelle les grands hommes, et au bas les honnêtes gens. L'habitude de la soumission à la loi donne aux âmes la droiture; l'orgueil national fortifie et élève les caractères. Quand on redoute de faire le mal dans la cité, on répugne aussi à le faire dans la maison. C'est toujours un bon frein pour le mal, un puissant stimulant au bien que le respect de l'État. La nature humaine, livrée à elle seule, est faible, intéressée, ignorante et prompte au mal. Il faut nous entr'aider, nous unir et nous serrer les uns contre les autres pour nous défendre contre tant d'erreurs et de fautes. Chacun sent son impuissance et va chercher hors de lui-même des conseils ou des appuis; il en demande à la religion, à la loi, à la coutume, à l'opinion des hommes. La religion chez les Grecs avait peu d'autorité sur les âmes; elle n'avait pas, comme chez nous, la surveillance des mœurs, le dépôt de la morale, l'empire de la conscience. Le prêtre, n'étant que le ministre du culte et ne paraissant que dans les cérémonies, n'exerçait aucune direction sur les actes de la vie privée. — Les anciens n'avaient pas, comme les sociétés modernes, le sentiment de l'honneur, ce fruit de la distinction des classes, né chez les plus hautes de l'idée qu'elles avaient de leur dignité et de leurs devoirs, et qui a gagné de proche en proche le reste de la société. Ce sentiment, qui est un composé d'orgueil et de désintéressement, ce

---

1. Polybe, XXIII, 7. Diodore de Sicile, XXIX, 17.
2. Polybe, XXVIII, 9.

respect de soi qui commande le sacrifice, cette soumission à certaines lois convenues, qui nous égare souvent, mais qui est plus souvent un bon guide, cet honneur enfin qui n'est pas la vertu, mais qui la rend plus facile et qui double nos forces, n'existait pas chez les Grecs. Ils n'avaient plus l'orgueil de la naissance, qui porte souvent au bien, puisqu'ils n'avaient plus de grandes familles. Restait le respect et l'amour de la cité, comme dernier conseiller et dernier soutien.

On conçoit alors quel vide dut produire dans les âmes la perte du patriotisme. Le respect du foyer domestique, l'amour de la famille périt avec lui. Ceux qui dans la vie publique ne cherchaient que la satisfaction de leurs intérêts, pouvaient-ils avoir une autre règle dans la vie privée? Quelles vertus pouvait inspirer ou la richesse convoitée, où la richesse mal acquise? Quel sentiment de justice pouvait durer dans les relations entre des citoyens habitués aux guerres civiles, dans des pays où l'on voyait les tribunaux fermés durant vingt ans de suite[1], et où la cité, occupée des luttes des factions, n'avait pas le temps d'établir la justice entre les particuliers? « La population entière, dit Polybe, était livrée à l'orgueil, à l'avarice, à la paresse. » Le même historien signale un autre symptôme de corruption : on ne voulait plus ni se marier, ni nourrir les enfants nés en dehors du mariage[2]. Ainsi, pour fuir les difficultés et le travail de la vie, on se réfugiait dans le célibat; on oubliait la famille comme la patrie.

L'habitude de la guerre civile, en détruisant le repos, l'aisance, la sécurité et la confiance, affaiblit toujours dans les cœurs l'idée des devoirs réciproques, et éteint tout sentiment d'humanité. Cela est vrai surtout lorsque, au lieu de combattre pour des principes, qui du moins élèveraient l'âme, on ne se dispute que la richesse. Que les esprits et les cœurs n'aient plus d'autre pâture que de pareilles luttes, que les passions politiques entretenues par l'avidité se développent dans l'âme sans y rien trouver qui leur fasse diversion, et bientôt les relations sociales seront altérées, la vie privée sera aigrie, tous les

---

1. Polybe, XX, 6.
2. Idem, XXXVII, 4.

sentiments seront dénaturés, et il se formera une génération d'hommes qui ne vivront que pour se haïr, se combattre et s'égorger tour à tour. Aristote dit que les aristocrates faisaient ce serment : « Je jure d'être l'ennemi du peuple, et de ne faire ni paix ni trêve avec lui[1]. » Rarement le vainqueur se contente de l'exil du vaincu ; il le massacre, tantôt par vengeance, et tantôt par précaution. On peut appliquer à presque toutes les villes grecques ce que Polybe dit d'une ville arcadienne, « où ce n'était que meurtres, proscriptions et pillages réciproques[2] ». Dans cet état des esprits la clémence était toujours punie, la confiance était une faute. Polybe reproche à Archidamus de s'être fié à Cléomène[3]. A Cinétha, en Arcadie, la faction achéenne et aristocratique, après bien des luttes, l'avait enfin emporté. Mais elle se laissa aller à la pitié, et rouvrit les portes de la ville aux exilés du parti contraire. Il est vrai qu'on leur fit jurer sur les autels des dieux, et par les plus grands serments qu'on pût demander à des hommes, de ne pas troubler l'ordre établi. « En vérité, ajoute Polybe, je crois que c'était au moment même où, la main sur le flanc de la victime, ils prononçaient ces serments, qu'ils méditaient la ruine de leur patrie. » Il ne fallut en effet que quelques jours pour qu'ils livrassent la ville aux Étoliens[4].

Chaque parti eut ses crimes : l'aristocratie de Thèbes assassina Brachyllès, le chef du parti contraire ; à Messène, elle égorgea Philopémen. Cette même ville avait vu, un an auparavant, ses deux cents plus riches citoyens massacrés par la démocratie. Aristomaque à Argos, Nabis à Sparte, proscrivent ou assassinent les riches. Philippe est soupçonné d'avoir empoisonné Aratus[5]. A Athènes, la violence des factions s'était affaissée de lassitude ; c'était alors pour Sparte le commencement des troubles et des luttes. En une seule année, au début de la guerre sociale, elle vit deux fois ses éphores égorgés, et

---

1. Aristote, *Politique*, V, 9.
2. Polybe, IV, 17.
3. Idem, VIII, 1.
4. Idem, IV, 17, 18.
5. Idem, VII, 14. Tite-Live, XXXII, 21. Plutarque, *Vie d'Aratus*, 55.

la seconde fois sur l'autel même de Minerve. Il faut remarquer ce caractère particulier des Grecs : ni la religion, ni les liens du sang, ni ceux de l'amitié, ne sont rien auprès de l'intérêt du parti; Dion est assassiné par un ami; Timoléon tue son frère.

Déjà au temps de Thucydide on en était venu à changer la signification des mots : « Tout oser était montrer du zèle; l'homme violent était un homme sûr. Il était louable de rendre le mal reçu, mieux de faire le mal le premier. Il n'était pas d'excès que ne se permît l'audace. » Ainsi les guerres civiles ont altéré toutes les idées, tous les principes de la raison; elles ont changé les mœurs et jusqu'au langage; elles ont renversé le cœur humain.

Polybe va plus loin encore : il nous apprend que la culture des terres, les tribunaux, le soin des sacrifices, les fêtes et les cérémonies religieuses étaient abandonnés au milieu de ces guerres, et qu'il venait des temps où tout cela tombait en oubli[1]. C'est que les Grecs vivent dans la guerre civile depuis dix générations; elle est devenue l'état habituel, régulier, normal de la race; on y est né, on y vit, on y mourra. Il n'y a presque plus dans l'existence des individus ou des cités aucun acte, aucune ambition, aucune pensée qui ne soit rapportée à cette lutte des partis.

1. Polybe, V, 106.

CHAPITRE II

Quelques hommes modérés; Philopémen et Polybe.

Au milieu de ces déplorables luttes et de ces crimes, il ne se pouvait pourtant pas qu'une race cultivée et intelligente comme la race grecque ne produisît au moins quelques hommes sages. Étudions ces hommes à leur tour. S'ils ne sont pas tout à fait exempts de l'esprit de faction, du moins pouvons-nous supposer qu'ils ne se laissent pas complètement dominer par lui. Voyons donc par eux jusqu'à quel point la sagesse savait se garder de ces passions, ce qu'elle pouvait sauver de l'âme humaine, et ce qu'elle leur en sacrifiait; nous pourrons voir alors si elle était un remède suffisant aux maux du pays.

Lorsque naquit Polybe, l'Achaïe était presque le seul endroit de la Grèce où la modération fût encore possible. L'habitude de la guerre civile manqua longtemps à l'Achaïe; les passions étaient donc moins violentes qu'ailleurs. Nul n'avait de vengeances à exercer ni à craindre; les caractères y étaient donc plus calmes, et l'esprit public plus sage. L'Achaïe avait bien, comme toute la Grèce, ses riches et ses pauvres; mais les pauvres ne s'étaient pas encore organisés en faction et n'avaient pas forcé les riches à en faire autant. Les villes étaient généralement petites, sans industrie et presque sans commerce; la richesse qui a sa source dans l'agriculture est celle que le pauvre respecte le plus longtemps; et elle était d'ailleurs assez généralement répartie pour ne pas opposer d'une manière trop choquante l'opulence et la misère. Les riches y étaient moins impérieux, les pauvres moins cupides qu'ailleurs; et les crimes des révolutions ne les avaient pas rendus irréconciliables.

Aussi le gouvernement de l'Achaïe était-il dirigé par un certain esprit de sagesse qui ne se voyait guère chez les autres Grecs. L'aristocratie y jouissait de la puissance que donnent la supériorité de la richesse et celle de l'esprit ; mais elle savait la ménager. Elle combattait énergiquement le peuple au dehors et le flattait chez elle. Le gouvernement était démocratique par les institutions, aristocratique seulement par l'esprit. « On ne trouve nulle part ailleurs, dit Polybe, plus d'égalité, de liberté et de véritable démocratie. » En effet, tous les citoyens avaient des droits égaux ; tous indistinctement pouvaient prendre part aux assemblées générales de la ligue. Mais il ne faut pas juger l'état politique et social d'une ville grecque d'après sa constitution écrite. L'égalité et la liberté que la loi proclamait presque partout étaient tantôt tempérées et tantôt poussées à l'excès, suivant les mœurs, l'esprit public et l'ascendant de l'une ou l'autre classe. La lettre des constitutions était à peu près partout la même ; mais sous les mêmes lois l'aristocratie et la démocratie pouvaient régner tour à tour. Il faut donc d'autres signes que la constitution pour distinguer quel parti a la puissance. Nulle part en Grèce, à cette époque, l'aristocratie ne domine en vertu de droits écrits et avoués. Si elle peut régner, c'est par surprise, c'est par adresse, c'est surtout en laissant ignorer au vulgaire qu'elle règne.

Ainsi, chez les Achéens, la loi est pour le peuple, mais le pouvoir est à l'aristocratie. La loi accorde au peuple l'élection du stratège[1] ; mais comme cette magistrature est ruineuse[2], il faut bien que le stratège soit choisi dans la classe riche. En Achaïe, les jeunes gens des principales familles forment le corps de la cavalerie. Plutarque signale l'autorité et la puissance de ce corps qui dispose des honneurs, et Polybe nous dit que tous ceux qui aspiraient à devenir stratèges avaient grand soin de le flatter[3].

Le peuple avait autant de droits qu'il en pouvait demander. De l'assemblée générale à laquelle tous les citoyens étaient

---

1. Polybe, IV, 14 ; XXVI, 3 ; XL, 2.
2. Idem, XXVIII, 7.
3. Idem, X, 22. Plutarque, *Philopémen*, 7, 18. Tite-Live, XXXIX, 49.

admis, émanaient tous les pouvoirs ; elle nommait les magistrats, décidait la paix et la guerre, et jugeait même au besoin les stratèges. Nous voyons Aratus après une expédition malheureuse se défendre devant le peuple[1]. Mais l'habileté aristocratique s'était prémunie contre la dangereuse puissance de cette assemblée. On n'y entrait qu'à l'âge de trente ans ; c'était déjà une garantie : les plus remuants étaient écartés. Pour s'y rendre d'ailleurs il fallait quitter sa ville et son travail ; peu d'hommes avaient la pensée ou la faculté de le faire. Polybe nous avertit que le peuple des basses classes s'abstint longtemps d'assister aux assemblées[2]. La réunion générale n'avait lieu qu'une fois l'an et à une époque fixée. Hors de là, le peuple ne pouvait être convoqué que par un décret des magistrats, et seulement pour un sujet déterminé et indiqué à l'avance. Tant de formalités entraînaient des lenteurs, des embarras ; on répugnait à convoquer le peuple. Nous ne voyons d'ailleurs soumettre à ses décisions que les questions de paix, de guerre et d'alliance ; tout ce qui est relatif à la politique intérieure est soigneusement écarté des yeux du peuple. En l'absence de l'assemblée et sans attendre aucunement ses ordres, un sénat composé des délégués des villes juge et expédie toutes les affaires. Le stratège, nommé pour un an, n'est en réalité que le président du sénat et le chef de l'armée. La véritable puissance n'appartient ni à lui ni au peuple, mais au sénat.

Tout cela forme un mélange de démocratie et d'aristocratie, où celle-ci domine, mais sans excès et sans violences.

Cet esprit de sage aristocratie se montre surtout dans la ville arcadienne de Mégalopolis. Elle datait de l'année qui avait suivi la bataille de Leuctres et se trouvait la dernière fondée des cités grecques. Elle n'avait dans son histoire passée aucun sujet de discordes ni de haines. Son peuple était sage ; on ne voyait pas chez lui de partis ; pendant les deux siècles de son indépendance il suivit toujours la même voie. L'aristocratie y fut toujours modérée ; la démocratie n'y pénétra jamais. La

---

1. Polybe, IV, 14.
2. Idem, XXXVIII, 4.

pensée d'Épaminondas vivait chez ce peuple; c'est elle qui inspira Philopémen[1].

La cité de Mégalopolis ne se démentit jamais dans sa haine pour le parti populaire. Comme toute l'aristocratie de la Grèce, elle se déclara pour Philippe, père d'Alexandre[2]. Lorsque plus tard Polysperchon, en lutte contre Cassandre, souleva dans toutes les villes le parti démocratique, et qu'à son instigation la multitude déchaînée dans toutes les villes massacra ou exila les riches, seule Mégalopolis fut exempte de ces troubles et de ces violences, et resta fidèle à l'aristocratie et à l'amitié de Cassandre. Polysperchon courut l'assiéger avec toutes ses forces; il ne trouva pas un seul partisan dans la ville, et il dut se retirer devant l'accord et l'énergie des citoyens[3]. Mégalopolis combattit sans relâche la démocratie; elle se laissa assiéger par Agis, renverser et brûler par Cléomène, sans jamais accepter de paix avec les tyrans. Elle fut la première à appeler Antigone Doson dans le Péloponèse, et ce furent ses soldats qui donnèrent au régent de Macédoine sa victoire de Sellasie. Polybe fait d'elle ce rare éloge, que Cléomène n'y avait pas un ami, n'y pouvait pas trouver un traître. Il n'en était pas ainsi dans les autres villes, même de la ligue. Cléomène avait ses partisans dans Argos, dans Trézène, dans Épidaure, dans Corinthe, et jusque dans Sicyone, sous les yeux d'Aratus. C'était partout la faction démocratique, à qui il faisait espérer une abolition de dettes[4].

Mégalopolis, fondée par Épaminondas pour être la capitale de l'Arcadie, devint la ville la plus importante de la confédération achéenne. Après Aratus, presque tous les hommes qui ont été à la tête de la ligue étaient nés à Mégalopolis. C'est la constance de sa politique, bien plus que sa force matérielle, qui avait fait donner à cette ville la direction de la confédération, et tant qu'elle la conserva, c'est-à-dire jusque vers le temps de la guerre de Persée, elle inspira à l'Achaïe une politique aristocratique.

1. Plutarque, *Vie de Philopémen*, 3.
2. Polybe, IX, 28; XVII, 14. Pausanias, VIII, 30.
3. Diodore de Sicile, XVIII, 68.
4. Plutarque, *Vie de Cléomène*.

Philopémen était de Mégalopolis ; par sa naissance il appartenait à l'aristocratie. Il eut pour maîtres deux philosophes académiciens, mais qui paraissent avoir été moins soucieux de lui apprendre des théories spéculatives que les principes du gouvernement aristocratique. Ces deux hommes, Ecdémus et Démophanès, avaient fui le gouvernement des tyrans, avaient vécu dans l'exil, et n'étaient revenus dans leur patrie que pour l'affranchir. Ces mêmes hommes s'associèrent à Aratus pour chasser Nicoclès de Sicyone. Tels furent les premiers maîtres de Philopémen[1].

Polybe est l'élève de Philopémen et le fils de Lycortas. Ces trois hommes ne forment presque qu'un même personnage, tant leur politique a été une au milieu de circonstances très diverses. Ils sont les sages de la Grèce ; ils sont du petit nombre de ceux que l'intérêt personnel ou la haine ne domine pas complètement et qui donnent la meilleure part de leurs pensées à la recherche du bonheur public. Polybe s'élève au-dessus des misérables intérêts qui divisent ses concitoyens. Au moment même où la plupart des Grecs ne songent dans chacune de leurs révolutions qu'à enlever ou garder la richesse, il leur rappelle que la véritable science du gouvernement se propose un autre but, « celui de mettre dans la vie privée la vertu et la sagesse, dans la vie publique la douceur et la justice[2] ».

Les maux de la Grèce l'ont vivement frappé ; on reconnaît dans son livre qu'il y a cherché un remède. Il a étudié ces partis qui déchirent les cités, et il a vu également les excès et les vices de chacun : les riches sont ambitieux, les pauvres sont turbulents et cupides. Si les divers gouvernements sont justes et modérés à l'origine, l'abus se glisse bientôt en eux ; la royauté se change vite en tyrannie, l'aristocratie dégénère en oligarchie violente, la démocratie se corrompt et la multitude devient plus forte que la loi. Dès lors chacun de ces gouvernements est impuissant à régir la société ; car les excès soulèvent trop de haines et appellent un châtiment et une vengeance ; la royauté alors est renversée par les grands, l'aristocratie tombe frappée

---

1. Polybe, X, 22. Plutarque, *Philopémen*, 1.
2. Polybe, VI, 47.

par le peuple, la démocratie enfante un tyran. Le cercle des révolutions tourne ainsi sans fin, par cela seul que chacun de ces gouvernements a été porté à l'excès. Or ces abus sont inhérents à chacun d'eux « comme la rouille au fer, comme le ver au bois ». Nul n'y peut échapper; chacun a, en lui-même son vice et en même temps son germe de destruction. Ainsi tous les partis, aux yeux de Polybe, sont également condamnables; tous sont rongés par une maladie originelle. Les guerres civiles, la série des révolutions, les malheurs de la Grèce sont imputables à leurs excès. Le remède n'est donc pas dans le triomphe de l'un d'entre eux; ni la royauté, ni l'aristocratie, ni la démocratie ne peuvent sauver la Grèce.

Mais Polybe, en juge impartial, voit aussi les mérites de chacun de ces gouvernements. La royauté lui semble juste et bonne, à condition du moins qu'elle se fonde plus sur la raison que sur la force. Il aime l'aristocratie, ce gouvernement des meilleurs; pourvu que le pouvoir se rencontre avec la vertu et la sagesse. L'égalité lui paraît aussi un bien précieux, et la volonté du grand nombre est pour lui la véritable source de toute puissance légitime; il aime donc la démocratie, du moins si le peuple « a conservé l'habitude d'adorer les dieux, de respecter la vieillesse et d'obéir aux lois. »

Cette idée qu'il y a quelque chose de bon dans ces trois gouvernements a fait penser à Polybe, comme à quelques sages d'autres époques, que le meilleur système de politique serait celui qui les réunirait tous les trois; il semble en effet désirable de prendre à chacun d'eux ses qualités, en se gardant de ses vices. Que la royauté, l'aristocratie et la démocratie s'associent donc et se confondent dans la cité. Isolé, chacun de ces gouvernements a enfanté des maux sans nombre pour la Grèce; que l'on essaye donc de les unir. Il n'est pas besoin de porter la hache dans la société grecque, de faire disparaître par la violence tout un parti, à supposer que cela soit possible. Ce que veut Polybe, au contraire, c'est que tous les partis s'unissent pour concourir au gouvernement de l'État; c'est que la cité n'ait à regretter les forces d'aucun d'eux, et que tous puissent contribuer à son bonheur. Le gouvernement qu'il souhaite à la Grèce, c'est celui où toutes les factions sont unies, c'est-à-dire où il n'y a plus de factions.

Il y a donc encore en Grèce quelques hommes sages, qui ne s'abandonnent pas tout entiers aux passions politiques, qui détestent les excès et redoutent les luttes, qui ne veulent appartenir à aucun des deux partis extrêmes, et qui essayent de tenir le milieu entre ces deux ennemis acharnés qui se disputent les cités.

Mais la sagesse de quelques hommes ne supplée pas à la sagesse qui manque à une nation. Polybe voudrait confondre tous les partis dans l'État; il ne songe pas qu'il ne peut y faire entrer la royauté, l'aristocratie et la démocratie sans y faire entrer en même temps bien des passions et bien des haines. Ces systèmes si bien ordonnés des hommes réfléchis sont trop compliqués, et les rouages en sont trop délicats pour la main des peuples; ils les brisent en y touchant.

Polybe n'est pas d'ailleurs absolument impartial. En détestant les deux factions, sa haine doit être plus vive pour celle du peuple. Par sa naissance et par son éducation, il appartient à l'aristocratie; seulement il en craint l'excès; en la limitant, il veut la sauver de son plus grand ennemi, l'abus.

Il se distingue donc de la plupart de ses concitoyens en cela seulement qu'il est plus modéré qu'eux. Mais pourra-t-il faire partager cette modération à la société grecque? Pourra-t-il même la conserver toujours en lui? Qu'il se trouve en face de la démocratie et de ses exigences, que de cette hauteur paisible d'où il considère les constitutions en philosophe, il se trouve porté tout à coup dans la mêlée, la modération ne lui sera plus possible; car il est homme; il faudra prendre un parti, se décider résolument et combattre. Telle est précisément l'histoire de sa vie. Il a toujours cherché à se détacher des factions, il a voulu rester neutre entre l'aristocratie et la démocratie. Mais les circonstances ne permettaient pas cette impartialité, et, au moment décisif, il a dû agir exactement comme s'il appartenait à une faction.

Même dans son livre il n'est pas sans se contredire; l'homme ne peut pas être tout entier sagesse et raison. Polybe dissertet-il, c'est en philosophe ; mais s'il agit ou s'il raconte, l'homme d'action et l'historien n'ont pas toujours le même désintéressement et la même modération. Il ressent, lui aussi, en dépit de ses principes, ses haines et ses affections. Il déteste du fond du cœur le parti populaire, ce parti des brouillons, comme il l'appelle, τοὺς καχέκτας. Il ne manque aucune occasion de rabaisser les villes où il est en vigueur. Sa haine contre les tyrans éclate à chaque page. « Le nom du tyran, dit-il, n'entraîne-t-il pas avec lui l'idée de la plus grande iniquité ? ne comprend-il pas tous les crimes dont la nature humaine est capable[1] ? » Et ailleurs : « Le meurtre d'un tyran, dit-il encore, est un titre de gloire[2]. » Il avoue pourtant qu'à Syracuse Hiéron a acquis le pouvoir sans massacrer, sans exiler aucun citoyen ; « mais de tout ce qu'on peut voir, c'est la chose la plus étonnante[3] ». Nabis est regardé par lui comme un monstre dont toutes les actions ont été des crimes.

Philippe est un bon roi tant qu'il se conforme à la politique aristocratique d'Aratus : l'abandonne-t-il, il devient un odieux tyran, qui ne respire plus que le vice, la cupidité et le sacrilège[4].

Il est si facile à l'homme de se faire illusion. On croit être sage, et l'on est passionné ; on est impartial dans l'instant où l'on réfléchit, et l'instant d'après les préférences et les haines se trahissent. Quel homme est assez fort avec son seul génie pour résister à l'action puissante et incessante des premières idées reçues ? Il est rare et difficile d'être soi ; on prend les pensées et les sentiments comme le langage des autres hommes. Polybe est né Grec, et par conséquent il est attaché à une faction. Pour être parmi les plus modérés dans son parti, il n'en est pas moins du parti aristocratique.

Ainsi les sages eux-mêmes sont dominés par ces luttes qui remplissent la vie des cités ; ils ne peuvent échapper aux factions ; ils peuvent encore moins les extirper de la Grèce et rendre le calme à leur pays.

---

1. Polybe, II, 59.
2. Idem, II, 56.
3. Idem, VII, 8.
4. Idem, IV, 77.

CHAPITRE III

Une ligue aristocratique et une ligue démocratique.

Les querelles des partis remplissaient donc la vie publique ; ces passions et ces haines étaient maîtresses des âmes. Nous avons vu qu'elles avaient peu à peu étouffé le patriotisme et détaché les hommes de la cité. L'indépendance de la cité était devenue moins précieuse que le triomphe du parti. Cet état des esprits amena un système nouveau de relations entre les villes.

Au temps de Polybe, on avait cessé de distinguer deux races dans la Grèce, et les noms de Doriens et d'Ioniens étaient oubliés ; Polybe n'emploie jamais ces mots ; il semble qu'il les ignore. La haine contre les villes puissantes était aussi calmée, et la raison en était qu'il n'y avait plus guère de villes puissantes ; les siècles passés avaient abattu tout ce qui dépassait le niveau commun. La jalousie des Grecs et l'adresse des étrangers avaient réussi à écraser Athènes. Thèbes était méprisée. Sparte était redoutée tout au plus des Péloponésiens, et elle avait perdu son prestige et sa force depuis que ses guerres civiles la confondaient parmi les autres cités grecques. La haine avait naturellement diminué avec la crainte ; on voyait quelquefois unies Sparte et Messène elles-mêmes.

Restait une seule cause de guerre, les factions, et elles eurent la force d'entretenir ce que l'antipathie des races, la crainte et la jalousie avaient d'abord enfanté. C'étaient les querelles des partis qui engendraient au temps de Polybe les querelles des villes. Les factions, d'une cité à l'autre, se regardaient comme solidaires. Le parti vaincu dans une ville allait chercher refuge et secours dans la ville voisine, qui ne manquait guère de travailler à le rétablir; de là la crainte, la haine, et de perpétuelles rancunes. Quand nous voyons deux cités se combattre, c'est presque toujours que l'une est gouvernée démocratiquement, et que l'autre a à sa tête une aristocratie.

Il en fut de même pour les alliances. Lorsque deux villes étaient en guerre, chacune se cherchait d'abord une alliée. Elle trouvait sans peine une ville qui eût les mêmes intérêts et les mêmes passions qu'elle, c'est-à-dire où dominât le même parti. C'était un lien. Ainsi Mantinée, ayant à combattre Mégalopolis, s'unissait à Sparte; Mégalopolis à son tour s'unissait à Messène. Les alliances gagnant ainsi de proche en proche, la Grèce finissait par être partagée en deux ligues.

Ces confédérations nouvelles ne ressemblaient en rien à celle que le péril commun de la guerre médique avait fait naître. C'était proprement une même faction qui, faisant abstraction des cités, se confédérait dans plusieurs villes. Or, comme il y avait deux factions en Grèce, deux ligues y étaient possibles, mais non pas une seule.

Les Étoliens s'élevèrent avec une rapidité telle, que leurs commencements sont inconnus, et qu'on ne voit pas comment ils ont grandi. Avant la fondation de la puissance macédonienne, la Grèce craignait déjà d'avoir à leur obéir[1]. Seuls, ils tinrent tête plus tard à Antipater, et osèrent résister aux Gaulois de Brennus. Aratus n'avait pas encore affranchi Sicyone, que leur ligue comprenait déjà presque toute la Grèce du Nord, les deux cinquièmes du Péloponèse, des villes de Thrace, Lysimachie, Chalcédoine et jusqu'à des villes d'Asie[2]. Il n'y avait presque que leurs plus proches voisins, les Acarnaniens à côté d'eux, et les Achéens en face, qu'ils n'eussent pas réussi à s'adjoindre.

Il est toujours grand pour un peuple de soumettre d'autres peuples, d'étendre sa force ou son influence loin de soi, de faire partager ses destinées à un grand nombre d'hommes et de cités. Cela suffirait presque à justifier les Étoliens des injures que l'achéen Polybe leur prodigue et que Tite-Live répète. S'ils n'avaient eu d'autres vertus que la rapacité, l'ava-

1. Polybe, IX, 34.
2. Idem, IV, 5; IV, 9; XV, 23; XVIII, 21. Tite-Live, XXXII, 33.

rice, le mépris des dieux et des serments¹, on aime à supposer qu'ils ne se seraient jamais placés à la tête de la Grèce. Ils n'auraient pas trouvé tant d'amis, s'ils n'avaient eu « des Grecs que la langue, et des hommes que la figure² ». Sous les traits odieux dont leurs ennemis les ont peints, on reconnaît un peuple plus énergique et moins amolli que le reste des Grecs. Comme soldats, ils étaient certainement les premiers de la Grèce ; ils l'étaient peut-être aussi comme politiques ; car ils furent longtemps les seuls qui comprirent les vues de Rome, et qui surent lui opposer à la fois du courage et de l'adresse. Polybe prétend que Flamininus détestait leur avidité ; il ne détestait que leur force.

Il paraît évident que les Étoliens n'avaient pas pu fonder leur empire par la seule puissance des armes. S'ils dominaient dans un si grand nombre de villes, c'est que dans chacune un parti les soutenait. C'était le parti populaire. Polybe se garde bien d'insister sur ce point. Il est plus désireux de rendre les Étoliens odieux à la postérité que de lui laisser voir les causes de leur élévation ; et il aime beaucoup mieux les représenter comme des gens avides qui s'emparent des villes contre les traités, que de nous dire qu'ils étaient appelés et soutenus par un parti dans ces villes mêmes. Une seule fois il indique l'étroit rapport qu'il y avait entre le parti populaire de chaque cité et la ligue étolienne, lorsqu'il nous montre la ville de Cios, en Bithynie, à la fois livrée à tous les abus de la démocratie et gouvernée par les Étoliens³. Cette même politique de ce peuple nous est encore révélée par ce qui se passa à Opunte, en 197 ; la démocratie appela les Étoliens, et la faction des riches les chassa⁴. Il en était ainsi à Sparte, où le même parti qui renversait les institutions aristocratiques d'Antigone et qui voulait rappeler Cléomène, commençait par se fortifier en introduisant dans la ville les Étoliens⁵. L'esprit démocratique régnait avec

---

1. Polybe, II, 3 ; II, 43 ; IX, 38.
2. Tite-Live, XXXIV, 24.
3. Polybe, XV, 21-25.
4. Tite-Live, XXXII, 32.
5. Polybe, IV, 15 ; IV, 25.

force parmi ces montagnards; l'aristocratie ou n'existait pas, ou n'osait pas lever la tête; et ce gouvernement populaire était assez fort ou assez hardi pour décréter l'abolition des dettes en Étolie[1], et la faire espérer partout.

Mais si les Étoliens trouvaient dans chaque ville des partisans, ils avaient aussi des ennemis dans chacune ; c'est ce qui donna naissance à une autre ligue.

Les premières cités achéennes qui se confédérèrent, le firent par haine des Étoliens et pour résister à leurs pillages. Ce n'était dans l'origine qu'une ligue défensive. Presque toutes les villes du Péloponèse se trouvaient alors sous la dépendance de tyrans démocrates; tout ce qu'il y avait d'aristocratie opprimée tourna les yeux vers cette petite confédération libre qui surgissait. Aratus délivra Sicyone, et, pour la mettre à l'abri des tyrans, l'adjoignit à la ligue. Le roi de Macédoine, Démétrius, soutenait dans le Péloponèse le parti de la tyrannie[2]. Aratus combattit donc les Macédoniens, et leur enleva Corinthe et Mégare. Puis, quand mourut Démétrius laissant un fils mineur, la Macédoine inspira moins de terreur à l'aristocratie, moins de confiance aux tyrans. Plusieurs d'entre eux renoncèrent spontanément au pouvoir; Argos, Hermione et Phlionte furent ainsi agrégées à la ligue. Mais Cléomène, le chef de la démocratie, tint ferme à Sparte. Il y eut ainsi deux puissances en présence dans le Péloponèse, et elles représentaient les deux partis.

Que le but principal de la ligue achéenne fût de soutenir l'aristocratie, c'est ce qui ressort de tous les événements. La ligue poursuit partout les tyrans et la démocratie, ne fait ni paix ni trêve avec Cléomène, avec Machanidas, avec Nabis, avec les Étoliens. Si elle veut s'étendre, c'est pour donner aux villes le régime politique dont on jouit en Achaïe. A chaque nouveau membre elle impose ses institutions et ses lois intérieures. Mantinée est prise, par exemple; Aratus laisse aux citoyens la vie et les biens, à la condition qu'ils adoptent le régime de l'Achaïe. Polybe reconnaît que la confédération

1. Polybe, XIII, 1.
2. Idem, II, 44.

travaillait à étendre la forme de gouvernement qui était en vigueur chez elle, et que souvent même elle employait la force[1]. Sparte, violemment jointe à la ligue, avait à obéir non seulement aux décrets que la ligue pouvait rendre sur l'intérêt commun de tous les membres, mais aux magistrats mêmes à qui elle donnait le gouvernement de Sparte[2].

Ces confédérations diffèrent beaucoup de celles des siècles précédents. Lorsque après la bataille de Mycale toute la Grèce ionienne se ligua avec Athènes, l'amour de la liberté municipale parut inspirer tous les confédérés. Ni Athènes ne songea d'abord à commander, ni ses alliés à obéir. Chacun fournit un contingent de vaisseaux ou de subsides; chacun envoya ses députés à l'assemblée commune; la gestion du trésor fut confiée aux commissaires désignés par les villes; et par un surcroît de précaution, l'assemblée dut se tenir chaque année dans un terrain neutre, à Délos, ville sacrée. On n'accordait à Athènes, en faveur de sa puissance et de sa vertu, que l'hégémonie, c'est-à-dire le privilège de nommer le général de l'armée alliée et de diriger les opérations militaires. Du reste, la ligue n'avait aucun droit, aucune action, nulle surveillance sur les affaires intérieures de chaque ville, et laissait à chacune l'indépendance de son gouvernement. Elle n'existait enfin que contre les ennemis du dehors; elle n'avait été conclue que pour repousser les Perses.

Il n'en est pas de même au temps de Polybe : chacun a senti que le gouvernement de la cité devenait difficile et sujet à trop de révolutions; chaque parti a éprouvé sa faiblesse; chacun a compris qu'il se fallait soutenir. On s'est compté, non plus dans chaque ville, mais dans la Grèce entière; on a réuni en faisceau tout ce qu'il y avait de démocratie, tout ce qu'il y avait d'aristocratie, et il s'est formé deux ligues.

Fondées ainsi, non contre un ennemi étranger, mais contre un ennemi intérieur, non pour assurer l'indépendance de la patrie commune, mais pour consolider tel ou tel parti, il était

---

1. Polybe, II, 38 et 42.
2. Idem, XXIII, 12.

inévitable et naturel que leur action s'exerçât surtout sur le gouvernement intérieur des cités.

C'est ce qui eut lieu, même dans la confédération achéenne. Cette ligue, dit Polybe, n'est pas seulement unie par une alliance offensive et défensive, συμμαχικὴ κοινωνία. Toutes les villes qui en font partie obéissent à un stratège commun, à un même sénat. Ce n'est pas seulement la guerre et la politique que le pouvoir fédéral dirige : il dispose même de la justice; toutes les villes reconnaissent un tribunal commun. Il y a plus : toutes ont mêmes mesures, mêmes poids, mêmes monnaies; elles ont à plus forte raison mêmes lois. Entrer dans la ligue, c'est accepter son gouvernement et ses institutions; elle impose au besoin par la force son régime aristocratique. Les villes n'ont pas de finances, pas d'armée particulières; les impôts se payent à la confédération ; c'est la confédération qui a une armée permanente, et elle l'emploie moins souvent contre l'étranger que contre les villes de la ligue qui tenteraient de changer leur gouvernement. Un jour, trois villes de la ligue, menacées de près par les Éléens et non secourues par Aratus, osèrent se défendre elles-mêmes; le fait paraît singulier et presque monstrueux à Polybe[1]. Toujours les villes s'effacent; elles n'ont pas d'histoire, parce qu'elles n'ont aucune indépendance et ne vivent pas par elles-mêmes. De Mantinée, de Messène, d'Argos, nous savons seulement quand elles entrent dans la ligue ou quand elles s'en séparent; mais tant qu'elles en font partie, elles disparaissent, perdues dans la confédération. L'unité est complète; « la ligue achéenne, dit Polybe, est une seule ville, à qui il ne manque que d'être enfermée dans une même muraille[2] ».

Les Étoliens étaient plus impérieux encore, et les villes se livraient à eux avec moins de réserve. Les cités achéennes étaient du moins égales entre elles et toutes prenaient part aux assemblées générales de la ligue. C'était encore une confédération chez les Achéens; chez les Étoliens c'était une domination.

La démocratie accepte volontiers l'empire; il nivelle les

---

1. Polybe, IV, 60.
2. Idem, II, 37.

classes, ne pèse pas au peuple, et satisfait sa jalousie. L'aristocratie est d'ordinaire plus désireuse de liberté; ses nobles instincts lui en font un besoin ; le système fédératif est le plus propre à la lui assurer.

Les villes qui appelaient les Étoliens et qui se livraient volontairement à eux n'avaient pourtant aucune part dans la direction des affaires communes. Tout se débattait et se décidait entre les seuls Étoliens. Bien plus, toute ville agrégée à la ligue en recevait un gouverneur pour l'administrer, et souvent une garnison [1].

Ainsi le pouvoir fédéral était beaucoup plus fort et plus despotique qu'il n'avait été autrefois, et on ne songeait plus à s'en plaindre. Car on tenait moins à l'indépendance de la cité qu'à la victoire de la faction. Le morcellement des siècles passés n'existait plus; la Grèce semblait un pays où il n'y eût que deux villes, mais deux villes toujours en guerre.

1. Polybe, IV, 3 ; XV, 23. Tite-Live, XXXII, 55.

CHAPITRE IV

Un parti romain et un parti macédonien.

Nous avons vu dans ce qui précède la Grèce livrée aux partis et aux divisions, la cité oubliée, la faction unissant les esprits, non pas pour fonder l'union de la Grèce, mais pour la partager en deux ligues.

Or, à la même époque, l'union de tous les peuples du bassin de la Méditerranée se préparait, et plusieurs signes annonçaient ce grand événement. La conquête d'Alexandre en avait semé la pensée dans les esprits. L'Orient, la Grèce, l'Italie, Carthage, avaient des relations suivies de commerce et même de politique. Les religions de ces différents peuples, diverses autrefois, s'étaient insensiblement alliées et confondues. Enfin la civilisation grecque, répandue en Macédoine, en Orient, en Égypte et déjà en Italie, commençait à donner au monde une physionomie uniforme.

Il se trouvait précisément qu'alors presque tout ce qui était puissant en dehors de la race grecque aspirait à la domination universelle. Les prétendants étaient nombreux.

Les rois de Macédoine croyaient devoir, au nom de Philippe et d'Alexandre, de ne pas renoncer à cette ambition. Philippe III, que Polybe peint tour à tour si odieux et si grand, aspirait, comme toute sa maison, à l'empire universel. Il se gardait bien de faire part de ses projets à aucun Grec; il avait pris pour confident un Illyrien, Démétrius de Pharos, un autre Annibal pour la haine qu'il portait aux Romains. L'an 217, le roi avait l'œil à tout à la fois : il faisait la guerre aux Étoliens qui balançaient son influence en Grèce; il veillait sur l'Égypte qu'il convoitait; il avait aussi des affidés en Italie qui l'instruisaient des événements. C'est par eux qu'il fut averti, longtemps avant que la renommée s'en répandît en Grèce, de la descente d'Annibal en Italie et de ses rapides victoires. Il manda aussitôt Démétrius, et sans témoins ces deux hommes consultèrent ensemble. « Réconciliez-vous au plus tôt, dit Démétrius, avec les Étoliens ; armez une flotte et descendez en Italie. La Grèce vous obéit, ajoutait-il ; des deux ligues, l'une vous aime et l'autre vous craint. L'échec des Romains vous offre une occasion favorable, et la conquête de l'Italie est le commencement de la domination universelle. » Il est vraisemblable, d'après ce langage, que l'ensemble du projet était déjà arrêté entre ces deux hommes, et qu'il ne s'agit dans cette entrevue que du moment et du mode d'exécution. Philippe crut Démétrius, et par l'entremise d'Aratus qu'il faisait agir sans le mettre dans la confidence, il termina la guerre avec les Étoliens. La Grèce pacifiée, il construisit une flotte de cent vaisseaux, qui devait le porter en Italie. Ses desseins avortèrent toujours ; toujours il les reprit ; il les poursuivit, tantôt avec énergie, et tantôt avec adresse, jusqu'à sa mort, et les légua à son fils. Ce ne fut pas pour l'indépendance, mais pour l'empire qu'il combattit les Romains. « L'idée de conquérir l'Italie, dit Polybe, l'occupait jusque dans ses rêves[1]. »

La dynastie de Séleucides, maîtresse de l'Orient, héritière des traditions d'Alexandre à la fois et des Achéménides, prétendait aussi à l'empire. Si Antiochus n'eût souhaité que d'échapper à la domination romaine, il n'eût pas montré tant de défiance à Annibal et se fût allié à Philippe.

Il n'est pas sûr que Carthage ait aspiré sciemment à la domination universelle. Uniquement commerçante, et ne conquérant qu'en vue du commerce, elle devait redouter, pour plus d'une raison, une extension démesurée de son empire. On peut croire qu'elle bornait son ambition à la moitié occidentale du bassin de la Méditerranée. Mais l'ambition satisfaite ne se règle pas. Maîtresse de ce qu'elle désirait, elle eût pesé d'un tel poids dans le monde, que tout se fût soumis à elle, à peu près comme

---

1. Polybe, V, 101-108.

tout se soumit à Rome. Arrivée d'ailleurs à un tel degré de puissance, il lui eût fallu continuer de vaincre pour se soutenir. Joint à cela que la démocratie commençait à s'élever dans son sein, plus ambitieuse et plus hardie que l'aristocratie. Carthage n'était pas de force à réprimer son peuple ni ses généraux. Elle était entraînée, peut-être à son insu, vers l'empire du monde.

Rome y marchait. La volonté de conquérir s'empara du peuple romain dès son origine et ne le quitta jamais. Alors qu'il ne connaissait hors de lui que ses voisins du Latium, il n'eut pas de repos qu'il ne les eût domptés. Dès qu'il connaît l'Italie, il ne s'arrête pas qu'il ne la possède. Ses yeux se portent sur le monde, il y veut régner. Plus tard, maître de la terre civilisée, il aperçut le monde barbare et ne put s'empêcher de tourner ses armes contre lui. Rome eut dès son berceau, sans s'en rendre bien compte, la pensée de la domination universelle. Elle y tendit avec une volonté assurée, avec suite, avec calme, avec confiance.

La race grecque n'était ainsi entourée que de puissances qui aspiraient à l'empire. Elle voyait la domination s'approcher d'elle pas à pas, et n'avait plus qu'à se demander quand et à qui elle devait obéir. Dès 217, on entendit ces paroles dans l'assemblée des Grecs réunis à Naupacte : « Tournez les yeux vers l'Occident : les Romains et les Carthaginois s'y disputent tout autre chose que l'Italie..... Il se forme un nuage de ce côté ; voyez-le grossir ; il va éclater sur la Grèce[1]. » Et plus tard, en 207, les Rhodiens disaient aux Étoliens qui avaient repris les armes contre Philippe : « Vous dites que vous combattez pour la liberté de la Grèce ; dites mieux : c'est pour son asservissement. Vous la livrez aux Romains. Laissez-leur seulement le temps d'achever leur guerre en Italie, et vous les verrez courir à la conquête de la Grèce[2]. » Ainsi les Grecs étaient bien avertis. Polybe remarque que dès 216 les esprits ne donnaient que peu d'attention à ce qui se passait en Grèce[2] ; et à chaque page

---

1. Polybe, V, 104.
2. Idem, XI, 5.

de son livre, il nous montre les cités fixant les yeux sur l'étranger, d'où elles attendaient une domination.

Or les Grecs n'avaient jamais eu une haine bien violente pour l'étranger; il est vrai qu'on l'appelait barbare; mais, cette satisfaction une fois accordée à la vanité nationale, on se livrait à lui. De tout temps les factions lui ouvrirent la Grèce. Le parti des tyrans trahit l'Ionie à la bataille de Lada; il conduisit les Perses à Marathon; il livra Érétrie, et faillit livrer Athènes au milieu de son triomphe. Pendant la guerre du Péloponèse, les deux partis se disputèrent sans honte l'argent, les flottes et la domination des Perses. Philippe acheta l'aristocratie dans chaque ville, et la démocratie reçut l'or du grand roi. Il y eut presque toujours autant d'étrangers appelés qu'il y eut de partis en Grèce.

Polybe nous a lui-même tracé les maximes de cette politique. Il nous apprend comment il jugeait en principe l'intervention étrangère et ce qu'il entendait par patriotisme et trahison. « J'admire, dit-il, dans quelles grossières erreurs on tombe à propos des traîtres; je veux dire quelques mots à ce sujet, bien que je convienne que la matière soit difficile et délicate, et qu'il ne soit pas aisé de distinguer au juste quels hommes on doit appeler de ce nom. Ne sont pas traîtres évidemment tous ceux qui ont noué des relations avec les rois ou les puissances, ni ceux qui, se conformant aux événements, ont fait passer leur patrie à une alliance nouvelle; car ces hommes ont souvent, par une telle conduite, apporté de grands biens à leur patrie particulière.... On peut reprocher à Démosthène d'avoir attaché ce nom flétrissant de traîtres aux hommes les plus distingués de chaque ville grecque, à Cercidas, à Hiéronyme, à Eucampidas d'Arcadie; aux fils de Philiadas, à Néon, à Thrasyloque de Messénie, etc. Et cependant ces mêmes hommes, en appelant Philippe dans le Péloponèse, ont abaissé Lacédémone, et par là ont permis aux Péloponésiens de respirer et leur ont rendu la connaissance de la liberté. En échange d'un tel bienfait, devaient-ils combattre Philippe? ne devaient-ils pas plutôt

---

1. Polybe, V, 105.

travailler de toutes leurs forces à augmenter sa puissance et sa gloire ? S'ils avaient introduit dans leur patrie des garnisons étrangères, s'ils avaient renversé les lois de leur cité, et cela dans l'intérêt de leur ambition personnelle, on pourrait alors les accuser de trahison. Mais si telle n'a pas été leur conduite, pourquoi les accuser? Ils n'ont fait que différer d'opinion avec Démosthène ; ils n'ont pas cru que l'intérêt des Athéniens fût le même que celui de leur cité[1]. » Ainsi, suivant Polybe, ces hommes n'étaient pas traîtres, ni Démosthène patriote; mais Démosthène avait une opinion et eux une autre. Les Athéniens craignaient les étrangers, les Arcadiens avaient besoin d'eux; et il était aussi bien permis aux uns qu'aux autres de consulter leur intérêt particulier. Appeler les étrangers, se faire aider par eux, les immiscer dans les querelles des villes ou des partis, semble légitime à Polybe et aux Grecs. Pourvu que l'on n'aille pas jusqu'à introduire des garnisons étrangères dans la cité, on n'est pas condamnable. A ce point seulement la trahison commence.

Les Grecs n'avaient jamais conçu que très faiblement la patrie commune, et leur patriotisme n'avait guère été plus loin que la cité. L'esprit municipal étant affaibli, tout amour de la patrie tomba. Les partis avaient passé par-dessus la cité pour se fortifier et former des ligues; on passa de même par-dessus les ligues pour chercher l'appui des étrangers. Avant d'être citoyen, avant d'être Grec, on fut aristocrate ou démocrate.

Chacun aimait sans doute la liberté ; mais chacun aussi, pour se venger de son ennemi personnel, appelait la sujétion. On s'attachait à l'étranger, dit Tite-Live, pour ne pas céder le pas à un citoyen : *externo se potius applicat, quam civi cedat*[2].

Après la guerre lamiaque, Antipater penchait vers la clémence ; il allait pardonner à Athènes et la laisser libre. Démade vint le supplier de l'asservir et de placer dans ses murs un gouverneur et une garnison[3].

1. Polybe, XVII, 15-16.
2. Tite-Live, XXXIV, 49.
3. Pausanias, VII, 10.

Les hommes les plus honnêtes de la Grèce ont réglé leur politique sur les intérêts de leur faction. Le roi de Macédoine, Démétrius, favorisait la démocratie; Aratus lui fit donc la guerre et lui enleva Corinthe. Il se mit alors dans l'alliance, suivant Polybe, dans la dépendance, suivant Plutarque, des rois d'Égypte; il reçut de l'argent de Ptolémée Philadelphe, et fut pensionné par Ptolémée Évergète[1]. Si plus tard il appela Antigone, c'est que le roi d'Égypte et le régent de Macédoine avaient interverti les rôles. Ptolémée, qui au fond n'avait de préférence pour aucun parti et qui ne cherchait qu'à susciter des embarras à la Macédoine, eut un moment plus de confiance dans la démocratie et dans Cléomène et se déclara pour eux[2]. Antigone par conséquent dut passer du côté de l'aristocratie. Dès lors la ligue achéenne s'empressa d'appeler les Macédoniens, et paya du don de Corinthe et d'Orchomène l'abaissement de la démocratie spartiate.

Philippe resta peu de temps fidèle aux vues d'Antigone. Soit qu'il fût effrayé de la puissance de la ligue, soit qu'il vît dans l'expérience des siècles précédents que la royauté pouvait faire plus de fond sur le parti populaire, il abandonna insensiblement l'aristocratie. Démétrius de Pharos contribuait à l'écarter d'elle, pensant peut-être, comme Annibal, qu'il n'y avait dans le monde que la démocratie et les rois qui pussent combattre Rome. Aratus essayait de balancer la puissance de l'Illyrien. L'un voulait que, content de protéger l'aristocratie, Philippe respectât l'indépendance de la Grèce; l'autre, qu'avec l'aide de la démocratie il renversât le système fédératif, prît possession de la Grèce et fît la guerre aux Romains. Philippe accueillait les conseils d'Aratus avec respect, et suivait ceux de Démétrius. Il dévoila sa nouvelle politique à Messène, en 214. Les deux partis étaient aux mains dans cette ville; Aratus et Philippe y coururent, chacun de son côté; mais Philippe arriva le premier, et ce fut pour ordonner, ou tout au moins pour permettre le massacre de l'aristocratie.

1. Plutarque, *Vie de Cléomène*. Cicéron, *De officiis*, II, 25. Pausanias, II, 8.
2. Polybe, II, 51.

Le lendemain arriva Aratus; Philippe le prit à part avec Démétrius, et les conduisit tous deux dans la citadelle d'Ithôme, dont il avait obtenu l'entrée pour y faire un sacrifice. La victime égorgée, il en présenta les entrailles à ses deux conseillers, et leur demanda si elles ne marquaient pas qu'il fallût garder la citadelle. « Si tu n'as que le cœur d'un devin, dit Démétrius, tu en sortiras au plus tôt; mais si tu as l'énergie d'un roi, tu resteras ici; maître de l'Ithôme et de l'Acrocorinthe, tu tiens le bœuf par les deux cornes. » Le roi demanda ensuite l'avis d'Aratus. Le stratège hésita quelque temps, stupéfait ou pensant peut-être qu'il était inutile de répondre; enfin, pressé de s'expliquer : « Si tu peux, dit-il, garder cette citadelle sans violer aucun serment, je te conseille de le faire. » Philippe rougit; et, subissant cette fois encore l'ascendant d'Aratus : « Allons, dit-il, reprenons le chemin par où nous sommes venus[1]. »

Mais cette concession ne trompa pas Aratus, qui avait surpris en ce jour le secret du roi. Il sentit qu'il avait perdu son influence, et il mourut deux ans après, tellement détesté de Philippe qu'on put le croire empoisonné. Le roi, délivré de cet homme, poursuivit plus hardiment sa nouvelle politique; en 208, nous le retrouvons à Argos, cherchant la popularité, déposant les insignes royaux et affectant de se confondre avec le peuple[2].

Comme la ligue achéenne n'avait aimé Philippe dès l'origine qu'en haine de la démocratie, la défiance et l'inimitié remplacèrent naturellement cette affection dès que Philippe se fit démocrate.

C'est à partir de ce moment que Polybe, l'interprète des sentiments de la ligue, commence à détester le roi de Macédoine. Jusque-là il avait des vertus, de la douceur dans le caractère, de la modération, de l'activité; maintenant il est débauché, cruel, sans foi.

La ligue achéenne dut, pendant plusieurs années, cacher sa

---

1. Polybe, VII, 11. Tite-Live, XXXII, 21. Plutarque, *Aratus*.
2. Βουλόμενος ἴσον τοῖς πολλοῖς καὶ δημοτικὸν ὑπογράφειν; Polybe, X, 26. Tite-Live, XXVII, 30, 31.

rancune. Que faire? quelle force opposer à la fois à la Macédoine et au parti populaire? On attendit qu'une puissance étrangère se présentât.

Dès que Rome se montra aux Grecs, l'aristocratie fut pour elle. Pour cela même, le parti populaire se rapprocha de plus en plus de la Macédoine. Chaque fois que dans la suite de cette histoire nous voyons une cité combattre Rome ou la servir, ne disons pas qu'elle aime la liberté ou qu'elle court à la servitude, disons que le parti aristocratique y est abattu ou y domine.

Dès 198, le peuple d'Argos livre la ville aux Macédoniens. L'année suivante, à Opunte, le parti des riches ouvre les portes aux troupes romaines. La même année, l'aristocratie des Acarnaniens s'unit à Rome par un décret, et ce décret est abrogé par le peuple, qui se déclare formellement pour Philippe et oppose aux Romains une résistance opiniâtre[1].

Chez les Béotiens, la démocratie avait pris le dessus : c'est ce que Polybe veut dire quand il nous parle de ces magistrats uniquement occupés d'acheter la faveur du peuple par l'interruption de la justice, l'abolition des dettes et des distributions d'argent[2]. Les Béotiens devaient donc être les alliés de Philippe; en effet leurs troupes combattirent pour lui à Cynoscéphales. Mais, tandis que toute la force du parti démocratique avait été le joindre, l'aristocratie livra la ville à Flamininus. Tous ceux qui avaient combattu à Cynoscéphales furent faits prisonniers. Le général romain, qui n'avait pas encore assez d'expérience de la Grèce, crut s'attacher ces Thébains en leur rendant la liberté. Avec eux la démocratie rentra dans la cité; et dès la première élection, en dépit du voisinage de l'armée romaine, Brachyllès, le chef du parti populaire et macédonien, fut nommé béotarque. Les riches alors allèrent se plaindre à Flamininus; ils étalèrent à ses yeux la hardiesse et l'ingratitude de la populace, et osèrent déclarer qu'à moins de la frapper de terreur par le meurtre de Brachyllès, il n'y aurait nulle sécurité pour les amis des Romains. Le crime fut résolu entre Fla-

1. Tite-Live, XXXII, 25, 32; XXXIII, 16.
2. Polybe, XX, 6.

mininus, les chefs de l'aristocratie thébaine et le stratège étolien ; ce fut ce dernier qui fournit les assassins, apparemment parce que Brachyllès était trop populaire pour qu'on en pût trouver à Thèbes. Brachyllès périt ; mais les Thébains, moins effrayés qu'irrités de ce crime, le vengèrent par le massacre de 500 Romains et la mort des chefs de l'aristocratie. Faibles, sans chefs et sans appui, il leur fallut se soumettre au général romain ; mais dès qu'Antiochus parut, ils se déclarèrent pour lui[1].

Chalcis fut livrée de même à Antiochus par le peuple. Athènes resta fidèle aux Romains, mais ce ne fut pas sans que le parti démocratique s'agitât en faveur du roi de Syrie ; à Phocée, où les Romains avaient une garnison, la populace se souleva pourtant pour Antiochus. Démétriade devait sa liberté aux Romains, et cependant le peuple leur était hostile[2]. Plus tard nous verrons la nouvelle d'un léger succès de Persée faire éclater dans toutes les villes grecques la joie de la multitude.

Il n'est donc pas vrai, comme le dit Montesquieu d'après Polybe, que Philippe se fût rendu odieux et détestable à tous les Grecs. La Macédoine n'était pas si abandonnée de tous, ni la Grèce si unanime à s'offrir aux Romains. Mais chaque puissance avait dans chaque ville ses partisans et ses ennemis.

Si nous voulons nous expliquer cette préférence constante de l'aristocratie grecque pour Rome, il faut songer que la république romaine, qui n'était plus aristocratique par ses institutions, l'était encore par ses traditions et par ses mœurs. Le peuple avait obtenu dans la loi l'égalité politique ; il en était loin encore dans la réalité. Le sénat avait, à la faveur de la guerre d'Annibal, accru son autorité ; pendant quatre-vingts ans, il régna dans la cité presque sans contestation. D'ailleurs tel était l'esprit public des Romains, que s'il naissait quelque lutte, elle était contenue dans l'enceinte du Forum, et cachée aux autres nations. Il n'en paraissait rien dans les armées ; les étrangers n'en avaient aucune connaissance. La Grèce était persuadée que le gouvernement romain était aristocratique.

1. Polybe, XVIII, 26 ; XX, 7. Tite-Live, XXXIII, 1, 2, 27, 28.
2. Tite-Live, XXXV, 39, 50, 51. Polybe, XXI, 4.

« Dans votre pays, disait Nabis à Flamininus, la richesse gouverne et tout le reste lui est soumis[1]. »

La politique extérieure était toute aux mains du sénat. C'était lui qui recevait les ambassadeurs, qui distribuait les provinces, qui accordait et prorogeait les commandements, qui fixait le nombre des légions, qui ratifiait les actes des généraux; il consultait bien le peuple sur la paix, mais c'était lui qui en réglait les conditions. Les étrangers, dans toutes leurs affaires, n'entendaient parler que du sénat.

Enfin c'est dans le sénat qu'a été conçu le plan de la conquête universelle, et c'est l'aristocratie qui en a exécuté la plus grande part. Le peuple n'avait ni l'intelligence de ce plan, ni l'envie de l'exécuter. Il s'opposait souvent au dessein du sénat, il reculait devant tant de guerres, refusait quelquefois de s'enrôler, et se plaignait que le sénat ne les entreprît que pour lui ôter tout loisir et tout repos.

Ainsi l'aristocratie des villes grecques était portée à se joindre à Rome. Les généraux romains à leur tour étaient portés à favoriser l'aristocratie dans les villes. Flamininus, dans ses conseils aux Grecs, leur recommandait une liberté sage et tempérée, c'est-à-dire, sous ces termes convenus, le régime oligarchique. Il eut, avant son départ de Grèce, à donner un gouvernement aux Thessaliens; car ces peuples, suivant Polybe, n'en avaient pas; par quoi il faut sans doute entendre que sous l'influence de la Macédoine ils étaient gouvernés démocratiquement. Flamininus mit à leur tête un corps de sénateurs et de juges choisis parmi les plus riches, et « il veilla, dit Tite-Live, à assurer le pouvoir à cette classe de citoyens qui a le plus d'intérêt au maintien de la tranquillité[2] ».

Ainsi une alliance naturelle et étroite unissait l'aristocratie grecque à Rome. La sagesse du sénat et la force des légions auraient été peu de chose, si toute une partie de la Grèce ne se fût donnée à Rome et ne se fût enchaînée à sa fortune.

Cela n'est pas vrai seulement en Grèce. En Italie, en Espagne, en Gaule, partout il se trouva que l'aristocratie

---

1. Tite-Live, XXXIV, 31.
2. Idem, XXXIV, 49, 51.

appela la domination romaine. Pendant la seconde guerre punique, si quelques villes italiennes restèrent fidèles au sénat, c'est qu'elles lui furent conservées par l'aristocratie. Dans toutes, il y avait deux partis; dans toutes, le peuple était pour Annibal et les riches pour Rome. Capoue se livra aux Carthaginois parce que la démocratie y régnait[1]. A Nole, le peuple, « qui détestait à la fois son sénat et les Romains », était porté à la défection; l'aristocratie la prévint en appelant Marcellus à son aide[2]. Crotone étant assiégée, un transfuge indiqua aux Carthaginois quels étaient sur les murailles les postes occupés par le peuple et ceux que défendaient les riches[3]; ce renseignement suffit pour que la ville fût prise sans résistance.

Même à Carthage, Rome avait l'affection et l'appui de toute une faction. Ce n'était pas l'aristocratie qui avait fait la seconde guerre punique, mais le parti des Barca, « fort de la faveur de l'armée et du peuple[4] ». Annibal, représentant de la démocratie, s'appuyait sur elle en Espagne, et la réveillait en Italie, combattant en quelque sorte Rome avec tout ce qu'il y avait de démocratie au monde. Rentré à Carthage et ne pouvant plus faire la guerre à Rome, il la fit encore à l'aristocratie carthaginoise, fut dénoncé et exilé par elle, et chercha un refuge auprès des rois de l'Orient, qu'il jugeait devoir être ennemis de l'aristocratie et de Rome.

C'est ainsi que dans le bassin de la Méditerranée, s'il y a presque autant d'États que de villes, il n'y a pourtant que deux partis, que deux intérêts, que deux affections dans les cœurs. Cette communauté de passions, de luttes, d'amour et de haine produit déjà une sorte d'unité dans le monde. La distinction des États et des cités disparaît; il n'y a plus qu'une démocratie et une aristocratie. Le monde semble être une seule ville, une ville où deux partis sont aux prises.

1. Tite-Live, XXIII, 2.
2. Idem, XXIV, 13.
3. Idem, XXIV, 2, 3.
4. Idem, XXI, 2.

CHAPITRE V

Les amis de la liberté ; leur faiblesse et leurs inconséquences.

Tandis que les peuples, sans calcul et à l'aveugle, s'abandonnaient à l'un ou à l'autre de ces deux partis, sans se soucier de l'indépendance, il se trouva quelques hommes en Grèce, hommes réfléchis, hommes de cœur et de probité, qui essayèrent de résister au courant qui entraînait les autres hommes. Ce sont ceux-là mêmes que nous avons vus plus modérés et moins dominés par l'esprit de faction que leurs compatriotes. Dans leurs cités, ils appelaient de leurs vœux l'union et la pacification des partis ; leurs théories pleines de sagesse devaient donner la paix à leur patrie ; ennemis des extrêmes, ils essayaient, autant du moins que leurs propres craintes et leurs préférences instinctives le leur permettaient dans la pratique, de garder le milieu entre des excès qu'ils condamnaient également.

Comme l'esprit de faction était moins puissant chez eux que chez les autres hommes, ils se distinguaient aussi de leurs compatriotes en ce que l'indépendance de la Grèce leur était chère. Comme ils repoussaient les deux factions extrêmes, ils repoussaient aussi les étrangers. Entre l'aristocratie dévouée à Rome et la démocratie dévouée à Philippe, ils formaient une sorte de tiers parti qui voulait sauver la liberté. Philopémen, Lycortas et Polybe en furent tour à tour les chefs.

Cependant ces hommes, nous l'avons vu, n'étaient pas tout à fait exempts de partialité. Ils appartenaient au fond du cœur à l'aristocratie, et se distinguaient d'elle en cela seulement qu'ils en réprouvaient les excès. Ils redoutaient bien davantage le triomphe du parti populaire et avaient pour lui une haine violente. Ces hommes se dévouèrent à l'indépendance de leur patrie et se donnèrent tout entiers à cette œuvre; il n'y a qu'un sacrifice qu'ils lui aient refusé, celui de laisser s'élever la démocratie. Ils détestèrent l'étranger, mais plus encore le peuple. Ce fut là leur malheur et l'inévitable cause de leur faiblesse et de leurs inconséquences. Ils auraient peut-être sauvé la Grèce, s'ils n'avaient vu auprès d'eux un parti démocratique. Il semble que cette vue les ait troublés, étourdis, égarés; elle leur ôta leur force et souvent leur sagesse.

Leur parti était d'ailleurs matériellement très faible, comme tous ceux qui ne sont composés que de la classe éclairée et sage d'une nation et qui n'empruntent de force ni aux intérêts ni aux passions du grand nombre; il aurait eu cependant besoin d'être très fort, parce que son honnêteté habituelle et son patriotisme lui créaient des difficultés que les autres partis avaient éludées; il était enfin très menacé, parce qu'il avait à lutter au dedans contre deux factions extrêmes, au dehors contre deux ennemis.

Ce qui est pis que cette faiblesse, c'est que ce parti la sentait trop. Il fut timide et découragé dès sa naissance; il vécut au jour le jour, sans foi dans l'avenir, et comme en attendant la chute prochaine de cette liberté qu'il aimait; il ne travailla qu'en désespérant. C'est ainsi qu'en détestant les étrangers il se crut toujours forcé de se fier à eux, qu'Aratus appela Antigone, que Philopémen laissa venir les Romains, et que Lycortas, au moment où il les craignait le plus, les aidait encore malgré lui.

L'absence de vues politiques est frappante chez ces hommes. Ils parurent ignorer que, pour ne pas dépendre de l'étranger, il ne fallait pas avoir besoin de lui. Aratus se trompa au point d'appeler Antigone pour lui donner Corinthe et Orchomène, et de croire contraindre Philippe à n'être que le général de la Grèce libre. Philopémen fut un pur soldat; au moment où l'on délibérait sur l'alliance romaine, il était occupé à combattre en mercenaire pour les Crétois. Tous ces hommes soutinrent toujours le plus fort contre le plus faible, Antigone contre Cléomène et Rome contre Philippe.

En vain Philippe disait-il aux Grecs : « Ne vous alliez pas aux barbares ; les Romains sont des étrangers qu'il ne faut pas accoutumer à la Grèce. Ils n'ont ni votre langue, ni vos mœurs, ni vos lois. Nous, au contraire, Macédoniens, Étoliens, Achéens, nous ne sommes qu'un seul peuple ; quelques différends passagers peuvent nous diviser, mais nous devons être unis par une haine commune et éternelle contre les barbares[1]. » En vain encore un Grec avait-il dit à ses concitoyens : « Menacés par Carthage ou par Rome, nous n'échapperons à la servitude que si Philippe, sans plus avoir besoin d'entretenir parmi nous la division pour régner, peut *regarder la Grèce tout entière comme sienne, et veiller sur elle*[2]. » Ces avertissements ne furent pas entendus : les hommes les plus sages de la Grèce ne comprirent pas que l'étranger, c'était moins la Macédoine que Rome. L'aristocratie, emportée par sa haine contre le parti populaire, et jalouse de se venger de Philippe qui le soutenait, se déclara pour les Romains.

Ce ne fut pas, il est vrai, sans quelque hésitation et quelque honte. Tandis que l'assemblée se tenait à Sicyone, la flotte romaine était mouillée à Cenchrées ; Rome, Attale, les Rhodiens, les Athéniens vinrent à la fois peser sur les décisions du conseil. L'assemblée ne répondit pourtant aux discours de tous les ambassadeurs que par un silence obstiné de deux jours. Il est évident qu'on redoutait l'étranger, et qu'on rougissait de se joindre à lui. Le stratège Aristène parla en faveur de Rome, et, sans aborder le fond de la question, il n'insista que sur les dangers que présentait une guerre avec les Romains maîtres de la mer, et sur la faiblesse évidente de Philippe, qui se discréditait dans cette assemblée même, en ne demandant aux Achéens que de rester neutres. L'assemblée, après ce discours, se partagea en deux camps et fut tout près d'en venir aux mains ; le plus grand nombre penchait même pour Philippe ; mais la violence, l'intrigue et la peur déterminèrent enfin l'assemblée pour les Romains. Plusieurs villes protestèrent contre cette décision, Mégalopolis, Dymé, Argos : les deux premières, parce

---

1. Tite-Live, XXXI, 29.
2. Polybe, V, 104.

que les esprits modérés, qui étaient en plus grand nombre, eussent préféré la neutralité ; la dernière, parce que le parti démocratique y était le plus fort[1].

Philopémen était absent. On ne peut dire quelle part il eût prise aux résolutions de la ligue. Mais ce qui est sûr, c'est que Polybe les approuve. Il loue grandement le stratège Aristène qui entraîna la confédération dans cette nouvelle alliance : « Si Aristène, dit-il, n'eût à propos transporté l'Achaïe du parti de Philippe à celui de Rome, la ligue était perdue ; elle dut, au contraire, à ses conseils la sécurité et l'accroissement[2]. » Et pourtant, quand Polybe écrivait ces mots, il ne pouvait pas ignorer que cette décision de l'assemblée de Sicyone avait été l'origine de la domination romaine en Grèce.

Rome victorieuse à Cynoscéphales, ces hommes eurent un moment d'inquiétude que Polybe ne dissimule pas. Les étrangers occupaient la Grèce ; il fallait qu'ils en sortissent, et l'on sentait bien qu'on ne pouvait l'obtenir que de leur propre volonté. Rome était libre d'asservir la Grèce, et rien ne pouvait l'arrêter, si ce n'est sa propre modération. Les Grecs furent rassurés par la scène des jeux isthmiques, et le parti de l'indépendance put se féliciter d'avoir été impunément imprudent. Cela fut même un malheur, et l'origine d'une illusion funeste. Il crut que les Romains étaient d'une autre nature que les autres hommes, qu'ils bravaient les périls et dépensaient leur argent sans avoir en vue aucun intérêt, qu'ils pouvaient être puissants sans être ambitieux. Il osa compter que Rome se bornerait à un protectorat désintéressé ; et qu'elle soutiendrait les Grecs contre la Macédoine et l'aristocratie contre le peuple, mais sans songer à rien assujettir. Il pensa alors qu'une utile dépendance donnerait à la Grèce le calme et la paix que l'étranger seul pouvait lui donner, sans lui ôter son système fédératif et son titre de peuple libre. Ce fut ainsi qu'avec le plus pur amour de l'indépendance il livra la patrie aux Romains.

1. Tite-Live, XXXII, 20-23. Appien, *De rebus Macedonicis*, 5.
2. Polybe, XVII, 13, 14.

Il faut reconnaître que la première politique de Rome parut justifier cet espoir. L'ambition romaine a eu des degrés, et Rome n'a pas conçu d'un seul coup l'idée d'assujettir le monde. Victorieuse d'Annibal et de Carthage, Rome crut pouvoir prendre le premier rang parmi les villes, mais elle ne paraît pas avoir songé aussitôt à les asservir. La première génération des conquérants se fit remarquer par sa prudence et sa réserve; elle ne détruisit, n'assujettit aucune cité, évita d'imposer des ordres, n'ôta à personne ses lois. Elle laissa subsister Carthage, qu'elle avait le pouvoir et le droit de détruire. Elle se contenta d'affaiblir Philippe et Antiochus. Elle n'eut longtemps et ne voulut avoir d'autre instrument de domination que le parti qu'elle s'était créé dans chaque ville. Inspirer aux peuples un mélange d'affection, de respect et de crainte; s'établir comme juge suprême au-dessus d'eux; faire du sénat le tribunal commun des nations; régler le gouvernement des villes et assurer dans toutes la prépondérance de l'aristocratie: tel parut être d'abord l'unique but que Rome se proposât. Elle espérait y parvenir par une simple fédération de municipalités, dont elle devait être la tête. Enfin la première génération se contenta de l'hégémonie; la seconde seulement aspira à l'empire.

L'aristocratie dominait alors à Rome, moins hardie de sa nature que la démocratie, calculant et ménageant davantage. Elle reculait devant les conquêtes, comme si un pressentiment lui avait indiqué qu'elles feraient le triomphe de la démocratie. Elle craignait d'asservir le monde et semblait prévoir, comme Scipion l'Africain, que la conquête était la ruine, peut-être de Rome, de l'aristocratie sûrement. C'est Caton qui demandait chaque jour la ruine de Carthage; c'est un Scipion qui répétait chaque jour au sénat: Laissez Carthage debout. Enfin l'aristocratie, maîtresse à Rome de la politique extérieure, ne semblait souhaiter d'abord autre chose que d'affaiblir partout la démocratie et les rois, pour régner elle-même à Rome avec plus de sécurité.

C'est sur ces dispositions bien marquées du sénat et des généraux de Rome que des hommes, préoccupés d'ailleurs par leur haine contre le parti populaire, fondèrent leur espoir. L'appui de Rome leur assurait le pouvoir dans leur cité et les aidait à gouverner. Ils ne songèrent pas que le protectorat se change vite en domination, que l'on est toujours à la discrétion du plus fort, et que le plus fort lui-même n'est presque jamais le maître de se modérer.

A supposer même la puissance protectrice exempte d'ambition et d'entraînements, l'empressement des protégés ne devait pas tarder à changer l'alliance en empire.

En effet, le tiers parti se vit bientôt dépassé. Il avait accepté les Romains; d'autres les appelèrent. Philopémen « ne souscrivait aux désirs de Rome qu'autant qu'ils étaient conformes aux lois de l'Achaïe et aux traités d'alliance ». Bientôt vint Aristène, qui « obéit à tous les désirs de Rome, qui les prévint et qui mit de côté les lois de son pays sitôt qu'elles s'opposaient aux ordres de Rome[1] ». Ainsi les hommes qui voulaient l'indépendance de la patrie eurent à combattre ceux de leurs concitoyens qui aspiraient à la sujétion, avant même d'avoir à combattre l'ambition de Rome.

Provoqué ainsi par les peuples, le sénat ne tarda pas à s'écarter de sa modération première. On peut suivre dans cette histoire les progrès simultanés de l'ambition de Rome et de la servilité des peuples.

En 189, la ligue achéenne, à qui Flamininus venait de défendre de faire la guerre à Sparte, envoya deux ambassadeurs à Rome pour soutenir ses droits. Or les deux délégués, Lycortas et Diophane, divisés d'opinions dans leur pays, ne s'accordèrent pas mieux en présence du sénat. Diophane, au lieu de défendre les actes de la ligue, ne dit autre chose, sinon qu'il appartenait au sénat de régler toutes les affaires de la Grèce, et qu'il était le maître de terminer comme il lui plaisait les querelles de la ligue et de Lacédémone[2]. En vain Lycortas protesta-t-il contre cette doctrine inattendue, en vain allégua-t-il les traités et la liberté proclamée; que pouvait ce représentant de l'indépendance entre Diophane et le sénat romain? Dans

1. Polybe, XXV, 9.
2. Idem, XXIII, 7-9.

cette séance, le sénat apprit que son ambition, à laquelle il craignait de lâcher les rênes, n'allait pas encore assez vite au gré de quelques Grecs.

L'année suivante, un commissaire romain, Quintus Cécilius, fut envoyé dans le Péloponèse, non comme médiateur, mais comme juge entre Sparte et la ligue. Aristène se trouvait stratège ; il se hâta de prévenir le désir de l'ambassadeur en convoquant le sénat achéen à Argos. Là Cécilius se plaignit de la sévérité avec laquelle Lacédémone avait été traitée, et engagea les Achéens à réparer leur faute en renonçant à posséder Sparte dans la ligue. Aristène, à qui il appartenait de répondre, se tut ; au moins n'approuva-t-il Cécilius que par son silence. Mais Aristène était dépassé. Aristène, le partisan dévoué des Romains, était devenu tiède en comparaison d'autres hommes. Diophane, plus zélé, avait déjà proclamé à Rome la dépendance des Grecs ; à Argos, comme le stratège avait encore la pudeur de se taire, ce fut lui qui parla. Exagérant les reproches de Cécilius, il attaqua avec violence la conduite de la ligue, et ajouta de nouveaux griefs à ceux qu'avait signalés l'ambassadeur romain. La servilité appelant naturellement l'insolence, Cécilius reprit la parole, comme s'il avait été d'abord trop modéré, et parla avec exigence et colère. Le parti de l'indépendance dut voir clairement ce jour-là ce qu'il devait attendre de l'alliance romaine. Mais il ne se laissa pas encore abattre cette fois. Philopémen, Lycortas et Archon répondirent avec courage à Cécilius, défendirent les actes et les droits de la ligue, entraînèrent le conseil et firent rejeter les demandes du commissaire romain. En vain celui-ci réclama-t-il la convocation de l'assemblée générale ; elle lui fut refusée en vertu de la loi du pays. Le Romain partit sans avoir rien obtenu, vaincu, mais persuadé qu'il existait même en Achaïe un parti de l'obéissance[1].

Mais que pouvait espérer Philopémen lui-même de toute cette vigueur de résistance ? Quand Aristène lui demandait s'il était capable de regarder les Romains en face, il répondait qu'il

---

1. Polybe, XXIII, 10. Tite-Live, XXXIX, 33.

connaissait bien la puissance de Rome et la faiblesse de l'Achaïe; résister avec succès, il n'y comptait pas; tout ce qu'il voulait, c'était qu'on n'aidât pas au progrès de cette puissance envahissante, qu'on laissât venir la servitude, mais qu'on ne courût pas au-devant d'elle. « Un jour viendra, ajouta-t-il, où les Grecs devront obéir; au moins ne cherchons pas à avancer ce jour[1]. » Ainsi ces hommes travaillaient sans espoir, ils n'avaient pas même le bonheur de se faire illusion. Ils ne luttaient que pour conserver quelques jours de plus l'apparence de la liberté, et après chaque effort, même après chaque succès, ils se sentaient plus rapprochés de la sujétion.

Imprudent d'ailleurs autant que faible, ce parti ne résistait à Rome qu'en temps de paix. Rome avait-elle un ennemi sur les bras, il redevenait docile et dévoué. Contre Philippe, contre les Étoliens, contre Antiochus, il ne manquait jamais d'aider Rome à vaincre; et c'est seulement après avoir contribué à la ruine de tous ceux qui pouvaient l'aider dans sa résistance, après s'être privé d'appuis, qu'il essayait l'opposition.

C'est qu'il redoutait ces ennemis de Rome plus que Rome; il les détestait comme promoteurs de la démocratie; ses craintes redoublaient chaque fois qu'un d'eux prenait les armes, et dans sa terreur il se serrait contre Rome, qui alors obtenait tout de lui.

La démocratie abaissée, on voulait résister à Rome; mais avec quels moyens? Philopémen nous le dit lui-même : « Avec des raisonnements d'abord, ensuite avec des prières et des plaintes, et en attestant les dieux[2]. » Il ne résistait donc qu'autant que Rome n'exigeait pas; à un ordre formel il cédait, content de n'avoir pas obéi sans délai.

Un jour qu'un commissaire romain, Appius Claudius, reprochait durement aux Achéens leurs actes au sujet de Lacédémone, Lycortas lui adressa ces tristes paroles : « Nous ne sommes pas ici, je le vois bien, les représentants d'un État libre; nous ne sommes pas des alliés parlant devant leurs

---

1. Polybe, XXV, 9.
2. Idem, XXV, 9.

alliés, nous sommes des esclaves qui plaident leurs intérêts devant leurs maîtres. Où est l'égalité entre vous et nous? Nous, nous n'avons de liberté que ce qu'on daigne nous en laisser; vous, vous êtes des maîtres. » Et il termina par ce cri d'indépendance, ou plutôt de désespoir : « Nous vous respectons, Romains; et, si vous le voulez, nous vous craignons; mais nous respectons et craignons davantage les dieux immortels. » Ce discours n'enseigna rien à Appius, sinon peut-être que la réserve et la pudeur étaient désormais inutiles à garder. « Je conseille aux Achéens, répondit-il sèchement, de nous complaire librement, tandis qu'ils le peuvent, de peur qu'ils ne le fassent bientôt malgré eux et pour y être forcés. » L'assemblée poussa un gémissement et obéit[1].

Ainsi le parti de l'indépendance en était venu à ce point qu'il lui fallut recueillir tout son courage et toute sa force pour n'exhaler que des regrets. Il eût été mieux sans doute que ce parti, sage seize ans plus tôt, n'eût pas soutenu les Romains contre Philippe et ne les eût pas appelés contre Nabis. On ne pensait à réclamer la liberté que quand il était temps d'obéir ; on avait obéi quand on avait pu être libre.

L'ambition des Romains avait grandi en seize années, mais moins que ne le voulaient certains Grecs. Le parti de l'obéissance prenait chaque jour de la hardiesse et des forces. Aristène avait été dépassé par Diophane; Diophane le fut bientôt par Callicrate.

Pour s'expliquer cette marche progressive de l'aristocratie achéenne, il faut songer qu'il naquit alors et se forma, même en Achaïe, un parti démocratique. Ce parti, que nous verrons prendre si énergiquement le dessus trente ans plus tard, avec ses chefs Diæus et Critolaüs, commençait dès lors à s'élever et préparait ses forces. A mesure que l'aristocratie se crut plus menacée, elle devint plus violente et plus impérieuse, comme il est naturel. L'aristocratie fut alors une faction qui s'éloigna de plus en plus de la sagesse d'Aratus, de Philopémen et de Lycortas.

1. Tite-Live, XXXIX, 37.

Par contre, le parti modéré, cherchant à tenir la balance égale entre les extrêmes, soutint quelquefois la démocratie. On vit un jour Philopémen prendre les armes pour défendre le peuple de Sparte contre le stratège Diophane[1]. L'aristocratie se vengea en faisant assassiner Philopémen[2].

Menacée ainsi par la démocratie naissante, elle se tournait vers Rome qu'elle avait choisie pour chef; à chaque échec elle se rapprochait d'elle davantage. Rome, en acceptant l'hégémonie du parti aristocratique, s'était engagée à réprimer partout le peuple; si le peuple faisait des progrès, on s'en prenait à Rome, on l'accusait de mollesse.

Le procès entre l'Achaïe et Sparte étant encore pendant, la ligue avait envoyé des ambassadeurs au sénat pour soutenir ses intérêts. Callicrate était l'un d'eux. Au lieu de défendre ses concitoyens, il fit une leçon au sénat sur sa puissance, sur ses droits, sur ses devoirs; il le gourmanda sur sa modération; les Romains, disait-il, n'exigeaient pas assez de la Grèce; c'était leur faute si elle ne leur obéissait pas. Il y avait dans chaque ville un parti qui ne voulait pas qu'aucune loi fût mise en balance avec les désirs de Rome. Mais le sénat ne remplissait pas son devoir envers les peuples; car il ne soutenait pas ses partisans; il les laissait en butte à la haine et au mépris de leurs concitoyens et permettait que ses adversaires pussent s'élever aux magistratures. «Que Rome donc change de politique, et que par un signe de sa volonté elle inspire aux peuples la terreur[3].» Le sénat ne dissimula pas sa satisfaction, et traita Callicrate avec un honneur particulier.

Il suivit aussi ses conseils. Comment résister à des hommes qui demandent à obéir? Il soutint ouvertement ses partisans; il abaissa ses ennemis; il parla du ton d'un maître. Il ne craignit plus de révéler ses prétentions, et rejeta tous ces ménagements et ces palliatifs qui gênent toujours quelque peu l'exercice de la puissance.

---

1. Plutarque, *Vie de Philopémen*, 24.
2. Plutarque, ibidem. Polybe, XXIV. Pausanias, VIII, 5. Tite-Live, XXXIX. — Suivant Pausanias, Dinocrate qui fit périr Philopémen, était au contraire le chef du parti populaire (du moins si δήμου προεστηκώς a ce sens). IV, 29.
3. Polybe, XXVI, 2.

Le parti de l'indépendance écrasé par l'ambition de Rome, écrasé par la haine de ses concitoyens, paraît avoir eu la pensée de chercher un appui à l'étranger. Pendant les querelles des successeurs d'Alexandre, les rois d'Égypte avaient soutenu la liberté des villes grecques contre la Macédoine. C'était à eux qu'Aratus encore avait dû de pouvoir former la ligue achéenne. Philopémen, Lycortas et Polybe, sentant leur faiblesse et la nécessité d'un appui étranger, eurent toujours les yeux tournés vers l'Égypte et essayèrent à plusieurs reprises de renouer l'antique alliance qui l'unissait à l'Achaïe. Il faut bien que cette alliance fût ou dût devenir une sorte de conspiration contre Rome, puisque ce sont toujours les amis de l'indépendance qui la recherchent, et les partisans de Rome, Aristène, Diophane et Callicrate, qui y mettent obstacle[1]. Mais que pouvait faire le tiers parti avec l'Égypte, contre deux partis extrêmes soutenus par la Macédoine et par Rome? Quel appui l'Égypte pouvait-elle prêter aux Grecs? C'était elle qui avait besoin de leurs secours. Un jour elle demanda à la ligue mille soldats, et fit entendre que, dans le danger qui la pressait, c'était pour elle une question de vie ou de mort[2].

Si la Grèce devait souhaiter d'échapper à la domination des Romains, sa dernière ressource était dans la Macédoine. Philippe, qui pendant vingt ans se fit lire deux fois par jour son traité avec les Romains, n'avait jamais renoncé à combattre Rome, et vers la fin de son règne il préparait la guerre. Ce qui l'arrêta, ce fut l'autorité que prit alors sur les Macédoniens un de ses fils, Démétrius, l'élève et l'instrument de Rome; par lui le sénat surveilla et enchaîna Philippe. Les mêmes divisions qui partageaient les cités libres agitaient les cours des rois, et Rome avait partout des amis. Mais le parti national et macédonien poussa au trône Persée et arracha à Philippe le supplice de Démétrius. Rome ne se tint pas pour battue; elle entoura, elle capta la vieillesse chagrine de Philippe; elle l'habitua à la pensée de déshériter le seul fils qui lui restât et de lui substituer un certain Antigone, que l'on trouva fort à pro-

---

1. Polybe, XXIII, 1; XXIX, 8.
2. Idem, XXIX, 8.

pos dans la famille royale pour écarter Persée du trône. Mais la mort trop prompte de Philippe, l'activité de Persée, et sans doute les préférences populaires, déjouèrent les mesures du parti romain, qui se consola en embellissant à plaisir ce drame de la mort de Démétrius, des remords du père, de sa fin misérable et des crimes de Persée.

Le caractère du nouveau roi ne nous a été tracé que par ses ennemis et ses vainqueurs. Ils nous permettent pourtant de voir en lui une grandeur d'âme digne d'un roi, beaucoup d'activité, un grand pouvoir sur soi-même, une remarquable tempérance, l'art de savoir attendre six années avant d'entreprendre, et beaucoup plus d'habileté et de modération dans ses rapports avec les Grecs que n'en avait eu Philippe.

La Macédoine était encore un adversaire digne de Rome. Persée avait des richesses telles, dit Polybe, qu'avec elles il pouvait acheter toute la Grèce. Il avait des soldats aguerris, et cette phalange dont un consul disait qu'il n'avait rien rencontré d'aussi redoutable et d'aussi terrible. A la phalange pouvaient se joindre les Bastarnes et les Gaulois, multitudes barbares et guerrières qui s'offraient déjà à se ruer sur l'Italie. La force de la Macédoine fut attestée par la défaite d'un consul près du Pénée, par trois campagnes infructueuses, par l'anxiété du sénat et du peuple romain, par les mesures extraordinaires qui furent alors prises à Rome, et par le besoin que sentit Paul-Émile de rassurer le peuple à son départ[1].

Polybe cherche en vain à se dissimuler que Persée fut tout près de réunir autour de lui tout l'Orient et d'en grouper toutes les forces pour les tourner contre Rome. Séleucus le prie d'accepter sa fille en mariage; Prusias lui demande sa sœur. L'Égypte est sur le point d'être conquise par son allié, le roi de Syrie[2]. Cotys, qui règne sur toute la Thrace, est uni à Persée; Carthage reçoit ses ambassadeurs; Eumène lui-même, Eumène qui dénonçait Persée au sénat au début de la guerre, devient suspect à la fin.

1. Tite-Live, XLIV, 21-22. Polybe, XXIX, 1 a.
2. Tite-Live, XLII, 12 ; XLIV, 19.

Les Grecs ouvraient les yeux; partout le parti de la Macédoine regagnait du terrain. Rhodes envoyait des ambassadeurs à Persée, préparait sa flotte pour lui et semblait devoir mettre à sa disposition la grande puissance maritime qu'elle avait acquise depuis deux siècles. Plus tard, en présence d'un envoyé de Rome, elle osait délibérer, et tout ce que pouvait le parti romain était de faire envoyer au préteur six des quarante vaisseaux que l'on avait préparés pour Persée. L'année suivante, le parti macédonien reprenait l'avantage, et Rhodes se compromettait par une médiation plus orgueilleuse et plus embarrassante pour Rome qu'une opposition ouverte[1]. Les Béotiens s'étaient unis à Persée par un traité; en Étolie, un nombreux parti se déclarait pour lui; partout la nouvelle de ses premiers succès excitait une joie immodérée[2]. Dans toutes les villes, Persée pouvait compter sur la démocratie, à qui il permettait d'espérer de lui une abolition de dettes. Mais ce qui est plus remarquable, c'est qu'une partie même de l'aristocratie penchait pour lui[3]. Même en Achaïe, les ambassadeurs romains, qui parcouraient les villes pour sonder les dispositions des esprits, n'entendaient dans les assemblées que des murmures. Le conseil de la ligue, frappant Eumène à défaut des Romains, ordonnait la destruction de tous les monuments élevés dans les villes en l'honneur du roi de Pergame. Au milieu de l'assemblée fédérale, un stratège jusqu'alors fort modéré, dans un discours très adroit et très flatteur pour Rome, mais très favorable pour la Macédoine, osait annoncer à mots couverts qu'on se préparait à changer de parti[4]. A tant d'alliés, à Prusias, à Eumène, à Séleucus, à Carthage, à la Grèce, il ne manquait que de l'audace.

L'occasion était belle pour Lycortas et Polybe de travailler à rendre à la Grèce cette indépendance tant regrettée. Philopémen était mort, frappé par les amis de Rome. Ceux qui restaient n'avaient plus d'illusions; Rome était connue; on s'était plaint

---

1. Polybe, XXVI, 7; XXVII, 3, 4, 6; XXIX, 4.
2. Tite-Live, XLII, 13. Polybe, XXVII, 7.
3. Tite-Live, XLII, 30, 37.
4. Idem, XLI, 23-24.

amèrement de ses exigences, on avait eu le courage de protester assez haut, alors que la franchise n'était pas sans péril. Il fallait maintenant moins de hardiesse pour prendre les armes. Comment hésiter? C'est que les Grecs étaient partagés entre une aristocratie qui se livrait à Rome, et une démocratie qui, avec aussi peu d'honnêteté et de patriotisme, se soulevait contre elle. Les vrais amis de l'indépendance avaient peine à se décider entre ces deux partis, impuissants qu'ils étaient d'ailleurs à se sauver par leurs seules forces. Par malheur, la haine de la démocratie et de la Macédoine était plus forte en eux que la haine de Rome et l'amour de la liberté. Polybe paraît s'intéresser au fond du cœur pour Persée; sans l'aimer, il semble gémir sur les fautes qui l'ont perdu; il a le pressentiment qu'en lui était le salut de la Grèce. On voit par son récit même qu'il a hésité à prendre parti. Il a fini pourtant par se déclarer pour Rome, et pourquoi? parce que, c'est lui qui le dit, Persée vainqueur eût été trop redoutable pour la Grèce[1]. Comme si Rome victorieuse ne devait pas être à craindre! Cette haine de la Macédoine, inspirée par la haine de la démocratie, fut comme un vertige qui agita les Grecs.

Il est vrai que le tiers parti ne voulait pas non plus s'allier à cette aristocratie violente et corrompue qui était l'amie des Romains; il préférait rester en dehors de la lutte : c'était doubler les périls.

Sa tiédeur pour Rome ne le compromettait pas moins qu'une franche opposition. Au début de la guerre, des commissaires romains parcoururent les villes, inspirant des terreurs personnelles, proclamant qu'ils connaissaient la mesure du zèle de chacun, et qu'ils puniraient les tièdes autant que les ennemis. Déjà même on disait que les Romains avaient la pensée d'accuser Lycortas, Archon et Polybe, comme étant amis de Persée au fond du cœur.

La conduite de ces commissaires de Rome fit réfléchir les hommes du tiers parti, et les avertit qu'il était urgent de prendre enfin une résolution. Ils s'assemblèrent : c'étaient,

---

1. Polybe, XXVIII, 9.

avec Lycortas, Archon, Polybe, tous les chefs de ce parti dans les villes, Arcésilas et Ariston de Mégalopolis, Stratius de Tritée, Xénon de Patras, Apollonidas de Sicyone, tous d'accord d'opinion et différant seulement par la hardiesse. Apollonidas et Stratius reconnaissaient qu'il eût été imprudent de se déclarer contre Rome; mais, « s'il y en avait qui se jetaient dans ses bras et qui cherchaient sa faveur aux dépens de la patrie et des lois, il fallait les combattre et leur tenir tête sans sourciller ». Lycortas, avec sa netteté ordinaire, fit un tableau de la situation, montra les deux puissances également ambitieuses, la même imprudence à soutenir l'une ou l'autre, un égal danger à se déclarer contre l'une des deux. Par embarras et par désespoir, il conclut pour une neutralité absolue. Archon, effrayé sans doute par les Romains, conseilla de s'abandonner au courant des circonstances et d'éviter avant tout de donner prise aux accusations de leurs ennemis; rappelant à l'assemblée le sort d'un certain Nicandre, Étolien, que Rome avait puni par la mort d'une amitié secrète pour Persée, il entraîna la majorité des suffrages. Il fut nommé stratège. Polybe avait sans doute soutenu son opinion, puisqu'il fut élu avec lui commandant de la cavalerie. Le premier acte des nouveaux magistrats fut de rétablir les honneurs d'Eumène, alors en faveur auprès du sénat. Puis Archon offrit aux Romains le concours de toutes les forces de la ligue, et ce fut Polybe qui fut chargé d'aller porter cette offre au proconsul Q. Marcius.

Marcius essayait alors avec beaucoup de peine et de grands dangers de forcer l'entrée de la Macédoine. Ce qui ne laisse pas d'être singulier, c'est que Polybe, trouvant l'armée romaine dans l'embarras, différa de s'acquitter de sa mission, et qu'il attendit pour le faire que le consul, sorti d'une situation difficile, parût tout voisin du succès [1].

Marcius ne manqua pas de refuser alors ce qu'il aurait peut-être accepté plus tôt. Le tiers parti lui offrait une armée pour apaiser sa colère; il la refusa pour pouvoir le punir. Et

---

1. Polybe, XXVIII, 10, 11. Tite-Live, XLIV, 3, 4, 5.

comme un de ses lieutenants, moins avisé, demandait à la ligue 5000 auxiliaires, le proconsul défendit d'envoyer ce secours. Polybe se trouvait alors dans son camp, comme volontaire ou comme représentant ; ce fut lui qu'il chargea de la mission pénible de porter aux Achéens cette défense ; pour le compromettre encore davantage, il eut soin de ne pas lui donner d'ordre écrit. Lorsque Polybe se présenta dans l'assemblée des Achéens, et qu'il annonça son invraisemblable mission, on le somma de montrer les lettres du proconsul, et ses ennemis purent faire semblant de croire qu'il parlait sans ordre et en son propre nom contre les intérêts de Rome. Son obéissance eut tous les dehors de l'opposition. Il devait bientôt en porter la peine.

Cependant dans ses actes, dans ses écrits, Polybe est tout aux Romains : dans ses actes, car il a quelque temps combattu dans leurs rangs ; dans ses écrits, car il affecte une haine amère contre Persée et ses partisans. Les amis de Rome sont toujours pour lui les hommes honnêtes, les hommes sains, οἱ ὑγιαίνοντες. Un homme est-il ami de Persée, c'est qu'il est criblé de dettes et qu'il compte sur les bienfaits du roi. Quiconque s'intéresse au roi de Macédoine est un brouillon, κινητὴς καὶ καχέκτης. Il qualifie de sottise l'essai de médiation des Rhodiens[1]. Il est cruel et habile à représenter les mesquines négociations entre Eumène et Persée et leur lutte d'avarice, lorsqu'il ne tint, suivant lui, qu'à quelques talents d'argent que le roi de Pergame ne devînt l'ami du roi de Macédoine[2]. Il les rabaisse l'un et l'autre, il efface ce qu'il y avait de grandeur chez Persée. Il insiste sur son avarice avec autant de complaisance qu'il avait appuyé précédemment sur la cruauté de Philippe. Il a rendu le père odieux, il tâche à rendre le fils ridicule. A-t-il contre lui une haine réelle, ou bien veut-il se faire pardonner ses hésitations qu'il croit hardies et coupables ?

Pendant les trois années que la lutte fut douteuse entre

---

1. Polybe, XXVII, 3, 4, 6, 13 ; XXVIII, 15 ; XXIX, 7.
2. Idem, XXIX, 1.

Rome et Persée, les partis qui divisaient les villes grecques se tinrent en présence, comme des ennemis qui attendaient l'heure de se ruer l'un sur l'autre. Les haines comprimées par une incertitude de trois ans s'accumulaient, et devaient éclater le jour où la victoire de Persée ou de Rome déciderait quel parti serait persécuteur, quel parti serait victime. Ce fut Paul-Émile qui l'emporta, et alors, dans toutes les villes, les amis de Rome se livrèrent à la joie, comme s'ils avaient vaincu eux-mêmes. Ils coururent auprès du consul, comme pour s'assurer leur part de victoire; et cette part de victoire pour chacun d'eux, c'était dans leur cité la ruine de leurs ennemis. Voilà ce qu'ils vinrent en foule demander au consul. Les Étoliens, plus pressés, n'attendirent pas le signal pour massacrer, exiler, confisquer. Des autres États accoururent des dénonciateurs, apportant des listes de suspects. Il en vint de partout, d'Acarnanie, d'Épire, de Béotie, de Rhodes; et du Péloponèse vint Callicrate, qui dénonça Polybe entre mille.

Il est bien difficile à un vainqueur de tenir tête à tant d'exigences. Deux ans auparavant, quand les commissaires romains avaient parcouru les villes, ils avaient résisté à Callicrate et à tous ceux qui accusaient Lycortas, Archon et Polybe. En Étolie, en Épire, on leur avait demandé la condamnation des ennemis de Rome; ils l'avaient encore refusée. Vainqueurs, ils ne purent plus modérer les Grecs. La terreur régna alors dans toutes les villes. Les massacres d'Étolie furent approuvés par Paul-Émile, qui ne fit informer que pour s'assurer qu'aucun des égorgés n'était ami des Romains. Sur les instances des dénonciateurs de la Grèce, et d'après les listes fournies par eux, on manda de toutes les villes une foule de citoyens qui furent arrêtés comme suspects, et conduits à Rome sous prétexte d'y être jugés. La terreur s'étendit jusqu'aux îles. A Lesbos, la ville d'Antissa avait reçu dans son port la flotte de Persée; ordre fut donné de la raser; et l'ordre fut si bien exécuté, qu'au temps de Pline il ne restait plus trace de la ville. A Rhodes, on décréta la peine de mort contre tous ceux qui avaient agi, parlé ou pensé contre Rome. En Épire, les suspects furent assassinés dans leurs maisons, sur les places, au grand jour; tua qui voulut; des listes de proscription furent dressées contre les riches, contre des femmes. Paul-Émile permit tout, et comme la soif de l'or et du sang gagnait ses troupes, il dut leur accorder à leur tour le pillage de l'Épire, la destruction de 70 villes et l'esclavage de 150 000 têtes.

L'Achaïe, qui depuis trente ans avait toujours aidé Rome à vaincre, ne fut pas traitée autrement que les vaincus. Il est vrai qu'on ne pouvait alléguer contre elle aucun acte, aucun discours public, aucune correspondance secrète avec Persée. Les notes du roi de Macédoine étaient aux mains du consul, qui n'y trouvait rien contre les Achéens[1]. Le tiers parti dominait d'ailleurs en Achaïe; et cette province, à la différence des autres, n'avait pas vu la démocratie s'agiter et tenter des efforts en faveur de Persée. Lycortas et Archon avaient montré de la docilité, et Polybe du zèle. Mais Callicrate et ses amis poursuivaient le consul de leurs dénonciations; ils répondaient des mauvaises intentions de leurs concitoyens : il fallait les en croire.

Ce qui put d'ailleurs irriter et effrayer Paul-Émile, c'est que le tiers parti avait pris, depuis plusieurs années, un ascendant inaccoutumé, qu'il avait éloigné les amis de Rome du pouvoir, et que même dans ces derniers temps, lorsque partout la victoire de Pydna avait donné l'autorité au parti romain, les Achéens n'avaient éprouvé aucune révolution, avaient conservé leur stratège, et laissaient Callicrate si impopulaire, que les Romains pouvaient affecter de craindre pour sa sûreté[2].

Rome d'ailleurs redoutait bien plus ce tiers parti, qui l'avait autrefois si bien servie, que celui qui se déclarait résolument contre elle. Des trois partis, celui de Callicrate lui était dévoué et vendu; celui qui, faible alors, se souleva vingt ans après avec Diæus, lui était peut-être utile; il pouvait entrer dans ses desseins d'avoir des ennemis dans les cités. Le tiers parti seul l'embarrassait et lui faisait obstacle. Si on l'exterminait, il

---

1. Polybe, XXX, 10.
2. Idem, XXX, 10.

devait arriver par cette mesure, ou bien que l'aristocratie, devenue maîtresse absolue, saurait dominer pour toujours la démocratie, ou bien que, si elle en était incapable, n'y ayant plus que deux partis, la lutte éclaterait bientôt, et donnerait à Rome l'occasion de frapper un nouveau coup.

Deux commissaires romains furent donc envoyés en Achaïe. Introduits dans le sénat de la ligue, ils déclarèrent que plusieurs avaient été favorables à Persée, et enjoignirent à l'assemblée de prononcer contre eux une sentence de mort. Ils refusaient de les désigner, et ne devaient dire leurs noms qu'après avoir obtenu leur condamnation. L'assemblée protesta unanimement qu'un tel procédé était contraire à toute justice, et refusa de voter avant de savoir les noms des suspects. L'un des commissaires, poussé à bout, osa dire que tous ceux qui avaient été stratèges étaient compris dans son accusation; car tous avaient eu au fond du cœur des sentiments favorables aux Macédoniens et à Persée. C'était Callicrate qui lui avait dicté cette parole. Archon se leva alors, et noblement indigné : « J'ai été stratège, dit-il, et je n'ai à me reprocher aucune faute envers les Romains, aucune amitié pour Persée. » C'était lui en effet qui avait déterminé la confédération à se déclarer pour les Romains. « Je me fais fort, ajouta-t-il, de justifier mes intentions, soit devant l'assemblée des Achéens, soit devant le sénat de Rome. » Le Romain saisit promptement l'occasion qui s'offrait; il ne demandait pas autre chose. Il arrêta que tous les suspects seraient transportés à Rome pour y être jugés; puis Callicrate lut sa liste : elle contenait plus de mille noms, et Polybe était du nombre. Ces exilés, ces otages, ces prisonniers, que l'on enferma dans les municipes d'Étrurie, ne furent jamais jugés à Rome[1].

Polybe, qui affecte un si grand mépris pour Persée, lui fait pourtant cet honneur de croire que ce fut sa chute qui assura à Rome la domination universelle[2]. Il considère la Grèce comme désormais soumise, et ne tient nul compte de quelques efforts qui ont suivi. Ainsi des trois partis qui divisaient la Grèce, l'un

1. Pausanias, VII, 10.
2. Polybe, III, 1, 4, 5.

s'était livré à la Macédoine, l'autre à Rome. Les hommes du tiers parti, impuissants à sauver l'indépendance, n'obtenaient pour fruit de leurs persévérants efforts que de faire pencher la balance du côté de Rome. Leur résistance indécise et inerte a été inutile à la liberté et funeste à eux-mêmes.

CHAPITRE VI

Polybe à Rome.

Qu'on se figure un habitant d'une cité grecque arrivant à Rome ; il est d'abord frappé de l'étendue d'une ville qui compte 300 000 citoyens. Il n'y voit pas la brillante architecture et l'art aimable de la Grèce, mais des monuments qui l'étonnent par leur grandeur, et où tout est pour la durée. Il entend parler une langue moins harmonieuse et moins riche que celle de son pays, mais plus sonore et plus superbe. Au lieu d'un peuple causeur qui se promène sous les portiques, il voit des hommes qui, au sortir des luttes du barreau, vont s'exercer au soleil du Champ de Mars et se jeter ensuite dans l'eau jaune du Tibre.

Voilà ce qui frappe ses premiers regards ; qu'il observe Rome de plus près, il est plus surpris encore. Il voit une cité sans partis et sans guerres civiles, une constitution qui fonctionne régulièrement, des institutions que rien n'altère encore, une science politique inconnue à la Grèce, un art militaire supérieur, du patriotisme et des vertus civiles.

Il est ébloui par le spectacle de la puissance romaine ; il rencontre des monuments de victoire, des trophées, des statues de vainqueurs, et tout ce luxe de gloire que Rome a imaginé pour inspirer de l'orgueil à son peuple et de la crainte aux étrangers. Il voit la pompe des triomphes, et celle des funérailles qui les renouvellent ; le souvenir encore vivant d'une guerre telle qu'aucun peuple n'en a jamais traversé de pareille ; toutes les nations du monde connu qui s'y donnent rendez-vous ; les ambassades qui s'y pressent, les unes implorant des secours, les autres offrant leur soumission, presque toutes en habit de suppliant, un roi en costume d'affranchi, et le sénat se laissant saluer du titre de dieux. Il ne se pouvait pas qu'un tel spectacle ne fît naître dans l'âme de ce Grec, je ne dis pas seulement cette admiration qu'il pouvait éprouver à la vue de l'éclatante Athènes, mais quelque chose du sentiment et du respect qu'il accordait à la Divinité.

Il faut bien que cette fascination fût irrésistible. Car de tous les Grecs qui ont vécu à Rome, soit comme otages, soit comme ambassadeurs, et pour peu que leur séjour ait été de quelque durée, il n'en est aucun qui n'y soit devenu admirateur de Rome et qui ne l'ait servie dans sa patrie à son retour. Rome se sentait cette force ; un de ses moyens de gagner des partisans était d'attirer les hommes chez elle et de se montrer.

Cette force d'assimilation a été telle, que la population de cette ville, renouvelée sans cesse depuis son origine, a toujours été animée d'un même esprit. On devenait forcément romain à Rome.

Ainsi Polybe fut conquis. Il devint l'admirateur du peuple qui asservissait sa patrie et qui le persécutait lui-même.

Mais rien ne fut plus capable de gagner Polybe à Rome que le spectacle de son aristocratie. Il jugea Rome d'après ses propres idées. S'il la préféra à toute la terre, c'est qu'il y trouva la réalisation de tous ses vœux sur le gouvernement des cités ; c'est que « à Thèbes et à Athènes la multitude tient tout en sa main » ; c'est que la Crète dont on s'obstine à vanter la sagesse, « est gouvernée démocratiquement » ; c'est que Sparte est disputée entre son aristocratie et son parti populaire, qui tous deux s'autorisent du nom de Lycurgue ; c'est enfin qu'à Carthage « le peuple domine dans les délibérations », au lieu qu'à Rome « l'autorité du sénat est encore entière[1] ».

Mais toute aristocratie n'est pas bonne aux yeux de Polybe. Nous avons vu ses principes sur la politique et sa prédilection pour les gouvernements mixtes. Quelque fortement attaché qu'il soit à l'aristocratie, il en redoute les abus, et veut que dans l'intérêt de la liberté, comme de la paix, un mélange de

---

1. Polybe, VI, 44 et 51.

démocratie et de monarchie la tempère. Cette pondération des pouvoirs, cette union des partis concourant tous au gouvernement de l'État, il l'a inutilement souhaitée à la Grèce, et il la trouve réalisée à Rome. « On ne sait pas, dit-il, si le gouvernement est royauté, démocratie ou aristocratie. » Les consuls en effet sont maîtres absolus à l'armée, et ont le pouvoir exécutif dans la ville. Au sénat appartiennent les finances sans lesquelles on ne peut rien, les jugements qui lui soumettent les hautes têtes, et la direction des affaires extérieures qui lie sa fortune à la destinée et à la gloire de la patrie. Le peuple possède les élections qui mettent les patriciens dans sa dépendance, le droit de voter les lois, et le *veto* de ses tribuns. Le patricien a sa religion et ses auspices, sa gloire et ses triomphes ; le plébéien a ses suffrages et sa résistance passive. Polybe ne se demande pas si dans la réalité les pouvoirs sont aussi exactement balancés qu'ils le sont dans les lois. Mais ce qui le frappe surtout, c'est qu'au milieu d'une telle diversité d'institutions et de droits il règne un ordre parfait. Ces trois pouvoirs s'enchaînent, se contrôlent, se modèrent entre eux ; tous contribuent à servir l'État. Chacun a tellement besoin des deux autres, et leur est aussi tellement nécessaire, qu'il ne semble pas que le désaccord puisse se glisser entre eux.

Pourtant ces deux factions inconciliables qui n'ont jamais cessé de diviser l'humanité, se trouvent à Rome, comme partout, ennemies au fond du cœur et toujours disposées à se combattre. Le peuple est à Rome ce qu'il est en Grèce : les mêmes passions le travaillent, les mêmes besoins et les mêmes désirs le soulèvent ; il a la même haine innée pour l'aristocratie. Il a combattu trois siècles pour enlever au patriciat sa puissance absolue ; il a conquis pièce à pièce l'égalité des droits. Mais Polybe l'a vu dans un moment d'arrêt, alors qu'il a suspendu sa marche et s'est en quelque sorte recueilli entre la conquête des droits et l'exercice du pouvoir.

C'est que le patriciat a montré une remarquable sagesse. Si souvent vaincu, il a accepté les enseignements de ses défaites. Il s'est humilié, transformé, corrigé pour régner encore. Ce n'est plus l'aristocratie rigide et tyrannique des Fabius, des

Quinctius et des Claudius, espèce de caste religieuse qui repoussait le peuple de toute espèce de communauté. L'aristocratie nouvelle, à la tête de laquelle se sont placés les Scipions, se met au contraire à la portée du peuple, le flatte et affecte de lui devoir tout.

Les droits sont devenus égaux entre tous ; la seule puissance légale est celle du nombre. Le peuple n'est pas seulement libre, il est maître. Et pourtant l'aristocratie aura l'adresse de se faire donner un pouvoir au moins égal à celui qu'elle possédait autrefois. Mais, au lieu de le devoir à la naissance et aux institutions, elle l'obtiendra du peuple lui-même.

Le premier Africain est l'homme le plus populaire de son temps ; non pas que, comme en Grèce, il corrompe le peuple et l'achète par bassesse ou par largesse : le dernier citoyen de Rome a encore trop de dignité. Scipion fait mieux : il gagne les esprits et les imaginations : « Il n'était pas plus admirable, dit Tite-Live, pour ses véritables qualités que pour l'art qu'il possédait de les faire valoir[1]. » Chaque fois qu'il avait à prendre une résolution, il montait au Capitole et s'y enfermait avec Jupiter. Je ne sais si les vieux patriciens approuvaient fort cette affectation. Mais Scipion voulait que le peuple vît bien qu'il s'entretenait avec les dieux. Il savait que l'erreur du grand nombre est la plus grande puissance qu'il y ait sur la terre.

Contre la popularité de Scipion les anciennes lois ne peuvent tenir ; les usages créés par le patriciat n'ont plus de force. Que Scipion obtienne les magistratures avant l'âge, ou que dans sa vieillesse il traîne le peuple entier avec ses juges et ses accusateurs au Capitole, ce sont là des victoires qu'il remporte au nom du peuple sur l'ancien patriciat.

Ce même Scipion est pourtant le chef de l'aristocratie ; il est l'auteur de la loi qui donne aux sénateurs des places réservées au théâtre. Mais cette aristocratie excite à peine quelques murmures. Caton qui défend les vieux usages, tout plébéien qu'il est, ne trouve que rarement l'appui du peuple.

Le peuple, satisfait que ce soit à lui qu'on s'adresse pour obte-

---

1. Tite-Live, XXVI, 19.

nir le pouvoir, oublie les luttes et les révoltes des générations précédentes. Que pourrait-il réclamer encore? Quel est le droit qu'on lui conteste? On reconnaît que toute force est dans le peuple; ainsi flatté et courtisé, il s'en croit plus puissant; il est persuadé qu'il règne. Grâce à cette erreur, il est docile, il fait taire ses haines et ses passions, et le calme règne dans la cité.

Ainsi les partis sont en état de paix pour près d'un siècle, parce qu'une aristocratie adroite et éclairée a su prendre le dessus; parce qu'en la trompant elle a dompté et assoupi la bête énorme; parce que c'est cette élite intelligente qui agit et qui pense, et que par le plus ingénieux des artifices elle réussit à faire croire au peuple que c'est lui qui pense et qui agit. Les deux classes sont unies, grâce à la confiance naïve de l'une, à l'empire indulgent et déguisé de l'autre. C'est précisément là ce que Philopémen, Lycortas et Polybe avaient rêvé pour la Grèce.

Fragile édifice qui ne repose que sur une erreur du vulgaire, et qu'un mouvement de sa main peut briser. Vienne un homme qui lui dise que ce n'est pas lui qui règne, que ce n'est pas lui qui est riche, que ce n'est pas lui qui est heureux, et aussitôt les mauvais penchants de la nature humaine rompent leur digue : l'intérêt, l'avidité et la jalousie reprennent leur cours, et le beau monument est renversé.

Polybe a bien vu que cet état paisible de la constitution romaine était passager, et qu'il fallait peu de chose pour le détruire. Il a été témoin de trop de révolutions, dans sa patrie et au milieu de ses longs voyages, pour croire que les gouvernements soient éternels. Ils ont au contraire, suivant lui, leurs variations naturelles et nécessaires; ils ont leurs âges, c'est-à-dire leur enfance, leur maturité, leur décrépitude ou leur corruption. Il est un ordre que la nature assigne elle-même aux progrès et à la décadence des constitutions. Nulle n'échappe à cette loi, qui est si fixe et si absolue, que les révolutions peuvent être prévues et marquées d'avance. Ainsi, chaque cité, pour ainsi dire, a eu ses beaux jours : Athènes sous Thémistocle, Sparte avant Lysandre, Carthage avant les guerres contre Rome. Au temps de Polybe, Rome se trouve dans la maturité calme et paisible de ses institutions. Mais Polybe l'avertit des changements qui l'attendent. Le développement de sa constitution a suivi l'ordre naturel ; ses révolutions à venir suivront le même ordre[1].

Or, suivant Polybe, le signe auquel on reconnaît la corruption d'un gouvernement, c'est que l'avarice s'empare des âmes, que les riches, voulant que leurs richesses leur donnent le pouvoir, « consument leur fortune en distributions et en corruptions qui enseignent au peuple à se montrer avide »; le peuple alors, « habitué à attendre sa subsistance d'une main étrangère », convoite cette richesse qu'on lui met toujours sous les yeux. Il finit bientôt par se soulever, et dans sa fureur il refuse d'obéir. Le joug brisé, « ce ne sont plus que confiscations et partages de terres, jusqu'à ce qu'au milieu de ses fureurs la multitude trouve à son tour un maître qui la ramène à la monarchie ». Ainsi la suite des changements de Rome est expliquée, et ici, comme en Grèce, c'est encore la richesse et la pauvreté qui feront les révolutions. Avant Polybe, les partis ont lutté pour des principes, pour des droits, pour des honneurs ; il prévoit qu'ils lutteront bientôt pour des intérêts.

Mais Polybe a vu Rome dans le temps le plus propice pour l'admirer, entre la tyrannie du patriciat et les luttes des Gracques.

Il n'a pas d'ailleurs pour elle une admiration irréfléchie et servile. Les Romains sont avares et usuriers, il le sait ; ils sont souvent corrompus, ils ont de la mauvaise foi, ils savent même ce que c'est que la peur, et contre un ennemi courageux ils refusent quelquefois de s'enrôler[2]. La nature humaine a partout les mêmes vices et les mêmes faiblesses. Si Polybe juge les Romains meilleurs que les autres hommes, ce n'est pas pour leurs vertus, c'est pour leurs institutions. Il s'écrie que Rome a le plus beau gouvernement qu'il connaisse, et qu'il est impossible de trouver un système d'institutions meilleures[3].

---

1. Polybe, VI, 9, 10, 57.
2. Idem, XVIII, 18 ; XXXI, 24 ; XXXII, 11 ; XXXV, 4.
3. Idem, VI, 11 et 18.

A mesure que Polybe connut mieux cette constitution et l'admira davantage, il dut s'effrayer moins d'une domination qui pouvait la faire partager à sa patrie.

De même que c'est cette constitution qui l'a gagné à Rome, c'est à elle aussi qu'il attribue la conquête du monde. Voulant s'expliquer ce grand événement, il ne s'arrête pas aux causes secondaires. Non pas qu'il ne les voie aussi bien qu'on les a vues après lui ; çà et là il remarque l'habileté du sénat à diviser ses ennemis, son art de se concilier partout des partisans, son adresse à dissoudre les ligues, son peu de scrupule dans ses rapports avec les étrangers. Il voit tout cela, mais en passant. Ce sont petites finesses qui n'ont pas contribué pour beaucoup à l'œuvre de Rome, et dont il semble qu'elle aurait pu se passer.

Polybe explique tout par les institutions : leur faiblesse fait la faiblesse de la Grèce et de Carthage ; leur force fait la force de Rome.

« Le caractère de la constitution romaine, dit-il, a permis à Rome de soumettre l'Italie, la Sicile, l'Espagne, et d'entreprendre, Carthage vaincue, la domination universelle[1]. » La place même qu'il choisit pour nous expliquer le gouvernement de Rome, nous montre que c'est à cette constitution que Rome a dû de triompher d'Annibal. Au milieu du récit de la guerre punique et au moment de la crise, il s'interrompt et suspend en quelque sorte le combat, pour faire intervenir ce qui doit décider la victoire.

Mais comment devons-nous entendre que la constitution de Rome lui a donné l'empire ? C'est que dans le monde entier et pour tous les esprits la grande question était une question d'institutions. L'aristocratie mit Rome à sa tête, parce que Rome était la ville qui lui semblait la mieux gouvernée, et qui lui inspirait le plus de confiance. Soixante ans plus tard, l'aristocratie romaine menacée dans sa patrie n'aurait pas offert assez de sécurité aux aristocraties étrangères pour qu'elles voulussent se grouper autour d'elle. Et de même, un siècle plus tôt,

---

1. Polybe, VI, 1.

le vieux patriciat n'ayant rien de commun avec l'aristocratie de la Grèce, l'alliance n'aurait pas réussi davantage à s'établir. C'est ainsi que cette admirable constitution, qui ne devait durer qu'un moment, s'est précisément rencontrée dans le temps qu'il fallait pour conquérir le monde.

Polybe a très bien vu que Rome devait sa force et jusqu'à ses vertus à ses institutions. Grâce à l'absence ou au calme des partis, elle était à peu près la seule ville où la politique pût avoir de l'unité et de la suite, et où l'on pût concevoir et poursuivre un plan sans qu'une révolution intérieure vînt le bouleverser ; la seule où le danger public réunît toutes les volontés et tous les intérêts ; la seule surtout où personne, pour faire triompher son parti, ne cherchât l'appui des étrangers.

Il y a des faits qui sont frappants : la présence d'Annibal fit cesser toutes les divisions qu'il pouvait y avoir à Rome ; celle de Scipion les aigrit à Carthage.

Les Romains ne valaient peut-être pas mieux que les Grecs ; mais du moins la vie publique ne les corrompait pas. Comme toute l'existence ne se perdait pas dans les luttes des partis, on pouvait aimer encore la cité et avoir du patriotisme. L'esprit municipal était à Rome dans toute sa force ; il n'était affaibli ni par l'esprit de faction ni par l'alliance étrangère. L'État avait une grande autorité sur les particuliers et était l'objet d'un grand respect. L'obéissance à la loi était ordinaire, et nul n'avait l'idée de se révolter contre elle. La vraie qualité du peuple romain, c'était la discipline. En paix et en guerre, au Forum et dans les camps, les volontés particulières s'effaçaient devant la volonté générale.

Le citoyen se regardait comme appartenant à l'État ; nul ne croyait avoir le droit d'aller combattre à l'étranger et de verser son sang pour un autre intérêt que celui de la patrie. Les Grecs répandaient le leur indifféremment pour les rois de Syrie, pour les rois d'Égypte, pour Carthage.

Le Romain était attaché à la religion, aux superstitions, aux coutumes, dès qu'elles étaient celles de la patrie. Ce que l'on a dit de la tolérance ou plutôt de l'indifférence des Romains n'est pas vrai. La Loi des Douze Tables défendait formellement d'adorer d'autres dieux que ceux de la cité, *separatim nemo habeat deos, neve advenas, nisi publice adscitos*. Les Romains détestaient les religions étrangères tant que le sénat ne les avait pas reconnues. Mais aussi tous les cultes étaient vénérés dès qu'ils avaient reçu la sanction du sénat. Ainsi la cité fixait à chacun sa croyance[1].

La fidélité aux coutumes nationales est un des traits du caractère romain; or il est bon qu'un peuple ait quelques coutumes, même insignifiantes, même mauvaises. Elles fortifient le sentiment national, elles lient les descendants aux ancêtres, et perpétuent la patrie à travers les générations.

Polybe ne s'amuse pas, comme Tite-Live, à vanter la frugalité, la pauvreté et le désintéressement des ancêtres du peuple romain. Il sait bien que la pauvreté n'a pas été plus en honneur à Rome que chez les autres hommes, et que les richesses n'ont jamais été méprisées des peuples qui les ont connues. Dans une monarchie, les richesses ont déjà un grand prix par le bien-être qu'elles procurent; mais dans une aristocratie elles sont doublement précieuses, parce qu'elles donnent l'influence et le pouvoir. Polybe voit dans le caractère romain l'amour de l'argent et l'habitude de l'usure; « on ne donne pas volontiers à Rome quelque chose du sien[2] », et si la loi romaine autorise à ne payer une dette qu'après trois ans, « il n'y a pas un homme, excepté un Scipion, qui songe à devancer d'un jour le moment de s'acquitter, de peur de perdre un jour du bénéfice de l'usure ». Mais ce qui est beau pour un peuple naturellement avare, c'est le respect de ces hommes, si âpres au gain, pour les fonds de l'État. Tous les moyens de s'enrichir sont bons pour un Romain, un seul excepté, qui est de s'enrichir aux dépens de la République. Le Romain est plus usurier et plus avide que le Grec; mais le Grec dérobe le trésor public ou accepte l'or des étrangers; le Romain regarde l'argent de l'État comme sacré. « Confiez à un Grec, dit Polybe, la garde du trésor;

---

1. Le sénat règle, admet ou rejette souverainement les cultes. Tite-Live, IV, 30; XXV, 1; XXXIX, 14; Tacite, *Annales*, III, 71; Tertullien, *Apologétique*, 6; idem, *Ad nationes*, 1, 10; Dion, XL, 47.
2. Polybe, XXXII, 12, 13.

eussiez-vous exigé de lui dix cautions, dix signatures et vingt témoins, il faut croire encore qu'il manquera à sa parole. Chez les Romains un magistrat manie les finances publiques sans qu'il faille autre chose qu'un serment pour lui faire observer son devoir[1]. »

Le Romain est plaideur, usurier, maître cruel, créancier sans pitié, père despote; mais il est bon citoyen. Ses vertus et ses vices tournent au profit de la patrie. Il est souvent de mauvaise foi, mais jamais contre l'État.

Le Romain a un assez faible sentiment de la justice, un sentiment très fort de la légalité. Il sait assez peu les devoirs généraux de l'homme quand ils ne sont écrits que dans la conscience; mais il a un respect pieux pour la lettre même de ce que l'État a établi.

Il en coûtait peu à un Romain de violer un serment, à moins que ce serment n'eût été prêté à la patrie. L'homme qui avait d'abord refusé de s'enrôler devenait un soldat docile et brave dès qu'il avait juré de l'être.

Le respect que l'on avait pour l'État et l'idée de la grandeur de la nation inspiraient à chaque citoyen dans la vie publique un vif sentiment de sa dignité et de son devoir. Jamais un Romain devant un étranger ne laisse paraître ni bassesse, ni cupidité, ni crainte. Scipion renvoie une jeune fille à son fiancé, pour se donner le droit de dire que Rome possède beaucoup de citoyens qui lui ressemblent[2].

Ce même respect pour l'État inspire aux particuliers une confiance sans bornes en lui. Ce qu'on ne voit jamais à Rome, c'est le découragement. L'État manquait d'argent après la bataille de Cannes; les particuliers osèrent armer une flotte à leurs frais, et firent enregistrer leurs déboursés, sûrs qu'ils étaient de rentrer dans leurs avances[3]. Ce n'est pas là du dévouement, mais c'est de la confiance, laquelle est une vertu chez les peuples. Cette confiance ne venait pas de la légèreté ou de la présomption; elle était un effet du calcul. On

1. Polybe, VI, 56.
2. Tite-Live, XXVI, 50.
3. Polybe, I, 59.

comptait sur l'avenir de la patrie, sur les ressources de chaque citoyen, sur l'accord de tous. On savait qu'à chaque entreprise on irait jusqu'au bout. Surtout on n'avait pas à craindre, comme dans les autres cités, qu'un parti vînt détruire ce que l'autre avait commencé. On savait à Rome d'une manière certaine, ce dont on n'était jamais sûr dans les villes grecques, que l'ennemi n'avait aucun partisan dans la cité. De là cette audace du peuple romain même dans ses défaites; de là aussi cette opinion des peuples, « que Rome n'est jamais plus à craindre que quand elle craint[1] ».

Ainsi l'autorité de l'État était encore puissante à Rome alors qu'en Grèce et à Carthage elle était affaiblie chez presque tous les hommes par les intérêts et les haines des partis. Au lieu qu'en Grèce Polybe a vu tous les esprits uniquement occupés des querelles des factions, et qu'il n'a presque entendu parler que de séditions, de vengeances, de partages de terres, d'abolition de dettes et de protection étrangère, il voit à Rome l'accord entre tous, la soumission de chacun aux ordres et aux intérêts de la cité, et les esprits uniquement soucieux d'agrandir la République.

Avec cette constitution et cet esprit, Rome paraît à Polybe supérieure à toute la terre. Il ne s'étonne donc pas qu'elle ait conçu et exécuté le dessein de la conquête universelle. Il va plus loin : cette entreprise d'assujettir le monde lui paraît légitime; nulle part il ne songe à contester les droits de Rome à l'empire. Pour un esprit pratique et logique comme le sien, pour un homme que les faits dominent plus que les théories et les sentiments, se rendre compte de la conquête, c'était déjà avoir beaucoup fait pour la trouver juste. Peut-il détester et combattre une ambition qui a sa source dans de si belles lois, et qui aura sans doute pour résultat de les faire partager aux autres peuples? Si l'on eût demandé à Polybe de quel droit Rome asservissait le monde, il aurait sans doute répondu que c'était du droit de ses bonnes institutions.

Il fut enfin si bien gagné à Rome, lui appartint si bien,

---

1. Polybe, III, 75.

qu'il entreprit d'écrire l'histoire et l'éloge de la conquête romaine. Élève de Philopémen et fils de Lycortas, mais séduit par le spectacle de Rome, il se charge à la fin de justifier, de glorifier cette ambition qu'il avait presque osé combattre dans son pays.

Il commence son livre au moment où Rome conçoit le dessein de la conquête universelle, c'est-à-dire au début de la seconde guerre punique, et le pousse jusqu'au moment où elle l'achève, c'est-à-dire à la prise de Carthage et de Corinthe. Il montre « par quels moyens et par quelle sagesse elle a mis sous ses lois l'univers entier ». C'est proprement l'histoire romaine qu'il écrit; c'est en quelque sorte de Rome qu'il regarde ce qui se passe dans le reste du monde. Qu'il parle de la Grèce, de l'Égypte ou de l'Espagne, la pensée de Rome est toujours présente et sa main paraît partout. Son ouvrage pourrait être intitulé l'Histoire des Romains, et c'est en effet le titre qu'un ancien lui donne[1]. Il raconte enfin la conquête comme un Romain pourrait le faire, et cela est si vrai, que Tite-Live n'a eu le plus souvent qu'à le copier.

Il se propose surtout d'expliquer les succès et la grandeur de Rome aux Grecs qui n'en comprennent pas la cause[2]. Ils admiraient Rome autant que Polybe, mais autrement que lui. Frappés de cette merveilleuse élévation, ils ne pouvaient pas se l'expliquer par des moyens humains, et ils aimaient à l'attribuer à la faveur de la plus puissante de leurs divinités, de la Fortune. C'était elle qui avait voulu que la Macédoine restât presque inactive pendant la guerre d'Annibal; que, Philippe combattant, Antiochus ne bougeât pas; que ce même Antiochus fît la guerre aussitôt que Philippe était paisible; qu'Annibal ne fût pas écouté; que les peuplades du Nord ne se joignissent pas à Persée; qu'Eumène, après avoir été tout près d'être son allié, se fît son dénonciateur. C'était elle enfin qui avait ménagé les événements avec art, pour livrer à Rome l'une après l'autre toutes les nations. Ne croyons pas que ce fût le dénigrement qui inspirât cette pensée aux Grecs, ni qu'ils voulussent se

---

1. Pausanias, VIII, 30.
2. Polybe, I, 3 ; I, 63.

venger de leurs maîtres. D'après les idées des anciens, cette pensée était loin d'être injurieuse ; il leur était ordinaire d'aimer mieux devoir leurs succès à la Fortune qu'à eux-mêmes, et le titre d'heureux était celui dont ils tiraient le plus de vanité.

Les Grecs, émerveillés et effrayés en même temps de ce qu'ils prenaient pour la marque d'une faveur spéciale des dieux, en vinrent à confondre dans leur esprit l'idée de Rome et celle de la Divinité. S'ils se fussent expliqué les succès de ce peuple, ils l'eussent seulement estimé ; mais, croyant voir dans Rome l'ouvrage miraculeux de la Fortune, ils l'adorèrent. Dès la première guerre de Macédoine, Chalcis associa Flamininus à ses dieux ; et ce Romain avait encore, trois siècles après, dans une ville d'Eubée, son temple, ses prêtres, ses fêtes et ses cantiques[1]. Au temps de Caton, Smyrne éleva un temple à la Ville de Rome[2], et après la guerre de Persée Rhodes plaça dans son principal temple la statue colossale du peuple romain[3]. Rome semblait d'une autre nature que le reste de la terre.

Mais Polybe, en homme réfléchi et en homme d'État, sait que la Fortune a peu de part aux événements humains. Il ne croit pas non plus que les dieux règlent toutes choses en ce monde et se donnent souvent la peine d'agir à notre place[4]. Pour lui, chaque événement humain a son explication et sa cause dans l'âme de l'homme. L'élévation ou la chute d'un État est imputable à ses institutions. Le succès est dans nos mains. Si une cité a éprouvé des revers, c'est que sa constitution était vicieuse. Si Rome a conquis l'empire, c'est qu'elle l'a mérité.

Cette idée est d'un esprit désintéressé et d'un grand esprit. Il y a deux façons de concevoir le lien et la source des faits de l'histoire : on les peut attribuer à l'action de la Providence ou au travail libre et méritoire de l'homme. Cette dernière façon d'envisager la science historique, si elle n'est pas la plus vraie,

---

1. Plutarque, *Vie de Flamininus*, 23.
2. Tacite, *Annales*, IV, 56.
3. Polybe, XXXI, 16.
4. Idem, VI, 56 ; X, 2 ; X, 9.

est certainement la plus féconde en leçons et la plus utile pour la pratique. C'est par là que Polybe a pu faire de la connaissance des temps passés « le meilleur enseignement des hommes[1] ». Aussi sa principale étude est-elle « de faire connaître les suites, les circonstances, et surtout les causes des faits »; son grand art est de nous faire comprendre l'économie des événements. Il semble qu'il ait pris à Rome quelque chose de l'esprit pratique des Romains. L'histoire n'est pour lui ni une œuvre d'art, ni une œuvre de curiosité. « Un homme sensé, dit-il, ne cultive pas l'art pour l'art, ni la science pour la science[2]. » L'histoire est une œuvre d'utilité; c'est pour les hommes d'État qu'il écrit; il veut qu'ils apprennent dans son livre qu'ils sont les maîtres des faits, et comment ils peuvent presque avec certitude amener le succès et conjurer le revers. De chaque événement ils doivent tirer une instruction pratique. La lecture de l'histoire sera ainsi une préparation à l'art de gouverner[3].

Mais le meilleur enseignement que les Grecs doivent tirer de l'ouvrage de Polybe, c'est de savoir estimer Rome. Polybe, en justifiant la conquête romaine par la sagesse avec laquelle elle a été conduite, travaille déjà par ce moyen à la faire aimer des Grecs; mais ce n'est pas assez. Ce qu'il se propose par-dessus tout, c'est de montrer comment Rome use de sa domination, et d'enseigner « à ses contemporains si cet empire est à fuir ou à désirer, à la postérité si elle doit se féliciter ou se plaindre[4] ». Il répond à cette question par le contraste de ses jugements sur la Grèce et de ses jugements sur Rome, par le peu d'estime qu'il professe pour l'une et l'admiration qu'il a pour l'autre, par le spectacle qu'il nous donne des agitations et des vices de ses compatriotes, et par celui qu'il se complaît à nous montrer des institutions calmes et sages des Romains. Il ressort de sa manière de présenter les faits que l'œuvre de Rome est juste et bonne, et c'est pour la faire apprécier, pour la faire

1. Polybe, I, 1; III, 31, 32.
2. Idem, III, 4.
3. Idem, IX, 1.
4. Idem, III, 4.

aimer, qu'il en a écrit l'histoire. Presque à chaque page de son livre, il semble dire aux Grecs : Fixez les yeux sur Rome ; étudiez-la de près, comme je l'ai étudiée moi-même. Ne pensez plus à votre ancienne histoire, à vos anciens grands hommes ; tout cela est petit en comparaison de Rome. C'est elle qui doit être votre modèle et votre guide ; prenez-lui autant qu'il se pourra de son esprit et de sa sagesse. Laissez de côté le peu d'illusions d'indépendance que vous conservez encore. En échange d'une docilité que l'admiration rendra facile, vous recevrez de Rome la paix, de bonnes lois, et l'espoir de voir cesser pour toujours ces luttes qui ont enlevé à vos générations le bonheur et même la vertu.

CHAPITRE VII

Dernière lutte de la démocratie contre Rome.

Polybe ne retourna en Achaïe que lorsque Rome fut sûre de lui, et qu'il ne pouvait plus que la servir. Callicrate d'ailleurs était mort, et il n'y avait plus personne en Grèce qui pût s'opposer à son rappel.

Au temps où il revit sa patrie, on peut estimer que les hommes du tiers parti n'existaient plus : les uns avaient été massacrés au temps de Paul-Émile, le séjour de Rome avait transformé les autres. De sorte qu'entre les deux partis qui, par intérêt et par esprit de faction, appelaient ou détestaient les Romains, il se trouvait alors une classe d'hommes qui par sagesse désiraient leur empire. Rome, dans ces vingt années, avait donc fait un grand progrès.

L'aristocratie, relevée par elle après la bataille de Pydna et débarrassée de ses ennemis les plus détestés, régnait avec calme dans les villes grecques. Les proscriptions avaient naturellement cessé avec la crainte et faute d'ennemis.

Même en Macédoine, c'était l'aristocratie qui avait profité de la chute de Persée. Paul-Émile n'avait pas quitté le pays sans lui donner une constitution. Il avait ordonné qu'on créât dans chacun des quatre districts un sénat qui eût en mains l'administration des affaires, « de peur, était-il dit dans le décret, que le peuple ne tournât en licence la liberté réglée qu'il venait de recevoir de Rome[1] ».

Les rois tremblaient ; ils lisaient dans le décret relatif aux affaires de Macédoine : « Quiconque possède déjà la liberté, la

---

1. Tite-Live, XLV, 18. 29, 32.

conservera sous la garantie du peuple romain ; ceux qui vivent sous des rois devront à ces mêmes Romains que les rois exercent un empire plus juste et plus doux ; ceux dont les rois font la guerre à Rome sauront que la victoire sera pour les Romains et la liberté pour eux-mêmes[1]. »

Contre cette provocation, capable de dissoudre tous les royaumes, que pouvaient faire les rois? Aucun d'eux n'osa prendre en main l'héritage de Persée. Antiochus recula devant l'orgueil de Popilius Lénas; Eumène courut à Rome implorer son pardon ; Prusias se déclara l'affranchi du sénat; Massinissa lui-même vint se plaindre que le sénat lui eût fait demander par des ambassadeurs les subsides qu'il devait exiger.

Restait la démocratie. Mais comme elle n'avait jusqu'alors résisté à Rome que sous les ordres des rois, on pouvait croire qu'elle était pour toujours abaissée avec eux.

Au-dessus de toutes les aristocraties maîtresses des cités, s'élevait Rome, non comme souveraine, mais comme chef de la confédération aristocratique.

Elle ne possédait pas un pouce de terre en Orient; elle n'envoyait pas de gouverneurs ; mais rien ne se faisait sans sa volonté. Callicrate avait déclaré dans l'assemblée des Achéens qu'on ne pouvait ni faire la guerre, ni contracter d'alliance qu'avec l'agrément des Romains.

Le sénat n'était pas encore maître; il était déjà souverain juge; s'élevait-il quelque différend entre l'Achaïe et Athènes, entre Eumène et Prusias, entre les deux Ptolémées, entre Carthage et Massinissa, il fallait que le sénat fût arbitre. Et notons que si l'on respectait ses décisions, ce n'est pas qu'on les regardât toujours comme l'organe de la justice; on savait bien, comme dit Polybe, qu'il ne se réglait pas sur l'équité, mais sur l'intérêt de la République[2].

L'aristocratie dans chaque ville, et le tribunal de Rome au-dessus de toutes, tel était l'ordre que le sénat avait établi dans le bassin de la Méditerranée. Ce fut la démocratie qui le troubla. Elle restait ennemie de Rome, et rien n'avait pu la gagner,

1. Tite-Live, XLV, 18.
2. Polybe, XXXII, 2.

puisque c'était contre elle que la confédération romaine s'était établie. Elle ne s'était pas encore mesurée personnellement avec Rome, et ne s'était pas sentie vaincue. Ce n'était pas elle, mais le tiers parti qui avait été entraîné dans la chute de Persée; ce n'était pas elle qui avait été proscrite. Elle avait encore toute son énergie et toute sa confiance en elle-même. La disparition du tiers parti, qui jusqu'alors l'avait retenue et modérée, la rendait plus hardie et plus agressive. La royauté étant abaissée partout, la démocratie n'avait plus d'appui étranger, plus de chef, plus d'unité ni de direction; mais cela même lui donnait du crédit et quelque force; car elle pouvait désormais s'appeler le parti de l'indépendance.

Pendant les vingt années qui suivirent la bataille de Pydna, elle se grossit secrètement, puis elle se dressa tout à coup et sur tous les points à la fois. C'est ici la dernière lutte sérieuse que Rome soutint pour l'empire. Le parti populaire prend seul les armes. Du reste, s'il se soulève partout en même temps, c'est sans s'être entendu; il n'y a pour tant d'efforts ni unité ni direction; chacun combat pour soi; mais aussi chacun porte dans le combat un acharnement incroyable.

C'est d'abord en Espagne cette guerre de feu dont parle Polybe; les amis de Rome étaient venus la dénoncer; et tenant exactement le même langage qu'avait tenu l'achéen Callicrate, ils avaient réclamé du sénat qu'on les soutînt contre leurs ennemis et qu'on envoyât au besoin une armée et un gouverneur permanent en Espagne[1]. Cette longue guerre, renouvelée par un berger, par un brigand, ne cessa qu'à la prise de Numance.

Puis la Macédoine s'enflamme au nom de Philippe. Son peuple est déjà las de ce prétendu gouvernement libre; il aime mieux obéir à un roi qu'à son sénat. Il se presse autour du premier imposteur qui se dit fils de Persée, massacre un préteur et une armée, et se défend avec plus de courage, dit Polybe, qu'il n'avait fait sous ses rois légitimes, sous Philippe et sous Persée.

---

[1]. Polybe, XXXV, 2.

À Carthage, Appien compte trois partis, celui de Rome, celui de Massinissa, et celui de la démocratie. Il est vraisemblable que les deux premiers n'en formaient qu'un, ou du moins qu'ils étaient toujours unis contre le troisième. L'an 150, le parti démocratique, qui s'est peu à peu élevé, est assez fort pour chasser de la ville les partisans de Massinissa et pour porter son chef Asdrubal au commandement de l'armée carthaginoise. Mais Massinissa assiège la ville, Asdrubal est vaincu ; sous l'empire de la peur, le parti aristocratique reprend le dessus, chasse à son tour Asdrubal et ses amis de Carthage, envoie à Rome ambassade sur ambassade pour implorer la paix à tout prix, et s'offre surtout volontiers à livrer Asdrubal aux Romains.

Il est probable que vingt ans plus tôt Rome aurait accepté ces demandes ; elle aurait renouvelé un pacte avec l'aristocratie, contente de lui rendre le pouvoir et d'affaiblir la faction contraire. Mais l'ambition de Rome avait grandi avec sa puissance et avec la docilité des peuples. C'était peu d'être à la tête d'une confédération ; l'édifice était trop fragile. La démocratie pouvait vaincre un jour chez les alliés ; elle pouvait naître même à Rome, et la puissance romaine était renversée. Rome ne voulait plus avoir à compter sur la docilité ou sur la force de ses amis pour tenir le monde en respect : il lui fallait l'empire. Si l'on peut juger des intentions par les actes, il semble qu'elle ait formé le dessein de laisser la démocratie s'insurger partout, de saisir les prétextes de guerre et de vengeance qu'elle pourrait trouver, de confondre pour un moment tous les partis, pour pouvoir tout frapper et tout asservir.

En vain Carthage se soumet à ses exigences, donne des otages, livre ses armes, et lui demande enfin de l'accepter comme sujette. Ce n'est pas d'obéissance qu'il s'agit, mais d'extermination : Carthage doit disparaître ou quitter son rivage, ses ports et son commerce. Ces derniers ordres du consul romain eurent pour effet d'irriter le peuple qui jusque-là avait laissé faire, et de provoquer un soulèvement démocratique. On maltraita les députés qui revenaient du camp romain ; on jeta des pierres aux sénateurs qui délibéraient ; on rappela

Asdrubal, et l'on résista à Rome. La démocratie carthaginoise, qu'on venait de désarmer, lutta pendant quatre années[1].

Les mêmes faits se reproduisirent presque exactement en Achaïe. Callicrate, le chef de l'aristocratie et l'ami des Romains, était devenu insupportable au peuple. Polybe raconte qu'un jour qu'il s'était baigné à Sicyone, nul ne voulut plus entrer dans le bain, comme si l'on se fût regardé comme souillé par l'eau qui avait touché le corps de cet homme. Et il faut noter que cette injure ne lui fut pas faite par les hommes distingués de la ville, mais par le peuple ; car Polybe remarque que ce jour-là les bains étaient publics. Les enfants, ajoute-t-il, s'ils rencontraient Callicrate en revenant de leurs écoles, l'appelaient un traître. Dans les fêtes, dans les cérémonies publiques, à la tribune, dans les rues, il était poursuivi par des murmures et des sifflets.

Il fallut pourtant le supporter jusqu'à l'an 150, époque de sa mort. Une ou deux années se passent encore, et l'on devient assez hardi pour renverser ses statues ; la mémoire de Callicrate n'a plus d'amis ; Rome et l'aristocratie sont trop faibles contre le mouvement qui s'annonce. Mais l'esprit public ne se porte pas tout de suite à l'extrême ; le débordement de la démocratie est un moment différé par la mémoire de ce tiers parti qui n'est plus. On relève les statues de Lycortas. On semble chercher ces anciens défenseurs, que l'on a trop peu suivis, ces nobles et sages amis de l'indépendance. On ne les trouve plus. Le fils de Lycortas était pourtant alors en Grèce ; il ne s'offrit pas à sauver la liberté ; il ne profita pas de l'élan populaire, qu'il eût peut-être calmé et dirigé, pour accomplir l'ouvrage qui lui avait été à cœur vingt ans plus tôt. C'est que dans l'intervalle il était devenu Romain ; la liberté lui était moins chère, la dépendance moins odieuse. A défaut du tiers parti, ce fut la démocratie seule qui entreprit de lutter contre Rome.

Ce mouvement tout populaire est clairement indiqué par Polybe. « La multitude, dit-il, était malade et en proie à la fièvre[2]. » Les chefs de l'État étaient Diæus, Critolaüs, Damo-

---

1. Appien, *De rebus punicis*, 68, 92.
2. Polybe, XXXVIII, 2.

critus, qui avaient été exilés au temps de Callicrate et que les troubles qui suivirent ramenèrent dans leur patrie[1]. Polybe professe pour eux la haine la plus vive, et les peint comme il a l'habitude de peindre les démocrates : « C'est un ramas de ce que chaque ville a de plus mauvais ; ce sont des impies, des pestes pour leurs concitoyens[2]. »

Ils agissent comme font partout les chefs du parti populaire : ils abolissent les dettes, ou tout au moins en diffèrent le payement. Ils affranchissent et arment les esclaves. Ils se font donner un pouvoir dictatorial, que le peuple ne craint jamais de confier à ses favoris. Les assemblées, jusque-là composées seulement de l'élite de la nation, se remplissent alors d'artisans et d'hommes de bas étage. C'est dans une assemblée de cette nature que les ambassadeurs romains sont insultés[3].

Diodore parle de violences, d'exils, de confiscations, de proscriptions, qui remplirent alors les villes grecques. Le parti populaire, par précaution ou par vengeance, se débarrasse de ses ennemis, et assure sa victoire dans les cités avant de combattre Rome[4].

Il s'agit encore ici, à vrai dire, d'une lutte de partis. La guerre commence par Lacédémone, et Diæus déclare qu'il ne fait pas la guerre à Sparte, mais à ceux qui troublent la tranquillité de Sparte ; et comme on lui demande quels sont ces hommes, il cite vingt-quatre noms de l'aristocratie[5].

Polybe pouvait-il s'attacher à ce parti ? Il était de ceux contre qui la démocratie se soulevait. L'indépendance de la Grèce lui importait peu si la Grèce ne devait être libre que pour être aux mains du peuple. Vingt ans auparavant, la peur d'une démocratie qui n'existait pas encore l'avait jeté dans les bras de Rome. Cette fois c'était bien réellement la démocratie et ses exigences qu'il avait en face de lui.

1. Polybe, XL, 4.
2. Idem, XXXVIII, 2.
3. Idem, XXXVIII, 1.
4. Diodore de Sicile, XXXII, 26.
5. Pausanias, VI, 12.

Aussi n'a-t-il pas dans cette guerre les hésitations qu'il a montrées dans la guerre de Persée. Il condamne cruellement l'insurrection : « Je vais raconter, dit-il, la consommation des malheurs de la Grèce ; elle a souvent éprouvé des calamités, mais jamais d'égales à celles dont nous avons alors été témoin. Le coup qui frappa Carthage fut moins terrible. Carthage du moins ne survécut pas à son malheur et à sa honte. Carthage a laissé une petite place pour sa justification aux yeux de la postérité. La Grèce ne nous fournit pas le plus léger prétexte pour excuser ses *fautes*[1]. » Ailleurs, il parle de la *folie* des Grecs ; ailleurs encore, il appelle cette lutte injuste et sacrilège. Rome lui semble modérée lorsqu'elle envoie son ambassadeur pour détacher de la ligue Sparte, Corinthe, Argos, Orchomène et Héraclée, et il s'étonne que les Grecs aient assez perdu le sens « pour accepter de la main gauche ce que Rome offrait de la main droite ». Il nous peint des plus noires couleurs la Grèce en délire : ceux-ci s'éloignant des villes et courant çà et là sans but, par horreur pour les excès commis dans leurs murailles ; ceux-là se donnant la mort pour échapper au spectacle de tant de maux ; les uns dénonçant aux Romains leurs parents et leurs amis, les autres se dénonçant eux-mêmes ; les hommes saisis de délire se précipitant dans les puits ou du haut de leurs maisons ; quelques villes restant désertes, et, pour comble de douleur, les Grecs ne pouvant imputer ces calamités qu'à leur propre folie[2].

Ce n'est pas absence de patriotisme chez Polybe : il aimait encore son pays et était convaincu qu'il le servait. Mais il ne pouvait admettre que la démocratie pût faire le bonheur de la Grèce. Dans cette lutte il ne voyait pas en présence la liberté et la sujétion, mais la démocratie et l'aristocratie ; entre elles il n'hésitait pas. Il croyait faire beaucoup en ne prenant pas les armes contre le parti de Critolaüs, en n'implorant pas les vengeances de Rome. « Il était d'un bon citoyen, dit-il, de servir la Grèce en cherchant à l'excuser, en voilant ses fautes,

---

1. Polybe, XXXVIII, 1.
2. Idem, XL, 3.

en travaillant à adoucir la colère du vainqueur[1]. » C'est ce que fit Polybe. Au moment même de la lutte, il se trouvait aux côtés de Scipion qui assiégeait Carthage : il combattait la démocratie, mais non en Grèce du moins ; il aidait Rome de ses conseils, offrait enfin son empressement et ses services en balance avec l'insurrection des Grecs, souhaitant du reste l'anéantissement de ce parti populaire, et bientôt s'applaudissant de sa chute rapide.

Ces hommes de la démocratie furent autrement énergiques dans leur volonté et dans leur résistance que n'avaient été Philopémen et Lycortas. Vous ne trouvez chez eux ni hésitation ni arrière-pensée. Ils savaient nettement ce qu'ils voulaient, et marchaient résolument à leur but. Critolaüs disait en s'adressant à la multitude : « Si vous êtes des hommes, vous ne manquerez pas d'alliés, ni de maîtres si vous êtes des esclaves[2]. » L'Achaïe prit l'offensive ; elle déclara la guerre à Sparte et à Rome ; elle ne craignit pas d'envoyer son armée vers la Thessalie, c'est-à-dire au-devant de Métellus qui venait de vaincre en Macédoine. Contre Philippe et Persée, une bataille avait suffi ; Critolaüs vaincu, l'Achaïe trouva un nouveau général et une nouvelle armée. « Les hommes, dit Polybe qui cherche en vain à nous cacher ce dernier et noble élan de la Grèce, les hommes portaient toutes leurs richesses au trésor public, et les femmes se dépouillaient de leur parure. » Les hommes allèrent combattre une dernière fois à Leucopétra ; on dit qu'ils avaient mené leurs femmes avec eux, sans doute pour qu'elles pussent attester à leurs enfants que la Grèce n'était pas tombée sans combat.

Rome fut terrible pour cette démocratie qui s'était soulevée partout en même temps et d'une manière si soudaine. Elle fut cruelle en proportion de l'énergie que son ennemie avait montrée. La Macédoine fut définitivement réduite en province ; Carthage fut rasée, puis Numance. Les Romains aimaient que leurs châtiments frappassent l'imagination : Caton en Espagne et Paul-Émile en Épire avaient ordonné la destruction, l'un

---

1. Polybe, XXXVIII, 1 d.
2. Diodore de Sicile, XXXII, 26.

de quatre cents bourgs, l'autre de soixante-dix villes en une même heure.

Corinthe, le foyer de la démocratie[1], fut détruite, ses hommes furent égorgés, ses femmes vendues, ses richesses et ses tableaux pillés. Chalcis et Thèbes, deux villes où dominait aussi depuis longtemps le parti populaire et qui s'étaient toujours unies à Philippe, à Antiochus et à Persée, eurent le même sort que Corinthe. Après ces grands châtiments, vinrent les proscriptions individuelles, qui frappèrent les chefs de la démocratie dans toutes les villes.

Rome établit alors son empire. Elle commença par désarmer la Grèce; toutes les villes qui s'étaient déclarées contre elle abattirent leurs murs et livrèrent leurs armes. La Grèce paya un tribut et reçut un préteur. L'Achaïe ayant résisté la dernière donna son nom à la province sujette.

Mais dans chaque cité ce fut l'aristocratie qui domina au nom de Rome. Les commissaires du sénat passèrent dix mois en Grèce à organiser un ordre nouveau, d'où la démocratie était exclue[2]. A leur départ, ils confièrent à Polybe, comme à l'homme qui était le mieux entré dans la pensée de Rome, le soin d'assurer ce qu'ils avaient établi. Polybe alors parcourut les villes, comme aurait fait un commissaire romain, réglant le détail de l'administration intérieure, dont les vainqueurs avaient tracé le plan, s'occupant surtout de faire concorder avec elle les lois civiles, et réformant la justice, qui depuis plusieurs générations variait toujours avec les partis. Il jugeait les différends, calmait les haines, communiquait à tous quelque chose de son esprit de conciliation et de docilité, et montrait surtout par son exemple que l'on pouvait avoir pour Rome une affection sincère et désintéressée; il venait de refuser les biens confisqués qu'on lui avait fait l'injure de lui offrir. Il habitua ainsi ses concitoyens au gouvernement qu'on leur imposait, et réussit, dit-il lui-même, à le leur faire aimer[3].

Ainsi le procès entre les deux partis est définitivement vidé

---

1. Polybe, XXXVIII, 4.
2. Pausanias, VII, 15.
3. Polybe, XL, 10.

en Grèce, et cela à l'époque même où il va commencer à Rome. L'aristocratie l'a emporté. Elle n'a plus d'ennemis. Dès lors les passions s'apaisent ; l'aristocratie jouit du pouvoir avec sécurité, partant avec modération. Le peuple, tombé de la terreur dans l'indifférence, reste calme. La Grèce oublie ces luttes qui lui ont été si funestes. La vie devient plus calme, plus douce ou plus utilement active. Les hommes, délivrés du souci des affaires publiques et de la guerre, se livrent, ceux-ci au commerce et au travail, ceux-là aux plaisirs, beaucoup aux études.

Polybe enfin est heureux. Il voit la Grèce, au terme de sa vieillesse, à peu près telle qu'il l'a souhaitée dès l'enfance : la Grèce sans agitation, sans partis et sans crimes. Sous l'administration de l'aristocratie et sous l'empire de Rome, il proclame que la Grèce se relève[1]. Il adresse ses prières au ciel pour que rien ne vienne plus troubler l'ordre existant ; car il craint « que la Fortune, jalouse de cette excessive félicité, ne se plaise à la renverser ».

1. Polybe, XL, 14.

CONCLUSION

Nous nous sommes proposé de rechercher comment la Grèce fut conquise par les Romains. Nous n'ignorons pas que bien des causes de toute nature ont concouru à l'achèvement de cette œuvre. Mais nous avons cru trouver la plus générale chez les Grecs eux-mêmes. La Grèce était en proie aux luttes de deux partis, qui la déchiraient et la corrompaient également. Ces deux partis avaient enfanté deux ligues; mais un système fédératif sorti d'une telle source n'avait pu unir les Grecs. L'étranger se présenta alors, et l'on se livra à lui. Peut-on dire que la Grèce se soit mesurée avec Rome? Nous avons vu des partis combattre; avons-nous vu combattre la nation? A regarder au fond des cœurs, il nous a semblé que la lutte n'était pas entre deux peuples, mais entre deux partis. L'aristocratie porta Rome à l'empire; toutes les deux vainquirent ensemble, comme la démocratie aurait vraisemblablement triomphé avec la Macédoine. Sans contester le mérite et la fortune de Rome, on peut dire que l'état de la Grèce et presque du monde entier rendait nécessaire qu'il y eût une Rome.

A nos yeux, le caractère et la vie de Polybe ont rendu cette vérité plus frappante. Nous avons vu en lui un homme honnête et sage qui essaya longtemps de demeurer impartial entre les deux factions; aussi aima-t-il alors l'indépendance de sa patrie. Vaincu et persécuté par ses propres concitoyens, alors que l'impartialité ne fut plus possible, il finit par désirer la domination étrangère. Il renonça à l'indépendance, d'abord par peur de la démocratie, ensuite par admiration pour Rome. Sans trahison et sans intérêt personnel, il crut que la conquête romaine était la seule ressource et la seule espérance de son pays. Il la vit avec joie s'accomplir, il en félicita la Grèce, et écrivit un livre pour la glorifier.

Il y avait alors pour cette partie du genre humain qui habite le bassin de la Méditerranée une question plus haute à résoudre que celle de la liberté d'un peuple. On pouvait se demander si l'état social, que le génie grec et italien avait créé à l'origine, devait durer toujours sans changement et sans progrès, si l'association humaine demeurerait restreinte aux limites de la cité. Le régime municipal devait-il gouverner toujours les hommes? Fécond pour le premier développement des esprits, il avait enraciné dans les âmes le goût de la liberté; il y avait fait germer quelques vertus civiques; il avait surexcité l'activité humaine, et avait pu contribuer même au progrès des lettres et des arts. Mais il ne suffisait plus au besoin des âmes; ces principes d'exclusion et de haine contre l'étranger, contre l'habitant de la ville voisine, ce patriotisme étroit qui enfantait tant de guerres et couvrait la terre de ruines, commençaient à répugner aux hommes. Les relations étaient devenues trop générales, les esprits s'entendaient trop bien, la philosophie et les arts avaient fait trop de progrès pour que la société ne changeât pas de forme.

Le régime municipal périt par un mal intérieur. L'inégalité des fortunes, que l'esclavage aggravait et rendait presque incurable, mit en présence deux classes ennemies. La cité fut impuissante à concilier la pauvreté et la richesse, ces deux éléments également nécessaires et sur l'accord desquels repose toute société bien constituée. Il fallait une autorité supérieure, quelque chose qui ressemblât à l'État moderne, pour dominer ces deux éléments ennemis et établir entre eux l'équilibre et la paix. En attendant, et comme en cherchant cette autorité, les villes furent agitées pendant dix générations. Les guerres des partis rendirent la vie de la cité intolérable; les inconvénients du régime municipal devinrent extrêmes; les hommes furent travaillés d'une sorte de maladie morale; c'était la crise dans laquelle les peuples devaient se transformer.

En effet, le régime municipal ayant enfanté et nourri l'esprit de faction, la faction ne tarda pas à devenir, dans les pensées et dans les affections des hommes, plus forte que la cité.

Alors cet ancien amour de la patrie, qui n'était que l'amour de la cité, s'éteignit partout. On ne fut ni Spartiate, ni Athénien, ni Carthaginois; la liberté, la sujétion devinrent choses indifférentes; la question que se posèrent les hommes fut de savoir quelle faction l'emporterait dans la ville, et si l'on suivrait les lois de l'oligarchie ou celles de la démocratie. Ces mêmes luttes que nous avons vues tout à l'heure si mesquines et si honteuses, ces luttes où l'on ne se disputait que la richesse, ces luttes qui aigrissaient la vie privée, corrompaient les caractères et livraient la patrie, ont été le moyen mystérieux par lequel les peuples ont réussi à s'unir. Pour arriver à ce grand résultat, il ne fallait pas compter sur la sagesse des politiques, sur les théories des philosophes. Quelque chose de plus puissant était nécessaire, je veux dire les instincts, les intérêts et les passions, même les plus mauvaises, de l'humanité. Ces factions, qui déchiraient chaque ville, mirent entre toutes une communauté d'affections et de haines qui prépara l'unité. L'un des deux partis ayant besoin d'un chef donna à Rome une autorité qui dut être bientôt transformée en domination.

Il fallait bien que l'unité du monde s'opérât de cette façon, plutôt que par la force des armes et par la politique. Ces deux choses ne suffisaient pas pour établir une véritable association entre les peuples. Une conquête accomplie par elles seules, à supposer qu'elle fût possible, n'aurait eu d'autre effet que de rapprocher violemment, et pour bien peu de temps sans doute, des populations étrangères l'une à l'autre. Pour que cette domination fût durable, surtout pour qu'elle fût féconde, pour que l'unité de civilisation en sortît, l'alliance volontaire et spontanée des peuples, et surtout de la Grèce avec Rome, était nécessaire. Il fallait qu'elle s'accomplît par une sorte de convention tacite entre les nations, par un échange où l'une donnât ses arts et son intelligence, une autre sa science de l'administration et des lois, une troisième l'énergie et la jeunesse de ses caractères; il fallait enfin que toutes fussent liées ensemble

14

par ce qu'il y a de plus puissant, non pas la force, non pas la vertu, mais l'intérêt, l'intérêt qui avait fait sentir à chacun que, pour triompher de son ennemi ou pour faire cesser les luttes, on devait s'unir et prendre un chef.

De là le caractère particulier et tout nouveau de la domination romaine. Rome conquit sans asservir. Elle unit le monde par l'administration. Quelques proconsuls purent se faire illusion sur la nature de leurs droits, traiter les peuples en vaincus et en sujets et piller les provinces. Rome, plus sage sous le gouvernement impérial, s'habitua bien vite à se regarder, non plus comme une maîtresse, mais comme la tête d'un vaste corps qui comprenait tous les peuples.

D'autre part, les cités subsistèrent : l'*autonomie* leur fut laissée, car on tenait encore à ce mot ; les formes du régime municipal ne pouvaient être si tôt effacées. Mais les hommes s'habituèrent à lever les yeux au-dessus de leurs cités et à porter leurs regards vers Rome. On avait bien ses magistrats municipaux, mais c'était d'elle que partaient les véritables ordres ou les jugements sans appel ; c'était d'elle que venait la vie. On avait bien encore une sorte d'orgueil municipal ; on louait et on décorait sa ville, mais on admirait Rome par-dessus tout ; c'était la cité par excellence. Bientôt on voulut en être citoyen. La ville où l'on était né parut petite ; ses intérêts ne préoccupèrent plus les hommes ; les honneurs qu'elle donnait ne satisfirent plus l'ambition ; on ne s'estimait rien si l'on n'était pas citoyen romain. Tous aspirèrent à Rome ; et Rome accueillit d'abord individuellement les principaux habitants des villes, s'assimilant ainsi progressivement tout l'Empire. Les cités virent donc leurs membres leur échapper les uns après les autres, jusqu'à ce que le titre de citoyen romain, étendu à tous les habitants de l'Empire, montrât que le régime municipal avait disparu. Tous les hommes devinrent ainsi Romains ; il n'y eut plus qu'une cité, mais qui embrassa tous les peuples : Rome fut la patrie commune du genre humain[1].

Ces mêmes luttes des factions qui avaient agité les provin-

---

1. [*La Cité antique*, liv. V, c. 2, § 4 et 5.]

ces, ne tardèrent pas à éclater aussi dans Rome, et y produisirent les mêmes effets ; l'esprit municipal s'y perdit comme partout ailleurs. La population même étant sans cesse renouvelée par les provinciaux et les affranchis, le sang se mêla : ce peuple fut un assemblage de tous les peuples, et le sénat même se remplit d'étrangers. On fut Romain dans les provinces, on cessa de l'être à Rome. De là cette perte du patriotisme que l'on déplore, mais qui n'était que la perte de l'amour étroit de la cité. Bientôt, dans les pensées des hommes, la patrie fut l'univers entier. *Patria mea totus est mundus*, disait Sénèque. Ainsi l'association humaine s'élargit ; et il le fallait pour que les arts de la Grèce fussent révélés à toutes les nations, pour que les lois de Rome fussent répandues dans tout l'Occident, pour que le sentiment de l'humanité et de la charité prît racine dans les cœurs.

MÉMOIRE

SUR

L'ILE DE CHIO

1. [*Archives des Missions scientifiques et littéraires*, t. V, p. 481 et suiv., 1856.]

ILE DE CHIO.

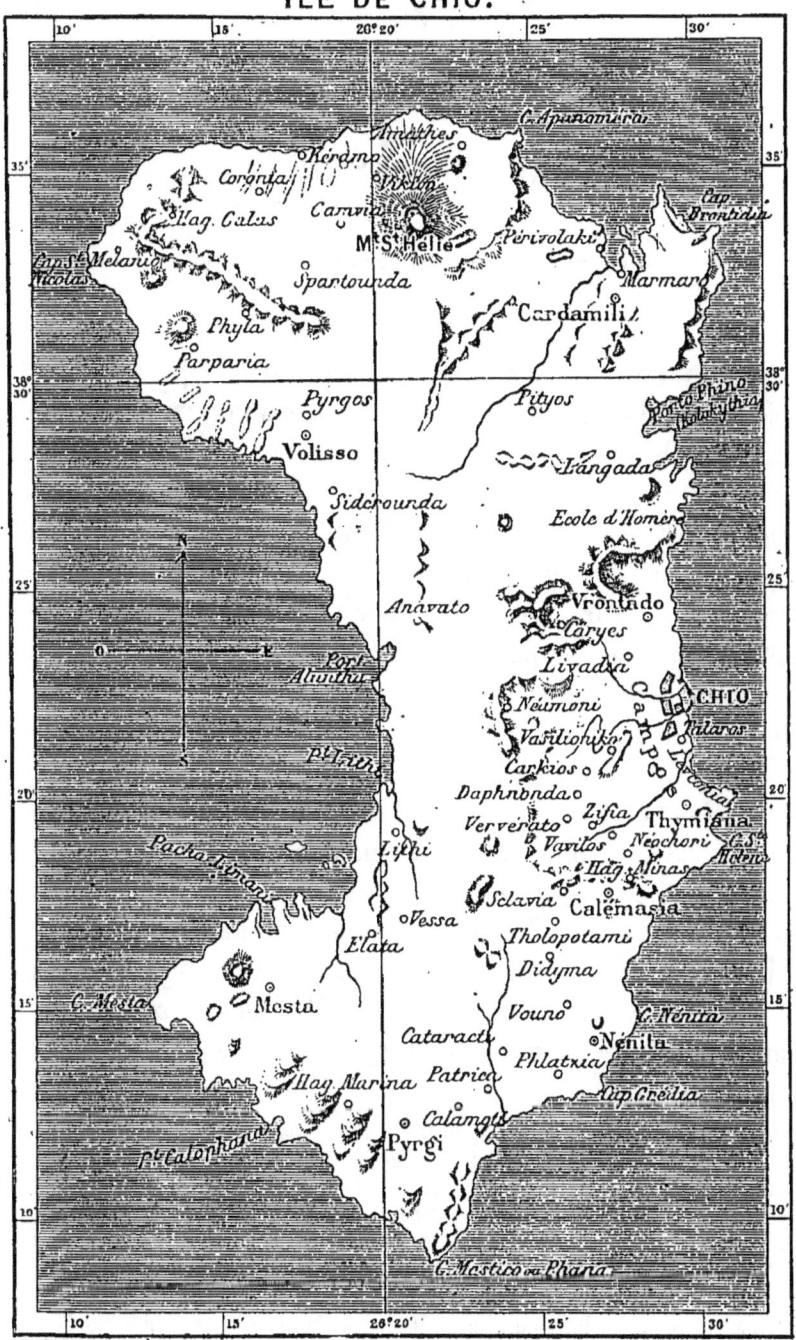

L. Thuillier, del!

CHAPITRE PREMIER

L'île de Chio. — Géographie physique. — Productions[1].

L'île de Chio est située en face de la presqu'île que les Turcs appellent *Kara-Bournou*, et que les anciens nommaient presqu'île d'Érythrées. Elle en est séparée par un canal qui n'a, en moyenne, que deux lieues de large. Les îles Spalmadores (anciennes Œnusses) l'en rapprochent encore, et ressemblent aux piles d'un pont que la nature aurait voulu jeter entre elle et le continent. Par sa situation, par son climat, par ses productions, par sa composition géologique, Chio appartient à l'Asie Mineure.

Du haut du pic Saint-Hélie, qui s'élève dans la partie septentrionale, vous pouvez embrasser du regard toute l'île étendue à vos pieds et en suivre les contours. Elle est plus longue que large ; sa côte occidentale décrit une profonde courbure, qui ne laisse à l'île, au centre, que douze ou treize kilomètres de largeur. Sa plus grande longueur, du sud au nord, du cap Mastic au cap Apanoméra, est de 45 kilomètres ; sa superficie peut être évaluée à 810 kilomètres ou 51 lieues carrées.

Homère appelle Chio l'île montagneuse, l'île abrupte, Χίος

---

1. [Cf. la carte de Testevuide, *Ile de Chio*, 1880; Marseille, et la carte spéciale d'Asie Mineure de Kiepert, au 250 000°. — Sur la description de l'île, voir Τοπογραφία τῆς νήσου Χίου, publiée à Chio en 1866 ; le petit guide de M. Mugéris, Ἡ νῆσος Χίος, Constantinople, 1889 ; dans le *Spectateur d'Orient*, 1855-1856, *Coup d'œil sur l'île de Chio* ; dans la *Revue des Deux Mondes*, t. LI, *L'Ile de Chio* de M. Henry Houssaye ; le voyage dans *l'Ile de Chio* du Dr Testevuide dans le *Tour du Monde* de 1878 ; *Die Insel Chio* du Dr Pauli dans les *Mittheilungen* de la Société géographique de Hambourg de 1880-1881. Voyez encore sur Chio les *Geologische Beobachtungen* de Teller, Vienne, 1880, et le *Griechische Reise* de Krumbacher, Vienne. 1886.]

παιπαλόεσσα¹. Une chaîne de montagnes la traverse en effet dans toute sa longueur et en forme comme l'épine dorsale; elle n'a guère que 1800 pieds de hauteur moyenne, mais le mont Saint-Hélie, qui la termine au nord, atteint facilement au double. De cette chaîne partent des ramifications en nombre infini, qui se dirigent de l'est à l'ouest et aboutissent à la mer. Le voyageur ne fait presque que franchir des montagnes et des vallées et ne trouve dans l'île entière que trois plaines, l'une qui entoure la ville, une autre au nord entre le village de Cardamyle et la mer, une troisième au midi près du port de Catophana. Ce qui compose les montagnes de l'île, comme celles du continent voisin, c'est le plus souvent un marbre bleuâtre à gros cristaux. On trouve aussi parfois des couches d'un marbre veiné, rose et rouge, et d'une fort belle coloration. C'est probablement ce marbre que Théophraste comparait à ceux de Paros et du Pentélique, et que vantaient Strabon et Pline². On en voit encore les carrières à Livadie, petit village situé à deux kilomètres de la ville; elles ne sont plus exploitées; les ruines de la ville détruite en 1822 fourniront longtemps encore assez de matériaux pour dispenser les habitants de creuser des carrières.

L'île possède plusieurs bons ports. Lorsqu'on part de la ville, en s'avançant vers le nord, on rencontre d'abord une suite de petites baies qui offrent un abri sûr aux navires d'un faible tonnage. La rade de Kolokythia, que les Italiens appellent *Porto Fino*, présente trois ports, tous les trois profonds et bien abrités contre les vents. Au nord-est, la baie de Cardamyle forme deux ports, dont l'un, celui de l'est, peut recevoir de très gros navires. Sur la côte occidentale sont quatre ports : ceux de Volisso, d'Aluntha, de Lithi et de Mesta; ce dernier, que l'on appelle aussi *Pacha-Limani* ou Port du Pacha, est assez pro-

---

1. Ἢ καθύπερθε Χίοιο νεοίμεθα παιπαλοέσσης. Homère, *Odyssée*, III, v. 170 — Χίῳ ἔνι παιπαλοέσσῃ. *Hymnus ad Apollinem*, v. 172.

2. Διωνομασμέναι λιθοτομίαι Παρίων τε καὶ Πεντελικῶν καὶ Χίων (Théophraste, Περὶ λίθων, [I, 6], édit. Schneider, t. I, p. 687). — Λατόμιον μαρμάρου λίθου... ἐν Χίῳ (Strabon, XIV, 35, édit. Casaubon, p. 645). — *Marmor Chium* (Pline, *Histoire naturelle*, XXXVI, 46 [V, 136]).

fond pour recevoir même des vaisseaux de guerre. L'île a encore au sud-ouest le port de Catophana, et au sud-est une grande rade (*Megalo-Limani*) entre le cap Sainte-Hélène et le cap Sainte-Irène. Il est remarquable que la ville seule manque d'un port naturel : celui qu'elle possède est l'œuvre des hommes ; deux longues digues, sans lesquelles il n'existerait pas, le ferment du côté de la mer et ne laissent entre elles qu'une étroite entrée. Ce port même est presque comblé par les terres que les pluies et les torrents amènent chaque année des hauteurs voisines ; il ne peut aujourd'hui recevoir que de très petits navires ; encore quelques années, il sera entièrement comblé, et il attestera une fois de plus l'insouciance et l'inertie du gouvernement turc.

Le climat de l'île est d'une salubrité parfaite. Les anciens y ont quelquefois placé le séjour des bienheureux[1], comme si l'on se fût rappelé qu'elle avait été habitable, cultivée et heureuse quand, sur la côte voisine, l'homme avait encore besoin de diriger des fleuves et d'assainir des marais pour chasser les maladies pestilentielles. Aujourd'hui même, le climat de l'île est réputé un des plus sains du Levant ; il n'est pas rare de voir les médecins de Constantinople et de Smyrne ordonner à leurs malades un voyage à Chio. L'île avait autrefois des eaux thermales dans les environs de Cardamyle ; la source en est épuisée ou oubliée.

A Chio l'hiver est moins froid et moins pluvieux qu'à Athènes, l'été moins chaud qu'à Constantinople. Les ardeurs du soleil de juillet et d'août sont presque toujours tempérées par les vents du nord, qui soufflent périodiquement en cette saison. Cette température est favorable à la variété des productions de la terre. Son influence sur l'homme est également bienfaisante ; elle n'énerve ni le corps, ni les caractères.

Quels que soient ces bienfaits de la nature, c'est encore le travail de l'homme qui a fait le plus pour la prospérité de Chio. A peine un quart de l'île est-il cultivable ; la terre est maigre

---

1. Pomponius Méla, II, 7. Diodore de Sicile, V, 82.

presque partout; souvent elle fait complètement défaut, et le sol est de roc. Les montagnes sont stériles comme en Grèce : ou le granit est à nu, ou il ne porte que de petites broussailles sèches et clairsemées. A Chio, sauf quelques exceptions, la première condition pour avoir du blé et des arbres a été de leur créer un sol qui les portât et les nourrît. Les Chiotes, plus que tous les autres Grecs, sont de laborieux et habiles agriculteurs; on est surpris de voir tout le parti qu'ils savent tirer de leur pays. Il suffirait de dire, pour leur éloge, que leurs jardiniers sont recherchés à Constantinople, dans tout le Levant, en Grèce, et jusqu'en Italie ; c'est une opinion accréditée que la terre s'améliore entre leurs mains. A Chio on ne voit pas de champs en friche ; toute terre qui peut produire est cultivée, et là où vous trouvez la stérilité, vous ne devez vous en prendre qu'à la nature. Les hommes labourent leurs champs avec des bœufs ou à la main, et pour certaines semences ils ne craignent pas de retourner la terre à plusieurs reprises. Ils ont travaillé ces montagnes mêmes qui semblaient se refuser à toute culture; ils les ont taillées en gradins, et sur les degrés ils ont réuni le peu de terre végétale qu'on put trouver sur le granit. Chaque montagne forme ainsi un escalier, dont chaque marche porte des oliviers, des vignes ou du blé : c'est une conquête faite sur le rocher. Nul ne sait quelles générations ont exécuté ces travaux.

Le plus grand éloge que les Grecs et les Orientaux fassent d'un pays, c'est de dire : il y a de l'eau. A Chio des sources nombreuses donnent une eau fraîche et bonne à tous les usages; mais ces sources sont encore, pour la plupart, la conquête difficile et glorieuse de l'homme. Sa main les a été chercher dans le sein du rocher ; pour parvenir jusqu'à elles, on a creusé le granit, on a taillé des voûtes qui pénètrent fort avant dans le roc, vont saisir les sources, leur tracent un chemin et en amènent l'eau dans des aqueducs qui la distribuent savamment dans les campagnes. Plusieurs de ces travaux, dignes des Romains, sont attribués aux Génois, qui ont gouverné l'île au xive siècle; je les crois plus anciens. L'île de Chio, dès le temps de Thucydide, était déjà remarquée pour sa belle agriculture[1], et il fallait qu'elle eût alors ces sources et ces aqueducs.

Les Chiotes ont porté dans l'agriculture le même esprit qui les distingue comme commerçants. Ils n'aiment pas les cultures faciles; on ne les voit pas, comme dans quelques provinces de la Grèce, semer du maïs, uniquement parce que le maïs coûte peu de peine. Ils semblent dédaigner le blé lui-même et préfèrent se livrer à des cultures qui exigent plus de soins, mais qui rapportent aussi davantage. Ils calculent toujours ce que la récolte produit d'argent, et non ce qu'elle coûte de travail.

Le coton vient bien dans l'île, grâce aux trois labours qu'ils savent donner à leurs champs.

La culture du mûrier et l'élève des vers à soie forment une des principales occupations des habitants des campagnes; l'île exporte annuellement de 18 à 22 000 kilogrammes de cocons.

L'olivier est un arbre qui n'exige presque aucun soin, qui se passe de l'homme[2], et sur lequel son industrie a peu de prise. Cet arbre est peu cultivé et réussit peu dans l'île; par une singularité remarquable, il n'y produit que tous les deux ans. Les Chiotes n'en entretiennent que ce qu'il leur faut pour leur consommation d'huile.

Les amandiers, les figuiers, fournissent d'abondantes récoltes, que l'on exporte chaque année.

La vigne est particulièrement cultivée dans la partie septentrionale, et le vin de Chio est encore recherché comme au temps de Strabon et d'Athénée[3].

La plus belle partie de l'île est aux environs de la capitale : cette plaine, qui a cinq lieues carrées de superficie, est couverte d'orangers. Les monts Provatia, qui s'élèvent au centre de l'île, se dirigent du sud-ouest au nord-est et aboutissent à la mer, à environ deux lieues au nord de la ville. Au midi, ils sont

---

1. Thucydide, VIII, 24.
2. Ἀγείρωτον, αὐτόποιον (Sophocle, Œdipe à Colone, v. 695).
3. Strabon, XIV, 35, p. 645 : Ἀριουσία χώρα οἶνον ἄριστον φέρουσα τῶν Ἑλληνικῶν. — Athénée, I [c. 59, édit. Kaibel], p. 52 : Χαριέστατος ἐστιν ὁ Χῖος, καὶ τοῦ Χίου ὁ καλούμενος Ἀριούσιος.

coupés à angle droit par une petite chaîne qui, courant de l'ouest à l'est, se termine au cap Sainte-Hélène. Ces deux montagnes et la mer forment un triangle, au milieu duquel se trouve la ville. Lorsque, d'une hauteur, vous l'embrassez du regard, vous diriez d'un vaste jardin. La nature présente quelquefois de plus beaux paysages, elle n'en présente pas de plus riches. La vue, bornée par ces trois lignes que forment la mer et les montagnes, ne tombe que sur une immense touffe d'orangers, toujours verts et toujours fleuris. De la mer, le voyageur en arrivant à Chio les voit s'élever en amphithéâtre sur une longueur de plusieurs lieues. Des navigateurs assurent qu'au mois de mai l'île entière, la mer qui l'entoure, et jusqu'au continent asiatique, sont embaumés de l'odeur des orangers. On estime que cette plaine produit soixante millions d'oranges. L'oranger exige beaucoup de travail et de frais de culture ; et cependant le produit net d'un hectare de terre plantée d'orangers est évalué dans l'île à 1000 ou 1200 francs.

Quand on sort de la ville par le côté du midi, on suit une route qui, pendant trois lieues, est entièrement bordée de murs : c'est une série non interrompue de maisons de plaisance et de jardins. Les jardins de Chio sont renommés ; vous y trouvez peu de fleurs et nulle allée d'arbres stériles comme en Europe ; ici tout respire moins de luxe et plus de richesse : ce ne sont qu'arbres fruitiers. Un large puits profondément creusé fournit de l'eau au moyen d'une roue qu'un cheval fait mouvoir, et des rigoles la distribuent au pied de tous les arbres.

Les Chiotes aiment passionnément leurs jardins. J'ai vu ceux d'entre eux que la guerre de l'indépendance a chassés de leur pays et a poussés à Syra ; le commerce les enrichit ; leur nouvelle patrie leur offre des ressources de toute espèce, et pourtant ils y vivent à contre-cœur. « L'île est aride, disent-ils, Syra n'a pas d'orangers, pas de campagne autour d'elle ; il faut vivre à la ville. » A Chio, on ne vit pas à la ville ; on y vient chaque jour pour les intérêts du commerce, et chaque jour aussi on retourne au milieu des orangers.

Les habitants distinguent trois parties dans l'île : le pays d'en haut ou du nord, Ἐπανωχώρα, le pays d'en bas, Κατωχώρα, qui commence au village de Lithi, et la plaine qui entoure la ville. Cette distinction est fondée sur la nature même : entre ces trois fractions de l'île tout diffère, l'aspect des lieux, la nature du sol, les productions. Le « pays d'en haut » a les montagnes plus hautes, plus escarpées et totalement nues à leur sommet. Du moins au fond des vallées le sol est riche et propre à toutes les cultures. Dans la partie méridionale, les hauteurs s'abaissent, les pentes deviennent moins raides et les sommets eux-mêmes peuvent être cultivés. Mais le sol est presque partout maigre et pierreux. Il y a des terrains qui se refusent absolument à porter des céréales et des arbres à fruit. C'est précisément sur ces mêmes terrains, et là où aucune plante ne pousserait avec avantage, que les Chiotes ont une des principales sources de leur richesse, l'arbre à mastic.

Cet arbre est un lentisque : c'est la même forme d'arbre; c'est le même tronc sortant à peine de terre et donnant naissance à plusieurs tiges branchues qui se subdivisent en rameaux; c'est la même hauteur de six à neuf pieds; c'est enfin le même feuillage, à cela près que les feuilles de l'arbre à mastic sont un peu plus longues et d'un vert un peu plus foncé. En un mot, c'est le même lentisque qui en tous lieux est stérile et qui à Chio a le privilège de sécréter une gomme précieuse.

Cette singularité est remarquable, et l'on ne sait s'il faut l'attribuer à une faveur spéciale de la nature ou au travail des hommes. Samos, Lesbos, Kara-Bournou ont le même climat, le même soleil, et, ce semble, le même sol que Chio; les lentisques y sont aussi nombreux et n'ont pas moins de vigueur. Ou ils ne sécrètent aucun atome de gomme, ou le peu de parcelles qu'on en peut recueillir n'a aucune saveur. Peut-être à Chio un long travail des générations anciennes a-t-il modifié cette plante, en la douant de propriétés nouvelles; peut-être le secret de cette culture s'est-il transmis dans l'île, de siècle en siècle, avec ces mille petites recettes auxquelles la science et le raisonnement ne suppléent pas. Et pourtant les lentisques poussent avec la même abondance dans la partie septentrionale de l'île et ces mêmes Chiotes ne réussissent pas à leur faire produire du mastic. Tracez une ligne qui, partant de Lithi, aboutisse à Calimasia; au nord de cette ligne vous ne trouvez plus un grain de cette gomme. Il y a là comme une barrière naturelle et mystérieuse que le mastic ne franchit jamais. On a tout essayé, on a transporté des lentisques du Midi, et avec eux des cultivateurs; on a toujours échoué. A Rhodes, à Lesbos, on a fait les mêmes tentatives, avec aussi peu de fruit. Les Chiotes, ne sachant à qui ils doivent un bienfait si particulier, l'attribuent à la faveur d'un saint. Saint Isidore a souffert le martyre à Chio au IIIe siècle, et c'est, disent-ils, de son précieux sang qu'est né l'arbre à mastic. Sans doute avant le christianisme ils l'avaient déjà fait naître du sang de quelque divinité.

Ces arbres sont petits, de chétive apparence et sans beauté; à les voir clairsemés et plantés sans ordre, on croirait qu'ils ont poussé au hasard et d'eux-mêmes et on les prendrait pour des arbustes sauvages. Il n'en est rien. Le paysan ne les fait pas venir de graines, parce que les graines produisent rarement des arbres qui portent du mastic; mais il multiplie les pieds en les provignant, et c'est pour cette raison qu'on les voit réunis en gros pelotons écartés les uns des autres. Le principal travail des cultivateurs consiste à choisir les meilleurs pieds pour les multiplier. Vers les premiers jours du mois de juillet on fait des incisions sur le tronc et sur les plus fortes branches. Durant un mois, la gomme distille lentement par ces ouvertures qu'on lui a pratiquées, s'échappe en petites larmes et tombe à terre, où elle trace autour de l'arbre un cercle blanc. Au mois d'août les paysans ramassent cette gomme avec la terre qui y est adhérente et qu'ils détachent en la faisant sécher à l'air.

Le mastic est généralement blanchâtre; on estime surtout celui qui est friable, ferme, sec, transparent à l'œil et éclatant. Sa saveur un peu âcre plaît surtout aux Orientaux; les femmes de Smyrne et de Constantinople le mâchent pour parfumer leur haleine ou le font brûler dans des cassolettes. Soluble dans l'esprit-de-vin, on en fait une liqueur qui se vend sous le nom de mastic dans tout le Levant. Les Occidentaux ne l'emploient guère que dans l'industrie, pour composer des vernis très clairs et transparents. Il était autrefois d'un grand usage en médecine; Galien le regardait à la fois comme astringent et comme émollient; il le recommandait pour les maladies les plus diverses[1]. Les modernes ont des remèdes plus variés et plus puissants, et le mastic, comme le sucre, est sorti du domaine de la médecine.

L'île de Chio, on le voit, est riche en plantes de luxe; ce qui lui manque, c'est ce qui nourrit l'homme, c'est le blé; elle regorge du superflu et a besoin du nécessaire. Toute riche qu'elle est, elle ne se suffit pas à elle-même; isolez-la, sa population meurt de faim. Mais ses oranges, ses figues, son vin et son mastic seront recherchés de l'étranger; le Chiote ne consommera pas ce qu'il aura produit: il est trop économe; ce n'est pas lui qui boira son vin; ses oranges et son mastic, ce n'est pas lui qui les consommera. Ces denrées exportées se convertiront, partie en blé pour la nourriture de l'année, et partie en argent. Ainsi naîtront les premiers capitaux; par eux, le Chiote se livrera au commerce, qui les multipliera. L'agriculture aura fourni la première mise de fonds, le commerce la fera fructifier.

---

1. Στυπτική καὶ μαλακτική, διὸ καὶ στομάχου καὶ κοιλίας καὶ ἐντέρων καὶ ἥπατος φλεγμοναῖς ἁρμόττει (Galien, Περὶ κράσεως καὶ δυνάμεως, liv. VIII, c. 6 [VII, c. 12, § 6, περὶ μαστίχης]; idem, Περὶ συνθέσεως φαρμάκων, liv. VIII, c. 4. — Dioscoride, Περὶ ὕλης ἰατρικῆς, I, 90, et I, 51. Pline, *Histoire naturelle* iv. XII, 72 [XXIV, 121, etc.].

CHAPITRE II

Les ruines de l'antiquité et du moyen âge [1].

I. LA VILLE ANCIENNE.

Je ne sais ce qui a pu donner prétexte à une opinion que j'ai trouvée universellement répandue dans l'île : on croit que la capitale ancienne était située sur le rivage occidental. Nous verrons à Chio plusieurs exemples des erreurs auxquelles on s'exposerait en suivant les traditions locales. Depuis les temps

[1]. [Indépendamment des travaux cités dans le cours de ce mémoire, il faut consulter sur l'histoire ancienne et les antiquités de Chio : Poppo, *Beiträge zur Kunde der Insel Chios und ihrer Geschichte*, 1822, Francfort; Coraï, Χιακῆς Ἀρχαιολογίας ὕλη (dans les Ἄτακτα, t. III, 1830, Paris); Whitte, *De rebus Chiorum publicis*, 1838, Copenhague; A. Vlastos, Χιακά, 1840, Hermopolis; Eckenbrecher, *Die Insel Chios*, 1846, Berlin. Presque en même temps que ce mémoire, paraissait une assez longue note de Conze sur les antiquités de l'île, *Philologus*, t. XIV, 1859, p. 155 et suiv. Depuis l'île a été souvent visitée et explorée; voir Testevuide et Krumbacher. Il faut surtout mentionner les découvertes épigraphiques et archéologiques publiées par Haussoullier, *Bulletin de correspondance hellénique*, t. III, 1879, par Sourias, Studniczka et Brückner, *Mittheilungen des kaiserlich deutschen Instituts* (Athènes), t. III, 1878; t. XIII, 1888; les travaux grecs de Paspatis, Τὸ χιακὸν Γλωσσάριον, Athènes, 1888, du Παρνασσός de 1878, de Zolotas dans l'Ἐφημερίς de 1889, du Μουσεῖον de l'École Évangélique de Smyrne, 1875-1876, de Kanellaki dans les écrits du Σύλλογος grec de Constantinople, et, de ce dernier, ses Χιακὰ Ἀνάλεκτα, 1890, Athènes; Alimonakis, Χίος ἡ νῆσος ἐν τῇ ἀρχαιότητι, 1882, Erlangen (thèse de doctorat). Dans la *Chronique* de la *Revue des Études grecques*, M. Haussoullier, dans sa *Chronique d'Orient*, M. Reinach, tiennent le public français au courant de l'archéologie chiote. M. Zolotas prépare une histoire de Chio, suivie du *Corpus* épigraphique de l'île. — La ville de Chio est devenue un centre très actif d'explorations archéologiques, grâce au zèle des chefs et des élèves du gymnase grec, et en particulier de M. Zolotas, son directeur actuel. Si l'on veut se rendre compte des dernières recherches sur l'archéologie et l'histoire de Chio, et de l'intelligente activité déployée par M. Zolotas et ses collaborateurs, il faut lire surtout les comptes rendus annuels publiés à Chio sous le titre de Ἔκθεσις τῶν πεπραγμένων ἐν τοῖς κοινοῖς παιδευτηρίοις τῆς πόλεως Χίου, années 1888-1889, 1889-1890.]

historiques, la capitale de l'île a toujours été sur le rivage oriental, en face d'Érythrées. Pausanias rapporte un fait qui doit être fort ancien, et probablement antérieur à l'établissement des Ioniens dans l'île. Parlant de l'antique statue d'Hercule Phénicien qu'il a vue à Érythrées, il raconte qu'au moment où les flots qui l'avaient miraculeusement amenée de Tyr la poussaient dans le canal qui sépare l'île du continent, elle fut aperçue à la fois des Chiotes et des Érythréens ; comme elle voguait à une distance égale des deux villes, toutes les deux s'en disputèrent la possession. Mettez la ville de Chio sur l'autre rivage, et ce récit n'a plus de vraisemblance[1].

J'ajoute qu'elle devait être située vers le milieu de la côte orientale, c'est-à-dire à peu près au même endroit qu'occupe la ville actuelle. Strabon la place en effet dans la partie la plus étroite de l'île ; il fait remarquer que de la ville au port Laïus, qui se trouve sur l'autre rivage, l'île forme un isthme de 60 stades, tandis que la distance par mer de l'un à l'autre point, pour un navigateur qui longe les côtes du côté du midi, est de 360 stades. Or, si l'on cherche dans l'île deux points qui, par terre et à vol d'oiseau, soient éloignés de 60 stades, et de 360 par mer, on ne trouvera que le port de Lithi et la ville actuelle. Ces deux mesures sont exactes pour ces deux points, et ne le sont pour aucun autre. Elles déterminent de la façon la plus précise l'emplacement de l'ancienne ville, et, en même temps, celui du port que Strabon appelle *Laïus*[2].

Strabon ajoute qu'en partant de la ville et en se dirigeant au midi, le premier cap qu'on rencontre est le cap Posidium. En un autre endroit, parlant du promontoire Argennon, dans la presqu'île d'Érythrées, il écrit qu'il est situé en face du Posidium et à une distance de 60 stades. La position du cap Argennon est fixée dans Strabon par celle du mont Corycus et de l'île Hallonnèse ; c'est celui que quelques géographes modernes appellent cap Blanc, un peu au-dessous de Tschesmé. Or, en face de lui, dans l'île, s'avance le cap Sainte-Hélène,

---

1. Pausanias, VII, 5.
2. Strabon, liv. XIV, p. 645 de l'édition Casaubon.

qui n'en est éloigné que de 12 kilomètres (60 stades), et qui est précisément le premier qu'on rencontre au midi de la ville. Toutes ces positions se déterminent réciproquement; qu'on mette la ville en un tout autre endroit, on pourra bien donner le nom de Posidium au premier cap que l'on trouvera au midi, mais ce cap ne se trouvera plus en face et à 60 stades de l'Argennon.

Enfin, il est naturel que la capitale ait toujours été située au milieu de la plus belle plaine de l'île. On ne peut pas la reculer plus loin que Pacha-Vrysis au nord, que le cap Sainte-Hélène au midi. Je ne vois dans l'île aucun autre endroit qui soit digne d'être l'emplacement d'une grande ville.

A une époque où les villes redoutaient le voisinage de la mer et des pirates, Chio a pu être située sur les collines qui s'élèvent à trois quarts de lieue du rivage et qui forment les dernières pentes des monts Provatia. Mais de bonne heure la sécurité et l'attrait du commerce la firent descendre vers la côte. On sait, par un récit de Vitruve, que les murs de la ville s'avançaient jusqu'au bord de la mer et que les flots en baignaient le pied[1].

L'emplacement de l'acropole ne nous est indiqué par aucun auteur ancien; mais Chio voulait être maîtresse du canal qui la séparait du continent; elle devait donc élever sa principale forteresse près de la mer. Les acropoles des villes maritimes ne sont pas toujours sur des hauteurs.

La ville ancienne n'a laissé d'elle, au niveau du sol, aucune grande ruine. Vous ne trouvez ni un temple, ni un théâtre, ni une colonne qui soit debout. Pour beaucoup de villes grecques, la position, l'étendue, les contours sont marqués sur le sol; une enceinte indestructible subsiste encore, entoure encore un désert. Rien de pareil ne se voit à Chio. La raison en est que Chio a été riche au moyen âge, riche aux temps modernes, et que, depuis l'antiquité jusqu'à 1822, elle a toujours été une grande ville. La solitude conserve les ruines; car ces monuments dont on met la chute sur le compte des

---

1. Vitruve, X, 16.

siècles n'ont guère d'autre destructeur que l'homme; et où l'homme disparaît, ce sont eux qui restent debout. Mais la prospérité est essentiellement destructrice : elle abat les vieux édifices pour en élever de nouveaux; elle modifie, transforme, rajeunit tout; elle n'a pas le respect de la mort, elle crée.

A Chio, chaque génération a pris les pierres qu'avait élevées la génération précédente. Vous trouvez un morceau de colonne, un bas-relief, un marbre ancien, dans chaque maison, dans chaque muraille. Les monuments sont encore sous nos yeux; mais méconnaissables et comme en poussière. L'île a près d'un millier d'églises; elles se sont partagé les dépouilles des temples antiques : à l'une un fût de colonne, à l'autre le chapiteau, à une troisième une corniche. Et tout cela est tellement dispersé, mêlé, confondu, qu'il est impossible à l'imagination de reconstruire un seul monument.

Les Chiotes aiment le luxe des églises et des maisons particulières; aussi ont-ils gardé beaucoup de marbres anciens; mais comme ils aiment encore mieux le commerce, ils en ont vendu plus qu'ils n'en ont gardé. Les colonnes du temple d'Apollon Phanéen ont été vendues, il y a peu de temps, partie aux Psariotes, partie à des Anglais. On a souvent fait des fouilles dans la ville sans autre but que d'exporter des marbres.

Tout ce qui n'a été ni détruit, ni partagé, ni vendu, a été enterré. Le sol de la ville a en effet dû changer depuis trente siècles. Les cent générations qui y ont vécu l'ont peu à peu exhaussé. Chio est d'ailleurs située au pied de collines dont la terre est journellement entraînée par les pluies. Ce ne serait rien encore, si un torrent, qui tombe des hauteurs voisines et qui se jette dans le port, n'amenait incessamment avec ses eaux la terre des montagnes. L'action lente de ce torrent a eu des effets incalculables; elle a peu à peu enlevé à Chio son port.

Il ne faut qu'un coup d'œil pour se convaincre que le port qu'on voit aujourd'hui est artificiel. Sa forme est celle d'un ovale très allongé, dont la partie la plus large fait face à la mer; l'enfoncement dans les terres est à peine sensible. C'est, à vrai dire, une simple étendue d'eau prise sur la mer, et dont on a fait un port au moyen de deux longues digues; sans elles le port n'existe plus. Or ces digues ne sont pas de construction grecque, et paraissent dater du temps des Génois. Tel qu'il est, ce port lui-même tend à disparaître, et, si l'on n'y prend garde, le même torrent aura bientôt achevé de le combler.

Ce n'est certainement pas ce port qui valait à la ville antique l'épithète d'εὐλίμενος, que lui donnent Strabon et Eustathe[1]. Mais si nous observons les environs du port, nous remarquerons qu'à l'exception d'un petit monticule rocheux qui s'élève à l'extrémité méridionale, tout le reste est de formation récente. Le sol est un mélange de terre et de sable, de sable apporté par les flots, de terre apportée par les pluies et par le torrent. On peut surtout observer ce fait dans toute l'étendue de l'esplanade, vis-à-vis de la citadelle; plus on approche du rivage, et moins le sol a de consistance. La forteresse elle-même, qui s'avance en pointe au nord du port, repose sur un terrain que les flots ont occupé; car si l'on creuse à une petite profondeur, on trouve l'eau de mer[2].

Au delà de l'esplanade, à environ 500 mètres du rivage, on peut remarquer que le sol s'abaisse tout à coup de plusieurs mètres dans un espace qu'occupent aujourd'hui quelques jardins; puis vient une colline que les habitants appellent *Palæo-Castro*. On peut se représenter un temps où le sol qui forme aujourd'hui l'esplanade n'existait pas, et où le port pénétrait jusqu'à ces terrains bas, au pied de la colline. Le torrent, venant du sud-ouest, n'a dû combler que l'entrée et le milieu du port; le reste a échappé à son action et a été seulement desséché, faute de communiquer avec la mer.

L'auteur de l'histoire manuscrite de la famille Justiniani[3] raconte, en attestant Josèphe, que le Juif Hérode, pendant un séjour qu'il fit à Chio, agrandit le port en creusant dans les

---

1. Strabon, liv. XIV, p. 645, et Eustathe, Ὑπομνήματα περὶ Διονύσιον περιηγητήν. [cf. Commentaire à Homère, p. 1462, 50].
2. [Cf. contra, Ἔκθεσις, 1889-1890, p. 155 et suiv., en particulier p. 154.]
3. Manuscrit de la famille Justiniani, liv. I, c. 5. J'aurai occasion de parler plus loin de ce document, précieux pour l'histoire de l'île.

terres jusqu'à l'endroit où se trouve, dit-il, l'église de Saint-Nicolas. Il ajoute que plus tard le port s'est rempli de nouveau, et que de son temps cette église est bien loin du rivage. Or l'église de Saint-Nicolas, qui a été détruite en 1822, était située hors de la forteresse, sur la colline de Palæo-Castro, tout près et au-dessus de ces jardins dont j'ai parlé. Ainsi, dans l'opinion de l'auteur du manuscrit, le port devait occuper autrefois une partie de l'emplacement de la ville actuelle et s'étendre jusqu'au pied de Palæo-Castro. Comblé peut-être une première fois avant le temps d'Hérode, il aurait été réparé par ce prince; puis le torrent l'aurait comblé de nouveau. Telle est l'assertion de l'auteur du manuscrit; il est vrai que nous chercherions en vain dans Josèphe le témoignage qu'il invoque. L'historien juif parle bien de la présence d'Hérode à Chio et de ses nombreux bienfaits envers la ville; mais il ne cite que la reconstruction d'un portique et le payement des dettes de la cité. Mais si l'auteur du manuscrit a pu se tromper sur la source de son assertion, cette assertion même ne laisse pas que d'être remarquable et d'avoir par elle seule quelque poids. Au moins prouve-t-elle deux choses : la première, que le fait paraissait vraisemblable il y a trois siècles; la seconde, qu'en vertu de traditions locales on y croyait.

La situation du port détermine celle de la ville; elle devait s'étendre à l'entour et en demi-cercle, occupant les collines de Palæo-Castro et de Tourlotti. Cette dernière recouvre une vaste nécropole creusée dans le roc, suivant l'usage des anciens. J'ai pu m'assurer que quelques-uns des puits qu'on trouve en cet endroit sont des ouvrages helléniques.

Enfin, des fouilles opérées sur la colline de Palæo-Castro ont mis au jour des vestiges authentiques de l'ancienne ville. J'ai fait creuser en quatre endroits, et trois fois j'ai pu constater la présence d'une grande muraille dont l'assise supérieure est à 2 mètres au-dessous du sol actuel. Elle longe le côté méridional de la colline, s'avance même un peu plus bas, parallèlement à ce qui me paraît être l'ancien port; puis, après avoir mesuré une longueur de 210 mètres, elle tourne au nord-est en formant un angle de 70 degrés.

Elle est bâtie en matériaux du pays, d'un calcaire tendre et jaunâtre, que l'on tire du village de Thymiana. La construction en est tout hellénique; le ciment n'y est jamais employé; les blocs supérieurs sont seuls unis par des crampons. Les assises sont régulières, mais de hauteur inégale. Le travail ne paraît pas très soigné; la nature des matériaux ne comportait pas une grande précision dans l'assemblage. L'épaisseur du mur est de 1^m,18; sa hauteur, là où l'on n'a pas élevé ses dernières assises, est de 3^m,10.

Il repose sur un autre mur qui s'avance en saillie de 1 mètre sur la face extérieure du premier, et qui, construit d'ailleurs avec les mêmes matériaux, repose immédiatement sur le sol naturel.

La forme de cette muraille dit assez qu'elle ne fait pas partie ni d'un temple, ni d'un théâtre. Ce ne peut être un mur de soutènement, car il est évident qu'il dépassait le niveau du sol de presque toute sa hauteur. Reste une seule hypothèse : c'est qu'il ait été le mur d'enceinte de la ville ou de l'acropole.

A côté et en avant du mur inférieur, on a trouvé entassée une multitude prodigieuse de marbres et de colonnes. Les marbres sont taillés en carré et ont, pour la plupart, l'épaisseur uniforme de 0^m,16, qui atteste qu'ils ont dû faire partie d'une même construction. Les colonnes sont toutes d'ordre dorique et de petite dimension. Le tout est en marbre bleuâtre du pays.

Pline l'Ancien raconte[1] que Cicéron fit un voyage à Chio, vraisemblablement entre les années 78 et 76 avant Jésus-Christ, à l'époque où les Chiotes venaient de relever leurs murs détruits par Mithridate. Ils les montraient avec orgueil à Cicéron; ils en vantaient la magnificence. « Je les admirerais bien plus, répliqua Cicéron, s'ils étaient construits en pierre de Tibur. » La pierre de Tibur est, comme on sait, très grossière, mais, transportée à Chio, elle eût acquis beaucoup de prix. Le bon mot de Cicéron nous donne à entendre que ces murailles étaient construites en marbre, mais en marbre du pays, et que d'ailleurs

---

1. XXXVI, 6 (5), 46.

l'architecture en était moins admirable que la matière. Or quelle peut être la destination de ces nombreux blocs de marbre taillés en carré et d'une petite épaisseur, sinon de servir de revêtement au mur de pierre? Dans toute la longueur de ce mur et à mi-hauteur, on remarque qu'il règne un petit cordon en saillie qui paraît avoir eu pour objet de soutenir le revêtement. On peut d'ailleurs observer que les marbres se trouvent tous au pied de la face extérieure du mur, c'est-à-dire de celle qui, suivant l'usage, était la plus ornée ou la seule ornée. Les colonnes ou demi-colonnes ne se rencontrent qu'à la partie qui faisait face au port, et qui était peut-être précédée d'un portique. Le mur inférieur semble destiné à les porter.

Un tel luxe si hors de propos peut sembler bizarre et être réprouvé par le goût. Mais la singularité du travail explique à la fois que les Chiotes l'aient signalé à Cicéron, et que Cicéron l'ait si peu admiré. Songeons d'ailleurs que ces murailles ont été construites à une époque de paix, où les Chiotes, se fiant aux Romains, sûrs de l'appui de leurs maîtres et de leur propre docilité, travaillaient plutôt à l'ornement qu'à la défense de leur ville.

Parmi les débris, on a trouvé quelques fragments de statues et de bas-reliefs. L'objet le plus curieux est un reste de peinture murale. Sur une bande de marbre, large de $0^m,95$ et haute de $0^m,19$, on distingue très nettement des dessins qui représentent quatre animaux : au milieu, un lion et un taureau semblent combattre; à droite du groupe un griffon, et à gauche un autre lion font face à des adversaires qui se trouvaient sur des marbres qu'on n'a plus. On ne reconnaît à l'œil nu aucune trace de couleur; peut-être en découvrirait-on par des moyens chimiques. En tous cas, ce n'étaient pas les figures, mais le fond, qui était coloré; car le marbre des figures est lisse, et le fond est pointillé au marteau et préparé pour recevoir la couleur. Cette disposition, qui n'est pas tout à fait sans exemple, ne laisse pas d'être assez remarquable. C'est au poli des figures que l'on doit de distinguer encore parfaitement les dessins; ils sont d'un beau travail. On a trouvé un autre fragment semblable au premier et appartenant à la même bande de marbre; il représente un quadrige conduit par une déesse.

Tous les marbres se trouvaient à 22 pieds au-dessous du sol. La terre elle-même qui les recouvrait donne lieu à quelques observations. On peut y compter trois couches superposées et pour ainsi dire trois âges distincts. Jusqu'à la profondeur de 2^m,50 le sol est un composé de débris modernes, de tuiles, de briques, en un mot de matériaux des maisons génoises et grecques des derniers siècles; car on a bâti en cet endroit jusqu'en 1822. On a trouvé une monnaie d'or des Justiniani et deux monnaies vénitiennes. Plus bas, le sol a plus de consistance, ce qui indique qu'il est plus ancien; il contient pourtant encore beaucoup de débris d'habitations et quelques monnaies byzantines. Descendez plus bas encore, et vous trouvez les marbres antiques et les monnaies autonomes de Chio; j'ai recueilli en un petit espace jusqu'à neuf de ces dernières.

II. LA VILLE MODERNE.

Au temps de la domination byzantine, alors que tant de villes abandonnaient les bords de la mer pour échapper aux pirates, on ne voit pourtant pas que les Chiotes se soient éloignés du rivage. Le nombre infini de colonnes byzantines que l'on trouve encore atteste que la ville n'a ni changé de place, ni perdu son importance. Sa forteresse, garantie souvent insuffisante contre les Sarrasins, les Arabes et les Turcs qui ravageaient les îles, était située sur le bord de la mer, et à l'extrémité septentrionale du port. On lit en effet, dans Anne Comnène, que le Turc Tsachas, venant du midi, dépassa le port où était la flotte grecque et arrêta ses vaisseaux au pied de la citadelle[1]. La place qu'elle occupait est encore appelée aujourd'hui Palæo-Castro, l'ancien château. La forteresse actuelle et le sol même où elle repose n'existaient pas encore.

La même cause qui rétrécit et combla peu à peu le port éloi-

---

1. Anne Comnène, *Alexiade*, liv. VII [Migne, t. CXXXI, col. 575 et suiv.].

gna aussi l'ancienne forteresse de la mer. Les Génois en construisirent alors une nouvelle sur cette langue de terre que les atterrissements successifs avaient formée. C'est elle qui, retouchée par les Turcs, existe encore aujourd'hui. Sa forme est à peu près celle d'un losange; un de ses côtés regarde le port, un autre la mer, les deux autres la ville. Elle est située dans la même position relative que l'ancienne acropole, mais un peu plus en avant. Ses murs sont construits à la façon génoise, c'est-à-dire en petites pierres irrégulières et en briques cimentées à la chaux. Elle occupe une étendue d'environ un kilomètre carré; la petite ville qu'elle renferme est toute génoise : là en effet étaient le palais du podestat, celui de l'évêque, l'hôpital et la cathédrale de Saint-Dominique, dont les Turcs ont pris un tiers pour faire leur plus grande mosquée. A chaque pas, on lit quelque inscription latine qui rappelle la présence d'un peuple de l'Occident. A la porte principale, on voit encore les armes des Justiniani et ailleurs celles des Vénitiens, que les Turcs ne se sont pas donné la peine d'enlever. Tous les ennemis qui l'ont successivement assiégée ou occupée y ont laissé leurs canons; vous y trouvez ceux des Florentins, ceux des Vénitiens, ceux des Philhellènes.

Au temps des Génois, la ville s'étendait en demi-cercle sur les hauteurs de Palæo-Castro, de Tourlotti et de Psomi; vers 1440, alors que les Turcs devenaient menaçants, elle fut entourée de murs. Ces murs ont disparu; une des portes, celle du nord-ouest, est encore debout.

Cette ville a un caractère tout particulier entre les villes de l'Orient. Elle ne ressemble pas aux villes turques, où règne le désordre, où l'on ne voit nul tracé de rues, où les maisons, les cours, les jardins, tout est semé au hasard, où le paysage se confond avec l'architecture, où il y a saleté là où il n'y a pas solitude, et où de grands palais mal bâtis s'élèvent à côté des bicoques des pauvres. Elle ne ressemble pas davantage aux villes franques du Levant, où les constructions sont riches, surtout coquettes, et démesurément ornementées; à Chio, les constructions sont d'une régularité géométrique; les rues, parfaitement alignées, se coupent à angle droit. Les maisons sont hautes, d'un style grandiose, aristocratique, un peu sombre : c'est une ville de féodalité italienne au milieu de l'Orient.

Les maisons sont très pressées; évidemment on était avare d'espace; on en accordait le moins possible à la cour et à la rue. Souvent la cour manque absolument; la rue n'a jamais plus de deux mètres de largeur. En 1822, une population de 45 000 âmes était serrée sur une superficie de moins de quatre kilomètres.

Aujourd'hui cette ville n'offre presque que des ruines. Entre la forteresse et le port s'étend une immense place vide; là était le plus beau quartier de la ville; vous marchez sur des palais qui étaient encore debout il y a trente ans; vous distinguez le tracé des rues, les fondations des maisons, la place des portes. Dans le reste de la ville, les trois quarts des maisons et des églises n'offrent plus que les quatre murs, hauts, nus, sans croisées, entamés par des boulets ou noircis par l'incendie; pas un toit, pas une poutre à l'intérieur; un tas de décombres s'élève à la hauteur du premier étage : c'est l'ouvrage des bombes, puis de l'incendie allumé par les Turcs. Toutes les maisons ont été ruinées; quelques-unes ont été réparées à mesure que les Chiotes revinrent dans leur patrie; mais la ville de 1822 est beaucoup trop grande pour les habitants d'aujourd'hui, dont le nombre atteint à peine 5000[1], et la plupart des maisons restent désertes et en ruines. Il n'y a pas un seul quartier, une seule rue qui ait été épargnée, et qui n'étale encore ses décombres.

J'ai vu en Grèce beaucoup de ruines; j'ai traversé des champs où avaient été des villes; j'ai visité des murs d'enceinte qui n'enferment plus que la solitude. Ces spectacles n'affligent pas l'âme; la mort date de trop loin et est trop complète pour nous attrister. Le temps, en rongeant ces ruines, leur a ôté leur laideur; et, chose étrange, en présence de ces vieux débris, l'idée qui nous vient à l'esprit est celle de la durée plutôt que celle de la mort. Mais à l'aspect de Chio le cœur se serre. La mort n'est pas encore froide; on compte les plaies du cadavre, on

---

1. [15 000 en 1889, Mugéris, p. 46.]

distingue le lieu de chaque massacre, le théâtre de chaque douleur; on croit entendre le cri des mourants. L'immense et vague disparition de tout un peuple nous frappe moins que l'accumulation de tant d'infortunes particulières que nous pouvons discerner, toucher, analyser. Le détail de cette ruine fait horreur.

Le dernier mot du voyageur en sortant de la ville est de dire : Que ne l'ai-je vue trente ans plus tôt !

III. L'ÉCOLE D'HOMÈRE, LES VILLAGES, LE TEMPLE DE PHANÆ [1].

Les Chiotes ne connaissent dans leur île qu'un monument antique, et ils l'appellent l'École d'Homère. A cinq kilomètres au nord de la ville, près du rivage, à l'endroit où la chaîne des monts Provatia rejoint la mer, et près de la source qu'on nomme *Pacha-Vrysis*, on montre au voyageur un rocher dont la face supérieure a été taillée, par la main de l'homme, en plate-forme à peu près ovale. Un petit banc de rocher qui régnait alentour, et dont il reste encore des parties, était, disent les Chiotes, le banc des auditeurs; et un banc de granit qui s'élève à 80 centimètres au milieu de la plate-forme était, disent-ils encore, le siège d'Homère. Puis ils racontent qu'il y a vingt ans à peine ce morceau de granit offrait exactement la forme d'un siège, et que deux pattes de lion en formaient les bras et le dossier.

Les voyageurs ne sont pas sans parler de ce monument; Pokocke y a parfaitement distingué la figure d'Homère et celles de deux muses. Il est vrai que Chandler y a vu non moins nettement une statue assise de Cybèle, et, au lieu de deux muses, deux lions. L'abbé Coronelli voit bien des animaux, mais il ne sait pas si ce sont des taureaux ou des loups; Dapper se contente de dire que ce rocher approche de la forme d'un siège; Choiseul-Gouffier en donne une description et un dessin également imaginaires. Aujourd'hui il est informe, et je croirais volontiers

---

1. [Cf. Papadopoulos Kérameus, Ὀνόματα τοποθεσιῶν ἀρχαίων ἐν Χίῳ dans le journal le Ὅμηρος, septembre 1876, p. 364; Haussoullier, *Bulletin*, t. III, p. 241; Alimonakis, c. 1; Mugéris, p. 21 et suiv.]

qu'il l'était déjà au temps de Chandler et de Pokocke. Je me persuade même difficilement qu'il ait jamais été taillé. Aucune inscription n'indique si l'on voit un piédestal, un autel ou un siège, si cette petite plate-forme était temple ou école. L'imagination reste libre de se figurer ce qui lui sourit le plus, et la raison s'abstient de rien décider.

Ce n'est pas sans quelque surprise que l'on voit les Chiotes donner sérieusement à ce lieu le nom d'École d'Homère. Il semble que cette invention ait échappé aux anciens, qui possédaient tant de détails, vrais ou faux, sur ce poète. Cette tradition néanmoins doit être ancienne. On la trouve rapportée dans un écrivain du xve siècle, Jérôme Justiniani, Génois de Chio, qui mentionne l'École d'Homère, en ajoutant que « ce grand poète vivait au temps des derniers empereurs de Constantinople ». Prenons acte de son ignorance; elle nous prouve que cette tradition ne fut pas imaginée de son temps; or, pour trouver une époque où l'on connût assez Homère pour être tenté de marquer, par un pieux mensonge, le lieu de son École, il faut remonter jusqu'à l'empire romain[1].

Il y a donc quelque chose de plus authentique que l'École d'Homère, c'est le souvenir du poète persistant à Chio depuis trente siècles. Parlez à un Chiote des grands écrivains ou des grands hommes de la Grèce ancienne, il en ignore les noms et ne se doute pas que ses ancêtres aient eu une histoire; mais il se souvient d'Homère. Ce qu'était Homère, il ne le sait pas. En quel temps vivait-il? Il vous répond qu'il y a cent ans. N'importe, il connaît ce nom; il l'a appris de ses pères; les générations se le redisent. Tout souvenir de l'antiquité a disparu dans l'île excepté celui-là; le nom d'Homère ne peut pas sortir de la mémoire du peuple ignorant. L'île entière est encore pleine d'Homère : à Pityos il est né, il a vécu à Volisso, il a tenu école à Pacha-Vrysis, à Anavato il a chanté, Cardamyle montrait naguère son tombeau. Ainsi cinq villages de l'île de Chio revendiquent encore aujourd'hui l'honneur d'avoir possédé Homère.

---

1. [Cf. sur l'École d'Homère, Conze, *Philologus*, XIV, p. 156; Studniczka, *Mittheilungen*, t. XIII, p. 165 ; le Παρνασσός d'août 1880.]

Nous allons parcourir l'île, mais la ruine la plus intéressante que nous y aurons rencontrée, ce sera ce souvenir lui-même.

Immédiatement en sortant de la ville, du côté du nord, on trouve le village de Vrontado ; il s'étend au milieu de figuiers et d'orangers, dans une étendue de trois kilomètres, et renferme une population de 4000 habitants. Ce village respire la richesse. Tandis que les commerçants vivent à la ville ou à *Campos*, les constructeurs et les capitaines de navires vivent à Vrontado et viennent y dépenser les profits de chaque navigation. Il n'est pas impossible que ce village et le nom qu'il porte soient également anciens. Étienne de Byzance cite un lieu nommé Βαβράντιον, qu'il place tout près de Chio[1].

Un peu plus loin, les montagnes atteignent le rivage de la mer, et dès lors on ne cesse de traverser des hauteurs abruptes et stériles. Ceux qui ont bâti le village de Langada semblent avoir choisi la plus haute et la plus raide de toutes, et ils l'ont taillée en gradins pour y mettre des maisons ; on force ces rochers à porter du blé, des figues et des vignes qui font un vin passable. En tournant la montagne de Langada du côté sud-est, on trouve un bon port ; en la tournant du côté du nord, on en trouve deux ; tous les trois se rattachent à une rade commune, que les Grecs appellent *Kolokithia* et les Italiens *Porto-Fino*. Nous sommes évidemment à Delphinium. La persistance du nom n'est pas toujours en Grèce un indice suffisant ; mais nous lisons dans Thucydide[2] que Delphinium est un lieu naturellement fortifié, qu'il possède plusieurs ports, et qu'il est voisin de la ville : ces trois circonstances ne peuvent se rencontrer que pour Porto-Fino. L'ancien Delphiniun était-il une petite ville, une forteresse ou simplement un lieu consacré à Apollon Delphinien ? Étienne de Byzance l'appelle φρούριον[3], et Thucydide se sert du mot vague de χωρίον, qui a tous les sens, depuis celui de terrain jusqu'à celui de forteresse. Cette position, qui domine les meilleurs ports de l'île, était importante pour quiconque

---

1. Βαβράντιον, τόπος περὶ Χίον (Étienne de Byzance, v° Βαβράντιον).
2. Thucydide, VIII, 38.
3. Étienne de Byzance, au mot Δελφίνιον. — [Haussoullier, *Bulletin*, t. III, p. 241.]

voulait être maître du canal; et en même temps du côté de la terre elle gardait les approches de la ville. Aussi les Athéniens, quand ils firent la guerre aux Chiotes, commencèrent-ils par s'y établir. La nature avant eux avait fortifié Delphinium; ce ne sont, en effet, de tous côtés, que des montagnes qui forment des murailles infranchissables, ou des défilés étroits et faciles à défendre. Les Athéniens, dit Thucydide[1], ajoutèrent encore à la force de cette position; cependant, en visitant toute cette côte et la montagne, je n'ai trouvé aucun vestige de construction hellénique; on n'en doit pas être surpris, si l'on songe au peu de durée de ces ouvrages faits à la hâte par une armée en campagne, surtout quand la force des lieux dispensait d'ouvrages considérables. D'ailleurs les Spartiates, qui reprirent Delphinium en 407[2], rasèrent vraisemblablement la forteresse, pour ne la laisser ni à leurs ennemis ni à leurs alliés.

En se rendant de Langada à Cardamyle, par la route de gauche, on traverse le village de Pityos. Ce nom est cité par l'auteur de la vie d'Homère, attribuée à Hérodote[3].

Le grand village de Cardamyle était connu dans l'antiquité; Thucydide le cite comme un des points où les Athéniens débarquèrent en 411 et vainquirent les Chiotes[4]. Les restes d'un beau temple attestaient naguère encore l'ancienne importance de ce bourg[5]. Je les ai vainement cherchés; les paysans me dirent que les marbres avaient été enlevés, il y a peu d'années, et vendus à des étrangers. Je n'en fus pas surpris : c'est un des principaux commerces des Chiotes.

La prospérité de Cardamyle paraît s'être continuée depuis l'antiquité jusqu'à nos jours; les colonnes byzantines et les nombreuses monnaies d'or et d'argent de toute époque que l'on y trouve en sont un témoignage. Dans l'antiquité et dans les premiers siècles de la domination byzantine, le bourg devait

---

1. Thucydide, VIII, 38.
2. Diodore de Sicile, XIII, 76.
3. Πιτύς, *Vie d'Homère*, c. 20.
4. Thucydide, VIII, 24.
5. *Construtto di marmi cinerici, longhi almen otto, e larghi sei palmi, con ferri impionbati compienti* (Coronelli, *Isolario*, [1696]). Michele Justiniani (*Scio sacra*) cite aussi ce temple.

être situé près du port, à l'endroit où sont aujourd'hui les villages de Périvolaki et de Marmaro. C'est là que l'on trouve quelques débris de colonnes et une rangée d'oves d'un beau travail; l'inscription grecque qu'on lit à Cardamyle y a été apportée de Marmaro [1]. A l'époque des désordres et de la piraterie, le village recula jusqu'à une lieue dans l'intérieur, s'établit sur deux monticules et se fortifia. On voit encore les restes du mur d'enceinte et de la tour carrée qui s'élevait au centre. Lorsque les efforts des puissances occidentales et la destruction de l'Ordre de Malte [2] eurent rendu la sécurité aux mers, la population de Cardamyle redescendit insensiblement vers le port et y fonda les villages de Marmaro et de Périvolaki. Il s'y fait quelque commerce maritime.

Continuant vers le nord-ouest, on traverse une contrée montagneuse, pierreuse, presque entièrement stérile, et dont la côte, sur une étendue de 45 kilomètres, ne présente pas le moindre port. Il est impossible de ne pas reconnaître à ces traits la contrée que Strabon nomme Arvisia [3]. Elle produit encore aujourd'hui, comme de son temps, le meilleur vin de l'île. Mais ce vin, qu'on exporte dans l'Archipel et à Constantinople, ne paraît pas enrichir beaucoup ceux qui le font : ce sont les plus misérables de l'île.

Amathès, Vicki, Gamvia, Spartounda, Phyta, sont de petits villages rangés en demi-cercle sur les dernières pentes du mont Saint-Hélie, l'ancien *Pelinæum* [4]. Le Saint-Hélie a un aspect grandiose; c'est un pic énorme, qui domine de la moitié de sa hauteur toutes les montagnes de l'île. Derrière lui un pic un peu moins élevé semble s'en être détaché. Il n'en fallait pas plus pour faire le sujet d'une fable antique. Diane, irritée contre Orion le fort chasseur, avait brisé la montagne pour faire sortir

---

1. [Cf. Bœckh, 2214 c; Ἐφημερίς, août 1889; Paspatis, Γλωσσάριον, p. 450 et p. 16.]

2. Les galères de Malte poursuivaient les navires chiotes comme naviguant sous pavillon turc.

3. Ἀρϊουσία, χώρα τραχεῖα καὶ ἀλίμενος, σταδίων ὅσον τριακόσια (il faut lire τριακόσια, et non pas τριάκοντα, que portent quelques éditions). Strabon, XIV, p. 645.

4. Strabon : Πελιναῖον. Étienne de Byzance : Πελληναῖος. Pline : *Pelinæum*. Ὑψηλότατον τῶν ἐν τῇ νήσῳ (Strabon, ibidem).

de ses entrailles un énorme serpent[1]. Chaque montagne, chez les anciens Grecs, était consacrée à un dieu ; le Pélinæum, par sa grandeur, méritait de l'être à Jupiter. Un temple, ou tout au moins un autel, s'élevait sur son sommet[2], à l'endroit où l'on voit la chapelle de Saint-Hélie. Quand vint le christianisme, il changea tous les noms. Ce qu'on avait adoré sur presque tous les promontoires sous le nom de Neptune, on l'adora sous le nom de saint Nicolas. Les montagnes consacrées généralement à Jupiter ou à Apollon passèrent sous le nom de Saint-Hélie. Au lieu de donner le nom d'une divinité et un temple à chaque montagne et à chaque rivière, on leur donna le nom d'un saint et une chapelle.

Le mont Saint-Hélie projette à l'ouest le promontoire Saint-Nicolas, qui s'avance en face de la petite île de Psara. Il portait chez les anciens le nom de cap Noir, *Melæna acra*[3], et ce nom se perpétue encore dans celui du petit village de Mélanio.

Je ne ferai pas la nomenclature de tous les villages qui s'étendent entre Amathès et Volisso ; ils sont fort nombreux, très peu peuplés et très pauvres, trois choses qui s'accordent assez bien.

Pour trouver quelque richesse il faut aller jusqu'à Volisso, sur la côte occidentale. Là sont des terres fertiles qui portent des oliviers, du coton, des céréales et quelques vignes ; mais la culture du mûrier et l'élève des vers à soie forment le principal revenu du village. Volisso est divisé en trois parties et occupe deux collines, à un quart de lieue de la mer ; sur la plus haute sont encore les ruines d'un grand château génois, avec la tour centrale et l'enceinte carrée. Là s'était réfugié le village au moyen âge ; mais plus récemment il a rompu ses liens, franchi le mur d'enceinte et est descendu un peu plus bas.

On sait combien les Grecs ont eu et ont encore de goût pour la recherche des étymologies. Leur zèle en cette matière n'a d'égal que leur inhabileté. Les Chiotes remarquèrent une ressemblance de quelques lettres entre le nom de Volisso (Βολισσός)

---

1. Aratus, *Phænomena*, v. 636.
2. Πελιναῖος· ὁ Ζεὺς ἐν Χίῳ (Hésychius).
3. Μέλαινα ἄκρα, καθ' ἣν τὰ Ψύρα (Strabon, ibidem).

et celui de Bélisaire ; c'en fut assez pour croire que le village ne pouvait devoir son nom qu'au général de Justinien, et, partant, qu'il n'avait pu être fondé que par lui. On ne se demanda pas pourquoi un homme né en Thrace, et qui ne vint jamais à Chio, aurait eu l'idée d'y fonder un village. Cette tradition s'accrédita si fort et est devenue aujourd'hui si ferme et si unanime parmi les habitants, dont elle flatte la vanité, que, n'était un mot de Thucydide, nous serions forcés de les croire.

Thucydide cite Volisso comme le théâtre d'une victoire des Athéniens en 411 [1]. Mais de cette époque ancienne il ne reste aucun vestige. Deux inscriptions, dont l'une est entièrement illisible, sont l'unique et faible témoignage de l'existence d'un ancien bourg en ce lieu [2].

La côte qui suit est très montagneuse et stérile. Sur le sommet le plus abrupt et le moins accessible est suspendu le village d'Anavato. A le voir, on croirait qu'il va tomber, en entraînant ses habitants dans l'abîme.

Vers le milieu du demi-cercle que forme cette côte, on trouve un excellent mouillage, bien abrité contre les vents. Il correspond, comme nous l'avons vu plus haut, au port que Strabon appelle *Laïus*; il porte aujourd'hui le nom de *Lithi*. Il avait quelque importance au temps des Génois ; les navires qui ne voulaient pas faire le tour de l'île y débarquaient leurs marchandises, que l'on transportait ensuite par terre à la ville. Quant à placer l'ancien Laïus au port Mesta, qui est plus bas, c'est l'opinion que je trouve la plus accréditée, et celle qui a le moins de fondement, puisque le port Mesta n'est pas placé à l'isthme, et qu'il est éloigné par terre de la ville de Chio de plus de cent stades. J'aimerais mieux y placer le port que Strabon appelle *Notium* [3].

A Lithi commence la culture du mastic, et avec elle la richesse abonde. Tous les villages du sud de l'île ont un air d'aisance

---

1. Thucydide, VIII, 24.
2. [Voyez notre préface.]
3. Strabon, liv. XIV, p. 645 : Πρῶτον μὲν τὸ Ποσείδιον, εἶτα Φάναι,... εἶτα Νότιον,... εἶτα Λαΐους... ὅθεν εἰς τὴν πόλιν ἑξήκοντα σταδίων ἰσθμός;... εἶτα Μέλαινα ἄκρα.

que l'on trouve rarement dans ceux du nord. Ce qui est surtout remarquable, c'est que la richesse y est également répartie. Quoique l'hiver de 1850 ait compromis pour longtemps la récolte de mastic et d'oranges, je n'ai pas vu un seul mendiant. Cette contrée, qui n'a guère en étendue que le quart de l'île entière, paye plus d'impôts que tout le reste et est plus peuplée. De ses vingt et un villages, il y en a plusieurs qui renferment 2500 et 3000 habitants.

Les villages de Chio ont un caractère particulier : ils forment un carré parfait, fermé de tous côtés; les maisons, ayant leurs portes tournées vers l'intérieur du village, et nulle issue sur l'extérieur, reliées encore entre elles par de gros murs, forment une enceinte continue. On ne pénètre dans le bourg que par une porte étroite, qui la nuit est fermée par une grille de fer. Au centre du carré s'élève une tour également carrée, à deux ou trois étages, et qui souvent n'a ni porte ni aucune espèce d'issue à hauteur du sol; on y monte par une échelle de cordes. Cette disposition, qui se remarque quelquefois dans le nord de l'île, est générale dans le midi. Tous les paysans s'accordent à dire que ces tours et ces villages, semblables à des forteresses, datent du temps des Génois, et tout porte à croire qu'ils disent vrai; la construction est génoise; le mur de la tour ressemble au mur de la citadelle de Chio; les portes des maisons sont basses et étroites comme celles de la ville. On trouve fréquemment incrustées dans les murs les armes de la famille Justiniani, et le peuple conserve encore, dans sa langue et dans son costume, des souvenirs des Italiens. La population paraît étouffer dans les limites qu'on lui a tracées : les rues sont étroites; on n'a pas accordé à l'air assez de place pour circuler; les maisons à deux et à trois étages sont serrées les unes contre les autres sans laisser entre elles d'intervalle pour le jardin ni même pour la cour. Pourquoi si peu d'espace et si peu de liberté? Pourquoi ces enceintes continues, ces issues armées de portes de fer, ces hautes tours si bien défendues? Tout respire ici la guerre ou l'oppression. Tant de précautions furent-elles imaginées contre des ennemis ou contre les villageois? Les riches récoltes, l'argent, et le mastic, plus précieux que l'argent, ont-ils valu à ces villages tant de menaces de la part des étrangers, ou tant de défiance de la part de leurs maîtres? Nous le saurons tout à l'heure. Je ne veux signaler ici que l'impression de tristesse que l'on éprouve en pénétrant dans ces sortes de prisons, où règne pourtant une opulence relative.

Je ne ferai pas l'énumération de ces villages, qui d'ailleurs se ressemblent tous. Les principaux sont : Mesta, à l'ouest Pyrgi, au midi ; Calamoti, Nénita et Calimasia, à l'est.

Les écrivains anciens mentionnent plusieurs fois dans l'île de Chio un lieu qu'ils appellent *Phanæ*, Φάναι. C'est un port suivant les uns, un promontoire suivant les autres ; il paraît probable que ces deux opinions doivent s'accorder, et qu'il y a eu à la fois un port et un cap de ce nom.

Le cap Phanæ est celui qui s'avance à l'extrémité méridionale de l'île. Il fut ainsi appelé, dit Étienne de Byzance, parce que ce fut de là que Latone aperçut Délos[1]. Il est faux que de ce promontoire ou d'aucun lieu de l'île on puisse voir Délos ; mais cette tradition prouve au moins que le promontoire était situé au midi de l'île. Aujourd'hui il est généralement nommé cap *Mastic*.

Nous voyons dans Tite-Live[2] une flotte romaine, partie de Délos, aborder à Phanæ, faire ensuite le tour de l'île, et aller mouiller au port de la capitale. Phanæ était donc le premier port de l'île qui s'offrît aux navigateurs venant du sud-ouest ; il était tourné vers la mer Égée, et il se trouvait à l'ouest du cap, puisqu'il fallait doubler ce cap (*circumagere naves*) pour faire le tour de l'île. Or, sur cette côte, on ne trouve qu'un port : il est tourné vers la mer Égée ; il est à l'ouest du cap ; enfin, il a gardé son ancien nom, car on l'appelle aujourd'hui *Catophana*.

Strabon cite Phanæ[3] comme un port profond, et en effet le

---

1. *Phanæ, promontorium Chiorum* (Tite-Live, XLIV, c. 28). — Φάναι, ἀκρωτήριον τῆς Χίου, ἀπὸ τοῦ ἀναφανῆναι τῇ Λητοῖ τὴν Δῆλον (Étienne de Byzance, au mot Φάναι).
2. *Romani, ubi primum aquilones ceciderunt, ab Delo Phanas, portum Chiorum in Ægæum mare versum, petunt; inde ad urbem circumegere naves commeatuque sumpto....* (Tite-Live, XXXVI, 43).
3. Strabon, XIV, p. 645.

port de Catophana a quinze et vingt brasses de fond, et serait un excellent mouillage s'il était mieux abrité contre les vents.

Le même géographe remarque à Phanæ la présence d'un bois de palmiers. On ne le trouve plus aujourd'hui ; mais on peut observer que, dans l'hiver de 1850, Catophana est le seul endroit de l'île où les lentisques n'aient pas été gelés. Ce lieu est donc plus propre qu'aucun autre aux cultures des climats chauds.

Les Athéniens y débarquèrent pendant la guerre du Péloponèse et y vainquirent les Chiotes[1]. Ce lieu est en effet très favorable à un débarquement, et il offre une plaine assez grande pour que deux corps d'armée s'y puissent mesurer.

Enfin, Strabon signale un temple d'Apollon à Phanæ. Ce temple, nous l'avons retrouvé sur une petite éminence, à quelques centaines de mètres du rivage. Strabon, qui semble avoir fait le tour de l'île par mer, sans visiter l'intérieur, a pu le voir du port.

Les siècles l'ont maltraité. Il n'en reste plus une seule colonne debout; le niveau du temple et cinq ou six assises du mur de la *cella* sont tout ce qu'il nous a été donné d'apercevoir. La matière qui a servi à la construction est un calcaire compact; on voit encore sur la montagne voisine, à l'ouest, les carrières d'où on l'a tiré. Le travail est très soigné. Les assises, parfaitement régulières, ont toutes la même hauteur et sont assemblées avec la dernière précision. Nous avons évidemment sous les yeux un ouvrage hellénique.

La longueur de la *cella*, mesurée à l'extérieur, d'angle à angle, est de $28^m,70$; la largeur, de $18^m,85$; c'est, à très peu de chose près, le rapport de 1 à 1 1/2, rapport qui n'est pas rare dans les temples grecs.

Le côté oriental a encore ses deux angles antiques ; mais entre eux on a construit une abside avec des pierres tirées du temple, lorsque les chrétiens en ont fait une église ; elle décrit un arc de cercle dont la plus grande largeur a 7 mètres et la plus petite $4^m,76$ (mesure prise à l'intérieur).

---

[1] Thucydide, VIII, 24.

Le côté occidental présente une porte en son milieu ; elle est large de 2ᵐ,60. L'état des pierres montre que cette porte est antique. Elle n'était pourtant pas la porte principale : c'est du côté de l'orient qu'on devait entrer dans un temple grec.

À l'intérieur, à une distance de 5 mètres de la porte, et parallèlement au mur occidental, règne une substruction qui est faite des mêmes matériaux que le temple. Puis deux autres substructions, parallèles entre elles, partent de la première et vont aboutir aux deux extrémités de l'abside. Dans l'église chrétienne, la première a dû marquer la place destinée aux catéchumènes, et les deux autres les trois nefs de l'église. Peut-être les dernières sont-elles aussi anciennes que le temple, et étaient-elles destinées à porter une double colonnade intérieure.

Il n'y a plus ni ville ni village à Phanæ ; le port ne reçoit pas une barque. Pour trouver des habitations il faut aller jusqu'à Pyrgi, à deux lieues plus loin. Pyrgi est un ancien village, qui possède une assez belle église byzantine. Les Génois n'ont laissé nulle part plus de traces de leur séjour ; la tour carrée et plusieurs maisons portent encore leurs armes ; le peuple a conservé la coiffure et une partie du costume italien. Tous les villages du midi et du nord de l'île ont été saccagés en 1822 ; Pyrgi est un de ceux que se sont le mieux relevés et qui paraissent le plus florissants. Calamoti, Patrica, Flatzia, Cataracti, présentent encore la moitié de leurs maisons en ruine[1].

Thucydide mentionne dans l'île un lieu qu'il appelle *Levconion*, où les Athéniens vainquirent les Chiotes en 411[2]. Ils faisaient alors le tour de l'île par mer : ce lieu était donc voisin de la côte. Ils venaient de Volisso et de Phanæ ; Levconium était donc sur la côte sud-est de l'île. Ils y débarquèrent, y rencontrèrent des troupes chiotes et les vainquirent. Levconium était donc un lieu de débarquement et une plaine. Or on ne

---

1. [Cf. Haussoullier, *Bulletin*, t. III, p. 325 ; Conze, p. 156 ; Studniczka, p. 162.]
2. Καὶ ἕν τε Καρδαμύλῃ ἀποβάντες· καὶ ἐν Βολίσσῳ... καὶ ἐν Φάναις αὖθις ἄλλῃ μάχῃ ἐνίκησαν, καὶ τρίτῃ ἐν Λευκωνίῳ (Thucydide, VIII, 24).

trouve dans toute cette partie de l'île qu'une seule plaine qui puisse servir pour un débarquement et pour un combat : c'est celle qu'on appelle aujourd'hui le *Campos*, et qui s'étend depuis le cap Sainte-Hélène jusqu'à la ville ; et précisément la partie méridionale de cette plaine porte encore aujourd'hui le nom de *Levconia*. La position de l'ancien Levconium ne présente donc aucun doute. Le village qui existait apparemment dans ce lieu a été abandonné à l'époque où les populations fuyaient les bords de la mer, et puisqu'elles ne trouvaient pas ici, comme à Volisso et à Cardamyle, des hauteurs voisines où elles pussent se fortifier, elles ont dû se retirer hors de leur territoire. La persistance du nom n'en est que plus remarquable.

CHAPITRE III

Les Chiotes.

Ce qui fait que dans la Grèce ancienne chaque ville mérite d'avoir son histoire, c'est que presque chaque ville a un caractère qui lui est propre. La Grèce est le pays de la variété et du morcellement; quand on la parcourt, on croit traverser vingt pays divers ; les hommes y varient encore plus que la nature. Le caractère, les aptitudes, les mœurs même, tout change dès que vous passez un bras de mer ou que vous sautez un ruisseau. C'est peu que de dire qu'il y eut dans la Grèce ancienne deux races et deux esprits, celui des Doriens et celui des Ioniens; Corinthe ne ressemble pas à Sparte, ni Mégare à Corinthe. Je ne reconnais dans les Chiotes ni des Doriens, ni des Ioniens; je ne puis les assimiler à aucun autre des peuples grecs : leur caractère eut toujours quelques traits particuliers qui les distinguèrent et les distinguent encore des autres Hellènes.

Aussi n'est-il pas bien avéré que le sang hellénique domine en eux; voyons naître leur population : nous nous expliquerons mieux leur caractère et leur histoire.

I. ORIGINES DE LA POPULATION CHIOTE [1].

Leurs premiers ancêtres ont été ces Pélasges, Lélèges ou Cariens qui ont occupé toutes ces contrées [2]. Strabon trouva à

---

1. [Cf. Alimonakis, c. 2.]
2. *Pélasges, Lélèges* et *Cariens* paraissent être les noms divers d'une même race ; aussi Strabon, dans trois endroits de son livre, peut-il se servir de ces trois noms pour désigner les anciens habitants de l'île. Strabon, XIII, 621; XIV, 632; Pausanias, VII, 2, 4 ; Hérodote, I, 171.

Chio, leur souvenir encore vivant, et un scoliaste rapproche le nom du mont Pélinæum de celui d'une ancienne ville pélasgique de Pélinna en Thessalie[1]. C'est cette race, si différente de la race hellénique par les aptitudes, par la religion et par la langue, qui paraît avoir la première défriché le sol de Chio et qui lui a donné son nom.

Je ne puis croire, comme Pline[2], que l'île ait primitivement porté les noms d'*Æthalia*, *Pityusa*, de *Macris*. Qui ne voit que ce sont là de simples épithètes, que son climat, ses productions et sa forme lui ont values, et qui d'ailleurs lui étaient communes avec beaucoup d'autres îles de l'Archipel? Le seul véritable nom de l'île, le seul dont l'histoire l'ait toujours appelée, c'est Chio (Χίος, Scio, Chio). Elle le portait déjà du temps d'Homère[3].

Aucun Chiote n'est indifférent à l'étymologie de ce nom. J'ai vu des paysans, fort ignorants d'ailleurs de l'histoire de leur patrie, m'interroger avidement sur cette question, me proposer des conjectures et les discuter avec moi. Tous sont philologues en ce point. Aussi ne soyons pas surpris du nombre et de la bizarrerie des étymologies que les anciens et les modernes ont imaginées. L'un fit dériver le nom de Chio du mot grec qui signifia la neige, comme s'il y neigeait plus qu'ailleurs. Un autre, dont l'imagination sans doute était plus poétique, inventa le personnage de la nymphe Chione pour donner un nom à l'île[4]. En même temps les amateurs de la géographie expliquent doctement que l'île doit son nom à la ressemblance qu'elle a avec la lettre χ.

Ce qui est plus digne de remarque, c'est ce que dit Isidore de Séville dans ses *Origines* : « L'île de Chio a été ainsi nommée par les Syriens, parce qu'elle produit le mastic; car, ajoute-t-il, le mot *chio* signifie *mastic* en langue syrienne[5]. » Cette étymologie ne nous surprendra pas, si nous songeons que

1. Scoliaste de Pindare, *Pythiques*, X, 6.
2. *Histoire naturelle*, V, 31 (38), 136.
3. *Odyssée*, III, 170.
4. Pline, *Histoire naturelle*, V, 31 (38), 136.
5. Isidore de Séville, XIV, 6.

les Orientaux n'ont jamais appelé cette île autrement que l'île du mastic[1], qu'après les Arabes les Turcs la désignent encore ainsi, et qu'il est d'ailleurs bien naturel que toutes ces îles aient reçu leurs noms des Phéniciens, premiers navigateurs et premiers commerçants[2].

Le nom de Chio est donc oriental; la race qui l'occupa la première paraît orientale aussi, et n'est peut-être pas sans rapports avec les Phéniciens.

Déjà au temps de cette race d'hommes et sans attendre l'arrivée des Hellènes, Chio reçut quelque civilisation. La lumière lui vint de Crète. La tradition qui personnifiait dans le nom du premier Minos une sorte de civilisation carienne[3], ajoutait qu'un petit-fils du héros, nommé Œnopion, avait régné à Chio[4]. Cette conquête ne transforma pas la race : les Crétois étaient les frères des anciens habitants[5]; ils furent accueillis volontairement, et, comme dit Diodore[6], à cause de leur justice. La domination bienfaisante qu'ils étendirent dans toutes ces contrées n'y laissa d'autre souvenir que celui des mers purgées des pirates, du commerce rendu possible, des villes enfin habitables, des lois apportées aux hommes et des arts eux-mêmes cultivés. Chio ne se souvint aussi plus tard de son chef Crétois que pour rappeler deux de ses bienfaits, l'extermination des monstres[7] et l'introduction de la culture de la vigne[8], ces deux emblèmes par lesquels les anciens désignaient les débuts de toute civilisation.

Vers le XIIe siècle avant notre ère, Chio reçut des colons de race hellénique. Mais il ne faut pas croire que la population fut entièrement renouvelée, que l'ancienne race périt, qu'un nou-

---

1. *Bibliothèque Orientale* de d'Herbelot, aux mots *Mastichi* et *Sakis*. Aujourd'hui, les Turcs appellent l'île *Sakis-Adassi*; « l'île du mastic ».
2. On sait que les anciens confondaient les Phéniciens parmi les peuples de la Syrie. — Bochart [*Geographia sacra*, liv. I, c. 9] croit que le nom du mont Pélinæum dérive aussi du phénicien.
3. Hérodote, I, 171.
4. Pausanias, VII, 5. Théopompe, cité par Athénée, I, 26 (47).
5. Hérodote, I, 171.
6. Diodore de Sicile, V, 79 et 84.
7. Aratus et son scoliaste, v. 636.
8. Athénée, I, 26 (47).

vel esprit et une nouvelle religion régnèrent en un moment.

De tout temps la race ionienne, ou éolienne, à la différence des Doriens, fut instinctivement poussée vers l'Orient; elle ne cessa de convoiter la mer Égée et la presqu'île d'Asie Mineure. Son premier effort renversa Troie; puis les trois générations suivantes, que la tradition personnifie dans les trois descendants d'Agamemnon[1], allèrent fonder dix-huit villes en Mysie et à Lesbos. L'invasion des Doriens en Grèce précipita ce mouvement, et força à briller en Asie une race dont elle arrêtait l'essor en Grèce. Les vaincus du Péloponèse se réfugièrent d'abord dans l'Attique, où des rois issus de leur race ne manquèrent pas de les accueillir. La vanité athénienne prétendit plus tard qu'ils ne sortirent de l'Attique que parce qu'elle était un asile trop étroit pour tant d'exilés[2]; mais l'expédition des Doriens, qui prirent Mégare l'ionienne, qui tuèrent Codrus, qui forcèrent Athènes à changer sa constitution, qui enfin la menacèrent si fort, que les générations suivantes ne purent alléguer qu'un miracle pour expliquer leur salut, fut probablement ce qui détermina l'émigration. Vaincues dans le Péloponèse, vaincues de nouveau en Attique, toutes les races malheureuses, Ioniens de l'Œgialée, Éoliens d'Élide, Pélasges d'Arcadie, Dryopes, Épidauriens, Abantes de l'Eubée, Cadméens, Minyens d'Orchomène, tous[3]; ennemis naguère, unis alors par des malheurs communs, émigrèrent sur l'autre rivage de la mer Égée. Ces colons n'étaient donc pas, on le voit, de purs Hellènes.

Suivant la Chronique de Paros, qu'il faut suspecter comme étant l'organe des prétentions d'Athènes, les nouveaux habitants de Chio faisaient partie de l'expédition que commanda Nélée l'Athénien. L'auteur de la Chronique se trompe. Il est certain qu'ils ne vinrent pas avec Nélée, puisque, durant trois générations, ils ne firent pas partie de la confédération ionienne[4]. Suivant Diodore, un certain Macareus, issu de

---

1. Strabon, XIII, p. 582. Pausanias, III, 2.
2. Thucydide, I, 2.
3. Pausanias, VII, 2. Hérodote, I, 146, 145, 147. Strabon citant Phérécyde, liv. XIV.
4. Pausanias, VII, 4.

l'Œgialée, mais qui avait sous ses ordres des hommes de toutes nations, occupa Chio, qu'il laissa à ses descendants[1]. Pausanias veut que le chef de cette colonie ait été un Eubéen d'Histiée; il avait été poussé à Chio par un de ces oracles qui dirigeaient si bien les Grecs dans leurs émigrations[2]. Quoi qu'il en soit, tous ces auteurs s'accordent à nous montrer les nouveaux venus comme une population mélangée. Strabon ne savait ni qui ils étaient, ni de quelle contrée de la Grèce ils étaient partis; Pausanias se demandait s'ils étaient Hellènes[3].

Reçus à Chio pacifiquement, ils laissèrent subsister les anciens possesseurs. Les deux populations vécurent unies durant un siècle.

L'hellénisme ne prit le dessus qu'à la quatrième génération. Si les Cariens furent alors chassés, ils durent laisser à la nouvelle race tout ce qu'elle leur avait emprunté en un siècle, leur religion, leurs mœurs et leurs traditions même. Le héros crétois continua d'être honoré par les nouveaux habitants; au temps de Pausanias on montrait encore son tombeau vénéré[4].

Tant d'éléments divers réunis pour composer la population de l'île nous montrent que cette population devait ressembler fort peu à celle qui occupait la Grèce européenne, et nous expliquent pourquoi, dans la suite de son histoire, elle fut généralement si indifférente aux destinées de l'Europe.

II. PERSISTANCE DE LA RACE.

Depuis l'époque de l'arrivée des Hellènes jusqu'à nos jours, la population de l'île n'a pas changé. Elle a traversé toutes les phases de la liberté et de la sujétion; elle a obéi à des maîtres très divers; trois fois elle a été tout entière expulsée de l'île. Chassée, elle est toujours revenue; asservie, elle s'est perpétuée. Les dominations étrangères n'ont jamais amené dans l'île assez d'étrangers pour en altérer la race. Les Perses, qui l'as-

1. Diodore de Sicile, V, 81.
2. Pausanias, VII, 4.
3. Strabon, XIV, 633. Pausanias, VII, 4.
4. Pausanias, VII, 5.

sujettirent, ne l'occupèrent pas. Rome n'était qu'une ville, et ne pouvait envoyer aux provinces que des magistrats. Plus tard les Génois et les Turcs s'établirent dans l'île, mais en nombre insuffisant pour changer la population; les uns et les autres s'allièrent peu avec les sujets.

La persistance de la race est attestée par celle de la langue. C'est encore le grec qu'on parle aujourd'hui à Chio [1]. Il est facile de reconnaître que le fond du langage est le même depuis trente siècles; mais ce fond, à chaque époque, a revêtu quelques formes étrangères. Aux premiers siècles de son histoire, Chio, unie à la confédération ionienne, parlait aussi le dialecte ionien. La domination d'Athènes imposa d'abord à ses écrivains, puis introduisit peu à peu parmi le peuple, la langue attique. Sous l'Empire romain, les mots latins firent invasion; les Chiotes appelèrent César πάτρων [2]. Mais la langue latine, mal soutenue par les Romains eux-mêmes, ne triompha pas de la langue grecque, et ne put lui imposer que quelques mots de l'administration et de la loi. Soumis aux Génois, les Chiotes durent adopter beaucoup de mots italiens; la haine contre l'Occident les aurait fait disparaître, si les relations commerciales ne les avait maintenus; car l'italien est encore aujourd'hui la langue de quiconque est marin ou commerçant dans la Méditerranée. Les Turcs ont donné moins de mots à la langue des Chiotes qu'à celle des autres Grecs; car les pays où les Grecs ont pris le plus de mots turcs ne sont pas ceux où les Turcs ont été le plus nombreux, mais ceux où les Grecs ont été le plus esclaves. Nous verrons que les Chiotes sont restés à peu près libres; aussi dans l'île sont-ce les Turcs qui parlent grec.

L'ancien idiome de la Grèce a donc subsisté en dépit des révolutions et de l'esclavage. Ses variations sont celles que le temps apporte à toutes les langues, qui les corrompent, mais qui ne les dénaturent pas. Il ne faut pas être surpris que le grec d'aujourd'hui diffère du grec ancien, mais plutôt que

---

1. [Voir maintenant le livre de Paspatis, Τὸ χιακὸν Γλωσσάριον. M. Psichari a fait des recherches étendues sur le dialecte chiote; cf. son livre Τὸ Ταξίδι μου, 1888, Athènes.]

2. Bœckh, *Corpus inscriptionum græcarum*, nº 2215.

quinze siècles y aient fait si peu de changements. Ils se réduisent presque tous à deux, l'analyse des formes de la conjugaison, et l'abréviation des mots par la contraction des syllabes non accentuées. Ce sont précisément les mêmes changements qui ont eu lieu dans les langues néo-latines. Il est arrivé aussi au grec vulgaire ce qui arrive à toute langue qui n'a plus de littérature : les formes savantes disparaissent, les formes populaires reviennent à la surface. La langue perd sa fleur, mais elle conserve encore son génie et ses aptitudes. Un Chiote lettré n'a pas beaucoup d'efforts à faire pour que sa langue reproduise les tournures et quelques-unes des beautés du grec ancien : c'est la même harmonie, la même souplesse, la même couleur. Elle aura peut-être un jour une littérature[1]. Il faut remarquer que la langue a ainsi persisté sans effort et sans étude ; ce n'est qu'à la fin du siècle dernier qu'une école hellénique s'est établie dans l'île, et qu'a commencé pour Chio, comme pour toute la Grèce, un travail grammatical sur la langue et un retour systématique au grec ancien. Jusque-là la bouche du peuple, sans parti pris et sans étude, avait suffi à perpétuer la langue.

Non seulement la ville, mais les villages ont conservé leurs anciens noms. Qu'y a-t-il de plus grec que les noms de Coronia, d'Élatée, de Livadie, que portaient des villes béotiennes ; de Delphinium, qui avait son homonyme en Attique ; de Cardamyle et de Calamoti, qui avaient aussi leurs homonymes en Messénie ? Tous les noms des villages, à l'exception de deux, ont une racine grecque[2].

Les traditions sont le lien naturel entre les différentes générations d'une même race. Mais elles ne durent qu'avec l'appui de l'orgueil national ou du sentiment religieux. Chio, en perdant son indépendance municipale et sa religion hellénique, perdit du même coup ses traditions. Il en est une pourtant qui a échappé, nous l'avons vu, au naufrage de toutes les autres :

---

1. [Voyez déjà dans les Χιακὰ Ἀνάλεκτα de Kanellaki, et, comme spécimens des écrits chiotes, les discours publiés par l'imprimerie Damianos, Ἔκθεσις, 1888-1890.]
2. *Sclavia*, où les Génois avaient leur prison (*schiavo*), et *Campos*, où ils avaient leurs maisons de campagne (*campo*).

c'est le souvenir d'Homère. N'est-ce pas encore un témoignage de la persistance de la race?

III. CARACTÈRE DES CHIOTES.

Les Chiotes d'aujourd'hui sont donc les vrais fils des anciens Chiotes. Ils ont encore les qualités, les défauts et tout le génie de leurs ancêtres; les traits de leur caractère ont pu être affaiblis par le temps et par l'oppression, ils n'ont pas été altérés.

On reconnaît un Chiote entre des Grecs à la physionomie. Il n'a pas cet œil fier, ce front hautain, cet air de bravade, que les Grecs portent dans l'abjection et la lâcheté même. La puérile vanité, les beaux habits dorés lui sont inconnus. Il n'a pas cette figure mobile, sur laquelle toutes les passions éclatent; la sienne est calme, froide, impassible; elle ne trahit ni sentiment, ni passion : elle n'exprime que le calcul.

Le Chiote, en effet, a dans l'esprit une force de réflexion que n'ont pas les autres Grecs. Il calcule tout, ne s'enthousiasme pour rien, ne se livre jamais à son imagination. Il est l'homme positif de la Grèce. Les Grecs dans leur langage aiment les idées abstraites et les grands mots; le Chiote parle une langue plus précise, plus pleine de choses et surtout de chiffres, mais peu élevée. Les questions de liberté, de justice, de science et d'art tiennent peu de place dans sa conversation; il en revient toujours au commerce, à ce qui rapporte, à ce qui se vend et s'achète. Ces préoccupations et ces habitudes ont fait sa physionomie : sur son front vous ne lisez qu'une pensée, celle de s'enrichir.

Aussi a-t-il une aptitude merveilleuse à être riche. La nature l'a fait négociant et banquier; il l'est encore aujourd'hui, comme il l'était dans l'antiquité. Dans ses opérations commerciales, il ne laisse rien au hasard; il joue gros jeu, mais toujours à coup sûr; vous le croiriez parfois hardi et téméraire, il n'est que prudent.

Je veux donner un exemple de son habileté. En 1822, toutes les familles chiotes furent réduites à la misère par la vengeance des Turcs; elles ont retrouvé leur fortune aujourd'hui, et voici comment. Les Chiotes se réfugièrent à Syra, et le commerce de l'Archipel les y suivit. Ils avaient choisi cette île parce que, à titre de catholique, elle était presque française; en effet, le pavillon français les protégea durant toute la guerre, et eux seuls purent faire le commerce. La guerre achevée, Syra fit partie du royaume de Grèce et Chio resta à la Turquie. Les Chiotes, sans doute, se trouvèrent heureux d'être Grecs, mais regrettèrent beaucoup aussi de n'être plus Turcs. Leurs relations avec la Turquie allaient se trouver plus difficiles; ils y seraient considérés en ennemis; une guerre pouvait survenir, et avec elle le blocus des ports et l'interdiction du commerce. Ils se hâtèrent d'acheter quelques terrains ou quelques maisons dans leur ancienne île ; ils envoyèrent un domestique, un vieillard ou une femme pour représenter la famille, et enfin, même établis à Syra, ils payèrent le *kharadj*, comme s'ils étaient présents à Chio. De cette façon, ils furent à la fois citoyens grecs et raïas turcs. Bien leur en prit. En 1854, la Turquie refusa l'entrée de ses ports aux Grecs. Mais un Chiote de Syra n'est pas un Grec. Il a le droit de porter pavillon turc, et tous les ports lui sont ouverts. Ainsi l'interruption du commerce entre la Grèce et la Turquie n'a servi qu'à donner aux Chiotes le monopole du commerce de l'Archipel.

Qui veut connaître les Chiotes les trouve partout. Où il y a des négociants, on est sûr de les rencontrer, et parmi les plus riches. Chio n'est pas à Chio, elle est partout où est le grand commerce : elle est à Marseille, à Trieste, à Londres, à Odessa, à Syra, à Alexandrie. Chaque famille se partage ces grands entrepôts du commerce, comme on fait un héritage ; un frère prend pour lui Odessa, un autre Alexandrie, un troisième Marseille, jamais deux parents dans la même ville. Une famille forme ainsi une coalition de marchands ; les divers membres sont associés ; les spéculations sont communes ainsi que les bénéfices ; toutes les affaires se font avec la famille, jamais avec l'étranger.

Ils sont partout, mais sans s'attacher nulle part. Comme les Juifs, ils évitent de se mêler avec les autres nations et même avec les autres Grecs. Ils ne se marient qu'entre eux. Leur cœur nourrit toujours un puissant souvenir de leur patrie ; ils ne cessent pas d'être les fils de Chio, d'y envoyer des souscriptions, d'y entretenir une école et un hôpital. Ils n'aident guère l'étranger, mais ils sont charitables entre eux.

Le Chiote connaît les avantages du travail, et ne le dédaigne sous aucune forme. L'industrie fut toujours aussi honorée à Chio que le commerce. Qui a de l'argent est négociant ou banquier ; qui a de la terre est agriculteur ; qui n'a rien se fait ouvrier ; qui ne trouve pas d'occupation va servir dans les villes plus riches. Les filles se font domestiques pour gagner leur dot, les jeunes gens pour gagner une première mise de fonds. Dans tous ces états divers, le Chiote excelle toujours. Le nom de *pallicare* s'emploie à Chio aussi souvent que dans la Grèce, mais il a un autre sens. En Grèce il désigne l'homme qui porte de beaux habits et de belles armes, le fainéant vaniteux, le *brave*. A Chio, il est le titre d'honneur du travailleur robuste, de l'agriculteur et de l'ouvrier infatigable.

Le Chiote est moins vaniteux que les autres Grecs, parce que la vanité fait souvent commettre des fautes et est toujours coûteuse. Les hommes sont raides, peu causeurs, et totalement dépourvus de gaieté dans l'esprit ; la douceur, l'affabilité, la conversation et l'entrain sont du côté des femmes. La liberté de leurs manières est pleine de charmes, sans rien ôter à la pureté. Seules entre les femmes grecques, elles aiment les plaisirs de la société et s'y entendent. Du reste, hommes et femmes sont également économes, sobres, laborieux, même dans la richesse. La maison ne s'ouvre à l'étranger que le dimanche ; c'est le seul jour qui soit distrait du travail. Le Chiote aime un certain luxe confortable et solide. Il n'est pas insensible aux arts, mais il est un peu porté à regarder un ouvrage artistique comme un capital qui, montrant la richesse du maître, augmente son crédit.

Ses défauts concourent avec ses qualités pour l'enrichir. Vous trouveriez difficilement dans l'histoire de Chio, ou dans la ville actuelle, de beaux caractères, des sentiments élevés. Le désintéressement est chose inconnue ; tout se paye, tout acte a un but utile. Je crois les Chiotes plus honnêtes dans le commerce que les autres Grecs ; peut-être ne sont-ils que plus sages, et ne savent-ils que mieux calculer. Il est certain qu'ils ne trompent jamais mal à propos. Ils donnent la probité pour avoir la confiance, et n'ignorent pas qu'ils gagnent au marché ; ils savent que l'argent qu'ils ne vous volent pas est un capital qu'ils vous prêtent. Du reste, il faut avoir ses deux yeux bien ouverts, dit le voyageur Thévenot, quand on fait marché avec un Chiote. Suivant un proverbe dont je ne garantis pas la justesse, « il faut sept Génois pour faire un Juif et sept Juifs pour faire un Chiote ». Les Italiens disent : *Ebreo e Sciotto sono come la camiccia al corpo*.

Les autres Grecs ne conçoivent rien à tant d'habileté ; ils s'en défient, et ils ont pour les Chiotes la même haine que nos ancêtres avaient pour les Juifs. Leur mépris a formé le mot χιωτίζειν, qui désigne quelque chose de mélangé de lâcheté et de ruse. Ils se refusent à croire que les Chiotes puissent être de leur race, et veulent absolument qu'ils soient des Juifs. C'est une opinion constante à Syra et à Smyrne, que c'est une colonie juive qui a peuplé Chio.

En politique, les Chiotes sont de tous les Grecs les plus sages ; on ne les voit jamais dans aucun excès. Ils ont merveilleusement l'esprit de suite, qui a toujours fait défaut aux autres Grecs. En toutes circonstances, ils ont une grande supériorité sur leurs compatriotes, ils savent ce qu'ils veulent. Livrés à l'industrie et au commerce, ils mettent toute leur politique à sauver les richesses que leur travail a acquises. L'ordre intérieur et la sécurité sont toute leur ambition.

Ils ne se hasardent pas volontiers, et quoi qu'ils veuillent entreprendre, ils accumulent toujours les précautions. Ils exagèrent plutôt la défiance de soi-même que la présomption, et, contrairement à la plupart des Grecs, leur force s'est presque toujours trouvée plus grande que leur audace. Ils se décident difficilement aux actions qui demandent du courage ; mais leur volonté, une fois fixée, est persévérante ; l'inconstance et le caprice ne se voient pas chez eux. Libres ou sujets, ils sont toujours également habiles. Dans la prospérité, ils ne risquent jamais leur fortune par ambition. Des puissances ennemies se disputent-elles la mer Égée, ils ont un instinct merveilleux pour distinguer le plus fort. Asservis, ils ont assez de patience pour supporter tous les maîtres, et assez d'adresse pour obtenir d'eux la liberté qu'ils veulent. La révolte ne leur a jamais souri, ils aiment mieux mériter des faveurs par souplesse et flatterie, que de conquérir des droits par courage ; contre les plus forts ils n'emploient jamais la force. Ils vont lentement et humblement au but, mais ils l'atteignent sûrement, et, quand ils l'ont atteint, ils ne s'enorgueillissent pas, de peur de le perdre. On ne voit pas qu'ils aient jamais désiré l'éclat ni ambitionné les grands rôles. S'ils ont commis des fautes, ç'a été plus souvent par excès de prudence que par excès d'audace. On trouve peu d'histoires où la passion ait moins de place : sur cette terre règne l'intérêt bien entendu.

CHAPITRE IV

Commerce de Chio dans l'antiquité.

Cette population, qui aurait été commerçante partout, se trouva précisément dans une île où il fallait de toute nécessité qu'elle le fût. Le sol de Chio, nous l'avons vu, produit le superflu et manque du nécessaire, il fallait exporter l'un pour avoir l'autre. Ce fut là le premier commerce; le génie des Chiotes y ajouta ensuite le courtage.

Le vin de Chio, et en particulier celui que fournissait le canton d'Arvisia, était un des plus estimés des vins grecs. On pourrait, en réunissant les citations de nombreux auteurs, prouver qu'il fut en faveur depuis le temps d'Aristophane jusqu'à celui d'Athénée[1]. Au temps de Socrate, il se vendait à Athènes une mine l'amphore, c'est-à-dire le prix de trente hectolitres de blé[2]. Les figues de Chio étaient recherchées des Romains[3]. Il fallait aussi que l'on fabriquât et qu'on exportât beaucoup d'huile, pour que le philosophe Thalès pût, en accaparant les pressoirs de l'île, faire élever le prix de cette denrée dans toute l'Ionie[4]. Enfin, le mastic de Chio n'avait pas de rival : au temps où Pline écrivait, il se vendait à Rome vingt deniers, ou environ quinze francs la livre[5].

Chio ajoutait encore à ces ressources par son industrie; la première elle sut faire l'amidon, et fut toujours en possession de fournir le plus estimé[6]. Ses poteries se répandaient dans

---

1. Aristophane, *Ecclesiazusæ*, v. 1139. Virgile, *Églogues*, V, v. 71. Strabon, XIV, p. 645. Pline, *Histoire naturelle*, XIV, 7 (9), 73. Athénée, liv. I, p. 32.
2. Plutarque, *De tranquillitate animi*, 10.
3. Pline, XV, 18 (19), 69. Martial, *Epigrammata* [VII, 25 et 51 ; XIII, 23].
4. Aristote, *Politique*, I, 7.
5. Pline, *Histoire naturelle*, XII, 17 (36), 72.
6. Ibidem, XVIII, 7 (17), 76.

toute la Grèce. Les Chiotes excellaient dans la fabrication des lits de luxe et des coupes ciselées, et les ouvrages de ces habiles artisans étaient jugés dignes de figurer parmi les offrandes du Parthénon[1].

C'était trop peu pour alimenter le commerce des Chiotes ; ils trouvèrent moyen de s'enrichir encore avec l'agriculture et l'industrie des autres peuples.

Il faut remarquer l'admirable position de leur île. Elle est placée à la jonction des deux grandes voies commerciales de l'antiquité, entre l'Asie et la Grèce, entre l'Égypte et le Pont-Euxin. La grande route de l'Asie centrale a de tout temps abouti en face de Chio, soit à Éphèse, soit à Smyrne. « C'était, dit Hérodote[2], une route sûre, fréquentée, garnie d'hôtelleries à chaque station. » « Tous ceux qui voyagent en Orient, dit Strabon[3], suivent la route qui part d'Éphèse et qui, traversant la Phrygie, la Cappadoce, la Sophène, se prolonge en ligne droite jusqu'à l'Inde. » Cette route de commerce a enrichi successivement tous les peuples qui en ont possédé les issues ; après les Phéniciens, les Grecs ; après ceux-ci, les Vénitiens et les Génois. Les Chiotes allaient chercher à Éphèse les denrées de l'Asie intérieure et de l'Inde et les transportaient à Délos ; là était le marché commun en même temps que le centre religieux de la Grèce ; c'était l'entrepôt général où s'approvisionnaient les îles et le littoral de la mer Égée[4]. Les Chiotes allaient quelquefois plus loin, et faisaient passer leurs marchandises en Italie, à Marseille ou en Espagne. Jamais le commerce des Grecs n'a dépassé les colonnes d'Hercule ; mais dans la partie occidentale de la Méditerranée les marchands de Chio rencontraient ceux de Carthage et, en échange des denrées de l'Asie, recevaient d'eux l'étain et l'ambre du Nord, l'ivoire et les esclaves de l'Afrique occidentale[5].

En outre, Chio est une station naturelle pour les bâtiments

---

1. On les trouve cités dans les Catalogues de l'Acropole. Voir, en outre, Athénée ; XI, p. 72 ; et I, p. 28, édit. Schweighaeuser.
2. V, 52.
3. XIV, p. 663.
4. *Hymnus ad Apollinem.* Pausanias, III, 23.
5. Hérodote, III, 115 ; IV, 196.

qui vont de l'Égypte ou de la Syrie dans la mer Noire. Aujourd'hui même, bien qu'elle ait perdu son commerce, on ne cesse pas de relâcher dans son port; or les marchandises laissent toujours un peu de leur prix où elles passent.

Avec le Pont-Euxin, les Chiotes faisaient surtout le commerce de blé, pour se nourrir et pour nourrir la Grèce. Les rivages de cette mer étaient bordés de colonies ioniennes : à l'embouchure du Borysthène, sept nations scythiques envoyaient leurs denrées; à celles du Phase, il se parlait soixante et dix langues[1]; des tribus mêmes qui ne se nourrissaient pas de blé, et qui en ignoraient peut-être l'usage, avaient appris des Grecs à en semer pour le leur vendre[2].

L'Égypte semble faite pour avoir dans ses mains le commerce des trois quarts du monde. Elle sut rarement profiter de sa merveilleuse situation ; mais les faveurs que la nature a prodiguées aux peuples faibles servent aux peuples énergiques et intelligents. L'Égypte, longtemps fermée aux Européens, fut pour ainsi dire ouverte au viie siècle avant J.-C. par les Ioniens et les Cariens, qui intervinrent dans une guerre civile et mirent sur le trône leur créature. Campés d'abord sur la branche pélusiaque, à Bubastis, ils reconnurent bientôt les avantages de la branche canopique, s'y transportèrent et firent de Naucratis une ville grecque. Enfin Amasis osa les établir dans la capitale même de l'Égypte, à Memphis, où il se forma un quartier ionien et un quartier carien[3]. Les Chiotes furent les premiers à prendre leur part de cette sorte de conquête; leur nom figure en tête des villes qui bâtirent l'*Hellenium*, temple commun de cette confédération commerçante[4].

Mettez des Grecs en contact avec l'étranger, leur souplesse,

---

1. Hérodote, IV, 24. Strabon, XI.
2. Hérodote, IV, 17. Strabon, XI, p. 498.
3. Aristagoras de Milet, dans les *Fragments des historiens grecs*, Didot, t. II, p. 98.
4. Hérodote, II, 154, 178, 179. — [Voir, sur les Chiotes en Égypte, les recherches de Wiedemann, *Geschichte Ægyptens*, 1880, p. 113 et suiv.; *Ægyptische Geschichte*, 1884, p. 602 et suiv.]

leur ruse, les séductions de leur esprit, le prestige de leur supériorité intellectuelle, fascineront bientôt cet étranger, fût-il un ennemi, fut-il un maître. Les Grecs régnèrent sous le nom des rois de la dynastie saïtique; vaincus avec Apriès, ils gagnèrent leur vainqueur lui-même à leur influence. Maîtres du commerce, ils se rendaient nécessaires aux Égyptiens. En Égypte, ils se crurent dans leur pays, élevèrent des temples à leurs dieux, fondèrent des écoles, bâtirent des villes.

Les écrivains grecs mentionnent un grand nombre de villes fondées par eux en Égypte à cette époque. Hécatée cite *Ephesos*, *Chios*, *Lesbos*, *Cypros*, *Samos*[1]; Eustathe nomme *Chios* et *Rhodos*; Étienne de Byzance parle de *Chios* et d'*Abydos*. On peut remarquer que, contrairement à l'usage le plus ordinaire, toutes ces colonies portent le nom de la métropole. Cette anomalie nous induit à penser que ces établissements d'un genre particulier étaient de simples comptoirs de commerce et non pas des villes. Les Ioniens connurent peut-être le système colonial tel que les modernes l'ont pratiqué. Chio avait son comptoir en Égypte, comme plus tard Venise eut le sien dans chacune des grandes villes du Levant. Ce comptoir, qui n'avait pas d'autre nom que celui de la métropole, n'avait pas non plus d'existence indépendante. Il était composé de négociants qui, tout éloignés qu'ils étaient de la cité, continuaient à lui obéir, et recevaient d'elle leurs magistrats, leurs juges de commerce, προστάται ἐμπορίου[2].

On voudrait savoir où était situé ce comptoir des Chiotes. Eustathe se contente de le nommer[3]; Hécatée, contemporain d'Hérodote, le place dans une île du fleuve. Suivant Polyen, il n'aurait pas été très éloigné de Parétonium et de la Cyrénaïque[4]. Étienne de Byzance nous apprend que ce fut une des six villes qui portèrent plus tard le nom de Bérénice, et, comme il indique l'emplacement des cinq autres, il s'ensuit que celle qui porta d'abord le nom de Chio ne peut être que la Bérénice que

---

1. Hécatée, dans les *Fragments*, Didot, t. I.
2. Hérodote, II, 178.
3. Eustathe, v° Ἔφεσος.
4. Polyen, *Stratagèmes*, II, 28.

les anciens ont surnommée Πάγχρυσος, et qui était située, comme deux autres du même nom, sur le golfe Arabique[1].

Ces témoignages ne sont pas seulement vagues, ils se contredisent. Les admettre tous les trois, et croire que Chio fonda trois comptoirs en Égypte, est trop hardi; choisir entre eux est difficile. Examinons tour à tour les trois hypothèses.

Si les Chiotes s'établirent dans une île du fleuve, ils communiquaient de là avec toute la vallée du Nil; ils en tiraient l'alun, le lin, le papyrus; le fleuve leur apportait les denrées de l'Éthiopie, l'ivoire et l'ébène; et dans ces pays, qui n'avaient pas de vignes, ils importaient les vins grecs[2].

Supposons-les établis près de Parétonium : ils tiraient de la Cyrénaïque le silphium, l'un des plus grands objets du commerce de l'antiquité[3].

Préférons-nous, d'après Étienne de Byzance, les placer sur la mer Rouge; alors ils communiquent directement avec l'Inde. La fondation d'une colonie grecque dans ces parages n'est pas plus surprenante que celle d'une ville que fonda Samos au milieu des sables d'Ammonium[4]. Peuple hardi et intelligent, les Grecs durent comprendre de bonne heure qu'une colonie sur la mer Rouge les mettait en rapport direct avec l'Inde, les affranchissait de l'intermédiaire de l'Asie centrale et ruinait le commerce rival des Phéniciens. Ils avaient des colonies au fond du Bosphore cimmérien, au milieu des nations scythiques; il n'était pas plus hardi d'en fonder sur le golfe Arabique, dans l'Égypte, soumise à leur influence.

Ce n'est là qu'une conjecture; mais voici ce qui est hors de doute. Le second roi de la dynastie saïtique, Nécos, fit creuser un canal qui, joignant le Nil à la mer Rouge, unissait les deux mers. Qui devait profiter de cet ouvrage, et qui put en donner l'idée, sinon les Grecs établis en Égypte? Ces Grecs qui font creuser un canal, ressemblent assez à ceux qui de nos jours réclament le percement de l'isthme; ils travaillent un peu pour

---

1. Étienne de Byzance, au mot Βερενῖκαι.
2. Hérodote, II, 105, 180; III, 6.
3. Idem, IV.
4. Idem, III, 26.

l'Égypte et beaucoup pour eux. Et pourquoi Nécos renonça-t-il à ce grand travail? Parce qu'un oracle égyptien l'avertit qu'il travaillait pour l'étranger[1]. Il est vrai que l'Égypte était menacée, dans son intérêt peut-être, d'être exploitée par les Grecs.

Que les Chiotes aient donc pu ou non fonder un comptoir sur le golfe Arabique, au moins est-il certain qu'ils ont songé à commercer directement avec l'Inde par l'Égypte. C'est cette même pensée que les Athéniens ont poursuivie par des efforts énergiques et réitérés, et qu'il ne fut donné qu'à Alexandre d'exécuter.

Grâce à ce commerce actif, que la guerre médique n'était pas encore venue troubler, cette époque nous présente un spectacle remarquable. Toutes les parties de l'ancien monde sont en relation : l'Espagne, la Grèce, l'Égypte, l'Asie Mineure, la Phénicie, l'Asie centrale, échangent entre elles leurs richesses et, en quelques points, leurs idées, leurs mœurs et leurs cultes. C'est alors qu'on voit un roi d'Asie Mineure envoyer le même jour des députés à Delphes et à Ammonium[2]; qu'on voit réunies dans une surprenante alliance Babylone, Memphis, Sardes et Lacédémone[3]; qu'un Amasis épouse une Grecque et est l'ami d'un prince de Samos; qu'un voyageur parti d'Halicarnasse peut visiter Babylone, Thèbes d'Égypte et venir mourir en Italie. C'est la Grèce qui est le lien de cette grande unité; elle domine tout. Peut-être n'eut-elle jamais de plus glorieuse époque que celle-ci, dont le souvenir est cependant presque effacé. Le hasard, qui se joue de l'histoire, nous a conservé le détail de sa décadence et nous laisse ignorer ces temps où elle régnait par le commerce, par l'esprit et par sa civilisation déjà avancée. C'étaient alors les Ioniens qui élevaient la race grecque à cette hauteur. Ce nom, qui était dans la Grèce continentale le nom d'une race vaincue[4], et dont les Athéniens rougissaient lorsque Aristophane le leur appliquait comme une

---

1. Hérodote, II, 158.
2. Idem, I, 46.
3. Idem, I, 77.
4. Idem, I, 143.

injure[1], brilla en Asie d'un si vif éclat et laissa une si forte
trace, qu'aujourd'hui encore les Orientaux n'appellent pas les
Grecs d'un autre nom[2].

On ne voit pas que Chio ait fondé aucune de ces mille colonies grecques qui couvraient les rivages de la mer Égée et du
Pont-Euxin. Vainement Coraï et M. Vlastos, tous deux Chiotes,
veulent-ils, dans leur Histoire de Chio, que leurs ancêtres
aient fondé une ville de Levconia en Béotie. Ils ne songent ni
à l'invraisemblance d'une conquête en Béotie, ni à l'absence du
nom de Levconia dans cette province. Plutarque, qui a fourni
un prétexte à cette opinion, raconte qu'après une sédition où
les Chiotes massacrèrent leur roi, l'oracle condamna une partie
de la population à l'exil, et que les bannis allèrent s'établir à
Levconia, « que Chio et Érythrées avaient conquise en commun
sur les Coronéens[3] ». On a cru que la position inconnue de
Levconia était suffisamment indiquée par celle de Coronée,
qu'on croyait connaître; on oubliait que les villes du nom de
Coronée sont nombreuses dans la Grèce et dans les îles, et que
c'est là un premier sujet d'incertitude; surtout on n'a pas vu
qu'en face même de Chio, dans la presqu'île d'Érythrées, il y
avait un mont Corynéum et une ville de Coryna[4]; qu'un peu
plus au nord, sur le territoire d'Atarné, que les Chiotes possédèrent presque toujours, était une ville du nom de Carina[5];
que ces noms, peu connus et déjà presque oubliés au temps de
Plutarque, ont pu être altérés et confondus dans un passage
où l'écrivain est plus préoccupé de morale que de géographie;
qu'enfin, dans l'incertitude où nous laisse Plutarque, mieux vaut
placer Levconia dans la presqu'île d'Érythrées ou sur le territoire d'Atarné, que de la transporter en Béotie, où les Ioniens
n'ont jamais pénétré. Du reste, cette ville n'eut pas d'importance, et cette discussion même en prouve l'obscurité[6].

1. Aristophane, *Acharniens*, v. 104.
2. Aujourd'hui, les Turcs appellent *Iounan* les Grecs du royaume indépendant, et *Roum* les Grecs raïas.
3. Plutarque, *Vertus des femmes*, 3. Polyen, *Stratagèmes*, VIII, 66.
4. Pline, *Histoire naturelle*, V, 29 (31), 117. Pomponius Méla, I, 17.
5. Hérodote, VII, 42. Étienne de Byzance, au mot Βεννωρία.
6. Il n'est pas besoin de dire que cette colonie de Levconia ne doit pas être confondue avec le bourg de Levconium, voisin de la ville.

Scymnus de Chio, géographe du premier siècle avant Jésus-Christ, prétend que la ville de Maronie, sur la côte de Thrace, était une colonie de ses compatriotes. Ce témoignage unique, et d'ailleurs contredit, n'est peut-être pas suffisant.

Les Chiotes avait trop de sagesse pour fonder des colonies. La colonie chez les Grecs, c'était la scission, c'était le partage des membres et des forces de l'État ; c'était par conséquent l'affaiblissement. Chio avait des comptoirs, mais elle se gardait de tirer de son sein des villes indépendantes et des rivales. Ses citoyens étaient partout, mais comme négociants, jamais comme colons. Ils aimaient mieux être métèques à Athènes que citoyens d'une ville de Thrace.

Ils savaient que le plus sûr moyen d'attirer à soi le commerce n'est pas d'avoir beaucoup de colonies, mais beaucoup d'argent. Mieux que tous les Grecs, ils connurent la puissance des capitaux. Ils n'étaient pas marins, ils n'étaient pas constructeurs de navires : ils étaient négociants et banquiers. « Byzance, dit Aristote, est peuplée de pêcheurs, Athènes de matelots, Ténédos de pilotes, Chio de négociants[1]. » Démosthène, parlant d'un capitaine de bâtiment, le fait aller à Chio pour contracter un emprunt[2]. Ils prêtaient leur argent, et par là ils avaient part aux profits du commerce même qu'ils ne faisaient pas.

Ils avaient une institution qui convenait à un peuple financier et qui n'était pas très commune dans la Grèce : je veux parler de l'enregistrement. La loi voulait que tous les contrats fussent passés devant des magistrats, inscrits sur la pierre comme les décrets du peuple, et mis sous la sauvegarde de l'État[3].

Chio put se livrer au commerce sous tous les maîtres qui l'asservirent tour à tour. Les Perses eurent de bonne heure des besoins de luxe qui les forcèrent à le favoriser. Les Athéniens, qui étaient plutôt marins que commerçants, appelaient les étrangers et laissaient le commerce aux mains des métèques. Sous leur empire, les Chiotes étaient, dit Thucydide, les plus

---

1. Aristote, *Politique*, IV, 4.
2. Démosthène, Πρὸς Λάκριτον.
3. Aristote, *Économiques*, II, c. 2, § 12.

riches de tous les Grecs[1]. La conquête d'Alexandre, en créant l'union de l'Asie et de l'Europe, rendit les relations commerciales plus faciles. Un jour, Alexandre écrivit une lettre aux habitants de Chio pour leur commander une grande quantité d'étoffes de pourpre[2]. De deux choses l'une : il s'adressait aux Chiotes ou comme commerçants ou comme manufacturiers; ou Chio était un des entrepôts de ce commerce, ou elle fabriquait elle-même ces étoffes. Sa prospérité n'avait pas diminué au temps de Mithridate, puisqu'elle fut alors en état de payer une somme équivalente à douze millions de notre monnaie[3]. Les Romains n'étaient pas commerçants : ils laissèrent aux Grecs tout le commerce de l'Empire.

A la vue de la prospérité d'une ville antique, nous devons toujours nous dire : si le commerce est si actif, si l'industrie est florissante, si la terre même est labourée, si les hommes libres ont le temps de gouverner l'État, s'ils ont le loisir de cultiver les arts, la poésie et la science, c'est à l'esclavage qu'ils le doivent.

La force fit les premiers esclaves, puis la richesse les acquit. La tradition reprochait au peuple de Chio d'avoir le premier fait ce commerce[4]. Jusque-là, l'esclave était prisonnier de guerre, et le maître avait au moins cette justification de croire qu'il aurait pu détruire cette existence qu'il préférait mettre à son service. Acheter et vendre des hommes fut un progrès de l'esclavage. La tradition ajoutait que Chio encourut la colère des dieux.

Il est certain qu'au v° siècle avant J.-C. le nombre des esclaves y était considérable, et qu'aucune ville grecque, Lacédémone exceptée, n'en possédait autant[5]. Leur traitement était rigoureux en proportion de leur nombre même. Aussi jamais aucune ville, si ce n'est encore Lacédémone, n'eut davantage à les redouter. Leur multitude et leur haine furent plus d'une fois

---

1. Thucydide, VIII, 45.
2. Athénée, XII, p. 540.
3. Appien, *De bello Mithridatico*, c. 46 et 47.
4. Athénée, VI, p. 265.
5. Thucydide, VIII, 40.

fatales à l'État[1]. Un ennemi n'eut qu'à paraître pour les soulever, et l'on dut souvent s'apercevoir à Chio que les esclaves, dès qu'ils sont nombreux et qu'ils savent leur nombre, sont eux-mêmes des maîtres dont on dépend. Aussi le proverbe disait-il : « Le Chiote s'est acheté un maître[2]. »

A une époque inconnue, Chio vit une révolte d'esclaves dont le récit ressemble assez à un roman moral, imaginé tout exprès pour inspirer au maître plus de justice et à l'esclave plus de patience. Des esclaves échappés se réunissent dans la montagne; à peine affranchis, ils se donnent un nouveau maître, un certain Drimacus, qui les commande à son plaisir : grande leçon pour les esclaves, chez qui la haine du maître est plus forte que l'amour de la liberté. Les Chiotes prennent les armes, livrent plus d'une bataille, toujours sans succès. Les deux partis font alors un traité : tout esclave échappé exposera à Drimacus les raisons de sa fuite; a-t-il été maltraité, il est libre; ses réclamations sont-elles injustes, il est rendu à son maître. Les esclaves de Drimacus se nourriront aux frais des Chiotes; mais ils ne prendront que le nécessaire, et c'est encore Drimacus qui en est juge; c'est lui qui taxe le maître et qui dit à l'esclave : « Tu ne prendras pas au delà. » Voilà donc Drimacus arbitre absolu entre le maître et l'esclave, également redouté et haï de l'un et de l'autre, leur maître à tous les deux. L'esclave qu'il a affranchi est-il plus heureux? Loin de là; il a trouvé un maître plus dur que son premier maître : avec Drimacus, plus de champs à piller, plus de gains à faire, et surtout plus de plaintes à exprimer, puisqu'on est censé être libre. Les maîtres n'ont pas moins à souffrir : tout travail est interrompu, tout commerce détruit. La légende ne pouvait finir sur une telle crise. Les Chiotes se débarrassent de Drimacus, qui fait d'ailleurs une fin héroïque et romanesque. Sa tête est mise à prix; il appelle le jeune homme qu'il aime : « Je suis vieux, lui dit-il, et toi, tu peux être heureux longtemps; porte ma tête aux Chiotes, et reçois la récompense promise. » Le

---

1. Thucydide, VIII, 40. Plutarque, *Vertus des femmes*, 3. Polyen, *Stratagèmes*, III, 9.
2. Eupolis, cité par Athénée, liv. VI, p. 266.

jeune homme résiste quelque temps et finit par obéir. Depuis lors, Drimacus est honoré comme un dieu. Il apparaît quelquefois au bon maître pour l'avertir des mauvais desseins de son esclave. Il protège aussi l'esclave injustement maltraité. Esclaves et maîtres rendent un culte à sa mémoire et font des sacrifices sur son tombeau. Telle est la religion de l'esclavage[1].

1. Athénée, liv. VI, c. 89, p. 265. Les commentateurs d'Athénée ont vu dans ce récit une histoire véritable, comme si ce culte n'avertissait pas assez que Drimacus est un personnage inventé ou tout au moins embelli par la tradition. Il est vrai que l'auteur cité ici par Athénée, Nymphodore de Syracuse, dit que le fait eut lieu peu de temps avant lui; mais qui ne voit qu'il se contredit quand il ajoute que ce culte avait déjà eu le temps de s'établir, qu'il se sert du mot μυθολογοῦσιν, et que le μικρὸν πρὸ ἡμῶν est une faute de Nymphodore, d'Athénée ou des copistes? Du reste, on ignore entièrement à quelle époque a vécu ce Nymphodore, et les fragments qui nous restent de lui ne font rien préjuger à cet égard.

CHAPITRE V

Révolutions du régime municipal à Chio dans l'antiquité.

I. [JUSQU'A LA BATAILLE DE MYCALE.]

Chio n'a jamais exercé sur les événements généraux cette action à laquelle de petits États peuvent quelquefois prétendre. Son peuple a toujours vécu en lui-même; il n'a jamais désiré ni l'influence ni la domination. S'il n'a pas pu rester étranger aux événements qui se passaient autour de lui, s'il a dû s'y mêler, ç'a été toujours en indifférent. Que ce fût le Perse, ou le Grec, ou le Romain qui dominât, peu lui a importé. Il a figuré dans les querelles qui ont agité ces contrées; mais toujours aussi son action extérieure a été subordonnée à ses intérêts intérieurs. Chaque fois qu'il a pris parti, la cause de sa détermination s'est trouvée dans les besoins de son commerce, ou dans les querelles de sa vie municipale. C'est donc en lui-même qu'il faut étudier le peuple de Chio. Ce qu'il nous importe de savoir, c'est par quelle sagesse il se gouverna, par quel travail il s'enrichit, par quels arts il sut embellir sa prospérité, par quelles fautes il put la perdre. Le faible part qu'il a prise aux événements généraux, comme elle a été indirecte, mérite peu notre attention, à moins qu'elle ne nous révèle parfois quelques traits de son caractère, ou qu'elle n'ait influé sur sa vie intérieure.

L'île de Chio a conservé durant douze siècles la réalité ou les formes de l'indépendance. Elle a toujours aimé le régime municipal, en a longtemps joui, l'a perdu à regret, et l'a presque reconquis dans des temps voisins de nous. Ce régime a fait à la fois sa prospérité et ses malheurs ; quand il a disparu, la vie a semblé s'éteindre.

Chio a d'abord été gouvernée par des rois. Deux d'entre eux ont laissé assez de souvenirs pour que Pausanias connût et citât leurs noms[1]. Comme dans toutes les villes grecques, c'est par l'aristocratie que cette première royauté fut renversée. Le souvenir de la révolution nous a été conservé par ce récit de Plutarque : « Un citoyen d'une des premières familles de Chio se mariait, et la jeune épouse était portée sur le char nuptial. Le roi Hippoclus, dont le jeune homme était l'ami, était présent à la fête. Au milieu de l'ivresse et de la gaieté générale, il monta sur le char. Aussitôt les amis du jeune homme le massacrèrent. La colère des dieux s'étant alors manifestée, l'oracle ordonna qu'on mît à mort les meurtriers d'Hippoclus. « Nous sommes tous les meurtriers ! répondirent les Chiotes. » L'oracle commanda alors que tous ceux qui avaient personnellement pris part à l'affaire allassent fonder une autre ville[2]. » — Tel est le récit de Plutarque : je l'interpréterais volontiers de la façon suivante : Un roi est massacré au milieu d'une fête ; l'instigateur du meurtre, c'est un jeune homme d'une grande famille, un courtisan du roi. Les auteurs du meurtre, ce sont les amis de ce jeune homme, c'est-à-dire l'aristocratie ; et le prétexte de l'assassinat, c'est une violation des mœurs. En vain Plutarque, qui vivait quand les mœurs grecques avaient tant changé, prétend-il que l'action d'Hippoclus était légitime et n'avait rien d'insultant ; l'indignation qu'elle excita le contredit, et, pour qu'elle servît de prétexte à une révolution, il faut qu'elle ait été une atteinte aux mœurs de l'ancienne Ionie. Ainsi la légende, ici comme à Rome, imputait au pouvoir déchu le crime qui, en certain temps, blesse le plus le sentiment populaire. Aussi lorsque les dieux, pour qui le sang le plus justement versé devait toujours être expié, demandèrent le nombre des coupables, leur fut-il répondu que toute Chio l'était. Cette unani-

---

1. Il cite Amphiclus, le premier roi hellène, et Hector, son descendant à la quatrième génération.
2. Plutarque, *Vertus des femmes*, c. 3.

mité des citoyens, la hardiesse de leur aveu et la facile satisfaction dont les dieux se contentent, nous permettent de croire que la royauté ne fut ni vengée ni rétablie[1].

L'aristocratie, qui la remplaça, a gouverné Chio pendant la plus grande partie de son histoire. Il est digne de remarque que les factions contraires ne sont nées dans l'île et n'y ont suscité de troubles que sous l'influence de l'étranger. Elle n'a eu de tyrans que sous les Perses, d'agitations populaires que sous les Athéniens. Tant qu'elle fut libre, elle paraît avoir eu une égale haine pour le pouvoir de tous et pour celui d'un seul. Une ville qui n'a presque pas de marins, peu d'ouvriers, et où l'on est surtout commerçant, où tout le monde est occupé, où la richesse circule abondamment, une telle ville est forcément destinée à l'aristocratie. Thucydide, qui aime ce régime, vante la sagesse du gouvernement de Chio[2], qu'il compare à celui de Lacédémone. Cette cité ne fut jamais organisée pour la démocratie : je ne vois pas dans toute son histoire une assemblée du peuple, une place publique, une tribune; je ne vois pas un décret qui émane d'un pouvoir populaire. Ceux que les inscriptions nous ont conservés sont tous rendus par un sénat qui prend les noms divers de βουλή, πρεσϐυτικόν ou γερουσία; le mot δῆμος, qui s'y trouve aussi, signifie plutôt la cité ou l'État qu'une fraction du peuple. L'amour des Chiotes pour la richesse leur a toujours fait respecter l'aristocratie qu'elle crée; à Chio, le peuple est moins remuant qu'ailleurs, parce qu'il calcule mieux ses intérêts et que le riche est plus habile. Le régime aristocratique, qui a soulevé tant de luttes en Grèce, a trouvé à Chio l'appui des mœurs; momentanément aboli par la domination athénienne, il n'a pas tardé à reparaître. Il s'est perpétué jusqu'à nos jours dans l'esprit de la population, et il suffit d'avoir vu l'île actuelle pour se convaincre que le respect de l'oligarchie est dans le sang.

Ce gouvernement, qui est peut-être le plus favorable pour le commerce, donna la prospérité à Chio. Si elle ne mérita pas,

---

1. [La royauté ne fut maintenue à Chio que comme prêtrise, Haussoullier, *Revue des études grecques*, 1891, p. 212; cf. *Cité Antique*, IV, 3, 3.]
2. Thucydide, VIII, 24.

comme Milet, le titre d'ornement de l'Ionie[1], du moins devint-elle une des plus riches cités de la Grèce. Thucydide vante l'opulence que les générations y avaient accumulée[2]. L'immense flotte qu'elle envoya combattre à Lada contre les Perses, témoigne de sa richesse au moins autant que de son courage. Nous avons vu l'étendue de son commerce; nous verrons plus loin l'éclat de sa littérature et de ses arts.

Depuis le temps de ses rois, Chio faisait partie du corps ionien. Quelle était la nature de ces relations? Lorsque l'oracle dont parle Pausanias[3] ordonna au roi de l'île, Hector, de se joindre aux Ioniens, il ne lui dit pas de délibérer avec eux, mais de sacrifier avec eux, συνθύειν Ἴωσιν εἰς τὸ Πανιώνιον. Et comment se manifeste l'entrée des Chiotes dans la communauté ionienne? Par le don d'un trépied décerné à leur roi; or un trépied fut toujours le prix d'une victoire remportée dans des jeux. Ainsi des sacrifices et des fêtes, voilà tout ce qu'Hector allait trouver au *Panionium*, et ses sujets après lui. Le *Panionium* ne fut jamais le lieu de réunion d'un conseil fédéral; c'était un lieu sacré, comme Olympie, un χῶρος ἱερός, comme dit Hérodote[4]; une *sacra regio*, comme l'appelle Pomponius Méla[5]. Il n'y avait pas même de ville en cet endroit : c'était, dit Diodore[6], un ἔρημος τόπος. Là était un temple également vénéré des douze villes ioniennes, et dans lequel toutes étaient admises à sacrifier. Il était consacré à Neptune Héliconien ou Hélicéen, c'est-à-dire à la grande divinité d'Hélice en Achaïe. Les Priéniens étaient originaires de cette ville; c'était précisément sur leur territoire que le temple était construit, et c'étaient eux qui nommaient l'intendant du culte, τὸν βασιλέα τὸν τῶν ἱερῶν ἐπιμελησόμενον[7]. La fête qui s'y célébrait était essentiellement religieuse, et n'avait quelque caractère national que parce que les habitants des douze villes y étaient seuls

---

1. Hérodote, I.
2. Thucydide, VIII, 45.
3. Pausanias, VII, 4.
4. Idem, I, 148.
5. Idem, I, 17.
6. Idem, XV, 49.
7. Strabon, VIII, p. 584; XIV, p. 639.

reçus. L'assemblée s'appelait du nom de πανήγυρις, quelquefois d'ἀγορά ou marché[1]; les femmes y étaient admises. L'objet de cette réunion est toujours désigné par les mots θυσία ou ἑορτή. Entrer dans la confédération se disait d'un mot grec qui signifie sacrifier, συνθύειν ou συντελέειν. Enfin tous les historiens nous parlent des sacrifices et des jeux; nul ne mentionne une assemblée politique. C'est rarement et dans des circonstances tout exceptionnelles que nous voyons les députés des villes s'y réunir pour délibérer. Pas plus qu'à Olympie, un conseil ne siégeait pour discuter les intérêts communs, juger les querelles des villes ou intervenir dans leur gouvernement. Un scoliaste seul parle d'une assemblée fédérale se réunissant au *Panionium*, et où chaque ville avait une voix, à l'exception de Colophon, qui en avait deux; mais on voit que ce scoliaste a été chercher ce fait pour expliquer un proverbe dont Strabon donne une autre étymologie[2]. Vitruve parle aussi d'un conseil commun, mais dans un récit rempli de trop d'erreurs pour être de quelque poids[3]. Ce conseil existait si peu, que Thalès proposa comme une innovation de l'instituer, et c'est la ville de Téos qu'il voulait lui donner pour siège[4]. La création d'un tribunal commun, qui jugeât les querelles des villes, se fit attendre jusqu'après la chute de la liberté, et fut un bienfait de la domination persane[5]. Toutes les médailles anciennes qui portent l'inscription Πανιώνιον sont de l'époque romaine[6].

La confédération ionienne n'a donc jamais existé que de nom. Les douze villes ioniennes formaient autant d'États libres, et n'étaient rapprochées que par le culte spécial d'une même divinité. La religion seule les associait : ce fut toujours son rôle, en Grèce, de tenter la réunion de ce que la nature avait fait désuni et morcelé. Elle rappelait aux Ioniens leur origine commune; elle les rassemblait, à des intervalles périodiques, dans un temple où ils se reconnaissaient pour

---

1. Diodore de Sicile, XIV, 49. Maxime de Tyr, XXVII, 2.
2. Scoliaste de Platon, *in Theætetum* [Didot, p. 283]. Strabon, XIV, p. 645.
3. Vitruve, IV, 1.
4. Hérodote, I, 170.
5. Idem, VI, 42.
6. Eckhel, *Doctrina numorum*, t. II, p. 508.

frères, et abjuraient, par une sorte de trêve de Dieu, leurs perpétuelles dissensions [1].

Il faut donc nous représenter Chio, c'est-à-dire une île qui n'a que 50 lieues carrées de superficie, et qui ne peut pas nourrir 50 000 habitants, comme un État indépendant, qui vécut isolé pendant plusieurs siècles, qui ne reçut du dehors ni lois, ni aide, ni impulsion. Quand, jetant les yeux sur le monde présent, nous calculons tout ce qu'il faut d'énergie, d'intelligence, de sagesse publique, de discipline, pour qu'un million d'hommes puisse former un État, l'existence libre, heureuse et brillante de la petite cité de Chio nous étonne.

Le commerce l'explique en partie. Agriculture, industrie, science, art, rien de tout cela ne peut faire d'une ville ou d'un canton un puissant État. Le commerce seul a ce privilège; de rien il fait quelque chose. Il nivelle les inégalités; avec lui la population ne se compte plus, le territoire ne se mesure plus.

Le gouvernement municipal, comme il a ses dangers, a aussi des ressources qui lui sont propres. Pénétrons dans l'intérieur de la cité; ce qui nous frappe d'abord, c'est que l'État y est le maître absolu des citoyens [2]. Rien dans la vie de l'homme n'échappe à cette domination despotique. Elle s'exerce sur les corps, sur les fortunes, sur les esprits, sur les mœurs: sur les corps, car tous sont soldats, et toute leur vie; sur les fortunes, car les exigences de l'État en matière d'impôt sont sans limite et vont de droit jusqu'à la confiscation; sur les esprits, qu'il forme, qu'il instruit, qu'il façonne, qu'il domine enfin par une religion presque toute politique; sur les mœurs, car il surveille la vie privée avec autant d'attention et de droit que la vie publique. Quelle force dans un tel État! Il pouvait compter comme soldats la huitième partie de sa population, et ses finances étaient la somme de toutes les fortunes de ses citoyens. Lorsque les Chiotes avaient besoin d'argent, ils décrétaient que toutes les dettes privées, au lieu d'être payées aux créanciers, le seraient à l'État [3].

1. [Cf. *La Cité antique*, liv. III, c. 16.]
2. [Ibidem, liv. III, surtout au c. 18.]
3. Aristote, *Économiques*, II, 2.

L'immense intérêt qui liait tous les citoyens à la défense de l'État lui donnait une vitalité inconcevable. L'homme perdait avec sa patrie sa liberté civile, sa dignité, ses biens et souvent sa vie. Sans patrie, l'homme n'était plus. Le patriotisme était commandé par l'intérêt le plus immédiat. Cette responsabilité qui pesait sur chacun tenait les courages toujours en éveil, les esprits toujours surexcités, et les forces de chaque particulier étaient déjà doublées avant d'être mises tout entières au service de l'État.

L'esclavage permettait à l'homme libre de se livrer sans réserve à la patrie.

L'État se servait aussi des esclaves; grâce à ces bras qu'on ne payait pas, il équipait ses flottes et remplissait ses armées. Sparte septuplait les siennes avec les hilotes. Par eux, on élevait les grands monuments publics; car ce fut par une honorable exception que Périclès n'employa au Parthénon que des mains libres.

Nous verrons tout à l'heure Chio armer vingt-quatre mille marins. Qu'un État moderne veuille, à un jour donné, mettre en mer une telle flotte, il devra entretenir perpétuellement les trois quarts des bâtiments et la moitié de l'équipage. Les trirèmes des anciens étaient construites en peu de temps et à peu de frais; les équipages étaient composés d'esclaves[1] et n'étaient pas permanents.

Il y a des races que le morcellement condamne à languir; il faut qu'une puissante concentration multiplie en elles les forces vitales, pour faire éclore la fleur de la civilisation. La race grecque n'a pas eu besoin de cette unité; chaque ville suffisait à son développement; le plus petit théâtre était assez pour son énergie et son intelligence.

Toutes ces causes firent subsister la république de Chio pendant longtemps, et sauvèrent son gouvernement municipal de l'affaissement intérieur et de la stérilité. Mais elles étaient impuissantes à assurer sa liberté contre des ennemis étrangers.

Longtemps la division fut sans péril; les grands empires

---

1. On le sait en particulier pour Chio (voir Thucydide, VIII, 15).

étaient sur les bords du Tigre et de l'Euphrate, et dans le bassin de la Méditerranée régnait le morcellement. Un petit État comme Chio ne voyait pas dans son horizon d'État plus grand que lui.

Les Grecs étaient alors dans une condition telle, que la guerre ne pouvait presque éclater qu'entre eux. Les seules luttes que nous sachions que Chio ait alors soutenues furent contre Érythrées. Ces deux villes étaient sœurs; elles avaient même origine, même culte, même dialecte[1] : les haines n'en étaient que plus vives. Un jour les Érythréens invitèrent les Chiotes à un banquet, dans le dessein de les empoisonner. Chaque ville grecque eût souhaité que la ville voisine n'eût qu'une seule tête pour pouvoir l'abattre d'un seul coup[2].

Tout ce qui fut perdu d'énergie, de richesse et d'intelligence dans ces querelles est incalculable. Mais le danger de la division apparut tout entier lorsqu'un empire puissant se fut formé en Asie Mineure.

L'insouciance de Chio pour la destinée des villes de l'Ionie et pour sa propre liberté est remarquable. Elle vit les rois lydiens subjuguer l'une après l'autre les villes du littoral et resta spectatrice de la lutte. Une fois seulement elle envoya un secours aux Milésiens assiégés, mais ce fut précisément le contraire d'un sentiment de fraternité qui la détermina. Milet venait d'aider Chio dans une guerre contre Érythrées; Chio à son tour aida Milet contre Alyattes, comme elle l'aurait aidé au besoin contre Priène ou contre Éphèse[3].

Les Chiotes ne redoutaient pas les rois lydiens, qui manquaient de marine. Ils ne songeaient pas que Crésus, en s'emparant des villes de la côte, avait conquis des marins, et que les Grecs déjà assujettis pouvaient lui servir à assujettir les autres.

Quand Cyrus eut étendu son empire jusqu'à la mer, Chio ne s'émut pas davantage : elle laissa les Ioniens résister et vendre

---

1. Hérodote, I, 142.
2. Pour les nombreuses guerres entre Chio et Érythrées, on peut voir Pausanias, VII, 5; Anticlide, cité par Athénée, liv. IX, p. 384, édit. Casaubon; Plutarque, *Vertus des femmes*, c. 3; Frontin, *Stratagèmes*, II, 5; Hérodote, I, 18.
3. Hérodote, I, 18.

chèrement leur liberté ; puis, quand tout fut conquis, elle n'eut plus qu'à offrir spontanément sa soumission[1].

Loin de haïr les Perses, elle avait déjà su s'accommoder de leur voisinage et mettre leur empire à profit. Un gouverneur de Sardes, nommé Pactyas, s'était révolté contre Cyrus ; chassé et poursuivi par les Perses, il avait passé la mer et cherché un refuge à Chio. Il se croyait en sûreté dans le temple de Minerve-Poliouchos ; la violation d'un tel asile était presque sans exemple. Le Perse Mazarès, qui vint le réclamer, n'avait ni soldats, ni vaisseaux, il ne pouvait ni l'enlever par force, ni contraindre les habitants à le lui livrer. Restait de faire marché avec les Chiotes. Le prix débattu, la population se porta au temple, arracha le suppliant des autels et le livra à Mazarès. La possession du canton d'Atarné était le prix convenu[2]. La religion seule eut à se plaindre ; on crut s'acquitter envers elle en n'offrant aux dieux ni fruits, ni froment, ni victime qui provînt d'Atarné[3].

« L'Ionie, dit Hérodote, devint esclave des Perses[4]. » Cette expression ne signifie pas autre chose, sinon que les Grecs, qui chez eux distinguaient rarement la sujétion de la servitude, et qui asservissaient réellement leurs concitoyens vaincus, n'avaient qu'un seul mot pour désigner le sort du sujet, celui de l'esclave. Les Perses n'attentèrent ni à la liberté civile, ni à la religion, ni aux mœurs des vaincus. Chio conserva, sous leur autorité, son gouvernement municipal et ses chefs nationaux. Je ne sais même si, avant le temps de sa révolte, elle vit jamais le visage de ses maîtres. Elle paya un tribut à la cour de Suse ; mais ce tribut était une très faible partie des 400 talents qui étaient répartis sur toute la première satrapie. Et, comme chez les Perses l'impôt était basé sur le territoire[5], Chio payait, non d'après sa richesse, mais seulement d'après son étendue.

1. Hérodote, I, 143, 161, 170.
2. Atarné était situé sur la côte d'Asie, presque en face de Mitylène. Il était de la plus grande importance pour les Chiotes de posséder un territoire sur le continent : eur île ne suffisait pas à les nourrir.
3. Hérodote, I, 160.
4. Ἡ Ἰωνίη ἐδεδούλωτο (Hérodote, I, 169).
5. Hérodote, VI, 42.

Le principal effet de la domination persane fut de faire naître à Chio une faction nouvelle. Dès que les Perses se furent montrés à la Grèce, ils eurent un parti dans son sein; ils trouvèrent des gens avides pour se vendre, des ambitieux pour leur faire leur cour; l'habitude de faire sa fortune par l'étranger commença alors dans la Grèce. Les riches, uniquement désireux de jouir, aimèrent la sécurité persane; les voluptueux furent séduits par les attraits du plaisir : Plutarque cite une courtisane qui gagnait des hommes et des villes au parti du grand roi[1]. Quelques hommes aussi, fatigués des efforts que coûte toujours le maintien de l'ordre dans un État libre, imploraient un pouvoir supérieur qui assurât le repos de la cité; las des guerres perpétuelles, fruit de la division, ils demandaient la paix, que l'étranger seul pouvait donner à la Grèce. Ils souhaitaient que la Grèce ne dépensât pas son activité et son intelligence dans des agitations sans fruit, qu'elle se disciplinât sous un maître, et que cette discipline développât des vertus que l'agitation transformait en vices. Ajoutez à cela cette sorte d'irrésistible fascination qu'un grand empire a toujours exercée sur cette race, grande d'imagination et de génie, mais faible de caractère.

Ainsi se forma un parti persan, et Chio se vit alors tiraillée entre deux factions, dont l'une la voulait voir unie à l'Europe, encore libre, et l'autre à l'Asie persane. La vie intérieure de la cité fut ainsi altérée. Les amis de la Perse étaient en même temps les amis de la monarchie; royauté et sujétion s'appuyaient l'une sur l'autre. Une volonté nettement exprimée des rois de Perse établit-elle la tyrannie dans les villes, ou les Grecs travaillèrent-ils eux-mêmes à la faire naître? On ne sait; mais ce fut certainement par l'influence des partisans de la Perse que le gouvernement municipal fut modifié. Chio perdit alors l'aristocratie qui l'avait si bien dirigée, et obéit à des tyrans. L'un d'eux, nommé Strattis, a laissé quelque souvenir dans l'histoire[2].

La tyrannie fut la chaîne par laquelle les Perses tinrent les cités grecques. Lorsque Darius porta la guerre chez les Scythes,

---

1. Plutarque, *Vie d'Alcibiade.*
2. Hérodote, IV, 98, 158.

il emmena des Ioniens, et leur confia la garde du pont de l'Ister pour assurer une retraite déjà prévue. Il leur était facile alors de s'affranchir et de se venger; nulle guerre à soutenir, nul danger à courir; les armes des Scythes, la faim, la fatigue et les éléments devaient exterminer l'armée de Darius, et ne laissaient aux Ioniens que le soin de rompre le pont. Bien des têtes durent y songer, car le Grec est l'homme du monde qui, en flattant le plus ses maîtres, les déteste le plus. Miltiade, tyran de la Chersonèse, proposa de reconquérir la liberté; mais à peine avait-il parlé, qu'Histiée de Milet, Strattis de Chio et les autres tyrans se récrièrent. Ne voyait-il donc pas que cette sujétion était la source de leur autorité? Ignorait-il qu'une fois libres les villes chasseraient les tyrans? Aimait-il mieux régner en obéissant aux Perses ou vivre sans pouvoir dans une patrie libre? Pour ces raisons les Grecs restèrent assujettis[1].

Cependant ce furent ces mêmes tyrans qui donnèrent le signal de la révolte. Un tyran de Milet avait obtenu du satrape de Lydie une flotte de deux cents vaisseaux pour porter la guerre à Naxos; l'expédition ayant échoué par sa faute, il comprend qu'on va lui réclamer les frais de la guerre, qu'il sera accusé auprès du roi, et que sa tyrannie est compromise. Il se révolte pour sortir d'embarras[2]. Un autre tyran a été emmené à Suse comme conseiller ou confident de Darius, pour récompense d'avoir trahi les Grecs; la servitude, vue de trop près, lui répugne, et il regrette sa tyrannie presque indépendante. Retenu à Suse par la faveur despotique du roi, il n'imagine d'autre moyen de revoir l'Ionie que d'y susciter des troubles; il fomente une révolte pour avoir à la réprimer[3].

Mais, pour entraîner Chio dans l'insurrection, il faut abaisser son parti royaliste et relever son aristocratie. Ainsi fait Aristagoras : Strattis est renversé du pouvoir, Chio rétablit son ancien gouvernement avec des magistrats nommés stratèges[4]. Dès lors elle entre résolument dans la lutte, et autant sa

1. Hérodote, IV, 137.
2. Idem, V, 30.
3. Idem, V, 35.
4. Idem, V, 38.

soumission avait été paisible, autant sa rébellion est vigoureuse. Unie pour la première fois aux Ioniens, elle envoie une flotte de cent vaisseaux se joindre à eux près de l'île de Lada[1].

Ce chiffre de cent voiles ne dirait rien à notre raison, si nous ne calculions avec exactitude la force d'une telle flotte. Hérodote dit clairement que ces bâtiments étaient des trirèmes. Or une trirème, au temps d'Hérodote, de Thucydide et de Xénophon, portait toujours deux cents marins[2]. Un bâtiment de guerre avait, en effet, besoin d'un grand nombre de rameurs; car dans un combat on carguait les voiles (ce qui nous explique que l'on combattit généralement dans des passages étroits et sans tenir compte du vent) et l'on manœuvrait à la rame. Comme d'ailleurs les Grecs ne combattaient pas le plus souvent à l'abordage, mais que leur tactique favorite consistait à présenter la proue au travers de l'ennemi pour le couler ou à briser ses rames pour le condamner à l'immobilité, c'était toujours la rapidité des mouvements qui donnait la victoire[3]. Il fallait donc multiplier les rameurs.

Outre les marins, une trirème portait toujours un certain nombre d'hoplites ou d'hommes de trait[4]; c'étaient les seuls combattants : on les appelait *épibates*. Les cent vaisseaux chiotes portaient chacun quarante épibates d'élite. Cette flotte comptait donc vingt mille matelots et quatre mille soldats[5]. Si tous étaient citoyens, quelle devait être la population de l'île ? Si les rameurs étaient esclaves, comme il est probable, quelle devait être sa richesse ?

Les Égyptiens et les Phéniciens ayant de leur côté six cents trirèmes, on peut estimer qu'à la bataille de Lada plus de deux cent mille hommes furent aux prises. On n'avait jamais vu aussi parfaite union parmi les Ioniens; et cette union, même en présence d'un ennemi plus nombreux, les rendait

---

1. Hérodote, VI, 8.
2. Idem, VIII, 48 ; VII, 184, 185 ; VIII, 17 ; III, 37. Thucydide, VIII, 29 ; VI, 8. Xénophon, *Helléniques*, liv. 1, c. 5, § 7. — [Cartault, *La trière athénienne*, p. 251 et suiv.]
3. Voir Polyen, liv. V, et Thucydide, VII, 36.
4. Hérodote, VII, 184.
5. Idem, VI, 15.

invincibles. Un Phocéen, Denys, prétend doubler encore leur force en les disciplinant. Il les exerce sans relâche, essaye de les endurcir, et, comme les généraux Romains, les fatigue avant la bataille. Mais l'Ionien ne sait supporter ni l'obéissance ni le travail. Samiens, Milésiens, Lesbiens, au bout de sept jours, s'étonnent d'avoir obéi si longtemps à un Phocéen. Puis les corps amollis se refusent à toute fatigue : « Les Perses, disent-ils, ne nous imposeront pas d'aussi durs travaux. » Et tout à coup vous les eussiez vus, semblables à des écoliers échappés, sortir tous de leurs vaisseaux et courir se divertir à terre, sans plus songer à l'ennemi qu'ils avaient en face.

Sur la flotte persane il y avait des Grecs; les tyrans et les partisans de la monarchie servaient de guides aux Perses. Ce furent eux qui se chargèrent d'anéantir cet immense armement de l'Ionie, et cela sans combat, sans danger, sans hasard. Attendre fut leur seule tactique : attendre que la rivalité eût germé dans les cœurs, que l'intérêt privé eût fait ses réflexions, que l'intrigue eût porté ses fruits. Ils restèrent vingt jours en face des Grecs, et comme si leurs seuls regards eussent fasciné ces hommes faibles, c'en fut assez pour que la décomposition et la corruption se missent dans le corps ionique. Le jour du combat venu, il se trouva que presque tous les Grecs étaient d'accord sans le savoir, d'accord pour trahir et s'enfuir.

Les Chiotes cependant furent inébranlables. J'ai déjà dit leur caractère; ils ont plus d'esprit de suite que les autres Grecs; [ils] sont plus prudents et moins versatiles, entreprennent peu, mais exécutent avec vigueur. Ils avaient longtemps attendu pour se déclarer contre les Perses; mais, la résolution prise, ils avaient dépassé tous les confédérés par le nombre de leurs vaisseaux avant de les dépasser par leur courage. Au milieu de la défection générale, ils restèrent presque seuls, insensibles à l'intrigue d'abord, et ensuite à la peur. Six fois moins nombreux que l'ennemi, ils osèrent l'attaquer. Ils rangèrent leurs vaisseaux en colonne, passèrent et repassèrent à travers la ligne des Phéniciens; revenant sans cesse à la charge et coulant tout sur leur passage. Ils se retirèrent enfin, épuisés et réduits à peu d'hommes, mais non vaincus. Grâce à eux, on vit dans cette journée un de ces contrastes étonnants du caractère grec, le patriotisme à côté de la trahison, à côté de la lâcheté la grandeur de courage, sans que l'on puisse dire s'il est plus surprenant que des Grecs aient si lâchement cédé ou que des Grecs aient si vaillamment combattu. Ils montrèrent que le peuple grec n'est jamais ni entièrement beau, ni entièrement laid, qu'il ne se ressemble pas à lui-même, et qu'il n'y a pas de nation chez qui l'héroïsme touche de plus près à l'infamie.

Ces Chiotes, que les Perses n'avaient pas osé poursuivre, furent massacrés par les Éphésiens, à qui ils venaient demander un asile. Ceux-ci alléguèrent qu'ils les avaient pris pour des pirates[1].

A la même époque, l'île fut ravagée par d'autres Grecs. Histiée, qu'on avait irrité par de prudents refus, y entra à main armée, vainquit les Chiotes et régna en maître dans la ville, jusqu'à ce qu'il en fut chassé par l'arrivée des Perses[2].

Un an après la bataille de Lada, 497, les Perses se présentèrent à Chio. Ils débarquèrent sur le rivage septentrional, se rangèrent en une immense ligne qui embrassait toute la largeur de l'île, et « se tenant par la main », comme gens qui traquent le gibier, ils s'avancèrent jusqu'au cap Phanæ. Toute la population fut prise comme dans un filet; nul n'échappa. Les femmes et les enfants furent envoyés aux harems de l'Asie, les hommes vendus, la ville dépeuplée, les temples brûlés, l'île entièrement rendue déserte[3].

Mais la rage du sang dura peu, et la modération persane reprit le dessus. Chio recouvra bientôt sa population. Cette même année n'était pas encore écoulée, que déjà les Perses n'étaient plus préoccupés que du soin de rendre à l'Ionie les bienfaits d'une bonne administration. Un jour que les députés des villes étaient réunis à Sardes, Artapherne paraissait recevoir avec défiance leurs protestations de fidélité : « Nous

---

1. Hérodote, VI, 16. Il faut remarquer que les Éphésiens n'étaient pas entrés dans la confédération.
2. Idem, VI, 2, 5.
3. Idem, VI, 31.

vous avons fait trop de mal, disait-il, pour que vous l'oubliiez jamais. — Eh bien! répondit un des députés, si vos vengeances passées vous font douter de notre fidélité, vos bienfaits futurs vous assureront notre amour[1]. » Artapherne suivit ce conseil; il donna une constitution aux Ioniens, et les contraignit surtout à abjurer les haines réciproques que la bataille de Lada devait avoir envenimées[2]. Il institua un conseil commun pour juger les différends des villes. Puis il fit une répartition égale et fixe de l'impôt, sans l'aggraver. Les tyrans furent rétablis dans les villes; mais, dès l'année suivante, Mardonius, esprit libéral et ami des Grecs, les renversa[3].

Chio, se souvenant de la punition subie, et comparant ce que peut rapporter la liberté avec ce que la révolte coûte, resta fidèle aux Perses. Dans la guerre médique, elle combattit contre la Grèce. De nouveau soumise à un tyran[4], elle donnait assez de gages de fidélité pour qu'on ne craignît pas de lui confier des armes contre les autres Grecs.

La Grèce européenne, pour Chio, c'était l'étranger. Chio appartenait alors à l'Asie, et la querelle de Xerxès était presque sa querelle. Athènes, qui était Ionienne aussi, et qui avait aidé les Ioniens dans leur révolte, n'excitait que plus de haines. « C'était une lutte entre les Ioniens, dit Hérodote, à qui prendrait le premier un vaisseau d'Athènes[5]. »

S'il vint à l'esprit des Chiotes qu'ils combattaient contre des concitoyens qui avaient même origine, même langue et même religion qu'eux, ils purent se dire : « La majorité des Grecs est de notre côté, et nous ne combattons que la minorité. La plupart des villes, à bien compter, fournissent à Xerxès des soldats ou des marins; beaucoup sont neutres ou indifférentes; et parmi celles mêmes qui prennent les armes, il n'y en a pas une qui n'ait dans son sein un parti médique; nous voyons auprès de Xerxès des Athéniens et même un roi de Sparte. De

---

1. Diodore de Sicile, X, 25, édit. Didot.
2. Hérodote, VI, 42.
3. Idem, VI, 43.
4. Idem, VIII, 132.
5. Idem, VIII, 10.

quel côté est donc la patrie commune? Ne serait-ce pas là où elle compte le plus grand nombre de ses enfants? »

Dans une histoire grecque, on ne peut presque jamais dire la Grèce; dire une ville grecque est encore une généralité trop hardie : c'est tel ou tel parti dans chaque ville qu'il faut dire. Jamais la Grèce ni même une cité grecque n'a agi unanimement, fût-ce contre l'étranger. Ce n'est pas Chio qui secoua le joug des Perses après la bataille de Salamine, c'est un parti dans Chio.

Le parti médique était au pouvoir, et il avait donné sans répugnance des marins à Xerxès. Une fois que la force passa du côté des Grecs, le parti hellénique reprit courage à Chio et s'agita. Il se confondait, nous l'avons vu, avec le parti national de l'aristocratie, comme le parti contraire avec celui des tyrans. Sept citoyens se conjurèrent dans le double but de tuer le tyran Strattis et de réunir Chio à la Grèce[1]. Trahis avant l'exécution, ils s'enfuirent de l'île, passèrent à Égine, où était mouillée la flotte grecque, et la conjurèrent de délivrer l'Ionie.

Sparte hésita, ne voyant nul intérêt à ce que les Ioniens fussent affranchis. Léotychides se décida pourtant à conduire sa flotte jusqu'à Mycale, et vainquit les Perses sur terre. Ce succès assura le triomphe du parti hellénique à Chio; la tyrannie et le médisme tombèrent, et l'île se trouva redevenue une île grecque.

L'aristocratie revint alors au pouvoir et gouverna sans interruption jusque vers la fin de la guerre du Péloponèse. Elle rendit à Chio son commerce et sa richesse. Elle sut lui donner un bienfait que bien peu de villes grecques reçurent de leur gouvernement : une paix de soixante et dix années[2].

II. [DEPUIS LA BATAILLE DE MYCALE JUSQU'A L'ARRIVÉE DES ROMAINS.]

Par l'impuissance où elle avait été de s'affranchir elle-même, Chio avait appris que l'isolement n'était plus permis.

---

1. Hérodote, VIII, 132.
2. Thucydide, VIII, 24 : Οἱ Ἀθηναῖοι τὴν Χίον διεπόρθησαν ἀπαθῆ οὖσαν ἀπὸ τῶν Μηδικῶν, κ. τ. λ.

Elle entra dès lors dans une nouvelle période, durant laquelle le régime municipal subsista tout entier, mais corrigé par le système fédératif.

Or elle ne pouvait pas se rallier, comme elle l'avait fait une fois, à la confédération ionienne; les villes de la terre ferme restaient sujettes; car la bataille de Mycale n'avait pas enlevé aux Perses un seul pouce de terre du continent asiatique[1]. Il fallait donc de toute nécessité que Chio se mît sous la protection de la Grèce européenne.

Des îles qui ne pouvaient pas se défendre seules devaient être pour leurs défenseurs ou un embarras ou un instrument de domination. Sparte ne vit que le fardeau d'une alliance inutile et coûteuse, et proposa de transporter les insulaires en Béotie[2]. Athènes vit un empire à fonder, et s'engagea à les défendre dans leurs îles. Elle mit alors en avant des traditions qui faisaient d'elle la métropole de l'Ionie, et qui lui donnaient, envers Chio et les autres îles, des devoirs et des droits. Elle avait d'ailleurs cet avantage sur Sparte, qu'on ignorait encore comment elle exerçait l'empire. La raideur de Pausanias témoignait assez des intentions de Sparte; la douceur d'Aristide et de Cimon[3] cachait encore ce que seraient celles d'Athènes. Tous les alliés, Chio à leur tête, refusèrent d'obéir aux Spartiates, et voulurent être libres avec les Athéniens[4].

Ni Athènes ne songea d'abord à commander, ni Chio à obéir[5]. Chio fournissait à la confédération un contingent de vaisseaux, comme d'autres villes contribuaient de leur argent. D'ailleurs elle envoyait ses députés à l'assemblée commune qui siégeait régulièrement à Délos, et avait ainsi sa part de souveraineté. Athènes avait seulement l'hégémonie, c'est-à-dire le privilège de nommer le général de l'armée alliée et de diriger les opéra-

---

1. Hérodote, IX, 105.
2. Hérodote, IX, 105. Diodore, XI, 37.
3. Plutarque, *Vies de Cimon* et *d'Aristide*. Thucydide, I, 95. Diodore, XI, 44.
4. Plutarque, *Vie d'Aristide*, c. 23.
5. [Cf. P. Guiraud, *De la condition des alliés dans la première confédération athénienne*, dans les *Annales de la Faculté des Lettres de Bordeaux*, cinquième année.]

tions militaires. A cela près, tous les alliés avaient des droits égaux. Ainsi la Grèce essayait le système fédératif, et cela de la façon la plus sage, donnant à chaque ville la liberté du gouvernement intérieur, à toutes une égale part de direction et de surveillance dans les affaires communes, à une seule le commandement militaire[1].

Cette tentative échoua plus tard par la supériorité naturelle d'Athènes, par les progrès de la démocratie dans son sein, qui changèrent la nature de ses relations extérieures, enfin par les intrigues de Sparte, qui, en semant le trouble parmi les alliés, força Athènes à changer la confédération en domination.

Chio échappa à cet empire, grâce à sa puissance et surtout à la sagesse qu'elle eut d'aimer mieux fournir des vaisseaux et des soldats que de l'argent[2]. L'argent qu'elle eût donné ne l'eût pas garantie contre une augmentation indéfinie de tribut; sa flotte, en l'aguerrissant, la faisait respecter à la fois de ses ennemis et de ses alliés. Elle fut en effet ménagée, et conserva toujours le titre d'autonome et l'exemption du tribut[3]. En fait, elle subissait la loi des Athéniens, mais l'apparence de l'égalité lui suffisait, et sa haine contre eux vint d'ailleurs que de son indépendance blessée.

La cité n'avait d'abord connu que deux partis, celui du médisme ou de la tyrannie, celui de l'hellénisme ou de l'oligarchie. A la chute du premier, le peuple docile s'était attaché au second. Mais, plus tard, Athènes ne crut pouvoir conserver l'empire qu'en établissant partout la démocratie, et cette politique fut rendue nécessaire par la politique opposée de Sparte. L'influence athénienne obtint ce résultat à Chio, que le peuple, jusque-là si soumis, commença à s'enhardir, à s'agiter et à devenir menaçant. Il se forma, pour la première fois, un parti démocratique, qui compta sur Athènes, et qui força l'oligarchie à compter sur Sparte.

Voyons ici l'excessive habileté de cette aristocratie chiote, et

---

1. Thucydide, I, 96 et 97. Diodore, XI, 47. Plutarque, *Vie d'Aristide*, c. 24. Thucydide, III, 10.
2. Thucydide, VII, 57.
3. Idem, VI, 85; III, 10.

comment elle sut dissimuler pendant quarante ans ses affections et ses antipathies. Plus sage que celles de Samos et de Mitylène, elle sut ôter à Athènes toute occasion d'intervention ouverte, tout prétexte pour changer son gouvernement. Elle rejeta toute idée de révolte, et ne se défendit que par son extrême docilité. Les ordres, les désirs d'Athènes furent toujours satisfaits et souvent prévenus. La flotte de Chio suivit les Athéniens partout où ils voulurent la conduire, contre Samos, contre Corinthe, contre Sparte, c'est-à-dire contre l'oligarchie même[1]. Elle envoyait des offrandes à la Minerve du Parthénon. Elle courtisait les citoyens puissants, elle avait discerné l'influence naissante du jeune Alcibiade, elle nourrissait ses chevaux olympiques, se préparant en lui pour l'avenir un protecteur et un avocat auprès du peuple athénien[2]. Elle était l'alliée la plus empressée d'Athènes, qui lui rendait justice et ne s'étonnait que de son excès de zèle. « La bonne ville que celle de Chio! disait un comique au théâtre de Bacchus[3]; vaisseaux de guerre, hoplites, tout ce que vous lui demandez, elle vous l'envoie; c'est un cheval qui n'a pas besoin d'aiguillon. » Un autre jour, le peuple assistait à la représentation des *Oiseaux* d'Aristophane; le chœur, parodiant une prière, disait: « O dieux, accordez salut et prospérité à la ville des oiseaux et à celle des Chiotes! » Et Pisthétérus répondait: « J'aime à voir les Chiotes partout[4]. » C'est qu'en effet, dans les sacrifices publics des Athéniens, l'usage était d'implorer la faveur des dieux à la fois pour Athènes et pour Chio[5]. Chio en était venue à ce point par une docilité qui embarrassait peut-être Athènes. L'an 425, pendant la guerre du Péloponèse, les Chiotes voulurent par précaution fortifier leur ville. Athènes s'émut et ordonna de démolir l'ouvrage déjà fait; ils abattirent leurs murailles[6]. L'aristocratie redoublait de soumission pour cacher sa haine, et ne laissait voir qu'aux Spartiates qu'elle obéissait

---

1. Diodore, XI, 60. Plutarque, *Cimon*, 12. Thucydide, I, 19. Diodore, XIV, 27.
2. Plutarque, *Vie d'Alcibiade*, c. 12.
3. Eupolis, cité par le scholiaste d'Aristophane, *Oiseaux*, v. 881.
4. Aristophane, *Oiseaux*, v. 879.
5. Théopompe (édit. Didot), *Fragmenta*, 115.
6. Thucydide, IV, 51.

à contre-cœur[1]. Elle attendait qu'Athènes eût reçu un échec, et que la défection fût sans danger; car la sagesse chiote consista toujours à attendre les occasions, jamais à les faire naître.

C'est seulement quand on apprit les désastres de l'expédition de Sicile, et qu'on put croire Athènes épuisée, que l'aristocratie s'enhardit. Encore usa-t-elle d'autant de circonspection que s'il s'était agi d'une entreprise ardue et audacieuse. Elle envoya à la fois une députation à Sparte pour lui demander que sa flotte vînt tout entière appuyer la défection, et sept trirèmes aux Athéniens pour les assurer de sa fidélité[2]. Ne nous y trompons pas : ce n'est pas Chio, c'est l'aristocratie qui veut abandonner Athènes; « le peuple ignorait ces menées[3] ». Lorsque cinq vaisseaux lacédémoniens, commandés par Alcibiade, se présentèrent au port, le peuple fut consterné; mais il était pris au dépourvu; l'aristocratie profita de son trouble, introduisit Alcibiade, et Chio se trouva inopinément l'alliée de Sparte[4]. Cet acte de l'aristocratie fut la source de bien des maux pour la patrie. Le repos, la richesse et le bonheur passés furent perdus pour les trois ou quatre générations qui suivirent. Une suite de dissensions intestines affaiblit l'État, attrista la vie privée et corrompit les caractères. Les dangers du régime municipal apparurent tous à la fois; guerre contre l'étranger, guerre civile, révolte d'esclaves, toutes les maladies qu'une cité grecque renfermait dans son sein éclatèrent ensemble.

Puisque nous entrons dans une période de luttes intérieures, il est nécessaire en commençant de définir les termes[5]. Par faction aristocratique, il faut toujours entendre, en Grèce, les riches; par faction démocratique, les pauvres. L'esclavage ne garantissait pas les anciens du paupérisme; il l'aggravait même, et le rendait incurable. Si tous ceux qui n'étaient pas esclaves formaient en effet une aristocratie, cette aristocratie, fort mêlée, se partageait en deux classes, celle qui possédait et celle qui

1. Thucydide, III, 32.
2. Idem, VIII, 6, 24.
3. Idem, VIII, 9.
4. Idem, VIII, 14.
5. [Cf. plus haut, *Polybe*, c. 1, p. 122 et suiv.; *La Cité antique*, liv. IV, c. 12.]

ne possédait pas. Là est le secret de toutes les révolutions en Grèce. L'aristocratie combattit pour conserver la richesse, et la démocratie pour l'acquérir. Nul principe, nulle question de droit ne les mit aux prises. Voyons-nous une victoire de l'aristocratie, c'est une restitution de biens ; du peuple, c'est une spoliation ouverte ou déguisée par la confiscation, le partage des terres, les distributions de vivres, ou les institutions semblables à celle du *triobole*. On aime à supposer aux Grecs un vif amour de la liberté. Il n'en est rien : les Grecs n'ont jamais eu une idée nette de la liberté ; ils n'en ont jamais connu ni les conditions ni les devoirs. Ils ont toujours confondu la liberté avec le pouvoir ; ce qu'ils appelaient être libre, c'était gouverner ; aussi n'y avait-il jamais qu'un parti qui fût libre. Cette liberté vraie, qui assure à chacun une conscience, qui lui garantit sa vie, ses propriétés et son honneur, cette liberté qui, chez les modernes, triomphe de toutes les révolutions, aucune révolution ne la donnait aux Grecs. Aussi ne soyons pas surpris quand nous verrons des maîtres étrangers asservir la Grèce ; tous l'ont trouvée docile : tellement les temps de son indépendance l'avaient peu habituée à la liberté.

L'île fut à la fois occupée par les Spartiates et par les Athéniens ; l'aristocratie qui, pour se soutenir, avait alors besoin de l'appui des étrangers, fit entrer dans l'acropole une garnison lacédémonienne et un harmoste. Une sorte de terreur fut organisée. On craignait le peuple ; on prit chez lui bon nombre de matelots qu'on embarqua sur la flotte péloponésienne. Ce qui restait donnait encore des inquiétudes : on y prit des otages, et un peu plus tard on les massacra[1]. La conduite du gouverneur spartiate, Pédarite, fut si odieuse, que les exilés osèrent se plaindre à Sparte même, et que sa mère lui écrivit cette lettre laconique : « Ou change de conduite, ou n'espère pas me revoir[2]. »

D'autre part, les Athéniens, trompant toutes les prévisions et tous les calculs par leur courage, avaient équipé une flotte[3]

---

1. Thucydide, VIII, 31, 38. Théopompe, *Fragmenta*, 9.
2. Plutarque, *Apophthegmata laconica*, édit. Didot, t. I, p. 299.
3. Athènes fit alors l'aveu du cas qu'elle faisait de l'alliance de Chio. A la nou-

et paru devant Chio. Ils n'avaient pas fait le siège de la ville, ce qui donne à croire qu'on avait pu la fortifier ; mais ils avaient fait par mer tout le tour de l'île, ravageant les côtes, débarquant là où ils trouvaient des plaines ou de riches bourgs, à Cardamyle, à Volisso, à Phanæ, à Levconion [1], battant les Chiotes partout, et faisant insurger les villages contre la faction aristocratique de la ville. Enfin, ils prirent position à Delphinium, d'où ils dominaient par mer l'entrée du canal et par terre la vallée de Chio.

La vallée était bloquée, le port fermé par une flotte athénienne, le parti démocratique surexcité. Les esclaves, appelés à la révolte, désertaient en foule [2].

L'aristocratie, qui soulevait tant de haines, se maintint pourtant deux années. Quelques légers succès, obtenus sur la flotte athénienne, et surtout le départ de cette flotte, appelée dans l'Hellespont, lui laissèrent le champ libre. En 411, elle avait encore le pouvoir, puisque nous voyons une flotte péloponésienne accueillie et soudoyée [3].

Les historiens perdent Chio de vue pendant l'année 410. Cette année dut être signalée par une révolution démocratique ; car, l'année suivante, il fallut que les Spartiates prissent de nouveau possession de l'île, que Cratésippidas ramenât des exilés, et que, par représailles, il exilât six cents citoyens [4]. Le parti populaire avait donc obtenu un triomphe passager, sous la protection des Athéniens, toujours présents à Delphinium.

---

velle de la défection, elle se hâta d'abroger la loi qui défendait de toucher à la réserve de 1000 talents. « L'ardeur était extrême, dit Thucydide (VIII, 15), et l'on ne calculait rien pour reprendre Chio. » Alcibiade avait bien senti le coup qu'il portait à sa patrie, puisqu'il avait osé compromettre toute la flotte péloponésienne bloquée près de Corinthe, pour courir à Chio. Il avait promis à Sparte que les forces seules de cette île suffiraient à lui donner l'empire de la mer (voir Isocrate, *Panégyrique*, § 59). Et en effet, les Chiotes montrèrent autant d'ardeur et d'énergie, une fois la guerre engagée, qu'ils avaient d'abord montré de circonspection à l'entreprendre. Leur flotte, se passant même de la flotte péloponésienne, alla soulever les villes de la côte et l'île de Lesbos. Voir Thucydide, VIII, 17 ; Isocrate, *De pace*, 97 : Χίων προθυμότατα πάντων τῶν συμμάχων τῷ ναυτικῷ συγκινδυνευσάντων.

1. Thucydide, VIII, 24.
2. Idem, VIII, 40.
3. Idem, VIII, 101 et 106.
4. Diodore, XIII, 65.

En 409, l'île fut rendue à Sparte et à l'oligarchie, et une garnison lacédémonienne occupa l'acropole. En 408, Chio fournissait des vaisseaux à Lysandre[1]; l'année d'après, l'espoir des partisans d'Athènes tombait par la prise de Delphinium. En 406, Chio reçut dans son port la flotte d'Étéonicus, fut mise à contribution par ses propres alliés, et s'estima heureuse d'échapper au pillage[2]. Enfin, en 405, la flotte de Chio prit part à la bataille d'Ægos-Potamos et dut contribuer fortement à la victoire, puisque, parmi les statues des vainqueurs de cette journée, dont Lysandre entoura la sienne à Delphes, Pausanias vit celles de trois Chiotes[3].

Plutarque raconte[4] qu'Alcibiade ayant entraîné ceux de Patras dans l'alliance d'Athènes, « Prenez garde, leur dit quelqu'un, les Athéniens vous avaleront un beau jour ». — « Cela peut bien être, répliqua Alcibiade; mais, du moins, ce sera par petits morceaux et en commençant par les pieds, au lieu que les Lacédémoniens commenceraient par la tête et ne feraient de vous qu'une bouchée. » Athènes n'avait demandé à Chio qu'une alliance docile; Sparte, dès le premier jour de son triomphe, se posa en maîtresse absolue et impérieuse. Ceux qui l'avaient aidée à vaincre ne furent pas traités autrement que les vaincus; elle sembla regretter d'avoir eu des alliés[5].

Chio reçut son gouvernement des mains de Lysandre[6], mais l'abaissement du parti populaire ne rendit pas le pouvoir à l'aristocratie. Lysandre avait organisé une société ou hétérie, dont les membres étaient entièrement dévoués à Sparte. Cette hétérie, semblable aux hétéries qui s'établirent alors dans presque toutes les villes, avait le double avantage d'un corps parfaitement constitué qui veut maintenir l'ordre établi, et d'une société secrète qui tire son prestige de l'ignorance où

---

1. Diodore, XIII, 70.
2. Xénophon, *Helléniques*, II, 1.
3. Pausanias, X, 9.
4. Plutarque, *Alcibiade*, c. 15.
5. Ταῦτα πράττων ὁμοίως ἐν ταῖς πολεμίαις καὶ ἐν ταῖς συμμάχοις πόλεσι (Plutarque, *Lysandre*, c. 13).
6. Diodore, XIV, 10 et 13.

l'on est de son nombre. Ce fut dans son sein, et non pas parmi les chefs d'une oligarchie régulière, que Lysandre fit ses choix[1].

Une garnison lacédémonienne et un harmoste continuèrent d'occuper l'acropole, même en temps de paix[2]. Il n'est pas besoin de dire que cet harmoste était en fait le chef suprême du gouvernement, « car alors on obéissait au moindre mot d'un Spartiate[3] ». La terreur régna à Chio comme dans toute la Grèce ; la domination fut sans mesure, les vengeances personnelles sans frein. Chio perdit les premiers de ses citoyens, condamnés à l'exil ; car Sparte frappait l'aristocratie même[4].

Elle fut maltraitée en proportion des services qu'elle avait rendus. On lui devait trop. Cette flotte nombreuse, qu'elle avait mise à la disposition de Sparte, on ne s'en souvint que pour mesurer le mal qu'elle pouvait faire au bien qu'elle avait fait. Sparte décréta que Chio n'aurait plus de vaisseaux ; ceux qu'elle possédait lui furent enlevés[5]. Athènes avait eu l'imprudence ou la loyauté de développer la marine chiote. Sparte la tua d'un seul coup.

Qu'est-il besoin de raconter en détail comment Chio fut ballottée entre toutes les puissances qui furent tour à tour maîtresses de la mer Égée? En 395, elle fut affranchie des Spartiates par la flotte persane, que commandait Conon[6]. Huit ans après, le traité d'Antalcidas proclamait sa liberté. Mais ce traité, en rendant l'autonomie à toutes les cités, grandes ou petites, interdisait tout empire, toute confédération, toute unité dans la Grèce ; il isolait Chio au milieu d'un morcellement général[7].

Le traité d'Antalcidas, qui brisait tout à coup les inégalités

---

1. Δέκα ἄρχοντας.... κατέλιπεν ἐκ τῶν ὑπ' αὐτοῦ συγκεκροτημένων κατὰ πόλιν ἑταιριῶν (Plutarque, *Lysandre*, 13 et 21).
2. Diodore, XIV, 84. Plutarque, *Lysandre*, 13. Xénophon, *Helléniques*, V, 8.
3. Xénophon, *Helléniques*, III, 1, 5.
4. Τοὺς πρώτους τῶν πολιτῶν ἐφυγάδευσαν (Isocrate, *De pace*, 98).
5. Τὰς τριήρεις ἐκ τῶν νεωρίων ἐξελκύσαντες ἁπάσας ᾤχοντο λαβόντες (Isocrate, *De pace*, 98).
6. Diodore, XIV, 84 ; XV, 5.
7. Xénophon, *Helléniques*, V, 1. Diodore, XIV, 110. Démosthène, *Pour les Rhodiens*, 29.

et les suprématies que le temps avait établies entre les villes, causa autant de désordre dans la Grèce que pourrait en causer dans une société le brusque nivellement des fortunes. A la faveur de ce trouble, Sparte ressaisit l'empire, auquel elle semblait renoncer, et Chio redevint sujette au moment où sa liberté lui semblait rendue[1].

Elle attendit la guerre thébaine et les armements d'Athènes pour échapper à cet empire. En 377, les insulaires firent un nouvel essai du système fédératif et s'unirent entre eux et avec Athènes aux mêmes conditions qu'au temps d'Aristide[2]. La confédération, qui comprit jusqu'à soixante-dix États, arracha enfin à Sparte la reconnaissance de la liberté des villes et le rappel des harmostes.

Pendant le peu de temps qu'Épaminondas eut cent trirèmes dans la mer Égée[3], Chio fut sous l'empire de Thèbes. Quand Thèbes tomba, Athènes la vit revenir à son alliance.

La guerre sociale, qui suivit, coïncide avec un fait qui l'explique. Il régnait alors à Halicarnasse une famille de dynastes qui s'était peu à peu agrandie; Mausole avait fini par réunir toute la Carie et quelques îles adjacentes. En 362, il s'était trouvé assez puissant pour armer cent trirèmes, assez riche pour fournir un subside à Lacédémone[4]. Une puissance nouvelle s'étant ainsi élevée dans la mer Égée, Chio n'échappa pas à son influence. L'histoire de Mausole, ses progrès dans les îles, sa politique à l'égard de la Grèce, sont enveloppés d'obscurité. Nous savons seulement que, vers 359, il intrigua dans Rhodes, et, en s'appuyant sur l'oligarchie, enleva aux Rhodiens leur liberté[5]; qu'à la même époque l'oligarchie triompha également à Chio, et que son triomphe eut peut-être la même cause et les mêmes effets[6]; qu'en 358 Chio, Rhodes, Cos et le roi de Carie furent intimement unis contre Athènes[7], et qu'enfin, en

1. Polybe, IV, 27.
2. Diodore, XV, 28 et 30.
3. Idem, XV, 79.
4. Idem, XV, 90. Xénophon, *Vie d'Agésilas*, II. 25.
5. Démosthène, *Pour les Rhodiens*, 1.
6. Ibidem.
7. Diodore, XVI, 7.

345, toutes ces îles appartenaient au successeur de Mausole[1].

Après la chute rapide du royaume de Carie, Chio se trouva à la merci d'Athènes. Vers 341, les Athéniens étaient maîtres de la mer et tellement redoutés, que Chio, pour donner quelque sécurité à ses marchands, n'avait d'autre ressource que de corrompre à prix d'argent les amiraux et les triérarques athéniens[2]; c'était, sous une nouvelle forme, un lourd tribut qu'elle payait à Athènes.

En 340, Athènes étant la plus forte, c'est contre Philippe que Chio se déclare; elle joint sa flotte à celle d'Athènes pour faire lever le siège de Byzance. Mais, en 338, année de la bataille de Chéronée, Athènes ne comptait plus les Chiotes parmi ses alliés[3].

L'île de Chio, depuis un siècle, passait ainsi sans cesse des mains d'un maître aux mains d'un autre. Le principe municipal étant opposé à toute union volontaire, la conséquence était que l'on obéissait toujours au plus fort. On avait bien tenté la fédération, mais sans vouloir renoncer aux haines et aux passions. La fureur des partis avait corrompu l'essence et le but du système fédératif, chacun regardant l'alliance étrangère comme un appui pour sa faction. Ainsi il n'aboutissait qu'à des guerres civiles. On put compter à Chio onze révolutions dans l'espace de quatre-vingts ans; la même tragédie se répétait bien souvent sur ce théâtre. L'île subit tous les maîtres; sans nulle initiative, elle suivit toujours la fortune. Elle ne pesa jamais dans la balance des événements, non pas qu'elle manquât de force, mais parce qu'elle s'abandonnait d'avance au plus puissant. On pourrait la comparer à un vaisseau qui naviguerait sans but et sans direction, qui serait ballotté par des vents contraires, et dont l'équipage serait divisé en deux camps.

1. Démosthène, *De pace*, 24. Diodore de Sicile (liv. XVI, c. 7, 21 et 22) raconte le siège infructueux de Chio par terre et par mer, et la mort de Chabrias, tué à l'entrée du port en 358. L'année suivante, la flotte de Chio va ravager les îles sujettes d'Athènes. En 356, elle va secourir les Byzantins assiégés. Les deux partis font la paix par crainte de la Perse.
2. Démosthène, *De Chersoneso*, 24.
3. Idem, *Sur la couronne*, 254. Diodore, XVI, 77.

L'empire que la Macédoine s'acquit sur la Grèce ne changea à Chio que le nom des partis; on fut *laconisant* ou *macédonisant*, suivant qu'on était de l'oligarchie ou du parti populaire, riche ou pauvre.

L'expédition d'Alexandre n'a pas été regardée par les contemporains des mêmes yeux que nous la regardons; ils n'y ont pas vu l'avenir et l'honneur du nom grec engagés, ou, s'ils l'ont vu, ils y ont été insensibles. Tout ce qu'un Grec avait d'esprit, de cœur et d'énergie était donné à de mesquines rivalités de factions; ses aspirations n'allaient pas plus haut que le triomphe de son parti. Jugeant d'après nos idées ordinaires, nous voudrions que l'expédition d'Alexandre eût étouffé, pour un temps, ces misérables querelles. D'après les idées grecques, c'est le contraire qui devait arriver. Qu'Alexandre fût resté paisible en Macédoine, Chio lui eût obéi; mais il combat au nom de la Grèce, Chio se soulève.

Cette île a eu le malheur de se trouver toujours du côté des Perses dans les luttes que la Grèce a soutenues contre eux. Elle servit Xerxès; elle contribua à faire rappeler Agésilas; elle se déclara contre Alexandre.

Memnon, à titre de Grec, savait parfaitement qu'il trouverait dans chaque ville grecque un parti persan. Il n'eut qu'à se présenter devant Chio pour qu'on lui ouvrit les portes[1]. Une garnison persane s'établit dans la ville et aida l'oligarchie à gouverner. Mais puisque l'aristocratie était dévouée à la Perse, le parti populaire tenait pour Alexandre. Enhardi par la victoire d'Issus, il appela la flotte macédonienne, ouvrit à son tour les portes de la ville, et livra les chefs de la faction contraire[2]. Ainsi, les uns appelaient les Perses, les autres les Macédoniens, tous des maîtres; car à la garnison persane succéda une garnison macédonienne, et la sujétion fut égale. Si l'on se demande ce que chaque parti gagnait à une révolution, il y gagnait de s'être vengé d'un ennemi.

Nous pourrions croire que les partisans d'Alexandre étaient

---

1. Diodore, XVIII, 29. Arrien, *Expédition d'Alexandre*, II, 13.
2. Arrien, III, 2. Quinte-Curce, IV, 5 et 8.

plus patriotes que les amis de la Perse; nous serions détrompés par ce qu'on vit peu après. Alexandre, qui avait d'abord favorisé la démocratie, changea de politique[1]. Chio reçut un jour du vainqueur d'Arbelles l'ordre de rappeler dans ses murs tous ceux qu'elle avait exilés[2]. Ces exilés appartenaient au parti oligarchique, et leur retour devait porter atteinte au régime populaire. Dès lors la situation des partis changea : ce fut l'oligarchie qui s'attacha à Alexandre, et les anciens amis de la Macédoine devinrent ses ennemis. Tant il est vrai que chaque Grec n'aimait ou ne détestait dans Alexandre que l'appui ou l'adversaire de son parti.

Il est naturel de se demander comment se passait l'existence d'un citoyen au milieu de ces revirements et de ces luttes. On peut s'en faire une idée par la biographie de deux Chiotes qui vécurent en ce temps-là, l'historien Théopompe et le rhéteur Théocrite.

Théopompe était né riche[3], par conséquent aristocrate, partisan de Sparte, et d'abord ami de la Perse. Il fut exilé, jeune encore, avec son père, après une défaite de son parti. Son père mourut dans l'exil; lui-même passa une grande partie de sa vie hors de Chio[4] et n'y rentra qu'à l'âge de quarante-cinq ans, lorsque l'édit d'Alexandre lui en rouvrit les portes. Il y retrouva alors Théocrite, qui, né pauvre, appartenait à la faction démocratique[5] et avait contribué à livrer la ville aux Macédoniens. Ces deux hommes étaient ennemis jurés. C'étaient deux caractères également haineux : Théopompe, dans ses écrits, se montre porté à la calomnie et à l'outrage[6]; Théocrite avait sans cesse à la bouche l'ironie et l'épigramme[7]. Triste influence des guerres civiles et des agitations de la vie sur les caractères.

---

1. Arrien, I, 18; II, 5. Diodore, XVII, 24.
2. Diodore, XVIII, 8.
3. Théopompe, *Fragments*, dans l'édition Didot. Photius, *Bibliotheca*, cod. 176.
4. Photius, ibidem.
5. Athénée, VI, p. 230 (pagination Casaubon).
6. Théopompe, *Fragments divers*. Polybe, VIII, 11. Athénée, VI, 254.
7. Voir les *Fragments* de Théocrite, dans Didot, *Fragments des historiens grecs*.

Le rappel des exilés ayant interverti les rôles, Théocrite devint l'ennemi des Macédoniens ; il ne pouvait faire qu'une opposition sourde et attendre. Un jour qu'Alexandre avait écrit aux Chiotes de lui envoyer des étoffes de pourpre[1], il se contenta de dire qu'il commençait à comprendre ce vers d'Homère :

Τὸν δ' ἕλε πορφύρεος θάνατος καὶ μοῖρα κραταιή.

Théopompe, au contraire, était bon courtisan. On le soupçonna d'avoir vendu à Alexandre son talent d'historien[2]. Il est certain qu'il écrivait fréquemment à Alexandre : tantôt c'étaient des avis, mais des avis faits pour plaire[3] ; tantôt c'étaient des dénonciations. Il l'avertissait des menées du parti démocratique et de la trahison d'Harpalus[4]. Quand celui-ci ou un de ses agents fut passé à Chio, Théopompe ne manqua pas d'écrire que Théocrite s'était fait acheter ; il donnait pour preuve sa richesse récente. « Il boit, disait-il, dans des coupes d'or et d'argent, lui qui autrefois n'avait sur sa table que des vases de terre mutilés[5]. »

Survint la mort d'Alexandre. « Courage, amis, s'écrie Théocrite, les dieux meurent avant les hommes[6]. » Théopompe perdait son appui, et était livré aux vengeances de Théocrite. On ne sait si le parti populaire se releva aussitôt, ou s'il attendit la faveur de Polysperchon. Quoi qu'il en soit, Théopompe ne put rester dans sa patrie et repartit pour l'exil ; mais il trouva partout des ennemis. Ses anciennes relations avec Alexandre lui attirèrent la haine des villes, et même celle des rois successeurs du Macédonien. Chassé partout, ne sachant où trouver un asile, il s'enfuit en Égypte, où peu s'en fallut que Ptolémée ne le fît périr[7].

---

1. Athénée, XII, 9, p. 540.
2. Τῆς ὑποθέσεως κατὰ Φίλιππον τὸ τέλος ἦν τὸ σύμφερον (Polybe, VIII, 13).
3. (Scribebat) grata Alexandro (Cicéron, Ad Atticum, XII, 40).
4. Athénée, p. 230, 595, 586.
5. Idem, p. 230.
6. Clément d'Alexandrie, Cohortatio, p. 61.
7. Photius, Bibliotheca, ibidem.

L'esprit des partis se reconnaît à la manière d'écrire l'histoire. Les œuvres de Théopompe sont l'image de son âme et portent l'empreinte de toutes ses passions. Il fit de l'histoire une arme pour son parti. On trouve dans ses écrits un perpétuel éloge de l'oligarchie, une attaque incessante contre le régime populaire[1]. Il est dur, amer, insultant pour tous les ennemis de son parti. Il écrit pour accuser et non pour raconter[2]. Il poussa la haine contre Athènes jusqu'à mettre en doute la bataille de Marathon « et toutes les autres vanteries du peuple athénien[3] ». Sur tous ces points il ne varie pas; mais, comme il fut tour à tour l'ennemi et le chef du parti macédonien, il se démentit souvent dans les jugements qu'il porta sur Philippe. Ici il le regarde comme le plus grand prince que l'Europe ait jamais eu; là il l'accable des calomnies les plus atroces : trahissant ainsi les velléités de son caractère à la fois vénal et vindicatif.

Théocrite, lui aussi, finit misérablement. Ennemi de la Macédoine, il put espérer que, dans la guerre lamiaque, une victoire d'Athènes sur mer ferait soulever sa patrie; mais, comme ce fut la flotte macédonienne qui l'emporta, Chio ne remua pas[4]. L'île, toujours soumise, ne fit que changer de maîtres, selon que Polysperchon, Cassandre ou Antigone régnaient sur la mer Égée. Théocrite n'avait que ses épigrammes pour se consoler de l'impuissance de sa patrie. Antigone, qui ne les put endurer et qui était maître absolu à Chio, se le fit livrer et le mit à mort[5].

Le tourment de l'historien, c'est le spectacle du malheur et de la dépravation des hommes. On ne peut que déplorer les misères de ces petites républiques, déchirées par les partis et tour à tour la proie des étrangers. Ces luttes acharnées et immorales furent le tombeau où s'ensevelit la dignité du caractère, où les vertus de la race s'éteignirent pour jamais. L'idée de

---

1. Voir Théopompe, *Fragments*, dans Didot.
2. Lucien, *Quomodo historia sit conscribenda*, c. 59.
3. Théopompe, *Fragments*, 167.
4. Diodore, XVIII, 15.
5. Plutarque, *De educatione puerorum*, 14.

nation n'ayant jamais existé, celle de cité même périt alors, pour faire place aux idées de secte et d'hétérie. Pour la ville, ce fut un combat de tous les instants; pour l'individu, ce fut une vie de haines, de rancunes, de vengeances, de persécutions alternatives.

Aristote dit que les aristocrates faisaient ce serment : « Je jure d'être l'ennemi du peuple et de lui faire tout le mal que je pourrai[1]. » Plutarque rapporte une parole bien triste d'un certain Onomadémus de Chio. Après une révolution où son parti venait de triompher, les vainqueurs allaient condamner tous leurs adversaires ou à la mort ou à l'exil. « Laissez-en quelques-uns dans la ville, dit Onomadémus ; gardez-vous de vous débarrasser de tous vos ennemis, de peur que les haines et les guerres civiles ne puissent plus exister qu'entre amis[2]. » Il disait vrai : nul moyen de pacifier une ville grecque. Eût-on exterminé tout un parti, le lendemain on en eût encore trouvé deux dans la ville.

III. CHIO SOUS LES ROMAINS ; CHUTE DU RÉGIME MUNICIPAL.

Dans les siècles qui suivirent, Chio, épuisée ou mieux instruite, se garda des agitations. Tant que la mer Égée avait été disputée entre la Perse et la Grèce, entre Athènes et Sparte, entre les rois successeurs d'Alexandre, comme la fortune changeait souvent de cause, Chio avait pris aussi des partis divers. Dès que les Romains paraissent, elle ne se dément plus ; elle a deviné d'abord leur force et leur futur empire. En 221, alors qu'ils n'avaient pas encore pénétré en Orient, elle avertit la Grèce des maîtres auxquels elle aurait à obéir, et conjura Philippe et les Étoliens de renoncer à leurs funestes querelles[3]. Ses conseils ne furent pas écoutés ; elle prit alors résolument et

---

1. Aristote, *Politique*, V, 7 (19).
2. Plutarque, *Præcepta reipublicæ gerendæ*, 16 ; le même récit, dans Élien, *Histoires variées*, XIV, p. 25.
3. Tite-Live, XXVII, 30 ; XXVIII, 7. Polybe, V, 24, 28, 29, 100. Appien, IV, 2.

pour toujours son parti, se déclara pour Rome et lui resta constamment fidèle.

Elle se laissa assiéger par Philippe en guerre contre Rome, lui résista, fut assiégée une seconde fois, et succomba. Mais les Romains lui rendirent une liberté dont elle ne devait user qu'à leur profit[1].

Dans la guerre des Romains contre Antiochus, elle mérita que le sénat récompensât sa fidélité par le don d'un territoire à son choix; peut-être rentra-t-elle alors en possession d'Atarné[2].

Rhodes enseignait alors à Chio qu'une république maritime pouvait, à la faveur de l'alliance romaine, se relever et jeter encore un vif éclat. Chio, moins entreprenante, ne suivit pas cet exemple, mais n'imita pas non plus la présomption des Rhodiens dans la guerre contre Persée.

Les Romains, tout-puissants dans la mer Égée, n'eurent pas besoin d'assujettir les îles; ils en étaient maîtres par la peur qu'ils inspiraient, et plus encore par le singulier prestige qu'ils exerçaient dès lors sur le génie grec. Nulle gloire n'était égale parmi les Grecs à celle que donnait alors le titre d'ami, d'allié, d'affranchi du peuple romain. Tous les Grecs s'y laissaient prendre; car autant le Grec déteste par instinct l'étranger puissant, autant il l'aime par vanité.

L'oligarchie gouvernait alors Chio, et avec la perspicacité et l'esprit de suite qui lui étaient ordinaires, elle suivait sans dévier la ligne de son intérêt. Cherchant à sauver ce qu'elle pourrait de son indépendance municipale, elle s'appliquait à mériter la plus grande somme possible de liberté par les plus grandes garanties de docilité, et à éviter le nom de sujette à force de soumission.

La fidélité des cités grecques fut mise à l'épreuve dans la guerre de Mithridate. Presque toutes le reçurent en libérateur et signalèrent leur délivrance par un massacre général des Romains[3]. La résistance que Chio lui opposa ne nous est connue

---

1. Plutarque, *De mulierum virtutibus*, 3. Appien, IX, 5.
2. Polybe, XXII, 27. Tite-Live, XXXVI, 43, 45; XXXVII, 14, 27; XXXVIII, 39.
3. Diodore, XXXVII, 26 et 27.

que par l'anecdote suivante, rapportée par Appien : « Dans une manœuvre de la flotte de Mithridate, un vaisseau chiote heurta de sa proue la trirème royale. Mithridate ne dit rien sur l'heure, mais il punit plus tard le pilote, et garda toujours un profond ressentiment contre Chio[1]. » L'île avait donc fourni des vaisseaux à Mithridate, mais il faut qu'elle eût bien résisté et bien montré son mauvais vouloir, pour que le roi pût attribuer à une intention marquée ce qui, de la part de tout autre pilote, aurait été lâcheté ou maladresse, et qu'il en rendît Chio tout entière responsable.

Peu après, le général du roi, Zénobius, arrive à Chio, surprend la ville de nuit et, ayant convoqué les citoyens au théâtre, exige que, pour dissiper les soupçons du roi, ils livrent des otages et toutes leurs armes. On les donne. Zénobius feint alors de recevoir une lettre que Mithridate adresse aux Chiotes : « Vous êtes les amis des Romains, écrit le roi ; plusieurs d'entre vous sont partis pour Rome... Les Romains ont des terres dans votre pays ; vous les cultivez, sans me payer pour elles aucun impôt.... Vous avez laissé vos principaux citoyens se rendre auprès de Sylla ; en ne les désavouant pas, vous vous êtes faits leurs complices. » Mithridate ajoutait qu'il avait le droit de les faire tous périr, mais que sa clémence se contentait d'une amende de 2000 talents. Les Chiotes recueillirent cette somme et la portèrent à Zénobius. Sous prétexte qu'il y manquait quelques drachmes, Zénobius convoqua de nouveau tous les citoyens ; et alors, plaçant des gardes aux issues du théâtre et dans toutes les rues qui conduisaient au port, il fit prendre tous les Chiotes et les fit embarquer, en ayant soin de diviser les familles. Toute la population fut transportée dans le royaume de Pont, et l'on envoya des habitants du Pont pour se partager l'île. Le roi affranchit les esclaves, asservit les maîtres, et, par un raffinement de cruauté, donna chaque citoyen à l'esclave dont il avait été le maître[2].

On voit par ce récit d'Appien que l'île, forcée de livrer ses

---

1. Appien, *De bello Mithridatico*, 25.
2. Idem, 46, 47. Nicolas de Damas, cité par Athénée, liv. VI, p. 266.

vaisseaux à Mithridate et de lui payer des impôts, avait envoyé secrètement une ambassade à Sylla; que c'était l'aristocratie qui était du parti des Romains, et qu'elle gouvernait alors la cité, puisque la cité ne l'avait pas désavouée; enfin que l'île se trouva assez riche pour payer à Mithridate l'équivalent de douze millions de notre monnaie. On y voit encore ce fait assez curieux, que les Romains possédaient dans l'île des terres assez considérables pour que le roi pût s'en préoccuper. Avant de soumettre politiquement ces régions, les Romains les exploitaient donc déjà individuellement; ils s'étaient répandus dans la Grèce, dans les îles et dans l'Asie [1].

Le dur exil des Chiotes dura peu; les habitants d'Héraclée pontique les délivrèrent de l'esclavage [2]. Puis les Romains reconnurent une fidélité si chèrement gardée; Sylla n'accorda la paix à Mithridate que sous la condition de renvoyer tous les Chiotes dans leur patrie; et enfin, pour consoler Chio des maux soufferts, il lui donna l'autonomie et le titre d'ami du peuple romain [3].

Chio n'en fut pas moins à partir de ce jour même sujette de Rome. Ses privilèges n'empêchèrent pas que Verrès ne regardât comme un droit du citoyen romain de la piller en passant et de lui dérober ses statues.

Que devint alors le régime municipal? Nous en avons suivi les variations depuis l'origine. Dans une première période, la cité avait été absolument isolée et avait possédé tout ce qui fait un État, l'indépendance au dedans et une action libre au dehors. Tant qu'il n'y avait pas eu d'Empire puissant, ce régime avait donné à Chio une longue paix intérieure; lorsque parut l'Empire des Perses, ce régime lui livra Chio comme désarmée.

Dans une seconde période, le gouvernement municipal fut

---

1. On ne peut pas, sous ce nom de Romains, voir des provinciaux jouissant du droit de cité; car alors Rome ne donnait ce droit à aucun Grec. Le recensement de l'an 70 ne compta que 450 000 citoyens [cf., entre autres, Belot, *Chevaliers romains*, t. II, p. 402].

2. Memnon, dans les *Fragments des historiens grecs*, Didot, t. III, p. 543.

3. Appien, *De bello Mithridatico*, 55 et 61.

modifié par le système fédératif; la cité conservait son indépendance entière, et ne soumettait son action au dehors qu'aux conditions d'une association libre. Mais cette combinaison, impossible à réaliser, n'enfanta que des discordes et souvent la sujétion.

Dans la période qui s'ouvre, la cité accepte une dépendance avouée. Elle désire encore que son gouvernement intérieur lui soit laissé, mais sous un maître. Par force, par résignation ou par sagesse, elle se soumet. Au dedans, Chio est encore une cité libre en apparence : elle garde ses magistrats, ses lois, ses juges; au dehors, c'est une province d'Empire.

On a trouvé à Chio une inscription malheureusement mutilée, mais d'où l'on peut tirer encore presque toute l'histoire de cette *autonomie* de la cité [1]. On y voit d'abord les termes mêmes du décret de Sylla : « Les Chiotes, y est-il dit, continueront à jouir de leurs lois, de leurs coutumes et de leur procédure, comme ils faisaient avant d'entrer dans l'alliance des Romains. Ils ne seront soumis à la juridiction d'aucun magistrat de la République, et les Romains mêmes qui habitent dans l'île obéiront à ses lois. » On peut remarquer que les termes de ce décret bornaient toute l'indépendance de Chio à la jouissance des droits civils.

Cinquante ans plus tard, l'an 28 avant J.-C., Auguste, par une ordonnance en forme de lettre, régla la liberté de Chio et la confirma sans doute en la limitant. Cette ordonnance était citée dans la partie brisée de l'inscription : les premiers mots font entendre qu'elle était favorable aux Chiotes. Vers l'an 60 après J.-C., un procès civil ayant été jugé à Chio en vertu des lois grecques, la partie perdante, qui comptait probablement l'emporter d'après les lois romaines, en appela au proconsul de la province d'Asie. C'était alors Antistius Vétus, le même qui, à son retour à Rome, fut condamné par Néron [2]. Il donna

---

1. Cette inscription, qui n'existe plus à Chio, a été publiée dans le *Corpus inscriptionum* de Bœckh, sous le n° 2222.
2. Tacite (*Annales*, XVI, 10) cite un L. Vétus, dont la fille s'appelait Antistia (*Annales*, XIV, 22), et qui fut consul avec Néron. L'*Art de vérifier les dates* place ce consulat en 55. Vétus était donc proconsul en 60. Un autre Antistius Vétus fut

gain de cause au réclamant, et attenta ainsi aux droits de Chio. Le successeur de Vétus, ayant déclaré dans son édit qu'il se conformerait en tout à celui de son prédécesseur, confirma sa sentence. Mais ensuite le procès s'instruisit de nouveau ; la ville, pour laquelle cette affaire civile avait pris une grande importance, allégua le décret de Sylla, qu'elle avait eu soin de conserver dans ses archives. Le proconsul, après un mûr examen du décret de Sylla et de l'ordonnance d'Auguste, donna un nouvel arrêt. La perte de la fin de l'inscription nous laisse ignorer quel il fut ; mais le ton même du préambule, et le soin avec lequel Chio conserva ce témoignage, permettent de croire qu'il lui fut favorable.

Vespasien ôta la liberté à l'Achaïe, à la Lycie, à Rhodes, à Byzance, à Samos, c'est-à-dire à tout ce qui l'avait reçue de Néron [1]. Mais Chio, qui en jouissait depuis longtemps, la conserva. Elle avait encore le titre de ville libre au temps de Pline [2].

Cependant l'île payait des impôts aussi bien que les provinces sujettes. Au temps d'Auguste, le poids en était trop lourd pour la richesse même des Chiotes. Le juif Hérode, passant dans l'île, la trouva endettée envers le procurateur impérial, et elle n'aurait pu ni s'acquitter ni relever ses monuments abattus, si le roi des Juifs ne fût venu à son secours [3].

Qu'il fût d'usage d'exiger l'impôt même des villes libres, ce passage de Tacite en fait foi : *Nerone principe, conferendis pecuniis pervastata Italia, provinciæ eversæ, sociique et quæ civitatum liberæ vocantur* [4]. Tacite établit ici une sorte de gradation, qui nous permet de croire qu'en droit les villes libres étaient exemptes d'impôts. Mais, en fait, l'impôt distinguait peu entre les noms divers que prenaient les sujets de l'Empire.

---

consul l'an 6 avant J.-C.; mais rien n'indique que celui-ci ait été proconsul en Asie, et d'ailleurs, pour lui, le décret de Sylla n'aurait pas été ἀρχαιότατος. [Voir les *Fastes des provinces Asiatiques* de Waddington, n°ˢ 65 et 92.]

1. Suétone, *Vie de Vespasien*, 8.
2. Pline, *Histoire naturelle*, V, 51 (38), 136.
3. Διέλυσε Χίοις τὰ πρὸς τοὺς Καίσαρος ἐπιτρόπους χρήματα (Josèphe, *Antiquités judaïques*, XVI, 2, 2).
4. Tacite, *Annales*, XV, 45.

Les empereurs voulaient bien permettre à quelques-uns de se dire libres, mais non pas renoncer à leurs droits utiles sur eux[1].

Soumise ainsi, quant au tribut, au procurateur impérial, Chio relevait du proconsul d'Asie en matière d'appel; le procès dont nous venons de parler en est la preuve.

Cicéron nous apprend lui-même le vrai sens de ce qui s'appelait en latin *libertas* et en grec αὐτονομία. Pendant son proconsulat de Cilicie, il écrit à Atticus qu'il a laissé aux Grecs ce que ceux-ci regardent comme la liberté, c'est-à-dire le droit de se juger entre eux, par leurs propres lois; et il s'explique en ajoutant : « Les Grecs sont au comble de la joie, parce qu'ils ont conservé leurs juges nationaux; plaisants juges, diras-tu, mais qu'importe? ils croient avoir l'autonomie[2]. » Ce qu'une ville grecque demande donc à ses vainqueurs dans ces premiers temps et ce qu'elle obtient, c'est de garder sa législation civile et d'échapper au code romain.

Cicéron apprend ailleurs à son ami que toutes les villes auxquelles il a rendu l'autonomie se sont relevées; mais le signe et le fruit de cette nouvelle prospérité, c'est qu'elles ont pu payer les publicains et s'acquitter de leurs dettes[3]. Une ville autonome, comme l'était Chio, avait donc à compter avec l'avidité du fisc. Son seul privilège était que ses magistrats fissent eux-mêmes la répartition de l'impôt. Ce droit, les abus auxquels il donna lieu souvent, et l'intervention salutaire des magistrats romains, se voient encore dans cette observation de Cicéron : « J'ai vérifié les comptes des magistrats municipaux des dix dernières années: leurs vols dépassent toute idée qu'on s'en peut faire; ils ont tout avoué, et je leur ai fait rendre gorge[4]. »

---

1. *Ubi publicanus est, ibi aut jus publicum vanum, aut libertas sociis nulla* (Tite-Live, XLV, 18). — Ἔθνη γὰρ πάντα καὶ βασιλεῖς καὶ πόλεις, οὐχ ὅσαι μόνον ὑποτελεῖς, ἀλλὰ καὶ ὅσαι ... αὐτόνομοι καὶ φόρων ἦσαν ἀτελεῖς, τότε πᾶσαι συντελεῖν ἐκελεύοντο καὶ ὑπακούειν (Appien, *Guerres civiles*, I, 102).

2. ... *Illud in quo sibi libertatem censent datam, ut Græci inter se disceptent suis legibus... Exsultant quod peregrinis judicibus* (c'est-à-dire de juges non romains) *utuntur. Nugatoribus quidem, inquies; quid refert? Tamen* se αὐτονομίαν *adeptos putant* (Cicéron, *Lettres à Atticus*, VI, 1, 15).

3. Cicéron, *Lettres à Atticus*, VI, 2.

4. Ibidem.

Ainsi Chio conserva le titre d'autonome, au moins jusqu'au temps de Trajan. En vertu de cette autonomie, elle garda ses lois civiles, ses tribunaux et ses juges. Mais elle payait des impôts, d'abord aux publicains, plus tard au procurateur impérial. Enfin, si aucun magistrat romain ne résidait dans l'île, elle n'en dépendait pas moins des proconsuls d'Asie, qui avaient un droit de surveillance sur son gouvernement intérieur et un droit d'appel de sa juridiction.

Le régime municipal ainsi réduit ne laissait pas de place aux agitations intestines. Les luttes des siècles précédents ne reparaissent plus dans ceux-ci; un pouvoir plus honorifique que réel, des magistratures coûteuses devaient rester sans contestation aux mains de l'aristocratie. Un sénat gouverna Chio au milieu d'une paix profonde; le pouvoir exécutif était confié à des magistrats, nommés archontes ou stratèges[1].

Presque toutes les fonctions d'un magistrat de Chio se trouvent réunies dans l'inscription suivante : « Alexandre, fils d'Hécatée, et Allianus, fils de Trophimus, stratèges, élèvent ce monument à Hécatée, fils d'Hermippus, premier stratège. Il a rempli toutes les magistratures et toutes les charges *liturgiques* (λειτουργίαι); il a fait célébrer les sacrifices et les jeux[2]. » Le mot stratège, qu'on lit ici, a eu ses révolutions, comme le peuple grec. Après avoir désigné le chef de l'armée ou de l'État, il devint le titre du magistrat chargé des subsistances, de la vente du blé, de la voirie et de la police; car l'édilité était devenue la première et la plus importante place de la cité[3].

Les jeux tenaient naturellement une grande place dans la vie

---

1. *Corpus inscriptionum græcarum*, n°ˢ 2220, 2221, 2215, 2216, 2221 c (supplément).
2. Ibidem, n° 2221 b.
3. (Στρατηγία ἡ ἐπὶ τῶν ὅπλων), πάλαι μὲν κατέλεγέ τε καὶ ἐξῆγεν ἐς τὰ πολέμια, νυνὶ δὲ τροφῶν ἐπιμελεῖται καὶ σίτου ἀγορᾶς (Philostrate, *Vie des sophistes*, I, 25). — On peut voir aussi, sur le sens de στρατηγός, l'inscription suivante, qui se lit à Athènes, au-dessus du portique de l'Agora : Ὁ δῆμος ἀπὸ τῶν δοθεισῶν δορεῶν, στρατηγοῦντος ἐπὶ τοὺς ὁπλίτας Εὐκλέους Μαραθωνίου, etc. [*Corpus inscriptionum atticarum*, t. III, n° 65]. Il est clair que ce stratège est cité ici comme le premier magistrat de l'Agora. Il ne peut être confondu avec l'archonte, puisque l'archonte est cité lui-même à la fin du décret.

municipale d'ailleurs si vide de ces temps-là. Il y en avait de plusieurs sortes : la religion en avait d'abord institué ; l'amour des arts en avait fait naître de nouveaux ; à tous ceux-là vinrent s'ajouter les jeux impériaux, hommage de la flatterie. Une inscription, qu'on lit à l'entrée de la forteresse actuelle, et qui date du premier siècle de notre ère, montre l'usage des fêtes augustales établi à Chio, et le zèle empressé des Chiotes à célébrer l'aniversaire de la naissance des princes de la famille impériale.

Sous l'Empire, aussi bien qu'aux anciens temps de l'indépendance, le premier magistrat conservait la prérogative tout honorifique de graver son nom sur les monnaies. Il est à remarquer que la monnaie de Chio fut la même sous l'Empire qu'au temps de la liberté, et porta la même effigie et les mêmes attributs [1].

Rome, en laissant durer ainsi les formes municipales, n'en

---

[1]. M. Kofod-Whitte (*De rebus Chiorum publicis*) a dressé la liste de deux cent quarante-huit monnaies chiotes. Dans un séjour de trois mois dans l'île, il m'en a été présenté plus de soixante. A l'exception de deux ou trois, toutes celles que l'on connaît sont en cuivre ou en alliage. Elles portent toutes la figure d'un sphinx. Est-ce comme symbole du courage et de l'adresse réunis, comme type de la science universelle, ou comme souvenir de vieilles traditions égyptiennes que les Chiotes avaient adopté cette image? A côté ou aux pieds du sphinx, on voit une *diota* ou une grappe de raisin ; et l'on sait, en effet, que le vin de Chio était estimé. Quelquefois le sphinx pose le pied sur une proue de navire. Les Chiotes, en effet, étaient commerçants, et le commerce, chez les Grecs, ne s'est jamais fait que par mer. Sur le revers, on lit le mot Χίος ou Χίων et le nom de l'archonte de l'année.

Souvent la valeur de la monnaie est indiquée. Chio frappait d'abord, conformément au système des Grecs, des oboles, des δίχαλκα et des τετράχαλκα. Au temps de l'Empire, elle frappa des as et compta par deniers (ACCAPIA sur les monnaies, ΔΕΙΝΑΡΙΑ dans l'inscription que nous avons trouvée à l'entrée de la forteresse). Il semble que, par la volonté des Romains ou la force même des choses, l'unité de monnaie ait dû de bonne heure s'établir dans l'empire.

Toutes les monnaies de Chio sont autonomes ; une seule porte le mot Σεβαστοῦ ; mais le nom de l'archonte n'en est pas moins indiqué sur le revers. On trouve sur quelques-unes des noms romains, comme *Valer. Primus* et *Capitolinus* ; mais on sait que la flatterie et l'usage des affranchissements ont souvent introduit des noms romains dans les familles grecques.

Enfin, parmi les monnaies chiotes, on en possède deux qui portent le nom d'*Alexandre* et celui d'*Antiochus*, roi de Syrie. J'ai parlé [plus loin] de celles où Homère est représenté tenant l'Iliade à la main. — [Voir maintenant, sur les monnaies de Chio, outre les ouvrages généraux de Brandis et d'Imhoof-Blumer, le catalogue dressé par Alimonakis, p. 71 et suiv. Cf. aussi Lampros, *Monnaies inédites de Chio*, 1877, Paris.]

était pas moins sûre de son pouvoir. Elle n'imposait au monde que précisément autant d'unité qu'il en fallait pour qu'elle fût maîtresse absolue. C'est l'éloge de son génie et de sa force qu'elle ait pu presque sans efforts régner sur une agglomération de municipalités. Jamais gouvernement ne parvint à des fins plus difficiles par des moyens plus simples. Les formes de la liberté, qu'il est quelquefois dangereux de laisser à des sujets, ne mirent jamais en péril la souveraineté de Rome.

L'avènement de l'Empire fut accueilli par les provinces et surtout par les Grecs avec les plus vives démonstrations de joie. Aussitôt après la bataille de Pharsale, Chio éleva un monument à César, et se déclara sa *cliente*[1]. Sur un autre monument elle lui donna le titre de bienfaiteur[2]; en avait-elle reçu des faveurs particulières, ou le remerciait-elle seulement d'avoir enfin donné la paix au monde? Il est vraisemblable que tous les empereurs eurent tour à tour leur inscription honorifique, leur statue ou leur temple à Chio, César pour la loi qu'il fit en faveur des villes libres, Auguste pour l'ordonnance qu'il accorda aux Chiotes[3], Tibère pour avoir réparé les désastres d'un tremblement de terre[4], et d'autres parce que la chose était passée en usage[5]. On éleva des monuments même à des procurateurs[6].

Les Grecs, même en conservant le nom de libres, se firent aussi sujets qu'il est possible de l'être, la soumission ayant pour limite, non la volonté du maître, mais celle du sujet. En Grèce naquirent les formules de la flatterie qui se répandirent ensuite dans l'Occident. La crainte, l'intérêt, la faiblesse des caractères les engendrèrent; une reconnaissance légitime les excusa souvent. Chio jouissait d'une paix telle que la Grèce ne l'avait jamais connue, et dont on ne peut calculer quels eussent été les fruits, si elle ne fût pas venue après l'épuisement

---

1. Bœckh, *Corpus inscriptionum græcarum*, n° 2215.
2. Ibidem, n° 2214 *g* (au supplément).
3. Ibidem, n° 2222.
4. Suétone, *Vie de Tibère*, c. 8.
5. Θεῶν Σεβαστῶν, inscription citée dans le *Corpus*, au n° 2217 *b*.
6. Ὁ] δῆμος ὁ Χίων Αἰμύλιον Ἀνδρόμαχον ἐπίτροπον τοῦ Σεβαστοῦ (Bœckh, n° 2218).

de la race. La paix, qui chez un peuple actif est le temps du plus grand travail, fut pour la Grèce un repos et un sommeil. Mais les générations n'en savaient pas moins de gré à l'Empire ; les discordes civiles avaient enfin cessé, le bruit des armes était inconnu, la mer était sans pirates. Les bienfaits de la paix semblèrent si précieux, que les peuples ne trouvèrent pas d'expressions trop fortes pour leur reconnaissance. Leurs monstrueuses flatteries furent presque toujours sincères.

On déifia les empereurs : toutes les inscriptions de Chio qui mentionnent des princes déjà morts leur donnent le titre de Dieu[1]. Cet usage n'était pas précisément nouveau : on avait décerné le titre de Θεός à Antiochus, à Mithridate[2] ; Prusias l'avait appliqué au sénat romain[3], et Scymnus de Chio l'avait donné dans son livre à Nicomède. Ce mot, qui dans nos idées est si au-dessus de ce qu'il y a de plus grand sur la terre, s'associa naturellement dans l'esprit des Grecs avec l'idée de la royauté. Chio, en élevant un temple aux dieux augustaux[4], ne croyait pas mettre les Césars fort au-dessus de l'humanité. La banalité corrigea d'ailleurs ce que le titre avait d'excessif.

Cette servilité qui, même en tenant compte de ce qui peut l'excuser, reste encore honteuse pour les générations dont elle fut une maladie, eut du moins un grand et bon résultat. Elle tua l'esprit municipal ; elle créa l'unité ; durant plusieurs siècles elle fit l'office d'idées communes.

Quelque éclat qu'Athènes eût jeté, elle n'avait jamais été aux yeux des Grecs que leur égale, leur ennemie, leur inique maîtresse. L'idée qu'on se fit de Rome fut tout autre : les villes ne pouvaient se croire de même nature qu'elle ; ce n'était pas seulement une capitale, c'était la ville par excellence.

Tout le monde voulut en être citoyen. La vanité et l'intérêt furent également empressés à rechercher ce titre, les droits civils qu'il conférait et les honneurs politiques dont il était la

---

1. Inscription 2217.
2. Diodore de Sicile, XXXVI, 27.
3. Polybe, XXX, 16.
4. *Corpus inscriptionum*, 2217 b.

source. « Vois ce Chiote, disait Plutarque : insensible à la considération et à l'influence qu'il obtient dans son île, il pleure parce qu'il ne porte pas la toge du patricien ; en est-il revêtu, il pleure de n'être pas préteur ; préteur, de n'être pas consul[1]. » Ce fut là, en effet, durant deux siècles, l'ambition et le tourment de tout habitant de l'Empire. Tout ce qui avait quelque mérite ou quelque fortune aspirait à Rome ; tout l'empire voulait y entrer.

Le nombre des citoyens qui, l'an 59 avant J.-C., n'était que de 463 000, était de 4 millions sous Auguste[2]. Trente-cinq ans encore, et Claude s'aperçoit qu'il a presque doublé[3]. Les uns s'élevaient au droit de cité hiérarchiquement ; d'autres l'obtenaient directement du prince ; les magistratures municipales qui y donnaient droit devinrent précieuses et désirables par lui. La richesse l'achetait : « Il m'a coûté fort cher », dit le centurion à saint Paul, qui lui répond fièrement : « Et moi je l'ai de naissance[4]. » A défaut de tous ces moyens, il restait une ressource qui paraît avoir été fort en usage : on se faisait esclave par une vente fictive ; l'affranchissement conduisait à la cité[5].

Ainsi l'on renonçait individuellement au régime municipal ; on le fuyait, on avait horreur de ce qu'on avait tant aimé. Chio restait une ville libre, mais ses principaux enfants lui échappaient. Elle avait ses lois propres, mais tout ce qu'il y avait de riche ou de considéré suivait les lois romaines ; car dans les premiers temps de l'Empire la législation était personnelle, et le droit était attaché à l'individu. On ne trouve aucun acte des empereurs qui abolisse la liberté de Chio et lui défende d'user de ses lois ; mais peu à peu ces lois ne trouvèrent plus à qui s'appliquer, et la cité se vit sans citoyens. Le régime municipal périt ainsi lentement et comme de mort naturelle ; il ne fut pas besoin de lui faire violence ; à peine

---

1. Plutarque, *De tranquillitate animi*, c. 10.
2. Quatre millions soixante-trois mille citoyens (monument d'Ancyre).
3. Tacite, *Annales*, XI, 23 et 24.
4. *Actes des Apôtres*, XXII, 28.
5. Pétrone, c. 57.

s'aperçut-on de sa chute. L'extension du droit de cité à tout l'Empire montra seulement que le régime municipal avait disparu.

Depuis ce temps, Chio fut confondue avec toutes les provinces; elle fut soumise au système administratif et aux codes qui régirent uniformément tout l'Empire; elle eut même loi, même maître, et bientôt même culte. Chio vécut durant onze siècles de la vie de tous les sujets.

CHAPITRE VI

Littérature, arts, religion à Chio dans l'antiquité.

Il est assez honorable pour un peuple qui n'a conservé qu'un seul souvenir de toute l'antiquité, que ce souvenir soit celui d'Homère. J'ai déjà dit que les Chiotes montrent son école, son berceau, sa tombe. C'était l'usage dans les anciennes cités grecques, amoureuses de la gloire littéraire autant qu'envieuses de toute autre, de représenter des poètes sur leurs monnaies : Chio gravait Homère sur les siennes [1].

Je ne chercherai pas à juger le procès éternellement pendant entre les sept villes qui voulaient avoir donné naissance à Homère, et qui ne se doutaient pas qu'un jour on en viendrait à nier l'existence de ce même poète. Chio a du moins en sa faveur le témoignage formel de Thucydide [2]; Simonide et Théocrite appellent Homère le vieillard de Chio [3]; Aristote fait entendre qu'Homère, sans être né à Chio, y a vécu et s'y est vu honoré [4]. L'auteur de la Vie d'Homère attribuée à Hérodote lui fait passer une partie de sa vie dans l'île, et l'historien Éphore désigne Volisso comme le lieu de son séjour [5]; enfin, Strabon raconte, à la vérité par une double invraisemblance, que Lycurgue rencontra le poète dans cette île [6]. Les Chiotes

---

1. On peut en voir deux au musée de Vienne, où le poète est gravé tenant l'*Iliade* à la main.
2. Thucydide attribue à Homère l'*Hymne à Apollon Délien*, dont l'auteur indique Chio comme sa patrie (Thucydide, III, 104).
3. Théocrite, *Idylles*, VIII, 47; XXII, 218.
4. Aristote, *Rhétorique*, II, 23, édit. Didot.
5. Étienne de Byzance au mot Βολισσός.
6. Strabon, X, p. 482.

avaient conservé jusqu'au nom de l'esclave d'Homère[1], et, plus hardis que les habitants des autres villes rivales, ils se vantaient de garder dans leur île la famille du poète[2].

Ce n'est pas assez pour prouver qu'Homère soit né à Chio ; c'est plus qu'il n'en faut pour prouver qu'il y est né des poètes. On ne se vante pas d'avoir produit Homère quand on est étranger à la poésie. Homère n'est pas un personnage isolé dans son temps ; plusieurs poètes autour de lui ont pu illustrer plusieurs villes, et lorsque son nom eut obscurci tous les autres, chacune, se souvenant qu'elle avait eu des poètes, crut avoir eu Homère.

Si Homère n'est pas né à Chio, toujours est-il qu'une partie des vers que nous avons sous son nom y ont été composés. Le Chiote Cynæthus était regardé comme le plus remarquable des Homérides. Rhapsode infidèle, et poète lui-même, il intercala souvent ses propres vers parmi ceux de son maître. On cite particulièrement comme son ouvrage l'Hymne à Apollon Délien[3]. L'auteur de ce chant désigne Chio comme sa patrie : « Si quelqu'un vous demande, ô jeunes filles, quel chanteur vous charme le plus parmi ceux qui fréquentent cette île de Délos, toutes alors, puissiez-vous répondre : « C'est l'homme « aveugle qui habite la montagneuse Chio ».

Apollon Délien est le Dieu de la poésie ; c'est par des chants qu'on l'honore, car de lui viennent les règles de l'harmonie. Des jeux étaient institués en son honneur à Délos. « Là les Ioniens charmaient le dieu en disputant le prix du pugilat, de

---

1. Photius, *cod.* 190.
2. Strabon, XIV, p. 645.
3. Ἐπιφανεῖς ῥαψῳδοὶ ἐγένοντο οἱ περὶ Κύναιθον, οὕς φασι πολλὰ τῶν ἐπῶν ποιήσαντας ἐμβαλεῖν εἰς τὴν Ὁμήρου ποίησιν. Ἦν δὲ Κύναιθος Χῖος, ὅς καὶ τῶν ἐπιγραφομένων Ὁμήρου ποιημάτων τὸν εἰς Ἀπόλλωνα γεγραμμένον ὕμνον λέγεται πεποιηκέναι (Scholiaste de Pindare, *Néméennes*, II, 1). Le scholiaste ajoute que Cynæthus fleurit dans la 69ᵉ olympiade ; cette date est de tout point invraisemblable. Si Cynæthus n'a vécu que deux générations avant Thucydide, comment celui-ci a-t-il pu attribuer son œuvre à Homère ? S'il a vécu l'an 504, comment a-t-il pu intercaler ses vers parmi ceux d'Homère, qui déjà avaient été recueillis par Pisistrate ? A cette époque, la Grèce ayant une nouvelle poésie originale, les rhapsodes n'étaient plus que des récitateurs ou des diascévastes. Enfin comment, à la fin du VIᵉ siècle, Cynæthus chanterait-il à Délos et parlerait-il des concours institués dans cette île, quand ces concours avaient cessé avant le temps de Pisistrate ? (Thucydide, III, 104).

la danse et du chant; les jeunes filles, prêtresses d'Apollon, célébraient sa gloire, et chantaient aussi le héros et les héroïnes des temps anciens. » Ces mêmes concours que célèbre l'Hymne à Apollon, une inscription, très postérieure assurément, nous les montre établis à Chio. Nous y voyons la jeunesse disputer des prix de deux sortes : à côté de la course, de la lutte et du pugilat, la lecture, la récitation épique ou rhapsodie, et la musique ont leurs couronnes. Car à Chio, comme dans le reste de la Grèce, l'éducation se propose pour but de développer à la fois et également notre double nature. Force, beauté du corps, poésie, musique, Chio accorde à tout cela même amour et mêmes honneurs; la république paye les frais des jeux et des récompenses, et inscrit le nom des jeunes vainqueurs sur le marbre [1].

La littérature changea de caractère avec l'état politique de Chio. Vers les temps de la domination persane, l'originalité du génie ionien s'effaça. On vit cesser les concours de Délos, et ce fut dans la Grèce continentale que ceux qui écrivirent alors durent chercher des encouragements et des inspirations. Le Chiote Xénomède écrivit l'histoire, un peu avant Thucydide, mais ce n'est pas pour Chio qu'il écrivit; peu satisfait d'une réputation provinciale, il lut son œuvre, comme Hérodote, aux assemblées publiques de la Grèce [2].

Puis Athènes, qui commanda alors aux cités, régna avec plus d'empire et moins de contestation sur les intelligences; sa supériorité lui donna un ascendant légitime; elle les attira à elle, et fut en possession de leur donner leurs règles et leurs lois, de les inspirer et de les conduire. Si elle ne réussit pas à fonder l'unité politique, elle sut créer en Grèce l'unité intellectuelle. Ion naquit à Chio, mais naquit pour ainsi dire Athénien. Jeune encore il vint à Athènes, où il approcha de Cimon et de cette grande aristocratie qu'il aime à louer dans

---

1. Bœckh, *Corpus inscriptionum græcarum*, n° 2214. Cette inscription paraît être du III° siècle avant J.-C.

2. Denys d'Halicarnasse, *De Thucydide*, 5. Lucien, *Herodotus*, 3, où quelques éditeurs lisent le nom d'Anaximène, auteur inconnu.

ses ouvrages[1]. C'est au théâtre de Bacchus qu'il fit représenter ses tragédies; car Athènes ouvrait à tout poète sa cité et son théâtre. Sa première pièce fut jouée dans la 82e olympiade[2], entre les années 452 et 449; on a conservé le souvenir d'une de ses victoires, en 429; ce jour-là, dit-on, il voulut remercier par un don le peuple athénien, et, en Chiote sensuel, il ne trouva que du vin de sa patrie à échanger contre la couronne[3]. Aristophane, dans sa comédie de *la Paix*, qui fut représentée en 422, annonce au peuple la mort d'Ion, comme s'il s'agissait d'un citoyen[4].

Si l'on peut juger de son style et de son talent par une vingtaine de fragments très courts, on trouve que la sagesse et la tempérance furent ses principales qualités, et l'on s'explique le jugement de Longin, qui oppose son style, toujours égal et toujours soigné, à celui de Sophocle, qui s'élève plus haut, mais qui a ses chutes[5]. Ion a composé aussi des ouvrages en prose, des comédies, des dithyrambes, des épigrammes, des hymnes, des chansons de table[6]. Il paraît avoir cultivé tous les genres sans avoir été original dans aucun; bel esprit et homme de goût, il obtint dans tous un rang honorable plutôt que le premier rang.

C'est à peine si l'on retrouve quelque trace du dialecte ionien dans les fragments qui nous restent de cet écrivain; à quelques formes près, qui même ne paraissent pas dans ses fragments tragiques, c'est la langue d'Athènes qu'il parle. Après lui, les écrivains chiotes n'écrivent plus dans la langue de leur patrie. Le dialecte ionien, dédaigné de la littérature, ne se conserva plus que dans la langue du peuple et dans les inscriptions[7].

---

1. Ion, dans les *Fragments des historiens*, Didot, fragments 5, 6, 7, 11. Plutarque, *Vie de Cimon*, 9, et *Vie de Périclès*, 5.
2. Suidas, au mot Ἴων.
3. Argument *ad Hippolytum*, Euripide. Suidas, au mot Ἀθηναῖος.
4. Aristophane, *Pax*, v. 834.
5. Ἀδιάπτωτος καὶ ἐν τῷ γλαφυρῷ πάντῃ κεκαλλιγραφημένος (Longin, *Sublime*, c. 33).
6. Scholiaste d'Aristophane, *Pax*, v. 835. Athénée, X, p. 447.
7. Les formes en ευς des noms patronymiques sont très fréquentes dans les inscriptions de Chio, et cela nous explique ce que dit un scholiaste d'Homère (*Iliade*, III, 10 [Dindorf, p. 156]) : Ἐν ἐνίαις τῶν ἐκδόσεων, τῇ τε Χία... ἐγέγραπτο « Ἠΰτε ὄρευς κορυφῇσιν ». [Cf. Cauer, *Delectus*, n° 133.]

L'indépendance littéraire de Chio dura moins encore que son indépendance politique.

Lorsque naquit la sophistique, les Chiotes furent des premiers à s'y distinguer. Deux des interlocuteurs de Socrate, dans l'*Euthydème*, sont deux Chiotes qui s'étaient établis à Thurium pour faire le commerce de cet art nouveau[1].

Chio n'eut pas d'orateurs, mais des rhéteurs. La tribune ne tint une grande place ni dans sa vie politique, ni dans sa littérature. Elle ne connut que cette éloquence qui ne soulève pas les masses, et qui est l'amusement d'une aristocratie lettrée. Isocrate enseigna cette éloquence à Chio, où il fonda une école[2]. Théopompe, son disciple docile, cultiva surtout le genre épidictique; son caractère âpre et agressif semblait l'en écarter; mais l'exil et l'absence de tribune le contraignirent à se borner à ce que lui avait appris son maître. Il allait donc de ville en ville et prononçait des discours dans les panégyries, assemblées plus calmes que celles de la place publique[3]. A cette époque, on pérorait sans autre but que de montrer son talent, sans autre fruit que de s'être fait écouter. L'éloquence avait même ses concours, comme si elle eût été une pièce de poésie. Aux funérailles de Mausole, sa veuve organisa des jeux et comme un tournoi de rhétorique; les orateurs de la Grèce vinrent s'y disputer le prix, et ce fut Théopompe qui l'emporta[4].

Du panégyrique des hommes, l'éloquence passa bientôt au panégyrique des dieux et des personnages mythologiques. Caucalus, frère de Théopompe, fut un de ces rhéteurs dont parle Platon, qui ne passaient pas de jour sans composer de grands discours en l'honneur d'Hercule ou de quelque autre dieu[5].

Théopompe a écrit aussi l'histoire, mais en rhéteur. Cicéron compare ironiquement la pompe de son style à la simplicité de Thucydide[6].

1. Platon, *Euthydème*, p. 288. Athénée, XI, p. 506.
2. Plutarque, *Vie des dix orateurs*, 4. Plutarque ajoute, mais sans aucune vraisemblance, qu'Isocrate changea la forme du gouvernement à Chio.
3. *Fragment* de Théopompe, cité par Photius, cod. 176.
4. Aulu-Gelle, X, 18.
5. Athénée, p. 412.
6. Cicéron, *Brutus*, XVII, 66.

Théocrite se rattache aussi, par son maître Métrodore, à l'école d'Isocrate; il a écrit des livres de rhétorique et d'histoire. Il ne reste de lui que quelques-unes de ses nombreuses épigrammes, et elles accusent plus d'âcreté que de finesse d'esprit dans leur auteur[1].

Comme la littérature, la philosophie eut à Chio deux époques très distinctes. Elle se proposa d'abord l'explication de la nature physique. Œnopides, de Chio, contemporain de Démocrite, se distingua par des travaux astronomiques : on lui attribue la découverte de l'obliquité du zodiaque, et l'on raconte qu'il exposa aux yeux de la Grèce assemblée aux jeux olympiques une carte du ciel gravée sur l'airain[2]. Un certain Hippocrate de Chio est cité souvent par les anciens comme mathématicien, astronome et géomètre[3].

Un peu plus tard, l'école socratique, comme tout ce qui était athénien, étendit son influence jusqu'à Chio. On quitta alors la philosophie qui étudie la nature pour celle qui a l'homme pour objet. Chio s'y livra d'ailleurs sans originalité; elle ne créa rien. Un certain Nessus, dont la doctrine est inconnue, eut pour disciple Métrodore, qui fut sceptique et matérialiste; l'ouvrage qu'il écrivit commence par ces mots : « Nous ne savons pas si nous savons rien[4]. » Le stoïcien Ariston naquit à Chio, mais il vécut, étudia et enseigna à Athènes. C'est lui qui disait que, si les bêtes pouvaient l'entendre, il les instruirait de la vertu. Un peu plus jeune que Zénon, dont il fut disciple, il se sépara de son maître en quelques points de détail, et crut former une école. Selon lui, il n'y avait qu'une seule vertu, qu'il appelait la santé de l'âme, ὑγιεία; coupant court aux désirs légitimes, aux intérêts et aux passions des hommes, il mettait la fin de la sagesse dans une froide indifférence pour tout ce qui n'était pas vertu ou vice; il disait que le sage est semblable à l'acteur : que lui importe de jouer

---

1. Suidas, au mot Θεόκριτος.
2. Diodore, I, 98. Plutarque, *De placitis philosophorum*, II, 12. Élien, *Histoires variées*, X, 7.
3. Plutarque, *Vie de Solon*, 2. Aristote, *Ethica Eudemia*, VII, 14; idem, *Météorologiques*, I, 6.
4. Cicéron, *Académiques*, II, 23. Diogène de Laërte, IX, 10.

le rôle de Thersite ou celui d'Agamemnon? N'admettant d'autre science que celle du devoir, et la resserrant dans ses bornes les plus étroites, il rejetait la physique comme nous surpassant; la logique comme inutile; et toutes les deux comme contradictoires entre elles[1].

Diogène de Laërte cite encore Théodore de Chio comme un philosophe de la secte stoïcienne[2]. Par la même raison que c'est chez les générations corrompues que les croyances austères trouvent le plus de sectateurs, il était naturel que le stoïcisme fût un fruit de la voluptueuse Chio.

Les conquêtes d'Alexandre firent naître une science nouvelle, la géographie, et la domination romaine la développa. Les relations devenant plus étendues, les peuples commencèrent à se connaître. Théopompe dans son Histoire parla de l'Italie, de l'Espagne, de Rome, dont il paraît qu'aucun auteur grec n'avait fait mention avant lui[3]. Il connut la doctrine de Zoroastre[4], et même, si l'on en croit Josèphe, celle de Moïse[5]. Un siècle après lui, Scymnus de Chio écrivit un livre de géographie en vers, qu'il dédia à Nicomède II de Bithynie. Il s'astreignit à ne parler que des contrées qu'il avait parcourues; il est vrai qu'il avait visité la Grèce, l'Italie, l'Espagne, les mers de l'Occident, une partie de la Libye et Carthage. Son style est d'une grande sécheresse; il se borne à énumérer les villes, en ajoutant au nom de chacune une épithète qui ne la caractérise pas toujours; il reste fidèle à sa devise de parler petitement des grandes choses: Περὶ μεγάλων ἐλάχιστα πραγμάτων λέγειν[6].

Avec Scymnus finit la littérature de Chio; quelques inscriptions funéraires qui ne manquent pas de grâce sont tout ce qu'elle créa dans la suite.

On voit que, dans une première période, l'île de Chio enfanta

---

1. Diogène de Laërte, VII, 2. Plutarque, *Præcepta gerendæ reipublicæ*, 10; idem, *De Virtute morali*, 2. Sénèque, *Lettres à Lucilius*, 89.
2. Diogène de Laërte, II, 9.
3. Pline, *Histoire naturelle*, III, 5 (9), 57.
4. Théopompe, édit. Didot, *Fragments* 71 et 72.
5. Josèphe, *Antiquités judaïques*, XII, 2.
6. Scymnus, dans la *Collection des petits géographes*.

peut-être Homère, certainement des rhapsodes et des chanteurs d'hymnes. Plus tard elle produisit des poètes beaux esprits, des sophistes, des rhéteurs et quelques philosophes de second ordre. Elle ne peut revendiquer aucune œuvre capitale; les Chiotes n'ont été les maîtres de personne. A défaut d'originalité, ils ont eu le mérite de s'associer toujours au mouvement littéraire du génie grec, ils ont eu le reflet de la gloire de l'Ionie d'abord, puis d'Athènes.

Pour l'art comme pour la poésie, les temps glorieux de Chio sont ceux qui précédèrent la conquête persane. L'île donna naissance à une famille de sculpteurs, dont le premier, nommé Malas, vivait à la fin du VIIe siècle. Son fils Micciades a laissé le souvenir de son nom; les ouvrages du petit-fils méritèrent d'être conservés avec honneur jusqu'au temps de Pline; enfin la quatrième génération, représentée par deux frères, Bupalus et Anthermus, atteignit presque à la perfection. A l'époque de la conquête romaine, beaucoup de leurs ouvrages furent jugés dignes d'être enlevés à la Grèce et portés à Rome. En même temps architectes et statuaires, suivant l'usage des premiers artistes, ils élevaient à la fois le temple et la statue de la divinité. On cite les *Grâces*, en or, qu'ils avaient données au temple de Smyrne; une statue de Diane, que possédait la ville d'Iassos, et une autre statue de la même déesse, dont ils avaient fait présent à leur patrie[1]. Entriez-vous dans le temple, le visage de la déesse s'attristait; il s'épanouissait quand vous sortiez. Le peuple, par cette fable, essayait sans doute de rendre compte de la vive et redoutable expression qu'il voyait répandue sur cette figure divine.

Glaucus de Chio inventa, dit-on, l'art de souder le fer, c'est-à-dire l'union chimique des métaux. L'industrie en cela touchait de près à l'art. Il mit à profit sa découverte dans un ouvrage de toreutique que l'on admirait encore au temps d'Athénée : c'était une petite tour de forme pyramidale, composée de lames de fer parfaitement unies, et qui servait de base à un cratère. Le cratère, partie principale, avait disparu; la

---

1. Pline, *Histoire naturelle*, XXXVI, 5 (4), 13. Pausanias, IV, 30; IX, 35.

partie accessoire était encore considérée comme un chef-d'œuvre. La damasquinure était alors inventée; Glaucus avait gravé sur le fer des dessins remarquables de plantes et d'animaux[1].

Plus tard, Chio eut encore une famille de sculpteurs. Sostrate, disciple et beau-frère de l'Italien Rhéginus, travailla dans la cent quatorzième olympiade. Il fut à la fois le père et l'unique maître de Pantias, qui sculptait les vainqueurs des jeux olympiques. Un autre artiste du même nom était sorti de l'école de Sicyone, où il avait eu pour maître le sculpteur Aristoclès[2].

Par la richesse des Chiotes et par leur amour du luxe, on peut juger de combien de temples et d'édifices publics ils avaient dû orner leur ville. Aucun d'eux n'est resté debout : on ne voit plus trace des temples, ni de cette magnifique agora, qui, détruite par Mithridate, fut relevée par Hérode[3], ni de ce théâtre qui pouvait contenir tous les citoyens assemblés[4]. Les débris innombrables et insignifiants que l'on trouve témoignent seulement que nous avons beaucoup à regretter, et que même un des peuples les moins artistes de la Grèce avait encore le goût des arts.

La religion a eu à Chio ses révolutions et son histoire; elle a varié avec l'esprit du peuple et les influences étrangères.

La vieille race carienne, qui, avant les Hellènes, possédait les îles et la côte d'Asie, y avait déjà apporté son culte. Les Hellènes l'adoptèrent et prirent même pour eux les temples qu'elle avait élevés et les simulacres par lesquels elle représentait la divinité[5].

Chio adorait alors l'Hercule tyrien, et disputait à Érythrées l'honneur de posséder le dieu et son temple[6].

1. Hérodote, I, 25. Athénée, V, p. 210. Pausanias, X, 16.
2. Pausanias, VI, 3, 9. Pline, *Histoire naturelle*, XXXIV, 8 (19), 61.
3. Josèphe, *Antiquités judaïques*, XVI, 2.
4. Appien, *De bello Mithridatico*, 47.
5. Pausanias, VII, 2, 3, 4, 5.
6. Idem, VII, 5. Athénée, IX, 584. [Inscriptions à Hercule, Haussoullier, *Bulletin*, t. III, p. 394; *Mittheilungen*, t. XIII, p. 166.]

Dans le même temps, le culte d'Artémis était dans ces contrées, non pas tel que les Grecs l'ont transformé plus tard, mais tel que l'avait créé le génie de l'Orient. Quand vinrent les Ioniens, la divinité resta, les adorateurs changèrent. Ce culte fleurit dans toutes leurs villes, et fut transporté par eux à Marseille, une de leurs colonies[1]. Chio resta toujours fidèle à ce culte d'Artémis, surnommée Éphésienne : des inscriptions d'une époque relativement récente en font foi[2].

Minerve aussi garda mieux son caractère antique à Chio que dans la Grèce européenne. Même au temps de Strabon, la divinité protectrice de la ville, ou de l'acropole, Minerve Πολιοῦχος, était représentée assise[3], comme autrefois à Troie[4], et cette coutume, qui était observée aussi à Érythrées, était conforme à la tradition ancienne et sacrée.

Une révolution religieuse s'opéra vers le xe siècle, dans les temps où vécut Homère; mais, en introduisant de nouveaux cultes, elle ne détruisit pas les anciens.

L'Hymne à Apollon Délien, œuvre d'un Chiote, est un monument de cette révolution. Le caractère du dieu qu'il nous représente est tout hellénique : les Grecs seuls ont pu lui donner l'attribution de présider à l'harmonie, à la poésie, à la danse. Ses épaules tout humaines portent un carquois, attribut qui est peut-être l'image embellie d'une tradition plus antique. Cette divinité avait plus d'un temple à Chio. J'ai parlé de celui de Phanæ, qu'a vu Strabon, et dont on trouve encore les ruines. Delphinium, comme son nom l'indique, devait être un lieu consacré à Apollon[5]. Le même dieu avait encore un temple dans la ville, où on l'adorait sous le nom de Xénius, ou protecteur de l'hospitalité[6].

L'usage des pèlerinages est de toutes les religions. A des

---

1. Strabon, IV, p. 179.
2. Bœckh, *Corpus inscriptionum*, n{os} 2227 et 2228.
3. Hérodote, I, 160. Strabon, XIII, 601. [Inscription *apud* Haussoullier, *Bulletin*, t. III, p. 324.]
4. Homère, *Iliade*, VI, 303.
5. « Le culte d'Apollon Delphinien est commun à tous les Ioniens » (Strabon, IV, IV, 179).
6. Bœckh, *Corpus inscriptionum*, n° 2214 c.

jours fixés, les Ioniens se rassemblaient dans l'île de Délos. Si les Chiotes ne s'y fussent rendus par piété, ils y fussent allés pour le commerce. Delphes était aussi un lieu vénéré, même par les Ioniens; Chio, avant la guerre médique, y envoyait des *théories*[1].

La colonie ionienne apporta de l'Ægialée le culte de Neptune Hélicéen, qui, adoré en commun au Panionium, avait aussi un culte particulier à Chio sur le mont Posidium.

Jupiter, que le dogme présentait comme le maître des dieux sur l'Olympe, n'obtenait pas toujours sur la terre la première place et les premiers honneurs. A Chio, son culte paraît avoir été relégué sur le mont Pélinæum, dont il prenait le nom, suivant la coutume de la Grèce[2]. Bacchus était adoré sous le nom d'Actæus, sans doute parce qu'il avait son temple sur le bord de la mer[3]. La même divinité prenait le nom de Φλεύς, quand on la considérait comme présidant à la culture de la vigne[4]. A une époque qu'on aime à croire reculée, Bacchus, sous le nom cruel de Ὠμάδιος, recevait à Chio des sacrifices humains[5].

Ce mélange de cultes fort divers par l'origine et plus opposés encore par l'esprit, mais que le génie grec finit par concilier et par assimiler à peu près entre eux, forma longtemps un ensemble religieux dont les esprits se contentèrent. Il se soutint sans corps de prêtres qui le défendît, sans livre qui le fixât, par le seul effet de l'attachement superstitieux de la race grecque aux détails du culte et aux cérémonies extérieures. Les croyances purent se transformer sans que le culte en fût seulement modifié.

La conquête de l'Asie par Alexandre fut le signal d'une nouvelle révolution religieuse. Si les idées grecques pénétrèrent alors dans l'Asie et dans l'Égypte, les idées orientales et

---

1. Hérodote, VI, 27.
2. Hésychius, au mot Πελινατος. [Cf. l'inscription des Klytides de Chio, Haussoullier, *Bulletin*, t. III, p. 55.]
3. Bœckh, ibidem.
4. Φλῶ, τὸ γέμω καὶ εὐκαρπῶ, καὶ φλεὺς ὁ Διόνυσος ἐν Χίῳ ὀνομάζεται παρὰ τὸ εὐκαρπεῖν. *Etymologicon magnum*, au mot Φλῶ.
5. Porphyre, *De abstinentia*, II, 55.

égyptiennes s'insinuèrent aussi bien en Grèce. Il y eut plutôt échange que conquête. Les temples des dieux grecs s'élevèrent à Séleucie et à Alexandrie, mais le culte d'Isis et de Sérapis envahit avec plus de force encore l'Occident. On trouve dans une inscription la preuve que ce culte pénétra à Chio[1].

Cette union de l'Orient et de l'Occident, opérée par Alexandre et assurée par Rome, fit sortir le judaïsme de l'étroit espace où il avait longtemps vécu. Cette religion prit alors une extension prodigieuse; longtemps avant la dispersion des Juifs, le monde entier en était rempli; l'Asie, l'Égypte, la Grèce et l'Occident se convertissaient[2]; presque chaque ville d'Ionie avait sa synagogue; la propagande juive était infatigable. L'an 12 avant J.-C., le roi Hérode, se rendant auprès d'Agrippa dans le dessein de lui demander quelques privilèges pour ses coreligionnaires de Grèce, s'arrêta quelques jours à Chio. Par un motif que nous ne pouvons croire désintéressé, il combla la ville de bienfaits, fit relever à ses frais l'agora, et paya les impôts arriérés[3]. N'est-il pas vraisemblable qu'il y avait alors des Juifs à Chio, et que les faveurs d'Hérode avaient pour but de leur concilier la bienveillance des Grecs?

1. Inscription 2230 du *Corpus*. [Inscription à la Mère des Dieux, Haussoullier, ibidem, p. 324.]
2. Actes des Apôtres, c. IX, v. 2, 20; XIII, 5 et 14; XIV, 1; XVIII, 4, 7, 17; 18. Josèphe, *Antiquités judaïques*, XVI, 4. Cicéron, *Pro Flacco*, XXVIII, 69. Horace, *Satire*, I, 4, v. 142.
3. Josèphe, *Antiquités judaïques*, XVI, 2.

CHAPITRE VII

Histoire du monastère de Néamoni[1].

Le christianisme dut s'introduire de bonne heure à Chio; car ce fut par la côte d'Asie Mineure et par les îles de l'Archipel qu'il commença la conquête du monde[2]. Chio était un évêché dès l'époque du premier concile de Nicée[3].

Il ne paraît pas que l'île ait donné naissance à d'énergiques

---

1. En grec, Νέα Μονή, ou « nouveau monastère ». Jusqu'en 1822, Néamoni possédait les originaux des bulles impériales, où l'on aurait pu trouver sa fondation, ses progrès, ses privilèges et son histoire authentique. Ces titres ont disparu à l'époque du massacre général. Par bonheur, le couvent avait fait imprimer, en 1804, un livre qui porte ce titre : Ἡ θεία καὶ ἱερὰ ἀκολουθία τῶν ὁσίων καὶ θεοφόρων πατέρων ἡμῶν Νικητᾶ, Ἰωάννου καὶ Ἰωσήφ, τῶν κτιτόρων τῆς ἐν Χίῳ σεβασμίας, ἱερᾶς, βασιλικῆς, καὶ σταυροπηγιακῆς Μονῆς, τῆς ἐπιλεγομένης Νέας παρὰ τοῦ ἐλαχίστου ἐν ἱεροδιακόνοις Νικηφόρου Χίου, τοῦ ἐκ τῆς αὐτῆς Νέας Μονῆς (in-8° de 120 pages, publié à Venise en 1804). Cet ouvrage est fort rare; le couvent en possède un exemplaire, qui m'a été communiqué. Il est divisé en deux parties : dans la première est la longue légende des trois fondateurs du couvent, Nicétas, Jean et Joseph; la seconde est un recueil de prières. Ni l'une ni l'autre n'auraient d'intérêt, si l'auteur n'avait inséré dans son livre quelques extraits de ces bulles d'or, qui existaient de son temps pour la plupart, qu'il dit avoir vues, et qui devaient disparaître si peu de temps après lui. Ces extraits, choisis sans critique, mais dont quelques-uns sont curieux, sont de deux sortes : les uns font l'éloge des trois saints, les autres énumèrent les privilèges du monastère. C'est en partie de ces extraits, en partie des souvenirs et des traditions de l'île, que je tirerai l'histoire suivante, où nous verrons à la fois la vie d'un couvent grec et l'une des faces de l'administration byzantine. — [Le travail de Nicéphore a été réimprimé en 1864 (1865) par les soins du prieur d'alors, Grégoire Photinos; des notes accompagnent cette réimpression. Elle est suivie de contributions à l'histoire du monastère et de la publication (p. 177 et suiv.) des bulles impériales conservées. L'ouvrage porte le titre Τὰ Νεαμονήσια, ὑπὸ τοῦ καθηγουμένου Γρ. Φωτεινοῦ, Chio, in-8°. D'autres bulles ont été imprimées par Kanellaki à la fin de ses Ἀνάλεκτα.]

2. Actes des Apôtres, XX, 15.

3. On lit, parmi les signataires du concile, *Cyrillus Chius*; mais, comme il se nomme parmi les évêques de la province de Bithynie, il serait peut-être mieux de lire *Cius*, de la ville de Cio, qui appartenait à cette province. En ce cas, il faut aller jusqu'au concile de Chalcédoine, 451, pour trouver un évêque de Chio. [cf. *Spicilegium Solesmense*, I, p. 529 et suiv.].

confesseurs, à d'intrépides martyrs. En religion comme en politique, elle se tint toujours dans une certaine médiocrité. Le seul martyr dont elle s'enorgueillisse est saint Isidore; il est vrai qu'elle le vit périr, mais elle ne l'avait pas enfanté[1].

Les Chiotes chrétiens ressemblèrent quelque peu à leurs ancêtres païens. La race grecque porta dans le christianisme le même esprit qui avait créé les dieux du polythéisme. Un grand nombre de cérémonies extérieures furent transportées dans le nouveau culte; les superstitions ne purent être déracinées des âmes; le spiritualisme de la doctrine primitive ne put échapper à ce besoin de figures et de représentation extérieure qui était dans l'esprit grec. Les images envahirent l'église, le Grec voulant que la religion s'adresse surtout à son imagination et à ses yeux, et n'adorant que ce qu'il peut se figurer.

Le nombre des églises qui furent bâties à Chio est incalculable; le seul village de Pyrgi en compte quatre-vingts, trente dans l'enceinte même du bourg et cinquante sur son territoire. Ce n'est certes pas le seul besoin de prier Dieu qui les a fait bâtir toutes; mais les saints sont nombreux, chaque village voulait s'en attacher plusieurs, et chaque saint voulait avoir son église.

» La vénération pour les images ne fut nulle part plus vive que dans les monastères. C'est chez les moines que les iconoclastes trouvèrent la résistance la plus opiniâtre, et c'est devant leurs efforts qu'ils échouèrent. Les couvents grecs sont à proprement parler les gardiens des images. Aussi tous ont-ils une image miraculeuse de la Vierge ou d'un grand saint; tantôt on l'a trouvée enfouie sous terre, tantôt on l'a tirée d'un buisson ardent, tantôt elle a d'elle-même traversé la mer; en tout cas, elle n'est pas une œuvre humaine, la main de l'homme n'y a pas touché. Dans l'antiquité, les Grecs élevaient des temples à des statues de bois tombées du ciel; cet usage et cette croyance survécurent au polythéisme aussi bien que l'imagination grecque, qui en était la source. Les Grecs chrétiens ne

---

1. Saint Isidore est né à Alexandrie, et a été martyrisé à Chio, sous le règne de Décius.

le cédèrent pas à leurs pères pour le nombre des images célestes[1].

Sous le règne de Michel le Paphlagonien, vers l'an 1035 de notre ère, vivaient à Chio trois bergers nommés Nicétas, Jean et Joseph. Ils s'étaient retirés dans une caverne du mont Provation, et y passaient leur vie, dit la légende, dans la contemplation. De tels exemples n'étaient pas rares en ce temps-là. Les uns fuyaient la société pour s'affranchir de ses charges, les autres pour échapper à sa corruption. Dans ce siècle de dépravation et surtout de faiblesse morale, la vertu était solitaire; loin du monde et de la pratique, dénuée elle-même d'énergie, elle méditait plus qu'elle n'agissait, et elle était pour la société comme si elle n'était pas.

Une nuit, les trois ermites aperçoivent une flamme qui brûle au pied de la montagne. Ils descendent, et la flamme disparaît; mais au milieu d'un grand espace où elle a consumé les arbres et les plantes, un myrte s'élève intact, verdoyant et fleurissant encore; ils l'observent, et découvrent au pied de l'arbuste une image de la Vierge que la flamme a respectée. Les bergers l'adorent et l'emportent dans leur caverne; mais l'image en sort bientôt et va d'elle-même reprendre sa place au pied du myrte. Les solitaires connaissent par là que la Mère du Sauveur exige qu'on lui bâtisse une église en ce lieu.

Dieu avait fait son miracle : restait qu'un puissant du siècle élevât l'église. Constantin Monomaque aspirait alors à l'Empire et à l'hymen de l'impératrice Zoé; il avait été, pour ses desseins bien connus, relégué à Lesbos. Les trois bergers se rendent vers lui, lui prédisent le succès de ses espérances et des intrigues de Zoé, et obtiennent de lui en retour la promesse de bâtir une église. En effet, la mort de Michel le Paphlagonien et de Michel Calafate livre le trône à Zoé, qui se hâte de le partager avec Constantin Monomaque. Le nouvel empereur exécute sa promesse.

Ainsi trois simples bergers réussissent à élever le plus grand monastère de l'île et un des principaux de l'Empire. En Orient,

---

1. Du Cange, *Glossarium mediæ græcitatis*, au mot ἀχειροποίητος.

un couvent n'est pas fondé par un ordre puissant qui se propage peu à peu : c'est une œuvre tout individuelle et populaire. Aucune vue politique, aucun intérêt de propagande n'y a de part. La seule cause de l'érection d'un couvent, c'est la vénération du peuple pour une image ; c'est l'image en quelque sorte qui fonde le monastère.

Néamoni est situé au pied du mont Provation, à deux lieues à l'ouest de la ville, et dans le plus beau site de Chio. La montagne, qui en cet endroit atteint sa plus grande élévation, forme comme une muraille presque à pic ; le monastère est placé à mi-hauteur, au milieu d'une végétation puissante : il se cache dans une touffe de grands pins, de chênes et de platanes. Plus bas se déroule la grande plaine d'orangers, et puis la mer, et puis l'Asie.

La physionomie des constructions frappe d'abord ; vous croyez entrer dans une forteresse. Les corps de logis, formant un carré, sont serrés les uns contre les autres, et reliés entre eux par une muraille massive et crénelée. Une seule issue donne entrée dans le couvent ; elle est étroite, basse, tortueuse et fermée par deux portes de fer. Une grande tour carrée domine ce passage déjà difficile. Si quelques fenêtres ouvrent sur l'extérieur, elles sont toujours fort élevées au-dessus du sol et défendues par des grilles. Ces constructions sentent l'état de guerre ; on devine qu'elles ont soutenu des assauts.

Nous avons vu que tous les villages de l'île étaient fortifiés de la même façon. Quel était donc l'ennemi contre lequel la société se tenait ainsi toujours armée ?

Les dix siècles qui s'écoulèrent depuis le ive jusqu'au xve furent, pour la société grecque, une guerre pour ainsi dire sans trêve ; les îles étaient dévastées presque à chaque génération : la mer appartint d'abord aux Goths et aux Vandales, plus tard aux Arabes, puis aux Normands, puis aux Turcs ; aux pirates toujours. Et comme l'Empire était incapable de protéger ses sujets, c'était à chaque ville, à chaque village, à chaque maison à pourvoir à sa défense. Cet Empire, qui, réduit qu'il était au littoral de la Méditerranée, était devenu forcément un état maritime, n'avait pas de marine. Les empereurs manquaient de vaisseaux pour faire communiquer les provinces de leur Empire; ils n'en avaient pas contre les pirates. Au lieu donc de protéger la mer, on ordonnait aux habitants de fuir le rivage et de se retirer dans les forteresses.

L'enceinte de Néamoni est un monument des misères et des dangers de cette époque; on croit y lire toutes les luttes que ces générations ont soutenues et tous les maux qu'elles ont soufferts. Du reste, la domination turque a rendu la sécurité aux moines; depuis un siècle ils bâtissent en dehors de l'enceinte et laissent leurs fortifications tomber en ruine.

L'église occupe le centre de la cour intérieure; elle est de grandeur moyenne. A cela près qu'elle est mal percée, elle pourrait passer pour une des plus belles de l'Archipel. Comme toutes les églises grecques, elle présente la forme d'une croix; comme dans toutes aussi, l'immense figure du Christ remplit le dôme et plane sur l'église; autour d'elle sont représentés les apôtres, les évangélistes et des légions d'anges. Les murs de l'église étaient entièrement recouverts de porphyre; les colonnes étaient de jaspe. On voit que, dans ces siècles de misère, les peuples accumulaient l'or dans les églises; la société s'appauvrissait à chaque génération pour ajouter à la richesse d'un monastère.

L'image miraculeuse est déposée dans l'église et toujours offerte aux yeux du voyageur. Les incrédules n'y voient qu'une surface noire et enfumée, sur laquelle ils ne distinguent aucun dessin. Les moines ont eu la précaution de placer à côté un fac-similé explicatif. Tous les Chiotes vénèrent cette image. La Mère de Dieu, qu'elle représente, est le principal objet de la vénération des Grecs. Les plus grandes fêtes de l'année et les plus ferventes prières de chaque jour sont pour elle. Les Grecs éclairés et une partie du clergé adorent Jésus-Christ; tous adorent la Παναγία. Du reste, ils n'ont jamais su la peindre avec cette pureté divine et cette beauté idéale dont ses traits sont empreints en Occident. Ils lui donnent constamment un diadème et un manteau royal; ils font d'elle une simple belle reine. En ce point, l'image *céleste* de Néamoni ressemble à celles que font les hommes[1].

Le monastère, œuvre de trois bergers, s'agrandit rapidement. Le nom de la Vierge, les miracles, les richesses du couvent, la sécurité, le malheur des temps, tout poussa les hommes à y entrer[2].

Constantin Monomaque le combla de privilèges. Le premier acte de l'empereur fut de sacrifier à son égard les droits de l'Empire. A lire les trois bulles d'or qu'il lui accorda, il semble que sa plus grande crainte soit que le monastère ne lui obéisse, sa plus grande préoccupation de le soustraire à son autorité. « Nous voulons, dit-il dans l'une d'elles, que le monastère se gouverne lui-même, sans être assujetti à aucun autre pouvoir ; qu'il n'ait qu'un maître, son hégoumène ; qu'il soit libre de toute autorité, impériale, judiciaire ou ecclésiastique[3] ; qu'il soit indépendant et souverain. » Et l'empereur ajoute qu'aucun juge n'a de juridiction ni sur le monastère, ni sur les moines, ni sur les hommes qui appartiennent aux moines.

Ces concessions peuvent nous surprendre de la part de la cour de Byzance. Dans l'ordre politique, ce gouvernement absolu ne souffrait pas que rien échappât à son autorité ; il ne laissait rien à l'initiative municipale ; il avait tout centralisé dans ses mains ; Chio n'avait plus aucun droit, aucune vie propre, aucune action libre. Une administration, d'autant plus fortement organisée qu'elle ne calculait pas les maux des

---

1. Néamoni n'est pas le seul monastère de l'île ; il y en a six pour les hommes et trois pour les femmes.

2. Le livre du moine Nicéphore contient des extraits de trois bulles de Constantin Monomaque. Zoé et Théodora en accordèrent une dont l'original ne subsistait plus en 1804, mais dont il est fait mention dans une bulle de Constantin Ducas. Les empereurs Isaac Comnène, Constantin Ducas, Romain Diogène, Michel Ducas, Nicéphore Botoniate, Andronic Paléologue et Ange Comnène Paléologue ont tour à tour confirmé les bulles précédentes. (Voyez ces bulles chez Photinos et Kanellaki.)

3. Αὐτοδέσποτος, αὐτεξούσιος, καὶ ἐλεύθερα παντὸς προσώπου βασιλικοῦ, ἀρχοντικοῦ καὶ ἀρχιερατικοῦ..... δίδομεν αὐτονομίας καὶ αὐτοκρατορίας [Photinos, p. 87 ; Kanellaki, p. 550]. — Du Cange distingue trois sortes de monastères grecs, qu'il appelle *episcopalia, patriarchalia* et *imperatoria* (Du Cange, *Glossarium mediæ et infimæ græcitatis*, au mot μοναστήριον). Et ailleurs : Αὐτοδέσποτα μοναστήρια *appellabant ea monasteria quæ nec erant patriarchalia, nec basilica, et quæ ab episcoporum juridictione erant exempta* (Du Cange, *ibidem*, au mot αὐτοδέσποτα). Il y avait donc quatre classes de monastères.

peuples, émanait de l'empereur et rapportait tout à lui. Toute une hiérarchie de fonctionnaires, partant de Byzance, enserrait l'Empire. A une époque incertaine, entre le règne de Justinien et celui de Constantin Porphyrogénète, la juridiction des consulaires et des présidents avait été supprimée comme insuffisante, et l'on avait établi les *thèmes*[1], afin que l'administration judiciaire et administrative répondît mieux à l'organisation militaire, qui prit alors le dessus. Il s'établit ainsi une centralisation, oppressive pour les peuples, mais commode pour les gouvernants, qui accablait les provinces, mais qui du moins utilisait leurs souffrances au profit de l'État; qui, en rendant les générations malheureuses, faisait durer l'Empire.

Mais, quelque fort que fût l'esprit d'organisation à la cour de Byzance, l'esprit monacal s'y trouva plus fort encore. Il s'en faut beaucoup que la pitié fût dans le cœur de tous les princes, mais elle était dans les traditions de l'Empire, dans les usages de l'administration, dans le formulaire des actes impériaux. Le style de toutes les bulles d'or en fait foi. Cette religion d'habitude et d'étiquette était assez puissante pour contrarier sans cesse l'administration byzantine; elle obligeait le gouvernement à des contradictions évidentes, comme, par exemple, à condamner son système administratif, à l'appeler, dans des actes officiels, du nom de violence et d'injustice[2], et à renoncer à tous ses droits sur un monastère du ton dont on renonce à des abus iniques.

La cour de Byzance détruisait donc d'une main ce qu'elle avait fait de l'autre. Elle avait élevé, à grands frais et au prix du malheur des peuples, son système administratif pour combattre l'esprit d'isolement, qui était une des maladies de cette société; et voici que, par une sorte de remords, elle favorise ce même esprit d'isolement. A une époque où l'aspiration la

---

1. Θέμα signifie d'abord un lieu de garnison, puis la troupe elle-même, la légion (Constantin Porphyrogénète, *De Thematibus*, I, 1). « Plus tard, dit Du Cange, on appela ainsi les provinces dans lesquelles il y avait des légions. » Chio faisait partie du dix-septième thème, ou thème de la mer Égée. Au temps d'Hiéroclès, auteur du Συνέκδημος (vi° siècle), Chio faisait partie de la province des Iles, qu'administrait un président, ἡγεμών.

2. Αἱ ἐπηρεῖαι καὶ ἀγγαρεῖαι (bulle d'or de Néamoni [Kanellaki, p. 550]).

plus ordinaire des hommes est de fuir l'Empire qui opprime et la société qui corrompt, le gouvernement impérial aide les hommes à lui échapper.

Pour payer le luxe de la cour, la foule des fonctionnaires, les armées et souvent l'étranger, il avait fallu inventer un système très compliqué d'impôts. Ainsi, autour de Néamoni, on payait la capitation ou taxe personnelle, κεφαλιτίων; l'impôt sur l'air respirable, τὸ ἀερικόν; l'impôt des feux, τὸ καπνικόν; l'*ordinaire*, συνήθεια[1]. La taxe foncière était exigée non seulement pour les terres cultivées, mais même pour les champs en friche et qui n'avaient pas de propriétaire; le vivant payait pour le mort, le moins pauvre pour le plus pauvre, celui qui n'avait pas pu s'échapper pour celui qui avait réussi à fuir[2]. Les paysans étaient encore tenus de fournir des vivres aux troupes; c'était peu : il fallait de plus qu'ils les transportassent à leur camp[3]. Je ne parle pas des douanes, des octrois, des droits de navigation, des monopoles, ni du mode de perception, qui doublait les impôts. Néamoni ne connaissait aucune de ces charges : ni ses terres, ni ses hommes ne devaient rien au trésor[4], et non seulement il ne contribuait pas aux impôts du reste de l'île, mais encore il possédait le revenu des douanes de Chio, et c'était pour le bénéfice du couvent que Chio prélevait cet impôt sur son commerce.

On estime que Néamoni possédait la cinquième partie des terres de l'île, sans compter plusieurs fermes dans les provinces, des rentes en argent et les douanes de la ville. Et sa richesse se développait annuellement par l'exemption des charges[5].

Un gouvernement fait une double faute quand il affranchit quelques hommes des charges communes : la première est de

---

1. Du Cange, aux mots κεφαλητίων, ἀερικόν, καπνικόν, συνήθεια.
2. Procope, *Histoire secrète*, c. 23.
3. Ibidem.
4. Τέλων ἀπαλλαγάς (bulle de Constantin Monomaque [*ap.* Photinos et Kanellaki]).
5. Χορηγίας καὶ ἐπικουρίας καὶ πόρους κερδώους, μετοχὰς λιμήρεις, ἐντελομιστὰ, οἰκιῶν φοροθεσίας (livre de Nicéphore le Moine). Entre autres fermes, on cite un domaine considérable que Néamoni possédait en Asie Mineure, ἐν τῷ θέματι τῶν Θρᾳκησίων [Photinos, p. 89].

frapper par là ces charges d'une sorte d'improbation aux yeux des peuples; la seconde est de les aggraver en restreignant le nombre de ceux qui les supportent. Ainsi, chaque privilège accordé au monastère équivalait à une charge de plus imposée aux autres habitants de l'île.

Aussi le monastère se peupla-t-il jusqu'à compter cinq cents moines, et l'île se dépeupla-t-elle aux alentours; car à cette époque les ravages des ennemis étrangers déciment les peuples et surtout les insulaires, la tyrannie accable, l'impôt dévore jusqu'aux hommes, la race épuisée se renouvelle péniblement, la culture languit, on déserte la terre, on laisse les champs en friche, on fuit chez les barbares[1].

Il fallait remédier au mal; mais les générations faibles réclament des remèdes énergiques et ne guérissent guère une maladie que par une autre. La société byzantine se sauva de la dépopulation et de l'abandon des terres par une espèce de servage, le *colonat*.

On voit, en effet, par les bulles des empereurs, qu'ils ne donnent jamais un champ au monastère sans y joindre les hommes qui le cultivent. Ces hommes sont toujours, dans nos bulles, appelés πάροικοι. Un jour, Constantin Monomaque s'avisa que le nombre des serfs de Néamoni était insuffisant; et, cherchant à l'augmenter, il s'aperçut qu'il y avait dans l'île quelques familles juives qui n'avaient pas encore été réduites à l'état de πάροικοι. Il fallait bien faire quelques victimes de plus si l'on voulait que les terres du couvent fussent labourées. On se rappela fort à propos que Jésus-Christ avait maudit les Juifs, et qu'il était juste que le peuple incrédule fût soumis au peuple fidèle. Il fut donc décrété, par une bulle d'or, que toutes les familles juives de Chio, qui étaient restées libres jusqu'alors, passeraient à l'état de serfs du monastère[2].

Cette bulle, déjà remarquable en ce qu'elle nous montre l'état des Juifs en Orient et à quelle conséquence le langage de la religion peut conduire, est plus curieuse encore en ce

---

1. Χωρίων ἐρήμων καὶ ἀπόρων γενομένων, ὧν δὴ οἱ κύριοι καὶ γεωργοὶ ἢ ἀπολώλασιν, ἢ γῆν πατρῴαν ἀπέλιπον (Procope, *Histoire secrète*, c. 23).
2. [Voir la bulle chez Kanellaki, p. 550.]

qu'elle nous prouve l'existence du servage dans la société byzantine. L'esclavage, que nous avons vu à Chio dans toute sa force, avait été successivement attaqué par la philosophie, par le christianisme, par la science du Droit. Il avait peu à peu disparu ; mais, à mesure qu'il allait en s'éteignant, la situation matérielle et morale de cette société nécessita la formation et le développement de la classe des colons ou serfs. Sans doute leur sort fut plus doux que celui des esclaves antiques ; mais, si l'on reconnaît l'esclave à ces signes, qu'il sert forcément et sans fin un maître qu'il n'a pas choisi, qu'on l'achète ou qu'on le vend, et que ses enfants naissent dans la même condition que lui, le πάροικος était encore presque un esclave. On le vendait avec la terre ; il faisait partie du domaine, comme les arbres qui naissent et meurent à la même place[1].

L'Orient avait donc la moitié de notre régime féodal ; il avait le servage, sans avoir la chevalerie.

Les mêmes bulles d'or affranchissaient Néamoni de l'autorité ecclésiastique. Comme on ne pouvait pas empêcher que les moines n'eussent parfois besoin d'un évêque, ne fût-ce que pour l'ordination, on établit qu'ils pourraient au moins s'adresser à un évêque de leur choix. « Notre royauté ordonne, est-il dit dans ces bulles, que la sainte église de Néamoni soit consacrée par l'évêque que choisiront les moines. L'ordination d'un frère, diacre ou prêtre, sera également conférée par l'évêque choisi par le couvent ; que jamais, à l'occasion d'une consécration ou d'une ordination, l'évêque ne s'arroge aucune autorité ; qu'il ne prétende aucun droit d'appel ou de confirmation. Telles choses sont formellement interdites par nous ; car nous voulons que le monastère soit indépendant de toute autorité ecclésiastique, comme il l'est de tout pouvoir civil. » Ainsi, l'évêque qui résidait à Chio, le patriarche même de Constantinople, n'avaient aucune juridiction sur le couvent. Puisque, dans l'ordination des prêtres et la consécration de

---

1. [Comparer au colon d'Occident, *Recherches sur quelques problèmes d'histoire*.]

l'église, on prend tant de soin pour se prémunir contre les empiètements, on peut croire qu'à plus forte raison l'élection de l'hégoumène était assurée aux moines ; aujourd'hui encore elle leur appartient. Parmi les moines, un certain nombre étaient prêtres ; ces ἱεροί ou ἱερομόναχοι pouvaient dire la messe, et, par conséquent, le monastère était dispensé de recourir, pour les sacrements de l'Église, au clergé séculier. Enfin, Néamoni n'était soumis à aucune hiérarchie ; il avait tout ce qui permet de vivre d'une vie propre et indépendante : richesses, privilèges, souveraineté et droit d'approcher des autels. Il formait un petit État et une petite Église.

Les moines ont eu toujours et ont encore une influence illimitée chez les Grecs. La raison en est que le clergé séculier, qui se marie, qui a une famille, qui vit journellement avec le peuple, touche au laïque par trop d'endroits pour avoir aucun prestige. Aux yeux des Grecs, le prêtre séculier n'est qu'à moitié prêtre. Aussi vit-on toujours, et voit-on encore aujourd'hui, les moines accaparer les grandes charges de l'Église et exclure les ecclésiastiques de l'épiscopat.

Telle était la situation extérieure du monastère à l'égard de la société. A l'intérieur, la vieille règle de saint Basile restait en vigueur à certains égards, quoique un peu relâchée de son ancienne sévérité. Un hégoumène élu par les moines, tous les deux ans, était le chef de la communauté. Chef spirituel et temporel à la fois, il exerçait une justice sans contrôle. La vie était commune ; on voit encore le réfectoire avec sa longue table et ses deux bancs de pierre, où tous les moines prenaient leurs repas. Les prescriptions relatives aux mœurs étaient sévères, et, pour les rendre inviolables, les fondateurs les avaient fait sanctionner par une bulle d'or. Nulle femme ne pouvait franchir le seuil du monastère, nulle ne pouvait pénétrer même dans l'église : il n'était permis à aucun étranger de passer la nuit dans le couvent. La religion extérieure a toujours été très rigide chez les Grecs ; les moines ont force jeûnes et quatre carêmes dans l'année.

Mais cette règle n'impose pas le travail. Si les moines rendirent fertile la vallée qui entoure leur monastère, ce fut par les mains de leurs πάροικοι. Nous lisons, dans une bulle de Constantin Monomaque, que « les moines ne doivent pas être distraits de leurs saintes occupations par le soin de moudre le blé et de pétrir la farine ». Il est vrai que les règles de saint Basile et de saint Benoît avaient prescrit aux moines le travail manuel : mais elles n'avaient pas pu guérir ce mépris invétéré des Grecs pour le travail, mépris que les qualités mêmes de leur esprit leur inspirent, et que l'usage des esclaves avait enraciné dans les âmes. Un Grec croira toujours difficilement que les mérites du travail des mains puissent égaler ceux de la prière et de l'indolente spéculation. L'étude a toujours été le travail le plus cher aux Grecs, et, au moyen âge, c'était dans les monastères que l'étude trouvait son dernier asile. Néamoni possédait une bibliothèque, riche surtout en ouvrages théologiques, mais dont les historiens et les poètes n'étaient pas exclus. A en juger par la grandeur de la salle que l'on m'a montrée, et par les assurances des moines, elle était riche en livres et en manuscrits. Ces inappréciables trésors ont péri dans la révolution grecque.

Le monastère, favorisé plus que le reste de l'île par les princes de Byzance, dut perdre aussi davantage sous d'autres maîtres. Toutefois les Génois respectèrent sa sainteté ou ménagèrent son influence, et, satisfaits de lui enlever le revenu des douanes de la ville, ils lui laissèrent ses biens et sa liberté. Les Turcs, ennemis des privilèges, ne pouvaient admettre qu'il y eût des inégalités dans la population sujette, quand il n'y en avait pas entre eux. Sous leur domination, le monastère perdit tous ses privilèges impériaux et ne conserva plus que la somme de liberté et de protection que les Turcs accordaient à tous. Du reste, les musulmans, auxquels la force du sentiment religieux inspire plus souvent la tolérance que la persécution, respectèrent toujours Néamoni. Ils s'astreignirent à n'en jamais violer l'enceinte, et laissèrent à l'hégoumène l'administration et la justice souveraine dans son couvent. Un moine avait-il commis même une de ces fautes qui frappent la société et qu'elle a toujours le droit de punir, les Turcs permettaient à l'hégoumène d'être seul juge. Le monastère conserva aussi, sous les Turcs, le droit exceptionnel et très envié de sonner les cloches.

C'est dans la société grecque et dans l'Église qu'il trouva ses plus grands ennemis. Il s'était affranchi de toutes deux ; toutes deux alors travaillèrent à le faire rentrer dans leur sein ou à se l'assujettir. Un jour que la dissension avait éclaté dans le couvent, un parti prit pour juge le patriarche de Constantinople, lequel était beaucoup plus puissant sous les Turcs qu'il n'avait été sous les empereurs. Depuis ce temps, Néamoni dépend du patriarcat ; l'élection de l'hégoumène appartient encore aux moines, mais le patriarche la ratifie [1]. Le pouvoir municipal, auquel Chio fut alors rendue, ne manqua pas non plus de les attaquer. Leurs richesses étaient si grandes, que les démogérontes en furent effrayés, et leur interdirent tout achat de terres et tout agrandissement. La démogérontie s'arrogea aussi le droit de surveillance sur le monastère, et se fit rendre compte, chaque année, de l'administration de l'hégoumène ; enfin, les moines furent astreints à contribuer, pour leur part, aux charges communales de la cité. Les démogérontes, qui sont les maîtres de la répartition de l'impôt qu'on paye aux Turcs, taxèrent les biens du couvent à peu près à l'égal de ceux des laïques, et exigèrent encore de lui une somme annuelle pour l'entretien des écoles de la ville. Le nombre des moines diminua à mesure que leurs richesses et leur souveraineté furent attaquées. Au temps du voyageur Tournefort, on n'en comptait déjà plus que cent cinquante : aujourd'hui ils sont soixante-quinze.

Mais ce qui porta le plus grand coup au monastère, ce fut la perte de ses πάροικοι. L'arrivée des Turcs fit disparaître le servage et donna l'absolue égalité à la population grecque : cette belle réforme a ruiné Néamoni. Faute de serfs, les moines furent forcés de labourer eux-mêmes leurs champs pour vivre. « Ainsi, dit Nicéphore le moine, un monastère si divin,

---

1. Voir Crusius, *Turco-Græcia*, p. 303.

si sacré, si admirable, l'œuvre des grands empereurs de Byzance, tomba dans un tel état, que les moines aujourd'hui travaillent la terre à la sueur de leur front. » La constitution du couvent en fut bouleversée, car elle n'avait pas été établie en vue du travail. Le travail, qui développe d'ordinaire l'individualité, fit disparaître la vie commune. On cessa d'habiter le couvent, le réfectoire devint désert ; chacun travailla pour soi et usa à sa guise des fruits de son labeur ; la règle du couvent fut oubliée. La liberté la plus entière règne aujourd'hui à Néamoni ; chacun a sa fortune propre, son logement, sa table, ses domestiques. La seule obligation qui soit imposée aux moines est de rentrer au couvent la veille des jours de fête.

Une prescription subsiste encore de l'ancienne règle, unique et infranchissable barrière qui sépare les moines des laïques : c'est l'interdiction du mariage. Les prêtres ou papas peuvent rester mariés s'ils l'étaient avant l'ordination ; ainsi est prêtre qui veut, sous la seule condition de justifier, non pas de quelque instruction, mais de la connaissance de certaines formules du culte. A Chio, ils sont fort nombreux ; on compte qu'ils forment à peu près la trentième partie de la population mâle ; la plupart d'entre eux savent lire. Les moines, au contraire, ne sont pas assujettis à la nécessité de connaître une religion qu'ils ne sont pas chargés d'enseigner. On n'exige d'eux que de n'être pas mariés.

Qui veut être moine n'a aucun noviciat à traverser, aucun examen à subir, aucune preuve de capacité ou de science à donner. Le monastère possède de nombreux domaines dans l'île : il lui en achète un, et cela seul fait le moine. Il n'en a que la propriété viagère, et ces champs, après sa mort, retourneront au couvent, qui les vendra à un nouveau moine. Celui qui veut être moine sans avoir de quoi acheter un champ se fait le serviteur d'un autre moine et laboure sa terre. Cela encore lui donne le droit de porter le titre de moine et d'en avoir le costume ; car il cultive la terre du monastère, et c'est la terre qui fait le moine.

Le couvent est un grand propriétaire dont les moines sont les fermiers.

CHAPITRE VIII

L'île de Chio soumise aux Génois[1].

Depuis les temps du moyen âge jusqu'à nos jours, les Grecs ont eu deux ennemis, les Latins et les Turcs. La haine des Latins et des Grecs est fort ancienne : elle existait dès le temps de l'Empire romain ; l'invasion germanique l'a accrue, le

---

1. Les différentes sources où j'ai puisé les matières de ce chapitre sont :
1° Les historiens byzantins Cantacuzène, Nicéphore Grégoras, Pachymère, Michel Ducas et Chalcondyle.
2° Et principalement un manuscrit inédit de la famille des Justiniani, intitulé : *Istoria della nobile famiglia Giustiniana di Genova*. Sans date et sans nom d'auteur, l'ouvrage a été écrit évidemment, vers 1750, par un membre de la famille, qui a consulté des monuments et des titres plus anciens. Il est écrit en italien ; la langue en est toujours correcte et élégante. Les quatre parties dont il est composé forment un ensemble de 490 pages in-4°. Les trois premières ont trait à l'histoire de l'île, la quatrième serait plutôt curieuse pour l'histoire de Gênes. Ce manuscrit est entre les mains de M. Leonardo Justiniani, vice-consul de France à Chio ; je dois à son obligeance d'avoir pu en prendre copie. [Il doit y en avoir actuellement au moins deux copies en Italie, à Rome et à Gênes ; cf. Hopf, p. 317, n. 90. Le ms., toujours inédit, est la propriété du vice-consul d'Italie à Chio ; cf. Ἔκθεσις, 1889-1890, p. 120.]
3° La *Description de l'île de Chio*, de Jérôme Justiniani, conseiller du roi Charles IX et son ambassadeur près du sultan Sélim, 1596. Il existe de cet ouvrage deux éditions, l'une en français, l'autre en italien [une édit. à Paris, 1606]. L'auteur est né à Chio et y a longtemps vécu ; au surplus, il ne doit être consulté que pour ce qu'il a vu de ses yeux : dès qu'il parle d'antiquité, son ignorance est extrême.
4° *La Scio sacra del rito latino, descritta dall' abbate Michele Giustiniani* [Avellino], 1658, petit in-4° de 232 pages. Cet ouvrage est écrit avec beaucoup d'intelligence et assez d'impartialité. Plusieurs lettres du même auteur ont été publiées sous ce titre : *Lettere memorabili dell' abbate M. Giustiniani, in Roma*, 1667 ; il s'en trouve d'intéressantes pour l'histoire de l'île.
5° Les voyageurs qui ont successivement visité Chio : Belon vers 1553, Stockhove en 1650, Tournefort en 1701, Paul Lucas en 1712, Galland en 1747, Dapper, Boschini et Coronelli, sans voyager eux-mêmes, ont recueilli les notes de quelques navigateurs. [Sur la géographie de Chio au moyen âge, voir Tomaschek, *Sitzungsberichte* de l'Académie des Sciences de Vienne, 1891, p. 20 et suiv.]
Enfin, à tous ces renseignements, manuscrits ou imprimés, j'ai joint ceux que

schisme religieux l'a rendue implacable. Les Turcs furent
détestés comme envahisseurs, comme barbares, comme infidèles. Pourtant ils n'ont jamais pu inspirer autant de haine
que les Latins. Demandez aux Chiotes d'aujourd'hui ce qu'ils
détestent le plus ; bien que le mal présent efface d'ordinaire
le mal passé, bien que le Turc soit le maître actuel, bien que
sa cruelle vengeance ait dernièrement ruiné l'île, c'est encore
lui qu'on préfère.

Du xe au xve siècle, la race grecque, incapable de garder sa
liberté, put se demander à quels maîtres elle était destinée, des
Turcs ou des Latins. Les Sarrasins, même avant Mahomet, ravageaient déjà l'Empire d'Orient [1]. Sous Héraclius, ils s'avancèrent jusqu'à Rhodes ; dès 672, ils assiégèrent Constantinople ; de la Crète, qu'ils prirent sous Michel le Bègue, ils
infestèrent tout l'Archipel. Au xie siècle, toute l'Asie Mineure
fut enlevée à l'Empire grec et au christianisme. De Chio, l'on
apercevait les États du sultan seldjoucide, qui régnait à Nicée.
On vit même les Turcs disposer du trône de Constantinople et
y placer leur créature, Nicéphore Botoniate. En cette circonstance, un simple aventurier, nommé Tsachas, qui dès sa
jeunesse avait fait la guerre à l'Empire grec, fut élevé par le
nouvel empereur à la dignité de *protonobilissime*. Le successeur de Nicéphore, Alexis Comnène, plus hardi et plus digne,
lui enleva ses honneurs et ses richesses. Pour se les faire
rendre, Tsachas prit les armes ; des Grecs lui construisirent
une flotte à Smyrne ; avec elle il se jeta sur Clazomène, sur
Phocée, sur Mitylène ; maître partout, il se tourna contre
Chio, qui se livra sans résistance. Un amiral de l'empereur
n'accourut que pour se faire battre [2].

m'ont pu fournir les traditions locales. Chio est encore pleine des souvenirs de la
domination génoise. — [Comme ouvrages de seconde main sur la domination
génoise à Chio, voir, outre les Χιακά de Vlastos, l'histoire des Justiniani de Rodocanachi, Βιογραφίαι λογίων Ἰουστινιανῶν, 1882, Athènes, et surtout le travail très
sûr et très complet de Hopf, *Giustiniani*, dans l'*Encyklopädie* de Ersch et Gruber,
1859 (traduit en français chez Leroux, Paris, 1888). Hopf s'est servi d'un très grand
nombre de documents inédits. D'autres documents ont été publiés par Photinos et
Kanellaki ; quelques inscriptions du temps, dans le *Corpus* et chez Paspatis.]

1. Procope, *Histoire secrète*, 23.
2. Anne Comnène, *Alexiade*, VIII.

Alexis, voyant la mer même et les îles aux mains des Turcs, appela les Latins à son secours. Mais le Grec fut surpris de tout ce qu'une parole pouvait enfanter de guerriers en Occident ; il s'aperçut aussi qu'en provoquant en Europe le zèle religieux, il avait remué une fibre qui n'était pas favorable aux siens. Quand il les vit camper près de sa capitale, il aurait volontiers imploré le secours des Turcs contre ses propres alliés. De leur côté, les Latins furent surpris de se voir harcelés, menacés, trahis par ces mêmes Grecs qu'ils venaient défendre. Cette première fois, les Latins furent dupes des Grecs. Alexis les trompa si bien par ses protestations d'amitié, que, non content d'échapper de leurs mains, il les amena par un triomphe d'adresse à se reconnaître ses hommes-liges, à lui baiser les pieds en public et à soumettre d'avance à sa suzeraineté les conquêtes à faire en Asie et le tombeau même du Christ. Tant d'habileté devint funeste à l'Empire grec : les Occidentaux se sentirent trompés et gardèrent de cette humiliation une rancune implacable. Dès cette première entrevue, les deux races se jugèrent : chacune détesta les défauts et encore plus les qualités de l'autre. La haine fut égale entre elles : seulement elle fut mêlée pour l'une de mépris et pour l'autre de crainte. C'est à partir de ce jour que s'est établie chez les Latins cette opinion que le Grec n'est que mensonge et fourberie ; de ce jour aussi, le Grec a regardé le Latin comme son brutal ennemi. La religion, qui devait apaiser ces haines, les a envenimées.

Chio put d'abord se réjouir des croisades, qu'elle devait tant maudire plus tard. Grâce en effet à cette puissante diversion, Tsachas se trouva sans appui. L'amiral Dalassène, qui avait essuyé autant de défaites sur mer et dans l'île qu'il avait livré de combats, vit son ennemi se retirer inopinément. Il prit possession de la ville, et Chio échappa cette fois aux Turcs[1]. En même temps, la mer Égée redevint libre, la côte d'Asie fut reprise, et les Turcs refoulés de Nicée à Iconium. Mais les Latins étaient alors des ennemis plus redoutables.

1. Anne Comnène, *Alexiade*, VIII.

Dans ces siècles malheureux, la race grecque, comme si elle eût été frappée d'impuissance absolue, ne semblait plus propre même au commerce. Ou ses instincts qui l'y portaient, par une remarquable exception, lui firent alors défaut ; ou ils furent étouffés par l'inhabileté des empereurs, par le système du monopole[1], par le poids des douanes, par les vexations des gouvernants et par la piraterie. La race affaiblie ne put triompher de toutes ces causes de langueur : le négoce et la navigation lui devinrent presque inconnus ; elle laissa passer aux mains des Italiens le commerce de ces mers elles-mêmes, que la nature a faites sa propriété. Elle oublia jusqu'à l'art de construire des vaisseaux, que ses ancêtres avaient poussé assez loin, et au moment où cet art faisait des progrès en Italie, il périt en Grèce. Un historien byzantin avoue que l'approvisionnement de la capitale dépendait uniquement des Italiens, et que ces étrangers étaient les maîtres d'affamer Constantinople[2]. Il suivit de là que, par un retour naturel, cette même race, qui avait autrefois couvert de ses colonies tous les bords de la Méditerranée, reçut alors dans ses îles et sur ses rivages des colonies italiennes, et que ce qu'elle avait été pour l'Occident dans l'antiquité, Venise et Gênes le furent alors pour elle.

Si les Chiotes avaient oublié le commerce, leur île était demeurée une excellente position commerciale. Il devenait donc certain que les peuples commerçants se la disputeraient et s'en rendraient maîtres. Deux fois, sous Jean et Manuel Comnène, les Vénitiens tentèrent de s'en emparer[3]. Puis, lorsque, de concert avec les Français, ils eurent conquis l'Empire grec et qu'ils se le partagèrent comme un butin, ils mirent d'abord la main sur Chio[4].

La nationalité grecque se réfugia alors à Nicée, dans cette même ville que la ruse d'Alexis Comnène avait enlevée aux croisés. Les Lascaris, dynastie dont les divisions des Latins firent le succès, reprirent Chio en 1222[5].

1. Voir Procope, *Histoire secrète*, 21-25.
2. Nicéphore Grégoras, XV, 6.
3. Nicétas Choniates, liv. V. Jean Comnène, *Histoire de Manuel Comnène*, liv. VI.
4. Rampoldi, *Annales musulmanes*, t. VIII, p. 505.
5. Nicéphore Grégoras, II, 5.

Les Génois, ruinés par la chute de l'Empire grec, le rétablirent pour ressaisir leur commerce. L'an 1262, un certain Benoît Zaccarias, Génois, aida Michel Paléologue à chasser les Vénitiens de Négrepont. L'empereur n'avait pas d'argent pour payer ses services : il lui donna une de ses provinces, et Chio, livrée aux Latins, ses ennemis, fut le prix par lequel l'Empire grec s'acquitta [1].

Les historiens génois laissent entendre que cette donation fut absolue ; les écrivains grecs affirment qu'elle ne fut que temporaire et que l'île devait être rendue à l'empereur au bout de dix années. Mais Zaccarias employa ce temps à fortifier la ville, à relever les murs, à élargir les fossés : si bien qu'à l'époque fixée l'empereur trouva la ville trop forte pour en demander la restitution. Les Génois obtinrent à deux reprises un nouveau répit : à Benoît succéda Manuel ; à Manuel, Martin : de temporaire le fief devint héréditaire.

La cour de Byzance ne songeait même plus à demander l'exécution du contrat; mais les Chiotes souffraient amèrement d'être soumis à des Latins, de voir dans leurs murs un évêque nommé par le pape de Rome [2], et d'être pressurés par des maîtres qui exploitaient l'île comme on exploite une ferme. Il est curieux de voir dans l'historien grec à quelles intrigues ils eurent besoin de recourir pour rappeler à l'empereur Andronic qu'il avait des droits sur Chio. Ils lui représentèrent la mauvaise foi des Latins, la ruse par laquelle, sous le titre de vassaux, ils étaient devenus les maîtres de l'île, et l'importance d'une province qui payait annuellement au fisc cent vingt mille écus d'or. Ils promirent de se soulever dès qu'ils verraient paraître une flotte impériale [3].

Andronic arma une flotte de cent cinq navires et y monta lui-même. Martin Zaccarias s'enferma dans la ville avec huit cents hommes, résolu à se défendre : la population grecque,

---

1. Manuscrit des Justiniani, liv. I, c. 8; *Scio sacro del rito latino*, p. 14; Serra, *Histoire de Gênes*, liv. IV, c. 6. [Le traité est du 10 juillet 1261 ; Hopf, p. 309.] Cantacuzène (II, 10) est le seul qui dise que Zaccarias s'empara de Chio par les armes.

2. Cantacuzène, II, 12.

3. Idem, II, 10.

en dépit de ses promesses, n'osa pas remuer. On ne sait qui l'eût emporté, des huit cents Génois ou de l'immense armement de l'empereur, si la citadelle n'avait été livrée par un frère même de Martin, Benoît Zaccarias. Martin se rendit à discrétion ; il faillit être massacré par les Chiotes, qui prirent alors les armes.

La suite du récit de l'historien grec montre la faiblesse de l'Empire. Andronic, partagé entre la haine et la crainte des Latins, se trouva embarrassé de sa conquête et comme effrayé de sa hardiesse. Qu'allaient faire les Génois? ne paraîtraient-ils pas bientôt, tout prêts à venger un des leurs? Rendre l'île au frère de Martin parut à l'empereur le seul moyen de détourner leur colère; mais le Génois refusa obstinément une faveur qui le condamnait à la vassalité, et l'on vit Andronic, à qui ce refus faisait peur, convoquer une assemblée des principaux Génois, de l'évêque latin et de quelques chevaliers de l'ordre des Hospitaliers, pour se justifier de reprendre possession de l'île de Chio[1]. C'est ainsi que Chio rentra, pour dix-sept ans, dans le sein de l'Empire.

Mais l'île, en redevenant grecque, était perdue pour le commerce. Venise et Gênes convoitèrent de la reprendre, chacune des deux villes désirant la posséder et craignant encore plus que l'autre ne la possédât.

Il se trouva alors que Gênes venait, par de pénibles sacrifices, d'armer une flotte pour repousser des exilés du parti aristocratique. Ceux-ci n'ayant pas attendu le combat et s'étant réfugiés en France, la flotte génoise ne voulut pas rester inutile, et Simon Vignoso, qui la commandait, la dirigea vers Chio[2]. Il trompa la vigilance d'une flotte vénitienne, qui eût certainement mis obstacle à son projet, et parut devant l'île au mois de juin 1346 avec trente-deux galères. Essayant d'abord la ruse, il fit dire aux Grecs qu'une flotte turque approchait pour conquérir Chio, et que, dans l'impossibilité où l'île était de se défendre, elle devait choisir entre deux maîtres et préférer les

---

1. Cantacuzène.
2. Manuscrit des Justiniani, I, 5.

Génois, anciens possesseurs de l'île, qui sauraient la protéger et la gouverneraient avec douceur. Soit que les Chiotes eussent deviné la ruse, soit qu'ils craignissent plus d'obéir aux Latins qu'aux Turcs, ils rejetèrent ces propositions et répondirent qu'ils étaient disposés à résister également à tous leurs ennemis. Ils se défendirent en effet avec courage et repoussèrent plusieurs assauts. Mais l'Empire ne pouvait pas les protéger; plus faible que jamais, il était encore divisé par la guerre civile : l'impératrice Anne avait à défendre l'autorité de son fils contre Jean Cantacuzène. Les Chiotes abandonnés à eux-mêmes résistèrent durant trois mois, mais enfin la famine les détermina à se rendre[1].

La perte de l'île excita à Constantinople une indignation qui contribua à précipiter du trône l'impératrice Anne. Une fois empereur, Cantacuzène se crut obligé à faire quelque effort pour la reprendre. Une flotte fut équipée et envoyée dans l'Archipel; mais elle n'alla pas même jusqu'à Chio, et contente d'avoir pris quelques bâtiments de commerce génois elle revint à Constantinople. Or cette entreprise si prudente et si inoffensive se trouva trop audacieuse pour la faiblesse de l'Empire; les Génois de Galata, pour se venger de la perte de deux ou trois petits navires, refusèrent d'approvisionner Constantinople, et, mettant ainsi la capitale entre la vie et la mort, contraignirent l'empereur à restituer ce que sa flotte avait pris[2]. Quelle eût été leur vengeance s'il eût essayé de reprendre l'île de Chio! Aussi ne fit-il plus aucune tentative à ce sujet; ce fut contre son aveu qu'un Chiote plus énergique que lui à défendre sa patrie arma une flotte, leva à ses frais une petite armée et osa attaquer les Latins. Après un premier succès, il

---

1. Manuscrit Justiniani, I, 2; Cantacuzène, III, 95; Nicéphore Grégoras, XV, 6. Les historiens grecs disent que les Génois qui conquirent Chio étaient des exilés, et que, par conséquent, ils s'armèrent, combattirent et vainquirent en leur nom et pour leur compte. Mais j'en crois plus volontiers l'auteur du manuscrit, qui affirme que la flotte fut équipée au nom de la République et partit sur un ordre du sénat [Hopf, p. 314]. Ce qui condamne les historiens grecs, c'est que Gênes s'attribua toujours la souveraineté de l'île; c'est que les Génois de Chio furent toujours accueillis dans leur ancienne patrie, qu'ils continuèrent d'en être citoyens, et que leurs descendants sont encore inscrits sur le livre d'or de la noblesse.

2. Nicéphore Grégoras, XV, 6.

fut tué et sa troupe dispersée. Depuis lors les Génois de Chio vécurent dans la paix la plus profonde avec l'Empire, les Grecs de l'île n'obtinrent de lui aucun secours, et tous leurs efforts ne purent les affranchir d'une domination détestée.

La flotte de Simon Vignoso n'avait été équipée et entretenue que grâce aux avances de trente-deux particuliers de Gênes. Ceux-ci, après le succès, demandèrent à l'État leur remboursement. La République estima leur créance à 300 000 livres ; mais, comme le trésor se trouvait vide, elle en remit le payement au terme de vingt années. Jusque-là on leur donna en gage et à titre d'intérêts les revenus de l'île de Chio. Les vingt années écoulées, la République ne se trouva pas plus riche, et, dans l'impossibilité de payer ses créanciers, elle laissa l'île entre leurs mains.

Ainsi Chio était un capital par lequel un débiteur s'acquittait et qu'un créancier faisait valoir. Ce capital se divisa en un certain nombre de parts ou d'actions, qui s'achetèrent, se transmirent, se léguèrent, comme un champ ou une rente. Lorsque les familles aristocratiques de Gênes se concentrèrent en un certain nombre d'*albergi*, l'*albergo* des Justiniani émigra presque tout entier à Chio, et par héritage ou par achat vint à posséder la créance entière. Leur compagnie prit le nom de *maona*, mot italien qui désignait autrefois à Gênes et qui désigne encore à Florence la société des fermiers de l'impôt.

D'après les conventions qui furent réglées à l'origine[1], la souveraineté appartenait à la République de Gênes, les finances à la mahone. La République envoyait chaque année un podestat, auquel était réservée la haute justice et l'administration supérieure. Les mahons répartissaient et recueillaient l'impôt, en consacraient environ un tiers aux dépenses d'ordre public, et se partageaient le reste entre eux. L'île était partagée en treize cantons, dont chacun était administré par un membre de la famille ; ce gouverneur portait le titre de λογαριαστής, terme qui indique des fonctions de finances et qui marque qu'à l'origine la mahone n'en avait pas d'autres.

---

1. [Cf. Hopf, p. 315, 326 et suiv.]

Mais comme cette compagnie financière était en même temps l'aristocratie, comme la naissance et la richesse se joignaient en elle pour lui donner la considération et l'influence, elle devint en fait la maîtresse de l'île. Le podestat continua d'être élu par Gênes, mais il le fut presque toujours dans le sein de la mahone et sur sa présentation. Gênes conserva de la souveraineté tous les honneurs, et la mahone en eut tous les profits. Cette sorte de partage est assez nettement marquée sur les monnaies, que les Justiniani avaient le droit de frapper. Ils gravaient d'un côté le nom du podestat, les armes de Gênes et l'exergue *Conradus rex Romanorum*[1]. L'autre côté portait les armes de la famille Justiniani, c'est-à-dire le double aigle sur trois tours, avec les mots *civitas Chii*.

Cette famille des Justiniani fut d'ailleurs remarquable de sagesse et de prudence. Elle sut merveilleusement apprécier toutes les difficultés qui l'entouraient, compter ses ennemis, Grecs, Turcs, Vénitiens[2], et mesurer tout ce que sa position exigeait d'adresse et de modestie. Elle ne s'enorgueillit ni de sa richesse ni de son habileté même. Elle borna son ambition, n'affecta jamais la grandeur et rejeta loin d'elle les apparences de l'indépendance. En 1363, prévoyant le cas où Gênes deviendrait plus faible, ou l'Empire grec plus fort, les Justiniani voulurent bien demander l'investiture de l'île à l'empereur Jean Paléologue et lui prêter hommage; ils achetèrent même leur sécurité en s'engageant à payer un tribut, d'ailleurs illusoire, de cinq cents pièces d'or[3]. Lorsque quarante ans plus tard Tamerlan, l'allié des Grecs, eut vaincu Bajazet, leur ennemi, tout le monde crut voir la résurrection de l'Empire de Byzance : les Justiniani envoyèrent alors une ambassade pour

---

1. Münter, dans un traité sur les monnaies franques du Levant [Copenhague, 1806], avance que les monnaies qui portent ces mots : *Conradus rex*, furent frappées pendant la croisade de Conrad III, et, bâtissant tout un système sur cette assertion, il fait aller Conrad à Chio. Les monnaies de Chio et celles de Gênes ont porté très longtemps cette exergue, parce que c'est Conrad II, au XIIe siècle, qui a octroyé à Gênes le droit de battre monnaie. [Cf. Promis, *La zecca di Scio durante il dominio dei Genovesi*, Turin, 1865 ; Schlumberger, *Numismatique de l'Orient latin*, p. 408 et suiv.]

2. Les Vénitiens assiégèrent la ville en 1431 et furent repoussés.

3. Manuscrit, I, 4. *Scio sacra del rito latino*, p. 9.

féliciter l'empereur et faire acte de soumission. Plus tard, à chaque victoire des Turcs, ils envoyèrent complimenter le vainqueur. Fils soumis de leur mère patrie, ils la consultèrent toujours avec déférence, et n'agirent jamais sans son consentement. Ils recherchèrent même l'amitié des empereurs d'Allemagne, et restèrent gibelins à Chio; ce fut de l'empereur Sigismond qu'ils obtinrent la prérogative de porter l'aigle impériale dans leurs armes[1]. Leur docilité envers le Saint-Siège en matière spirituelle fut inébranlable; dans toutes leurs querelles ils se soumirent à son arbitrage; ils reçurent toujours les évêques qu'il leur envoya. Le fruit de cette politique réservée et modeste avec tous les puissants fut que les Justiniani conservèrent leur principauté durant deux siècles, dans une île où ils étaient haïs et au milieu de l'Empire grec ou de la domination turque.

I. ADMINISTRATION DES JUSTINIANI.

De toutes les dominations étrangères que l'île a subies, celle des Justiniani lui a paru la plus dure. Je ne veux pas tenir compte des calomnies tantôt ridicules et tantôt atroces par lesquelles cette haine s'exprime encore aujourd'hui; je ne parlerai donc pas de tout ce que rapporte la tradition populaire, de villages incendiés par vengeance, de populations livrées ou vendues aux pirates barbaresques par une sorte de traite des blancs, de cargaisons de jeunes filles enlevées chaque année et transportées en Italie. Mais j'essayerai de dire ce que devint l'île entre les mains des Génois, ce qu'elle souffrit et ce qu'elle gagna sous leur domination.

Quand les Justiniani mirent le pied dans l'île, ils apportèrent avec eux l'opinion que les Occidentaux avaient des Grecs : ils crurent arriver parmi des ennemis, et n'eurent pas même l'idée de chercher à se concilier leurs sujets. Loin de se mêler à la population conquise, ils restèrent toujours Italiens. Ils avaient conservé leurs maisons et leurs terres à Gênes, leurs

---

1. Manuscrit, I, 8.

noms restaient inscrits sur le livre d'or de la noblesse; et, à peine établis à Chio, ils avaient fait stipuler qu'ils resteraient citoyens de Gênes. Ils participaient souvent au gouvernement de la République : le nombre de ceux d'entre eux qui furent magistrats à Gênes ou cardinaux à Rome est considérable. Ainsi ils ne se rapprochaient jamais de la race grecque, et au bout de deux siècles ils lui étaient aussi étrangers qu'aux premiers jours de la conquête. Il semblait même que la conquête se renouvelât à chaque génération ; car ils se mariaient toujours à Gênes et faisaient élever leurs enfants en Italie, de sorte que les Chiotes voyaient arriver sans cesse des visages nouveaux, inconnus à l'île et à qui l'île était inconnue. Les Justiniani eurent le tort de considérer Chio comme une possession provisoire, comme un lieu de passage pour leur famille, et Gênes comme leur véritable patrie. Ils songèrent trop qu'ils pouvaient perdre leur île, et prirent trop de précautions pour pouvoir, ce cas échéant, retourner à Gênes.

Les Chiotes avaient supporté plus d'une fois la domination des étrangers; mais, soumis aux Perses, soumis aux Romains, incorporés dans de grands empires, ils n'avaient vu leurs maîtres que de loin. Cette fois ils étaient assujettis à une famille : leurs maîtres vivaient au milieu d'eux; ils sentaient à tout moment le joug sur leurs têtes. Sous les Perses, sous les Romains, ils avaient conservé leur gouvernement municipal. L'indépendance politique ne touche que médiocrement la majorité des hommes, peu en savent le prix; mais le paysan et l'homme du peuple veulent avoir dans leur village ou dans leur quartier un juge et un administrateur de leur nation. Peu leur importe qu'il y ait dans leur île un gouverneur étranger; mais ils veulent qu'au dernier échelon du gouvernement et le plus près d'eux il y ait un homme qui leur ressemble, qui parle leur langue, qui ait quelques idées communes avec eux. C'est parce que ce besoin a été satisfait, que les Grecs ont pu supporter la domination turque. Nous verrons tout à l'heure quelle a été l'habileté et le succès des Chiotes dans leurs rapports avec les musulmans; mais leur adresse, leur souplesse, leur flatterie ne leur ont servi de rien avec les Génois. Ceux-ci ont eu pour système de gouvernement d'exclure les Grecs des plus petits emplois; l'île était partagée en treize cantons, et chacun d'eux était administré par un Italien. Toutes les fois qu'ils réunissaient ce qu'ils appelaient le conseil de l'île, c'étaient encore exclusivement des Italiens. Un Chiote ne fut jamais ni consulté, ni écouté; la population grecque, complètement effacée, n'eut jamais la plus petite part à la direction de ses affaires; et c'était la première fois qu'elle ne pouvait se consoler de la domination étrangère par l'apparence tant enviée de la liberté municipale.

Lorsque, en 1346, les Chiotes rendirent leur ville aux Génois, par la capitulation qui fut alors conclue, les vainqueurs jurèrent de respecter la vie et les propriétés des citoyens; la liberté du culte grec, les biens des églises et les privilèges des monastères[1]. Les Génois ne manquèrent jamais à leur parole; on ne voit pas qu'ils aient dépouillé les habitants, fait un partage des terres, interdit le culte grec, attenté aux privilèges de Néamoni. Leur administration ne fut ni spoliatrice ni violente, mais elle eut forcément un profond caractère d'égoïsme. Venus dans l'île pour s'enrichir, l'ayant reçue de Gênes à titre d'indemnité ou de capital à faire produire, ils n'acquirent jamais cette autorité morale que le peuple vénère dans ses maîtres.

Les impôts qu'ils établirent ne paraissent pas avoir été exorbitants. Nous en avons le chiffre pour la fin du XVIe siècle; Jérôme Justiniani nous apprend qu'à cette époque, c'est-à-dire au milieu de la plus grande prospérité de l'île, elle ne payait que 56 000 ducats d'impositions directes[2]; cette somme n'ap-

---

1. Manuscrit Justiniani, liv. I, c. 2.
2. D'après Jér. Justiniani, le budget aurait été ainsi réglé :

Recette : Chacun des treize cantons payait 2000 ducats, soit. . . 26 000
Le produit de la vente du mastic se montait à. 30 000
          56 000

A ces 56 000 ducats d'impôts s'en joignaient environ 30 000, que rapportait la douane. — Sur cette somme, 26 000 ducats étaient consacrés au traitement du podestat et des douze gouverneurs, et 20 000 aux dépenses diverses d'ordre public; le reste, c'est-à-dire 40 000 ducats, était partagé entre les membres de la famille. [Cf. les chiffres donnés pour d'autres années par Hopf, p. 330 et p. 333.]
Le manuscrit de la famille Justiniani fait monter le revenu de l'île à 120 000 écus

proche pas des 120 000 écus d'or que, d'après le témoignage de Cantacuzène, l'île payait à l'Empire d'Orient[1]. Il est vrai qu'il ne faut faire aucune comparaison entre l'impôt qu'on paye à un pouvoir national et celui qu'il faut payer à des étrangers. Ce qui rendait l'impôt si odieux aux yeux du peuple, c'est qu'il savait que cet argent était partagé entre les membres de la mahone comme le revenu d'une ferme. Le peuple veut bien payer, quand il sait que son argent sera consacré à entretenir une armée, une flotte, un corps de juges, des écoles; ce qui lui répugne, c'est de voir cet argent enrichir des particuliers, c'est de voir cet impôt rester dans les mains de ceux qui le perçoivent. L'impôt le plus léger devient alors une charge insupportable et la source d'une violente haine.

La domination génoise ne changea rien à l'état des personnes : l'homme libre resta libre, le serf resta serf. Les Chiotes reprochent aux Justiniani d'avoir appesanti le sort des paysans, et surtout de les avoir attachés au domaine. Il est possible qu'ils aient profité du servage, qu'ils l'aient développé même au lieu de le restreindre, mais certainement ils ne l'ont pas établi. Nous avons vu, par les chartes du monastère de Néamoni, que le paysan grec faisait partie du sol, se vendait avec lui, y naissait et y mourait, en un mot était un immeuble. Les Génois ne l'affranchirent pas; cela même eût été une atteinte portée à la propriété des Grecs.

Mais en vrais marchands ils se réservèrent le monopole du plus précieux produit de l'île, du mastic. Les paysans qui cultivaient les lentisques n'étaient en quelque sorte que des fermiers; la récolte ne leur appartenait pas; ils travaillaient pour les Génois. Ils ne pouvaient pas disposer de la plus petite parcelle de mastic; en vendre ou en garder quelque peu que ce fût, était un crime de lèse-majesté, qui entraînait la

---

d'or, la même somme qu'au temps des Byzantins, et il ajoute : « Était prélevé sur cette somme ce qui était nécessaire aux dépenses publiques; le reste était partagé entre les membres de la mahone, en proportion de la part que chacun d'eux avait dans les revenus de l'île, les uns ayant 1, les autres 2, d'autres jusqu'à 5 karats. » — Chalcondyle, liv. X : *Reditus habet insula largissimos et incredibile est quantas opes suppeditet iis qui illam regunt.*

1. Cantacuzène, édit. Niebuhr, liv. II, c. 10.

peine de mort; celui qui coupait un lentisque, même dans son champ, perdait la main droite; les châtiments étaient sévères en proportion de la facilité de la contrebande.

Les fortifications des villages avaient un double but, celui de protéger les paysans contre les attaques des pirates, et celui de faciliter la surveillance des Génois sur la récolte du mastic[1]. Deux membres de la mahone étaient chargés chaque année de cette surveillance[2].

Ainsi, non seulement les Génois enlevaient au paysan sa plus belle récolte, mais pour la lui enlever tout entière ils étaient forcés d'exercer sur lui une violence de tous les instants, de l'enfermer dans son village comme dans une prison et de le menacer de lois inhumaines.

Quatre fois chaque année, tant que dura la domination génoise, la population Chiote fut systématiquement humiliée. Voici, d'après Jérôme Justiniani, comment se célébraient à Chio les fêtes de Pâques, des Saints Apôtres, de Noël et de la Circoncision. Le clergé grec et les principaux Chiotes se réunissaient sur la place du palais du podestat. Là, un héraut, monté sur une estrade, lisait à haute voix quatre prières pour le pape de Rome, pour l'empereur d'Allemagne, pour la République de Gênes et pour la famille des Justiniani. Après chaque prière, des huissiers, armés de baguettes, ordonnaient au clergé grec d'abord, puis au peuple, de répondre par des acclamations. Les Chiotes étaient donc tenus de prier pour le pape,

---

1. Manuscrit Justiniani, I, 5.
2. *Due di signori maoni trascetti per sopraintendere al mastiche, rendita semprè riservata all' alto dominio della famiglia Giustiniana... essendo prohibito a tutte le persone sotto pena capitale il raccoglierne o venderne senza licenza; anzi vi era una legge che condennava ad esser tagliata la mano piu valida a chiunque ardisse truncare un albero di lentisco* (Coronelli, *Isolario*, à l'article *Chio*). — *Rende al Turco l' entrata del mastiche da quaranta mila scudi l' anno, havendo reso assai piu à Giustiniani, quando n' erano padroni, non solo perche cercavano maggior quantità di mastiche con far cultivare più alberi, ma perche usavano esastissime diligenze in diverse parte del mondo per lo smaltimento, e piu tosto che diminuire il prezzo, in caso d' abbondanza, bruciavano il mastiche raccolto per non screditarlo* (lettre de l'abbé Mich. Justiniani à D. M. Pezzobonello, 1667). — *Galli mercatores mastiches pretium idem perpetuo esse considerantes existimant et referunt incolas, collecta ejus certa quantitate, reliquum abjicere* (Belon, liv. II, 1555). — [Cf. Hopf, p. 352-353.]

leur plus grand ennemi; pour l'empereur latin, qu'ils ne
connaissaient pas; pour la République, qui les avait assujettis; et pour la mahone, qu'ils détestaient. Après avoir seulement prié pour leurs ennemis ou leurs maîtres, les Grecs se
retiraient dans leurs maisons, en ayant soin de les orner
de guirlandes de fleurs en signe de réjouissance, et de suspendre à leurs portes en signe d'affection les armes de Gênes
et celles de la mahone. On ne comprend pas bien quel but
politique pouvait avoir la répétition de cette scène, ni à quoi
servait aux Génois de rappeler si cruellement aux Grecs
qu'ils étaient sujets et que leurs maîtres étaient des étrangers.

Mais rien ne fut plus sensible aux Chiotes, rien ne les frappa
plus durement que la fondation d'une Église latine rivale et
ennemie de la leur. Il n'est pas besoin de rappeler ici les
causes du schisme, les points de querelle entre les deux Églises,
les différences dans le dogme, la procession du Saint-Esprit et
le purgatoire, les différences dans le culte, le maigre du
samedi, les azymes, le baptême sans immersion, le célibat des
prêtres.

L'homme du peuple à Chio (je dis le catholique aussi bien
que le grec) ne voit qu'une différence entre les deux Églises,
différence immense, il est vrai, à ses yeux : c'est que l'une
reconnaît la suprématie du pape de Rome, et l'autre celle du
patriarche de Constantinople. Tel est le principal objet d'une
querelle qui dure depuis dix siècles et qui n'est pas près de
s'éteindre. Quant aux différences dogmatiques et liturgiques,
elles sont si légères, qu'elles auraient disparu depuis longtemps, n'était le besoin de donner quelque prétexte au schisme
et de marquer comme une ligne de frontière entre les deux
Églises.

L'expédition de Dandolo et de Baudoin contre Constantinople, en 1202, a été justement nommée croisade. Le même
sentiment religieux, ou à peu près, qui avait inspiré la conquête de la Terre Sainte, poussait alors les Francs contre les
Grecs. Dès qu'ils furent établis dans l'Empire d'Orient, le pape
nomma un patriarche latin à Constantinople et des évêques

dans les provinces; et la cour de Rome enjoignit à ses délégués de détruire le schisme grec[1].

Il est vraisemblable que les Vénitiens, qui occupèrent alors l'île de Chio, y eurent un évêque de leur rite. On sait qu'au temps des Zaccarias un évêque latin résidait à Chio, et l'on peut même supposer, d'après un passage de Cantacuzène[2], qu'une maison de l'ordre des Hospitaliers s'y était fondée. Si l'Église catholique disparut avec la domination des Zaccarias, elle fut certainement rétablie au retour des Génois en 1346.

Sous les Justiniani, et après eux, le chef de l'Église de Chio fut toujours nommé par le pape; car c'est le caractère de cette Église d'Orient de relever directement du Saint-Siège, de même qu'elle a été fondée par lui.

Les Justiniani tinrent à honneur de faire briller leur Église au-dessus de l'Église grecque. Leur évêque fut toujours richement entretenu par eux, et entouré d'un nombreux clergé. Le rite latin fut d'ailleurs renforcé par des missionnaires de tous les ordres; en 1360, le Saint-Siège envoya les frères mineurs dans le Levant[3]. La ville de Chio renfermait deux couvents de dominicains, deux de franciscains, un d'augustins, et plus tard des capucins et des jésuites. Un inquisiteur du Saint-Office, de l'ordre des frères prêcheurs, y résidait[4].

Rien ne fut plus insupportable aux Chiotes que la vue du clergé et des moines latins. Quoique la liberté du culte leur fût d'ailleurs laissée, et que les nouveaux venus ne fissent pas de propagande ouverte, leur séjour dans la ville sembla aux Chiotes la conséquence la plus pénible de la conquête. Le sentiment national ne s'est jamais éteint chez les Grecs : seulement

---

1. *...Injunxit ut Græcos schismate præcisos ad obedientiam sanctæ romanæ Ecclesiæ revocare procurarent....* (lettre d'Innocent III à Baudoin, citée dans le *Scio sacra* [cf. les lettres publiées par Migne, t. CCXV, 4555, etc.]). — *... In illis ecclesiis in quibus tantummodo sunt Græci, Græcos debes episcopos ordinare, si tales valeas reperire qui nobis et tibi devoti et fideles existant, et a te consecrationem velint humiliter recipere. In illis vero in quibus Græci cum Latinis sunt mixti, Latinos præficias et præferas ipsis Græcis* (lettre du même pape à Morosini, archevêque latin de Constantinople, citée dans le *Scio sacra*, p. 15).

2. Cantacuzène, liv. II, c. 12.

3. *Scio sacra*, p. 52.

4. Ibidem, p. 24. Manuscrit Justiniani, liv. I, c. 6.

il a revêtu la forme du sentiment religieux. Une grande partie de leur haine contre l'Église catholique venait de ce qu'elle était la religion de leurs maîtres.

Il n'y a d'ailleurs pas d'exagération à dire, comme Michel Ducas[1], que les Grecs préféraient le turban d'un Turc au chapeau d'un cardinal. Entre deux religions, la distance est trop grande pour que les animosités soient bien vives. Mais deux sectes si rapprochées se touchent par trop de points; la comparaison est trop facile, la discussion trop inévitable, les prétentions trop ardentes, pour qu'une implacable haine ne remplisse pas les cœurs.

Les Chiotes ne se révoltèrent qu'une fois contre leurs maîtres, et ce fut pour un motif religieux et à l'instigation de leur évêque. Jérôme Justiniani, qui raconte cette insurrection, n'en indique pas la date[2]; on sait seulement qu'elle eut lieu dans les premiers temps de la puissance des Génois. Un massacre général des membres de la mahone était le but des conjurés. La plus grande fête de la religion chrétienne était naturellement désignée pour être le jour de l'exécution; l'évêque grec avait choisi le dimanche de Pâques. Au jour fixé, les conjurés pénétrèrent dans la citadelle, mal gardée, se saisirent des portes et se préparèrent au massacre. Mais les Justiniani avaient été prévenus et s'étaient armés; les conjurés furent pris et mis à mort. Une enquête sévère et partiale confondit les innocents et les coupables; des flots de sang furent répandus, et une bonne partie des terres de l'île furent confisquées au profit de la mahone. Mais la plus grande punition qui fut infligée aux Grecs fut la suppression de leur épiscopat. Leur Église n'eut plus à sa tête qu'un vicaire, qui portait le simple titre de δίκαιος. Les Justiniani se réservèrent le droit de l'élire, et ne laissèrent au patriarche de Constantinople qu'un droit illusoire de confirmation. Dès lors l'égalité, même apparente, fut rompue à Chio entre les deux Églises; l'évêque latin marcha le supérieur du chef des Grecs, et celui-ci dépendit de la mahone, qui, l'ayant choisi, pouvait le déposer.

1. Michel Ducas, c. 58.
2. Jérôme Justiniani, liv. II, c. 5. [Cf. Hopf, p. 336.]

II. BIENFAITS DE LA DOMINATION GÉNOISE.

La mahone était proprement une compagnie de publicains qui gouvernait l'île. Les publicains et les marchands sont des maîtres durs et égoïstes; ils gouvernent pour eux et non pour leurs sujets; ils gouvernent moins qu'ils n'exploitent. Mais quand ces marchands et ces publicains sont intelligents, quand ils savent que leur intérêt le plus clair est dans la prospérité du pays qu'ils administrent, et que la richesse des sujets est la source de celle des maîtres, cette connaissance de leur intérêt personnel est la garantie d'un bon gouvernement. Les Génois exploitèrent Chio, mais si bien qu'ils l'enrichirent elle-même. L'île a oublié ce qu'elle leur doit; mais si le souvenir de leurs bienfaits s'est éteint dans la mémoire des hommes, le sol, la ville et les villages en portent encore les vestiges et les fruits.

La ville actuelle est leur œuvre; et, toute défigurée qu'elle est par les récentes dévastations, on peut la voir encore par la pensée telle qu'ils l'ont faite. Elle fut construite, au milieu de l'Orient, comme une ville européenne, c'est-à-dire avec ordre, symétrie et commodité; les rues, alignées, se coupèrent à angle droit, s'ouvrirent pour former des carrefours ou des places; les maisons s'élevèrent avec trois ou quatre étages, bâties en pierre de taille, et leur façade, d'une architecture sévère et assez grandiose, présenta cette image de la richesse solide que l'on voit dans les anciens hôtels de Gênes.

Les villages eux-mêmes portent encore témoignage d'une ancienne richesse. Cardamyle, Volisso, Mesta, Pyrgi, Nénita, Thymiana, d'autres encore, sont moins des villages que de petites villes. Les rues y sont alignées et pavées; les maisons y ont plusieurs étages et sont souvent bâties en pierres de taille; ils ne diffèrent de la ville que pour la grandeur.

Ce ne sont pas les Justiniani qui ont les premiers entouré de murs la ville et les villages; le désordre des derniers siècles de l'administration byzantine avait déjà contraint les peuples à s'éloigner de la mer et à s'abriter derrière des murailles. Après la chute de Constantinople, la piraterie ne fit qu'augmenter; la haine de la servitude et la différence de religion parurent justifier aussi bien les pirates de la mer que les Klephtes des montagnes. Les Italiens eux-mêmes s'autorisèrent de leur titre de chrétiens pour exercer ce brigandage contre les Turcs[1]; les Turcs l'exercèrent par représailles. La piraterie, rendue ainsi presque honorable, ne s'arrêta plus, n'eut plus de frein; bientôt elle ne distingua plus l'ami de l'ennemi; elle remplit et dévasta tout l'Archipel. L'insulaire, aussi bien que le navigateur, eut sans cesse un ennemi à craindre et un combat à soutenir; il eut à défendre par les armes sa vie de chaque jour et sa récolte de chaque année. Les Génois s'appliquèrent à relever ou à entretenir les fortifications des villages, et élevèrent dans les campagnes un grand nombre de tours, où le paysan put mettre à l'abri sa vie et ses richesses. Lorsqu'on suit le rivage de l'île par mer, on aperçoit sur chaque éminence une petite tour ronde. Là les Génois avaient organisé un système de vigies; dans chacune de ces tours une sentinelle était au guet jour et nuit, et dès qu'un navire suspect était signalé, les paysans, avertis, couraient aux armes ou se réfugiaient dans leurs villages[2].

Contre un ennemi moins incessant, mais plus redoutable, les Génois fortifièrent la ville. La forteresse, qui se voit encore aujourd'hui, fut bâtie par les Zaccarias. Vers 1440, alors que les Turcs étaient maîtres de la mer et allaient assiéger Constantinople, les Justiniani entourèrent d'un mur la ville elle-même[3]. On voit encore, du côté du nord-ouest, quelques restes de constructions.

L'île de Chio, durant six mois, n'a pas une rivière, pas un torrent; l'agriculture dépend donc d'une sage distribution qui ménage l'eau des sources. De nombreux aqueducs ont été élevés ou rétablis par les soins des Génois[4].

---

1. A Chio, lorsqu'une mère veut effrayer son enfant, elle le menace des pirates florentins ou pisans; pour lui défendre d'aller jouer sur le bord de la mer, elle lui dit : "Ερχονται οἱ Φιορέντινοι.
2. Manuscrit Justiniani, liv. I, c. 5.
3. *Scio sacra del rito latino*, p. 10.
4. Manuscrit Justiniani, liv. I, c. 5.

La ville n'a pas de port : les Génois lui en ont donné un en opposant un double môle aux vagues de la haute mer, et surtout en l'entourant, du côté du rivage, de murs et de quais assez hauts pour retenir les terres que les pluies et les torrents y déversent sans cesse.

Grâce à un bon port, les navires du commerce accoururent. Chio se trouve l'échelle naturelle et le lieu de relâche de tous les bâtiments qui suivent la grande ligne de Constantinople en Égypte. Le port de Chio devint un des plus fréquentés de l'Orient. C'est à la sagesse intéressée des Justiniani que l'île doit le développement de son commerce. Au lieu de s'arroger un monopole, funeste même à ceux qui l'exercent, ils ouvrirent l'île aux négociants de toutes les nations ; leur haine contre Venise n'en écarta même pas les Vénitiens. Un grand nombre de riches familles d'Italie s'y donnèrent rendez-vous[1]. Les Grecs eux-mêmes[2] purent trafiquer et s'enrichir ; de tout l'Empire ils accoururent à Chio, surtout après la prise de Constantinople[3]. Les mahons donnèrent toujours l'exemple du commerce. Leur habile politique obtint de Mahomet Ier, en 1413, le droit de trafiquer avec les pays turcs, et de recevoir dans leur port les navires de toutes les nations, même de celles à qui le Turc faisait la guerre[4]. Ils étaient placés entre des ennemis, mais ils surent tourner ce danger en avantage. Constants à rechercher l'amitié de toutes les puissances, ils firent de leur île le marché commun entre l'Orient et l'Occident. Au milieu des guerres générales, le commerce ne trouvait que là la paix et la sécurité. Jérôme Justiniani dit qu'au XVe siècle le produit des douanes s'élevait souvent à 500 000 ducats d'or. Lorsque, après la bataille de Nicopolis, Bajazet fixa à 200 000 ducats la rançon du comte de Nevers, il préféra à la parole d'un roi de

---

1. *Sempre più accresciuta l' isola di molte famiglie venute dal Genovesato, come di Domestici, Tobbia, Benintendi; Maineri, Reggio, Grimaldi, Forneti, Fornari, etc.* (Manuscrit Justiniani, I, 8).
2. Jérôme Justiniani, *Description de Chio*, II, 1.
3. *Doppo la caduta del' imperio d' Oriente, vi accorsero anche di Constantinopoli molte nobilissime famiglie, Cantacuzeni, Mavrocordati, Comneni, e altri...* Manuscrit Justiniani, I, 8).
4. *Scio sacra del rito latino*, p. 10 [cf. Hopf, p. 320].

France la caution d'un négociant de Chio nommé Barthélemy Peligrini[1].

Les Chiotes avaient oublié le commerce au temps des Byzantins; ils le rapprirent des Génois. Leur naturel, qui les y portait, reparut alors; leurs qualités mercantiles se ravivèrent au contact de ces habiles marchands. Le commerce et la richesse qui, un peu plus tard, ont été le partage exclusif de la population grecque, elle les doit à la domination génoise.

Il y a dans l'île un village dont tous les habitants sont marins ou constructeurs de navires : c'est Vrontado, dont la population s'élève à près de 4000 habitants. Il suffit de voir leurs navires et de les comparer aux navires génois, pour savoir à quelle école leurs constructeurs se sont formés. Et ce qui prouve bien encore que le goût du commerce et de la marine, perdu au moyen âge, a été reporté à Chio par les Italiens, ce sont les termes mêmes de la manœuvre; un capitaine chiote ne se sert dans ses commandements que de mots italiens, dont il ne comprend pourtant pas le sens littéral.

L'industrie des soies, dans laquelle Chio a excellé plus tard, fut encore un legs des Génois. Il est vrai que ce fut un empereur de Byzance qui introduisit en Europe l'élève des vers à soie; mais on peut voir dans Procope quelles causes empêchèrent le développement de cette industrie dans l'Empire[2]. A peine naissante, elle fut transportée en Italie, où elle prospéra; et ce fut de l'Italie qu'elle revint à Chio. Les Chiotes ne se rappellent plus à quelle époque les mûriers ont été plantés dans leur île; mais ils savent bien que les premières manufactures de soie ont été établies par les Justiniani, et que pendant deux siècles elles ne furent jamais dirigées que par eux. Ainsi la principale source de leur richesse postérieure est un bienfait des Génois.

La domination des Justiniani a donc eu pour effet de rendre à l'île le commerce qui l'avait quittée, de l'initier à l'industrie, de l'enrichir et d'y porter des capitaux qui n'ont pas été inutiles

---

1. Serra, *Storia di Genova*. disc. IV, c. 7.
2. Procope, *Histoire secrète*, c. 25.

plus tard pour son commerce. Elle a peut-être opprimé la race grecque, mais elle a préparé sa prospérité et sa régénération.

L'île de Chio, appauvrie et abaissée sous les Byzantins, se releva sous les Génois. Le premier résultat de la conquête fut d'isoler Chio de la masse inerte d'un Empire qui tombait, de lui donner une existence à part et de la sauver de la ruine générale de la race grecque. Les peuples de l'Occident, les Italiens mêmes ont un génie organisateur qui a toujours manqué aux peuples de l'Orient; les Génois ont donné aux Chiotes quelques principes d'ordre et de gouvernement intérieur qu'ils ont mis en pratique lorsque la domination turque leur a laissé quelque liberté. Enfin, la race, depuis longtemps affaiblie, s'est ranimée au contact de l'énergie européenne; cette sujétion à des étrangers a été pour elle une heureuse école, une tutelle de deux siècles. Elle y a appris ce dont l'Empire byzantin avait négligé de l'instruire, que le travail, le commerce, l'industrie, l'énergie morale, à la faveur d'un gouvernement ferme, ressuscitent un peuple et lui rendent avec la vie la richesse, la liberté et quelque gloire.

Il est juste de dire que la domination italienne s'est étendue sur beaucoup d'autres îles, et que ses bienfaits n'ont été nulle part aussi féconds qu'à Chio. L'Eubée, les Cyclades, la Crète, après avoir fleuri quelque temps, sont retombées dans l'inertie le jour où la main de l'Occident s'est retirée d'elles; il n'en a pas été de même à Chio. La race, plus énergique et plus habile, a mieux profité des leçons reçues, et c'est en grande partie grâce à ses mérites que les bienfaits des Génois ont porté des fruits jusqu'au xixe siècle.

CHAPITRE IX

Domination turque. — Régénération de la race grecque à Chio. — Renaissance du régime municipal.

I. A LA FAVEUR DE LA DOMINATION TURQUE, LES GRECS L'EMPORTENT SUR LES LATINS.

L'île de Chio ne connut d'abord les Turcs que comme des pirates qui la ravageaient à chaque génération. A la fin du xiiie siècle, un chef turc s'établissait à Smyrne, un autre à Phocée, un troisième à Pergame, un quatrième à Assos[1]. La chute de l'Empire seldjoucide avait sauvé Constantinople de la ruine, mais non les provinces du pillage; les petits princes turcs étaient assez forts pour ravager une île et écumer l'Archipel. Trois fois dans le cours du xive siècle, en 1307[2], en 1345[3], en 1394[4], Chio fut cruellement pillée par ces pirates. Lorsque la dynastie d'Orcan se fut élevée peu à peu au-dessus de ces chefs de bande et eut fondé l'unité parmi les Turcs, il fallut se soumettre à l'Empire naissant : les Justiniani, en 1413, envoyèrent une ambassade à Mahomet Ier, lui demandèrent l'investiture de l'île et se reconnurent ses vassaux. Le sultan accueillit gracieusement leurs sollicitations, leur répondit, non sans quelque fierté, qu'il voulait être le père de tous les chrétiens, et exigea d'eux un tribut annuel de 4000 ducats[5].

Dès que les Turcs se montrèrent, ils furent détestés à la fois

1. Michel Ducas, c. 2.
2. Pachymère, VI, 17.
3. Michel Ducas, c. 7.
4. Idem, c. 18.
5. Idem, c. 21.

des Latins et des Grecs ; mais la haine des Latins fut plus vigoureuse. Ils régnaient, le Turc venait détruire leur Empire. Les Grecs étaient sujets : leur haine pouvait moins paraître, et elle était peut-être mêlée d'un secret désir de voir souffrir leurs maîtres actuels. Toutes les fois que nous voyons les Justiniani fidèles aux Turcs, nous pouvons affirmer que c'est par crainte ; les Grecs l'ont été par un mélange de crainte, de jalousie et d'intérêt.

Quand Constantinople fut assiégée par Mahomet II, les Génois, qui dominaient alors dans la capitale comme dans les provinces, considérèrent que c'était leur Empire qu'on attaquait, et ils le défendirent énergiquement. Un Justiniani de Chio fut le chef des Génois qui aidèrent Constantinople à soutenir son dernier siège[1].

Après la chute de l'Empire grec, Chio se soumit sans résistance apparente au tribut de 6000 ducats auquel elle fut taxée par le sultan[2]. Mais secrètement les Justiniani essayèrent de provoquer une croisade. Ils envoyèrent des messages au pape et à tous les princes chrétiens, les suppliant d'arracher aux mains des Turcs un si bel Empire. Leur zèle allait jusqu'à vouloir au besoin faire seuls la guerre : « Si tel est le malheur des temps, écrivaient-ils au pape, que nos justes prières demeurent sans effet, nous attestons Notre Seigneur Jésus-

---

1. Jean Justiniani, à la tête de quelques centaines de Génois et de Chiotes, dirigea la défense de Constantinople et donna aux Grecs l'exemple du courage. Jusqu'au dernier jour du siège, il combattit aux côtés de l'empereur ; mais on raconte que, ce jour-là, le courage et la loyauté l'abandonnèrent. Prétextant une légère blessure, il déclara à l'empereur qu'il allait se retirer. Constantin lui fit observer que l'on était au plus fort du combat, que son départ découragerait les assiégés ; et comme il lui demandait par quel chemin il allait se retirer, « par le chemin que les Turcs m'ont ouvert », répondit Justiniani ; et il sortit de la ville par la brèche. S'il répugne de croire à une trahison, on peut supposer qu'une rivalité déjà formée entre le Génois et le Grec Notaras fit oublier au premier son devoir. Quelques historiens catholiques de Chio racontent sa fin différemment : il fut frappé, prétendent-ils, par un Grec qui était jaloux de le voir défendre si bien sa patrie, et il mourut de cette blessure quelques jours après son retour à Chio. Cette assertion, que l'on trouve dans Michele Justiniani (*Scio sacra*) comme une opinion universellement répandue chez les Latins, est démentie implicitement par le silence de Jérôme Justiniani et de l'auteur du Manuscrit, et formellement par l'historien Michel Ducas ; elle n'a de vrai que la haine et les calomnies réciproques qu'elle nous montre entre les Latins et les Grecs.

2. Michel Ducas, c. 42, 43.

Christ, que seuls, et malgré la défection impie de nos alliés chrétiens, nous combattrons pour la foi jusqu'à la dernière extrémité[1]. » On ne sait si le sultan eut connaissance de ces menées, qui furent d'ailleurs inutiles ; mais, dès l'année 1455, sous un futile prétexte il envoya une expédition contre Chio[2]. Les Justiniani, après quelque résistance, cédèrent à la force : leur mauvais vouloir fut puni par une amende de 50 000 écus et un tribut annuel de 14 000. A ce prix ils conservèrent encore leur indépendance. Lorsque, l'année suivante, une flotte papale parcourut l'Archipel pour soulever les îles, éclairés par le danger, ils rejetèrent à leur tour les exhortations du pape.

Chio demeura durant cent vingt ans un petit État chrétien, tributaire, mais libre, au milieu de l'Empire turc; les Justiniani entretenaient, comme souverains, un ambassadeur à la Porte[3]. Mais le danger perpétuel auquel ils se sentaient exposés les rendait ennemis du sultan ; les relations qu'ils entretenaient avec le Saint-Siège et la république de Gênes, en les rattachant étroitement à l'Occident, les détournaient de tout rapprochement avec les Turcs. Moins sages qu'ils n'avaient été d'abord, ils nourrirent une haine généreuse, mais trop hardie. Ils se regardèrent comme en un poste avancé du catholicisme et crurent avoir la double mission, eux si faibles et si peu soutenus, de combattre à la fois le schisme grec et l'islamisme. Ils voulurent faire de Chio ce qu'était Rhodes ou Malte. Ils arrêtaient les corsaires musulmans et délivraient les chrétiens de leurs chaînes. En vain le sultan réclamait-il ses prisonniers : nulle menace n'effrayait les Justiniani. Ils faisaient plus : à la faveur de leur commerce étendu, de leurs relations dans l'Empire turc, et surtout de leur ambassade à Constantinople, ils pénétraient tous les secrets de l'Empire et en donnaient avis aux chrétiens. Le sultan ne pouvait plus préparer en secret ses expéditions : ses ennemis étaient toujours avertis[4].

1. Cette lettre est citée dans le Manuscrit, I, 8.
2. Michel Ducas, c. 44, 45 ; Manuscrit, I, 4. [Hopf, p. 322-323.
3. Manuscrit, II, 7 ; *Scio sacra*, p. 121.
4. *Scio sacra*, p. 121.

Cette opposition fut inutile à la chrétienté et funeste aux Justiniani. Le mauvais succès de l'expédition de Malte, que Soliman attribua aux avis partis de Chio, alluma une colère que des apparences de soumission avaient pu calmer longtemps. Le sultan donna l'ordre à sa flotte de se venger de Malte sur Chio, et Piali-Pacha s'empara de l'île sans coup férir, en 1566[1].

Les Latins accusent les Grecs de les avoir dénoncés en cette circonstance et d'avoir appelé les Turcs. Il est certain que les Turcs en voulaient aux Génois et non pas aux Grecs; les Latins avaient sûrement montré de la haine, et les Grecs peut-être des dispositions favorables. Aussi les Génois seuls eurent-ils à souffrir de la conquête. Leurs églises et leur évêché furent saccagés; la forteresse, où ils habitaient presque exclusivement, leur fut enlevée, et le séjour leur en fut interdit. Les membres importants de la mahone furent amenés à Constantinople, puis, sans enquête, relégués à Caffa; leurs enfants furent réservés pour être convertis à l'islamisme, et dix-huit d'entre eux qui refusèrent d'abjurer leur foi souffrirent le martyre[2]. Au contraire, les Grecs conservèrent avec la vie sauve leurs propriétés; nul ne les inquiéta. La haine qu'ils portaient aux Génois étant regardée comme un gage suffisant de docilité, les Turcs jugèrent inutile d'appesantir leur joug. La population grecque gagna tout ce que perdit la population latine.

Il en fut de même dans presque tout l'Empire. Quand les Turcs en firent la conquête, ils s'aperçurent que c'étaient les Latins qui y dominaient, que c'étaient les Latins qui le défendaient. Aussi traitèrent-ils les Latins comme des ennemis qu'on vient de terrasser et qui peuvent se relever, et les Grecs comme d'anciens sujets qui n'inspirent ni crainte ni haine. La politique de leur gouvernement fut toujours d'abaisser la population latine, de détruire son empire dans ces contrées, de ruiner son influence, et souvent même d'élever les Grecs au-

---

1. *Scio sacra*, ibidem. Manuscrit Justiniani, III, 1. [Hopf, p. 324.]
2. Manuscrit Justiniani, III, 2. [Cf. Michele Justiniani, *La gloriosa morte dei XVIII fanciulli Giustiniani*, 1656, Avellino. — *Epistola Paleologi de rebus.... Chii actis*, dans les *Epistolæ Turcicæ* de Reusner, 1599.]

dessus d'elle. C'est en affaiblissant la population *franque* qu'ils affermirent leur Empire. Ils connurent également bien deux choses : l'une, que toute énergie et toute fierté étaient chez les Latins, toute docilité chez les Grecs ; l'autre, que la conformité de religion assurait aux Latins l'appui de l'Occident, tandis que le schisme écartait des Grecs ses sympathies et ses secours. Les Grecs avaient l'avantage d'avoir pour ennemis les ennemis de la Porte.

Ce qui a ruiné les Grecs de nos jours, c'est l'alliance de la Russie ; mais cette alliance ne date que de la fin du siècle dernier. Les Latins ont eu longtemps une position analogue à celle des Grecs d'aujourd'hui : les yeux constamment fixés sur les puissances de l'Occident, poussés vers elles par une sorte d'instinct, ils ont toujours été regardés par la Porte comme des ennemis. Les rôles ont à peu près changé ; mais on peut juger de la défiance qu'inspiraient les alliés de l'Occident par celle qu'inspirent aujourd'hui les alliés de la Russie.

La population grecque de Chio a fort habilement profité des fautes des Latins. Sa ligne de conduite lui a été tracée par la leur : ils étaient insoumis, elle a été docile ; ils mettaient leurs espérances dans l'Occident, elle a attaché les siens à l'affermissement de la domination turque. Son but, poursuivi avec une persévérance et une habileté surprenantes, était de s'élever en religion et en politique, dans l'Église et dans la municipalité, au-dessus des Latins.

Dès 1566, les Grecs atteignirent à l'égalité. Jusque-là privés d'évêque, ils en obtinrent un de la Porte ; nommé par le patriarche de Constantinople, il marcha de pair avec celui que Rome élisait[1]. Du reste l'Église latine conserva ses églises, à sa cathédrale près, ses couvents et toute la liberté de son culte[2]. Elle ne perdit rien, à vrai dire, sinon qu'elle ne dominait

---

1. Crusius (*Turco-Græcia*) mentionne un évêque de Chio en 1575 et un autre en 1642.
2. *S'osservano con esatezza le fonzioni ecclesiastiche* (*Scio sacra*, p. 21). « Avant 1694, les prêtres portaient le Saint Sacrement aux malades en plein jour avec des fanaux ; la procession de la Fête-Dieu était solennelle…. Les Latins avaient sept églises dans la ville, six dans la campagne, et le droit d'officier dans dix ou douze églises des Grecs » (Tournefort).

plus. Tous ses droits, l'Église grecque les partageait; les deux Églises avaient la même liberté et les deux cultes le même éclat.

Il en était de même dans le gouvernement civil. Un conseil fut institué parmi la population sujette; il répartissait l'impôt, jugeait les procès entre les raïas, et réglait les détails de l'administration intérieure. Les deux populations y furent représentées par partie égale; chacune y élut deux membres [1].

L'égalité pour d'anciens maîtres est bien près de l'infériorité. Les Latins tombèrent d'un degré, à la première tentative que firent les Occidentaux pour les affranchir. En 1599, Ferdinand de Médicis, avec cinq galères seulement, voulut conquérir Chio; il comptait sur l'incurie des Turcs à garder la forteresse : il la surprit en effet et s'en empara; mais dès le lendemain les Turcs, détrompés sur le petit nombre des assaillants, la reprirent [2]. Cette entreprise maladroite fut fatale aux catholiques. Il n'est pas bien sûr qu'ils l'eussent provoquée, mais les Grecs l'affirmèrent et les Turcs le crurent. Les principaux Latins furent chassés et leurs biens vendus à vil prix. Le conseil communal fut reconstitué, et les Grecs y élurent trois membres, alors que les Latins n'en nommaient que deux. Le sultan avait voulu pousser plus loin sa vengeance; il avait songé à ôter aux catholiques leurs églises; mais les sollicitations de l'ambassadeur français de Brèves l'arrêtèrent [3].

A cette époque et au siècle suivant, la France, sortie des guerres civiles, étendait son commerce dans le Levant. Elle y voulut avoir des amis, s'y créer une influence, et s'y faire, si j'ose ainsi parler, une espèce de colonie. Dans ce but, elle s'annonça comme la protectrice de la population latine et du catholicisme. Son alliance était la seule qui ne compromît pas les Latins, car elle était l'alliée de la Turquie. Ce rôle, dans lequel elle a noblement persisté jusqu'à nos jours, lui a souvent suscité des embarras et lui a valu la haine des Grecs et la défiance des Turcs. C'est certainement à sa protection que les

---

1. Manuscrit Justiniani, III, 5.
2. *Scio sacra*, p. 164.
3. Hammer, *Histoire de l'Empire Ottoman*, liv. XLI.

Latins ont dû de subsister jusqu'à notre siècle. Charles IX fit délivrer les Justiniani prisonniers à Caffa[1] ; Henri IV fit intervenir son ambassadeur de Brèves en faveur des Latins ; Louis XIII fonda à Chio, en 1624, un couvent de capucins, que la France a toujours entretenu et entretient encore aujourd'hui.

La cour de Rome n'oubliait pas non plus son église de Chio. Les luttes du XVIe siècle l'avaient comme rajeunie ; ce qu'elle avait perdu en Angleterre et en Allemagne, elle voulut le ressaisir en Orient. Avec cette habileté, cette sûreté de vues, cette énergie patiente, dont elle a presque en tout temps fait preuve, elle organisa la propagande orientale, et ce fut à l'ordre des jésuites qu'elle la confia.

La date de l'établissement des jésuites à Chio est 1595[2]. Dès 1613, leur maison était devenue le centre religieux du Levant, le quartier général des missions, la tête du catholicisme dans l'Archipel. De leur couvent, où ils étaient nombreux, partaient chaque année deux jésuites pour visiter les îles[3]. Ils étaient tous Grecs de nation, Grecs de langage : Rome le voulait ainsi, pour qu'ils connussent le pays et les hommes. Nous avons dans les mains plusieurs manuscrits où ils rendent compte de leur mission ; on les voit toujours tolérants, toujours habiles, gagnant l'affection des Grecs ou les contraignant à dissimuler leur haine.

L'Église latine suivait alors une politique nouvelle. Au XIIIe siècle, alors qu'elle avait voulu dominer par la force, elle avait échoué devant l'opiniâtreté des Grecs. Au XVIIe siècle, elle est plus sage ; elle renonce à humilier et à contraindre ; loin de là, ce qu'elle cherche à persuader aux Grecs, c'est que le schisme n'a jamais existé, c'est que la division des deux Églises est une illusion, un préjugé ; qu'aucune dissidence essentielle ne les sépare et qu'elles ont toujours été unies. En 1452, ce que les Latins appelaient union, c'était que les Grecs

---

1. Manuscrit Justiniani.
2. *Scio sacra*, p. 150.
3. La mission des îles de la mer Égée a été fondée et confiée aux jésuites par Paul V, en 1615 (*Scio sacra*).

changeassent leur symbole, leurs rites et leur hiérarchie. Au xviie siècle, on nia qu'aucune des deux Églises eût rien à changer pour ressembler à l'autre. Ainsi la question fut transportée sur un nouveau terrain. On continua à se quereller, non plus pour savoir laquelle des deux Églises ferait des concessions, mais si elles différaient ou non. Les papistes comme Léon Allatius, de Chio, plaidèrent l'accord perpétuel des deux Églises; les antipapistes, comme le Chiote Georges Corési, soutinrent la division. En général l'idée d'un parfait accord séduisit les Grecs ou leur ferma la bouche. Que puis-je décemment répondre à un adversaire qui m'assure que je suis de son avis? Les deux communions vécurent donc en bonne intelligence au xviie siècle; elles se rapprochèrent, se confondirent; il se forma une Église mixte, gréco-catholique, qui suivait les rites de l'Église d'Orient, mais qui reconnaissait la suprématie du pape. Un jour l'évêque catholique de Chio se rendit au monastère de Néamoni; accueilli gracieusement, il voulut officier dans l'église, et non seulement l'autorisation lui en fut accordée, mais on vit les moines grecs servir la messe d'un évêque latin[1]. On était bien éloigné du temps où des Grecs brisaient l'autel sur lequel un prêtre latin avait officié. Après la cérémonie, l'évêque et l'hégoumène s'entretinrent longtemps, et la conversation étant tombée sur le pape, l'hégoumène protesta de son respect pour lui et pria l'évêque, qui était sur le point de faire un voyage à Rome, d'assurer le saint père de sa soumission. Lorsque les jésuites allaient en mission dans les îles, ils prêchaient dans les églises grecques; les prêtres grecs se confessaient à eux comme eux aux prêtres grecs; ils suivaient les processions des Grecs et les Grecs les leurs[2]. Il semblait qu'il n'y eût qu'une Église.

Un autre trait de la sage politique des Latins à cette époque fut de rassurer par leur docilité les défiances des Turcs. Michele Justiniani cite une lettre qu'ils adressaient à la

---

1. Leo Allatius, *De Ecclesiæ orientalis atque occidentalis perpetua consensione*, p. 979. *Scio sacra*, p. 188.
2. *Comptes rendus des missions des îles*, années 1619, 1635, 1636, 1637 (manuscrit).

Congrégation de la Propagande, en 1641, lors d'une vacance de l'évêché; ils recommandent instamment qu'on leur donne un évêque qui soit né sujet du Turc. « Qu'il ne soit pas étranger, disent-ils, qu'il soit Chiote et qu'il parle le grec. Sinon les Turcs le prendront pour un espion, et il n'est pas d'avanies qu'ils ne lui fassent souffrir[1]. » Ces paroles sont significatives; elles sont une preuve de plus des préventions des Turcs contre l'Église latine, et nous expliquent comment leur domination fut le signal de la ruine de cette Église.

Enfin la cour de Rome ne négligeait rien: les ressources de l'épiscopat ayant diminué avec le nombre et la richesse des Latins, c'était elle qui payait l'évêque. Elle redoutait que les enfants des Latins ne fussent élevés en Grèce avec les Grecs; elle fonda à Rome le collège de Saint-Athanase, où ils étaient instruits sous sa direction. La jeunesse chiote y affluait au xviie siècle; Allatius, né à Chio, en 1586, d'une famille où les Grecs s'étaient alliés aux Latins, fut ainsi élevé à Rome; plus tard, il se montra l'implacable ennemi du schisme grec. Dimitri Pépanos, Chiote aussi, fit également ses études à Rome, lui qui plus tard écrivit contre Calvin, et soutint avec tant de chaleur la suprématie universelle du Saint-Siège. Chio était une pépinière de défenseurs des papes, une petite Rome, comme disait Tournefort.

Tant de travail et d'habileté arrêta la décadence de l'Église latine durant la première moitié du xviie siècle, et lui donna encore un moment d'éclat et presque d'empire dans ces contrées. Ses progrès furent signalés à Chio par la fondation ou l'occupation de plus de quatre-vingts églises.

L'Église grecque, qui manquait de protecteurs étrangers, semblait languir; mais les Chiotes redoublèrent d'efforts pour regagner le terrain qu'ils avaient perdu. Leur tactique fut de s'insinuer auprès des Turcs et de leur représenter l'Église latine comme le lien qui unissait une partie de leurs sujets à leurs ennemis; ils demandèrent en conséquence qu'un ordre de la Porte contraignît les catholiques à entrer dans le sein de l'Église

---

1. Scio sacra, p. 205.

grecque. Des Chiotes furent plus habiles que les jésuites à s'insinuer auprès des puissants. Il se trouvait alors que l'Église grecque de Chio devait de l'argent à quelques ministres de la Porte; or les Chiotes ont toujours su tenir les Turcs par l'argent, tantôt comme créanciers, tantôt même comme débiteurs; ils promirent aux Turcs de leur payer le capital et les intérêts de la dette, mais à condition que les revenus de l'Église latine leur seraient abandonnés. Les ministres appuyèrent la proposition. Par leur faveur, l'évêque de Chio, Ignace Néochori, obtint les ordonnances suivantes : 1° la juridiction que l'évêque latin a exercée jusqu'alors passera aux mains de l'évêque grec; 2° aucune consécration d'église, aucune ordination de prêtre, aucun mariage n'aura lieu qu'avec l'autorisation de l'évêque grec; 3° les églises des Latins leur sont enlevées; 4° l'évêque latin devra rendre compte à l'évêque grec des revenus et des dépenses de son administration, et, après les restitutions nécessaires, sortir de l'île.

Ce coup de foudre frappa les Latins en l'année 1664. Leur évêque, Andréa Sofiano, courut à Andrinople, où résidait le sultan, pour faire entendre ses plaintes. Mais il prit un chemin indirect, et son rival, qui savait mieux le prix du temps, put arriver avant lui et parler le premier. Lorsque Sofiano parvint à Andrinople, le Kaïmacan, gagné par les Grecs, le fit mettre en prison et l'y retint quinze jours. La médiation des ambassadeurs de France et d'Angleterre et, plus encore, le don de sept mille écus, amollirent le Kaïmacan, qui voulut bien paraître écouter les deux parties. Au jour fixé, les deux évêques parurent devant les juges; le Grec parla le premier et ne dit rien autre chose, sinon que les Latins manquaient d'affection pour l'Empire, et que, quant à lui et aux Grecs, ils étaient prêts, en dépit de l'habit de prêtre qu'ils portaient, à combattre pour le croissant. L'évêque catholique, moins adroit ou plus honnête, plaida la question de droit et, pour tout témoignage de zèle, il se contenta de dire qu'on ne pouvait lui reprocher aucune infidélité envers la Porte. Le Kaïmacan, qui avait reçu de l'argent des deux parts, ne rendit aucun jugement et renvoya les deux adversaires devant le cadi de Chio. Mais, secrètement, il envoya à celui-ci son arrêt, qui privait l'évêque latin de toute juridiction et lui enlevait la plus grande partie de ses églises[1].

Ainsi le fruit des efforts persévérants et habiles de deux tiers de siècle fut détruit en un jour. Le travail de Rome, de la France, des jésuites et des Justiniani échoua devant l'adresse peu scrupuleuse des Chiotes. Si l'on considère de combien de moyens la coalition catholique disposait, la force que lui donnaient l'unité de son action, la discipline de ses agents, la supériorité intellectuelle et morale de ses missionnaires, et, d'un autre côté, l'absence d'organisation, d'entente et de direction dans le clergé grec; si l'on songe que les garanties les plus infaillibles du succès n'ont pas empêché la défaite, on reconnaîtra dans cet événement l'invincible antipathie de la race grecque et les préventions des Turcs.

La fin du xviie siècle fut fatale à la population latine. Les Vénitiens en attaquant l'Empire accrurent la défiance des Turcs et la hardiesse imprudente des catholiques; et, en même temps, la France, en abandonnant l'alliance des Turcs, perdit une influence qui était l'unique refuge des Latins. En 1694, les Vénitiens, avec une flotte considérable, parurent devant Chio, emportèrent en peu de jours la forteresse mal défendue, et furent maîtres de l'île. L'Église latine fut naturellement relevée, l'Église grecque humiliée et persécutée; celle-ci perdit à son tour une bonne partie de ses biens, ses temples furent fermés, ses prêtres interdits; les Latins seuls exercèrent les fonctions du culte et administrèrent les sacrements[2].

A la nouvelle de la perte de Chio, le sultan Achmet ne s'irrita ni contre les Grecs, ni même contre les Vénitiens; toute sa colère tomba sur les catholiques. En effet, les Grecs de Chio avaient dénoncé leurs ennemis comme ayant provoqué l'expédition vénitienne, et ils avaient présenté en témoignage une lettre adressée à la République et chargée des signatures des

---

1. Ricaut, *État présent de l'Église grecque*, traduit de l'anglais par Rosemond, c. 19, 1692. Hammer, liv. LIV.

2. Ricaut, *État présent de l'Église grecque*, c. 19. Cantemir, liv. IV, dans les notes.

principales familles latines de l'île. Cette lettre avait été écrite, signée et envoyée : les Latins ne le nient pas ; ils se défendent seulement en disant que les noms des Grimaldi, des Justiniani, des Fornetti, qu'elle portait, n'étaient pas les signatures des chefs de ces familles, mais « de petits enfants de sept ou huit ans, qui ne comprenaient rien à ce qu'ils écrivaient[1] ». On peut croire à cette allégation ; mais il est certain que la lettre des enfants attestait le secret désir des pères. Le sultan n'eut pas besoin d'examiner l'âge de ceux qui l'avaient écrite. Il jura d'écraser cet ennemi que l'Empire portait dans son sein, cette population plus sujette de l'Occident que des Turcs, ces amis de ses ennemis. Le premier mouvement de la vengeance d'un Turc est toujours cruel : Achmet décréta que tous les catholiques de l'île seraient mis à mort ou envoyés aux galères. Son amiral, le renégat Mezzomorto, rassembla un immense armement pour exécuter cet ordre. Les Vénitiens ne purent se maintenir ; dix mois après leur conquête, vaincus deux fois près des îles Spalmadores, ils abandonnèrent secrètement l'île, emmenant avec eux les familles latines les plus compromises. A ce moment, la joie des Grecs éclata ; leur allégresse fut égale à celle que les Latins avaient montrée à l'arrivée de la flotte vénitienne. Ils se hâtèrent de prévenir l'amiral turc que l'île était évacuée ; ils lui exprimèrent dans quelle terreur ils avaient vécu durant ces dix mois, et avec quelle impatience ils avaient attendu le retour de leurs anciens maîtres, les Turcs[2].

Achmet venait de mourir ; son successeur révoqua l'ordre d'extermination ; mais il décréta que l'Église latine de Chio avait cessé d'exister. Les Latins durent renoncer à leur croyance et se faire Grecs ; leurs églises, sans exception, furent données à leurs ennemis, leur culte fut interdit[3].

Les Latins ne se convertirent cependant pas ; d'une chambre du consulat de France ils firent une chapelle, et les Turcs res-

---

1. *Breve relazione dell' isola di Scio*, 1810, manuscrit sans nom d'auteur [voir la traduction grecque de ce ms. dans les Ἀνάλεκτα de Kanellaki, p. 507, 1890].
2. Manuscrit Justiniani, III, 5 ; voir aussi Tournefort et Dapper.
3. Paul Lucas, *Voyage*, t. I, p. 293-301.

pectèrent le drapeau français, qui la couvrit. Ce fut le dernier asile du catholicisme; le rite romain s'y perpétua. Plus tard, après la prise de Belgrade, grâce aux sollicitations menaçantes des princes de l'Occident et à d'énormes sacrifices pécuniaires, les Latins obtinrent la restitution d'une église dans la ville et de trois chapelles dans la campagne.

L'Église catholique ne se releva jamais de l'échec de 1694. « Depuis cette époque, dit Jérôme Justiniani, l'évêque latin vit d'aumônes[1]. » Tournefort, qui visita l'île en 1701, gémit sur le sort de « ces pauvres Latins, que l'on fatigue tous les jours par de nouvelles chicanes, à l'instigation des Grecs ». Au commencement du XVIIIe siècle, nous voyons un évêque de Chio demander au Saint-Siège un autre évêché, « parce que les Turcs l'empêchent de résider dans le sien[2] ». Les prêtres catholiques n'étaient pas reconnus par les Turcs, et ils étaient soumis au kharadj, dont les prêtres grecs étaient exempts[3].

Les Justiniani perdirent alors tous leurs privilèges et une partie de leurs biens. Avant 1694, on distinguait encore les bourgeois et les seigneurs : « Jusque-là, dit le manuscrit de la famille, les paysans du moins avaient encore quelque vénération pour leurs anciens maîtres; ce respect même, que le peuple des campagnes conserve si longtemps, disparut alors. » La plupart des membres de la famille quittèrent l'île; le manuscrit n'en compte qu'une vingtaine qui demeurèrent, et il ajoute que beaucoup d'entre eux étaient réduits à la pauvreté.

Qui profita de la tentative des Vénitiens et de leur échec? les Turcs? Non; mais les Grecs. Depuis l'an 1204 jusqu'en 1566, ils avaient été soumis aux Occidentaux : leur vanité nationale et leurs affections religieuses avaient cruellement souffert. De 1566 à 1695, la domination turque les releva au niveau de leurs anciens maîtres. A partir de 1695, ils sont affranchis d'une égalité qui, entre ennemis, coûte autant que la dépendance. Les Occidentaux cessent de compter dans l'île : Chio redevint grecque.

1. Jérôme Justiniani, liv. II, c. 5.
2. Manuscrit Justiniani, IV, 4.
3. Galland, *Relation de l'île de Chio*, 1747.

II. LA DOMINATION TURQUE FAIT RENAITRE A CHIO LE GOUVERNEMENT MUNICIPAL.

Les Chiotes ont su tirer un si bon parti des qualités et des défauts des Turcs, qu'ils en ont fait de bons maîtres.

Le Turc a dans le cœur un très vif sentiment de la justice; l'instinct est bon chez lui, sa colère seule est cruelle; il n'est despote qu'avec les sujets insoumis. Les Chiotes ont toujours eu soin, par leur docilité, de lui permettre de s'abandonner à sa douceur naturelle.

Le Turc est l'homme du monde le plus tolérant pour toutes les religions, sans être moins zélé pour la sienne. Jamais il n'a maltraité ses sujets par des motifs religieux. Le terme de *ghiaour*, dont on lui reproche de se servir, n'emporte pas avec lui une idée de mépris. Un Turc, en demandant l'aumône à un chrétien, l'appelle *ghiaour*.

Le Turc est reconnaissant: les Chiotes lui rendirent le service de dénoncer les Latins, en 1566, en 1599 et en 1694; il leur en a toujours su gré. Les Chiotes n'ont jamais aimé le Turc; mais comme ils détestaient davantage les Latins, le Turc prit pour de l'affection ce qui n'était qu'une nuance dans la haine.

Le Turc, quoi qu'on en ait dit souvent, peut très bien s'assimiler aux autres races. A Chio, il est devenu Chiote. On ne le distingue guère plus d'un Grec ni pour le langage, ni pour les habitudes, ni pour le type : il n'est Turc qu'à la mosquée.

Le Turc n'a aucune des qualités qui font un commerçant; il ne fut jamais banquier, ne soupçonna jamais l'art d'engendrer les capitaux; les détours de la diplomatie ne semblent pas être de son ressort. Les Chiotes furent ses négociants, ses banquiers, ses hommes d'affaires, et souvent ses diplomates. Qui se rend nécessaire se rend bientôt puissant.

L'administration turque fut toujours pleine d'abus : les Chiotes en ont su profiter; le désordre est un beau théâtre pour l'habileté. Le Turc est avide d'argent, et le fonctionnaire toujours corruptible ; les Chiotes le tinrent par leurs richesses. Les libertés, les privilèges, les monopoles, la justice, l'impunité, tout fut à vendre, et les Chiotes surent tout acheter.

La différence de religion et les conséquences qui en découlent dans l'ordre civil ont forcé les Turcs à donner à leurs sujets une liberté assez étendue. Ils semblent avoir fait le raisonnement suivant, qui témoigne du bon sens et de la loyauté de cette race : puisque ces sujets ont leur croyance, il faut bien qu'ils aient une église, un clergé et un culte ; puisqu'ils doivent vivre à l'écart des musulmans et former une société à part, il faut bien qu'ils aient ce qui constitue une société, c'est-à-dire des chefs et un gouvernement civil ; puisqu'ils n'ont pas le bénéfice des lois et de la procédure des musulmans, puisque, par exemple, ils ne peuvent pas témoigner en justice, il faut bien qu'ils aient en certaines matières des juges de leur nation. C'est pour cette raison que le gouvernement municipal a été forcément laissé aux Grecs, et que ce régime, que Chio avait perdu sous les Byzantins et sous les Génois, se trouva renaître sous le joug des Turcs. Ajoutons que les Turcs trouvaient dans l'établissement de ces municipalités une garantie d'ordre public, un moyen aisé de gouverner les sujets et de percevoir les impôts. Ces institutions convenaient à leur insouciance et à leur désir de rendre l'administration aussi facile, aussi peu coûteuse et aussi peu laborieuse qu'il était possible.

L'aristocratie, que nous avons vue presque toujours établie à Chio dans l'antiquité, y domine encore aujourd'hui : elle y a reparu en même temps que le régime municipal. Chio a à sa tête une sorte de patriciat qui ne comprend pas plus de trente à cinquante membres. Ce patriciat n'a pas un principe très fixe ; la naissance n'y porte personne ; la richesse même n'est pas toujours un titre suffisant. Cette oligarchie élit ses membres. Elle n'a pas de lois arrêtées et n'en peut avoir ; les Turcs, ennemis de l'inégalité, ne lui permettraient pas de se constituer officiellement ; ils la tolèrent et sont censés ignorer qu'elle existe. Ils n'aiment pas à se mêler des affaires des raïas ; ils leur laissent un gouvernement municipal et ne regardent jamais comment il fonctionne. On leur apporte chaque année la liste des magistrats élus; ils ne s'inquiètent pas de la manière dont ils l'ont été. C'est ainsi que, contrairement à leurs principes, l'aristocratie a pu s'établir à Chio. Mais elle est née d'elle-même et irrégulièrement; ses droits ne sont pas inscrits dans des chartes; elle n'a pas pu se donner un titre; on ne sait ni de quel temps elle date, ni par quels moyens elle s'est élevée. Elle ressemble plutôt à une coterie qu'à une noblesse légitime : l'usurpation est flagrante. Pourtant les mœurs publiques la font respecter, le peuple ne songe pas à s'en plaindre, une tradition non interrompue lui tient lieu de principe, et sa sagesse la justifie.

Cette oligarchie, qui prend le nom de συνέλευσις ou comité, concentre en ses mains tous les pouvoirs publics. Le reste des habitants n'a aucune part au gouvernement de l'île, n'est jamais consulté, ne vote jamais, n'a aucun droit de surveillance, et est soigneusement écarté de la connaissance même des affaires. Un jour seulement chaque année, le peuple est convoqué pour entendre les magistrats sortant de charge prononcer, sous forme de rendre leurs comptes, cette invariable formule : « Si nous avons involontairement commis quelque faute ou quelque injustice, nous en demandons pardon. » L'assemblée répond par cette autre formule : « Dieu vous le pardonnera. » Là se borne le rôle du peuple : il est censé avoir vérifié les comptes des magistrats anciens, et délégué à la συνέλευσις le droit d'élire les nouveaux.

Le pouvoir exécutif est confié à trois *démogérontes*, dont l'élection a lieu chaque année, le 5 février (vieux style), de la manière suivante. La συνέλευσις était réunie dans l'église de Saint-Photos; les démogérontes sortants font passer à chaque membre un billet cacheté, qui indique par un mot s'il doit rester ou s'éloigner. Six seulement doivent rester dans l'église avec les trois démogérontes; tout le reste sort; ceux qui ont quelque chance d'être élus sont toujours de cette seconde catégorie. Les démogérontes lisent alors une liste qu'ils ont arrêtée entre eux et qui comprend cinq ou six noms, sur lesquels portent la discussion et le vote entre les neuf personnes présentes. Un des magistrats élus se rend aussitôt chez le cadi, sous prétexte de soumettre l'élection à la confirmation de la Porte. Mais le firman est tout prêt et déjà signé; le cadi n'a qu'à inscrire trois noms qu'on lui dicte. L'élection est alors notifiée au peuple.

Le lendemain, les anciens et les nouveaux démogérontes se rendent ensemble chez les autorités turques, chez le gouverneur, le cadi et le mufti. Ils vont ensuite se présenter à l'évêque grec, qui, dans une double prière, demande à Dieu son pardon pour les anciens démogérontes et sa faveur pour les nouveaux. Les Grecs considèrent que c'est seulement après cette prière que l'élection est validée; dans les visites aux autorités turques, les anciens magistrats avaient le pas sur les nouveaux; c'est seulement en sortant de l'évêché que les nouveaux marchent les premiers. Ces détails d'étiquette ont leur signification : par un mélange de vanité nationale et de soumission religieuse, les magistrats aiment mieux faire dater leur pouvoir du moment de la bénédiction de leur évêque que du jour où le cadi leur a donné le firman de la Porte.

Avant 1821, le même homme ne pouvait être deux fois démogéronte; mais les malheurs récents et le manque d'hommes ont fait abroger la loi.

Les Latins nommaient aussi jusqu'à ces derniers temps deux démogérontes chaque année.

La principale attribution des démogérontes est de servir d'intermédiaires entre les sujets et les Turcs. Les sujets ne reçoivent d'ordres que d'eux; eux seuls en reçoivent du gouverneur. C'est à eux que les sujets payent des impôts, eux seuls payent l'impôt au gouverneur turc. Le gouverneur n'a pas même le droit de mander un Grec chez lui sans leur autorisation, et réciproquement aucun Grec, s'il n'est démogéronte, ne peut lui faire visite. On peut dire que les Turcs n'ont à Chio que trois sujets grecs, qui sont les trois démogérontes; et que les Grecs n'ont aussi que trois maîtres, qui sont ces mêmes démogérontes. Dans aucune circonstance de sa vie, un Chiote n'a affaire à un Turc.

Les démogérontes répartissent et perçoivent l'impôt. Dans

tout l'Empire Ottoman, les sujets payent le kharadj ou taxe personnelle, qui n'aurait rien d'odieux si les Turcs y étaient également soumis. Cet impôt est proportionné à la richesse. Il était, au xviie siècle, de dix, de cinq et de deux piastres et demie; la piastre valait alors un peu moins d'un demi-ducat. Le kharadj fut ensuite augmenté nominalement, mais réellement allégé, par la diminution successive de la valeur de la piastre. Aujourd'hui, il est de quarante, trente et quinze piastres, c'est-à-dire de huit, six et trois francs; tous les membres mâles de la famille au-dessus de seize ans y sont soumis.

Dans tout l'Empire, les habitants, turcs ou raïas, payent un impôt territorial, qui peut être généralement évalué à la dîme des récoltes. L'île de Chio, par un privilège tout spécial, en est exempte. Le gouvernement turc n'exige d'elle qu'un droit de quelques milliers de piastres pour les orangers.

Au premier siècle de la conquête, les Turcs vendaient, moyennant une redevance considérable, le monopole de la vente du vin, du poisson, de la viande, de la cire et de quelques autres denrées : c'était un impôt qui pesait plus lourdement sur le consommateur que sur le commerçant. Plus tard, la démogérontie fit un marché avec le gouvernement, et, moyennant un droit fixe et annuel, elle fit abolir à la fois le monopole et l'impôt, et obtint que le commerce fût libre. Pour payer cette somme, qui, en y joignant tous les autres droits indirects, se monte, pour la ville et toute la partie septentrionale de l'île, à trois cent cinquante mille piastres (soixante-seize mille francs), la démogérontie prélève sur tous les raïas un impôt d'environ 5 pour 100 du revenu. La partie qui produit le mastic paye proportionnellement un peu plus.

Les impôts ne sont jamais très lourds par eux-mêmes en Turquie; ils le deviennent souvent par le mode de perception, par l'arbitraire et le privilège. Mais à Chio, grâce à l'action de la démogérontie, ils furent toujours équitablement répartis et régulièrement perçus. Je vois que l'île, bien pauvre, il est vrai, depuis trente ans, mais dont la terre est toujours fertile, ne paye au gouvernement turc que deux cent soixante-dix mille francs de notre monnaie (non compris la douane). Je vois un village fort riche, Cardamyle, qui nourrit trois mille habitants et qui possède trente kilomètres de bonnes terres, à qui l'on ne demande, pour toutes ses impositions, que quinze mille francs. Il n'y a guère de population libre en Europe dont on exige aussi peu que de cette population sujette.

Ce que l'on peut dire contre ces impôts, c'est qu'il n'en revient rien à la race qui les paye. Telle nation débourse une somme relativement beaucoup plus considérable, mais se rembourse presque mensuellement par une circulation bien établie et par un bon usage des deniers de l'État. Au contraire, ce que Chio paye chaque année sort de l'île pour n'y jamais rentrer : les Turcs ne l'emploient ni à salarier ses prêtres ou ses juges, ni à faire des routes, ni à entretenir des écoles. L'argent de l'impôt est payé par les raïas et n'enrichit que les maîtres.

Les démogérontes rendent la justice entre les Grecs ; ils ont à peu près la même juridiction que nos juges de paix. Ils sont incompétents en matière criminelle ; les Turcs, par une distinction fort sage, ont voulu que le jugement des fautes qui frappent la société fût réservé à leurs tribunaux, tandis que les procès que les raïas ont entre eux sont abandonnés à l'arbitrage de leurs magistrats nationaux. Le tribunal turc ou *medjliss* juge les affaires criminelles, les procès entre Grec et Turc et les appels. Il est composé du gouverneur, du cadi et du mufti. Les démogérontes ont obtenu le droit d'assister à ses séances, mais plutôt comme jurés que comme juges ; ils n'en sont pas moins influents, et l'on estime dans l'île que c'est toujours leur avis qui prévaut. Dans les procès entre les raïas, ce tribunal admet les témoins grecs ; dès qu'un Turc est mêlé au procès, un chrétien ne peut plus témoigner. Je ne sache pas que cette loi, qui existe dans tout l'Empire, ait jamais fait perdre un procès à un Grec ; a des témoins musulmans qui veut.

Un privilège dont les Chiotes jouissent à peu près seuls dans l'Empire, c'est d'avoir des notaires publics de leur nation, dont les actes sont reconnus par le tribunal musulman. En Turquie, les preuves écrites ne sont jamais admises; elles le sont à Chio. Les bonnes institutions ont tant de force, même en Orient, que l'on voit quelquefois des musulmans faire enregistrer leurs transactions par les notaires chrétiens.

Les démogérontes exercent une sorte de police entre les Grecs; ils ont le droit de les emprisonner sans même rendre compte au gouverneur. Ils ont la surveillance des mœurs, et, à ce titre, jouissent, comme les anciens censeurs de Rome, d'un pouvoir dictatorial que les Turcs ne contrôlent jamais.

Le soin des approvisionnements leur est confié : attribution importante pour une île qui ne récolte que pour trois mois de vivres. C'est Tschesmé qui nourrit Chio; aussi les démogérontes ont-ils obtenu la suppression de la douane entre les deux villes.

On ne voit jamais à Chio un Turc faire violence à un Grec, l'insulter ni le menacer; car on sait que les démogérontes porteraient plainte au gouverneur, et que, si le gouverneur refusait justice, il serait aussitôt destitué.

Les Chiotes ont une très sage politique. Tandis que partout ailleurs le Grec tremble devant un Turc, n'ose regarder son maître en face, semble toujours courbé sous le joug, et ne gagne à sa bassesse que le mépris et plus d'oppression, les Chiotes marchent la tête levée, et prennent le haut ton devant un Turc. Ils sont fiers dans leur île; c'est à Constantinople qu'ils sont humbles. A quoi leur servirait de flatter un simple gouverneur? C'est le vizir, c'est le sultan qu'il faut se concilier : le vizir, ils l'achètent; le sultan, ils le flattent. A défaut du sultan, ils s'insinuent auprès de la sultane mère ou de quelque favori. Ils savent merveilleusement discerner où est l'influence, et c'est là qu'ils s'adressent; le plus puissant est toujours dans leurs mains.

Cette politique n'est pas abandonnée aux efforts individuels; elle a donné lieu à une institution permanente. Les Chiotes entretiennent à Constantinople un ou plusieurs représentants, ἀντιπρόσωποι, officiellement chargés de s'insinuer dans le sérail; d'acheter les pachas et les vizirs, et de capter la faveur du sultan et de ceux qui le dominent. Ils sont payés par la démogérontie, qui n'en fait pas un secret, et qui a soin, au contraire, que le gouverneur et le cadi le sachent.

Parmi les populations sujettes du Levant, l'industrie toujours préférée est celle qui trafique de la langue. Parmi ceux qui s'y livrent, vous trouvez, au plus bas étage, ces misérables qui vous attendent au port, vous saluent en votre langue, qui que vous soyez, s'emparent de vous, et vous conduisent, de gré ou de force, par la ville; un peu plus haut sont les interprètes des maisons de commerce, hommes utiles et à craindre; élevez-vous encore, et vous trouvez les drogmans des consulats, des ambassades et de la Porte. Au xviie siècle, un Grec de Chio, nommé Panayoti Nicosi, se fit d'abord drogman de l'ambassade autrichienne, se servit de cette qualité pour se rendre utile au divan, et devint drogman de la Porte. Achmet-Kupruli était alors tout-puissant; Panayoti le distingua, et attacha sa fortune à celle de ce vizir. Il le suivit au siège de Candie; le Turc et le Grec avaient une égale impatience de prendre une ville que les Latins défendaient. Panayoti aida le grand vizir de ses conseils, fut chargé par lui de négocier avec les parlementaires vénitiens, et signa le traité qui livrait Candie aux Turcs. De retour à Constantinople, le vizir lui fit donner le titre de premier interprète et de secrétaire d'État de la Sublime Porte. Il se souvint toujours, dans cette haute fortune, qu'il était Chiote de naissance et Grec de religion; il employa ses richesses à racheter un grand nombre d'églises pour ses coreligionnaires, et son influence à faire enlever aux catholiques l'église du Saint-Sépulcre pour la faire donner aux Grecs.

Alexandre Mavrocordato naquit, en 1637, à Chio, suivant les uns, et suivant d'autres à Constantinople, d'une famille chiote. C'est à la faveur de la médecine qu'il sut s'approcher des grands dignitaires de l'Empire. Comme Panayoti, il s'attacha à Achmet-Kupruli; comme lui encore, il se fit donner la charge de premier drogman, et devint puissant par elle. Il échangea successivement ce titre contre celui de conseiller secret de la Porte, puis de plénipotentiaire, lorsqu'il fut chargé de négocier la paix de Carlovitz. Un Chiote fut le premier Grec que la Porte osa employer comme ambassadeur. Ce qui est remarquable chez Mavrocordato, c'est la souplesse de son esprit propre à tout; il savait le turc, l'arabe, le persan, le slave, le latin, le français, l'anglais. Il écrivait des ouvrages de médecine, de rhétorique, de grammaire et d'histoire. Il fut tour à tour médecin, professeur, interprète et négociateur. Mêlé aux affaires de l'État, il sut se concilier la faveur ou déjouer la haine de quatre sultans et de nombreux vizirs. Il servit la Turquie, l'Autriche, qui l'investit en secret du titre de prince de l'Empire[1], la France, qui croyait l'avoir acheté, et surtout ses compatriotes. Il assura aux Grecs la possession du Saint-Sépulcre. La nouvelle de la prise de Chio par les Vénitiens l'attrista vivement, et lui fit prévoir de grands malheurs pour sa patrie[2]. Les Turcs ont une loi par laquelle tous les biens des sujets révoltés appartiennent au sultan; cette loi pouvait être appliquée même aux Grecs de Chio, lorsque les Turcs eurent repris possession de l'île. Ce fut Mavrocordato qui sauva ses concitoyens, et son influence fut assez grande pour leur faire rendre tous leurs anciens privilèges.

Les vrais auteurs de la liberté de Chio, ce sont les Chiotes qui, vivant à Constantinople, savaient si bien y acquérir la puissance, et n'en usaient qu'au profit de leurs compatriotes. En 1718, les magistrats municipaux, qui portaient alors le titre de *deputati*, eurent à soutenir une lutte contre le gouverneur de l'île, pour le maintien d'un de leurs privilèges. Le pacha, emporté par la colère, les fit arrêter, charger de chaînes et amener à Constantinople. Mais il se trouvait qu'un Chiote était alors précisément le médecin du sultan; il parla; ses concitoyens furent remis en liberté, et le pacha de l'île destitué.

A la fin du siècle dernier, la sultane mère régna quelque temps sous le nom du sultan Sélim. Son banquier ou son homme d'affaires était un Chiote, Dimitri Scanavi, que l'on

---

1. *Notice sur Alexandre Mavrocordato*, par M. Périclès Argyropoulos, Athènes, 1855.
2. On trouve la correspondance de Mavrocordato dans un recueil intitulé : Ἐπιστολάριον ἐκ διαφόρων ἐρανισθέν, Constantinople, 1804. Voir surtout la lettre τοῖς δεπουτάτοις Χίοις.

croit avoir pris une part très active aux affaires de l'Empire. L'île de Chio avait alors à se plaindre de la garde des janissaires : l'intervention de Scanavi les fit chasser de l'île, et il fit défendre au gouverneur de les y rappeler jamais.

Encore aujourd'hui les Chiotes ont leur représentant à Constantinople, et son influence est telle, qu'on dit que le gouverneur actuel a été nommé par lui. Celui-ci le sait bien; aussi laisse-t-il les démogérontes gouverner à sa place.

Ces institutions municipales, cette politique, ces faveurs n'étaient pas communes à toute l'île. Si, en sortant de la ville, on se fût avancé au midi de quelques kilomètres, on se fût cru dans une autre région et sous d'autres maîtres. La législation, les charges et les droits, tout y différait, comme la nature. Il y a une zone que les arbres à mastic ne peuvent pas dépasser : elle s'étend de Lithi à Calimasia; là aussi était la limite qui séparait deux ordres d'institutions. Celles du pays du mastic n'avaient rien d'analogue dans tout l'Empire. La contrée produisait environ cinquante mille ocques (soixante-deux mille kilogrammes) de mastic; vingt et un mille étaient livrées à la Porte et servaient à la consommation du sérail; quant au reste, le cultivateur ne pouvait le vendre qu'à l'aga du pays, d'après un taux que celui-ci fixait lui-même, et qui était à peine le quart de la valeur de la gomme.

Les Turcs ne faisaient en cela que suivre l'exemple des Génois, mais leur législation fut plus rigoureuse encore. Les cultivateurs ne pouvaient ni consommer, ni vendre, ni transporter leur récolte. Quiconque était surpris portant du mastic, je ne dis pas hors de l'île, mais d'un village à l'autre, était condamné aux galères et quelquefois à la mort. Pour une matière d'un petit volume, la contrebande était toujours facile; mais malheur à quiconque laissait voir une richesse suspecte : il fallait la cacher, c'est-à-dire n'en pas jouir. Les Turcs exerçaient une surveillance de tous les instants; chaque grain de mastic était suivi depuis le jour où il était tombé de l'arbre jusqu'à celui où il leur était livré. Au temps où la gomme distille de l'arbre, nul habitant des autres parties de l'île, nul étranger ne pouvait parcourir ces villages. La contrée était fermée avec un soin jaloux et mise à l'écart de toutes les autres. Le paysan n'avait pas le droit de ramasser la gomme, ni d'y porter la main avant qu'un ordre de l'aga n'eût fixé le jour où la récolte devait se faire pour tous les villages à la fois. Puis, tandis qu'on lavait le mastic et qu'on le faisait sécher, chaque village était fermé, et la porte de fer ne s'ouvrait jamais. Enfin, l'aga fixait de nouveau un jour pour apporter tout le mastic à la ville; il était déposé dans la forteresse.

Ainsi, les Chiotes ne jouissaient pas de la plus belle partie de leurs richesses. Ce don précieux et unique de la nature, que la religion populaire attribuait au sang d'un martyr, ne semblait être, pour une partie de l'île, qu'une cause d'oppression. Et cependant on se tromperait beaucoup si, à voir ces lois sévères, cet impôt qui enlève toute une récolte, on se figurait une contrée misérable et comme frappée de malédiction. Il n'en est rien. Ces villages ont toujours été les plus riches de l'île; tout y respire l'aisance, et les habitants ont un air d'hommes libres.

C'est que ces mêmes privilèges que la ville et la partie septentrionale de l'île avaient acquis par insinuation, par souplesse et par argent, la production du mastic les valut à la partie du midi. Cette contrée fut toujours un apanage de la sultane mère, et trouva en elle moins une maîtresse qu'une protectrice. Son mastic fut le prix par lequel elle acheta des droits et des faveurs. Elle fut d'abord exemptée du kharadj et de tous les autres impôts; le gouvernement turc n'exigea d'elle rien autre chose que son mastic. Par une exception peut-être unique dans l'Empire, il fut permis aux Grecs de ces villages de porter le turban, et ce droit les tira presque du rang des raïas. Leurs églises eurent un privilège bien désiré en Orient et bien peu prodigué par les Turcs, celui de sonner les cloches; ainsi, la seule distinction que les Turcs mettent d'ordinaire entre leur religion et celle des sujets n'exista pas dans ces villages. La contrée eut aussi ses libertés municipales; chaque village élut un ou plusieurs *gérontes*, et le pays tout entier nomma deux *épitropes*; par eux, les Grecs furent jugés suivant leurs lois; ces magistrats eurent les mêmes attributions que les démogérontes de la ville.

En 1842, la législation a été changée et l'impôt du mastic aboli. La vente de cette denrée est absolument libre aujourd'hui; mais tous les anciens privilèges ont subsisté.

III. PROSPÉRITÉ DE L'ILE SOUS LES TURCS; ÉCOLES; RÉGÉNÉRATION DE LA RACE [1].

Il faut donc qu'à l'exemple des Chiotes eux-mêmes nous considérions les Turcs comme n'existant pas dans l'île. Chio est un État grec, ayant un gouvernement, des lois, des finances, une politique. Voyons maintenant de quoi la race grecque, ainsi libre, s'est montrée capable.

Les Turcs sont, de tous les maîtres, ceux qui s'occupent le moins des affaires des sujets. Ils ne se préoccupent ni de leur prospérité, ni de leur instruction. Ils leur laissent tout à faire; leur insouciance permet à l'énergie de s'exercer, comme à la paresse de s'endormir. La plupart des Grecs se sont abandonnés à un repos funeste; les Chiotes ont préféré l'action et le travail, qui régénèrent les races.

Leur premier soin a été de s'enrichir.

L'état actuel de l'île ne donne pas l'idée de ce qu'elle était au siècle dernier. Elle a perdu presque tout son commerce; il ne lui reste plus rien de son industrie. Elle produit encore aujourd'hui les vingt mille ocques de cocons qu'elle produisait alors, mais elle ne sait plus filer la soie, ou, si elle le sait encore, cette industrie, abandonnée au travail individuel, s'opère chez elle à un si haut prix, qu'il est plus avantageux de vendre les cocons bruts. Au siècle dernier, Chio récoltait les cocons, filait la soie et fabriquait les étoffes : de sorte que la soie qui sort aujourd'hui de l'île à l'état de cocons en sortait alors à l'état de velours, de taffetas ou d'étoffes brochées d'or ou d'argent. La soie qui, aujourd'hui, vendue à la filature

---

1. [Voyez une description de l'île vers 1810 dans les Χιακά Ἀνάλεκτα de Kanellaki, p. 489 et suiv.]

qu'un Français dirige à Smyrne, ne rapporte pas plus de
200 000 francs et enrichit à peine les agriculteurs, enrichissait alors huit à dix mille ouvriers et faisait entrer annuellement dans l'île une somme de six millions de francs. Le seul
article des étoffes brochées d'or rapportait plus d'un tiers de
cette somme. Le voyageur français Olivier, qui visita l'île en
1800, dans un moment où les manufactures étaient en souffrance, affirme que les soieries de Chio surpassaient celles
d'Alep, de Damas et de Brousse, et égalaient celles de Lyon.
Au bazar de Smyrne, sauf quelques Arméniens, tous les marchands d'étoffes de soie étaient Chiotes.

Le terrain de l'île est en plusieurs endroits favorable à la
culture du coton ; cette plante, qui demande du soin et du travail, réussit sous la main habile des agriculteurs chiotes.
Aujourd'hui, les femmes de la campagne filent encore le coton
au rouet, mais seulement pour leur usage. Au XVIIIe siècle,
cette industrie était si développée, que la récolte de l'île ne
suffisait pas au travail ; on importait de Smyrne et de Salonique
beaucoup de coton brut, que l'on réexportait manufacturé. Les
gros damas qu'on fabriquait dans l'île étaient recherchés en
Égypte, en Asie Mineure et même à Constantinople. Les maroquins de Chio étaient également renommés dans tout l'Orient
et les fameuses tanneries de Palæo-Castro occupaient un grand
nombre d'ouvriers. L'industrie des poteries était aussi d'un
grand revenu ; tout l'archipel emploie les poteries de Chio.

Les profits du commerce étaient encore plus considérables
que ceux de l'industrie. Les Chiotes s'étaient dispersés dans
tous les grands ports, à Smyrne, à Alexandrie, à Constantinople, à Marseille, à Amsterdam ; Odessa, Trieste et Syra
n'existaient pas encore. C'étaient autant de colonies, de comptoirs chiotes qui correspondaient entre eux dans une entente
parfaite ; les opérations étaient communes et les bénéfices
assurés. En quelque endroit que les besoins du commerce les
eussent portés, les Chiotes restaient partout membres de la
même cité : cela est si vrai, que partout ils payaient des impôts
à leur démogérontie et contribuaient aux dépenses municipales.
Cette cité, qui étendait ainsi ses bras sur tous les points de la

Méditerranée, avait en sa possession la moitié du commerce de cette mer.

Les Chiotes avaient obtenu des Turcs, entre autres privilèges, l'exemption des droits de péage, auxquels étaient soumis tous les bâtiments qui franchissaient les Dardannelles; cette faveur leur donnait un avantage marqué sur toutes les nations pour le commerce des denrées de la Russie. En 1796, Catherine II fonda Odessa, et un Français émigré, qui en fut gouverneur, le duc de Richelieu, en fit un port franc et y attira, y concentra tout le commerce de la mer Noire. Les Chiotes accoururent aussitôt; le commerce des blés de la Russie commença à cette époque, et ce furent les Chiotes qui l'inaugurèrent. En même temps, la France perdit le commerce qu'elle avait possédé presque exclusivement dans le Levant; ce furent les Grecs, et surtout les Chiotes, qui en héritèrent. Leur situation géographique, l'habileté de leurs négociants, l'élan de toute une nation qui devait du moins à son esclavage de ne pouvoir se livrer qu'au commerce, l'expérience de leurs marins, et jusqu'au bon marché de leur navigation, tout leur donna le commerce de ces contrées.

La Révolution française fut le signal de guerres générales, en dehors desquelles il ne resta que les Grecs. Libres, ils n'eussent peut-être pas su rester neutres; sujets, ils furent contraints d'accepter le bénéfice d'une neutralité qui mit dans leurs mains le commerce de la Méditerranée et de la mer Noire. Un port était-il bloqué, ils y pénétraient en dépit des flottes ennemies; ils vendaient leurs cargaisons à des prix incalculables, et ils rachetaient à bas prix; car toute importation et toute exportation ne se faisaient que par eux. On cite encore dans les familles les bénéfices fabuleux qui furent alors réalisés; ce qu'Hérodote raconte d'un vaisseau samien qui, poussé par la tempête à Tartessus, y vendit sa cargaison au poids de l'or, s'est vu cent fois dans les guerres de la Révolution et de l'Empire. Ces heureux coups de main étaient toujours exécutés par des hommes de Psara ou d'Hydra, mais toujours dirigés par des Chiotes. Tout ce que l'Occident paya alors à la Grèce est incalculable.

On peut se faire une idée du commerce qu'il y avait à Chio avant 1822, par celui qu'il y a aujourd'hui à Syra ; car Syra n'est qu'une colonie de Chio. Or le commerce actuel de Syra produit un mouvement d'affaires de plus de vingt-cinq millions de francs, et pourtant Syra n'a ni industrie ni agriculture. Si à ces vingt-cinq millions nous ajoutons le chiffre de six millions pour les soieries, de deux millions pour les oranges, et de deux autres encore pour les divers produits agricoles ou manufacturés, nous pourrons juger de l'étendue du commerce de Chio et de la richesse qui entrait chaque année dans l'île[1].

Chio réunissait en elle trois choses qui, partagées, feraient la prospérité de trois pays : elle était à la fois pays producteur, pays manufacturier et pays commerçant.

Une fois enrichis, les Chiotes songèrent à faire un bon emploi de leurs richesses. Ils sont sobres, économes, ont peu de besoins, font peu de dépenses dans la maison. C'est pour le public qu'ils sont riches, car ils aiment passionnément leur ville.

La première génération des Chiotes riches consacra le fruit de son commerce et de son industrie à acheter au gouvernement turc les libertés et les privilèges que nous avons énumérés plus haut. Ils calculaient fort sagement que, s'ils donnaient leurs richesses pour acquérir des libertés, ces libertés ne manqueraient pas de leur donner de nouvelles richesses.

La seconde génération les employa généralement à bâtir des églises. J'en ai vu dans l'île plus de deux cents, qui portent la date de leur construction, et qui ont été élevées entre 1710 et 1760. Or une église, une simple chapelle coûte toujours fort cher en pays turc, parce que la religion et la loi ordonnent aux musulmans d'empêcher l'érection ou même la réparation d'aucun temple chrétien, et qu'il faut une assez forte somme d'argent pour leur faire oublier cette obligation. Les Chiotes surent acheter le droit de bâtir des églises, et je ne crois pas qu'il y ait dans l'Empire un seul pays où les Grecs aient été assez riches et assez habiles pour en élever autant.

---

1. [Voy. les statistiques données pour 1810 dans Kanellaki, Ἀνάλεκτα, p. 496.]

Après les églises, les Chiotes eurent un hôpital, chose rare en Grèce et en Orient. C'était peut-être l'affaire des Turcs de l'établir; ce furent les sujets qui le fondèrent avec leurs seules ressources. Commencé en 1750 et achevé en 1770, par les soins du docteur Skilitsi, il pouvait contenir deux cents malades, nombre bien suffisant pour une ville de quarante mille âmes, sous l'heureux climat de Chio. Un hospice y était attaché; les vieillards, les infirmes, les mendiants, les orphelins, les aliénés y trouvaient un asile et des soins; les voyageurs pauvres y étaient gratuitement hébergés. Une espèce de caisse d'épargne fut fondée par la démogérontie; elle recevait l'argent des riches à 6 pour 100, celui des pauvres et des orphelins à 8. Ces institutions philanthropiques témoignent à la fois de la richesse et de la sagesse de ce petit gouvernement. Les Chiotes savaient faire de leur ville, au milieu de l'Orient, une ville européenne.

La construction d'un lazaret sauva plus d'une fois les Chiotes de la peste, qui, au siècle dernier, sévissait presque annuellement autour d'eux. Les Chiotes savaient que leur vigilance à cet égard, en préservant leur île de la maladie, assurait la liberté de leurs relations avec l'Occident et était utile à leur commerce.

Pour faire face à ces dépenses, la démogérontie prélevait sur toute la population grecque un impôt de 1 pour 1000 sur le revenu et de 1 pour 100 sur chaque dot. Les souscriptions particulières suppléaient largement à l'insuffisance de ces impôts. Avait-on besoin d'argent, il en venait de Marseille, de Livourne, d'Alexandrie, d'Odessa, de toutes les villes enfin où les Chiotes étaient établis.

La quatrième génération des Chiotes riches songea aux sciences, aux lettres et aux arts. Le désir de s'instruire est encore aujourd'hui, comme dans l'antiquité, le désir dominant d'un Grec. Mais les Chiotes diffèrent en ce point des autres Hellènes, qu'ils ont remis jusqu'au jour où ils se seraient enrichis le moment de se livrer à leur goût pour le travail intellectuel. Ils ont d'abord cultivé le commerce et l'industrie, avant de cultiver la science. En 1701, Tournefort n'avait trouvé dans l'île que trois Chiotes qui sussent à peu près le grec ancien.

Quatre-vingts ans plus tard, Chio fonda une école publique, une petite université. Vingt professeurs y enseignèrent le grec ancien, l'histoire, la rhétorique, la philosophie, les sciences mathématiques, physiques et naturelles, la langue française et la langue turque, le dessin et la musique. La jeunesse vint de toutes les parties de la Grèce, et même de Constantinople, puiser à cette école une instruction large et libérale. Sept cents élèves s'y pressaient en 1818 ; tout ce qu'il y avait d'intelligent dans la race grecque envoyait ses fils à Chio, préférant cette éducation presque européenne à l'enseignement tout théologique du mont Athos et à celui du Fanar, où l'on n'apprenait qu'à faire fortune. A Chio, tous les cours étaient entièrement gratuits, même pour les étrangers ; la démogérontie en faisait les frais.

Cette école sut tout d'abord échapper au danger auquel un enseignement naissant était exposé en Grèce : je veux dire le mépris des sciences et des traditions de l'Occident, et la puérile envie de ne rien devoir aux étrangers. Les professeurs prirent au contraire pour modèle l'Occident, et surtout la France, qui régnait au milieu du xviiie siècle par la littérature et à la fin par la science. Les Chiotes traduisirent nos meilleurs ouvrages de mathématiques, de chimie et de physique ; ils cherchèrent à tourner les esprits vers l'étude de la langue française ; leurs meilleurs élèves furent envoyés à Paris aux frais de la ville, pour achever leurs études ; on exigea des professeurs qu'ils eussent vu la France. C'était la véritable marche à suivre. Vouloir être original ou s'en tenir aux souvenirs de l'ancienne Grèce eût été faire fausse route et reculer. Il était bon et sage pour la Grèce de s'instruire auprès de l'Occident, comme l'Occident avait demandé la civilisation à la Grèce. La modestie et le bon sens des Chiotes l'avaient senti.

Dans la plus belle salle de leur école ils avaient placé le buste de Coraï. Coraï n'était pas né à Chio et n'y avait jamais vécu ; il en était seulement originaire. Mais cet esprit sage, circonspect et modeste semblait l'idéal du caractère chiote.

On le vénérait dans l'île sans qu'il y eût jamais paru; la jeunesse se le proposait comme son modèle. Le culte de Coraï valait mieux pour des Grecs que cette admiration stérile pour les Miltiade et les Thémistocle, qu'on n'imitera jamais. L'important, pour une race qui avait tant à faire, était de bien choisir ses héros.

Par les soins de Coraï, une bibliothèque publique se forma à Chio; elle fut la première que possédât la Grèce. En 1819, elle comptait trente mille volumes, et elle s'enrichit sans cesse jusqu'en 1822.

Enfin Chio eut son imprimerie, unique aussi dans l'Orient. La fondation en fut regardée comme un grand événement; on crut que l'extension de cet art à la Grèce allait opérer la même révolution que sa découverte avait produite en Occident. La race hellénique salua d'un cri de joie la naissance de sa première imprimerie. « Une révolution commence, disait-on : honneur aux patriotes de Chio qui travaillent pour la Grèce entière[1]. » Il semblait à la Grèce qu'en possédant une école, une bibliothèque et une imprimerie, elle commençait à renaître. Les hétéristes crurent cette imprimerie destinée à répandre le cri de la liberté. L'école de Chio était alors pour la race grecque la seule école libérale qui existât, la seule où les esprits fussent mis en contact avec l'antiquité hellénique. Les partisans de la liberté comptaient sur elle. On croyait que Chio, en devenant un foyer de lumière, était devenue un foyer d'indépendance. Cela était vrai; Chio préparait l'émancipation, mais elle l'entendait autrement que toute la Grèce.

Chio, depuis deux siècles, montrait à la race grecque la route qu'elle devait tenir. Elle lui enseignait par son exemple à travailler d'abord et à s'enrichir; puis, au lieu de s'affranchir de la dépendance, à la mettre à profit pour s'organiser; à apprendre à se gouverner et à se conduire, alors que les essais étaient sans péril; à se créer, dans le calme de la sujétion, des institutions que la liberté ne lui donnerait pas le loisir de

---

1. Ὁποία μεταβολὴ γενήσεται ἀνὰ πᾶσαν τὴν Ἑλλάδα! Ὁποία λαμπρότης, ὁποία δόξα ἐξ αὐτῆς τῆς τυπογραφίας! Ζήτωσαν οἱ φιλοπάτριδες Χῖοι ἐπ' ἀγαθῷ τῆς Ἑλλάδος! (Λόγιος Ἑρμῆς, juillet 1819).

fonder; à imiter, toute sujette qu'elle était, les peuples libres de l'Occident; à fonder des écoles, à s'instruire, à se régénérer moralement; à ne pas tenter, avec cette vanité du peuple enfant qui dénote la stérilité, d'arriver d'un bond à la liberté et à la civilisation, et d'avoir l'abus avant l'usage; à se relever enfin, mais lentement, patiemment, modestement et par degrés. Alors, par sa richesse, par ses institutions et par son intelligence, elle eût régné dans l'Empire turc. Ses maîtres, étrangers à ses progrès, se fussent effacés; tout l'Orient eût été à elle. Voilà l'enseignement et l'exemple que Chio lui donnait.

IV. RÉVOLUTION GRECQUE; MALHEURS DE CHIO[1].

L'impatience de tout un peuple fut plus forte que la sagesse d'une seule ville. Au chemin long et humble, mais sûr, que les Chiotes avaient tracé, la Grèce préféra les chances d'une insurrection.

Il est assez remarquable que les Chiotes n'aient pas été initiés aux secrets de l'hétérie; ils ignoraient qu'elle existât; on ne leur avait pas dévoilé un dessein qu'on savait qu'ils désapprouveraient; leur antipathie pour toute révolte était connue. Ils eussent repoussé de toutes leurs forces l'idée d'un soulèvement qui mettait en péril le fruit déjà assuré de leurs efforts de deux siècles. Qui eût dit alors que ce seraient eux qui porteraient la peine de l'insurrection?

Le 8 mai 1821, Tombasis, avec quinze bricks d'Hydra et dix de Psara, parut devant Chio, et débarqua à deux lieues au nord de la ville, à Pacha-Vrysis. Il attendit quelques jours pour voir se soulever les Grecs; nul ne se joignit à lui; il reçut au contraire un message des démogérontes qui le conjuraient de ne pas avancer plus loin, de se rembarquer au plus tôt, de ne pas apporter le malheur dans l'île. Il persista quelques jours; mais voyant les habitants s'enfuir sur les hauteurs à sa seule approche, désespérant de les entraîner jamais dans la révolte, il se retira.

1. [Cf. l'article de A. Z. Mamouka dans la Ἑβδομάς d'Athènes, nᵒˢ 107-108, 1886 : Καταστροφή τῆς Χίου.]

La population chiote, toute commerçante, n'était pas propre à la guerre. Tandis que, depuis vingt ans, les marins d'Hydra et de Psara s'exerçaient au maniement des armes, Chio en ignorait l'usage. Le port d'un fusil ou d'un poignard était interdit, et les démogérontes veillaient aussi exactement que les Turcs au maintien de cette défense. Les Hydriotes et les Psariotes avaient depuis quelque temps obtenu ou usurpé le droit d'armer leurs navires en guerre et d'avoir de l'artillerie pour se défendre contre les pirates; ils avaient ainsi créé à la fois une marine marchande et une flotte militaire. Chio, au contraire, qui pour son commerce se servait de bâtiments psariotes, n'avait ni flotte, ni soldats. Comme son ambition avait été satisfaite dans la paix, elle n'avait jamais songé à l'éventualité d'une guerre. Les habitudes d'insinuation, de souplesse et de flatterie, qui lui avaient si bien réussi, n'avaient pas dû faire les caractères belliqueux. Le commerce ne trempe pas non plus les âmes comme le métier de marin, qui est une lutte de chaque jour contre les éléments.

Les Chiotes vivaient à Constantinople, à Smyrne, à Alexandrie; chaque famille avait un des siens dans l'empire turc; chaque père avait un fils à Constantinople pour apprendre le commerce: c'étaient autant de gages qui répondaient de la docilité de l'île. Ce qui d'ailleurs faisait la fortune de Chio, ce n'étaient pas les îles et les provinces qui furent plus tard la Grèce; c'étaient les pays turcs; c'étaient Alexandrie, Smyrne et Constantinople, qui l'enrichissaient; c'était Tschesmé, qui la nourrissait.

Il est certain que les Chiotes eussent volontiers chassé les Turcs de leur île, mais ils se demandaient ce qu'ils deviendraient eux-mêmes après la guerre. Eussent-ils été sûrs du succès, ce n'était pas assez pour eux, ils regardaient plus loin; après les périls de la lutte, ils calculaient ceux de l'indépendance; ils redoutaient peut-être plus les autres Grecs que les Turcs.

Ils se soucient d'ailleurs fort peu de la liberté, et n'ont pas pour elle un ardent amour. Je les ai vus souvent m'avouer que, s'ils étaient plus libres, ils seraient moins sages, se gouverneraient moins bien et seraient moins riches. « Si Dieu écoutait nos vœux, m'ont-ils dit bien souvent, il ne nous donnerait pas la liberté, mais d'autres maîtres. » Ils veulent dire par là qu'ils souhaitent un maître aussi facile que le Turc, et plus intelligent, un maître qui sache les protéger et les servir mieux que lui, sans les assujettir davantage.

On le vit bien pendant la guerre de l'Indépendance : les yeux fixés sur l'Occident, ils en attendirent, non pas seulement, comme les autres Grecs, de l'argent et des soldats, mais une direction constante et quelque chose comme un protectorat. S'il fallait choisir entre les puissances européennes, leur sagesse, le sentiment de leurs intérêts et leurs affections mêmes les portaient vers la France; car, au rebours des autres Grecs, ils détestent le Russe autant que l'Anglais.

Ajoutera-t-on foi à l'auteur de ce mémoire s'il dit que, dans le commerce assidu et les nombreux entretiens qu'il eut avec les Chiotes, il surprit le secret d'une intrigue qui fut ourdie par eux, en 1822, pour livrer leur île à la France; que l'offre en fut adressée au gouvernement du roi, et qu'il ne tint pas à eux que leur île ne devînt une possession française? Ainsi, après avoir désiré avant tout de rester en paix avec le Turc, voyant la guerre engagée, la vengeance prochaine et la réconciliation difficile, alors seulement ils voulurent bien qu'on les débarrassât de l'ancien joug; mais, éloignés encore d'espérer l'indépendance, ou la craignant peut-être, ils demandaient un autre maître.

Ils avaient réussi à écarter Tombasis, mais non pas à rassurer les Turcs. Ceux-ci étaient ombrageux en proportion de leur petit nombre et de leur faiblesse. Une des causes des malheurs des Chiotes, ce fut qu'ils auraient pu exterminer les Turcs; les Turcs se vengèrent d'avoir eu peur d'eux. Les Chiotes leur donnèrent pourtant tous les gages possibles de soumission, autant d'argent qu'on leur en demanda, le peu d'armes qu'ils avaient et des otages. Les démogérontes, l'évêque grec et soixante-huit des principaux citoyens se livrèrent aux Turcs et furent enfermés dans la citadelle, d'où ils ne sortirent qu'une année après et pour être égorgés. Cependant le pacha de l'île, inquiet malgré tant d'assurances, écrivit à Constantinople et demanda un renfort de troupes. Pour le malheur de Chio, les Turcs n'avaient pas d'armée régulière ; on ne put envoyer dans l'île qu'une bande d'hommes indisciplinés, une horde sauvage venue des montagnes de l'Anatolie, d'anciens brigands qui ne reconnaissaient aucun chef. Ce furent eux qui commencèrent le pillage de Chio.

Puis vinrent des Grecs. Le Samien Lycurgue Logothétis rassembla une petite armée pour débarquer à Chio. En vain les démogérontes et l'évêque le supplièrent-ils de renoncer à son projet. Il aborda dans l'île avec deux mille Samiens, n'amenant avec lui qu'un Chiote, un paysan nommé Vournias, dont le patriotisme était suspect. Les Samiens montrèrent bientôt pourquoi ils n'avaient pas tenu compte des instances des Chiotes : ils ne venaient pas pour les affranchir, mais pour les piller ; ce n'étaient pas des alliés, mais des pirates. Maîtres de l'île, leur premier acte fut de renverser la démogérontie et d'instituer une commission insurrectionnelle ; Lycurgue et Vournias furent les deux gouverneurs de fait, l'un s'appuyant sur ses Samiens, l'autre sur quelques paysans qui s'étaient joints à lui, tous deux d'accord pour acquérir l'autorité, divisés pour en jouir. La terreur régna dans l'île ; les habitants furent plus impitoyablement rançonnés qu'ils ne l'avaient été par les Turcs. Les maisons des riches furent mises au pillage, les tièdes emprisonnés ou assassinés. Les Chiotes voulaient fuir ; ils furent retenus de force.

Les insurgés avaient bien pu, dans le premier moment de panique, renfermer les Turcs dans la forteresse, mais leurs deux petits canons ne suffisaient pas pour la prendre. Au feu très vif et bien dirigé que les Turcs faisaient sur la ville, on répondait faiblement ; chaque sortie mettait les Samiens en déroute ; les quelques Chiotes qui s'étaient joints à eux ne pouvaient regarder l'ennemi en face. Enfin, quand les munitions furent épuisées, les Samiens se rembarquèrent, en emportant les richesses des Chiotes et en abandonnant l'île à la vengeance des Turcs.

Quelques jours après, le 11 avril 1822, parut la flotte ottomane, forte de sept vaisseaux et huit frégates. Elle avait été envoyée spécialement contre Chio, sous les ordres du capitan-pacha en personne. Le fer pour les hommes, l'esclavage pour les enfants et les femmes, le feu pour la ville, tel était l'ordre du sultan.

Il fut exécuté à la lettre ; mais on différa le massacre, afin que personne ne pût y échapper. Beaucoup de Chiotes s'étaient cachés dans les montagnes ; on proclama une amnistie pour les attirer dans la ville, et les consuls européens eurent le malheur de se rendre garants de la bonne foi des Turcs. Les Chiotes revinrent et le carnage commença. Tout ce qu'on a dit de cette affreuse boucherie, tous les détails que les journaux du temps ont rapportés, tout ce qui en a retenti dans l'Europe, est exactement vrai. Il n'y a pas eu, il ne put pas y avoir d'exagération. Il est très vrai que les démogérontes, l'évêque et les soixante-huit otages ont été pendus aux vergues du vaisseau amiral. Il est très vrai que quinze mille sauvages, venus d'Anatolie, ont été transportés à Chio et qu'en mettant le pied dans l'île, ils ont reçu la défense de rien épargner. Il est très vrai que tout ce qu'il y a eu de population mâle dans la ville et dans les villages a été égorgé, que les femmes et les enfants ont été emmenés en troupeaux et vendus sur les marchés de Smyrne, de Brousse et de Constantinople. Tout cela est très vrai, quoique le motif et le but d'une telle barbarie soient encore inexpliqués. Si vous passez dans un village, on vous montre une fenêtre d'une maison, et l'on vous dit : « Ici, le propriétaire a été pendu. » Dans cette autre, toute une famille a été brûlée. Vous trouvez de temps en temps d'immenses tas de crânes humains : là avaient été apportées à l'aga turc les têtes de tout un village. Interrogez chaque famille, chacune a une histoire à vous raconter. J'ai connu une femme qui avait vu massacrer son mari sous ses yeux ; elle et ses cinq enfants avaient été dispersés comme esclaves dans les pays turcs ; devenue libre au bout de sept années, elle avait parcouru l'Empire à la recherche de ses enfants ; elle en avait retrouvé quatre et était revenue avec eux s'établir à Chio. Toute personne âgée de plus de trente-deux ans que l'on rencontre aujourd'hui à Chio, a été esclave et a vu son père égorgé. Un très petit nombre seulement parvint à s'enfuir et fut recueilli sur des navires de Psara. Quinze cents environ trouvèrent un refuge dans les consulats : tout le reste périt; on tua durant cinq mois. La contrée qui produit le mastic avait été d'abord épargnée, faute du moindre prétexte pour la ravager. Mais la mort du capitan-pacha, dont le vaisseau fut brûlé par Canaris, et la panique qui saisit alors les Turcs fut un nouveau crime à venger sur les Chiotes, et il se trouvait que l'on n'avait plus que la riche contrée du midi à dévaster.

Après les hommes, on s'attaqua aux murailles. Toutes les maisons de l'île, sans exception, et presque toutes celles des villages furent démolies par le feu et par la pioche. On ne comprend pas que les forces humaines aient suffi à tant détruire. Encore faut-il remarquer que les Turcs n'ont pas détruit dans un moment de colère, mais de sang-froid, maison par maison, avec ordre, en long temps, et avec une cruauté patiente.

J'ai visité l'île en 1854 ; la désolation la couvre encore : il semble que le massacre et la ruine soient d'hier. Le temps n'est pas encore venu d'apprécier tous les résultats de la guerre de l'Indépendance hellénique : mais il faut reconnaître que le premier fruit de l'insurrection a été la ruine de ce qui faisait le plus d'honneur à la Grèce.

Chio ruinée, que devinrent les Chiotes ? Ils n'avaient pas péri tous ; la fuite en avait sauvé quelques-uns, et l'esclavage en avait conservé beaucoup. Au milieu des plus grands malheurs qui puissent éprouver une race, le Chiote est resté aussi industrieux, aussi habile, aussi heureux que dans la prospérité. Il a survécu à la ruine de sa patrie.

Beaucoup de Chiotes emmenés en esclavage sont restés dans les pays turcs. L'esclavage en Turquie est un moyen de faire fortune et de s'élever aux places de l'administration : il y a tel ministre actuel de la Porte dont on peut voir au bazar des esclaves, à Constantinople, le prix qu'il a coûté. Dans cette condition, les Chiotes devenus musulmans ont su faire leur chemin. Au mois d'avril 1855, étant alors à Chio, je vis mouiller en vue de l'île un vaisseau de ligne égyptien qui portait des troupes en Crimée : le capitaine du vaisseau et le colonel du régiment, décorés tous deux du titre de bey, étaient nés à Chio ; enlevés et conduits à Alexandrie, ils s'étaient élevés dans l'armée et dans la marine, et allaient maintenant défendre le pays où ils avaient été esclaves. Le nombre des Chiotes qui occupent ainsi de hauts emplois dans l'administration ottomane est incalculable ; l'un d'eux régnait naguère à Tunis [1].

D'autres, échappés au massacre ou délivrés d'esclavage, ont porté sur d'autres points de la Méditerranée leur génie commercial. Ils ont fondé Syra, qui possède aujourd'hui le commerce de l'Archipel. C'est peut-être aux Chiotes que Trieste doit sa fortune : en 1829, ils étaient six mille dans cette ville, et leur arrivée concorde trop bien avec la prospérité naissante de Trieste pour n'y avoir pas contribué. Enfin les Chiotes sont à Marseille, à Gênes, à Constantinople, à Londres, à New York. Chio est en ruines, mais les Chiotes sont plus riches que jamais.

Quelques-uns enfin sont revenus dans leur patrie [2]. Les Turcs, rendus à la raison, ont voulu repeupler cette malheureuse terre, afin que ses vignes, ses orangers et ses lentisques fussent cultivés ; ils ont rappelé ceux qui s'étaient échappés et leur ont rendu leurs anciennes propriétés. D'autres, que l'esclavage avait portés à Constantinople, à Erzeroum et jusqu'à Bagdad, revinrent lorsque la loi qui fixe la durée de l'esclavage à sept années les eut affranchis. On rebâtit quelques maisons, quelques églises ; une petite ville se releva, éparse au milieu des ruines de la grande. Les rapports entre les Grecs et les Turcs sont aussi amicaux qu'avant le massacre : il n'y eut ni récriminations, ni excuses ; on se tut sur les derniers événements. Les deux populations convinrent tacitement de ne jamais raviver de tristes souvenirs : les Grecs surtout s'ef-

---

1. L'avant-dernier bey de Tunis était né à Cardamyle, où sa famille existe encore.

2. [Cf. dans les Ἀνάλεκτα de Kanellaki, Ἡ δημογεροντία Χίου μετὰ τὸ 1822, p. 516 et suiv.]

forcèrent de les effacer, sages en cela et ne voulant pas que les Turcs se souvinssent de leur avoir fait tant de mal. Les Chiotes ont recouvré leurs anciens privilèges, leur liberté municipale et leur démogérontie, qui fonctionne avec les mêmes droits et autant d'influence qu'auparavant. Du reste, l'ancienne industrie a disparu et le commerce n'a plus pour objet que l'exportation des produits agricoles de l'île. Chio est pauvre aujourd'hui ; on lui rendrait pourtant son ancien éclat si l'on pouvait y rappeler tous ses enfants, que la crainte des Turcs retient encore à l'étranger, si une bonne administration et la sécurité rendaient à la ville son immense commerce d'autrefois, au bourg de Vrontado sa marine, à Palæo-Castro son industrie et à l'île entière sa riche agriculture.

QUESTIONS ROMAINES

Quelques personnes me reprocheront peut-être de chercher des problèmes jusque dans l'histoire romaine, comme si tout n'avait pas été dit et définitivement dit sur cette histoire. Il y a deux sortes d'esprits : ceux qui sont enclins à croire et ceux qui penchent toujours vers le doute. Il y a aussi deux écoles d'érudits : ceux qui pensent que tout a été dit et qu'à moins de trouver des documents nouveaux, il n'y a plus qu'à se tenir aux derniers travaux des modernes; et il y a ceux que les plus beaux travaux de l'érudition ne satisfont pas pleinement, qui doutent de la parole du maître, chez qui la conviction n'entre pas aisément et qui d'instinct croient qu'il y a toujours à chercher. Les érudits qui appartiennent à la première de ces deux écoles et qui ont un profond dédain pour ceux de la seconde m'accuseront certainement de ne pas m'être tenu comme eux aux excellents manuels que l'Allemagne a publiés dans ces dernières années.

PREMIÈRE PARTIE

[Comment il faut lire les auteurs anciens.]

Après tant de travaux qui ont été faits, tant de recherches et d'efforts pour connaître l'histoire de l'ancienne Rome, il reste encore beaucoup de points obscurs, beaucoup de questions à résoudre.

Une première difficulté est venue du petit nombre de nos documents. De l'époque des rois et des premiers siècles de la République il ne nous est parvenu aucun texte contemporain ; pas un livre, pas une inscription. Des deux derniers siècles de la République nous possédons quelques inscriptions et un bon nombre de livres ; mais la perte de la plus grande partie de l'œuvre de Tite-Live établit de regrettables lacunes dans nos connaissances.

Mais, quelle que soit l'insuffisance des documents, c'est peut-être en nous-mêmes qu'il faut chercher la principale cause de nos erreurs ou des idées inexactes que nous nous sommes faites de l'histoire de l'ancienne Rome. Les anciennes sociétés avaient des usages, des croyances, un tour d'esprit qui ne ressemblaient en rien à nos usages, à nos croyances, à notre manière de penser. Or il est ordinaire que l'homme ne juge les autres hommes que d'après soi. Depuis que l'on étudie l'histoire romaine, chaque génération l'a jugée d'après elle-même. Il y a trois cents ans, on se représentait les consuls assez semblables, pour la nature du pouvoir, aux princes qui régnaient en Europe. Au xviiie siècle, alors que les philosophes étaient assez portés à nier la valeur du fait psychologique que l'on appelle le sentiment religieux, on croyait volontiers que la religion romaine n'avait pu être qu'une heureuse imposture des hommes d'État. Après les luttes de la Révolution française, on a pensé que notre expérience des guerres civiles nous rendrait plus facile la notion des révolutions de Rome ; l'esprit des historiens modernes a été dominé par cette idée que l'histoire intérieure de Rome devait avoir ressemblé à celle de l'Europe et de la France ; que la plèbe était la commune du moyen âge, comme le patriciat était la noblesse ; que le tribunat du peuple était la représentation d'une démocratie analogue à celle que nous trouvons dans notre histoire ; que les Gracques, Marius, Saturninus, Catilina même, ressemblaient à nos réformateurs, comme César et Auguste aux empereurs de ce siècle.

De là une perpétuelle illusion. Le danger ne serait pas grand, s'il ne s'agissait, pour la science historique, que d'éclaircir la suite des guerres ou la chronologie des consuls. Mais l'histoire doit arriver à connaître les institutions, les croyances, les mœurs, la vie entière d'une société, sa manière de penser, les intérêts qui l'agitent, les idées qui la dirigent. — C'est sur tous ces points que notre vue est absolument troublée par la préoccupation du présent. Nous serons toujours impuissants à comprendre les anciens, si nous continuons à les étudier en pensant à nous. C'est en eux-mêmes, et sans nulle comparaison avec nous, qu'il les faut observer.

La première règle que nous devons nous imposer est donc d'écarter toute idée préconçue, toute manière de penser qui soit subjective : chose difficile, vœu qui est peut-être impossible à réaliser complètement ; mais plus nous approcherons du but, plus nous pourrons espérer de connaître et de comprendre les anciens. Le meilleur historien de l'antiquité sera celui qui aura le plus fait abstraction de soi-même, de ses idées personnelles et des idées de son temps, pour étudier l'antiquité.

Pour arriver là, la condition est de tenir notre esprit et nos yeux également attachés sur les textes anciens. Étudier l'histoire d'une ancienne société dans des livres modernes, si remarquables que soient plusieurs de ces livres par le talent et par l'érudition, c'est toujours s'exposer à se faire une idée inexacte de l'antiquité. Il faut lire les documents anciens, les lire tous, et si nous n'osons pas dire ne lire qu'eux, du moins n'accorder qu'à eux une entière confiance. Non pas les lire légèrement, mais avec une attention scrupuleuse et en cherchant, dans chaque mot, le sens que la langue du temps attribuait à chaque mot, dans chaque phrase la pensée de l'auteur.

Il faut faire comme Descartes. La méthode historique ressemble au moins en un point à la méthode philosophique. Nous ne devons croire qu'à ce qui est démontré. Or, quand il s'agit des anciens, il n'y a pas de conjecture ni de système moderne qui puisse nous démontrer une vérité. Les seules preuves nous viennent des anciens eux-mêmes. Les modernes peuvent quelquefois nous servir d'appui; on est heureux de pouvoir dire qu'on se rencontre avec de grands esprits et de savants hommes comme Niebuhr, Mommsen, Lange, etc.; on est malheureux de s'avouer qu'on s'écarte d'eux; mais il n'importe, il faut dire de ces érudits ce que Descartes disait de ses maîtres. La conviction ne se forme pas par la parole du maître, mais par les documents.

Mais comment lire les auteurs latins? Beaucoup, lorsqu'ils lisent Tite-Live, retranchent par la pensée tout ce qui touche à la religion, tout ce qui a trait à la superstition romaine. L'historien met-il dans la bouche d'un personnage que les auspices sont propices ou qu'ils sont contraires, que les dieux sont irrités ou apaisés, que des prodiges annoncent revers ou succès, cela semble un artifice de rhéteur, et l'on passe. Ce procédé est d'une mauvaise méthode. Si Tite-Live donne tant de place aux croyances et aux superstitions romaines, nous devons croire, jusqu'à preuve du contraire, que ces croyances étaient réelles et ces superstitions toutes-puissantes dans l'esprit des Romains.

Il faut prendre à la lettre les textes anciens, le plus qu'il est possible. Si Tite-Live raconte le miracle de l'augure Névius, nous sommes tenus de croire, non pas que le miracle a été opéré, mais que les contemporains et toutes les générations suivantes ont cru à ce miracle, et c'est là un fait historique de grande conséquence.

Lorsque ailleurs Tite-Live fait dire à un général romain, en un long discours, que les dieux sont irrités contre un ennemi qui a négligé ou violé une loi religieuse, ne disons pas que Tite-Live a imaginé ce discours pour embellir un récit et faire briller son talent d'orateur; nous devons croire, sauf preuve du contraire, que dans ce discours il a reproduit les pensées qui étaient ordinaires au temps dont il parle, et qu'en cela encore il fait œuvre d'historien exact.

Ce qu'on a appelé l'esprit critique, depuis cent cinquante ans, a été trop souvent une habitude de juger les faits anciens au point de vue de la probabilité, c'est-à-dire au point de vue de leur concordance avec ce que nous jugions possible ou vraisemblable. Conçu de cette façon, l'esprit critique n'était guère autre chose que le point de vue personnel et moderne substitué à la vue réelle du passé. On a ainsi appliqué à l'histoire la méthode qui convient à la philosophie; on a jugé d'après la conscience et la logique des choses qui ne s'étaient faites ni suivant la logique absolue ni suivant les habitudes de la conscience moderne.

L'esprit critique, appliqué à l'histoire, consiste au contraire à laisser de côté la logique absolue et les conceptions intellectuelles du présent; il consiste à prendre les textes tels qu'ils ont été écrits, au sens propre et littéral, à les interpréter le plus simplement qu'il est possible, à les admettre naïvement, sans y rien mêler du nôtre. Le fond de l'esprit critique, quand il s'agit de l'histoire du passé, est de croire les anciens.

Quand je lis les travaux des modernes sur l'antiquité, mon premier mouvement, je l'avoue, est de douter, parce que je reconnais trop souvent des pensées toutes modernes. Mais quand je lis les anciens, mon premier mouvement est de croire, et je les crois d'autant plus que leurs idées sont plus éloignées des miennes.

Je les crois surtout en ce point-ci : lorsque Tite-Live, parlant de temps très éloignés de lui, raconte des faits qui ont dû lui paraître fort éloignés de la vraisemblance, et lorsqu'il exprime des pensées que ni lui-même ni ses contemporains n'ont pu trouver dans leur esprit, je suis porté à conclure que Tite-Live ne fait là que reproduire de plus vieilles annales, des documents des vieux âges, et je crois d'autant plus à Tite-Live que je reconnais moins Tite-Live.

Car Tite-Live était exposé, sur les temps éloignés de lui, à cette même illusion dont j'ai parlé. Souvent, sans contredit, il introduit dans son récit ou dans ses jugements la manière de penser d'un contemporain d'Auguste. Raison de plus pour que, chaque fois qu'il lui arrive d'oublier son temps et de laisser percer des idées qu'il n'a pas et qu'il peut à peine concevoir, j'aie une pleine confiance en lui. Je puis bien douter de lui quand il exprime des vérités de son temps ou des vérités générales et communes à tous les temps; mais quand il en exprime qui n'ont pu être des vérités qu'à l'époque lointaine qu'il décrit, je me tiens obligé de croire. Il me semble que dans les passages de cette sorte, ce n'est pas Tite-Live que j'ai sous les yeux, c'est un vieux texte contemporain.

DEUXIÈME PARTIE

De la plèbe.

Aucun écrivain de l'antiquité n'a défini ce qu'était la plèbe romaine ; aucun ne nous apprend en termes précis par quels caractères essentiels un plébéien différait d'un patricien [1].

Au temps de Cicéron ou de Tite-Live, les différences entre ces deux hommes étaient assez légères. Patriciens et plébéiens avaient les mêmes droits civils, les mêmes droits politiques. Au Forum, au Champ de Mars, au Sénat, ils se mêlaient. Leurs familles se mariaient entre elles. Ils priaient dans les mêmes temples, et ils exerçaient également, sauf quelques rares exceptions, les sacerdoces. Ils se ressemblaient dans l'intérieur de la famille aussi bien que dans la vie publique ; ce qu'on appelait les *gentes plebeiæ* avait les mêmes habitudes, les mêmes mœurs intimes, le même culte domestique, les mêmes *sacra* que les *gentes patriciæ*.

Mais si nous voulons savoir ce qu'était la plèbe dans la première partie de l'existence de Rome, il faut d'abord écarter de notre esprit l'idée que nous avons des plébéiens de l'âge postérieur. Si, par exemple, nous voyons qu'au temps de Cicéron la plèbe est une partie du peuple romain, qu'elle fait partie des curies, qu'elle exerce les magistratures et les sacerdoces, qu'elle contient des *gentes* et qu'elle pratique des *sacra* ainsi

---

1. Nous ne pouvons prendre pour une définition claire et suffisante ces mots d'Aulu-Gelle, X, 20 : *Plebis ea dicitur in qua gentes civium patriciæ non insunt;* — ni ceux de Gaius, I, 3 : *Plebis appellatione sine patriciis cæteri cives significantur;* — ni ce fragment de Festus : *Plebes autem est [omnis populus] præter patricios* (édit. Müller, p. 330).

que font les patriciens, nous ne sommes pas en droit de conclure qu'il en ait été de même quatre siècles auparavant.

Nous savons d'ailleurs par l'histoire qu'il y a eu dans le ve et le ive siècle avant notre ère une série de révolutions qui ont peu à peu transformé la plèbe. Nous pouvons donc penser que la plèbe ancienne ne ressemblait pas à celle que Cicéron avait sous les yeux.

Un exemple rendra cette vérité frappante. Cicéron ne dit jamais de lui-même qu'il soit un plébéien, et il n'y a guère d'apparence que ses contemporains le rangeassent dans cette classe d'hommes. Telle était en effet la nature de la plèbe à cette époque, que Cicéron pouvait n'y pas être compté. Il n'est pourtant pas douteux qu'à prendre le mot dans son sens primitif, Cicéron ne fût un plébéien.

Sur cette ancienne plèbe, nous ne possédons aucun document contemporain. Pas un livre, pas une inscription, pas un texte de loi qui date du temps des rois ou des premiers consuls, ne nous montre ce qu'était alors le plébéien. C'est ce qui fait la difficulté de notre étude. Nous ne pouvons essayer de connaître l'ancienne plèbe que par l'intermédiaire d'écrivains qui sont de beaucoup postérieurs et qui ne l'ont pas connue ; ce qui ajoute encore à la difficulté, c'est précisément que ces écrivains ont connu, sous le même nom, une plèbe fort différente : ce qui a été une cause d'erreurs pour eux-mêmes et pour nous.

Toutefois les Romains avaient un tel soin de leurs annales et un tel respect pour leur passé, que ces premiers siècles n'ont pas été sans laisser d'eux quelques traces. Beaucoup de faits ou de règles de ce temps-là, perpétués par la tradition ou par les annales, sont arrivés jusqu'à des historiens qui nous les ont transmis. C'est par l'ensemble de ces traces et de ces vestiges attentivement observés que nous pouvons espérer de retrouver une image qui ne soit pas trop inexacte de la plèbe primitive.

I. QUE LA « PLÈBE » NE FAISAIT PAS PARTIE DU *populus* ET ÉTAIT DISTINCTE DES CLIENTS.

Si aucun livre et aucune inscription des premiers siècles de Rome n'est arrivée jusqu'à nous, nous trouvons du moins, insérées dans les écrits postérieurs, quelques formules de prières qui datent de cette époque lointaine et qui, suivant l'usage romain, avaient dû rester immuables. Tite-Live, racontant le départ d'une flotte romaine, en l'année 204 avant notre ère, atteste qu'un général devait, au début d'une expédition, prononcer une prière ainsi conçue : « Dieux et déesses qui occupez les terres et les mers, je vous adresse cette prière afin que tout ce qui se fera sous mon commandement tourne à bien pour le peuple romain et pour la plèbe romaine »; *populo plebique romanæ*[1]. — De même lorsqu'un consul présidait les comices pour l'élection des consuls de l'année suivante, il invoquait les dieux, « afin que ce qu'on allait faire fût heureux pour le peuple et pour la plèbe romaine[2] ». — Dans ces deux formules, la plèbe et le peuple étaient présentés comme deux corps différents. Ce n'est pas qu'en l'année 204 avant notre ère ils ne fussent déjà associés et confondus; mais les formules dataient sans doute d'une époque antérieure où la *plebs* n'était pas encore comprise dans le *populus*.

Cette vérité a laissé d'autres vestiges. Une vieille prophétie du devin Marcius, qui vivait pendant la seconde guerre punique et qui, suivant l'usage des faiseurs d'oracles, usait apparemment d'un langage plus ancien, désignait un magistrat par ces mots : « le préteur qui rendra la justice au peuple et à la plèbe[3] ». — Cicéron, parlant des jeux sacrés que l'édile devait célébrer en faveur de l'antique déesse Flora, faisait sans doute allusion à la formule de prière qui y était prononcée lorsqu'il disait « que la solennité de ces jeux devait rendre la

---

1. Tite-Live, XXIX, 27.
2. Cicéron, *Pro Murena*, 1.
3. Tite-Live, XXV, 12. Macrobe, *Saturnales*, I, 17, 28 : [*Is prætor qui jus populo plebique dabit*].

déesse propice au peuple et à la plèbe romaine[1] ». — C'était encore l'usage au temps de Cicéron que, lorsqu'un magistrat en mission hors de Rome envoyait un message à la République, il adressât sa lettre « au Sénat, au Peuple, et à la Plèbe romaine[2] ». Tout cela était le reste d'un temps où la plèbe n'avait pas été une partie du peuple, n'avait pas été une classe inférieure dans le peuple, mais avait été une société distincte et tout à fait à part.

Dans cette même époque, les plébéiens ne s'étaient pas confondus avec les clients. Il est bien vrai que les écrivains postérieurs réunissent les clients et les plébéiens en une même classe; Cicéron dit que Romulus « distribua tous les plébéiens, à titre de clients, entre les familles patriciennes[3] ». « Romulus, dit Denys d'Halicarnasse, mit les plébéiens dans la clientèle des patriciens, voulant que chacun d'eux eût un patron de son choix[4]. » Mais il est à craindre que ces écrivains n'aient jugé la clientèle des premiers âges d'après celle qu'ils voyaient de leur temps. Il y a des faits qui montrent que les anciens plébéiens n'étaient pas les mêmes hommes que les clients. Si l'on observe les luttes de la plèbe et du patriciat, de l'an 510 à l'an 450 avant notre ère, on remarquera que les clients sont toujours du côté du patriciat contre la plèbe. Par exemple, en 493, la plèbe se retire au mont Sacré, et les clients restent dans la ville avec les patriciens[5]. En 490, la plèbe mécontente refuse de s'enrôler, et l'armée, cette année-là, n'est composée que des patriciens et des clients[6]. En 472, les plébéiens se plaignent que les patriciens réussissent à faire nommer des tribuns à leur convenance, grâce aux suffrages de leurs clients[7]. En 468,

---

1. Cicéron, *In Verrem*, actio II, oratio V, c. 14 : [*Populo plebique Romanæ ludorum celebritate placandam*].
2. Cicéron, *Ad familiares*, X, 35 : [*S(enatui) p(opulo) pl(ebi)q(ue) R(omanæ)*].
3. *Habuit plebem in clientelas principum descriptam*; Cicéron, *De Republica*, II, 9.
4. Denys d'Halicarnasse, II, 9. Cf. Plutarque, *Vie de Romulus*, 15.
5. Denys, VI, 46-47.
6. Idem, VII, 19.
7. Tite-Live, II, 56.

des comices ont lieu pour l'élection des consuls; les candidats présentés déplaisent à la plèbe; les plébéiens se retirent sans voter, et il reste les clients qui votent avec les patriciens[1]. En 460, les plébéiens et leurs tribuns sont chassés du Forum, non pas sans doute par les seuls patriciens, mais, ainsi que le dit Tite-Live, par les patriciens et les clients[2]. Ainsi, durant cette époque, les clients et les plébéiens étaient non seulement deux classes distinctes, mais deux classes hostiles, et avaient des intérêts différents.

La seule assemblée politique qu'il y eût alors était l'assemblée par curies, *comitia curiata*[3]. C'était proprement la réunion des *gentes* patriciennes. Les plébéiens n'y figuraient pas; les clients au contraire en faisaient partie.

Patriciens et clients réunis formaient ce qu'on appelait dès lors *populus romanus Quiritium*; la *plebs* était en dehors. Cette distinction entre le *populus* et la *plebs* subsista fort longtemps; les jeux sacrés en sont un témoignage. Il n'y eut d'abord que les jeux romains, *ludi romani*, appelés aussi *ludi magni*, qui dataient de l'origine de Rome[4]; on créa, en l'année 220, des jeux plébéiens, *ludi plebei*[5]. Nous pouvons conclure de là qu'en l'année 220 avant notre ère, bien que déjà les plébéiens figurassent dans la cité romaine[6], la religion laissait subsister une différence entre la plèbe et le peuple.

Cette différence ne laissa pas de durer longtemps dans l'ordre politique. Quand Tite-Live dit que les tribuns sont les chefs « non du peuple, mais de la plèbe[7] », il est vraisemblable qu'il reproduit une ancienne formule. Ailleurs, parlant d'un fait de l'année 413, il fait observer que la *plèbe* prit une décision et que cette décision fut ratifiée par le *peuple*[8]. Il y eut toujours à

---

1. Tite-Live, II, 64.
2. Idem, III, 14.
3. Les comices centuriates n'étaient réellement que la réunion de l'armée urbaine, *urbanus exercitus*.
4. *In Verrem*, V, 14.
5. Tite-Live, XXXI, 50; XXXII, 7.
6. *Plebeios in parte civium censeri*; Tite-Live, VII, 18 (année 355).
7. Tite-Live, II, 56.
8. Idem, IV, 51. — On a expliqué (voir édit. Weissenborn [Mommsen, *Römisches Staatsrecht*, III, p. 4, n. 5]) dans cette phrase *consensu populi* comme s'il y

Rome deux sortes d'assemblées, les assemblées de la plèbe, *concilia plebis*, et celles du peuple, *concilia populi* ou *comitia*[1]. Nous savons bien qu'il arriva un temps où les deux classes se mêlèrent dans les unes comme dans les autres[2]; les noms restent pour attester qu'elles ne s'étaient pas mêlées toujours. Les décisions prises par le peuple s'appelaient *populiscita*; les décisions de la plèbe s'appelaient *plebiscita*; ces deux actes étaient fort différents et émanaient de sources très diverses[3].

Il faut remarquer encore que le mot *plebs* n'était pas un terme de mépris; il n'avait pas le sens de notre mot *populace*. Autrement on ne l'eût pas employé dans les prières, ni dans les formules officielles; Cicéron ne l'eût pas prononcé dans ses discours au peuple; les chefs de cette classe n'auraient pas gardé toujours le titre de tribuns de la plèbe, *tribuni plebis*; on n'aurait pas enfin appelé plébiscite des actes aussi importants et de telle valeur que ceux auxquels on a donné ce nom. Nous avons d'ailleurs le texte d'une loi de l'année 446, que Tite-Live a inséré dans son texte, loi qui est toute en faveur de la plèbe[4]; or les mots *plebs romana* s'y lisent trois fois. Le

---

avait *consensu civitatis*; cette dernière expression se rencontre en effet souvent dans Tite-Live, par exemple IX, 7, 15; mais ce qu'il y a de caractéristique dans la phrase que nous citons, c'est le rapprochement de ces mots mis en opposition : *A plebe consensu populi*. — Il est vrai que nous ne voyons jamais que, dans l'époque bien connue des derniers siècles de la République, les comices par centuries eussent à ratifier les décisions de la plèbe; mais qui peut dire que cette règle n'existât pas en 413?

1. *Concilia populi*, Tite-Live, I, 36.
2. Tite-Live, d'ailleurs, comme tous les écrivains de son temps, confond souvent le peuple et la plèbe (II, 41; III, 63; VII, 16; *et alias*).
3. Ni *populus* ni *plebs* ne désignaient proprement ce que nous appelons aujourd'hui le peuple. *Populus* était le corps politique, quelque étroit ou quelque étendu qu'il pût être. *Plebs* ne signifiait pas une partie du *populus*; les mots *plebs* et *populus* n'avaient même aucun rapport entre eux. Le plébéien pouvait être ou n'être pas dans le *populus*. Les deux choses ne se confondaient pas. Ainsi l'on pouvait écrire une phrase telle que celle-ci : *Patres avertunt populum a plebeis* (Tite-Live, IV, 56, 3), pour dire que, dans des comices centuriates réunis pour nommer des tribuns militaires avec puissance de consul, les patriciens avaient détourné le peuple de choisir des plébéiens; dans cette phrase le mot peuple désigne le corps électoral; il est composé de patriciens et de plébéiens distribués en classes et centuries.
4. Tite-Live, III, 65 : [*Ut, qui plebem Romanam tribunos plebei rogaret, is usque eo rogaret, dum decem tribunos plebei faceret*].

terme de *plebs* n'était donc pas une injure; il était le terme consacré dont on désignait une classe d'hommes; et cette classe d'hommes n'était pas la partie inférieure du peuple : elle était, dans ces premiers siècles, une société distincte.

Si l'on veut chercher une analogie dans l'histoire d'Athènes, ce que l'on y trouvera qui ressemble à l'ancienne plèbe de Rome, ce ne seront pas les thètes, anciens serviteurs ou clients devenus libres et citoyens, ce seront les métèques, hommes qui vivent de père en fils en dehors de la cité; ils la servent, ils lui obéissent, ils sont aussi protégés par elle, mais ils n'ont en elle aucun rang ni aucun droit.

II. CARACTÈRES DISTINCTIFS DE LA PLÈBE.

Cicéron et Tite-Live montrent qu'il y avait une plèbe à Rome dès le temps du premier roi, mais ils n'en disent ni l'origine ni la nature[1]. Suivant Plutarque et Denys d'Halicarnasse, ce serait la volonté seule de Romulus qui aurait créé la plèbe[2]. Il aurait « mis d'un côté les grands et les riches, de l'autre les humbles et les pauvres »; il aurait décidé que les premiers seraient patriciens, les seconds plébéiens, et que cette distinction maintenue pour leurs descendants durerait à perpétuité. La science historique se refuse à admettre que la volonté d'un seul homme soit suffisante pour créer des distinctions sociales d'une telle nature.

Quelques historiens modernes ont pensé que les plébéiens étaient les descendants d'une ancienne population vaincue, tandis que les patriciens seraient les descendants d'anciens vainqueurs. Mais c'est là une pure hypothèse, qui n'est appuyée d'aucun texte, ni d'aucun fait. Les traditions romaines, si nombreuses pourtant sur les premiers temps de la ville, ne racontaient pas de conquête et ne marquaient pas qu'une population primitive eût été assujettie. Plusieurs de ces traditions

---

1. Cicéron, *De republica*, II, 9. Tite-Live, I, *passim*.
2. Plutarque, *Vie de Romulus*, 13. Denys, II, 8 : ['Ἐκάλει δὲ τοὺς μὲν ἐν τῇ καταδεεστέρᾳ τύχῃ, πληβείους].

sont même incompatibles avec l'assujettissement des anciens habitants; car elles montrent que des familles établies avant Romulus sur l'emplacement où devait être Rome, comptèrent toujours parmi les familles patriciennes[1]. Les anciens n'ont jamais pensé que la conquête fût l'origine de la distinction entre la plèbe et le patriciat. Dans les luttes qu'ils racontent entre les deux ordres, nous ne voyons jamais les patriciens reprocher aux plébéiens d'être d'anciens vaincus; jamais ils ne justifient leurs privilèges par cet argument, que leurs ancêtres auraient été des vainqueurs. La conjecture d'une conquête originelle est absolument moderne.

Niebuhr et après lui Schwegler ont cru que les plébéiens avaient été les vaincus des cités voisines de Rome. Il est très vrai qu'à mesure que les rois vainquirent les villes latines et sabines, ils amenèrent à Rome et fixèrent dans son enceinte une partie de la population sujette. Mais les traditions romaines laissent bien voir qu'il existait déjà une plèbe avant que les villes voisines furent assujetties. Les guerres des rois ont donc pu augmenter la plèbe; elles ne l'ont pas créée.

M. Mommsen[2] a remarqué avec raison que les clients qui s'affranchissaient du patronage devenaient des plébéiens. Ce fait, sur lequel nous reviendrons tout à l'heure, est la cause du grand développement de la plèbe; il n'en est pas l'origine première.

Suivant M. Belot[3], le patriciat et la plèbe auraient été deux peuples absolument séparés, et ce serait surtout par le domicile qu'ils auraient été distincts. Les patriciens et leurs clients auraient été les habitants de la ville; les petits propriétaires de la campagne auraient formé la plèbe. Le patriciat aurait été une population urbaine, « une bourgeoisie », la plèbe une population rurale. Mais ni Cicéron ni Tite-Live ni aucun des anciens ne semble avoir eu l'idée d'une distinction de cette nature. Toute l'histoire romaine montre que les patriciens habitaient

---

1. Par exemple, les *Potitii* et les *Pinarii*. Tite-Live dit que les *Potitii* étaient *gens antiquior originibus urbis*; IX, 54, 19.
2. Mommsen, *Römische Forschungen*, t. I, p. 388-390.
3. *Histoire des Chevaliers romains*, t. I, p. 17. [Voir plus loin, 5° partie.]

la campagne au moins autant que la ville, et qu'il y avait des plébéiens dans la ville aussi bien que dans la campagne[1]. Les luttes que les anciens historiens racontent ne sont certainement pas celles d'une population rurale contre une population urbaine. Dans cette foule que Tite-Live représente endettée et affamée, et à qui le Forum appartient toujours, nous ne pouvons reconnaître « des laboureurs-propriétaires ». L'histoire romaine, qui est remplie de la longue querelle entre le patriciat et la plèbe, ne contient pas un seul trait qui signale un antagonisme entre la ville et la campagne[2].

Tous les systèmes *a priori*, toutes les théories fondées sur les prétendues analogies avec l'histoire du moyen âge ou l'histoire moderne, doivent être sévèrement écartés de l'étude des institutions antiques. Il faut observer ces institutions en elles-mêmes, sans nulle comparaison, et d'après le petit nombre de faits certains que les écrivains anciens nous ont transmis.

Le premier fait avéré est que la condition de plébéien, comme celle de patricien, était héréditaire. On ne passait pas de l'une à l'autre par un changement de fortune. Une famille était à tout jamais ou patricienne ou plébéienne.

La règle d'hérédité était même plus rigoureuse qu'elle ne l'a été dans la noblesse des temps modernes. Il n'y avait rien qui ressemblât à l'anoblissement. Dans toute la partie de l'histoire de la République romaine qui nous est le mieux connue, nous ne voyons jamais qu'une famille plébéienne ait été élevée au patriciat. Nous connaissons dans le détail les mœurs romaines au temps des guerres Puniques, au temps des Gracques, au temps de Marius, au temps de César; nous n'y rencontrons pas d'exemple d'un plébéien qui monté par son

---

1. Que les patriciens ne fussent pas une population urbaine, c'est ce qui ressort de ce passage de Tite-Live, à l'année 449 av. J.-C. et à propos de la tyrannie exercée par les décemvirs : *Patres in urbe rari erant... cesserant in agros, suarumque rerum erant, amissa (re) publica*, III, 38. Cf. Denys, XI, 4, p. 2166. Ainsi les patriciens avaient leurs intérêts, *suas res*, surtout dans les champs; ce qui ne les empêchait sans doute pas d'avoir leurs maisons de ville.

2. La supériorité des tribus rustiques sur les tribus urbaines, c'est-à-dire de la plèbe de la campagne sur la plèbe de la ville, est d'une époque très postérieure et n'a d'ailleurs aucun rapport avec la lutte de la plèbe contre le patriciat.

mérite ou par sa richesse au rang de patricien. Or il n'est pas vraisemblable qu'une barrière si infranchissable entre les deux ordres ait été dressée pendant cette époque où les lois et la constitution de Rome étaient démocratiques; on doit croire qu'elle est d'une époque fort antérieure.

Pour les temps plus anciens et qui sont moins connus de nous, on peut se demander s'il n'est pas arrivé que des plébéiens soient devenus patriciens. Tite-Live signale plusieurs familles qui, sous les rois, ont été admises dans le patriciat. Mais il faut observer qu'il ne parle que de familles appartenant à des cités étrangères; et toutes celles qu'il nomme semblent bien avoir été déjà patriciennes dans leur ville natale; car le patriciat était une institution commune à toute l'Italie. Ainsi les Julius étaient une *gens* patricienne à Albe et les Claudius en étaient une autre dans la Sabine, avant de venir s'établir à Rome[1]. Ces familles ne passèrent pas de la plèbe dans le patriciat; elles passèrent du patriciat albain ou sabin dans le patriciat romain.

On voudrait trouver un exemple précis d'une famille plébéienne qui serait devenue patricienne. Denys d'Halicarnasse[2] rapporte que Tarquin l'Ancien choisit dans la plèbe cent personnages qu'il créa patriciens et qu'il fit entrer au sénat; mais Cicéron, rapportant le même fait, ne dit pas que les nouveaux sénateurs fussent tirés de la plèbe[3]. Ailleurs l'historien grec

---

1. Les Julius étaient une des vieilles et nobles familles dites troyennes (Denys d'Halicarnasse). Les Claudius avaient dans leur dépendance 5000 clients.
2. Denys, III, 67, p. 579 : [Ἐπιλέξας ἄνδρας ἑκατὸν ἐκ πάντων τῶν δημοτικῶν].
3. Cicéron, *De republica*, II, 20. Ce sont les *patres minorum gentium*; dans cette expression les mots *patres* et *gentium* semblent bien s'appliquer à des patriciens. Ce sont les chefs (*patres*) de *gentes* nouvelles. L'expression *patres minorum gentium* ne saurait être interprétée comme s'il y avait *patres plebeiarum gentium*. Rien dans l'expression n'indique que ces hommes fussent des plébéiens. Il semble, en effet, que Tarquin, qui vint d'Étrurie à Rome, y amena un nouveau groupe de population, dans lequel se trouvaient des *gentes* et des *patres gentium*; ceux-ci se fondirent avec l'ancien patriciat romain. La distinction entre les *patres majorum gentium* et les *patres minorum gentium* subsista toujours (Tacite, XI, 25; Cicéron, *Ad familiares*, IX, 21); mais on ne voit jamais à aucun indice que les secondes aient été originairement plébéiennes. Il est vraisemblable que les mots *majores* et *minores* avaient ici le même sens que dans l'expression *natu major, natu minor*, et désignaient la priorité et la postériorité; dans les votes du sénat, les deux catégories

attribue encore aux premiers consuls ce qu'il avait déjà attribué à Tarquin ; ils auraient choisi un certain nombre de plébéiens pour en faire des patriciens et des sénateurs[1] ; mais Tite-Live dit avec plus de vraisemblance que ces nouveaux sénateurs furent tirés des premiers rangs de l'ordre équestre[2] ; or les premiers de cet ordre, les hommes des *sex suffragia*, appartenaient aux familles patriciennes. La double assertion de Denys d'Halicarnasse est donc fort contestable[3]. Il faut ajouter que les légendes romaines n'avaient pas gardé la trace d'une telle création de patriciens. Jamais, par exemple, les historiens ne font remarquer qu'une famille fût plus vieille qu'une autre dans le patriciat ; dans les querelles qui furent longtemps si vives entre les familles patriciennes, nous n'en voyons aucune qui se vante d'être plus ancienne qu'une autre, ni qui reproche à un adversaire d'être issu de la plèbe.

Il y a surtout cette remarque à faire que, s'il était vrai qu'en 510, cent soixante-quatre plébéiens eussent été créés patriciens, le nombre des familles patriciennes se serait élevé à trois cents ; or les chiffres que donnent les listes consulaires, complétées par les divers renseignements des historiens, tels que les noms des Vestales, ne permettent pas d'arriver à un chiffre de familles qui dépasse soixante et onze. Il paraît bien avéré qu'à partir de 510 le nombre de familles patriciennes fut fort au-dessous de trois cents.

Il semble donc que la règle d'hérédité ait été absolue et n'ait souffert aucune exception avant l'époque de César. Ce qui donne à cette opinion une grande probabilité, c'est que nous

---

avaient les mêmes droits, et il n'y avait de différence, ainsi que le dit Cicéron, que dans le rang où l'on appelait chacun à donner son vote (*De republica*, II, 20).

1. Denys, V, 13 : [Ἐκ τῶν δημοτικῶν τοὺς κρατίστους ἐπιλέξαντες πατρικίους ἐποίησαν καὶ συνεπλήρωσαν ἐξ αὐτῶν τὴν βουλὴν τοὺς τριακοσίους].

2. Tite-Live, II, 1 : [*Primoribus equestris gradus electis*. Voir maintenant les discussions de Willems, *Le Sénat Romain*, t. I, p. 20 et suiv. ; Bloch, *Les Origines du Sénat Romain*, p. 207 et suiv. ; Mommsen, *Staatsrecht*, t. III, p. 845, 868, etc.].

3. L'erreur de Denys s'explique aisément ; il devait traduire dans sa langue les expressions de la langue latine ; or le mot *patres* en latin signifiait à la fois patriciens et sénateurs ; si les vieux annalistes que Denys consultait avaient écrit que Tarquin avait fait de nouveaux sénateurs, l'historien grec a pu comprendre qu'il avait fait de nouveaux patriciens.

ne voyons jamais dans l'histoire les plébéiens essayer de devenir patriciens. A l'époque où ils furent maîtres, ils prirent tout excepté cela; ils prétendirent à tout excepté à cela. Ils se firent nobles, ils ne se firent pas patriciens. Il n'est guère douteux que beaucoup d'entre eux n'eussent aspiré au patriciat, comme ils aspirèrent à la noblesse, s'ils avaient trouvé dans l'ancienne histoire un précédent en leur faveur. Mais il semble que jusqu'à César il ne soit entré dans l'esprit de personne qu'une famille pût passer de la plèbe dans le patriciat. Les Publilius Philo et les Décius qui sauvèrent Rome restèrent toujours dans la plèbe. Les plus grands services rendus à l'État ni les plus grands honneurs conférés par l'État ne firent jamais d'un plébéien un patricien. D'autre part, ni la pauvreté, ni les fautes, ni les crimes ne faisaient tomber un patricien dans la plèbe. On pouvait condamner un patricien à l'exil, à la confiscation des biens, à la perte du droit de cité; nulle condamnation ne faisait de lui un plébéien. Les censeurs, qui nommaient et dégradaient à leur gré les sénateurs et les chevaliers, ne nommaient ni ne dégradaient des patriciens. Le rang de patricien ou de plébéien était indépendant de la richesse, du mérite, de la faveur ou de la haine du peuple; il était indépendant du magistrat, de la loi, de la cité même[1].

---

1. Ce que l'on sait du droit d'adoption chez les Romains ne contredit pas les règles que nous venons d'énoncer. Un plébéien pouvait, par adoption, devenir patricien, et réciproquement. Ainsi, un homme qui était né dans la famille Fulvia, plébéienne, fut adopté par un Manlius patricien, et prit le nom de L. Manlius Acidinus Fulvianus; à ce titre, il fut réellement patricien; aussi le voyons-nous figurer dans les Fastes à l'année 179 av. J.-C., comme consul patricien. Il y a même cette singularité qu'il a pour collègue comme consul plébéien son propre frère de naissance, Q. Fulvius Flaccus (Mommsen, *Römische Forschungen*, p. 75). — Mais il y a sur ces adoptions plusieurs remarques à faire : 1° elles étaient rares, et nous n'en connaissons pas d'exemples dans les cinq premiers siècles de Rome; 2° elles devaient être autorisées par les pontifes, qui alors étaient tous patriciens; 3° cette adoption n'avait rien de commun avec l'anoblissement : ce n'était pas une famille plébéienne qui devenait patricienne; c'était seulement un être humain qui était introduit *loco filii* dans une famille patricienne pour la perpétuer; cet être humain perdait son nom et sa famille d'origine; cette famille n'avait plus aucun lien avec lui : elle n'héritait pas de lui, ni lui d'elle. Dans le cas que nous avons cité, il se trouvait qu'un homme né Fulvius devenait un Manlius patricien; mais tous les Fulvii restaient à jamais plébéiens. — L'adoption, dans l'ancien droit, était une naissance fictive et religieuse qui avait les mêmes effets que la naissance par le sang.

Une distinction tellement ineffaçable, tellement au-dessus de tout pouvoir humain, devait tenir à une cause puissante et lointaine. Ce qui faisait différer le patricien du plébéien, ce n'était pas la richesse; car il y avait des plébéiens très riches, comme des patriciens pauvres. Ce n'était pas la possession du sol; car, s'il est douteux que les plébéiens aient pu dès l'origine être propriétaires du sol, il est certain qu'ils le devinrent d'assez bonne heure, sans cesser pour cela d'être plébéiens. Ce n'était pas la force des armes; car, si les patriciens étaient guerriers, les plébéiens l'étaient aussi, et ils purent toujours arriver aux plus hauts grades militaires. Ce n'était pas l'illustration de la race; car plusieurs familles plébéiennes égalèrent la gloire des plus illustres patriciens sans qu'elles pussent pourtant sortir de la plèbe.

Mais il y a un fait que toute l'ancienne histoire atteste: c'est que les patriciens possédaient des privilèges religieux qui n'étaient pas communiqués aux plébéiens. On sait que ce fut seulement en l'année 300 avant notre ère, 454 de Rome, que les plébéiens demandèrent de pouvoir être pontifes et augures; et c'est seulement soixante-sept ans auparavant qu'ils avaient pu être *decemviri sacris faciundis*. Pour toute l'époque qui précède cette dernière date, il est avéré qu'ils ne purent exercer aucun des sacerdoces de la cité. Ils pouvaient être riches, figurer dans les premières centuries, être chevaliers et sénateurs, être tribuns militaires; ils ne pouvaient pas être prêtres.

Denys d'Halicarnasse dit qu'il appartenait aux patriciens d'accomplir les cérémonies sacrées, et non aux plébéiens [1]. Tite-Live est plein de cette vérité; il ne l'énonce pas en son propre nom et comme une opinion qui lui soit personnelle; mais tous ses personnages agissent et parlent comme si cette vérité était incontestable. Un patricien, à l'année 368, s'exprime ainsi [2]: « A qui appartient le droit de prendre les auspices, d'après les usages des ancêtres? Aux patriciens seuls; les auspices sont

---

1. Τοὺς μὲν εὐπατρίδας ἱερᾶσθαι:... τοὺς δὲ δημοτικοὺς τούτων μὲν ἀπολελύσθαι. Denys, II, 9, p. 255.

2. Tite-Live, VI, 41: [*Penes quos igitur sunt auspicia more majorum? Nempe penes Patres*].

notre bien propre. » Ailleurs, un plébéien s'adressant aux
patriciens leur dit : « Vous répétez toujours la même chose,
vous prétendez que vous seuls avez le droit d'auspices[1]. » Ce ne
sont pas là des phrases imaginées par Tite-Live pour l'ornement
de son discours; il n'a même pas pu les imaginer, parce
qu'elles ne répondent ni à la nature de son esprit ni aux faits
qu'il voyait de son temps. Lorsqu'il écrivait, il y avait trois
siècles qu'elles n'étaient plus vraies et qu'elles étaient contraires à toutes les idées en vogue. Il est vraisemblable qu'il les
a trouvées dans de vieux annalistes[2]. Plus anciennes que l'historien, elles sont l'expression des vieux principes du patriciat.

Il y a dans Tite-Live un autre passage bien significatif. En
l'an de Rome 454, les plébéiens demandent le partage du pon-
tificat, et un patricien répond : « Prenez garde; ce n'est pas
notre intérêt, c'est l'intérêt des dieux qui est engagé ici ; leur
culte sera souillé si les plébéiens y mettent la main[3]. » Ici
encore, l'historien contemporain d'Auguste ne parle pas en son
nom ; à peine comprend-il cette pensée patricienne; il ne peut
même croire qu'elle soit sérieuse; aussi dit-il que ce n'était
qu'une feinte et un mensonge, *simulabant*. Sans doute, au
temps de Tite-Live, une telle phrase n'aurait été qu'un mensonge; trois siècles auparavant, nous pouvons croire qu'elle
répondait à la vraie pensée des patriciens.

La religion des anciens âges de l'humanité n'avait presque
aucun rapport avec ce que nous appelons aujourd'hui du même
nom. Elle était un privilège. Au lieu d'avoir l'esprit de propagande, elle avait l'esprit d'exclusion. Le droit d'adorer et de
prier les dieux n'appartenait qu'à certains hommes; comme
toute propriété, il était héréditaire. Il se transmettait avec le
sang et de mâle en mâle seulement, ainsi que les biens patri-

---

1. Tite-Live, X, 8 : [*Semper ista audita sunt eadem, penes vos auspicia
esse, vos solos gentem habere, vos solos justum imperium et auspicium domi
militiæque*].

2. Tite-Live, en effet, trouvait le fond de son discours dans les vieux annalistes,
et il s'y conformait; il le dit lui-même, III, 47; et III, 67 : [*Ibi in hanc sententiam
locutum accipio*]. Cf. Denys, X, 4.

3. Tite-Live, X, 6 : *Ad deos id magis quam ad se pertinere; ipsos visuros ne
sacra sua polluantur.*

moniaux. La règle était la même pour les *sacra* et pour la terre. Plus on remonte dans l'antiquité grecque et italique, mieux on trouve établi le principe de l'hérédité des sacerdoces. Le plus ancien culte de Rome, celui d'Hercule, était desservi héréditairement par deux familles patriciennes, et le jour où des hommes étrangers à ces familles mirent la main aux cérémonies, ce fut une impiété dont le dieu se vengea[1]. En l'année 442 de Rome, « les Potitii, *gens* à qui appartenait le sacerdoce d'Hercule, avaient révélé à des esclaves publics les rites solennels du culte; alors se produisit un fait qui est de nature à faire réfléchir ceux qui veulent introduire quelque nouveauté en religion; toute cette *gens* Potitia, qui comptait douze branches et trente membres mâles en âge de puberté, s'éteignit dans l'espace d'une seule année[2]. » Lorsqu'un culte n'était pas le bien propre d'une seule famille, il était la propriété commune de plusieurs familles associées formellement et à l'exclusion de toute autre pour le partager. Les curies, les tribus primitives, les cités étaient des associations de cette nature; chacune possédait un culte qui n'appartenait qu'aux membres de la curie, de la tribu ou de la cité.

Cette religion avait ainsi dans les antiques sociétés une importance tout autre que celle qu'elle a dans les sociétés modernes. Au lieu de régner, comme aujourd'hui, sur la conscience, elle régnait dans l'État. Au lieu de régir l'intelligence et les mœurs, elle régissait la cité et la famille, le droit public et le droit privé.

Or les plébéiens, dans les premiers siècles de Rome, nous apparaissent comme visiblement exclus des cultes de la cité. Jamais ils ne sont ni pontifes, ni augures, ni rois des sacrifices, ni flamines. Ils sont écartés du feu sacré de Vesta; ils ne peuvent prendre les auspices ni observer le ciel au nom de la cité; ils ne peuvent accomplir les cérémonies ni frapper les victimes

---

1. Tite-Live, I, 7 : *Potitii ab Evandro edocti antistites sacri ejus per multas ætates fuerunt, donec, tradito servis publicis solemni familiæ ministerio, genus omne Potitiorum interiit.*

2. Idem, IX, 29 : [*Potitii, gens cujus ad Aram Maximam Herculis familiare sacerdotium fuerat, servos publicos, ministerii delegandi causa, sollennia ejus sacri docuerat.... Omnes intra annum cum stirpe extinctos*].

sacrées. On prie pour eux, mais ils ne prient pas. On invoque les dieux « pour la plèbe comme pour le peuple », mais la plèbe n'invoque pas les dieux. Elle assiste peut-être aux cérémonies, elle ne les dirige jamais.

Il semble même que la plèbe ne possédât pas les cultes domestiques. Nous trouvons, à la vérité, dans les trois derniers siècles de la République romaine, des plébéiens qui ont des *sacra gentilitia*. Mais il y a grande apparence que ni le régime de la *gens* ni le culte qui en était le principe, n'existaient dans la plèbe primitive. Nous n'en voyons aucune mention, aucun indice dans les légendes des quatre premiers siècles de Rome; les écrivains qui en racontent l'histoire ne signalent jamais une *gens* plébéienne ni un culte domestique qui appartienne dès lors aux plébéiens, ni un tombeau plébéien ayant caractère sacré comme ceux des patriciens, ni aucune de ces cérémonies annuelles que le culte domestique exigeait. Nous trouvons même des indices qui marquent que l'organisation en *gentes* n'existait pas dans la plèbe. Tite-Live raconte un débat entre les deux ordres; un plébéien dit aux patriciens : « Nous vous entendons toujours répéter que vous seuls avez la *gens* », *vos solos gentem habere*[1]. Cette phrase singulière, que nous ne pouvons regarder comme de l'invention de l'historien, se rapporte à l'année 453 de Rome. Elle n'était plus exactement vraie, même à ce moment, puisqu'il existait déjà dans la plèbe plusieurs familles qui pratiquaient des *sacra gentilitia*[2]. Elle exprimait sans doute la prétention des patriciens qui voulaient posséder seuls le régime de la *gens*, qui se souvenaient d'un temps où eux seuls le possédaient, et qui se refusaient à reconnaître les *gentes plebeiæ* et leurs *sacra*.

Si nous remontons d'un siècle et demi dans l'histoire, vers l'an 309 de Rome, nous trouvons le récit d'un débat au sujet des mariages. Ni Tite-Live, ni Cicéron, ni presque aucun de leurs contemporains ne savaient plus pour quel motif très sérieux et très puissant le mariage avait été interdit entre les deux

---

1. Tite-Live, X, 8.
2. Idem, X, 7.

ordres[1]. Aussi le récit de l'historien est-il étrangement obscur. Il porte du moins la trace bien visible des vieilles pensées patriciennes sur ce sujet. « Ce tribun, disaient les partisans de l'ancienne règle, ce tribun qui propose que le mariage soit permis entre les deux classes, ne sait pas à quelles grandes et saintes choses il porte atteinte; ce qu'il propose, c'est la corruption des *gentes*[2], *colluvionem gentium*, et le bouleversement de la religion domestique, *perturbatio auspiciorum privatorum*; bientôt il n'y aura plus rien qui ne soit souillé et impur, *nihil sinceri, nihil incontaminati*; ce sera le désordre dans toutes les choses divines et humaines, *omnia divina humanaque turbentur.* » Observons bien ce langage et l'ordre d'idées qu'il exprime. Il ne s'agit pas ici d'une simple mésalliance. Le sentiment qui respire ici est tout autre chose que l'orgueil d'un noble qui rougirait de s'unir à un non-noble. Jamais la noblesse féodale, même au temps de ses suprêmes dédains, n'a tenu un pareil langage. Il y a ici une idée que le moyen âge n'a jamais exprimée et qu'une société chrétienne ne pouvait même pas concevoir. Il y a chez le patricien cette pensée, cette conviction que les familles patriciennes ont une religion particulière, et que c'est cette religion qui leur défend de s'unir par mariage à la plèbe.

La phrase qui suit dans Tite-Live est plus curieuse encore. « Si ces unions sont permises, disent les patriciens, ce ne seront

---

1. Tite-Live et Cicéron supposent que cette interdiction était nouvelle en 450 et qu'elle n'avait été introduite que par un caprice tyrannique des décemvirs.

2. Tite-Live, IV, 2 : *Colluvionem gentium*. Nous ne trouvons pas de mot assez énergique pour rendre exactement le mot *colluvio*; il se dit proprement des eaux sales (comparez *colluvio* à *alluvio*, *circumluvio*; le verbe *colluere* signifie laver), et par suite de toutes sortes d'ordures et d'immondices; par l'expression *colluvio gentium* le patricien fait entendre que les *gentes* s'en iraient en impuretés et en ordures. — Les traducteurs de Tite-Live rendent *colluvionem gentium* par mélange des familles; mais *colluvio* n'a pas le sens de mélange et n'est pas synonyme de *mixtura* ou de *confusio*; et si quelques dictionnaires lui attribuent le sens de mélange, c'est en se fondant sur ce seul exemple mal interprété. Le patricien qui parle dans Tite-Live ne veut pas dire que ces mariages mixtes amèneraient un mélange entre les *gentes* patriciennes et les *gentes* plébéiennes; il n'est question dans ce *colluvio gentium* que de *gentes* patriciennes, et le patricien dit que ces *gentes* vont se corrompre et tomber comme en pourriture par l'effet de ces alliances. Nous nous expliquerons toute leur pensée quand nous verrons que le mariage par *confarreatio* devenait impossible.

pas des mariages, ce sera une promiscuité, ce sera un accouplement comme pour les animaux », *connubia promiscua, ferarum prope ritu concubitus.* Que veulent-ils dire? Si le tribun avait demandé que le mariage régulier, le mariage sacré, *per confarreationem*, fût permis entre les deux ordres, le patricien n'aurait pas répliqué qu'un tel mariage serait une promiscuité et un concubinage. Aussi n'était-ce pas de ce mariage sacré qu'il était question; car à aucune époque nous ne voyons que la *confarreatio* ait été pratiquée entre patriciens et plébéiens. Les tribuns ne demandaient et ils n'obtinrent que le mariage par *coemptio* ou par *usus*[1]; et les vieux patriciens répliquaient que sans le sacrement, sans la *confarreatio*, il n'y aurait pas véritable mariage; surtout il n'y aurait pas transmission des *sacra* aux enfants, *ut qui natus sit ignoret quorum sacrorum sit.* Tite-Live n'exprime pas clairement toutes ces vieilles idées des hommes, parce que peut-être ni lui ni ses contemporains ne les comprenaient plus; mais elles percent à travers l'obscurité de ce passage, qui ne peut pas s'expliquer autrement.

Le mariage religieux n'exista jamais ni parmi les plébéiens, ni entre les deux ordres. C'était un acte de la religion domestique, et il n'était possible qu'entre deux familles qui eussent cette religion. Les patriciens seuls pratiquaient la *confarreatio*, parce que seuls ils avaient des *sacra* héréditaires.

Les documents authentiques nous manquent pour cet âge ancien de Rome; quelques fragments à peine, et bien altérés, en sont venus jusqu'à nous, insérés comme par hasard dans les écrits d'un historien d'un tout autre âge et d'esprit fort différent. Quelques mots qui semblent sortir de la bouche des vieux patriciens et qui nous parviennent à travers Tite-Live, voilà notre seule ressource. Mais sans eux l'existence de la plèbe primitive ne se comprendrait en aucune façon; par eux nous pouvons pressentir ce qu'elle était.

---

1. Ou plutôt les effets civils de l'union conjugale, c'est-à-dire l'acquisition de la *manus* par *coemptio* ou par *usus*.

C'était une classe d'hommes qui, en un temps où la cité était l'association de familles ayant un culte commun, n'avaient pas ce culte et par conséquent ne faisaient pas partie de la cité. C'était une classe d'hommes qui, en un temps où régnait encore l'antique organisation de la *gens* unie par des *sacra*, n'avaient ni ce culte domestique ni cette organisation de la *gens*[1].

On comprend dès lors pourquoi les deux ordres étaient si profondément distincts. La loi, dans cet âge primitif, faisait partie de la religion ; Denys d'Halicarnasse le dit, et tout ce que nous savons de l'antique procédure en est la preuve ; aussi la loi était-elle inaccessible aux plébéiens. La magistrature était, à certains jours de l'année, un sacerdoce, et le droit d'auspices y était inhérent ; aussi la magistrature était-elle inaccessible aux plébéiens. La cité était l'association religieuse des curies, dont chacune était elle-même l'association religieuse d'un nombre déterminé de *gentes* ; les plébéiens, pendant quatre siècles, ne firent partie ni des *gentes*, ni des curies ; et aussi ne figurèrent-ils pas dans les comices curiates.

Ils n'étaient pas non plus des membres de la cité. La suite de ces études montre que d'assez bonne heure on établit à Rome un organisme militaire et politique où les plébéiens furent admis ; ce fut comme une cité laïque où ils eurent leur place ; mais la cité religieuse leur fut fermée durant près de quatre siècles.

Aussi s'explique-t-on que de vieux documents nous montrent, ainsi que nous l'avons vu plus haut, la *plebs* complètement séparée du *populus*. Ce qu'on appelait proprement *populus* dans la vraie langue latine, c'était la cité ou le corps politique, *civitas*. Or la plèbe n'avait alors rien de commun avec la cité. Elle n'était pas une partie du peuple. Le peuple, *populus romanus Quiritium*, ne fut d'abord composé que des *gentes* patriciennes et de leurs clients. La plèbe n'était pas une classe inférieure de la cité ; elle était une population absolument en

---

[1]. [On sait] que d'assez bonne heure plusieurs *gentes plebeiæ* ont dû se former dans la plèbe ; mais ces *gentes* et leurs *sacra* n'étaient pas officiellement reconnus par la cité romaine.

dehors du peuple et de la cité. Elle habitait les mêmes murs que le patriciat et ses clients; mais elle ne partageait avec eux ni la religion ni les institutions politiques ni même les lois. Comme si elle eût été un peuple étranger, elle n'avait pas avec eux le *connubium*; on peut même douter qu'elle ait eu avec eux le *commercium*, c'est-à-dire le droit d'acheter et de vendre les *res mancipi*. Rome fut, durant quatre siècles, l'agglomération de deux populations qui se mêlaient matériellement, mais qui n'avaient aucun rapport moral ni légal.

On comprend dès lors les luttes des deux ordres. Durant un siècle et demi, il parut impossible de les unir. Ne disons pas que les patriciens étaient des privilégiés qui s'obstinaient à défendre leurs intérêts. Ils défendaient quelque chose de plus fort que l'intérêt, quelque chose qu'ils ne croyaient pas avoir le droit d'abandonner, c'est-à-dire leur religion et l'hérédité de leur caractère sacerdotal. La lecture attentive du long récit que Tite-Live et Denys d'Halicarnasse font de ces luttes montre manifestement qu'il y avait autre chose en jeu que l'intérêt ou l'orgueil. Il est visible en effet que Rome tout entière souffrait de ces interminables querelles, qu'elle en était affaiblie, et que plus d'une fois elle faillit y périr. Or nous devons bien croire que les Romains avaient assez de sens pratique pour ne pas créer tout exprès un dualisme aussi funeste et ne pas l'entretenir volontairement. Il ne se peut pas qu'ils n'aient senti les avantages que l'union leur aurait procurés, soit pour les intérêts publics, soit pour les intérêts privés. Cette division si rigoureuse était moins utile qu'on ne croit aux patriciens; à regarder les choses de près, elle leur causait plus de mal et leur créait plus d'embarras qu'elle ne leur conférait d'avantages. Aussi voyons-nous qu'il y avait beaucoup de patriciens qui travaillaient à la faire disparaître et qui en cherchaient le moyen. Mais ce n'était pas la volonté des hommes qui l'avait créée, et lorsqu'il s'agit de la détruire, on rencontra un obstacle devant lequel les volontés se brisèrent pendant cent cinquante ans. Cet obstacle était dans les croyances des hommes, c'est-à-dire dans ce qu'il y a de plus fort et de plus insurmontable. La manière dont les vieilles générations avaient conçu les dieux, la religion, les rites, les prières, avait établi dès l'abord une infranchissable barrière entre la caste patricienne qui était seule en possession des croyances et des formules, et la classe plébéienne qui n'avait, à l'origine, ni sacerdoce ni culte. L'inégalité était un des dogmes de cette vieille religion. Tite-Live, écrivant d'après des historiens plus anciens que lui qui avaient eu sous les yeux les vieux documents rédigés par les familles patriciennes, transporte dans ses harangues le grand argument que le patriciat opposait à toutes les demandes de la plèbe : « Vous n'avez pas les auspices ; vous n'accomplissez pas les actes religieux. Vous voulez être consuls ; mais comment accomplirez-vous les cérémonies que le consul doit accomplir, vous à qui les dieux ont refusé les auspices? » Ainsi ont pensé, ainsi ont parlé les patriciens pendant un siècle et demi. Et ils étaient de bonne foi; ils subissaient plus que personne l'empire de leurs vieilles idées ; ils ne pouvaient pas s'affranchir d'une religion qui réglait tous les actes de leur vie et qui était maîtresse de leur âme. C'est pour cela qu'il fallut deux siècles pour arriver à une conciliation qui d'abord avait paru impossible et dont la seule pensée avait été impie. Il fallut trois siècles d'efforts incessants de la part des deux classes pour qu'elles pussent enfin, sans se confondre, se donner du moins assez de liens pour vivre en paix. Il fallut surtout, pour en arriver là, que les vieilles idées religieuses se fussent affaiblies et altérées. Car c'est à mesure que l'ancienne religion perdit de sa rigueur, que la distinction entre les deux classes s'adoucit.

III. LE PREMIER BERCEAU DE LA PLÈBE ; L'ASILE.

La dualité de la population romaine et la distinction en patriciat et plèbe sont déjà très nettement marquées dans les traditions et les souvenirs qui nous sont venus des premiers rois. On y voit en effet que Romulus avait fondé deux choses bien différentes, une ville et un asile. Cette ville et cet asile ne pouvaient pas se confondre; car ils occupaient deux emplacements séparés.

La ville n'occupait que le mont Palatin. Tite-Live dit formellement que Romulus « bâtit d'abord sur le Palatin », et ailleurs il appelle cette colline « le siège de l'établissement des anciens Romains[1] ». Le *pomerium*, c'est-à-dire l'enceinte sacrée qui enveloppait la ville, suivait en effet les contours du Palatin[2]. La cérémonie religieuse de la lustration qui, reproduite exactement d'année en année, devait suivre l'enceinte de l'ancienne ville, faisait le tour du Palatin[3]. Enfin Tacite nous explique très clairement quelles étaient les limites de la ville fondée par Romulus : « Je ne crois pas, dit-il[4], qu'il soit hors de propos de faire connaître quelle fut la première fondation et quel pomérium fut tracé par Romulus. Il prit son point de départ à l'endroit où est aujourd'hui le marché aux bœufs et où nous voyons l'image d'un taureau d'airain qui rappelle la cérémonie faite par Romulus, parce que c'est toujours ce genre d'animal qui est attelé à la charrue de celui qui accomplit l'acte sacré de la fondation. C'est à partir de cet endroit qu'il traça le sillon qui devait marquer l'enceinte de la ville, et il le continua en laissant à l'intérieur le Grand autel d'Hercule. Puis, suivant le pied du mont Palatin, il tourna vers l'autel de Consus ; de là, vers les *Curiæ Veteres* ; et il revint enfin vers la chapelle des dieux Lares et ce qui est aujourd'hui le Forum romain. » L'historien fait remarquer que le Capitole n'était pas compris dans cette enceinte, qui ne comprenait qu'une seule colline, le Palatin[5]. Or ce renseignement que donne Tacite aura toute notre confiance, si nous songeons que l'enceinte primitive n'avait pas disparu de son temps ; les pierres sacrées qui y avaient été placées à des intervalles déterminés[6],

---

1. Tite-Live, I, 7 : *Palatium primum muniit*. On sait que le verbe *munio* (même racine que *mœnia*) signifie simplement construire. Le prît-on donc le sens de fortifier, il en résulterait encore que la ville, que Romulus entoura de murailles, n'occupait que le Palatin. Cf. I, 33 : *Palatium, sedem veterum Romanorum*.
2. *Antiquissimum pomerium Palatini montis radicibus terminabatur*. Aulu-Gelle, XIII, 14.
3. *Lupercis nudis lustrabatur antiquum oppidum Palatium*. Varron, VI, 34.
4. Tacite, Annales, XII, 24 : [*Sed initium condendi, et quod pomerium Romulus posuerit, noscere haud absurdum esse*].
5. *Et Capitolium non a Romulo... additum urbi credidere*, ibid.
6. *Certis spatiis interjecti lapides*, ibid.

n'avaient jamais été arrachées, et la procession lustrale les suivait encore chaque année au temps de Tacite. La description si nette que fait l'historien n'a donc rien qui doive nous étonner.

Le Palatin est un plateau de forme à peu près carrée ; aussi savons-nous que cette ville de Romulus s'appela longtemps Rome carrée, *Roma Quadrata*. Le poète Ennius l'appelle encore de ce nom. Plutarque et Denys d'Halicarnasse nous disent que Romulus fonda la « Rome carrée » et le grammairien Festus explique que « Rome carrée » était la ville du Palatin[1].

L'asile était ailleurs. Sur ce point les Romains ne pouvaient pas se tromper ; car cet asile, lieu vénéré, existait encore au temps de Tite-Live et de Tacite, et tel qu'il avait été à l'origine, car la religion défendait d'y rien changer. Il était situé sur le mont Capitolin. On sait que ce petit mont se terminait par deux sommets, l'un qui porta la citadelle, *arx*, l'autre qui porta le temple du Capitole. Dans la petite gorge qui séparait les deux sommets se trouvait l'asile. Tite-Live le dit clairement : « Cet asile est une enceinte que l'on rencontre, quand on descend du Capitole, entre les deux bosquets sacrés[2]. » Le géographe Strabon qui, au temps de l'empereur Auguste, traçait la topographie de Rome, mentionne aussi cet asile « entre la citadelle et le Capitole.[3] » Denys d'Halicarnasse qui habita longtemps à Rome et qui a pu voir maintes fois cet asile, le décrit de même. Enfin Tacite, racontant que les soldats de Vitellius donnèrent l'assaut au Capitole, dit qu'ils escaladèrent la colline en passant par l'asile, *per lucum asyli*[4].

Aucune confusion n'est donc possible entre la ville fondée

---

1. Denys, II, 65 : [Τῆς τετραγώνου καλουμένης Ῥώμης]. Plutarque, *Romulus*, 9 : [Τὴν καλουμένην Ῥώμην Κουαδράτην]. Ennius *apud* Festus : [Et quis erat Romæ regnare Quadratæ]. On a retrouvé, il y a quelques années, les vestiges des murailles de cette première Rome.

2. Tite-Live, I, 8 : *Qui nunc sæptus descendentibus inter duos lucos est.*

3. Strabon, V, 3, 2 (Didot, p. 191) : Ἄσυλόν τι τέμενος μεταξὺ τῆς Ἄκρας καὶ τοῦ Καπετωλίου.

4. Tacite, *Histoires*, III, 71. Cf. Virgile, VIII : Évandre conduit Énée hors du Palatin et lui montre l'endroit où sera plus tard l'asile.

sur le Palatin et l'asile ouvert sur le versant du mont Capitolin.

Ces deux choses ne se ressemblaient en aucune façon. Sur le Palatin était une véritable ville qui, suivant l'usage universel de l'antiquité grecque et italienne, avait été fondée par une cérémonie sainte ; aussi était-elle entourée d'une enceinte sacrée, le *pomerium*. L'asile n'avait rien d'une ville ; c'était un petit bosquet consacré, *lucus*, comme il y en avait partout en Grèce et en Italie, un ἱερὸν ἄσυλον comme l'appelle Denys d'Halicarnasse, un ἱερὸν τέμενος comme l'appelle Strabon. Loin que ce fût une ville, il était défendu d'y construire et d'y établir aucune habitation privée. Denys dit qu'il contenait un sanctuaire, ναός. Un asile, en effet, n'était pas autre chose qu'un petit terrain consacré à une divinité où tout homme trouvait un refuge contre toute poursuite, ainsi que cela avait lieu dans le moyen âge aux abords des églises[2].

La ville du Palatin fut fondée d'abord ; l'asile ne fut ouvert que plus tard. Tite-Live est très net sur ce point; Strabon, Denys, Plutarque confirment la même vérité[3] ; et il n'y a pas un seul texte ancien qui soit en sens contraire.

Ce qui est mieux attesté encore, c'est que l'asile ne fut pas ouvert pour les mêmes hommes pour qui la ville avait été fondée. La ville, qui avait été fondée suivant les rites, avec les auspices, et sous l'invocation des dieux nationaux, était le centre religieux plus encore que le domicile de toutes les familles qui partageaient le culte des dieux nationaux et qui étaient placées sous la sauvegarde des auspices. Dans cette enceinte se trouvaient, avec les seuls temples qui fussent alors, les sanctuaires des curies, *Curiæ Veteres*. Cette ville, sainte comme toutes les villes antiques, était le centre de la religion

---

1. Denys, II, 15. Tite-Live appelle l'asile (II, 1) *inviolatum templum*.
2. L'asile fut toujours conservé pieusement, comme terrain religieux; mais il perdit de bonne heure sa destination, dont une cité régulière ne pouvait guère s'accommoder; on l'entoura de telle sorte que personne n'y pût entrer; Dion Cassius, XLVII, 19 : [Οὕτω γὰρ περιεφράχθη ὥστε μηδένα ἔτι τὸ παράπαν ἐσελθεῖν ἐς αὐτὸ δυνηθῆναι]. C'est probablement le sens des mots *nunc sæplus* de Tite-Live.
3. Tite-Live, I, 7 et 8 : [Crescebat interim urbs.... Deinde asylum aperit]. Cf. Denys, III, 15 ; III, 43. Strabon, ibidem. Plutarque, ibidem.

exclusive et héréditaire à laquelle les hommes n'étaient attachés qu'en vertu des liens du sang. Elle appartenait donc à la société des curies et des *gentes*. C'était la ville du patriciat et de ses clients.

L'asile était un lieu sacré aussi, mais d'un autre genre de religion. C'était un de ces sanctuaires qui s'ouvraient à tous les êtres humains sans distinction de naissance et de rang : refuge de ceux qui n'avaient pas les temples bien plus vénérés de la cité ; là du moins les hommes à qui la naissance n'avait pas donné de dieux ou à qui une faute avait enlevé le droit d'adorer leurs dieux, trouvaient quelque divinité et quelque providence protectrice[1].

La population qui se réunit autour de cet asile nous est nettement décrite par la tradition romaine. « C'étaient, dit Tite-Live, des hommes sortis des cités voisines, foule confuse, où l'on ne distinguait même pas l'homme libre de l'esclave[2]. » La légende, qui enchérit volontiers sur la vérité, représentait ces hommes comme des voleurs et des brigands ; mais le trait essentiel, incontestable, et utile à l'histoire, c'est que c'était une foule confuse, venue de partout, où l'on ne distinguait aucun des cadres qui régnaient si fortement dans les sociétés antiques, où personne ne pouvait dire quelle était sa naissance, ni par conséquent quels étaient ses dieux, qui n'avait jamais eu ou n'avait plus de religion domestique ou nationale, et qui, pour prier, était réduite à s'adresser à cette divinité de l'asile, divinité si humble que le contemporain d'Auguste ne savait plus comment elle s'appelait ni même si c'était un dieu ou un simple *genius*[3].

Ainsi sur le Palatin se dressait la ville sainte des *gentes*, des curies, de la cité, enfin de toute la société aux cultes héréditaires. Sur le versant du Capitolin était l'asile, pauvre sanctuaire de ceux qui n'avaient pas d'autre culte. Le Palatin était

---

1. Cette idée est exprimée formellement par Tite-Live, II, 1 : en parlant des plébéiens de l'asile, il dit qu'ils étaient *sub tutela inviolati templi*.
2. Tite-Live, I, 8 : [*Eo ex finitimis populis turba omnis sine discrimine, liber an servus esset, avida rerum novarum perfugit*].
3. Denys, II, 15 : Ὅτῳ δὲ ἄρα θεῶν ἢ δαιμόνων οὐκ ἔχω τὸ σαφὲς εἰπεῖν.

la ville des *gentes*, c'est-à-dire des patriciens et des clients ; autour de l'asile vivaient épars ceux qui n'étaient ni patriciens, ni clients des patriciens, c'est-à-dire la plèbe.

L'asile dépendait de la ville. Denys d'Halicarnasse est très clair sur ce point : « Ceux qui se réfugièrent dans l'asile, Romulus leur garantit qu'il les protégerait contre toute violence des ennemis du dehors, et il fit cette promesse au nom des dieux[1]. » Il y a dans ce passage de l'historien comme le débris très mutilé d'un vieux texte, l'écho d'une antique légende. Romulus, fondateur du sanctuaire de l'asile, a pris à témoin ce dieu auquel il venait d'élever un ναός, et a promis d'être un protecteur pour les nouveaux venus. Une sorte de traité sacré, une *lex sacrata*, comme nous en rencontrerons plusieurs dans la suite de l'histoire de la plèbe, a été conclue entre le chef de la cité et la population de l'asile[2].

Cette population, qui vivait hors de la ville, qui ne comptait pas non plus dans la cité, n'avait ni les institutions, ni les lois du Palatin. Elle obéissait au roi ; à quel titre, dans quelle mesure, nous l'ignorons. Une chose paraît certaine, c'est que le roi était son maître comme il était son protecteur.

IV. PROGRÈS DE LA PLÈBE SOUS LES PREMIERS ROIS.

L'existence de la plèbe n'est pas un fait particulier à Rome. Il y avait une plèbe dans toutes les anciennes cités, et Romulus, en ouvrant un asile, n'avait fait qu'imiter la plupart des fondateurs, *vetere consilio condentium urbes*, dit Tite-Live[3]. Mais ce qui est particulier à Rome, c'est l'importance que cette plèbe y prit dès l'abord. Les traditions romaines parlent déjà de cette foule comme si elle était fort nombreuse. Elle se grossit

1. Denys, II, 15 : [Τοῖς καταφεύγουσιν εἰς τοῦτο τὸ ἱερὸν ἱκέταις, τοῦ τε μηδὲν κακὸν ὑπ' ἐχθρῶν παθεῖν ἐγγυητὴς ἐγίνετο].
2. La suite de Denys donnerait à entendre que Romulus leur donna le partage de la cité, πολιτείας μετεδίδου ; mais les faits de l'histoire sont contraires à cette assertion ; peut-être leur donna-t-il des terres, γῆς μοίρας, mais ce ne fut qu'en dehors de l'*ager romanus*, ainsi que le montre bien Denys, γῆς μοίρας ἣν κτήσαιτο τοὺς πολεμίους ἀφελόμενος, II, 15, page 268.
3. I, 8.

rapidement, et il n'est pas impossible de distinguer les éléments divers qui la composaient.

1° C'étaient d'abord les exilés des villes voisines. Toutes les cités latines, sabines, étrusques, avaient alors une existence fort troublée; les luttes intestines en chassaient presque chaque année des hommes qui, se trouvant alors sans patrie, étaient heureux d'accepter le refuge que Rome, de son côté, leur offrait volontiers[1].

2° La situation de Rome entre trois peuples, Latins, Sabins, Étrusques, non loin de la mer et sur un grand fleuve, était très favorable au commerce. On peut croire que, dès l'origine, en un temps où l'Italie ne manquait pas de richesse et où les villes étrusques et grecques faisaient déjà un très grand négoce, la position particulière de Rome fut remarquée, et que beaucoup de marchands étrangers y affluèrent. Or c'était la règle dans ces anciennes sociétés que l'étranger restât toujours en dehors du corps politique. On sait ce qu'étaient les métèques à Athènes. Les étrangers qui venaient s'établir à Rome n'étaient pas compris dans la véritable cité; ils se joignaient vraisemblablement à la plèbe.

3° Les premiers rois firent des conquêtes, et détruisirent plusieurs cités voisines. La tradition romaine rappelait comme un fait fréquent que la plupart des vaincus avaient été amenés à Rome. Les principales familles furent admises dans la cité à titre de familles patriciennes; le vulgaire resta dans la plèbe[2].

Cette plèbe, grossissant toujours autour de son sanctuaire, l'asile s'étendit peu à peu sur toutes les collines environnantes.

Nous aurions une notion bien nette de l'accroissement des plébéiens si nous savions avec exactitude les agrandissements successifs de la ville de Rome. Au moins nous possédons sur cette matière quelques faits qui peuvent nous éclairer.

D'abord, il est digne de remarque que l'on distingua toujours dans Rome deux villes de caractère très différent et

---

1. Denys, II, 15 : Μαθὼν πολλὰς τῶν κατὰ τὴν Ἰταλίαν πόλεων πονηρῶς ἐπιτροπευομένας ὑπὸ τυραννίδων τε καὶ ὀλιγαρχιῶν, τοὺς ἐκ τούτων ἐκπίπτοντας τῶν πόλεων συχνοὺς ὄντας μετάγειν ὡς ἑαυτόν, ἐπεγείρει τήν τε Ῥωμαίων δύναμιν αὐξῆσαι.
2. Tite-Live, I, 29; I, 33. Denys, II, 35.

d'étendue inégale. L'une était la ville sacrée, qui avait une enceinte religieusement tracée et appelée pomérium. L'autre était la ville matérielle, l'agglomération des maisons; elle dépassait de beaucoup la première et débordait fort au delà du pomérium.

Les deux villes ont grandi au temps des rois. Le pomérium a été étendu, peut-être déjà par le second roi[1], peut-être encore par un des trois suivants, mais certainement par le sixième, Servius Tullius[2]. L'enceinte murée ne paraît avoir correspondu au pomérium qu'au temps de Romulus; elle s'étendit sous les autres rois de manière à enserrer et à protéger les collines plébéiennes. Une première enceinte fut élevée ainsi par Tarquin l'Ancien; une seconde, et plus vaste, par Servius. Elle embrassait ce qu'on a appelé depuis les sept collines, c'est-à-dire le Palatin, le Capitolin, l'Aventin, le Célius, le Quirinal, le Viminal et l'Esquilin. Mais le pomérium ou enceinte sacrée n'embrassait pas toutes ces collines; il est avéré que l'Aventin fut toujours en dehors[3]; on a des raisons de croire que le Capitolin, le Quirinal et le Viminal n'y furent pas d'abord compris[4].

Ainsi, autour de la ville intérieure, sacrée, patricienne, s'étendait une ville extérieure, profane, plébéienne. La plèbe

---

1. Ce n'est là qu'une conjecture; elle peut s'appuyer sur ce que nous savons que la *regia Numæ* et l'*ædes Vestæ* de son temps étaient en dehors du pomérium de Romulus; ces monuments devaient être toujours dans l'intérieur de la ville sainte; il est donc probable qu'un nouveau pomérium avait été tracé. Beaucoup de faits de cette histoire ont péri pour nous.

2. *Ita pomerium profert*, Tite-Live, I, 44.

3. Aulu-Gelle, XIII, 14.

4. Voir ce que dit Varron des *Sacra Argæorum* [*De lingua latina*, V, 45-55] : *Reliqua urbis loca discreta ab Aventino et Capitolino, quem Argæorum sacra....* — Cf. ce que dit Festus du *Septimontium* : *Eo die in septem montibus fiunt sacrificia Palatio, Velia, Fagutali, Cermalo, Cælio, Oppio, Cispio* (Festus, édit. Egger, p. 147 et 156 [p. 348, édit. Müller]). Ce dernier document laisse en dehors de la ville sacrée non seulement l'Aventin et le Capitolin, mais même les collines du Nord. Ce qui nous porte à penser que ce n'était pas l'Aventin seul qui était en dehors du *pomerium*, c'est que l'on sait que Sylla, César et Auguste agrandirent successivement cette enceinte sacrée (Aulu-Gelle, XIII, 14; Dion Cassius, XLIII, 50; XLIV, 49), et que, même après ces trois agrandissements, l'Aventin restait encore en dehors; il n'y fut compris que par une quatrième extension du *pomerium* par Claude (Aulu-Gelle, *ibid.*).

était aussi comme un peuple extérieur qui entourait le vrai peuple romain des Quirites[1].

Quelles étaient les relations de ces deux peuples entre eux, nous ne saurions le dire avec une pleine certitude. Les plébéiens n'avaient pas les droits religieux et ne partageaient pas les cultes des patriciens. Ils n'avaient pas non plus les droits politiques, n'entraient pas au sénat, ne figuraient pas dans les comices curiates. Nous pouvons croire qu'ils n'avaient pas non plus les droits civils, lesquels, dans ces vieux âges, étaient liés à la religion; le *connubium* n'existait pas pour eux; la loi *civile*, chose sacrée à cette époque, ne protégeait que les citoyens; le plébéien, comme étranger, ne pouvait pas l'invoquer; ignorant les actions de la loi, il ne pouvait se présenter devant la justice de la cité. Comment donc cette plèbe étrangère à l'État, au Droit, aux lois, pouvait-elle être gouvernée? Il est vraisemblable qu'elle vivait sous la dépendance personnelle du roi et sous sa protection également personnelle; régie et jugée, non par des lois et des droits certains, mais par un pouvoir arbitraire, par l'*imperium*, à peu près comme dans les époques suivantes, les peuples déditices étaient jugés et gouvernés par l'*imperium* personnel du proconsul.

Il est possible, mais ce n'est ici qu'une conjecture, que la plèbe se soit attachée personnellement au roi par le lien de la clientèle.

On peut penser que les rois exigeaient d'elle des services en échange de leur protection. Elle leur fournissait vraisemblablement quelques impôts, certainement beaucoup de soldats. Les conquêtes que Rome fit dès l'abord n'ont pas été l'œuvre des seules *gentes* patriciennes. On ne peut affirmer que les plébéiens aient servi à cette époque dans la légion; ce qui est sûr, c'est qu'ils combattirent pour les rois; aussi les rois crurent-ils devoir à plusieurs reprises leur donner une part des terres enlevées à l'ennemi.

Ce qui montre bien que le pouvoir royal ne fut pas contraire

---

[1]. Il y aurait probablement de l'exagération à dire que la ville patricienne fut fermée aux plébéiens, et la ville plébéienne aux patriciens. S'il en fut ainsi à l'origine, du moins cela ne dura guère.

aux intérêts de la plèbe, c'est qu'elle grandit incessamment. La tradition romaine témoignait même que les rois avaient été plus favorables à la plèbe qu'au patriciat et avaient été aussi plus aimés d'elle que des patriciens¹. Tous ces rois, à l'exception du second et du quatrième, sont représentés comme ayant été en lutte contre l'aristocratie. Il était naturel qu'ils cherchassent un appui dans les classes inférieures.

Le sénat patricien essaya, après la mort de Romulus, de supprimer la royauté; ce fut la plèbe, s'il faut en croire la tradition, qui exigea le rétablissement de la monarchie². Il y a lieu de penser que ces plébéiens qui aidaient les rois dans leurs guerres contre les villes voisines, ne les aidèrent pas moins dans leurs conflits avec le patriciat.

1. Tite-Live, I, 15 : *Romulus multitudini gratior fuit quam patribus.*
2. Idem, I, 17 : *Fremere plebs multiplicatam servitutem, pro uno centum dominos factos, nec ultra nisi regem et ab ipsis factum videbantur passuri.* — Cicéron, *De republica*, II, 12 : *Senatus tentavit ut ipse gereret sine rege rempublicam; populus id non tulit.* — Denys, II, 57 : Ἔδοξε τῷ δήμῳ παῦσαι τὰς διαρχίας.

TROISIÈME PARTIE

Une théorie nouvelle sur l'histoire romaine [1].

Voici un nouveau livre [2] sur l'histoire romaine, livre sincère, savant, plein de textes et de preuves, et qui ne nous vient pourtant pas de l'Allemagne : c'est un livre de science française. L'auteur appartient à cette lignée qui commence à Beaufort, et qui a vécu et travaillé sans bruit jusqu'à nos jours. M. Émile Belot est un de ces esprits pour qui la clarté est un besoin, qui ne supportent ni le vague ni la demi-vérité, et qui vérifient même les assertions des historiens allemands. Il n'a pas manqué de prendre dans les travaux d'outre-Rhin tout ce qui lui a été démontré vrai ; mais il n'a pu accepter ce qui lui paraissait hypothèse, ou ce que démentaient les textes anciens. Il a reconnu ainsi tout ce qui manquait encore à une connaissance exacte de l'histoire romaine, et avec un rare courage il a cherché à son tour la vérité. Les lecteurs qui n'aiment pas que la science ait les allures scientifiques seront peut-être découragés dès le début par l'aveu que l'auteur leur fait qu'il les conduira à la vérité par des chemins bien rudes. Ils seront tentés de lui reprocher un excès d'arguments, de textes, de discussions ; mais s'ils persistent dans leur lecture, si surtout ils ne se bornent pas à l'introduction, qui nous paraît être la moins bonne partie de l'ouvrage, ils sentiront bientôt un charme particulier. Nous savons tous que, s'il y a une vive jouissance à trouver la solution d'un problème, il y a une

---

1. [*Revue de l'Instruction publique*, 1868-1869, p. 117 et suiv.]
2. *Histoire des Chevaliers romains, considérée dans ses rapports avec les différentes constitutions de Rome*, par Émile Belot. Paris, Durand, 1867.

jouissance aussi vraie et pour certains esprits aussi délicieuse à la chercher. C'est une émotion de cette nature que produit le livre de M. Belot. On y voit un esprit d'une sincérité parfaite aux prises avec les difficultés de la science ; il n'en évite, il n'en tourne aucune. Nous avons sous les yeux un vaillant chercheur ; nous assistons à la lutte d'une intelligence contre un problème.

Il n'y a pas un moyen de connaître la vérité que l'auteur ait négligé volontairement ; ce que les récits des historiens ne lui donnent pas, il le demande à la géographie, à la topographie, à la statistique, au poids et à la valeur des monnaies de chaque époque. Il ne croit pas qu'on puisse faire l'histoire d'un peuple qui fut si calculateur, sans calculer beaucoup soi-même. Il tire des chiffres un grand parti ; il y trouve quelquefois l'explication d'une révolution politique ou sociale. Le détail ne l'effraye pas, car il sait que c'est seulement par le détail que l'on peut comprendre le vrai sens des institutions. Vous croiriez que cette sévérité de méthode exclut chez M. Belot l'esprit de généralisation. Il n'en est rien : ce sont deux qualités qui peuvent parfaitement s'accorder et qui s'appuient volontiers l'une sur l'autre. Comme il y a un lien entre les événements, ce lien doit se retrouver dans le récit qu'on en fait. Le système est dans la réalité ; pourquoi ne serait-il pas dans l'histoire ? M. Belot a donc une théorie par laquelle il explique les caractères essentiels et les changements successifs de la constitution romaine. Nous allons exposer d'abord cette théorie ; nous la discuterons ensuite. Elle ne nous paraît pas conforme à la vérité ; mais elle mérite en tout cas qu'on l'examine avec attention : on ne peut ni la repousser ni l'accepter légèrement. Ce sont les mérites mêmes de cet ouvrage qui nous déterminent à ne pas laisser passer sans discussion une théorie de laquelle dépend l'idée que nous devons nous faire du peuple romain. Il respire d'ailleurs dans ce livre une telle probité scientifique, un amour si désintéressé du vrai, on y sent si bien à chaque page, non seulement l'érudit, mais l'honnête homme, qu'il nous a semblé que la critique ne déplairait pas à l'auteur. Il l'appelle lui-même dans une simple et belle dédicace qu'il adresse à son ancien maître et au nôtre, M. Chéruel.

Niebuhr avait déjà dit que la nation romaine s'était composée, à l'origine, non pas de deux ordres, non pas de deux classes, mais de deux peuples tout à fait distincts et qui avaient vécu longtemps séparés, l'un habitant la ville, l'autre habitant la campagne. M. Belot reprend cette thèse, à laquelle il ne reproche que de manquer de hardiesse; il la pousse à ses dernières conséquences, et se déclare lui-même plus niebuhrien que Niebuhr. La dualité de la population romaine a duré, suivant lui, jusqu'à la seconde guerre Punique. Jusque-là la population rurale n'a pas cessé de former un peuple distinct de la population urbaine. C'était la première qui était la plèbe; c'était la seconde qui était le patriciat. Cette distinction, dit-il, rend compte de toute l'histoire intérieure de la République. Chaque guerre civile est une lutte entre deux peuples différents; quand la paix règne, c'est que les deux peuples ont contracté une alliance. M. Belot explique par là l'inégalité du patriciat et de la plèbe; les patriciens ont tous les droits, parce qu'ils sont maîtres de la ville; les plébéiens, étrangers à la ville, n'y jouissent d'aucun droit. Il est vrai que ces plébéiens, petits propriétaires de la campagne, payent l'impôt et versent leur sang pour Rome; mais cette sorte d'alliance, toute à leur détriment, leur pèse : ils essayent de la briser; ils se retirent sur le mont Sacré. Par cette *sécession*, dit l'auteur, les paysans rompaient toute relation avec la ville; ils déclaraient qu'ils n'apporteraient plus à Rome leurs provisions, et qu'ils établiraient ailleurs leur marché des nundines. Ce fut pour ramener dans Rome les convois de blé et les agriculteurs que les patriciens se décidèrent à faire des concessions à la plèbe de la campagne. Alors fut établi le tribunat, que l'auteur nous présente sous un jour tout à fait nouveau. Les tribuns étaient, suivant lui, les protecteurs de la population rurale contre les habitants de la ville. Représentants des paysans, ils étaient dans Rome « comme les envoyés d'une puissance étrangère »; et ils jouissaient de cette sorte d'inviolabilité qui s'attache partout au caractère d'ambassadeur. Les progrès que la plèbe fit plus tard ne sont aux yeux de M. Belot que les progrès d'une population rurale qui se développait à mesure que les conquêtes étendaient le territoire. Toute l'histoire de Rome, jusqu'à la seconde guerre Punique, a été « une lutte de la campagne contre la ville, de la plèbe rustique contre la population urbaine ». La plèbe rustique a insensiblement grandi, a conquis des droits, est devenue la plus forte, et a donné à Rome des institutions réellement libres. Telle est, suivant l'auteur, « la loi qui régit l'ensemble de l'histoire romaine ».

Il ne nous semble pas qu'il y ait de doute possible sur le dualisme de l'ancienne population romaine. Les historiens anciens le signalent; il éclate dans tous les faits. On sait bien qu'il ne suffit pas d'habiter le même sol, de parler la même langue, même de combattre sous les mêmes drapeaux, pour former réellement un seul peuple. Comme la France avant 1789 contenait plusieurs sociétés distinctes et hostiles, ainsi Rome a pu renfermer dans son sein deux peuples fort différents. Ce qu'il y a de nouveau dans le livre que nous examinons, ce n'est pas ce dualisme, mais c'est la manière dont l'auteur l'explique, et le fait originel auquel il le rattache. On avait pensé jusqu'à présent que le patriciat et la plèbe avaient été deux ordres, deux classes, deux castes. M. Belot ne voit pas entre eux une différence de cette nature; il croit que le patriciat était une population urbaine, « une bourgeoisie », et dans la plèbe il voit les petits propriétaires de la campagne. Les patriciens, dit-il, étaient les familles les plus anciennement établies dans la ville; les plébéiens étaient ceux qui y étaient entrés les derniers ou qui étaient restés dans les champs. Le patriciat était par essence une aristocratie urbaine; la plèbe était surtout la classe des propriétaires ruraux. C'est sur cette manière de concevoir le patriciat et la plèbe que nous avouons n'être pas d'accord avec l'auteur de l'*Histoire des Chevaliers romains*.

On sent bien que le point capital de la thèse de M. Belot, celui autour duquel gravite tout son système, est l'identité qu'il veut établir entre le patriciat et la population urbaine, entre la plèbe et la population rurale. C'était donc cette identité qu'il s'agissait de démontrer par les arguments les plus solides, par les textes les plus précis. Or autant l'auteur est, sur tout le reste, attentif à apporter ses preuves, autant, par une exception unique dans son livre, il néglige de démontrer cette assertion, sur laquelle tout le livre s'appuie. Sur ce point seul, il ne cite aucun texte. Il faut reconnaître que, dans tout ce qui nous reste de l'antiquité, nous ne voyons pas une seule phrase d'où l'on puisse inférer que le patriciat fût une population urbaine, et la plèbe une population rurale. Jamais les écrivains anciens n'ont attribué à la lutte du patriciat et de la plèbe le caractère d'un antagonisme entre la ville et la campagne. Ils nous font assister aux querelles des deux classes, et jamais nous ne voyons que les patriciens aient appelé leurs adversaires du nom de paysans, ni que les plébéiens aient accusé leurs ennemis de vivre oisifs dans la ville. Des mouvements brusques éclatent souvent parmi la plèbe : c'est toujours ou à l'armée ou dans la ville qu'ils se produisent. Si la plèbe est la population rurale, pourquoi n'est-ce jamais dans ses villages que nous la voyons s'insurger? Pourquoi est-ce au Forum que nous entendons ses plaintes et ses cris?

Une division radicale entre les bourgeois et les paysans s'est vue dans l'histoire du moyen âge; mais les cités anciennes n'ont connu rien de semblable. En Italie comme en Grèce le campagnard était citoyen. Jamais ni le Forum ni l'Agora ne furent fermés à un homme par ce seul motif qu'il habitait les champs. Si Rome, par une exception inexplicable, avait établi une distinction entre ses bourgeois et ses paysans, une singularité de cette nature et de cette importance aurait assez frappé les anciens pour qu'ils nous l'eussent indiquée dans leurs écrits. Supposons établi et démontré cet antagonisme entre la ville et la campagne; il resterait encore à prouver que c'était le patriciat qui formait la population urbaine, et que c'était la plèbe qui formait la population rurale. Or il nous semble que les anciens nous disent plutôt le contraire. Ils nous montrent que les patriciens habitaient la campagne encore plus que la ville et qu'ils étaient des propriétaires ruraux. Ces patriciens sont devenus des banquiers et des commerçants, mais ils ont commencé par être des agriculteurs. Même quand ils ont été riches, ils ont tenu à honneur ou à profit de garder leurs champs. Que la légende de Cincinnatus soit vraie ou fausse, elle prouve au moins qu'un patricien pouvait vivre sur son domaine rural. Toute la campagne romaine porta longtemps les noms des familles patriciennes qui se l'étaient d'abord partagée. Les sénateurs étaient de grands propriétaires qui venaient à Rome aux jours de séance ou pour les fêtes religieuses. Ils avaient dans l'enceinte sacrée de la ville leurs sanctuaires et les autels de leurs curies. La ville était leur lieu de réunion pour les sacrifices, pour les délibérations, pour le jugement des procès. Ils y possédaient même des maisons, surtout dans les quartiers que la religion avait consacrés. Ajoutons même que dans ces maisons ils établissaient volontiers des boutiques où ils faisaient vendre les fruits de leurs champs, leur huile et leur vin. Il n'en est pas moins vrai que la plus forte partie de leur vie se passait dans ces domaines ruraux qui n'étaient pas encore de somptueuses villas, mais de bonnes fermes de rapport. Présenter le patriciat comme une classe de citadins et de bourgeois nous paraît en contradiction avec tout ce que l'on sait de l'histoire des premiers siècles de la République. Ce n'était pas non plus une population essentiellement rustique que la plèbe; car c'est presque toujours au Forum que nous la voyons s'agiter et vivre. Nous savons d'ailleurs que l'Aventin, les Esquilies, d'autres quartiers encore étaient habités exclusivement par elle. C'est pour la plèbe que le roi Servius érigea dans les rues de Rome vingt-sept autels ou chapelles. C'est de la plèbe encore que Cicéron dit : « Nos ancêtres ont voulu qu'elle eût dans les différents quartiers de la ville ses salles de réunion et ses fêtes. » Tout l'ensemble de l'histoire nous montre le patriciat et la plèbe vivant côte à côte, et, sans se confondre jamais, habitant du moins les mêmes murs.

M. Belot fait remarquer que, sous les rois, chaque fois que l'enceinte de la ville s'élargit, le nombre des patriciens s'accrut. Mais il ne peut pas conclure de là que les patriciens formassent seuls la population de la ville; les textes nous disent que des plébéiens venaient aussi s'y établir. La population d'Albe tout entière et sans distinction de familles fut amenée dans les murs de Rome. L'auteur tire encore un argument de ce que le roi Servius créa les quatre tribus dites urbaines et ne créa pas de tribus rustiques; et, comme il lui paraît que ces tribus ne contenaient que la population de la ville et qu'elles devaient renfermer surtout les patriciens, il conclut que les patriciens étaient nécessairement la population de la ville. Mais, pour que cet argument eût de la valeur, il y a deux choses qu'il faudrait prouver d'abord : l'une, que les quatre tribus ne comprenaient pas la population rurale; l'autre, que les patriciens et leurs clients y entrèrent de préférence aux plébéiens. Il est fort possible que chaque tribu renfermât à la fois un quartier de la ville et un canton du territoire, comme cela se voit dans la plupart des cités anciennes. L'épithète d'urbaines appliquée à ces quatre tribus ne doit pas nous faire illusion ; car il est clair qu'elles n'ont dû être appelées ainsi que plus tard, lorsque l'établissement des tribus rustiques justifia la dénomination de tribus urbaines. Supposer enfin que les patriciens eussent été compris de préférence aux plébéiens dans les tribus de Servius est une hypothèse peu vraisemblable. Cette création des quatre tribus paraît avoir été, au contraire, imaginée en faveur de la plèbe. Le patriciat n'avait besoin de rien de semblable, puisqu'il avait déjà ses trois tribus anciennes des *Ramnes*, des *Tities* et des *Luceres*, et qu'il les conserva. Si le roi Servius institua quatre tribus, non pas à la place, mais à côté des trois tribus patriciennes, ce fut surtout pour en faire des cadres à l'usage des plébéiens. Il est probable que toute la population romaine indistinctement y fut comprise; mais si une classe en fut exclue, ce ne fut certainement pas la plèbe. De tout cela, nous ne croyons pas pouvoir conclure, comme M. Belot, que la plèbe fût une population rurale; la conclusion inverse nous paraîtrait pour le moins aussi légitime.

M. Belot ne signale pas entre le patriciat et la plèbe d'autre différence radicale que celle du domicile. Mais d'où vient alors la profonde inégalité que la religion et la politique mettaient entre ces deux classes d'hommes? Nous chercherions vainement un principe ancien ou un événement historique qui expliquât cette infériorité des propriétaires ruraux à l'égard des habitants de la ville. M. Belot suppose que, par une convention et une sorte de complot, les familles établies dans la ville s'entendirent pour constituer une noblesse, qu'elles s'appelèrent le patriciat, et que, cela fait, « elles fermèrent leur livre d'or comme l'aristocratie vénitienne ». Mais cette sorte de convention, que l'auteur paraît placer quelques années après l'expulsion des rois, n'a pas laissé la moindre trace dans les écrivains anciens. C'est d'ailleurs une bonne et sage règle, quand on étudie l'antiquité, de ne pas tourner sa pensée vers des usages et des institutions plus modernes. M. Belot dit que les institutions empruntées à l'histoire des républiques du moyen âge éclairent l'histoire romaine. Nous craignons plutôt qu'elles ne l'obscurcissent et n'y introduisent beaucoup d'erreurs. Conçoit-on qu'une institution aussi solide que le patriciat, et qui différait si fort de l'aristocratie vénitienne, ait été le résultat d'une simple convention? Supposons pour un moment que les familles urbaines, se confiant dans la force de leurs murailles, eussent décrété qu'elles formeraient une noblesse, il serait bien étrange que les propriétaires de la campagne eussent accepté cette infériorité nouvelle. Ne voit-on pas que ces hommes qui avaient moins besoin de la ville que la ville n'avait besoin d'eux, qui avaient aussi dans la campagne leurs lieux de refuge et leurs villages fortifiés, qui étaient robustes, braves, et qui faisaient la force des légions, se seraient ri d'une convention pareille et n'auraient pas laissé établir sur leur tête cette noblesse artificielle? L'inégalité résultant seulement d'une différence de domicile ne se comprendrait pas; et surtout nous ne pouvons concevoir que chez un peuple qui avait en si haute estime la propriété foncière et les mœurs rustiques, ce soit justement la population des campagnes qui eût été inférieure et opprimée.

La retraite au mont Sacré est manifestement l'œuvre de la plèbe; M. Belot veut démontrer qu'elle a été faite par la population rurale. Mais ici encore il nous semble que les textes anciens ne confirment pas ce qu'il avance. Les historiens qui racontent l'événement disent que l'effet du départ de la plèbe fut que Rome parut déserte; c'est donc qu'une partie au moins de la plèbe habitait la ville. Ils ajoutent, à la vérité, que, les bras ayant manqué pour les travaux des champs, la disette s'ensuivit : ce qui prouve qu'il y avait aussi des plébéiens dans la campagne, mais ce qui ne prouve pas qu'ils en fussent les propriétaires. L'auteur appelle ces hommes « la fière plèbe des tribus rustiques, les laboureurs propriétaires ». Il nous semble que, s'il en eût été ainsi, la retraite au mont Sacré n'aurait pas pu avoir lieu. Comprendrait-on en effet que tous les agriculteurs, tous les propriétaires eussent quitté leurs champs, et cela au moment des semailles d'octobre, pour faire une démonstration politique? On vit rarement les agriculteurs pousser la haine contre les citadins jusqu'à refuser d'apporter leurs denrées à la ville; jamais on ne les vit renoncer à leurs semailles et se ruiner pour vexer la bourgeoisie. Si les agriculteurs, comme le dit M. Belot, refusaient seulement d'approvisionner Rome, il leur suffisait pour cela de ne pas sortir de chez eux, et ils n'avaient nul besoin d'aller perdre leur temps sur une colline aride. En présence de telles invraisemblances, il ne nous semble pas possible que cette plèbe émigrée fût la classe des propriétaires ruraux. Nous ne pouvons pas reconnaître « les laboureurs propriétaires » dans cette foule que les historiens dépeignent affamée et vivant de rapines, et à qui Tite-Live reproche « d'avoir saccagé les champs des patriciens ».

Les tribuns qui furent créés à la suite de ce mouvement populaire étaient nécessairement des hommes de la plèbe; mais on ne voit à aucun indice qu'ils fussent des paysans. La loi les obligeait à résider dans Rome et leur défendait de s'éloigner des murs de plus de mille pas. S'ils étaient les représentants de la population rurale, pourquoi leur interdire de mettre le pied dans la campagne? S'ils étaient « les chefs du peuple extérieur », pourquoi était-ce seulement dans l'intérieur de la ville qu'ils protégeaient les plébéiens? Ils défendaient les paysans, dit M. Belot, lorsque ceux-ci se trouvaient à la ville pour leurs affaires; mais pourquoi ne les protégeaient-ils pas aussi bien à la campagne? Ce seraient les paysans qui, sur le mont Sacré, auraient créé les tribuns, et ils leur auraient interdit de sortir de Rome! Ils auraient placé leurs défenseurs dans la ville! ils auraient eu des protecteurs attitrés, mais à la condition de venir les trouver dans la ville patricienne, c'est-à-dire au milieu de leurs ennemis! Ils auraient fait une insurrection, eux paysans, pour avoir le droit de marcher la tête haute dans Rome, et ils n'auraient pas pensé à se mettre en défense chez eux, sur leurs champs! Le dur créancier n'aurait pas eu le droit de poursuivre le paysan dans la ville, mais rien ne l'aurait empêché de mettre la main sur lui à la campagne et de saisir son champ et sa maison! Tant de contradictions ne s'expliquent pas. Pour nous, il nous semble qu'une loi qui désarmait le tribun hors des murs de Rome n'a pas pu être faite à la demande des paysans. Un tribunat qui ne pouvait protéger efficacement que la plèbe de la ville a dû être fondé à une époque où la plèbe était, pour la plus grande partie, une population urbaine.

Il est très vrai que les progrès de la plèbe concordent avec l'extension du territoire romain. Cette coïncidence ne prouve pas que la plèbe fût la classe des propriétaires ruraux. On sait en effet que, sauf de rares exceptions, les terres conquises dans les deux premiers siècles de la république n'étaient pas données aux plébéiens. Chaque nouvelle extension du territoire ne pouvait augmenter que la richesse du patriciat. Si la plèbe grandit en même temps, ce fut par d'autres causes.

La division entre « Rome ville et Rome campagne » n'est indiquée par aucun texte ancien; elle ne s'expliquerait par aucune cause connue de nous; elle est en contradiction avec les faits que nous connaissons. Toute l'histoire de Rome jusqu'à la seconde guerre Punique nous montre l'inégalité et la guerre, non pas entre la ville et la campagne, mais entre deux classes d'hommes. Une distinction plus profonde que celle du domicile et de la manière de vivre les séparait. Cette distinction était permanente, héréditaire, ineffaçable. Le patricien, quel que fût son état de fortune et quel que fût son domicile, était toujours patricien. Le plébéien pouvait s'enrichir, pouvait devenir consul; il ne pouvait pas cesser d'être un plébéien.

Lorsque Tite-Live nous dit que Rome, à mesure qu'elle soumit les villes voisines, admit dans son patriciat quelques-uns des vaincus, c'est que ces hommes, comme les Julius d'Albe et les Claudius de la Sabine, étaient déjà patriciens et chefs de *gentes* dans leur ville natale. Tite-Live dit que les deux premiers consuls créèrent de nouveaux sénateurs; ils les tirèrent en effet des premières centuries de l'ordre équestre, qui, ainsi que M. Belot le démontre, appartenaient aux familles patriciennes. A la vérité M. Belot cite une autre phrase de Tite-Live qui lui paraît prouver que tous les hommes libres, à une certaine époque, étaient entrés dans l'ordre patricien; mais cette phrase[1] que l'historien met dans la bouche d'un tribun, indique seulement quelle idée les plébéiens du III° siècle se faisaient de l'antique patriciat et comment ils cherchaient à s'en expliquer l'origine; or cette explication, qui n'a aucun caractère scientifique, repose sur la fausse interprétation du mot *ingenuus*, terme qui avait changé de sens depuis que le régime de la *gens* s'était altéré. Nous n'avons pas d'exemples de plébéiens devenus patriciens. Les Publilius Philo et les Décius qui sauvèrent Rome, restèrent toujours dans la plèbe. Même lorsque la plèbe devint la plus forte et régna dans la cité, il fut plus facile de créer pour elle une nouvelle noblesse que de lui communiquer l'ancienne. Le principe d'une distinction si radicale ne doit-il pas être cherché ailleurs que dans une simple différence entre la population urbaine et la population rurale?

..... Si cette division avait été aussi factice et aussi peu fondée que le suppose M. Belot, elle n'eût pas duré longtemps. Mais ce n'était pas la volonté des hommes qui l'avait créée, et lorsqu'il s'agit de la détruire, on rencontra un obstacle devant lequel les volontés se brisèrent pendant deux siècles. Cet obstacle était dans les croyances des hommes, c'est-à-dire dans ce qu'il y a de plus fort et de plus insurmontable. La manière dont les vieilles générations avaient conçu les dieux, la religion, les rites, les prières, avait établi dès

---

1. Tite-Live, X, 8.

l'abord une infranchissable barrière entre la caste patricienne qui était seule en possession des croyances et des formules, et la classe plébéienne qui n'avait, à l'origine, ni sacerdoce ni culte[1].

On voit en quoi nous nous écartons de M. Belot. Nous sommes d'accord avec lui pour voir deux éléments très divers dans la population romaine; mais il nous semble que le patriciat et la plèbe avaient entre eux de bien autres différences que celle qu'il signale. La distinction entre la population urbaine et la population rurale que l'auteur présente comme le fait fondamental de l'histoire romaine depuis l'origine jusqu'au temps des Gracques, ne nous semble pas fondée sur la réalité. C'est au contraire à partir du temps des Gracques qu'une distinction de cette nature apparaît dans l'histoire et exerce une influence décisive sur les événements. Lorsque l'auteur achèvera l'ouvrage dont il n'a donné que la première partie[2], il parlera de nouveau de cette lutte entre la ville et la campagne; et nous sommes porté à croire qu'il aura raison dans son second volume, de même que nous pensons qu'il s'est trompé dans le premier. Il faut faire la différence des époques. Ce qui était devenu vrai au temps des Gracques ou au temps de César, par suite de plusieurs révolutions successives, n'avait pas été vrai au temps de Coriolan, de Camille ou de Décius. Ne transportons pas dans les trois premiers siècles de la République un fait que nous ne pouvons saisir que dans le dernier, et surtout ne posons pas comme la loi de la constitution romaine ce qui ne s'est produit qu'au temps où la vraie constitution romaine n'existait plus.

D'ailleurs on se ferait une idée fort inexacte de la remarquable étude de M. Belot, si on la jugeait tout entière d'après les objections que nous nous sommes permis de lui opposer. Nous n'en avons attaqué qu'un point, et ce point seul nous paraissait attaquable. Nous avons cru pouvoir combattre une théorie qui, à notre avis, donne une idée fausse de l'histoire

---

1. [Cf. plus haut, p. 429.]
2. [*Histoire des Chevaliers Romains*, t. II, in-8°, 1873.]

romaine. Mais nous avons autant de plaisir que personne à reconnaître la valeur et le mérite de cet important ouvrage. Nous avons insisté trop longuement peut-être sur ce qui nous paraît une erreur; mais nous aurions été encore plus long si nous avions préféré montrer tout ce qu'il y a dans ce livre de vérités neuves, de démonstrations lucides, de résultats désormais acquis à la science.

QUATRIÈME PARTIE

La question de droit entre César et le Sénat[1].

César était-il dans son droit en commençant la guerre civile? C'est une question qu'un homme de nos jours ne songe guère à se poser. L'insurrection d'un général d'armée contre les pouvoirs publics paraît à un moderne absolument injustifiable. Pourtant, si l'on regarde les écrits du temps, on voit que César et ses amis disaient qu'ils avaient le Droit pour eux, et il n'est pas impossible qu'ils crussent sincèrement qu'ils l'avaient. Même dans le langage et les écrits de leurs adversaires, on entrevoit que le bon droit de César pouvait être soutenu. C'est que, pour les esprits des anciens, surtout des Romains, la question de droit ne se posait pas telle qu'elle se pose à notre esprit. L'idée d'un devoir général envers tous les pouvoirs publics, qui représentent la patrie, était devenue vague et incertaine depuis près d'un siècle. Ce qui était clair et indiscutable, c'était l'obéissance à la lettre des lois. Or César feignait de croire ou croyait réellement qu'il avait quelques lois pour lui. Ses partisans avaient des prétextes ou des raisons pour prétendre que c'était le sénat qui était sorti le premier de la légalité. En effet, avant qu'il franchît le Rubicon, il y avait eu un décret du sénat qui le rappelait en lui enlevant ses provinces et son armée. Il s'agissait de savoir si ce sénatus-consulte était légal. Au cas où il ne l'était pas, c'était le sénat qui le premier s'écartait du droit, c'était lui qui le premier franchissait le Rubicon. Ce problème a sans nul doute partagé les

---

1. [*Journal des Savants*, juillet 1879, p. 437 et suiv.]

esprits des Romains ; il est naturel que les historiens modernes aient cherché à le résoudre.

On croirait d'abord que la solution en est facile. Le sénat avait-il le droit de rappeler César de sa province ? Il l'avait, si César tenait de lui son commandement. Mais c'était le peuple qui, par une série de lois, avait donné à César son pouvoir et ses légions ; or le sénat ne pouvait rien contre des lois faites régulièrement par le peuple. Seulement ces lois avaient marqué un terme aux pouvoirs de César, et, si ce terme était arrivé, le sénat pouvait rappeler César et lui désigner un successeur. Le problème est donc de savoir si ce terme était expiré le 1er janvier 49 ; il se réduit à une question de date.

C'est une chose bien étrange que, parmi tant d'écrivains latins et grecs qui ont raconté cette histoire, aucun ne nous marque cette date, que tous les Romains devaient connaître. Ni les historiens, ni Cicéron, ni les correspondants de Cicéron, ne nous la donnent. Quant aux textes de lois dans lesquels ce terme était certainement indiqué, aucun d'eux n'est parvenu jusqu'à nous. C'est donc à nous de trouver cette date à l'aide des renseignements vagues et des allusions que nous pouvons saisir chez les contemporains.

Un maître de la science allemande, M. Mommsen[1], a été conduit par une série de calculs à fixer cette date au 1er mars 49 (705 de Rome). Aujourd'hui M. P. Guiraud[2], par d'autres calculs et par l'observation minutieuse des textes, arrive à la date du mois de mars 50 (704 de Rome). Si M. Mommsen a raison, c'est le sénat qui a commis la première illégalité, car il n'avait pas le droit de rappeler César le 1er janvier 49. Si c'est la théorie de M. Guiraud qui est la vraie, le sénat avait ce droit depuis neuf mois, et, par conséquent, César n'avait aucun prétexte pour faire la guerre civile.

---

1. Th. Mommsen, *Die Rechtsfrage zwischen Cæsar und dem Senat*, 1857. — M. Zumpt, dans ses *Studia Romana*, s'écarte de l'opinion de M. Mommsen ; il croit pouvoir fixer le terme du proconsulat de César au 13 novembre 50 ; voyez son *Appendix*, pages 156-196. — Hoffmann, *De origine belli Cæsariani*, se prononce pour le 1er mars 49.

2. P. Guiraud, *Le différend entre César et le Sénat*, 1879, Paris.

Voici d'abord les faits connus : l'an 59, César étant consul, la province de Gaule cisalpine lui fut attribuée, malgré le sénat, par une loi dont le tribun Vatinius était l'auteur. Cette loi Vatinia lui donnait la province pour cinq ans. Il faut noter que cette loi avait un vice de forme : elle avait été votée en dépit des auspices, par conséquent en violation de la loi Ælia-Fufia[1]. Aussi ne serons-nous pas surpris de voir que les adversaires de César la déclaraient nulle et sans valeur. Quoi qu'il en soit, après que le peuple eut donné à César la Gaule cisalpine, le sénat lui donna à son tour la Gaule transalpine; apparemment il ne voyait pas de meilleur moyen d'empêcher que cette seconde province ne lui fût décernée aussi par le peuple; en la donnant lui-même, et probablement sans terme fixe, il restait maître de la reprendre quand il voudrait; donnée par le peuple, il n'aurait eu aucun droit de la ressaisir. Quatre années plus tard, en 55, la loi Pompéia-Licinia prorogea le commandement de César pour une nouvelle période. Tels sont les faits dont il faut tirer la solution du problème.

Si l'on connaissait le point de départ des cinq années du commandement conféré par la loi Vatinia, on posséderait un élément important. Ce point de départ était si bien établi par les usages et le droit public de Rome, qu'aucun des contemporains n'a pris la peine d'en parler, et c'est parce qu'il était si bien connu que nous l'ignorons. Trois hypothèses ont été faites. Suivant M. Mommsen, tous les commandements provinciaux et militaires commençaient au 1er mars; le commandement effectif de César ne pouvait commencer que le 1er mars 58; mais il pouvait prendre l'*imperium* proconsulaire dès le 1er janvier, et ces deux mois comptaient alors pour une année entière; d'où M. Mommsen conclut que le terme assigné par la loi Vatinia était le 1er mars 54. M. Guiraud a très clairement montré, et M. Zumpt l'avait déjà fait avant lui, que cette théorie de M. Mommsen sur l'année militaire commençant au 1er mars n'était appuyée sur aucun texte. — Suivant M. Zumpt, les cinq années accordées par la loi Vatinia

---

1. Cicéron, *In Vatinium*, 6-7. Suétone, *César*, 20.

partaient du jour de la promulgation de la loi, c'est-à-dire du 1er mars 59. A cela M. Guiraud objecte que rien, dans le droit public romain, n'indique une règle qui aurait fait commencer un commandement provincial du jour où la loi avait été promulguée à Rome; d'ailleurs c'est une pure conjecture de dire que la loi Vatinia ait été portée le 1er mars. — Suivant M. Guiraud, tout commandement provincial partait du jour où l'on en prenait réellement possession, ou plus exactement du jour où l'on entrait dans la province. Il cite plusieurs textes de Cicéron qui semblent bien établir cette règle[1]. Or César n'est entré dans sa province de Gaule cisalpine que vers le 27 mars 58; c'est donc à partir de ce jour que devaient courir ses cinq années de commandement.

Cette partie de l'argumentation de M. Guiraud nous paraît fort solide. Il démontre que les théories de MM. Mommsen et Zumpt reposent sur de pures hypothèses; la sienne s'appuie, au contraire, sur plusieurs textes bien compris. Aux raisons qu'il donne nous ajouterions volontiers qu'il n'est guère admissible que le gouvernement proconsulaire de César se soit confondu pendant neuf mois avec son consulat; qu'il ne quitta pas Rome dans l'année 59; que le gouverneur de la Cisalpine, Afranius, ne fut pas rappelé de sa province; que César n'y envoya aucun lieutenant pour le représenter; qu'enfin il ne put être ni ne fut gouverneur des deux Gaules avant l'expiration de son consulat, c'est-à-dire avant le 1er janvier 58. Toutefois nous éprouvons quelque peine à admettre avec M. Guiraud que les cinq années du commandement de César n'aient commencé que le 27 mars, c'est-à-dire à son entrée en Cisalpine. En effet, la loi Vatinia lui assignait, non seulement une province, mais aussi des légions et un *imperium* militaire. Or nous voyons, dans Cicéron, qu'à peine sorti du consulat il se mit à la tête de ses légions et resta plusieurs semaines aux portes de Rome[2]. Le récit de Suétone montre aussi que, pour-

---

1. Guiraud, *Le différend entre César et le Sénat*, p. 42-44, d'après Cicéron, *Ad Atticum*, V, 15, 1; V, 16, 4; V, 21, 9; VI, 2, 6; VI, 3, 1; VI, 6, 3.
2. Cicéron, *Pro Sextio*, 18 : *Erat ad portas, erat cum imperio; erat in Italia ejus exercitus.* Cf. *Post reditum*, 13.

suivi par ses ennemis dès l'expiration de son consulat, il n'échappa à une accusation que parce qu'il était revêtu de l'*imperium*, et Appien dit, en effet, que César, menacé par ses adversaires, ne quitta le consulat que pour entrer « aussitôt » dans une nouvelle magistrature[1]. Tout cela implique que, dès le 1ᵉʳ janvier, il prit possession des pouvoirs que la loi Vatinia lui avait conférés; aussi pencherions-nous à faire partir les cinq années du 1ᵉʳ janvier 58, en quoi nous nous séparons fort peu de l'opinion de M. Guiraud. Dès lors, comme la loi Vatinia assurait cinq années de commandement[2], le terme devait arriver au commencement de l'année 53.

Pourtant M. Zumpt considère comme chose certaine que ce terme était fixé au 1ᵉʳ mars 54, en se fondant sur un passage de Cicéron, qu'il interprète en ce sens. Il remarque en effet dans le discours *De provinciis consularibus*, qui fut prononcé en 56, que le sénat songeait alors à remplacer César le 1ᵉʳ mars 54. Cicéron ne dit nullement que ce jour fût le terme fixé par la loi Vatinia. Seulement il y a une phrase du chapitre 15 qui, prise isolément, paraît signifier qu'en laissant César en Cisalpine jusqu'à cette date on respectait cette loi; d'où M. Zumpt a cru pouvoir induire que c'était bien là le terme que cette loi marquait. — Mais il fallait faire attention que la phrase précédente dit justement le contraire; Cicéron y marque dans les termes les plus clairs que, si l'on enlevait la Cisalpine à César dans l'armée 54, on violerait la loi; aussi plusieurs sénateurs, même parmi les adversaires de César, voulaient-ils lui laisser cette province pendant toute cette année-là, pour « ne pas violer » le plébiscite porté par Vatinius. Les deux phrases, chacune séparément, semblent se contredire; la lecture attentive du chapitre entier explique tout. Le discours est prononcé avant les élections de l'année 56. Une loi Sempronia exigeait que la désignation des provinces à assigner aux consuls fût faite dix-huit mois à l'avance, c'est-à-dire avant l'élection des consuls qui devaient les gérer après leur consulat. Or,

---

1. Appien, *Guerres civiles*, II, 15 : Ἀρχὴν ἀποθέμενος ἐπὶ τὴν ἑτέραν εὐθὺς ἔξῃει.
2. Plutarque, *César*, 14 : Εἰς πενταετίαν. Appien, II, 13 : Ἐπὶ πεντάετες. Dion Cassius, XXXVIII, 8 : Ἐπὶ ἔτη πέντε.

en 56, le sénat se posait cette question : quelles seraient les deux provinces qui seraient consulaires en 54 ? Il hésitait entre quatre provinces, la Gaule transalpine, la Gaule cisalpine, la Macédoine et la Syrie; ce qui faisait porter le débat sur les trois gouverneurs actuels : César, Pison et Gabinius. On était d'accord pour rappeler ce dernier. Quant à César, deux opinions étaient émises : les uns voulaient lui enlever la Transalpine, qu'il ne tenait que d'un sénatus-consulte; les autres, la Cisalpine, qu'il avait reçue pour cinq ans par la loi Vatinia. Tous étaient d'accord pour regarder cette loi comme nulle; tous répétaient « qu'elle n'était pas une loi[1] »; tous auraient souhaité qu'il n'en fût pas tenu compte; mais tous n'osaient pas l'attaquer. Une partie des sénateurs opinait donc pour que la Cisalpine fût laissée à César durant l'année 54. Les plus hardis tenaient, au contraire, à ce qu'elle lui fût reprise; seulement ils accordaient encore qu'elle lui fût laissée jusqu'aux calendes de mars 54. Cicéron combat ces deux opinions, et voici les arguments qu'il emploie. Aux timides qui veulent laisser à César la Cisalpine, il dit : « Par votre vote vous sanctionnez la loi Vatinia, que jusqu'ici vous refusiez de reconnaître, vous n'osez pas toucher à la province que César tient du peuple, et vous n'êtes pressés que de lui enlever la Transalpine, chose bien facile, puisque c'est de vous qu'il la tient[2]. » Ensuite, à ceux qui, plus hardis, veulent reprendre la Cisalpine, il dit : « Vous croyez annuler ainsi la loi Vatinia, mais vous vous trompez; cette même loi, vous l'observez encore, en fixant au successeur de César la date du 1ᵉʳ mars[3]. » Cette phrase de Cicéron veut-elle

---

1. Cicéron, *De provinciis consularibus*, 15 : *Legem quam legem esse neget... Legem quam non putat.*

2. Ibidem : *Qui ulteriorem decernit* (celui qui propose de décerner au successeur la Transalpine, et qui, par conséquent, propose de laisser la Cisalpine à César), *ostendit eam se sciscere legem quam esse legem neget... simul et illud facit ut, quod illi a populo datum sit, id non violet; quod senatus dederit, id properet auferre.*

3. *Alter... legem quam non putat, eam quoque servat : præfinit enim successori diem.* Notez la différence entre les expressions *sciscere legem*, que Cicéron emploie dans le premier cas, et *servare legem*, qu'il emploie dans le second. Cela marque la distance entre les premiers, qui *sanctionnaient* la loi Vatinia en n'en-

dire que le 1er mars 54 soit le terme fixé par la loi Vatinia ? Elle serait en contradiction flagrante avec la phrase qui précède. Nous ne pouvons pas savoir en quoi la date des calendes de mars était une concession volontaire ou involontaire à la loi Vatinia, parce que nous ne savons pas quelles raisons le consul, qui avait parlé avant Cicéron, avait présentées pour faire admettre cette date. Mais ce qui marque bien que Cicéron n'a pas voulu dire que le terme légal du gouvernement de César en Cisalpine fût le 1er mars de l'année 54, c'est qu'il dit qu'en lui enlevant la Cisalpine ce jour-là on lui fait tort, *mulctari*, on lui fait injure, *contumeliosum*, on lui donne le droit de s'irriter, *jure irasci*[1]. Ajoutons que Dion Cassius, faisant une allusion très brève à cette délibération du sénat, dit qu'il était en effet question d'enlever à César son commandement « avant le terme fixé[2] ». Nous ne voyons donc pas de raison suffisante pour nier que les cinq années de commandement conférées par la loi Vatinia, commençant en 58, dussent se prolonger jusqu'en 53. M. Guiraud nous paraît avoir raison sur ce point.

Reste à examiner la loi qui accorda à César une prolongation de son commandement après la conférence de Lucques. M. Mommsen nous semble s'être écarté sensiblement de la vérité lorsqu'il a dit que, dans cette conférence, César était le plus puissant des trois associés et le maître de la situation. Plutarque, il est vrai, présente les choses sous ce jour; mais Dion Cassius nous en donne une tout autre idée, puisque, suivant lui, le pacte aurait été conclu entre Pompée et Crassus contre César. La vérité nous paraît être entre les deux extrêmes, et nous la dégageons surtout du texte de Suétone. Suivant cet historien, la proposition d'annuler la loi Vatinia, écartée l'an 56 après le discours de Cicéron, devait revenir dans le courant de l'année suivante, et c'était le consul prévu

---

levant pas la Cisalpine à César en 54, et les seconds, qui, croyant annuler la loi en reprenant la province, la *respectaient* malgré eux en quelques points.

1. Cicéron, *De provinciis consularibus*, 15 : *Mulctari deminutione provinciæ, contumeliosum*. Ibid., 16 : *Huic ordini jure irasci posse videatur*.
2. Πρὸ τοῦ καθήκοντος χρόνου, Dion, XXXIX, 25 ; édit. Dindorf, t. I, p. 300.

de cette année 55, c'est-à-dire Domitius Ahénobarbus, qui devait la produire de nouveau. Or le malheur de César était que toute sa puissance proconsulaire reposait sur cette loi, qui était entachée d'un vice de forme et que le sénat avait des moyens d'annuler. Il suffisait d'un acte de hardiesse de cette assemblée pour qu'il fût immédiatement dépossédé de son pouvoir, et nul n'ignorait que, le jour où il rentrerait à Rome comme simple particulier, il serait sous le coup de graves accusations; il avait obtenu à grand'peine, en 58, que ces accusations fussent différées aussi longtemps « qu'il serait absent pour le service de l'État[1] ». Il n'était donc pas aussi fort qu'on le croirait. Habitués que nous sommes à nous figurer César triomphant, dominateur, maître de Rome et de l'Empire, nous sommes tentés de croire qu'il était déjà tout cela en 56 ; mais c'est une illusion. En cette année-là, loin d'être le maître, il avait tout à craindre ; son pouvoir étant issu d'une loi réputée nulle, tous ses actes, depuis trois ans, étaient illégaux; il n'était pas jusqu'à sa guerre des Gaules dont la légalité ne fût contestée, et l'on avait quelque droit de dire en plein sénat « qu'il fallait livrer la personne de César aux ennemis qu'il avait injustement attaqués[2] ». Ce vice de forme de la loi Vatinia, lequel nous paraît aujourd'hui si insignifiant, avait une très grande importance. Suétone affirme que César avait à craindre « pour sa sécurité » et qu'aussi faisait-il de grands efforts, d'année en année, pour que la mise en accusation ne se produisît pas ou qu'on pût toujours « y opposer son absence[3] ». La moindre chose, un revers en Gaule, une décision du sénat, un revirement dans les comices, pouvait le perdre et le mettre à la merci de ses adversaires. Précisément il apprit, en 56, qu'on avait essayé de lui enlever la Cisalpine, et que le coup n'était différé que d'une année; car Domitius Ahénobarbus, que tout le monde s'attendait à voir consul l'année suivante, annonçait hautement qu'une fois en posses-

---

1. Suétone, *César*, 23.
2. Idem, 24. Plutarque, *César*, 23.
3. Suétone, 23.

sion du pouvoir il ne manquerait pas d'annuler la loi Vatinia et de renouveler l'accusation qu'il avait essayé de porter trois ans plus tôt¹. Suétone affirme que c'est pour empêcher que Domitius n'exécutât sa menace que César se rapprocha de Pompée et de Crassus aux conférences de Lucques. Or le meilleur moyen d'empêcher que Domitius ne fût consul lui parut être de porter Pompée et Crassus au consulat ; c'est ce qu'il fit. Il est probable d'ailleurs que, dans ces mêmes conférences, il fit promettre aux futurs consuls qu'ils prolongeraient son autorité, et surtout qu'ils la régulariseraient en le débarrassant des appréhensions que lui causaient les irrégularités de la loi Vatinia.

En conséquence, dans les premiers mois de l'an 55, Pompée et Crassus firent passer une loi qui prorogeait le commandement de César. Cette loi Pompéia-Licinia différait en deux points de la loi Vatinia. D'abord on ne voit pas qu'elle fût entachée d'aucun vice de forme : aussi ne fut-elle jamais attaquée ; ensuite elle s'appliquait aussi bien à la Gaule transalpine qu'à la Gaule cisalpine : du moins, c'est ce qu'on peut conclure de l'expression de Velléius, *provinciæ prorogatæ*. Cette remarque a son importance.

Cherchons maintenant quel était le terme que cette nouvelle loi mettait à l'autorité de César. Quatre historiens, Velléius, Suétone, Plutarque, Appien, affirment que la loi Pompéia-Licinia donnait à César le gouvernement pour cinq ans, *in quinquennium*, εἰς πενταετίαν². On ne peut pas aisément mettre en doute un fait si unanimement attesté. Dès lors la pensée qui vient naturellement à l'esprit, c'est que, ces cinq années du second proconsulat s'ajoutant aux cinq années du premier, le commandement de César devait durer dix ans et n'expirait qu'au commencement de l'année 48. S'il en était ainsi, le sénat n'avait pas le droit de rappeler César, ainsi qu'il l'a fait,

---

1. Suétone, *César*, 24 : *Quum Domitius, consulatus candidatus, palam minaretur se consulem effecturum quod prætor* (en 58) *nequisset, adempturumque ei exercitus.*

2. Suétone, *César*, 24. Velléius, II, 46. Plutarque, *Crassus*, 15 ; *Pompée*, 52 ; *Caton*, 42, 43. Appien, *De bellis civilibus*, II, 18.

le 1ᵉʳ janvier 49, et César, en attaquant par les armes cette décision du sénat, avait la légalité pour lui. Cette opinion pourtant ne soutient pas un sérieux examen. En effet, dans les discussions qui eurent lieu au sénat dans le cours de l'année 50, et dont nous connaissons assez bien le détail, nous ne voyons jamais que la loi Pompéia-Licinia soit présentée comme une loi qui fût encore en vigueur; ni les adversaires de César ne la combattent, ni ses amis ne l'invoquent. Quand les historiens parlaient des discussions de l'an 51, ils faisaient observer qu'elles étaient contraires à la loi Pompéia[1]; la même observation n'est plus faite dès qu'ils parlent des discussions de l'an 50. D'ailleurs César, au début de son *De bello civili*, donne les raisons qui peuvent le justifier; or il n'allègue jamais cette loi, dont le nom seul serait un argument décisif, si elle lui avait assuré le pouvoir jusqu'en 48. Enfin il y a plusieurs textes où il est dit formellement que le commandement de César expirait dans le cours de l'année 50. Ainsi Dion Cassius rapporte qu'en 51 Pompée fit la remarque en plein sénat que « le terme du gouvernement de César était proche et devait arriver l'année suivante[2] ». César le reconnaissait lui-même en 51, lorsqu'il demandait, suivant Appien, que le sénat voulût bien prolonger « d'un peu de temps son commandement », jusqu'à ce qu'il se fût présenté aux comices consulaires de 50 ou de 49[3]. Ce qui est plus clair encore, c'est que, dans les premiers mois de l'année 50, Marcellus proposa au sénat le rappel de César, en donnant ce motif qu'il arrivait au terme de son commandement[4]; aucun des amis de César ne repoussa cette affirmation; ils se contentèrent de demander que Pompée renonçât aussi à son proconsulat d'Espagne, et les amis de Pompée répliquèrent « que la situation n'était pas la même, puisque le terme du comman-

---

1. Hirtius, *De bello gallico*, 53. Suétone, *César*, 28. Dion Cassius, XL, 59.
2. Dion Cassius, XL, 59. Déjà précédemment le même historien avait dit, à l'année 52, que le temps fixé par la loi ne tarderait pas à expirer (XL, 44), ce qui n'aurait eu aucun sens s'il y avait eu encore quatre ans à courir sur cinq.
3. Appien, II, 25.
4. Idem, II, 27.

dement de Pompée n'était pas arrivé ». Voilà donc une série de textes d'où il ressort clairement que le commandement conféré à César n'allait pas jusqu'au 1ᵉʳ mars 48, ni même jusqu'au 1ᵉʳ mars 49, mais se terminait à une époque inconnue de l'année 50. On arrive donc à ce résultat singulier, que les deux proconsulats conférés par les lois Vatinia et Pompéia, quoique étant chacun de cinq années, n'ont pas formé un total de dix ans.

Il y a là une difficulté que M. Guiraud a fait effort pour résoudre. Il a remarqué que Dion Cassius n'attribuait à la loi Pompéia-Licinia qu'une durée de trois ans[1]. Cette phrase de l'historien avait été aperçue par MM. Mommsen et Zumpt et par l'auteur de l'*Histoire de César*, mais tous avaient été d'accord pour n'en pas tenir compte et ne s'en pas embarrasser. Ce texte, jusqu'ici négligé, a été pour M. Guiraud un trait de lumière. Le jeune et hardi chercheur a très justement observé que Dion Cassius n'est pas un auteur à dédaigner, qu'il écrivait sur les sources, qu'il connaissait le détail des faits, qu'enfin ce n'est pas à la légère qu'il a écrit ce chiffre de trois ans, car il ajoute aussitôt cette parenthèse : « C'est bien là le chiffre vrai[2]. » M. Guiraud s'empare donc de ce chiffre et dit : Le premier proconsulat allait jusqu'en 53, le second se prolonge jusqu'en 50, c'est-à-dire précisément jusqu'au temps où d'autres textes nous montrent que le commandement de César expirait.

Cette argumentation saisit à la fois par sa simplicité et par sa force. Pourtant une grave objection lui a été faite. Si le chiffre donné par Dion Cassius est si bien en accord avec les textes qui montrent le commandement de César terminé en 50, il est, d'autre part, en opposition avec Velléius, Suétone, Plutarque et Appien, qui donnent un chiffre de cinq ans. Est-il possible que Dion Cassius ait raison, à lui seul, contre ces quatre historiens ? L'esprit est d'abord arrêté par une telle contradiction, et la tentation est grande de rejeter, comme on

---

1. Dion Cassius, XXXIX, 33.
2. Ὥς γε τἀληθὲς εὑρίσκεται. Dion, XXXIX, 33.

l'avait fait jusqu'ici, l'assertion de Dion Cassius. Il nous semble pourtant qu'à regarder attentivement ces différents textes, la contradiction entre eux est plus apparente que réelle. On doit remarquer tout d'abord que Dion Cassius exprime sa pensée sous une autre forme que les quatre autres historiens; ceux-ci disent : la loi Pompéia conféra le pouvoir pour cinq ans; Dion écrit : elle allongea de trois années les pouvoirs de César. Or n'oublions pas que cette loi Pompéia est de 55; si les pouvoirs conférés précédemment devaient durer jusqu'en 55, il est clair qu'une loi portée en 55, et pour cinq ans, n'allongeait en réalité son pouvoir que de trois années. La contradiction n'existe donc plus que dans la forme ; c'est une même vérité exprimée de deux façons différentes ; le commandement était bien donné pour cinq ans, ainsi que l'affirment quatre historiens ; mais César n'y gagnait en réalité que trois années, ainsi que l'assure Dion Cassius, dont on s'explique la parenthèse : « Trois ans de plus, voilà le chiffre vrai. »

On dira peut-être : mais César se trouvait frustré; il perdait à ce calcul deux années de son premier commandement; son intérêt évident était que les cinq nouvelles années ne courussent qu'après que les cinq premières seraient achevées. Ce raisonnement n'a qu'une apparence de justesse. D'abord il est parfaitement admissible que Pompée, trompant César absent, ait rédigé sa loi de façon à lui faire perdre deux années. Ensuite il est très possible que César lui-même ait eu intérêt à faire partir les effets de la loi nouvelle de l'an 55 au lieu d'attendre à l'an 53. En effet, nous ne devons pas perdre de vue que son premier commandement se composait de deux provinces très distinctes, la Cisalpine qu'il avait reçue par une loi et pour cinq ans, et la Transalpine qu'il tenait d'un simple sénatus-consulte sans terme fixe, et que, par conséquent, le sénat pouvait lui reprendre dès qu'il le voudrait. Comme la loi Pompéia conférait également les deux provinces, ses effets, en ce qui concernait la Transalpine, devaient nécessairement courir de l'année 55; voilà donc au moins une des deux provinces pour laquelle il ne pouvait pas être question d'attendre à l'année 53. Mais regardons maintenant l'autre province : nous savons que César ne tenait la Cisalpine jusqu'en 53 qu'en vertu de la loi Vatinia, qui était manifestement illégale; il savait que Domitius Ahénobarbus, qu'il avait réussi à écarter du consulat pour 55, serait probablement consul en 54, et qu'il ne manquerait pas d'attaquer, et d'annuler cette loi Vatinia. C'était justement pour parer ce coup que César s'était rapproché de Pompée. Or, s'il ne faisait commencer son nouveau *quinquennium* qu'en 53, il prêtait le flanc pendant deux années, et, dans cet intervalle, un sénatus-consulte pouvait le rappeler. Devait-il vivre deux ans encore sur le faible appui d'une loi sans valeur, ou bien s'armer tout de suite de la loi Pompéia qui était régulière et incontestée? Le choix ne pouvait être douteux. Sa grande préoccupation, dans la conférence de Lucques, avait été bien moins d'allonger son commandement que de régulariser et de légaliser sa situation. L'important pour lui était de ne plus dépendre d'un vote du sénat, et ç'aurait été un piège trop grossier de ne lui assurer cette indépendance que dans deux ans, en le laissant jusque-là à la merci du sénat et de ses adversaires. La loi Licinia lui donnait un commandement de cinq années, mais il était bien entendu que ces cinq années commençaient aussitôt, c'est-à-dire dès 55.

Ainsi se concilient, si nous ne nous trompons : 1° les quatre textes de Velléius, de Suétone, d'Appien et de Plutarque, qui mentionnent un commandement de cinq ans; 2° la phrase de Dion Cassius, qui parle d'une prolongation de trois années; 3° les textes de Dion Cassius, d'Appien, de Suétone, de Cicéron, qui marquent qu'en 50 les pouvoirs de César étaient expirés.

On conçoit d'ailleurs que ce règlement, qui avait pu satisfaire César en 55, ne l'ait pas satisfait trois ans plus tard, en 52. Il voyait, à mesure que le terme de son commandement approchait, les anciennes menaces reparaître. Par exemple, une loi de Pompée, en 52, soumettait aux tribunaux tous les actes passés des magistrats depuis l'an 70, et tout le monde regardait cette loi comme une arme destinée à frapper personnellement César le jour où il n'aurait plus de commandement[1].

---

1. Appien, II, 24.

La suite des faits est bien expliquée par Appien : « César craignait d'être attaqué par ses adversaires dès qu'il redeviendrait homme privé ; aussi fit-il tous ses efforts pour conserver le commandement jusqu'au jour où il serait élu consul ; il s'adressa donc au sénat et il lui demanda une nouvelle prorogation, pour un temps court, et ne fût-ce que pour une partie de ses provinces[1]. » Cela se passait en 52 ; ce qu'il sollicitait était une prorogation de quelques mois qui lui permît d'atteindre l'époque des comices consulaires de l'an 50. Sa demande fut rejetée par le sénat. Un autre moyen s'offrit à lui. Quelques tribuns dévoués portèrent une loi par laquelle le peuple lui permettait de briguer le consulat sans être présent à Rome[2]. Voilà encore une loi dont il nous importerait grandement de connaître les termes et l'énoncé ; par malheur les historiens n'en donnent qu'une indication très vague. Le peuple, qui autorisait César à briguer le consulat, soit en 50, soit en 49, sans être présent à Rome, l'autorisait-il par cela même à conserver son commandement en Gaule jusqu'à cette époque ? Voilà ce que nous voudrions savoir. Cette seconde autorisation était-elle seulement sous-entendue, ou était-elle formellement exprimée ? Était-ce enfin une prorogation déguisée de son commandement ? Nous ne pouvons rien affirmer ; mais nous sommes frappés de voir que les contemporains ont considéré les deux autorisations comme inséparables. « En accordant l'une, dit Cicéron, nous avons accordé l'autre[3]. » Suétone, dans la mention très brève qu'il fait de cette loi, indique bien qu'elle prévoyait le cas où le commandement de César serait expiré[4], et que, de quelque manière, elle lui per-

---

1. Appien, II, 25.
2. Appien, II, 25 ; Dion Cassius, XL, 51 ; Plutarque, *Pompée*, 56 ; Tite-Live, CVIII. Tout le monde sait que rentrer à Rome était renoncer à l'*imperium* militaire.
3. Cicéron, *Ad Atticum*, VII, 7 : *Quum id datum est, illud una datum est*.
4. Suétone, *César*, 26 : *Ut absenti sibi, quando imperii tempus expleri cœpisset, petitio consulatus daretur*. C'est à tort que M. Hoffmann a soutenu que César avait brigué le consulat en 50 ; mais il paraît bien, par la correspondance de Cicéron (*Ad diversos*, VIII, 8 ; VIII, 13), qu'on s'attendait à ce qu'il briguât cette année-là ; la loi qui interdisait d'être deux fois consul *intra decem annos* (Tite-Live, VII, 42 ; X, 13) ne l'empêchait pas de se faire élire en 50 pour 49, puisque sa première élection était de l'an 60 ; mais apparemment il aima mieux ne se présenter qu'en 49 : il gagnait ainsi une année de commandement.

mettait de le conserver. Il y a grande apparence que les termes employés n'y étaient pas fort clairs, et que plusieurs interprétations étaient possibles. Ce qui est certain, c'est que César interprétait en ce sens qu'il lui fût permis de rester à la tête de ses provinces et de ses armées, jusqu'à ce qu'il fût élu consul[1].

Ainsi le commandement que César exerça en Gaule paraît lui avoir été conféré, non pas par deux lois, mais par trois lois successives, celle de Vatinius en 59, celle de Pompée et de Crassus en 55, celle des tribuns en 52. La première marquait un terme qui nous paraît être au commencement de l'année 53; la seconde fixait également un terme, que nous croyons être dans les premiers mois de 50; la troisième ne marquait d'autre terme que le jour où César serait élu consul. Lorsque César fut rappelé par le décret du sénat, le 1er janvier 49, il n'allégua en sa faveur ni la loi Vatinia, ni la loi Pompéia; il invoqua seulement la loi tribunitienne de 52[2]. Était-ce un vain prétexte? Nous ne saurions le dire, n'ayant pas le texte de cette loi. Ce qui complique encore la difficulté, c'est qu'après que Pompée l'avait laissée passer sans y faire opposition, il en proposa et en fit adopter une autre qui obligeait tous les candidats au consulat à être présents à Rome. Il est clair que cette loi nouvelle abrogeait celle qui avait été portée quelques semaines auparavant en faveur de César. Seulement Pompée n'avait pas su profiter de ce coup si habile, et, après que sa loi eut été votée, après qu'elle avait déjà été gravée sur l'airain, il y avait ajouté un petit article où il était dit qu'elle ne porterait pas atteinte au *privilegium* relatif à César[3]. Concession maladroite, qui remettait tout dans l'incertitude. La loi qui dispensait César de venir à Rome briguer le consulat avait été très

---

1. Tite-Live aussi paraît avoir compris la loi dans le même sens; car on lit dans l'*Epitome* CVIII : *Quum, lege lata, in tempus consulatus provincias obtinere deberet.*

2. César, *De bello civili*, I, 9 : *Doluisse se quod populi romani beneficium sibi per contumeliam ab inimicis extorqueretur ereptoque semestri imperio in urbem retraheretur cujus absentis rationem haberi proximis comitiis populus jussisset.*

3. Suétone, *César*, 28. Dion Cassius, XL, 56.

certainement abrogée par la loi postérieure, qui exigeait la présence à Rome de tout candidat. Restait à savoir si l'article ajouté à cette seconde loi par Pompée, de sa seule autorité, était valable et pouvait rendre à César son privilège. Autrement dit, y avait-il plus d'illégalité à ce que Pompée, par sa nouvelle loi, enlevât subrepticement à César ce que la loi tribunitienne venait de lui donner, ou à ce qu'il lui restituât subrepticement le lendemain ce que sa propre loi venait de lui enlever? C'est sur cet unique point que toute la question portait.

Assurément nous ne dirons pas, et M. Guiraud n'a pas dit non plus, que le sort de la république romaine dépendît de cette discussion sur un point de droit public. C'était une constitution bien fragile que celle dont l'existence tenait à de telles subtilités. Mais il était intéressant, au point de vue de l'érudition pure, de chercher si c'était César ou si c'était le sénat qui était sorti le premier de la stricte légalité. M. Mommsen avait dit que c'était le sénat, puisqu'il rappelait le 1er janvier 49 celui qui tenait d'une loi son commandement jusqu'au mois de mars. Suivant M. Guiraud, ce commandement était expiré légalement depuis plusieurs mois lorsque le décret de rappel fut porté. Mais il reste à savoir si une troisième loi n'avait pas, sous une forme indirecte, prorogé encore ce commandement jusqu'à ce que César en fixât lui-même le terme en se faisant nommer consul; c'est ici le point le plus obscur et la partie vraiment insoluble du problème. Aussi concluons-nous que nous ne pouvons pas savoir si la légalité, c'est-à-dire la lettre de la loi, était pour César ou contre lui.

Le travail de M. Guiraud nous laisse donc encore dans le doute. Ce n'est pas à dire qu'un si sérieux et si puissant effort d'investigation ait été fait en vain. Outre que M. Guiraud a le mérite d'avoir démontré l'inexactitude de quelques théories qui avaient cours jusqu'ici, outre qu'il a porté sur le sujet autant de lumière que l'état des documents en pouvait donner, nous lui devons surtout d'avoir éclairci plusieurs points du droit public romain et de nous avoir fait pénétrer plus avant dans des débats où nous saisissons les incertitudes et l'état d'esprit des contemporains de César. Il n'est pas nécessaire qu'une solution définitive soit trouvée, si, rien qu'en la cherchant, nous avons déjà beaucoup appris. Ces austères études servent toujours la science.

QUESTIONS CONTEMPORAINES

PREMIÈRE PARTIE

La politique d'envahissement. — Louvois et M. de Bismarck[1].

1ᵉʳ janvier 1871.

La lutte de l'esprit de conquête contre l'esprit de travail est sans doute aussi vieille que l'humanité. Ce n'est pas d'aujourd'hui seulement que l'on voit des nations aspirer à la paix et des souverains ou des ministres les plonger dans tous les maux et dans toutes les fureurs de la guerre. Presque de tout temps il s'est trouvé dans le cœur des peuples une ambition, celle de grandir par la paix, par l'activité, par l'intelligence; et il s'est trouvé dans le cœur de quelques hommes une autre ambition, celle de grandir par la conquête. Des rois et des ministres qui se disaient chargés par Dieu de la conduite des nations les ont entraînées hors de leur voie, loin de leur intérêt, et, pour acquérir eux-mêmes quelques titres pompeux et ce que le langage humain appelle la gloire, pour être proclamés grands rois ou grands ministres, ils ont déchaîné la guerre; ils ont couvert le sol de ruines, rempli les cœurs de haine, arrêté le travail, abaissé l'intelligence. Ils se sont fait un nom retentissant dans l'histoire; mais ils ont mis le trouble dans l'existence et dans la conscience même des hommes.

Nous voudrions montrer ce que c'est que l'esprit de conquête et d'envahissement, quels en sont les caractères essentiels; les procédés ordinaires, les allures, le langage, si cet esprit a changé avec le temps, ou s'il est encore ce qu'il était

---

1. [*Revue des Deux Mondes*, 1ᵉʳ janvier 1871, t. XCI, p. 5 et suiv.]

autrefois ; nous voudrions dire surtout quels fruits il produit et ce qu'il coûte aux nations. Deux exemples frappants nous serviront à le faire connaître : l'un est dans le passé, l'autre est sous nos yeux. Louvois au xviie siècle et M. de Bismarck au xixe sont des représentants fort remarquables de cette politique. L'un et l'autre l'ont poursuivie avec la même énergie, la même ténacité, le même talent ; ils y ont consacré toutes leurs forces, toute leur âme, et M. de Bismarck semble aujourd'hui toucher au but exactement comme Louvois parut y toucher à un certain moment de sa vie. Comparer M. de Bismarck à Louvois n'est pas faire injure au ministre prussien, car Louvois était loin d'être un homme médiocre. Il avait toutes les qualités d'esprit les plus hautes, à part le génie : une netteté de vue et une force de calcul incomparables, une volonté qu'aucune considération ne détournait de son but, une immense ambition, non pour lui-même, mais pour son roi ; avec cela, une vue large qu'aucun préjugé ne gênait, une sorte de regard fier par-dessus tous les scrupules de la morale, enfin la préoccupation du grand avec un parfait dédain pour le juste. Auprès de lui, Colbert n'était qu'un honnête homme et un homme de bon sens ; Louvois fut un politique et un homme d'État. Il n'a pas dirigé seulement l'administration militaire, il a eu la haute main sur la diplomatie comme sur la politique intérieure. Colbert, Pomponne et les autres étaient ce que nous appellerions des ministres d'affaires ; le vrai ministre dirigeant fut Louvois. Il avait dans Louis XIV un roi tout disposé à se laisser dominer, pourvu qu'on lui fît croire qu'il était le maître. Ce fut Louvois qui le gouverna. Il fut pendant vingt-cinq ans premier ministre sans en avoir le titre. C'est lui qui a inspiré Louis XIV, qui l'a conduit, qui l'a mené par la main ; sa pensée a dirigé tout le règne.

Nous n'ignorons pas que les amis de M. de Bismarck le comparent plus volontiers à Richelieu ; mais, en admettant que les qualités d'esprit fussent les mêmes chez ces deux hommes, encore faudrait-il reconnaître que leur politique est tout à fait différente. Richelieu ne représente nullement l'esprit de conquête. Il a vécu au milieu de guerres incessantes ;

mais ce n'est pas lui qui a créé cet état de guerre. Il a trouvé l'Europe embrasée par les querelles violentes de deux religions et les rivalités de plusieurs monarchies; ce n'est pas lui qui avait allumé l'incendie, il n'est pas l'auteur de la guerre de Trente Ans. Au moment où cette guerre allait aboutir au triomphe de l'Autriche, où les libertés religieuses et politiques de l'Allemagne se trouvaient en grand péril, l'Allemagne demanda l'appui de la France, et il se fit entre elles une alliance dont Richelieu n'abusa jamais. On peut même remarquer combien il se fit prier par l'Allemagne avant d'engager directement la France dans cette grande lutte. Il n'aimait pas la guerre; cet homme de génie, ce véritable homme d'État souhaitait peut-être la guerre aux ennemis de la France, mais il eût voulu en préserver la France elle-même. Son vrai but ne fut pas l'agrandissement territorial du pays. L'Artois et le Roussillon, enlevés légitimement à l'Espagne, une partie de l'Alsace acquise avec le consentement formel de l'Allemagne, offerte même par celle-ci, ne prouvent pas qu'il visât aux conquêtes et à la gloire militaire. Son ambition fut bien plutôt de fonder la grandeur du pays par l'ordre intérieur, par le commerce, par l'élévation progressive des classes inférieures, par le développement du travail matériel et intellectuel. Ce fut là son but et sa gloire. Loin de représenter l'esprit de conquête, Richelieu représente l'esprit d'ordre et de travail aux prises avec toutes les nécessités de la guerre. Louvois au contraire, venu dans un temps de paix, a cru que la grandeur de son roi et de son pays devait consister dans l'accroissement du territoire et dans la gloire militaire. Sa seule politique a été la politique d'envahissement, et c'est vers ce seul objet qu'il a porté ses propres efforts, l'attention de son roi et les forces mêmes de la France. Mieux que personne au xviie siècle, il représente l'esprit de conquête refoulant l'esprit de travail et de paix. Ce n'est donc pas Richelieu, c'est Louvois qu'il faut mettre en regard du ministre prussien.

I

Au moment où Louvois arrivait aux affaires, la France jouissait de la paix et désirait la conserver. Notre nation n'a jamais été aussi belliqueuse que ses ennemis se sont plu à le dire. Au début du règne de Louis XIV, le sentiment général était l'horreur de la guerre. Les cent dernières années avaient été remplies par des luttes de toute nature, et le souvenir en était odieux au pays. On n'aimait à se rappeler de toute cette période que le règne trop court de Henri IV, qui avait été comme une éclaircie dans ce long orage ; or Henri IV, dans l'imagination de la France, était devenu Henri le Grand, non pas pour les victoires qu'il avait remportées, mais pour les quinze années de paix qu'il avait données au pays. La génération suivante, dans toute l'Europe, avait été livrée à toutes les fureurs de la guerre. Les traités de Westphalie et des Pyrénées avaient marqué le terme de ces horribles luttes, et la France revenait enfin à la paix. La joie en était universelle, et si le règne de Louis XIV à son début fut salué par un immense enthousiasme, c'est parce qu'il eut la bonne fortune de coïncider avec cette ère de paix et qu'il s'annonça comme un règne pacifique.

Pendant plusieurs années, rien ne fit prévoir que Louis XIV aimerait la guerre. Il ne s'occupait que d'administration, de finances, de justice, de commerce. Dans ses ordonnances, il aimait à vanter les bienfaits de la paix. Il écrivait en 1665 : « L'affection que nous portons à nos sujets nous fait préférer à notre gloire et à l'agrandissement de nos États la satisfaction de leur donner la paix. » Pendant ces mêmes années, la France était ardente au travail ; la bourgeoisie se donnait tout entière à l'industrie et au commerce, fabriquait des draps, construisait des navires, s'enrichissait enfin en assurant aux classes inférieures la vie de chaque jour. De son côté, la noblesse, ruinée par les guerres de l'époque précédente, se remettait à faire valoir ses terres, relevait ses maisons de ville et ses châteaux de plaisance. On ne pensait plus à la guerre.

Il semblait que la France entrât dans une longue voie de paix et de bonheur.

L'Europe faisait comme la France. Sortie enfin des guerres de religion, elle était paisible, elle travaillait. L'Allemagne se reprenait à cultiver son sol, que les armées avaient tant ravagé, et rebâtissait ses villes, qu'elle avait détruites de ses propres mains dans la guerre de Trente Ans. La Hollande et l'Angleterre étaient tout entières au commerce; l'Espagne elle-même, guérie de sa vieille ambition, essayait de relever ses finances et de ranimer son agriculture. On ne voyait plus de causes de lutte en Europe; la religion ne devait plus enfanter la guerre, les monarchies avaient compris les dangers de l'ambition, et les peuples n'avaient pas encore de haine les uns pour les autres.

Supposez que cette paix eût duré une longue suite d'années; figurez-vous la France, l'Angleterre, la Hollande, l'Allemagne, travaillant dans toutes les branches de l'activité humaine, et essayez de calculer tous les progrès qui se seraient accomplis. Je ne dis pas seulement progrès matériels, bien-être, jouissances; je dis progrès de l'intelligence, de la conscience même. Pour nous en faire quelque idée, mettons-nous devant les yeux les cinq ou six générations qui ont suivi; retranchons de leur vie les guerres, les ruines, le temps et les forces perdus, l'attention dissipée, les idées fausses, le trouble des intérêts et le trouble des âmes que chaque année de guerre apportait avec elle, et, tout cela écarté, imaginons ce que seraient devenus notre agriculture, notre industrie, nos arts, nos sciences, notre droit, nos institutions, notre liberté aussi, par un développement naturel et régulier.

Par malheur, le grand et beau mouvement qui emportait la France du côté des travaux de la paix s'arrêta bientôt. Dans les conseils de la monarchie, Colbert représentait les aspirations de l'opinion publique, le besoin d'ordre et l'amour du travail; Louvois représentait les aspirations qui sont assez naturelles à la royauté, le besoin d'éclat, de grandeur, de gloire. Louis XIV, après avoir balancé quelques années entre ces deux hommes, pencha vers Louvois. Dès lors l'esprit de conquête et d'envahissement prit possession du roi, et ce règne qui avait promis d'être si pacifique devint l'un des règnes les plus remplis de guerres de l'ancienne France.

A cette époque, l'ambition de s'agrandir par la conquête n'était pas réprouvée par la morale publique. Il faudrait la dissimuler aujourd'hui sous de beaux principes et des mots pompeux; au XVIIe siècle, elle pouvait s'avouer hautement. Louis XIV a écrit dans ses Mémoires : « L'ambition et l'amour de la gloire sont toujours pardonnables aux princes. » Et il ne disait là que ce que tout le monde pensait. Les peuples détestaient la guerre comme un fléau ; mais ils ne la condamnaient pas encore comme un crime. Elle semblait permise aux souverains. Pour un roi de droit divin, l'ambition était un droit et presque un devoir. Il fallait, pour répondre à la volonté même de Dieu, que le roi fût grand, et que tout l'éclat de la gloire brillât en sa personne. Agrandir son royaume ou sa réputation, c'était servir les desseins de Dieu. Telles étaient les idées de Louis XIV et de Louvois, et c'est en vertu de cet état d'esprit qu'ils purent déchaîner la guerre sans éprouver ni scrupule ni remords.

Mais si la guerre était permise, l'usurpation du bien d'autrui ne l'était pas, et par là les rois de droit divin se trouvaient encore soumis au droit et justiciables de la conscience. C'est sur ce point que devait se signaler surtout l'habileté des ministres. Il fallait qu'ils missent le Droit de leur côté, ou tout au moins les apparences du Droit. La politique d'envahissement n'avait pas besoin d'autant de dissimulation qu'il lui en faut aujourd'hui ; elle ne pouvait pourtant pas se passer tout à fait de déguisement, une certaine mesure d'hypocrisie était déjà de rigueur.

Aussi voyons Louis XIV et Louvois à l'œuvre. L'objet qui se présentait le plus naturellement à leur convoitise, c'était la Belgique, que les rois d'Espagne possédaient depuis un siècle et demi, non par conquête, mais par héritage. Avant de s'en emparer, il fallait avoir le droit de la prendre. Si Louvois eût vécu de nos jours, il eût allégué quelque principe moderne : il eût prétendu que la Belgique devait appartenir au roi de

France, parce qu'elle est habitée par la même race que la France, et parce qu'elle parle la langue française. En 1666, une telle théorie n'entrait encore dans l'esprit de personne, les universités allemandes n'ayant pas encore créé une ethnographie à l'usage des ambitieux; mais il y avait en ce temps-là un autre principe universellement admis, en vertu duquel les royaumes et les provinces appartenaient aux souverains par droit de succession. Il s'agissait donc de prouver que la Belgique était l'héritage légitime de Louis XIV. On trouva fort à propos dans les codes civils de quelques provinces belges une loi qui, en cas de second mariage, donnait la succession tout entière aux enfants du premier lit. Or il se trouvait en même temps que l'infante d'Espagne, femme de Louis XIV, était née d'un premier mariage de Philippe IV. Aussitôt un juriste anonyme, sous l'inspiration et aux gages de Louvois, se mit à écrire un mémoire pour démontrer que les provinces belges appartenaient légitimement à Marie-Thérèse. Le roi, sur la foi du juriste, réclama la Belgique. Quoi de plus juste? N'était-il pas dans son droit? Pouvait-on lui objecter qu'il mettait la main sur le bien d'autrui? Ce n'était pas un envahisseur, un conquérant : c'était un mari qui réclamait pour sa femme la part de l'héritage paternel.

Malheureusement il n'existait pas de tribunal qui pût juger ce procès; force était dès lors à Louis XIV de recourir à la guerre. « Le ciel, disait l'auteur du mémoire, n'ayant pas établi de tribunal sur la terre à qui le roi de France puisse demander justice, il ne la peut chercher que dans son cœur, où il l'a toujours fait régner, et ne doit l'attendre que de ses armes. » C'est pourquoi Louis XIV envahit la Belgique; mais ne croyez pas qu'il soit l'agresseur, car il écrit en même temps à la cour d'Espagne : « Notre intention est d'entretenir religieusement la paix, ne voulant pas que ladite paix soit rompue par notre entrée dans les Pays-Bas, puisque nous n'y entrons que pour nous mettre en possession de ce qui a été usurpé sur nous. » Étrange langage des conquérants! ils envahissent votre pays, et ils jurent qu'ils aiment la paix; ils sont chez vous, ils foulent aux pieds votre sol, et ils affirment encore que c'est vous qui êtes les agresseurs.

Louis XIV entra donc en Belgique, avec une armée nombreuse ; les Espagnols ne s'attendaient pas à l'invasion, et leurs troupes n'étaient que dans la proportion de deux contre cinq. L'armée française n'eut que des succès, et Louis XIV écrivit : « Dieu, qui est le protecteur de la justice, a béni et secondé mes armes. » Ne faut-il pas toujours que Dieu serve de second à la convoitise et à la force? L'Espagne fut sauvée par l'intervention de l'Europe. L'Angleterre et la Hollande s'inquiétèrent de l'ambition du roi de France, et comprirent qu'il était dangereux de laisser s'établir en Europe une monarchie militaire et conquérante. Elles s'entendirent pour imposer la paix aux belligérants, et leur firent savoir qu'elles se déclareraient contre celui des deux qui refuserait de cesser la guerre. Louvois protesta aussitôt qu'il désirait la paix, et que c'était l'Espagne qui ne la voulait pas ; mais, ce mensonge n'ayant trompé personne, il dut se résigner à traiter. « Il faut nous résoudre, écrivait-il alors à un de ses agents, à voir arriver la chose du monde que nous souhaitons le moins. » Cette chose-là, c'était la paix.

Il n'est pas aisé de mettre un frein à la politique d'envahissement. Louvois, sans perdre un seul jour, prépara une nouvelle guerre. On lui demandait de désarmer ; il supprima en effet dans tous les régiments de l'armée la moitié des compagnies ; seulement il doubla l'effectif de celles qu'il conservait. Après quatre années de préparatifs, il recommença la guerre, s'attaquant cette fois non plus à l'Espagne, mais à la Hollande. Il s'était aperçu dans la guerre précédente que la Hollande l'avait empêché de conquérir la Belgique, et il en avait conclu fort justement qu'il devait affaiblir et ruiner la Hollande. Il raisonnait comme ferait un ministre prussien qui, ayant remarqué que l'Autriche avait été arrachée de ses mains par l'intervention française, conclurait de là qu'il doit ruiner la France pour accomplir ensuite en toute sûreté ses desseins sur l'Autriche et sur l'Allemagne.

De quel droit cependant attaquer la Hollande, qui était depuis un siècle l'alliée de la France? car Louvois ne pouvait pas se passer du Droit. Il fit déclarer qu'il attaquait la Hollande « à cause de l'ingratitude et de la vanité insupportable des Hollandais ». Il s'était préparé longuement à la guerre ; sa diplomatie et son administration militaire avaient admirablement fait leur œuvre. On s'était attaché le roi d'Angleterre d'une part, les princes allemands de l'autre, on avait une armée de 120 000 hommes, chiffre qui nous paraît faible aujourd'hui et qui était énorme en ce temps-là ; on avait un matériel complet ; Louvois avait poussé l'habileté jusqu'à acheter la poudre et le plomb aux Hollandais eux-mêmes. Il était parfaitement servi par d'habiles espions qu'il entretenait partout, dans les villes de la Hollande, dans les pays étrangers, dans l'entourage même des souverains et jusque dans le parlement anglais. Enfin l'habile ministre avait mis de son côté tous les moyens de succès, de manière à frapper rapidement et à coup sûr un ennemi qui ne s'attendait nullement à la guerre. La Hollande apprit à peu de jours d'intervalle que la guerre était déclarée, que Louis XIV avait passé le Rhin à Tolhuys, qu'il approchait d'Amsterdam.

Il ne semblait pas que cette nation, toute pacifique et laborieuse, pût tenir tête à l'énorme puissance qui s'était si bien préparée à la combattre, et qui jetait tout à coup toutes ses forces contre elle. Elle implora la paix. Les conditions qu'elle offrait au vainqueur étaient assurément fort avantageuses, mais le roi et le ministre ne s'en contentèrent pas. Quand on est si facilement victorieux, on s'enivre de sa victoire, on en est aveuglé, et l'on ne voit plus d'obstacles devant soi ; on se croit maître de tout, et parce qu'on a franchi aisément les frontières d'un pays, on prétend « aller partout, partout ». Louis XIV et Louvois posèrent aux Hollandais des conditions inacceptables. Ils voulurent que la Hollande s'anéantît ; ce fut précisément ce qui la sauva. Amsterdam, la ville la plus riche et en même temps la plus patriote, l'âme du pays, se résolut à la résistance. Elle ouvrit les écluses qui retenaient la mer et s'entoura d'une enceinte d'inondation. En même temps la Hollande changea son gouvernement et fit une révolution pour se mieux défendre ; laissant de côté pour un moment ses institutions républicaines, qui lui avaient donné le calme et la prospérité, mais qui ne lui paraissaient pas assurer assez énergiquement l'indépendance nationale, elle établit une sorte de dictature militaire pour le salut du pays. L'œuvre de la défense était fort difficile, elle paraissait même impossible, et voici en quels termes Louvois en parlait : « Si les Hollandais étaient des hommes, il y a longtemps qu'ils auraient fait la paix ; mais ce sont des bêtes qui se laissent conduire par des gens qui ne pensent qu'à leur intérêt. » Il ne comprenait rien à ce peuple qui sans armée prétendait se défendre contre la meilleure armée de l'Europe. Il croyait en avoir bientôt raison ; mais l'inondation fit ce que les meilleures fortifications du monde auraient pu faire : elle arrêta l'armée envahissante, la retint tout un hiver, la fatigua, la déshabitua de vaincre, la démoralisa.

Pendant ce temps, des alliés s'offrirent à la Hollande, non pas alliés désintéressés et généreux (la Hollande n'en espérait pas), mais alliés qui avaient les mêmes intérêts qu'elle ou les mêmes craintes. L'Espagne savait que la chute de la Hollande lui ferait perdre la Belgique. L'Angleterre sentait que cette ambition de la France menaçait sa grandeur maritime, et l'ambassadeur français à Londres écrivait à Louvois : « Les Anglais vendraient jusqu'à leur chemise pour la conservation des Pays-Bas. » La maison d'Autriche s'apercevait qu'elle perdait le premier rang en Europe par suite des progrès de la France. Quant à la maison de Hohenzollern, elle n'était pas menacée directement, et il ne semblait pas qu'elle eût rien à voir à ces affaires. Elle n'avait rien à prendre à la France et c'était du côté de l'Allemagne que se portaient ses convoitises ; mais pour grandir en Allemagne, pour y acquérir d'abord l'influence, ensuite la force, enfin l'empire, elle jugeait utile de se poser en adversaire de la France. Faire naître dans l'âme du peuple allemand une sorte de patriotisme qui serait surtout la haine du nom français, et se faire l'organe accrédité de ce soi-disant patriotisme, lui paraissait le meilleur moyen de sortir de la position d'infériorité où elle se trouvait en Allemagne. Elle fut donc la première à se déclarer en faveur de la

Hollande. Les autres puissances l'une après l'autre suivirent son exemple, et la France eut à combattre presque toute l'Europe. Ce fut au tour de Louvois à désirer la paix et au tour des Hollandais à la refuser. Cette guerre, qui au compte de Louvois ne devait durer qu'un été, se prolongea pendant six années, et, au lieu de se terminer par l'anéantissement de la Hollande, elle se termina par le traité de Nimègue, qui ne fit perdre à la Hollande ni une province ni une forteresse, et qui ne fit gagner à la France qu'une province de la monarchie espagnole, la Franche-Comté. Louis XIV semblait être le vainqueur, et la France s'y trompa peut-être : le vrai vainqueur était la Hollande.

On croirait qu'après de si grands efforts et si peu de résultats Louis XIV et Louvois auraient renoncé à la politique d'envahissement. Il n'en fut rien. L'ambition ne s'arrête pas quand elle veut. L'instinct d'usurpation, la fièvre d'agrandissement, lorsqu'ils ont une fois saisi un souverain ou un peuple, le tiennent et le mènent malgré qu'il en ait. Le jour où l'on s'engage dans la politique de conquête, on ne doit pas dire : Je n'irai que jusque-là. Il faut toujours aller plus loin. Après le traité de Nimègue, la paix paraissait assurée pour longtemps ; mais Louvois eut la prétention de faire encore des conquêtes en pleine paix, et l'on vit, spectacle étrange, la politique d'envahissement poursuivre son œuvre en dehors même de toute guerre. Les derniers traités avaient donné au roi certaines villes avec leurs *dépendances*. Par ce mot, il fallait sans doute entendre le territoire réellement dépendant de chaque ville ; Louvois comprenait qu'il s'agissait d'autres villes ayant autrefois dépendu féodalement des premières : questions de juriste, pensa-t-il, que la magistrature devait décider. Les moyens juridiques furent de tout temps commodes pour l'ambition. Il y a quelques années, la Prusse interrogea les jurisconsultes pour savoir à qui le Slesvig-Holstein devait appartenir, et sur leur arrêt elle se l'adjugea. Louvois avait inventé ce procédé avant les ministres prussiens. Voulant s'emparer de Courtrai, de Luxembourg, de Sarrebrück, de Deux-Ponts, il consulta la magistrature française, et se fit adjuger ces villes par arrêt.

L'acquisition de Strasbourg fut plus légitime; elle se fit par un contrat formel entre la ville et le roi, et elle eut ce rare bonheur d'être conforme à la fois au droit des gens de cette époque et au droit des gens de la nôtre.

Tous ces empiétements, qu'ils fussent justes ou non, mécontentèrent l'Allemagne et l'Europe. Jamais dans les générations précédentes la France ne s'était présentée aux Allemands comme une puissance envahissante. Jamais, ni pour Metz et Verdun, ni pour l'Alsace, elle n'avait fait d'autres acquisitions que celles que l'Allemagne elle-même lui avait librement concédées ou offertes. On l'avait toujours connue modérée et désintéressée, et l'on n'avait pas encore pris l'habitude de l'accuser de convoitise. Elle avait toujours été l'alliée des Allemands, jamais elle n'avait été leur ennemie. Elle était un membre de la ligue du Rhin, presque un membre du corps germanique. Louis XIV et Louvois, pour la première fois, manifestèrent une ambition qui inquiéta l'Allemagne. Non seulement ils touchaient au Rhin, mais ils possédaient de l'autre côté du fleuve Kehl et Fribourg, et vers le nord Landau, Luxembourg, Trèves, et même la place forte de Montroyal entre Trèves et Coblentz. C'était prendre vis-à-vis de l'Allemagne une position offensive qui était aussi dangereuse et aussi contraire au droit que le serait en sens inverse la possession de Metz et de Strasbourg aux mains d'une puissance allemande.

Tous les souverains de l'Europe se sentirent menacés dans leur indépendance. Ils s'unirent pour se défendre, et formèrent la coalition d'Augsbourg. Louvois se jeta résolument dans cette nouvelle guerre qu'il avait provoquée. Il n'en vit pas la fin. Sa mort, qui arriva en 1691, ne modifia pas la marche des événements; sa politique se continua fatalement après lui. Louis XIV, qu'il avait lancé dans la guerre, ne put pas s'en dégager. Il dut continuer à rouler sur cette pente; après la guerre de la ligue d'Augsbourg, il fut entraîné, un peu malgré lui, dans la guerre de la succession d'Espagne. Il vieillit de lutte en lutte. A une série de victoires inutiles succéda une série de défaites; la paix qu'il avait si souvent refusée aux autres lui fut refusée à son tour; il ne la retrouva qu'aux derniers jours de sa triste vieillesse, et à la veille d'aller rendre compte à Dieu du sang versé.

On peut se demander ce que la France avait pensé de toutes ces guerres. S'était-elle associée à la politique de Louvois et de Louis XIV? Avait-elle partagé leur ambition? les avait-elle poussés à la guerre, les avait-elle au moins encouragés? Avait-elle désiré comme eux l'agrandissement et la conquête? La France, pendant ces cinquante années de luttes, ne fut jamais consultée. Si elle avait eu des États Généraux, comme au XIVe siècle, ou des Assemblées de Notables, comme sous Louis XI, François Ier et Henri IV, il est vraisemblable qu'on l'aurait vue, comme à toutes ces époques, réclamer l'intégrité du territoire sans demander aucun accroissement; mais Louis XIV ne réunit ni États Généraux, ni Notables; il ne semble même pas qu'il ait jamais songé à s'enquérir de ce que le pays pensait de ses entreprises. Il ne lui vint pas à l'esprit de se faire donner, ne fût-ce que par un simulacre d'assemblée, une de ces vagues procurations que les rois obtiennent facilement de leurs peuples pour la décharge de leur conscience. La France n'eut donc aucun moyen de se faire entendre. Pourtant l'opinion publique perça et se laissa entrevoir. Nous savons par les écrits du temps, par les lettres de Mme de Sévigné comme par celles de Saint-Évremond, par quelques vers de La Fontaine et quelques vers même de Boileau, ce qu'on se disait à l'oreille et ce que chacun pensait à part soi de la politique du roi. Les Mémoires, sans parler des pamphlets, prouvent par mille indices que la France n'aimait pas la guerre, qu'elle ne partageait pas l'ambition de Louis XIV, que, chaque fois qu'elle semblait fêter une victoire, c'était plutôt l'espérance de paix que la victoire qu'elle fêtait, qu'elle ne souhaitait enfin aucun accroissement et qu'elle se désolait souvent des conquêtes de Louis XIV. Colbert, qui représentait bien mieux que Louvois l'opinion publique, qui d'ailleurs par ses fonctions mêmes était en relations bien plus intimes avec la population, qui était chaque jour au courant de ce que pensait la France par les rapports des intendants, faisait entendre au roi des paroles de paix. C'était la voix de la France qui parlait par sa bouche. La France ne s'associa un moment à Louis XIV que dans la période des grands revers, lorsque le pays fut envahi ; pendant la période des succès, elle ne s'était jamais unie de cœur au roi et au ministre belliqueux. Il y a dans la correspondance de Louvois un mot qui le condamne en absolvant la France ; au milieu des victoires de la guerre de Hollande, il écrivait : « On est travaillé ici du mal de la paix. »

Il n'y a donc aucune raison pour rendre la France responsable de la politique d'envahissement que Louis XIV et Louvois avaient seuls poursuivie ; mais déjà les étrangers se plaisaient à l'accuser d'être dévorée de la manie de la guerre. Les étrangers se sont souvent trompés sur elle. De ce qu'elle est courageuse, ils ont conclu qu'elle est belliqueuse. Ils l'ont appelée « nation inquiète », parce qu'elle ne tend pas le cou au joug de l'étranger ; ils l'ont appelée « nation agressive », parce qu'elle ne veut pas voir l'envahisseur sur son sol.

II

Aurait-on pensé que deux siècles après Louvois il se trouverait des ministres et des hommes d'État qui reprendraient sa politique d'envahissement ? Il y avait longtemps que cette politique semblait reléguée parmi les choses mauvaises du passé. Pendant le xviiie siècle, la monarchie française elle-même n'y avait plus songé : ni Louis XV ni Louis XIV n'avaient visé à faire des conquêtes ; ils avaient entrepris des guerres en vue de maintenir l'équilibre européen ou l'influence française, jamais en vue de s'agrandir. L'ambition et le désir d'empiéter ne s'étaient montrés à cette époque, parmi toutes les familles régnantes, que chez la maison de Hohenzollern. Elle avait, dans la première moitié du siècle, envahi effrontément la Silésie, et dans la seconde elle avait provoqué la Russie et l'Autriche à partager avec elle la Pologne. A part cette maison, la politique d'envahissement paraissait abandonnée. Était venue la Révolution française ; non seulement elle avait annoncé le désir de la paix, mais elle avait ingénument réclamé la suppression des armées. Pour obliger la République à devenir belliqueuse, il avait fallu l'attaquer la première et envahir son sol. Il est vrai que par représailles elle avait envahi à son tour, mais jamais du moins elle ne s'était annexé une province que par le vœu formel de la population. L'Empire avait donné ensuite dans l'excès de la guerre; l'ambition personnelle de l'empereur avait été surexcitée par les provocations incessantes et trop habiles des puissances monarchiques. Elles s'étaient juré de ruiner l'Empire par la guerre, et la guerre en effet, en dix ans, épuisa l'Empire. Après lui, l'Europe ne songea qu'à la paix. Les peuples se livrèrent au commerce, à l'industrie, au travail de l'esprit; l'intelligence grandit, et la liberté gagna peu à peu du terrain.

Est-ce la France qui a repris la politique d'envahissement? Assurément nos guerres en Crimée et en Italie n'étaient pas des guerres d'invasion. La France voulait s'agrandir par le travail, par l'exploitation des richesses de son sol, par le développement aussi régulier que possible de ses institutions, par ses arts et par ses sciences, par ses écoles et par ses livres. Voilà ce qu'elle souhaitait, et il est impossible de citer en France un seul homme d'État qui depuis quarante ans ait poursuivi une autre politique. La république de 1848 ne fut certainement pas envahissante. Lorsque Napoléon III se présenta aux suffrages de la France, il eut grand soin de répudier l'esprit de conquête, et pour faire accepter l'Empire il eut besoin de faire cette promesse : « L'Empire, c'est la paix. » Comme lui, nos députés, à chaque renouvellement de la Chambre, ne se faisaient élire qu'en promettant à leurs électeurs le maintien de la paix et la réduction de l'armée. La France ne voulait plus de conquêtes. Il eût fallu descendre aux dernières couches de notre société, parmi les plus ignorants et les plus naïfs, pour trouver encore des hommes rêvant la guerre d'invasion et souhaitant les provinces rhénanes. Tous les votes plébiscitaires et parlementaires recommandaient une politique pacifique et sans convoitises. Il ne se passait pas une année sans que le Corps législatif, dans ses séances publiques ou au moins dans ses commissions, demandât la diminution des dépenses militaires. On lui reproche à la vérité d'avoir accueilli par un vote d'enthousiasme la déclaration de guerre à la Prusse ; mais il faut bien voir ce que signifiait ce vote. L'assemblée qui l'exprima était assurément l'une des plus pacifiques qu'il y eût en Europe ; elle ne vota la guerre que sur la promesse qui lui fut faite que cette guerre amènerait un désarmement général. Ce n'était pas la rive gauche du Rhin qu'elle souhaitait, c'était la réduction des armées et presque la suppression de la guerre dans l'avenir. Son vote, à regarder au fond des choses, fut un vote de paix.

Quant à notre gouvernement, dans son manifeste à la France et à l'Europe, il n'annonça aucune autre ambition que celle de forcer la Prusse à désarmer, afin de désarmer lui-même. On n'a pas le droit de dire que son intention secrète était de prendre la rive gauche du Rhin, car il s'engageait alors par un traité avec l'Angleterre à ne pas s'emparer, même en cas des plus grands succès, d'un seul pouce du territoire allemand. Ni la nation française ni son gouvernement ne songeaient à des conquêtes. Notre génération avait horreur de la guerre. Elle s'occupait à fonder des « ligues de la paix » ; elle s'endormait dans le beau rêve de la paix perpétuelle. Si la France a commis la maladresse de déclarer la guerre, ce n'est pas elle au moins qui a commis le crime de la vouloir et de la préparer.

Mais il s'est trouvé en Europe un souverain et un ministre qui ont relevé le vieil héritage tombé à terre de Louis XIV et de Louvois, et qui ont repris les vieilles idées, la vieille ambition, les vieilles convoitises. Cette restauration d'un passé détesté nous est venue de la Prusse, comme si l'intelligence de la Prusse était en retard sur celle des autres peuples. Tandis que toute l'Europe comprenait depuis longtemps que la vraie grandeur des nations consiste dans leur travail, dans leur prospérité, dans le progrès régulier de leurs institutions libres, dans le développement de leur esprit, dans l'équilibre de leur conscience, tandis que tout ce qui était intelligent en Angleterre, en France, même en Allemagne, était unanime à reconnaître que les destinées des nations sont dans la paix et dans la liberté, la Prusse en était encore à croire que la grandeur tient au nombre des armées, et que la gloire dépend de la force et de la violence. Elle en était encore à mettre son ambition à être une grande puissance militaire. Au moment où l'esprit de travail prévalait dans toute l'Europe, l'esprit de conquête régnait encore à Berlin. C'est par la Prusse que la vieille politique d'envahissement a reparu dans le monde.

Pourtant tout a changé depuis deux siècles : idées, droit, institutions, tout s'est modifié, même en Prusse. Comment faire pour ressusciter au milieu de tant de choses nouvelles l'ancienne politique? Le moyen est bien simple. On n'admet plus aujourd'hui que vous fassiez la guerre pour un intérêt personnel; eh bien! vous trouverez un intérêt public pour la faire. Vous ne pouvez plus parler, comme Louis XIV, de votre gloire de roi par droit divin; eh bien! vous parlerez de la grandeur de la patrie. Vous mettrez en avant les mots d'unité et de nationalité. Vous prendrez le Hanovre au nom de l'unité allemande, vous prendrez l'Alsace et la Lorraine au nom de la nationalité allemande. Quelques-uns vous objecteront peut-être qu'ils ne voient pas un lien nécessaire entre l'unité allemande et l'ambition prussienne, que cette unité se faisait peu à peu, qu'elle se faisait par la paix et par la liberté, qu'elle se faisait sans vous et sans votre monarchie, et qu'il importait peu à cette unité qu'il y eût une couronne impériale sur votre tête. Laissez-les dire, il n'y a jusqu'à présent que les étrangers qui vous fassent ces objections; les Allemands n'y pensent pas encore, et ils n'y penseront, s'il plaît à Dieu, que quand votre œuvre sera faite et le tour joué.

La politique d'envahissement, en revenant au jour, a donc dû prendre une allure et un langage modernes; elle a dû parler comme on parle aujourd'hui. D'ailleurs les grands principes de notre temps se plient à son usage; ce sont inventions dont elle profite, comme elle profite des inventions de la science; les idées sur les droits des peuples lui sont aussi utiles que les canons Krüpp; elle en tire une force merveilleuse. L'ambition de Louvois, qui ne prétendait pas servir l'intérêt d'un peuple, n'avait à sa disposition que des armées de 120 000 hommes. Celle de M. de Bismarck a toute une race et toute une génération d'hommes à sa discrétion. De ce qu'il parle de la nation allemande, il suit nécessairement qu'il n'y a pas un seul Allemand sur terre qui ne doive servir d'instrument à cette politique, qui ne soit obligé en conscience à tuer et à être tué pour elle, et qui ne soit tenu de devenir un conquérant et un envahisseur à la suite du roi de Prusse et du ministre prussien. L'ambition et l'usurpation ne sont plus réduites à se servir de simples armées; elles se servent de populations entières.

Mais que dit de cela la morale? car il ne se peut pas qu'elle ne parle un peu. Les rois ont une conscience comme les autres hommes. Louis XIV avait bien des scrupules lorsqu'il envoyait à la mort non pas un peuple contraint, mais quelques régiment de soldats volontaires; à plus forte raison le roi de Prusse doit sentir une grande crainte et un grand serrement de cœur lorsqu'on lui dit qu'il faut mener à la guerre toute la jeunesse de l'Allemagne. La morale, dûment interrogée, habilement étudiée, scrutée dans tous ses recoins, ne fournit pas une réponse qui rassure ce cœur timoré. Par bonheur, au-dessus de la morale il y a la piété, il y a le doigt de Dieu. Qu'on ne parle plus du Droit : la religion commande. La conquête et l'usurpation sont un dessein providentiel. Marchez donc devant vous, ô roi pieux, et ne vous inquiétez ni du sang ni des ruines; c'est Dieu qui pille par vos mains et qui tue par vos canons. La dévotion est un bien doux oreiller pour la conscience.

Ainsi nous voilà en progrès, et Louvois est fort dépassé. Du reste on ne dédaigne aucun des moyens secondaires dont il a autrefois connu l'usage. Nous avons vu que Louvois, dans ses usurpations les plus flagrantes, trouvait toujours de bonnes raisons pour démontrer qu'il était dans son droit. Avant chaque guerre entreprise par les soldats de la Prusse, on a trouvé des écrivains prussiens pour prouver que la guerre était juste. Comme les juristes de Louvois plaidaient pour lui au sujet de la Belgique ou du Luxembourg, les professeurs de Berlin ont enseigné scientifiquement que le Slesvig est la propriété légitime du roi Guillaume, que la Saxe et la Bavière doivent lui être subordonnées, qu'enfin l'Alsace et la Lorraine doivent faire partie de l'Allemagne, c'est-à-dire de l'Empire de Guillaume. Un des traits de l'habileté de Louvois était d'éviter pour lui-même le rôle d'agresseur et de le faire prendre à ceux qu'il attaquait. Rien n'est plus curieux que de suivre dans sa correspondance les efforts qu'il fit pour déterminer l'Espagne à lui déclarer la guerre. L'Espagne ne tomba pas dans le piège; mais les ennemis de M. de Bismarck ont été moins habiles : le Danemark, l'Autriche et la France ont pu paraître un moment les agresseurs. D'ailleurs toute l'adresse de Louvois a été dépassée de bien loin par cette admirable scène de comédie où l'on vit un roi qui depuis longtemps était prêt pour la guerre, qui l'avait voulue, qui en avait fourni l'occasion, qui l'avait fait éclater au moment choisi par lui, et qui voyait son ennemi tomber dans ses filets, recevoir en pleurant la déclaration de guerre et s'en remettre à la grâce de Dieu.

Toute espèce de guerre apporte avec elle des maux inévitables; mais la guerre de conquête en entraîne plus qu'aucune autre. Que deux puissances également civilisées se fassent la guerre pour des principes, ou pour un point d'honneur, ou pour des intérêts commerciaux, elles se feront le moins de mal qu'il sera possible. Elles ne verseront le sang qu'autant qu'il le faudra; elles arrêteront le duel aussitôt qu'elles pourront l'arrêter; elles réprouveront surtout le pillage et l'incendie. Il n'en est pas ainsi des guerres de conquête. La politique d'envahissement en effet suppose la cupidité aussi bien que l'ambition. A l'envahisseur il ne faut pas seulement des territoires et des places fortes, il faut de l'argent. Dans toute autre sorte de lutte, le vainqueur peut dire qu'il est assez riche pour payer sa gloire; mais la guerre d'invasion ne peut pas avoir de ces délicatesses. Elle veut des profits réels et palpables. Pour elle, la victoire ne serait pas la victoire, s'il n'y avait à la suite une contribution de guerre. Nous devons reconnaître qu'en ce point Louvois a donné l'exemple aux hommes d'État de la Prusse, et, si on l'a surpassé, ce n'est qu'en l'imitant. Il a en effet, sinon inventé, du moins régularisé le système des contributions en pays ennemi. Il a décidé, comme si c'eût été un point acquis du droit des gens, que le vaincu devait payer le vainqueur, que l'envahi devait indemniser l'envahisseur. Les ministres prussiens ont pu trouver dans sa correspondance des pages bien instructives. Un jour, Louvois écrit en parlant des Belges : « Comme ce sont gens affectionnés à nos ennemis, il faut tirer d'eux tout le plus de choses que l'on pourra, pour, par ce moyen, les faire servir le roi malgré qu'ils en aient. » Un chef d'armée lui opposait les sentiments d'humanité et le droit des gens; il répond : « Les gens qui discourent ainsi nous croient encore malades d'un mal dont on a été en effet fort entaché autrefois, c'est le *qu'en dira-t-on*. » Une autre fois un chef d'armée lui a écrit qu'il comptait traiter avec douceur les habitants; Louvois réplique : « Cette province ne pouvant pas, après la paix, demeurer possession du roi, il faut en tirer tous les avantages imaginables sans se soucier de la bonne ou méchante humeur des habitants; le roi trouve que leur argent vaut mieux que leurs bonnes grâces. » Nous n'affirmons pas que les Prussiens parlent et écrivent avec cette franchise; mais nous savons qu'ils ne se soucient pas plus que Louvois du *qu'en dira-t-on*, et qu'ils calculent aussi bien que lui les profits que la guerre doit leur rapporter.

Quant au pillage et à l'incendie, ils rapportent peu; mais ils sont d'excellents moyens de vengeance et d'intimidation. Louvois en usait volontiers. Un de ses généraux lui écrivait : « Tout le pays de Deux-Ponts est armé, et l'on tire sur nous de tous les buissons et à tous les passages »; Louvois répond qu'il faut fusiller les paysans et brûler les villages « pour mettre ce peuple à la raison », et il ajoute : « Tout le monde sait que les Français ne commettent des atrocités pareilles qu'à regret, mais ces paysans allemands nous obligent à les commettre. » Ainsi parlent les envahisseurs. Qui leur résiste est un rebelle : si quelqu'un est dans son tort, ce n'est pas celui qui fusille, c'est celui qui est fusillé; le coupable, c'est le peuple envahi. Les Prussiens parlent-ils et agissent-ils autrement? Si un paysan défend contre eux son champ et sa maison, ils le fusillent; si un coup de feu part d'un village et que le *coupable* ne soit pas dénoncé, le village est livré aux flammes. Les Prus-

siens font ce que faisait Louvois, et la seule chose qui
étonne, c'est qu'ils se croient dans leur droit. Ne leur dites
pas que cela pouvait être toléré il y a deux siècles : ils ne savent
pas que la morale a fait des progrès depuis ce temps-là.
N'alléguez pas que ces cruautés soulevaient la réprobation
de la France elle-même : ils répondraient que la France ne
connaissait rien au droit de la guerre. N'ajoutez pas que beaucoup d'officiers français refusaient d'exécuter les instructions
de Louvois, et que, par exemple, celui qui avait l'ordre d'in-
cendier le château et la ville de Heidelberg n'incendia que le
château, qui était la propriété d'un souverain, et refusa d'in-
cendier la ville, qui était la propriété des habitants. Ne dites
pas cela, car les Prussiens vous répliqueraient que la discipline est bien meilleure chez eux, que leurs officiers et leurs
soldats incendient sans broncher, que quand on leur dit :
Pille et vole, ils pillent et volent sans murmurer.

La population prussienne pense-t-elle de toute cette politique de ses hommes d'État ce que la France pensait de celle
de Louvois? Nous l'ignorons, et nous n'osons rien affirmer à
cet égard. Il est possible qu'elle ne doive pas être tenue pour
responsable de tout ce qu'on fait en son nom. Toutefois nous
croyons remarquer chez elle un certain état d'esprit qui est
assez en rapport avec la politique de M. de Bismarck. Tandis
qu'en France les sentiments belliqueux ne se rencontrent plus
que dans les classes ignorantes, en Prusse ce sont plutôt les
classes élevées et instruites qui poussent à la guerre; elles
semblent infectées de cette vieille maladie qu'on nous reprochait autrefois et qu'on appelait le *chauvinisme*. Les anciennes
idées sur la guerre et sur la gloire règnent encore, dit-on,
dans les salons de Berlin et trônent dans les chaires de l'Université. Cependant il faut songer, à la décharge de la population prussienne, que voilà deux siècles que la maison de
Hohenzollern entretient chez ses sujets l'esprit de guerre.
Depuis que cette famille s'est aperçue de la puissance de
l'opinion publique, elle s'est appliquée à la tourner à ses vues
et à la faire servir à ses intérêts; elle a travaillé à la rendre
belliqueuse, elle en a fait une machine de guerre. L'opinion

en Prusse a été disciplinée comme l'armée. Louvois ne connaissait pas cette partie de l'art militaire. Il ne savait pas qu'avant de lancer un peuple dans la guerre il fallait dès l'école et presque dès le berceau lui inculquer des sentiments de haine contre l'étranger. Il n'enseigna point à la France à détester suffisamment les Espagnols, les Allemands, les Italiens. C'est un enseignement qu'on a toujours négligé chez nous. Il est résulté de là que nos officiers et nos soldats ont toujours parcouru l'Europe sans haïr et sans être haïs. Ils faisaient leur devoir de soldats, mais sans y mettre ni animosité, ni rancune, ni envie. L'Allemand, le Russe, étaient pour eux des adversaires plutôt que des ennemis. On se saluait avant le combat, on se serrait la main après la bataille ; la guerre était loyale et sans fiel. La maison des Hohenzollern a poussé l'art de combattre fort au delà des limites connues. Elle a compris avant tous les autres hommes que, pour récolter plus sûrement la victoire, il faut commencer par semer la haine. Elle s'est mise à l'œuvre longtemps à l'avance ; bien avant de nous combattre, elle a répandu parmi ses sujets les calomnies les plus incroyables sur notre caractère. Elle n'a cessé de leur parler de notre orgueil, de notre ambition, de notre athéisme, de notre immoralité ; elle a dévotement fait couler la haine dans les âmes. Elle y a employé la religion et a fait du piétisme une arme de combat contre nous. Elle y a employé aussi la science ; ses professeurs se sont attachés à travestir notre Révolution française et à dénaturer toute notre histoire pour nous rendre haïssables ; j'en connais qui ont altéré jusqu'à l'histoire romaine pour la remplir d'allusions contre nous. Toute science chez eux fut une arme contre la France. Ils inventèrent l'insoutenable théorie des races latines pour donner à leur ambition dynastique les faux dehors d'une querelle de races. Ils firent servir la philologie et l'ethnographie à démontrer que nos provinces les plus françaises étaient leur propriété légitime ; ils obligèrent la morale à enseigner que le fait accompli est sacré, que le succès est providentiel, et que par conséquent la force prime le droit. C'est ainsi que de longue date on préparait la Prusse à la guerre d'aujourd'hui ; on a fait d'elle à force d'éducation une nation haineuse.

Aussi n'est-ce pas une guerre comme une autre que celle qu'on nous fait aujourd'hui. Jusqu'à présent il était admis par le droit public qu'un gouvernement combattît un autre gouvernement, qu'une armée cherchât à détruire ou à faire prisonnière une autre armée ; mais ce n'est plus de cela qu'il s'agit maintenant. Il est arrivé en effet, pour notre épouvantable malheur et aussi pour la révélation de toute la haine prussienne, qu'au bout de six semaines de lutte notre gouvernement et notre armée ont disparu et se sont comme évanouis. Restait une nation, une population civile, les travailleurs de toutes les classes, qui ne connaissaient pas l'usage des armes, qui avaient toujours condamné la guerre et qui n'avaient jamais pensé qu'ils en auraient même le spectacle. A leur tête se trouvait un gouvernement nouveau, composé presque uniquement d'avocats et d'écrivains, et justement de ceux-là mêmes qui, six semaines auparavant, avaient énergiquement parlé contre la guerre. Cette nation et ce gouvernement demandèrent la paix. C'est là que la Prusse laissa tomber son masque. Elle mit à la paix des conditions inavouables, et elle commença aussitôt une lutte étrange, lutte contre une population civile, lutte contre un peuple qui n'avait pas d'armes, et qui dut en fabriquer à la hâte pour se défendre. La Prusse faisait la guerre non plus à un État, mais à une race, non plus à la France, mais à chaque Français ; elle se jetait sur nous comme à la curée ; il semblait qu'elle poursuivît notre sang dans chacune de nos veines. Les nations de l'Europe ne comprenaient rien au caractère horriblement nouveau de la guerre. Elles disaient : Si la Prusse veut l'Alsace et la Lorraine, que n'y installe-t-elle ses armées ? Qu'a-t-elle besoin de bombarder ou d'affamer Paris ? Qu'a-t-elle à faire sur la Loire ou sur la Somme ? C'est que la Prusse voulait autre chose encore que l'Alsace et la Lorraine. Sa race voulait exterminer notre race, son orgueil voulait effacer notre nom, son envie voulait détruire nos arts et nos sciences, sa cupidité voulait emporter nos richesses. Par-dessus tout, sa dévotion prétendait châtier nos vices, et elle commençait par nous enlever notre argent, afin d'en faire à Berlin un meilleur usage que nous.

Voilà jusqu'où a été poussée la politique d'envahissement. Louvois en avait connu quelques règles, la monarchie prussienne les a connues toutes. Jamais l'art d'envahir n'avait été porté si loin, jamais monarques ni ministres n'avaient si bien su employer un peuple à en frapper un autre.

III

Quels fruits la Prusse et l'Allemagne recueilleront-elles de la politique dont elles sont aujourd'hui les instruments? Pour le savoir, il faudrait lire bien loin dans l'avenir. Les événements ne manifestent pas si vite leurs vraies conséquences. Il faut quelquefois un quart de siècle et même davantage avant que l'on puisse dire : Voilà le résultat. Aussi combien de déceptions! combien de fois n'arrive-t-il pas que ce résultat est exactement l'opposé de ce qu'on avait voulu et cru produire! Telle guerre dans laquelle une nation avait toujours été victorieuse a pourtant abouti à l'abaissement de cette nation. Tel grand politique avait voulu diriger la société dans une certaine voie, et, toujours heureux dans ses entreprises, il croyait son but atteint; cependant la société a marché dans une voie tout opposée. Les plus beaux calculs se sont souvent trouvés faux, et il est souvent arrivé que les succès et les victoires ne furent que des apparences et des illusions d'un moment.

Il faudra donc attendre encore longtemps avant de dire ce qu'aura produit la politique de M. de Bismarck. On ne saura peut-être que dans vingt ou trente ans dans quel sens il aura modifié les destinées de l'Allemagne. Pourtant, comme sa politique n'est pas nouvelle, on peut savoir au moins quels en ont été dans le passé les effets à peu près inévitables. Si l'œuvre de M. de Bismarck est encore inachevée, celle de Louvois a produit depuis longtemps toutes ses conséquences; il nous est donc possible de juger l'arbre par ses fruits. De même que l'histoire se demandera un jour quel bien ou quel mal la politique de M. de Bismarck aura fait à son propre pays, nous pouvons nous demander si Louvois a été utile ou funeste au sien.

Pendant les vingt-cinq années que Louvois dirigea la politique, conduisit la diplomatie, organisa les armées, la France n'eut que des succès; dans les guerres contre l'Espagne, contre la Hollande, contre la coalition d'Augsbourg, ses armées furent toujours victorieuses. Et pourtant Louis XIV ne put garder ni la Belgique, ni les places de la Hollande, ni Luxembourg, ni Philipsbourg. Au commencement de chaque guerre, il mettait la main sur l'objet de sa convoitise, et en dépit de ses victoires il était contraint à chaque traité de restituer presque tout ce qu'il avait pris. On est frappé du peu que lui servaient ses victoires. Il n'acquit en définitive que Strasbourg, quelques villes de Flandre et la Franche-Comté, et comme il faut retrancher ici Strasbourg qui ne fût pas pris par la force des armes, il ne reste donc à l'acquis de cette politique de conquête que la Franche-Comté et quelques villes de la Flandre.

Encore se tromperait-on de beaucoup si l'on jugeait qu'une puissance a grandi dans une guerre parce qu'elle a pu y acquérir quelques provinces. La France avait gagné, à la vérité, des territoires et des villes, mais elle avait perdu des amitiés et des alliances. La Hollande était devenue notre ennemie. L'Angleterre, qui au temps de Henri IV et de Richelieu avait été ordinairement avec nous, se montrait notre adversaire acharné. L'Allemagne, qui nous avait toujours aimés jusque-là, témoignait une antipathie et une défiance qui devaient nous devenir funestes au xviiie siècle. La Russie n'existait pas encore; mais la Suède, qui avait été au temps de Richelieu notre point d'appui du côté du nord, cessait d'être avec nous et partageait la haine générale. Ainsi la politique d'envahissement et les succès mêmes de la France n'avaient pour effet que de liguer toute l'Europe contre elle. Elle avait quelques villes de plus, mais elle était isolée dans le monde. Son influence était certainement amoindrie, son prestige diminué, sa sécurité même compromise.

Mais c'est à l'intérieur même du pays qu'il faut regarder, si l'on veut juger les fruits de la politique de ses maîtres. Pour poursuivre ces grandes luttes, il avait fallu épuiser la France en hommes et en argent. Louis XIV, vers la fin de son règne, avait une peine infinie à se procurer des soldats. Pour l'argent, les difficultés étaient encore bien plus grandes. Le budget des années de guerre s'élevait à peu près au double de celui des années de paix : aussi, pour faire la guerre, il fallait doubler les impôts. On essaya d'abord d'augmenter les impôts directs, mais plusieurs provinces se révoltèrent. On fit le même essai sur les impôts indirects, mais alors le commerce s'arrêta. On créa des impôts nouveaux, le droit d'enregistrement, la capitation, la dîme et jusqu'à une taxe des pauvres levée au profit du roi. C'était une lourde charge pour la conscience que d'être ministre des finances en temps de guerre. Le Pelletier, qui le fut après Colbert, était un honnête homme; « la guerre étant survenue, il prévit qu'il serait contraint d'avoir recours à toute sorte de moyens pour remplir les coffres du roi ; sa conscience ne lui permit pas de remplir plus longtemps cette fonction, et il l'abdiqua volontairement », dit Saint-Simon. Impôts anciens, impôts nouveaux, emprunts forcés, extorsions de toute nature, c'était encore trop peu pour la guerre. Alors le gouvernement altéra les monnaies; il vendit les emplois ; il fit trafic des titres de noblesse. C'étaient encore de trop faibles ressources pour la politique d'envahissement. On a peine à se figurer l'inévitable pauvreté qui punit ces fiers conquérants : en 1689, le roi faisait porter à la Monnaie son argenterie pour avoir du numéraire; en 1709, il mettait en gage ses pierreries. Sa principale ressource fut d'emprunter. La dette publique, qui avant les guerres ne dépassait pas 150 millions de capital, s'éleva progressivement à 3 milliards. Voilà ce qu'avaient coûté les victoires et les conquêtes.

Par la pauvreté du gouvernement on peut juger la misère du pays. Pour porter les forces de la France vers la guerre, il avait fallu les détacher du travail, les détourner de l'agriculture, du commerce, de l'industrie. La classe commerçante fut ruinée la première : la guerre avec l'Allemagne arrêta l'exportation ; la guerre avec la Hollande et l'Angleterre détruisit la marine marchande aussi bien que celle de l'État. On peut remarquer d'ailleurs que, dans chaque traité, Louis XIV, pour obtenir ou garder quelques provinces, faisait volontiers des concessions douanières et sacrifiait à l'intérêt de la conquête l'intérêt du commerce. La classe industrielle fut ruinée aussi faute de débouchés pour ses produits; la misère de la classe ouvrière en France date du règne de Louis XIV, et, si la guerre n'en est pas la cause unique, elle en est du moins la cause principale. La classe agricole fut la plus malheureuse de toutes, parce que ce fut sur elle que les impôts frappèrent le plus impitoyablement. La pauvreté s'étendit ainsi sur toute la société française comme une lèpre, et Fénelon put écrire au grand roi conquérant : « Votre peuple meurt de faim, et la France entière n'est plus qu'un grand hôpital. » A la suite de la pauvreté vint la dépopulation. Si l'on consulte les rapports des intendants qui administraient les provinces, on s'aperçoit que vers l'année 1700 cette même France qui comptait deux provinces de plus comptait un quart d'habitants en moins.

La France n'avait pourtant pas encore cessé d'être victorieuse, et voilà tout ce qu'elle gagnait à ses victoires. C'était là tout le fruit qu'elle recueillait de la politique d'envahissement. Vraiment nous pourrions dire à la Prusse : « Nos chefs ont eu autrefois la même ambition et la même politique que les vôtres, et ils nous ont fait faire ce que vous faites. Nous aussi, nous avons connu la manie des conquêtes et l'éblouissement de la gloire; nous aussi, nous avons versé le sang et accumulé les ruines, et nous pouvons vous apprendre que le mal que nous avons fait aux autres est chaque fois retombé sur nous-mêmes. L'esprit de conquête nous a fait beaucoup souffrir, mais ce n'est pas seulement depuis que nous sommes les vaincus; nous en avons souffert, sachez-le, même quand nous étions les vainqueurs. Vous nous enseignez aujourd'hui ce qu'il en coûte d'être les plus faibles, et notre histoire nous enseignait déjà ce qu'il en coûte d'être les plus forts. »

Cela doit donner à réfléchir aux grands politiques, aux grands ambitieux, à ceux qui de bonne foi peut-être pensent travailler à la grandeur de leur pays par la guerre et par la violence. Ils comptent déjà bien des victoires ; leur seront-elles plus fructueuses que celles de Louvois et de Louis XIV à la France? sont-ils sûrs de garder plus longtemps qu'eux la proie sur laquelle ils ont mis la main? J'admets que toutes les bonnes chances restent de leur côté, qu'ils soient jusqu'au bout habiles et heureux, qu'ils réussissent à nous amoindrir et à nous démembrer, et je me demande, même en ce cas, si leur Allemagne en sera plus forte. — L'Allemagne aura peut-être gagné une ou deux provinces ; mais il faut mettre en regard toutes les amitiés qu'elle aura perdues. Qu'elle ne compte pour rien la nôtre, bien que la sympathie que nous avions toujours eue jusqu'à présent pour son caractère ne lui ait pas été inutile. Elle aura perdu aussi celle des autres peuples, car elle aura révélé une ambition que les autres peuples ne lui pardonneront pas plus qu'ils ne l'ont pardonnée à Louis XIV et à Napoléon. Si les Prussiens dans la guerre d'aujourd'hui sont vainqueurs jusqu'à la fin, on dira peut-être d'eux : Ils n'ont commis aucune faute. On se trompera : ils auront commis une faute, celle d'être trop vainqueurs, celle d'avoir montré trop de force et trop d'habileté, et c'est une faute que l'on paye toujours tôt ou tard. La Prusse, à l'heure qu'il est, n'a peut-être plus d'alliés dans le monde : quelques-uns sans doute peuvent être encore liés à elle par des traités ou par des intérêts qui sont pour le moment d'accord avec les siens ; mais il est douteux qu'elle ait encore des amis, elle ne peut plus compter sur la sympathie d'aucun peuple. Personne désormais ne se réjouira sincèrement de ses succès, et, vienne le moment des revers, personne ne compatira certes à ses souffrances.

Son influence sur les affaires générales du monde ne sera pas plus grande qu'elle n'était auparavant, car l'influence est proportionnée non pas à la crainte qu'on inspire, mais à l'opinion qu'on donne aux autres de sa modération et de sa sagesse politique. Sa sécurité ne sera pas mieux affermie, car plusieurs nations croiront avoir intérêt à l'affaiblir. Elle a, il est vrai, l'armée la mieux organisée qui soit au monde ; mais la supériorité militaire est ce qu'il y a de plus instable dans l'humanité. Louis XIV et Napoléon ont eu aussi l'armée la mieux réglée, la mieux disciplinée, la mieux pourvue qu'il y eût en Europe, et pourtant ils ont fini par des défaites.

On se demande alors ce que la Prusse et l'Allemagne auront pu gagner; je ne parle pas bien entendu, de la personne du roi, qui y gagnera peut-être un titre nouveau et une autre couronne, ni de la personne du ministre, qui y a déjà conquis un grand nom; c'est de la nation que je parle. La part de la nation prussienne et allemande ne serait-elle pas tout entière dans ce mot, la gloire, et ne la croirait-on pas assez payée à ce prix? Il est vrai que ce mot l'enivre peut-être comme il nous enivrait autrefois, car il exerce une étrange fascination sur les peuples enfants; mais laissons de côté les paroles sonores et vides, regardons les choses en hommes, et envisageons la vie telle qu'elle est. La vraie question est celle-ci : la Prusse et l'Allemagne sortiront-elles de cette guerre plus riches, plus prospères, plus intelligentes et moralement meilleures? car c'est à tout cela, et à rien de plus, qu'on juge la grandeur d'un peuple.

Depuis le commencement de la guerre, le travail est à peu près interrompu en Allemagne, et par conséquent l'unique source de la richesse et de la prospérité est tarie. L'invasion cause autant de pertes au peuple qui la fait qu'à celui qui la subit. Sans doute il n'y a pas en Allemagne de villages incendiés, de villes bombardées, de ruines fumantes; il n'y a qu'une chose, le manque d'hommes. Les guerres de Louis XIV, qui ne se faisaient qu'avec des soldats volontaires ou des cadets de noblesse, n'arrachaient pas violemment les bras à l'agriculture et à l'industrie. Ici, c'est l'agriculture et l'industrie qui ont donné leurs bras et leur sang pour la guerre. Depuis que les armées allemandes ont reçu l'ordre d'envahir la France, l'Allemagne est comme un corps où la vie serait suspendue. A-t-on bien calculé ce que coûterait cette suspension de la vie, et combien elle pouvait devenir dangereuse? Y a-t-on songé pendant les années où l'on préparait lentement cette guerre? y a-t-on songé au moment où on la faisait éclater de gaîté de cœur? On avait tout prévu : on savait combien il fallait de régiments, de canons, de vivres; on avait marqué étape par étape la marche vers Paris ; on avait mis le doigt à l'avance sur Reichshoffen, sur Metz, peut-être même sur Sedan ; on savait les raisons pour lesquelles on n'avait à craindre ni la Russie, ni l'Autriche, ni l'Angleterre. Une seule chose n'avait pas été prévue, c'est que notre résistance se prolongerait au delà du mois de septembre, qu'on retiendrait par conséquent les Allemands loin de chez eux, et que l'Allemagne se trouverait ainsi la première victime de cette horrible guerre. Ils n'y pensent peut-être pas en ce moment : éblouis de leurs succès, acharnés sur leur proie, ils ne voient pas ce qui se passe dans leur pays ; mais quand ils y remettront les pieds, ils ne tarderont pas à voir et à compter leurs pertes. Ce ne sera pas comme chez nous la destruction complète d'un certain nombre de fortunes, ce sera la diminution de toutes les fortunes sans exception ; ce ne sera qu'une demi-ruine, mais qui portera sur tous, et comme elle sera moins sensible et moins horrible que la ruine qui nous frappe, on s'en relèvera moins vite.

L'Allemagne aura donc sacrifié en faveur de la politique d'envahissement une année de sa vie, une année de son travail et une forte part de sa richesse. Sans doute ces pertes finiront par être réparées et oubliées ; mais il y a un autre malheur qui pèse sur elle, et celui-ci est irréparable. Cette guerre aura des effets incalculables sur l'état moral de l'Allemagne. Elle changera le caractère, les habitudes, jusqu'au tour d'esprit et à la manière de penser de cette nation. Le peuple allemand ne sera plus après cette guerre ce qu'il était avant elle. On ne l'aura pas entraîné dans une telle entreprise sans altérer profondément son âme. On aura substitué chez lui à l'esprit de travail l'esprit de conquête. On aura ôté de son intelligence les idées saines sur ce qui fait le but et l'honneur de la vie, et l'on aura mis à la place une fausse conception de la gloire. On lui aura fait croire qu'il y a pour une nation quelque chose de plus souhaitable que la prospérité laborieuse et probe ; on lui aura inoculé la maladie de l'ambition et la fièvre de l'agrandissement.

Qu'ils en croient notre expérience : toutes les fois que les chefs de notre nation ont poursuivi la politique d'envahissement, l'état de notre âme en a été troublé. Beaucoup des défauts dont on nous accuse nous sont venus de nos guerres, surtout de nos guerres heureuses. La vantardise, la fanfaronnade, l'admiration naïve de nous-mêmes, le dédain pour l'étranger, n'étaient pas plus dans notre nature que dans celle de tout autre peuple; ils y ont été introduits peu à peu par nos guerres, par nos conquêtes, par notre habitude du succès. Toute nation qui recherchera comme nous la gloire militaire, et qui comptera autant de victoires que nous, aura aussi les mêmes défauts.

L'Allemagne n'échappera pas à cette fatalité. Peut-être sera-t-elle cruellement punie d'avoir laissé partir toute sa jeunesse et toute sa population virile pour cette guerre de conquête et d'invasion. On l'a insidieusement arrachée à ses travaux, à ses habitudes, à sa vieille morale, à ses vertus; on ne l'y ramènera pas. On l'a jetée brusquement dans l'œuvre de guerre, de convoitise et de violence; son âme en gardera toujours la tache. Autrefois la guerre d'invasion ne démoralisait que des troupes de soldats; ici, c'est une nation entière qu'elle démoralisera, car une nation entière a été contrainte d'y concourir. A-t-on l'ingénuité de croire que ces hommes dont on a fait des envahisseurs retourneront dans leur pays tels qu'ils en étaient sortis? Ils y rapporteront des sentiments et des désirs qu'ils n'avaient jamais connus. Après s'être associé à la violence, après s'être accoutumé au triomphe de la force ou de la ruse, il n'est pas facile de revenir à la vie calme et droite. Comment veut-on que des hommes à qui l'on ordonne le meurtre et l'incendie gardent dans leur for intérieur une idée nette du droit et du devoir? Ces soldats qui expédient soigneusement dans des chariots les bouteilles de nos caves ou qui entassent dans leurs sacs notre argenterie, les bijoux de nos femmes et jusqu'à leurs dentelles, rentreront-ils dans leur maison avec la conscience aussi sûre et aussi franche qu'autrefois? Nous aimions naguère encore à parler des vertus allemandes; où les retrouvera-t-on? La vieille Allemagne n'existe plus.

Qu'on ne pense pas que ce soit nous que cette détestable guerre ait le plus frappés, car nous, nous levons la tête, sûrs de notre droit et sûrs de notre conscience. Ceux qui souffriront le plus, ce sont les envahisseurs. Il n'est pas impossible que cette guerre soit le commencement de notre régénération ; elle est peut-être aussi le commencement de la décadence de l'Allemagne.

M. de Bismarck a voulu se faire un grand nom, qu'il soit satisfait : il peut être assuré que son nom ne périra pas ; mais il a certes assumé une lourde responsabilité en se chargeant des destinées d'une nation entière, et en prenant pour ainsi dire dans sa main toute la vie et toute l'âme de cette nation. Il en devra un terrible compte. Le mal qu'il nous aura fait lui sera aisément pardonné ; on ne lui pardonnera pas celui qu'il aura fait à son pays. La nation allemande ne demandait pas plus que nous la guerre. Comme nous, comme toute l'Europe, elle voulait vivre dans la paix et le travail, élargir le cercle de la science, développer ses institutions libérales. Si elle s'aperçoit plus tard que cette guerre l'a jetée hors de sa voie, a arrêté son progrès, lui a fait rebrousser chemin, elle détestera l'auteur de cette guerre et sa politique rétrograde. Alors elle maudira M. de Bismarck comme nous maudissons Louvois, et la haine qui pèsera le plus sur la mémoire du ministre prussien ne sera pas la haine de la France, c'est la haine de l'Allemagne.

DEUXIÈME PARTIE

L'Alsace est-elle allemande ou française ?

RÉPONSE A M. MOMMSEN,
Professeur à Berlin.

Paris, 27 octobre 1870.

Monsieur,

Vous avez adressé dernièrement trois lettres au peuple italien. Ces lettres, qui ont paru d'abord dans les journaux de Milan et qui ont été ensuite réunies en brochure, sont un véritable manifeste contre notre nation. Vous avez quitté vos études historiques pour attaquer la France ; je quitte les miennes pour vous répondre.

Dans vos deux premières lettres, qui ont été écrites à la fin du mois de juillet, vous vous êtes surtout efforcé de montrer que la Prusse, malencontreusement attaquée, ne faisait que se défendre. Il est vrai qu'à cette époque nous paraissions les agresseurs et qu'il était permis de s'y tromper. Vous n'auriez pas commis la même méprise deux mois plus tard, et surtout vous n'auriez pas pu répéter que « la Prusse n'avait jamais fait et ne ferait jamais que des guerres défensives ». Car les rôles ont été si bien intervertis dans l'entrevue de Ferrières, que c'est manifestement la Prusse qui est devenue l'agresseur et que son ambition n'a même plus pris la peine de se dissimuler. Du reste, monsieur, j'admire les nobles sentiments que vous professiez en faveur de la paix et du bon droit... au mois de juillet.

Votre troisième lettre, écrite à la fin du mois d'août, c'est-à-dire au milieu des victoires prussiennes, diffère sensiblement des deux premières. Vous ne vous occupez plus de la défense de votre patrie soi-disant attaquée, mais de son agrandissement. Il ne s'agit plus pour vous de salut, mais de conquête. Sans le moindre détour, vous écrivez que la Prusse doit s'emparer de l'Alsace et la garder.

Ainsi, dès le mois d'août, vous indiquiez avec une perspicacité parfaite le vrai point qui était en litige entre la France et la Prusse. M. de Bismarck ne s'était pas encore prononcé. Il n'avait pas encore dit tout haut qu'il nous faisait la guerre pour mettre la main sur l'Alsace et la Lorraine. Mais déjà, monsieur, vous étiez bon prophète et vous annonciez les prétentions et le but de la Prusse. Vous déterminiez nettement quel serait l'objet de cette nouvelle guerre qu'elle allait entreprendre à son tour contre notre nation. Nul ne peut plus l'ignorer aujourd'hui : ce qui met aux prises toute la population militaire de l'Allemagne et toute la population virile de la France, c'est cette question franchement posée : l'Alsace sera-t-elle à la France ou à l'Allemagne ?

La Prusse compte bien résoudre cette question par la force ; mais la force ne lui suffit pas : elle voudrait bien y joindre le Droit. Aussi, pendant que ses armées envahissaient l'Alsace et bombardaient Strasbourg, vous vous efforciez de prouver qu'elle était dans son droit et que l'Alsace et Strasbourg lui appartenaient légitimement. L'Alsace, à vous en croire, est un pays allemand ; donc elle doit appartenir à l'Allemagne. Elle en faisait partie autrefois ; vous concluez de là qu'elle doit lui être rendue. Elle parle allemand, et vous en tirez cette conséquence que la Prusse peut s'emparer d'elle. En vertu de ces raisons vous la « revendiquez » ; vous voulez qu'elle vous soit « restituée ». Elle est vôtre, dites-vous, et vous ajoutez : « Nous voulons prendre tout ce qui est nôtre, rien de plus, rien de moins. » Vous appelez cela le principe de nationalité.

C'est sur ce point que je tiens à vous répondre. Car il faut que l'on sache bien s'il est vrai que, dans cet horrible duel, le Droit se trouve du même côté que la force. Il faut aussi que l'on sache s'il est vrai que l'Alsace ait eu tort en se défendant et que la Prusse ait eu raison en bombardant Strasbourg.

Vous invoquez le principe de nationalité, mais vous le comprenez autrement que toute l'Europe. Suivant vous, ce principe autoriserait un État puissant à s'emparer d'une province par la force, à la seule condition d'affirmer que cette province est occupée par la même race que cet État. Suivant l'Europe et le bon sens, il autorise simplement une province ou une population à ne pas obéir malgré elle à un maître étranger. Je m'explique par un exemple : le principe de nationalité ne permettait pas au Piémont de conquérir par la force Milan et Venise ; mais il permettait à Milan et à Venise de s'affranchir de l'Autriche et de se joindre volontairement au Piémont. Vous voyez la différence. Ce principe peut bien donner à l'Alsace un droit, mais il ne vous en donne aucun sur elle.

Songez où nous arriverions si le principe de nationalité était entendu comme l'entend la Prusse, et si elle réussissait à en faire la règle de la politique européenne. Elle aurait désormais le droit de s'emparer de la Hollande. Elle dépouillerait ensuite l'Autriche sur cette seule affirmation que l'Autriche serait une étrangère à l'égard de ses provinces allemandes. Puis elle réclamerait à la Suisse tous les cantons qui parlent allemand. Enfin s'adressant à la Russie, elle revendiquerait la province de Livonie et la ville de Riga, qui sont habitées par la race allemande ; c'est vous qui le dites page 16 de votre brochure. Nous n'en finirions pas. L'Europe serait périodiquement embrasée par les « revendications » de la Prusse. Mais il ne peut en être ainsi. Ce principe, qu'elle a allégué pour le Slesvig, qu'elle allègue pour l'Alsace, qu'elle alléguera pour la Hollande, pour l'Autriche, pour la Suisse allemande, pour la Livonie, elle le prend à contre-sens. Il n'est pas ce qu'elle croit. Il constitue un droit pour les faibles ; il n'est pas un prétexte pour les ambitieux. Le principe de nationalité n'est pas, sous un nom nouveau, le vieux droit du plus fort.

Comprenons-le tel qu'il est compris par le bon sens de l'Europe. Que dit-il relativement à l'Alsace? Une seule chose : c'est que l'Alsace ne doit pas être contrainte d'obéir à l'étranger. Voulez-vous maintenant que nous cherchions quel est l'étranger pour l'Alsace? Est-ce la France, ou est-ce l'Allemagne ? Quelle est la nationalité des Alsaciens, quelle est leur vraie patrie ? Vous affirmez, monsieur, que l'Alsace est de nationalité allemande. En êtes-vous bien sûr ? Ne serait-ce pas là une de ces assertions qui reposent sur des mots et sur des apparences plutôt que sur la réalité ? Je vous prie d'examiner cette question posément, loyalement : à quoi distinguez-vous la nationalité ? à quoi reconnaissez-vous la patrie ?

Vous croyez avoir prouvé que l'Alsace est de nationalité allemande parce que sa population est de race germanique et parce que son langage est l'allemand. Mais je m'étonne qu'un historien comme vous affecte d'ignorer que ce n'est ni la race ni la langue qui fait la nationalité.

Ce n'est pas la race : jetez en effet les yeux sur l'Europe et vous verrez bien que les peuples ne sont presque jamais constitués d'après leur origine primitive. Les convenances géographiques, les intérêts politiques ou commerciaux sont ce qui a groupé les populations et fondé les États. Chaque nation s'est ainsi peu à peu formée, chaque patrie s'est dessinée sans qu'on se soit préoccupé de ces raisons ethnographiques que vous voudriez mettre à la mode. Si les nations correspondaient aux races, la Belgique serait à la France, le Portugal à l'Espagne, la Hollande à la Prusse ; en revanche, l'Écosse se détacherait de l'Angleterre, à laquelle elle est si étroitement liée depuis un siècle et demi, la Russie et l'Autriche se diviseraient chacune en trois ou quatre tronçons, la Suisse se partagerait en deux, et assurément Posen se séparerait de Berlin. Votre théorie des races est contraire à tout l'état actuel de l'Europe. Si elle venait à prévaloir, le monde entier serait à refaire.

La langue n'est pas non plus le signe caractéristique de la nationalité. On parle cinq langues en France, et pourtant personne ne s'avise de douter de notre unité nationale. On parle trois langues en Suisse ; la Suisse en est-elle moins une seule nation, et direz-vous qu'elle manque de patriotisme ? D'autre part, on parle anglais aux États-Unis ; voyez-vous que les États-Unis songent à rétablir le lien national qui les unissait autrefois à l'Angleterre ? Vous vous targuez de ce qu'on parle allemand à Strasbourg ; en est-il moins vrai que c'est à Strasbourg que l'on a chanté pour la première fois notre *Marseillaise*?

Ce qui distingue les nations, ce n'est ni la race, ni la langue. Les hommes sentent dans leur cœur qu'ils sont un même peuple lorsqu'ils ont une communauté d'idées, d'intérêts, d'affections, de souvenirs et d'espérances. Voilà ce qui fait la patrie[1]. Voilà pourquoi les hommes veulent marcher ensemble, ensemble travailler, ensemble combattre, vivre et mourir les uns pour les autres. La patrie, c'est ce qu'on aime. Il se peut que l'Alsace soit allemande par la race et par le langage; mais par la nationalité et le sentiment de la patrie elle est française. Et savez-vous ce qui l'a rendue française? Ce n'est pas Louis XIV, c'est notre Révolution de 1789. Depuis ce moment, l'Alsace a suivi toutes nos destinées; elle a vécu de notre vie. Tout ce que nous pensions, elle le pensait; tout ce que nous sentions, elle le sentait. Elle a partagé nos victoires et nos revers, notre gloire et nos fautes, toutes nos joies et toutes nos douleurs. Elle n'a rien eu de commun avec vous. La patrie, pour elle, c'est la France. L'étranger, pour elle, c'est l'Allemagne.

Tous les raisonnements du monde n'y changeront rien. Vous avez beau invoquer l'ethnographie et la philologie. Nous ne sommes pas ici dans un cours d'université. Nous sommes au milieu des faits et en plein cœur humain. Si vos raisonnements vous disent que l'Alsace doit avoir le cœur allemand, mes yeux et mes oreilles m'assurent qu'elle a le cœur français. Vous affirmez, de loin, « qu'elle garde un esprit d'opposition provinciale contre la France »; je l'ai vue de près; j'ai connu des hommes de toutes les classes, de tous les cultes, de tous les partis politiques, et je n'ai trouvé cet esprit d'opposition contre la France nulle part. Vous insinuez qu'elle a une antipathie contre les hommes de Paris; je me vante de savoir avec quelle sympathie elle les accueille. Par le cœur et par l'esprit, l'Alsace est une de nos provinces les plus françaises. Le Strasbourgeois a, comme chacun de nous, deux

---

1. [Cf. plus haut, page 150.]

patries : sa ville natale d'abord, puis, au-dessus, la France. Quant à l'Allemagne, il n'a pas même la pensée qu'elle puisse être en aucune façon sa patrie.

Vous l'avez bien vu depuis deux mois. Le 6 août, la France était vaincue; l'Alsace, dégarnie de troupes, était ouverte aux Allemands. Comment les a-t-elle accueillis? Les paysans alsaciens ont pris leurs vieux fusils à pierre et leurs pioches pour combattre l'étranger. Beaucoup d'entre eux, ne pouvant souffrir la présence de l'ennemi dans leurs villages, se sont réfugiés dans les montagnes, et à l'heure qu'il est ils défendent encore pied à pied chaque défilé et chaque ravin. On a sommé Strasbourg de se rendre, et vous savez comment il a répondu. Or notez ce point : Strasbourg n'avait pour garnison que 2500 soldats français et le 6e régiment d'artillerie qui est composé d'Alsaciens. C'est la population strasbourgeoise qui a résisté aux Allemands. C'est un général alsacien qui commandait la ville. L'évêque, que l'on a si durement repoussé du camp allemand, était un Alsacien. Ceux qui ont si vaillamment combattu, ceux qui ont frappé l'ennemi par de si rudes sorties, étaient des Alsaciens. Tous ces hommes-là sans doute parlaient votre langue; mais ils ne se sentaient certainement pas vos compatriotes. Et ces soldats allemands qui lançaient des bombes contre Strasbourg, qui visaient la cathédrale, qui brûlaient le Temple-Neuf, la bibliothèque, les maisons, l'hôpital, qui, respectant les remparts et ménageant la garnison, n'étaient impitoyables que pour les habitants, dites franchement, la main sur le cœur, se sentaient-ils leurs compatriotes! Ne parlez donc plus de nationalité, et surtout gardez-vous bien de dire aux Italiens : Strasbourg est à nous du même droit que Milan et Venise sont à vous; car les Italiens vous répondraient qu'ils n'ont bombardé ni Milan ni Venise. Si l'on avait pu avoir quelque doute sur la vraie nationalité de Strasbourg et de l'Alsace, le doute ne serait plus possible aujourd'hui. La cruauté de l'attaque et l'énergie de la défense ont fait éclater la vérité à tous les yeux. Quelle preuve plus forte voudriez-vous? Comme les premiers chrétiens confessaient leur foi, Strasbourg, par le martyre, a confessé qu'il est Français.

Vous êtes, monsieur, un historien éminent. Mais, quand nous parlons du présent, ne fixons pas trop les yeux sur l'histoire. La race, c'est de l'histoire; c'est du passé. La langue, c'est encore de l'histoire; c'est le reste et le signe d'un passé lointain. Ce qui est actuel et vivant, ce sont les volontés, les idées, les intérêts, les affections. L'histoire vous dit peut-être que l'Alsace est un pays allemand ; mais le présent vous prouve qu'elle est un pays français. Il serait puéril de soutenir qu'elle doit retourner à l'Allemagne parce qu'elle en faisait partie il y a quelques siècles. Allons-nous rétablir tout ce qui était autrefois? Et alors, je vous prie, quelle Europe referons-nous? celle du xviie siècle, ou celle du xve, ou bien celle où la vieille Gaule possédait le Rhin tout entier, et où Strasbourg, Saverne et Colmar étaient des villes romaines?

Soyons plutôt de notre temps. Nous avons aujourd'hui quelque chose de mieux que l'histoire pour nous guider. Nous possédons au xixe siècle un principe de droit public qui est infiniment plus clair et plus indiscutable que votre prétendu principe de nationalité. Notre principe à nous est qu'une population ne peut être gouvernée que par les institutions qu'elle accepte librement, et qu'elle ne doit aussi faire partie d'un État que par sa volonté et son consentement libre. Voilà le principe moderne. Il est aujourd'hui l'unique fondement de l'ordre, et c'est à lui que doit se rallier quiconque est à la fois ami de la paix et partisan du progrès de l'humanité. Que la Prusse le veuille ou non, c'est ce principe-là qui finira par triompher. Si l'Alsace est et reste française, c'est uniquement parce qu'elle veut l'être. Vous ne la ferez allemande que si elle avait un jour quelques raisons pour vouloir être allemande.

Son sort doit dépendre d'elle. En ce moment la France et la Prusse se la disputent; mais c'est l'Alsace seule qui doit prononcer. Vous dites que vous *revendiquez* Strasbourg et qu'il doit vous être *restitué*. Que parlez-vous de revendication? Strasbourg n'appartient à personne. Strasbourg n'est pas un objet de possession que nous ayons à restituer. Strasbourg n'est pas à nous, il est avec nous. Nous souhaitons que l'Alsace reste parmi les provinces françaises, mais sachez bien quel motif nous alléguons pour cela. Disons-nous que c'est parce que Louis XIV l'a conquise? Nullement. Disons-nous que c'est parce qu'elle est utile à notre défense? Non. Ni les raisons tirées de la force, ni les intérêts de la stratégie n'ont de valeur en cette affaire. Il ne s'agit que d'une question de droit public, et nous devons résoudre cette question d'après les principes modernes. La France n'a qu'un seul motif pour vouloir conserver l'Alsace, c'est que l'Alsace a vaillamment montré qu'elle voulait rester avec la France. Voilà pourquoi nous soutenons la guerre contre la Prusse. Bretons et Bourguignons, Parisiens et Marseillais, nous combattons contre vous au sujet de l'Alsace; mais, que nul ne s'y trompe; nous ne combattons pas pour la contraindre, nous combattons pour vous empêcher de la contraindre.

A MESSIEURS LES MINISTRES DU CULTE ÉVANGÉLIQUE

DE L'ARMÉE DU ROI DE PRUSSE

Paris, 18 octobre 1870.

Messieurs,

Vous prêchez dans Versailles, et ce que vous prêchez ce n'est pas la charité, c'est la haine et la guerre. Vous invoquez le dieu des combats. Au nom du Christ, vous préparez vos soldats à l'assaut de Paris ; et comme il faut bien donner à cette lutte exécrable les dehors de la justice et de la religion, vous représentez Paris comme une ville « corrompue, réprouvée de Dieu, damnée », et vous l'appelez dans vos sermons « la moderne Babylone ».

Vous maudissez Paris parce que vous ne le connaissez pas. Permettez-moi d'éclairer votre charité.

Il vous est bien facile de dresser la liste de nos défauts et de nos vices. Nous sommes les premiers à reconnaître ce qu'il y a de mauvais en nous ; nous l'avouons et le confessons tout haut, et nous le mettons bien en vue dans nos romans et sur notre théâtre. Mais il y aurait vraiment trop de naïveté de votre part à nous juger d'après nos comédies. Je vois bien que *la Famille Benoiton* et *la Belle Hélène* vous ont scandalisés ; mais n'allez pas vous imaginer que ces pièces soient la peinture exacte de notre société. Soyez sûrs qu'il s'en faut de beaucoup que toutes les familles de Paris ressemblent à la famille Benoiton. Ne nous prenez pas trop en pitié. Il y a des vices à Paris, comme à Berlin ; mais tout n'y est pas vice. Ce qui fait notre désavantage, c'est que les étrangers traduisent nos pièces de théâtre et nos romans, et ne les comprennent pas toujours. Il leur arrive parfois de prendre pour sérieux ce qui n'est que plaisant, et pour un travers général ce qui n'est qu'une grotesque exception. Vous ignorez sans doute un double trait de notre caractère : l'un est que nous aimons à parler de nous; l'autre est que nous aimons à en parler en mal. Quand nous essayons de nous peindre, nous avons une propension à nous peindre en laid. Nous rions volontiers des défauts des étrangers; nous rions encore plus volontiers des nôtres. Aimez-vous mieux le puéril orgueil et l'imperturbable contentement de soi que l'on remarque chez un certain peuple que je pourrais nommer? Que ne se trouve-t-il à Berlin des auteurs comiques pour peindre avec esprit les ridicules et les vices, les défauts du caractère et ceux de l'esprit? Nous en ririons un peu; mais nous aurions assez de sens pour ne pas vous juger tous sur quelques traits de vos comédies.

Nous ressemblons en un point aux Athéniens de l'antiquité. Eux aussi, ils se plaisaient à dire du mal d'eux-mêmes. On sait le grec à Berlin et on y lit Aristophane; mais je suppose qu'on ne juge pas les Athéniens d'après les plaisanteries de leur poète. Car ce même peuple qu'il bafoue si impitoyablement et qu'il représente comme le plus léger, le plus versatile, le plus corrompu de la Grèce, c'est celui qui a combattu le premier et le dernier pour l'indépendance grecque; c'est le glorieux vainqueur de Marathon, c'est le glorieux vaincu de Chéronée. Et nous, les Parisiens, nous qui ne savons pas cacher nos fautes et nos travers, nous qui lançons contre nous-mêmes la moquerie et la satire, que faisons-nous depuis des siècles que d'être les premiers à travailler et à combattre, soit qu'il s'agisse de la grandeur du pays, soit qu'il s'agisse des progrès de l'humanité? Aujourd'hui même, si vous étiez témoins de ce qui se passe de ce côté-ci de nos murailles, si vous voyiez toute cette population qui prend les armes pour défendre l'honneur et l'intérêt de la France, et peut-être en même temps l'honneur et l'intérêt de l'Europe; si vous assistiez à cet effort unanime qui s'accomplit sans forfanterie, sans jactance, non pour faire de l'effet et pour se vanter, mais simplement pour remplir un devoir; si vous observiez nos vrais sentiments, qui ne sont plus de la fanfaronnade, mais qui sont plutôt une résignation calme et un désespoir courageux; si vous regardiez ce Paris à qui tout manque, excepté le cœur, vous ne diriez plus que c'est une ville corrompue et réprouvée de Dieu et vous n'oseriez plus l'appeler la moderne Babylone.

Cessez donc de nous jeter ces ridicules accusations, et ne faites pas semblant de croire que la religion et la morale ont intérêt à ce que Paris disparaisse de la face de la terre. Je vous vois lever les bras au ciel et, tout pleins de componction, appeler la colère de Dieu sur les abominations de la vie parisienne. Que voulez-vous dire? Faites-vous allusion à l'existence d'une certaine catégorie de personnes qui tiennent, en effet, une trop grande place dans un ou deux de nos quartiers? C'est là sans doute ce qui vous rend si inquiets pour notre honneur et notre conscience. Mais quittez ce souci; je puis vous dire que plus du tiers de ces personnes-là nous viennent de l'Allemagne, et qu'on en compte à peine une sur dix qui soit née Parisienne. Ce sont surtout les étrangers qui les font vivre et qui entretiennent leur train insolent. Quant à ce que pense d'elles la population de Paris, vous le sauriez, messieurs, si vous aviez entendu les sifflets et les huées dont elle poursuit leurs voitures. On ne vous a donc pas dit qu'elles ne peuvent pas se montrer impunément dans les quartiers qui sont vraiment parisiens?

Vous vous démenez dans vos chaires contre notre luxe. Laissez donc les grands mots et les phrases faciles. Luxe n'est pas vice. La vérité toute simple est que le luxe est l'effet naturel de la richesse. Notre luxe est le même que celui de toutes les grandes capitales. Berlin aurait bientôt autant de luxe que nous si, définitivement vainqueurs, vous réussissiez à emporter chez vous notre argent et nos dépouilles.

Le luxe de la France est le fruit très légitime de son travail et de son activité intelligente. Paris est, avec Londres, la ville d'Europe qui travaille le plus. Ce qui la distingue surtout, c'est qu'elle travaille dans tous les genres à la fois. Aucune ville n'a autant d'ateliers qu'elle, et aucune n'a autant d'écoles. Voyez tout ce qui sort de ses mains ou de son intelligence, comptez tout ce qu'elle donne à l'Europe d'objets manufacturés et d'objets d'art, de livres et de tableaux, de romans et d'œuvres scientifiques; et dites s'il est une ville au monde plus laborieuse et plus productrice.

Et c'est contre cette ville que vous vous acharnez dans vos sermons. Je vous crois sincères, messieurs, mais vous vous trompez sur nous et vous ne nous comprenez pas. Or, songez bien à ceci : votre erreur n'est pas un crime, mais elle vous en fait commettre un ; car elle vous entraîne à prêcher la guerre, qui est le plus grand de tous les crimes.

Voilà trois mois que nos deux peuples sont en lutte, mais vous distinguez aussi bien que nous que cette guerre a eu tour à tour deux faces fort différentes. A dire vrai, deux guerres se sont succédé l'une à l'autre : la première a commencé le 15 juillet et s'est terminée le 2 septembre; la seconde a commencé le 19 septembre, à l'entrevue de Ferrières entre votre ministre et le nôtre. La première a été déclarée par la France, et la France a été vaincue. La seconde a été déclarée par la Prusse, et Dieu n'a pas encore prononcé.

Ces deux guerres sont également horribles et impies. Vous avez, nous dit-on, condamné la première; il faut être bien aveugle ou bien enivré par le succès pour ne pas condamner aussi la seconde. Vous ne pouvez pas ignorer qu'aujourd'hui, comme il y a trois mois, il y a une puissance qui attaque et une autre qui ne fait que se défendre. Dès lors, si l'on vous demande de quel côté est le droit, vous ne devez pas hésiter à le dire.

Vous voyez d'ailleurs aussi clairement que nous le caractère étrangement nouveau de cette seconde lutte : il ne s'agit plus ici d'une guerre entre deux armées, car la France n'a plus d'armée. La Prusse fait la guerre, il faut qu'on le sache bien, contre une population civile. C'est la population civile qui est attaquée, qui est menacée dans ses biens, dans sa prospérité, dans son honneur, dans son existence même. C'est une population civile qui est arrachée à ses travaux, et qui, absolument désarmée hier, est forcée aujourd'hui de prendre les armes pour défendre ses maisons et ses champs, ses enfants et ses femmes. C'est une population civile qui vous attend sur les remparts de Paris; c'est une population civile qui se lève dans les provinces pour venir à notre secours.

Voilà pourtant, messieurs, la guerre que vous approuvez et que vous louez dans une chaire qui se dit chrétienne. C'est à cette boucherie d'hommes que vous poussez vos soldats. C'est une guerre de cette nature que vous placez sous l'autorité de la religion. De tous temps les conquérants et les destructeurs ont osé se dire les fléaux de Dieu et les instruments de sa colère. Mais vous, pasteurs d'âmes, vous devriez savoir mieux que personne qu'il faut y regarder à deux fois avant de mêler le nom de Dieu à nos luttes criminelles. Vous, ministres du Christ, vous invoquez le dieu des combats. Vous connaissez donc un dieu qui aime la violence et la guerre? Quant à nous, le fusil à la main, nous invoquons le Dieu de paix et nous n'en connaissons pas d'autre.

TABLE DES MATIÈRES

Introduction I
Préface xi

I. — De la manière d'écrire l'histoire en France et en Allemagne.   1

II. — Le problème des origines de la propriété foncière   17

PREMIÈRE PARTIE.

La théorie de Maurer sur la communauté des terres chez les nations germaniques 21

DEUXIÈME PARTIE.

La théorie de M. Viollet sur la communauté des terres chez les Grecs.   65

TROISIÈME PARTIE.

La théorie de M. Mommsen sur la communauté des terres chez les Romains 83

QUATRIÈME PARTIE.

De la méthode comparative appliquée à ce problème   87

CINQUIÈME PARTIE.

De la communauté des terres chez les Gaulois 104

III. — Polybe ou la Grèce conquise par les Romains 119

CHAPITRE PREMIER.

L'aristocratie et la démocratie en Grèce; guerres civiles dans les cités.   123

CHAPITRE II.

Quelques hommes modérés; Philopémen et Polybe 136

CHAPITRE III.

Une ligue aristocratique et une ligue démocratique. 144

CHAPITRE IV.

Un parti romain et un parti macédonien. 151

CHAPITRE V.

Les amis de la liberté; leur faiblesse et leurs inconséquences. . . . 162

CHAPITRE VI.

Polybe à Rome. 182

CHAPITRE VII.

Dernière lutte de la démocratie contre Rome. 197

IV. — Mémoire sur l'île de Chio. 213

    Carte de l'île de Chio. 214

CHAPITRE PREMIER.

L'île de Chio. — Géographie physique. — Productions. 215

CHAPITRE II.

Les ruines de l'antiquité et du moyen âge. 224
   I. La ville ancienne. 224
   II. La ville moderne. 232
   III. L'École d'Homère, les villages, le temple de Phanœ. . . . 235

CHAPITRE III.

Les Chiotes. 247
   I. Origines de la population chiote. 247
   II. Persistance de la race. 251
   III. Caractère des Chiotes. 254

CHAPITRE IV.

Commerce de Chio dans l'antiquité. 259

CHAPITRE V.

Révolutions du régime municipal à Chio dans l'antiquité. 270

TABLE DES MATIÈRES.

I. Jusqu'à la bataille de Mycale.................... 270
II. Depuis la bataille de Mycale jusqu'à l'arrivée des Romains..... 285
III. Chio sous les Romains; chute du régime municipal......... 300

CHAPITRE VI.

Littérature, arts, religion à Chio dans l'antiquité............. 313

CHAPITRE VII.

Histoire du monastère de Néamoni.................. 325

CHAPITRE VIII.

L'île de Chio soumise aux Génois................... 339

I. Administration des Justiniani...................... 348
II. Bienfaits de la domination génoise.................. 357

CHAPITRE IX.

Domination turque. — Régénération de la race grecque à Chio. — Renaissance du régime municipal................... 361

I. A la faveur de la domination turque, les Grecs l'emportent sur les Latins............................. 361
II. La domination turque fait renaître à Chio le gouvernement municipal............................... 374
III. Prospérité de l'île sous les Turcs; écoles; régénération de la race. 385
IV. Révolution grecque; malheurs de Chio............... 392

V. — **Questions romaines.**................... 401

PREMIÈRE PARTIE.

Comment il faut lire les auteurs anciens............... 405

DEUXIÈME PARTIE.

De la plèbe............................. 410

I. Que la « plèbe » ne faisait pas partie du *populus* et était distincte des clients............................ 412
II. Caractères distinctifs de la plèbe.................. 416
III. Le premier berceau de la plèbe; l'asile............... 430
IV. Progrès de la plèbe sous les premiers rois............. 435

TROISIÈME PARTIE.

Une théorie nouvelle sur l'histoire romaine............. 440

QUATRIÈME PARTIE.

La question de droit entre César et le Sénat............ 453

VI. — Questions contemporaines. 471

PREMIÈRE PARTIE.

La politique d'envahissement. — Louvois et M. de Bismarck. 473

DEUXIÈME PARTIE.

L'Alsace est-elle allemande ou française ? 506
  Réponse à M. Mommsen, professeur à Berlin. 506
  A messieurs les ministres du culte évangélique de l'armée du roi de Prusse. 515

FIN DE LA TABLE DES MATIÈRES.

L'ŒUVRE

DE

FUSTEL DE COULANGES

L'Institut de France, sur la présentation de l'Académie française, a décerné en 1891 le grand prix biennal à l'œuvre historique de M. Fustel de Coulanges. Guizot, Nisard, Thiers, les plus grands écrivains de la France contemporaine, avaient reçu cette récompense nationale : l'Institut, en l'accordant à M. Fustel, a montré quelle place il lui assignait, ratifiant ainsi le jugement que les collègues et les élèves du maître regretté avaient depuis longtemps porté sur son œuvre.

M. Fustel se rattache à la lignée des vrais écrivains français ; son style sobre et net, son art dans l'exposition, l'habileté de ses synthèses, en font un maître incomparable dans l'art d'écrire et de composer : il a la langue claire et lumineuse qui fut celle des littérateurs contemporains, About, Mérimée, Sainte-Beuve ; mais il a plus de force et plus de hardiesse. En même temps, par l'étendue et la puissance de ses vues historiques, il est l'égal de Montesquieu : aucun historien français n'a dans ce siècle doté de plus de vérités la science historique. Enfin, la sûreté de ses informations, la rigueur avec laquelle il a lu et il explique les textes, les scrupules de son érudition, font de lui un héritier des grands chercheurs bénédictins des siècles passés, des Mabillon, des Montfaucon.

La première œuvre de M. Fustel de Coulanges a été *la Cité antique*. Ce n'est qu'un livre de 500 pages ; mais le monde ancien y revit tout entier, depuis les origines mystérieuses de la famille et de la cité, jusqu'au moment où les lois de Rome et la religion du Christ font une seule patrie de tant d'États hostiles et de cultes isolés. L'historien s'attache surtout à montrer quelle part la religion a eue dans la formation des sociétés d'autrefois : elle a créé la famille, elle a fait vivre la cité ; et, à la fin du livre, c'est encore la religion qu'on retrouve, achevant la fusion des peuples commencée par les armes de Rome. — L'influence exercée par *la Cité antique* sur les érudits de notre temps est incontestée, même hors de France ; elle a enfin donné à l'étude de l'antiquité sa voie véritable, elle a montré pour ainsi dire qu'elle a été l'âme de la vie ancienne. — Ajoutons que ce livre est d'une lecture qui passionne, et nous connaissons des maîtres d'universités étrangères qui le donnent à lire à leurs étudiants pour leur révéler à la fois le sens de l'antiquité et les beautés de la langue française.

L'autre grande œuvre de M. Fustel de Coulanges, *Histoire des Institutions politiques de l'ancienne France*, est beaucoup plus étendue (elle a six volumes). Mais, comme *la Cité antique*, elle est achevée, complète, et forme un tout d'une singulière unité. C'est, elle aussi, un chef-d'œuvre de construction. M. Fustel y étudie la formation du monde féodal et moderne, comme dans *la Cité antique* il avait étudié celle du monde ancien : à vrai dire, ces deux ouvrages font suite l'un à l'autre. Le tome premier nous montre la Gaule barbare et divisée, soumise, civilisée et unifiée par Rome ; le second volume nous fait assister au grand événement, l'invasion, qui est à l'origine des nations modernes ; nous voyons, dans le troisième, ce que sont devenues, sous la monarchie barbare, les institutions politiques de Rome ; dans le quatrième et le cinquième volume, nous assistons à la formation d'institutions nouvelles, purement aristocratiques, qui se développent en dehors de l'État ; enfin, dans le sixième volume, ces institutions aristocratiques nous apparaissent grandissant sous les derniers Mérovingiens, supplantant peu à peu la monarchie et ses lois, et arrivant, sous les derniers Carolingiens, à s'imposer à la société et à l'État. La féodalité a dès lors remplacé le régime monarchique légué par l'État romain. — M. Fustel de Coulanges s'intéresse surtout à la France dans cet ouvrage : cependant, c'est l'histoire de l'Europe entière dont nous y suivons le développement : car Rome, l'Invasion, la Monarchie barbare, la Féodalité ont tour à tour gouverné les grands pays de l'Europe : au reste, s'il y a des différences entre les institutions de chacun d'eux, M. Fustel les indique. — Des notes fort longues et soigneusement revisées font de ce livre un répertoire historique comparable aux meilleurs que l'Allemagne ait produits.

Dans trois volumes, deux intitulés *Recherches*, un qui va paraître sous le titre de *Questions*, M. Fustel de Coulanges s'est attaché à quelques institutions ou à quelques faits qu'il s'était borné à effleurer dans ses grands ouvrages. L'origine de la propriété lui a fourni en particulier trois mémoires, les plus importants qui aient paru sur cette question si controversée, depuis ceux de Sumner-Maine et de Laveleye. Son étude sur le colonat est justement célèbre. Ses recherches sur les Archontes athéniens avaient donné lieu à de longs débats : la découverte d'un traité nouveau d'Aristote vient de donner aux théories de M. Fustel une solennelle confirmation. Les mémoires sur les Druides, sur Chio, sur Polybe sont des modèles d'exposition. — Les quatorze études dont se composent ces trois volumes ont toutes une grande étendue.

On ne peut terminer cette Notice sans mentionner ici la part qu'a prise à la publication des derniers livres de M. Fustel de Coulanges, son élève, M. C. Jullian, professeur à la Faculté des lettres de Bordeaux.

A la mort de M. Fustel, deux volumes seulement de l'*Histoire des Institutions*, la *Monarchie Franque* et l'*Alleu*, avaient paru ; le reste de l'ouvrage était, soit complètement et longuement rédigé, soit rapidement esquissé. Avec une scrupuleuse exactitude, avec le plus grand respect pour la pensée de l'auteur, M. Jullian a publié son Œuvre dans l'état où elle se trouvait, se bornant à vérifier avec un soin minutieux toutes les citations, à compléter, d'après les notes mêmes de l'historien, son manuscrit, à ajouter quelques phrases, quelques paragraphes ou quelques chapitres indispensables, et distinguant toujours soigneusement de ce que M. Fustel avait écrit ce que lui, M. Jullian, avait cru devoir ajouter. Il a procédé de la même façon pour le volume des *Nouvelles Recherches* et pour le volume des *Questions*. C'est donc grâce à lui que nous possédons dans son ensemble et dans son unité l'Œuvre de M. Fustel de Coulanges. Aussi faut-il remercier M. Jullian d'avoir interrompu ses études personnelles pour se consacrer, pendant plusieurs années, à la publication des travaux de celui qui fut son maître et son ami.

OUVRAGES DE M. FUSTEL DE COULANGES

Histoire
des Institutions politiques de l'ancienne France

(Ouvrage complet en 6 volumes in-8)

La Gaule romaine.	7 fr.	50
L'Invasion germanique et la fin de l'Empire.	7	50
La Monarchie franque.	7	50
L'Alleu et le Domaine rural pendant l'époque mérovingienne.	7	50
Les Origines du système féodal : le Bénéfice et le Patronat pendant l'époque mérovingienne.	7	50
Les Transformations de la royauté pendant l'époque carolingienne.	7	50
Recherches sur quelques problèmes d'histoire. 1 vol. grand in-8	10	»
Nouvelles Recherches sur quelques problèmes d'histoire. 1 vol. grand in-8	10	»
Questions d'histoire. 1 vol. grand in-8.	10	»
La Cité antique; 12e édition. 1 vol. in-16.	3	50

Ouvrage couronné par l'Académie française.

24457. — Paris, Imprimerie LAHURE, rue de Fleurus, 9.

PARIS. — IMPRIMERIE A LAHURE
9, rue de Fleurus.

www.ingramcontent.com/pod-product-compliance
Lightning Source LLC
Chambersburg PA
CBHW071414230426
43669CB00010B/1548